法官的首要职责,就是贤明地运用法律。

〔英〕弗兰西斯·培根

JUDICIAL RULES AND APPLICATION IN CASES
OF THE CRIMES OF ENDANGERING PUBLIC SECURITY BY THE DANGEROUS MEANS

危害公共安全罪类案裁判规则与适用

刘树德　江珞伊　著

图书在版编目（CIP）数据

危害公共安全罪类案裁判规则与适用／刘树德，江珞伊著. —北京：北京大学出版社，2021.10

（法官裁判智慧丛书）

ISBN 978-7-301-32442-4

Ⅰ.①危… Ⅱ.①刘… ②江… Ⅲ.①危害公共安全罪—研究—中国 Ⅳ.①D924.324

中国版本图书馆 CIP 数据核字（2021）第 178196 号

书　名	危害公共安全罪类案裁判规则与适用
	WEIHAI GONGGONG ANQUAN ZUI LEI'AN CAIPAN GUIZE YU SHIYONG
著作责任者	刘树德　江珞伊　著
丛书策划	陆建华
责任编辑	焦春玲　陆建华
标准书号	ISBN 978-7-301-32442-4
出版发行	北京大学出版社
地　　址	北京市海淀区成府路 205 号　100871
网　　址	http://www.pup.cn　http://www.yandayuanzhao.com
电子信箱	yandayuanzhao@163.com
新浪微博	@北京大学出版社　@北大出版社燕大元照法律图书
电　　话	邮购部 010-62752015　发行部 010-62750672　编辑部 010-62117788
印刷者	北京市科星印刷有限责任公司
经销者	新华书店
	730 毫米×1020 毫米　16 开本　31.75 印张　617 千字
	2021 年 10 月第 1 版　2021 年 10 月第 1 次印刷
定　　价	99.00 元

未经许可，不得以任何方式复制或抄袭本书之部分或全部内容。
版权所有，侵权必究
举报电话：010-62752024　电子信箱：fd@pup.pku.edu.cn
图书如有印装质量问题，请与出版部联系，电话：010-62756370

聚焦刑事裁判文书说理(代总序)

裁判文书是记载人民法院审理过程和裁判结果的法律文书。裁判文书既是记录诉讼活动及其结果的载体,又是展示法官职业素养、展现法院形象、体现司法公正的媒介,还是反映刑事法理论与实践互动样态的重要依凭。此处从刑事裁判说理的角度切入,对刑事法理论与实践互动问题进行探讨,希冀对实践刑法学的构建有所裨益。

一、裁判文书的"五理"

裁判文书的说理,包括"五理",即事理、法理、学理、哲理和情理。

1. 事理

"事理",是对案件的客观事实以及法官查证、认定的法律事实方面提出的要求。有的判决书证明事实的证据不充分,仅有事实没有证据,或只是简单地罗列证据,缺乏对证据关联性的推理、分析和判断,对主要证据的采信与否未进行分析说理,对双方争议的关键证据的认定未置可否;有的判决书对法律事实的表述过于简单,例如一起贩毒刑事案件,事实部分表述为"某年某月以来,被告人某某数十次在某地贩卖毒品给吸毒人员甲、乙、丙等人吸食",贩卖的具体时间、地点、数量、次数、卖给了多少人等重要犯罪事实都不很清楚。再如一起故意伤害刑事案件,事实部分表述为"某年某月某日,被告人某某在某某县某某镇竹山坳,将本村村民甲打伤,经法医鉴定为轻伤",事件的起因、经过等一些影响定罪量刑的事实情节均未加以表述。

2. 法理

"法理",是对裁判适用法律方面提出的要求。法律适用包括实体法适用和程序法适用两个方面。法律适用具体包括"找法""释法"和"涵摄法"的过程。"找法"就是"以法律为准绳"的具体表现,最基本的要求是须做到"准确"。"释法"是由于法律规范具有普遍性和抽象性,绝大部分均需要解释后方可适用。不同的解释方法、立场、位序,有时会得出不同的结论。例如,采用形式解释还是实质解释、客观解释论还是主观解释论、文义解释优先还是目的解释优先,均可能导致个案处理结果的不同。① "释法"最基本的要求是须做到"得当"。"涵摄法"是法律事实与法律规范反复耦合,最后得出裁判结果的过程。"涵摄法"最基本的要求是须做到"正当或公正合理"。

3. 学理

"学理",是对裁判运用部门法学理论方面提出的要求。从裁判的整个过程来看,无论是法律事实的提炼,还是法律规范的解释,抑或法裁判结果的得出,均需不同程度地运用相关部门法学的基本理论,包括实体法理论和程序法理论。例如,刑事判决往往要运用刑法学、刑事诉讼法学,间或还会用到民事诉讼法学(附带民事诉讼)。目前刑事裁判文书的说理,绝大部分均按照传统的犯罪论体系的四要件顺序(或者不同的变体)来进行论述。② 但随着刑法学知识体系多元化局面的出现,即在传统的四要件犯罪论体系存在的同时,以德日阶层犯罪论体系为蓝本的各种犯罪论体系出笼,刑事审判实践包括刑事裁判文书的制作必将发生变化。③

4. 哲理

"哲理",是对裁判间或运用法理学、法哲学乃至哲学原理方面提出的要求。此处的法理学或者法哲学,既包括一般的法理学或者法哲学(例如,目前我国法学院校开设的法理学、法哲学基础理论),也包括部门的法理学或者法哲学,如刑法哲学、民法哲学。可以说,"哲理"是"学理"的进一步抽象和升华,更具有宏观的指导作用。刑事裁判的说理直接或者间接地受到刑法哲学乃至哲学的影响。以德国刑法学的发展史为例,不同的犯罪论体系均是在特定的哲学指导下逐步完善的。例如,古典犯罪论体系受自然主义哲学的影响,新古典犯罪论体系受新康德主义的影响,等等。④ 受不同哲学影响的犯罪论体系对刑法、犯罪、刑罚均会有不同的认识,进而影响着刑事裁判包括裁判文书的说理。

---

① 参见周详:《刑法形式解释论与实质解释论之争》,载《法学研究》2010 年第 3 期;陈兴良:《形式解释论与实质解释论:事实与理念之展开》,载《法制与社会发展》2011 年第 2 期;劳东燕:《刑法解释中的形式论与实质论之争》,载《法学研究》2013 年第 3 期。

② 参见刘树德:《刑法知识形态的裁判之维》,载赵秉志主编:《当代刑事法学新思潮:高铭暄教授、王作富教授八十五华诞暨联袂执教六十周年恭贺文集》(上卷),北京大学出版社 2013 年版,第 144—156 页。

③ 参见陈兴良:《刑法的知识转型(学术史)》,中国人民大学出版社 2012 年版,第 66—113 页。

④ 参见喻海松:《德国犯罪构造体系的百年演变与启示》,载《中外法学》2012 年第 3 期。

5. 情理

"情理",是对裁判间或要顾及法律之外的道德、政治、民族、外交、民意与舆情、国民常识与情感等因素方面提出的要求。裁判所适用的法律,处在金字塔型的法系统之中,始终与其他各种社会系统,如政治系统、道德体系、经济制度等相互作用和影响。裁判作出的主体同样始终生活在充满复杂关系的社会之中,法官始终不可能真正是脱离俗界的"神"。处在我国现行政制架构中的人民法院,始终不可能扮演西方国家法院的那种"独立"的角色。[①] 这些众多的因素均直接或者间接地影响和要求裁判文书的说理要顾及法外的"情理"。例如,亲属间盗窃案件中考虑亲情伦理,刑事案件中考虑善的道德动机(例如下文"黄某盗窃案"),邻里纠纷等普通民事纠纷中考虑民间习惯,商事纠纷中考虑交易习惯,涉外案件中考虑外交,涉及边疆少数民族案件中考虑民族团结,敏感案件中考虑舆情,等等。

【案例】黄某盗窃案

经审理查明:2012年6月17日,江苏玉器商人林某乘坐一辆客运大巴车前往顺德容桂,在车上被被告人黄某及其同伙杨某(另案处理)偷走随身携带的手提包,内有现金1400元、诺基亚手机一部等。然而,黄某及杨某在得手后意外地发现,包内还有翡翠玉石一批共53件,后经警方鉴定该批玉石价值91.4万元。三日后,黄某因害怕被抓,凭借钱包中林某的身份证住址找到林某妻子后将玉石归还。2012年12月9日,黄某被警方抓获。

法院经审理认为,该案被害人林某未加防范地将包放在一旁座位上,难以让人判断包内有巨额财物。同时结合黄某"只想偷些小钱"的当庭供述和归还玉石的行为,可以推断被告人黄某在扒窃时的主观目的,是在公共汽车上窃取小额财物,而非追求窃取巨额财产,或采取能盗多少就多少的概括故意式的放任。根据主客观相统一的犯罪构成原理及罪责刑相适应的量刑原则,玉石的价值不应计入该案所盗窃的数额之内。黄某的行为符合刑法上的被告人对事实认识错误理论,从而阻却刑事责任。法院依照刑法相关规定,以盗窃罪判处被告人黄某有期徒刑7个月,缓刑1年,并处罚金1000元。

法官在该案判决书中就有如下一段"说理":被告人黄某的扒窃行为毫无疑义应受道德的谴责和法律的惩罚,但其后不远千里将所盗玉石归还失主的行为,不论其是出于自身的良知还是对法律的敬畏,均应该在道德上予以肯定和在法律上予以正面评价,并且可以也应该成为其改过自新之路的起点。[②]

---

① 如我国学者指出的,"在传统中国,没有角色中立意义上的司法,只有相对专业或者专司意义上的司法,没有国家议事、执行、审判三种职权分立意义上的司法,只有作为整体国政的一部分的司法"。参见范忠信:《专职法司的起源与中国司法传统的特征》,载《中国法学》2009年第5期。

② 参见杨虹等:《小偷的善意被作为从轻处罚情节》,载《人民法院报》2013年6月1日,第3版。

二、刑事裁判文书说理受犯罪论体系结构安排的影响

犯罪论体系多元格局的形成，推动了学术话语层面的刑法知识形态的变化。随着 20 世纪 90 年代德国、日本系列刑法教科书的翻译引进，尤其是 21 世纪初期（2003 年具有标志性）各种国际性或者全国性犯罪构成体系研讨会的召开、部分法学刊物对犯罪理论体系专题的刊登、部分学者对犯罪论体系的比较研究及知识性创作，我国刑法学犯罪构成理论体系的"一元"局面，即以苏联犯罪构成体系为模本并结合本国实践有所创新的四要件犯罪论体系终被打破，并已形成四要件论体系与阶层犯罪论体系的"二元"竞争格局。①

从实践维度来看，"阶层犯罪论体系"至今尚未见诸具体裁判之中。居于通说地位的，以犯罪客体—犯罪客观方面—犯罪主体—犯罪主观方面为排列顺序的四要件犯罪论体系仍处在指导实践的主导地位，检察官起诉或者抗诉、辩护人辩护、法官裁判均按此犯罪论体系进行思维和表达。例如，在"徐凤鹏隐匿、故意销毁会计凭证、会计账簿、财务会计报告案"中，辩护人提出如下辩护意见："公诉机关指控被告人徐构成隐匿、故意销毁会计凭证、会计账簿、财务会计报告罪的证据不足：一、从犯罪的客体及犯罪对象方面讲，我国《刑法》第 162 条之一规定的犯罪对象是会计法规定的应当保存的公司、企业的会计资料，而个体的会计资料不属于会计法调整的范围；二、从犯罪的客观方面讲，徐没有实施隐匿、故意销毁会计凭证、会计账簿、财务会计报告的行为，因为徐拿走的是徐电器商城的商品经营账，并不是公司的账；三、徐电器商城的投资人、经营者是徐个人，而并非靖边县五金交电有限公司，电器商城经营行为是个人而非公司集体行为；四、徐与靖边县五金交电公司事实上形成了承包关系，而且也全部如数上交了承包费。综上，公诉机关指控被告人徐犯隐匿、故意销毁会计凭证、会计账簿、财务会计报告罪，证据不足，应依法判决徐无罪。"②

但是，实践中个案也出现按不同排列组合的四要件犯罪论体系进行表达的情形③，包括：

第一，犯罪主体—犯罪客体—犯罪主观方面—犯罪客观方面。例如本丛书涉及的"朱波伟、雷秀平抢劫案"的裁判理由："这是刑法规定的抢劫罪。本罪的犯罪主体是年满 14 周岁并具有刑事责任能力的自然人；犯罪侵犯的客体是公私财物所有权和公民人身权利，侵犯的对象是国家、集体、个人所有的各种财物和他人人

---

① 参见陈兴良：《刑法的知识转型（学术史）》，中国人民大学出版社 2012 年版，第 66—112 页。
② 案例来源：陕西省靖边县人民法院(2010)靖刑初字第 106 号。
③ 有学者指出，除上述通行的排列顺序以外，至少还存在以下三种排列顺序：一是犯罪主体—犯罪客体—犯罪主观方面—犯罪客观方面；二是犯罪客体—犯罪客观方面—犯罪主观方面—犯罪主体；三是犯罪主体—犯罪主观方面—犯罪客观方面—犯罪客体。参见赵秉志：《论犯罪构成要件的逻辑顺序》，载《政法论坛》2003 年第 6 期。

身;犯罪主观方面表现为直接故意,并具有将公私财物非法占有的目的;犯罪客观方面表现为对公私财物的所有者、保管者或者守护者当场使用暴力、胁迫或者其他对人身实施强制的方法,立即抢走财物或者迫使被害人立即交出财物";"这是刑法规定的强迫交易罪。本罪的犯罪主体除自然人以外,还包括单位;犯罪侵犯的客体是交易相对方的合法权益和商品交易市场秩序;犯罪主观方面表现为直接故意,目的是在不合理的价格或不正当的方式下进行交易;犯罪客观方面表现为向交易相对方施以暴力、威胁手段,强迫交易相对方买卖商品、提供或者接受服务,情节严重的行为。"①

第二,犯罪客体—犯罪主体—犯罪主观方面—犯罪客观方面。例如,本丛书涉及的"高知先、乔永杰过失致人死亡案"的裁判理由:"这是刑法规定的教育设施重大安全事故罪。该罪侵犯的客体,是公共安全和教学管理秩序,主体是对教育教学设施负有维护义务的直接责任人员,主观方面表现为过失,客观方面表现为不采取措施或者不及时报告致使发生重大伤亡事故的行为。"②

此外,实践个案还存在"简化版"的表达方式,包括:

其一,"犯罪客体—犯罪客观方面"。例如,"董杰、陈珠非法经营案"的裁判理由:①"冰点传奇"外挂软件属于非法互联网出版物。盛大公司所经营的《热血传奇》游戏是经过国家版权局合法登记的游戏软件,受国家著作权法的保护,被告人董、陈购买、使用"冰点传奇"外挂程序软件在出版程序上没有经过主管部门的审批,违反了《出版管理条例》的规定,在内容上也破坏了《热血传奇》游戏软件的技术保护措施,肆意修改盛大公司《热血传奇》游戏的使用用户在服务器上的内容,不仅违反了《信息网络传播权保护条例》的相关规定,而且侵犯了著作权人的合法权益。②被告人董、陈利用外挂软件从事代练升级,构成非法经营罪。被告人购买了电脑,聘用了工作人员,先后替一万多名不特定人使用非法外挂程序进行代练,并收取费用,客观上是对该非法外挂程序的发行、传播,属于出版非法互联网出版物的行为。③

其二,"犯罪主观方面—犯罪客观方面"。例如,本丛书涉及的"崔勇、仇国宾、张志国盗窃案"的裁判理由:"一、被告人崔、仇、张主观上具有非法占有他人财物的目的。三个被告人均明知仇名下的涉案银行卡内的钱款不属仇所有,而是牟存储的个人财产。当涉案银行卡被吞、牟要求仇帮助领取银行卡时,三个被告人不是协助取回涉案银行卡并交还牟,而是积极实施挂失、补卡、取款、转账等行为,将卡内钱款瓜分,明显具有非法占有他人财物的目的。二、被告人崔、仇、张的行为具有秘密窃取的性质。……本案中,三个被告人虽然是公然实施挂失、补卡、取款、转账等行为,但被害人并没有当场发觉,更无法阻止三个被告人的行为。被害

---

① 案例来源:《最高人民法院公报》2006 年第 4 期。
② 案例来源:《最高人民法院公报》2005 年第 1 期。
③ 案例来源:《最高人民检察院公报》2011 年第 5 号(总第 124 号)。

人虽然对三个被告人可能侵犯其财产存在怀疑和猜测,并在案发后第一时间察觉了三个被告人的犯罪行为,但这与被害人当场发觉犯罪行为具有本质区别。因此,三个被告人的行为完全符合盗窃罪'秘密窃取'的特征。三、被告人崔、仇、张的行为符合盗窃罪'转移占有'的法律特征。……涉案银行卡被吞后,被害人牟虽然失去了对卡的实际控制,但基于掌握密码,并未丧失对卡内钱款的占有和控制。被告人崔、仇、张如果仅仅协助被害人取回涉案银行卡,不可能控制卡内钱款。三个被告人是通过积极地实施挂失、补办新卡、转账等行为,实现了对涉案银行卡内钱款的控制和占有。上述行为完全符合盗窃罪'转移占有'的法律特征。"①

其三,"犯罪客观方面—犯罪主体"。例如,"李江职务侵占案"的裁判理由:"李系沪深航公司的驾驶员,在完成运输任务过程中,不仅负有安全及时地将货物运至目的地的职责,还负责清点货物、按单交接及办理空运托运手续。因此,李对其运输途中的货物负有保管职责。托运人将涉案金币交付给沪深航公司承运,由此沪深航公司取得了对涉案金币的控制权。李受沪深航公司委派具体负责运输该批货物,其在运输途中亦合法取得了对该批货物的控制权。根据本案事实,托运人对涉案金币所采取的包装措施,仅是将金币等货物用纸箱装好后以胶带封缄。该包装措施虽然在一定程度上宣示了托运人不愿他人打开封存箱的意思,但主要作用在于防止货物散落。托运人办理托运时,就已整体地将保管、运输该批货物的义务交付给沪深航公司,托运人在整个运输过程中客观上已无力控制、支配该批货物。因此,李作为涉案货物承运人沪深航公司的驾驶人员,在运输涉案货物途中,对涉案货物负有直接、具体的运输、保管职责。李正是利用这种自身职务上的便利,伙同他人将本单位承运的货物非法占有。"②

三、刑事裁判文书说理受犯罪论体系思维逻辑的影响

无论是犯罪论体系的构建,还是司法实践中犯罪的认定,均离不开论证逻辑。正如我国学者指出的"阶层性是四要件犯罪论体系与阶层犯罪论体系之间的根本区别之所在"③,犯罪成立条件之间的位阶关系有利于保证定罪的正确性。按照阶层犯罪论体系的要求,司法裁判应遵循以下判断规则:客观判断先于主观判断、具体判断先于抽象判断、类型判断先于个别判断和形式判断先于实质判断。

1. 客观判断先于主观判断

从实践维度来看,个案往往采取了相反的判断规则,即主观判断先于客观判断。例如,本丛书涉及的"赵金明等故意伤害案"的裁判理由:"被告人赵、李等为报复被害人,主观上有故意伤害他人身体的故意,客观上实施了持刀追赶他人的

---

① 案例来源:《最高人民法院公报》2011年第9期。
② 案例来源:《最高人民法院公报》2009年第8期。
③ 陈兴良:《刑法的知识转型(学术史)》,中国人民大学出版社2012年版,第109页。

行为,并致被害人死亡后果的发生,其行为均已构成故意伤害(致人死亡)罪。被害人被逼跳水的行为是被告人等拿刀追赶所致,被害人跳水后死亡与被告人的行为有法律上的因果关系,即使被告人对被害人的死亡结果是出于过失,但鉴于事先被告人等已有伤害故意和行为,根据主客观相一致原则,亦应认定构成故意伤害(致人死亡)罪。"①再如,"成俊彬诈骗案"的抗诉理由:"主观上,原审被告人成、黄在进入各被害单位之前就已具有骗取被害单位车辆的犯罪故意;客观上,两被告人在意图非法占有被害单位车辆的思想驱使下,首先使用假身份证和驾驶证到职介所登记,再去被害单位应聘,既虚构了其身份及其遵纪守法的事实,又隐瞒了其'并非想从事司机职务'及其曾经诈骗其他单位车辆的真相,骗取了被害人的信任,使被害人陷入错误认识,'自愿'将车辆交其保管,从而实现其非法占有被害单位财物的目的。"②

2. 抽象判断先于具体判断

例如,本丛书涉及的"朱建勇故意毁坏财物案"的裁判理由,先从社会危害性层面作抽象判断,再对盗窃行为构成要件作具体判断:"一、关于对被告人朱的行为能否用刑法评价的问题。《刑法》第 2 条规定:'中华人民共和国刑法的任务,是用刑罚同一切犯罪行为作斗争,以保卫国家安全,保卫人民民主专政的政权和社会主义制度,保护国有财产和劳动群众集体所有的财产,保护公民私人所有的财产,保护公民的人身权利、民主权利和其他权利,维护社会秩序、经济秩序,保障社会主义建设事业的顺利进行。'第 13 条规定:'一切危害国家主权、领土完整和安全,分裂国家、颠覆人民民主专政的政权和推翻社会主义制度,破坏社会秩序和经济秩序,侵犯国有财产或者劳动群众集体所有的财产,侵犯公民私人所有的财产,侵犯公民的人身权利、民主权利和其他权利,以及其他危害社会的行为,依照法律应当受刑罚处罚的,都是犯罪,但是情节显著轻微危害不大的,不认为是犯罪。'被告人朱为泄私愤,秘密侵入他人的账户操纵他人股票的进出,短短十余日间,已故意造成他人账户内的资金损失 19.7 万余元。这种行为,侵犯公民的私人财产所有权,扰乱社会经济秩序,社会危害性是明显的,依照《刑法》第二百七十五条的规定,已构成故意毁坏财物罪,应当受刑罚处罚。二、关于股票所代表的财产权利能否作为故意毁坏财物罪的犯罪对象问题…… 三、关于犯罪数额的计算问题…… 四、关于量刑问题……"③

3. 个别判断先于类型判断

例如,"王怀友等诽谤案"的裁判理由采取了犯罪主体—犯罪客体—犯罪主观

---

① 案例来源:最高人民法院刑事审判第一、二、三、四、五庭主办:《刑事审判参考》(总第 55 集),法律出版社 2007 年版,第 434 号案例。
② 案例来源:广东省佛山市中级人民法院(2007)佛刑二终字第 338 号。
③ 案例来源:《最高人民法院公报》2004 年第 4 期。

方面—犯罪客观方面的论证顺序,其中犯罪主观方面的判断属于个别判断,而犯罪客观方面的判断属于类型判断:"在主体方面,四个被告人均属完全刑事责任能力人。在客体方面,诽谤罪的客体是公民的名誉、人格,而对于政府工作人员来说政治名誉是其人格、名誉的组成部分,四个被告人的行为意欲侵害的是县委、政府领导人的政治名誉,因此四个被告人的行为侵犯的客体属于诽谤罪的客体。主观方面,尽管四个被告人各有其不同的上访事由,涉及不同的分管领导。但从整体上看,均因其各自上访问题未得到满意解决而对县委、政府产生不满,遂共同产生贬损县委、政府领导人政治名誉的念头,且均明知捏造的系虚假事实一旦散布出去必然会损害他人人格、破坏他人名誉,因此四个被告人均有诽谤他人的犯罪故意。客观方面,四个被告人针对县委、政府领导人共同实施了准备书写工具,商议捏造虚假事实,书写'大''小'字报及复印'小'字报;被告人王某、罗某、阮某还亲自实施了到昭通市区及鲁甸县城张贴的行为;四个被告人的行为造成了共同的危害后果。另外,四个被告人采用捏造虚假事实书写'大''小'字报这种恶劣的方法,选择昭通市区及鲁甸县城人员密集的公共场所进行张贴散布诽谤他人政治名誉,四个被告人的行为属于情节严重。综上所述,四个被告人属共同犯罪,其行为均已构成诽谤罪。"①

4. 实质判断先于形式判断

例如"李某抢劫案"的裁判理由不是先对抢劫一根玉米的行为作形式判断,即论证与判断此行为是否该当抢劫罪的实行行为,而是在量刑部分(是否适用缓刑)对此行为的社会危害性作实质判断:"抢劫罪侵犯的是财产权利和人身权利双重客体,本案中李某劫取的玉米价值甚小,对于超市来说损失甚微,但李深夜持刀架在被害人脖子处实施抢劫,给被害人造成的人身危险性远远超过财物本身的价值,给社会带来了不安全因素,具有严重的社会危害性,故不宜对李宣告缓刑。"②

四要件犯罪论体系反映到实践个案的裁判理由论证中,除不像阶层犯罪论体系所体现的先后有序递进之外,还间或存在部分要件"循环往复"或者杂糅在一起的现象。例如,"顾永波非法拘禁案"的裁判理由不仅将犯罪动机混同于犯罪目的,而且将犯罪主观方面与犯罪客观方面并在一起论证:"被告人顾为索取夫妻间曾协商约定的由其妻承担的债务,在其妻离家出走后,担心其妻不承担共同债务而落得人财两空,为迫使其妻的亲人及时找回其妻,扣押了其妻的亲人作为交换其妻的条件,从而达到要其妻承担债务与其离婚的目的,是一种'债务纠纷'的绑架行为。被告人顾在实施其违法行为时,实施了'扣押人质''以钱赎人'等类似绑架行为的客观外在的行为,但其主观上不具有索取财物的目的,不完全具备绑架罪的特征要件,不构成绑架罪。其为达到这一目的而非法扣押了人质钟某某,限

---

① 案例来源:云南省昭通市中级人民法院(2003)昭刑二终字第162号。
② 案例来源:上海市浦东新区人民法院(2012)浦刑初字第2578号。

制了人质钟某某的自由权利,影响较大,其行为构成非法拘禁罪。"① 显然,正是此种逻辑不清晰的论证方式,导致观点"是一种'债务纠纷'的绑架行为"与"不完全具备绑架罪的特征要件,不构成绑架罪"的前后矛盾。

此外,从实践来看,四要件犯罪论体系与阶层犯罪论体系的判断规则、论证思维逻辑的不同,或许对大部分案件的最终处理结论不会带来影响,但间或直接影响到对同一事实的不同定性。例如,"成俊彬诈骗案"中检察院、一审法院、二审法院之所以存在定性的分歧,与裁判论证是先进行客观判断还是先进行主观判断有着直接的关系。检察院的抗诉意见认为:"主观上,原审被告人成、黄在进入各被害单位之前就已具有骗取被害单位车辆的犯罪故意;客观上,两被告人在意图非法占有被害单位车辆的思想驱使下,首先使用假身份证和驾驶证到职介所登记,再去被害单位应聘,既虚构了其身份及其遵纪守法的事实,又隐瞒了其'并非想从事司机职务'及其曾经诈骗其他单位车辆的真相,骗取了被害人的信任,使被害人陷入错误认识,'自愿'将车辆交其保管,从而实现其非法占有被害单位财物的目的。综上,原审被告人成、黄的行为已构成诈骗罪。"二审法院裁判理由:"原审被告人成伙同原审被告人黄,以非法占有为目的,使用假身份证和驾驶证骗取被害单位招聘成作司机,后成利用给被害单位送货之机,伙同黄将被害单位的车辆非法占为己有;成没有为被害单位从事司机一职的主观愿望,其骗取的司机一职只是其骗取被害单位财物的一种手段,原审被告人成、黄的行为已构成诈骗罪。"② 抗诉意见和二审裁判理由均是先进行主观判断,认为被告人主观上有诈骗故意,进而基于此种故意实施了"诈骗"行为,因而构成诈骗罪。但是,按照阶层犯罪论体系的判断规则,宜先分析被告人的行为是职务侵占行为还是诈骗行为,两者的关键区别在于:第一,财物被侵害之前的状态是处于行为人控制还是由被害人控制;第二,财物的转移状态发生变化的原因是利用职务便利还是基于被骗而陷入认识错误进而做出财产处分。从本案案情来看,被告人虽然在取得司机身份时存在欺骗因素,但此并不意味着财物状态的改变也是基于被骗而陷入错误认识进而做出处分的结果。因而,本案被告人行为的定性宜为职务侵占罪。

四、聚焦"说理"来促进实践刑法学

近年来,随着依法治国方略的逐步实施和法治中国建设的逐步深化,中国法治实践学派随之兴起。所谓中国法治实践学派,是以中国法治为研究对象,以探寻中国法治发展道路为目标,以实验、实践、实证为研究方法,注重现实、实效,具有中国特色、中国气派、中国风格的学术群体的总称。③ 2018 年 7 月 20 日至 21 日,在"法学范畴与法理研究"学术研讨会(长春)上,徐显明教授提出了未来的法

---

① 案例来源:云南省永德县人民法院(2007)永刑初字第 29 号。
② 案例来源:广东省佛山市中级人民法院(2007)佛刑二终字第 338 号。
③ 参见钱弘道主编:《中国法治实践学派》(2014 年卷),法律出版社 2014 年版,第 3 页。

理学"五化"的命题,即学理化、本土化、大众化、实践化和现代化;付子堂教授提出了"走向实践的中国法理学"命题。刑法学作为部门法学,在某些方面"春江水暖鸭先知",较早地开始了知识形态方面的反思,先后提出了其是"无声的刑法学""无史化的刑法学"[①]"缺乏学派之争的刑法学"[②]"缺乏教义学的刑法学"[③]。显然,这些命题的提出存在一个大的背景,就是德日三阶层犯罪论体系的引入,促发了刑法学知识的转型,并形成与传统的四要件犯罪论体系并存的局面。如果说,学界围绕这些命题的论争与展开,更多地具有理论色彩的话,那么,另一个侧面的反思则集中在既有刑法学知识的疏离实践、缺乏实践理性品格方面[④],就后者而言,此种状况出现了改变的迹象,如个人专著式教科书开始"在叙述过程中,穿插有大量的司法解释和案例分析"[⑤],个别学者出版了判例教义学专著[⑥],并领衔对司法规则进行汇纂[⑦];个别学者结合案例进行专题研究[⑧];等等。笔者较早地关注此问题并一直将其作为学术重心,收集了大量实践案例,不仅对特定罪名或者专题进行研究[⑨],同时对最高司法机关相关刊物的案例进行汇总式评析[⑩],还在前期学术累积的基础上提出"实践刑法学"的设想,并开始了初步的尝试。[⑪] 如果说刑法处在"地方性与普适性"并存的发展状态[⑫],那么,塑造实践理性品格无疑会更多地凸显"地方性",也可以说,只有丰富了"地方性"知识,方能真正地形成"有独立声音的中国刑法学",而非"重复别人声音的中国刑法学"。随着案例指导制度的出台及指导性案例的发布,中国裁判文书网的建成及裁判文书的网上公开,裁

---

① 周光权:《法治视野中的刑法客观主义》,清华大学出版社2002年版,第2页。
② 张明楷:《刑法的基本立场》,中国法制出版社2002年版,第47页。
③ 陈兴良:《刑法教义学方法论》,载《法学研究》2005年第2期。
④ 参见齐文远:《中国刑法学应当注重塑造实践理性品格》,载陈泽宪主编:《刑事法前沿》(第六卷),中国人民公安大学出版社2012年版,第226、232页。
⑤ 黎宏:《刑法学》,法律出版社2012年版,自序第Ⅲ页。
⑥ 参见陈兴良:《判例刑法学》(上下卷),中国人民大学出版社2009年版。
⑦ 参见陈兴良、张军、胡云腾主编:《人民法院刑事指导案例裁判要旨通纂》(上下卷),北京大学出版社2012年版。
⑧ 参见金泽刚:《抢劫加重犯的理论与实践》,法律出版社2012年版。
⑨ 参见刘树德:《绑架罪案解》,法律出版社2003年版;刘树德:《抢夺罪案解》,法律出版社2003年版;刘树德:《挪用公款罪判解研究》,人民法院出版社2005年版;刘树德:《敲诈勒索罪判解研究》,人民法院出版社2005年版;刘树德:《"口袋罪"的司法命运——非法经营的罪与罚》,北京大学出版社2011年版;刘树德:《牵连犯辨正》,中国人民公安大学出版社2005年版。
⑩ 参见刘树德:《阅读公报——刑事准判例学理链接》,人民法院出版社2004年版;刘树德、喻海松:《规则如何提炼——中国刑事案例指导制度的实践》,法律出版社2006年版;刘树德、喻海松:《中国刑事指导案例与规则:提炼·运用·说理》,法律出版社2009年版;刘树德:《刑事指导案例汇览:最高人民法院公报案例全文·裁判要旨·学理展开》,中国法制出版社2010年版。
⑪ 参见刘树德:《实践刑法学·个罪Ⅰ》,中国法制出版社2009年版;刘树德:《刑事裁判的指导规则与案例汇纂》,法律出版社2014年版。
⑫ 参见储槐植、江溯:《美国刑法(第四版)》,北京大学出版社2012年版,第16页。

判文书释法说理指导意见①的下发及示范性说理文书的不断涌现,法院信息化建设的持续进步及大数据、人工智能等技术在司法领域的推广运用,实践(刑法)法学更有了良好的发展基础,理应有更大的使命与担当,既要加强案例指导制度运行的实证研究,为其健全和发展提供有针对性的对策建议,也要充分消化、吸收指导性案例的学术资源,全面、系统总结刑事法官裁判智慧,提升刑法学的实践性品格和教义化水平。

刘树德

2020 年 4 月 10 日

---

① 参见 2018 年 6 月 1 日最高人民法院《关于加强和规范裁判文书释法说理的指导意见》。

目 录

第一章 时间效力 …………………………………………………… 001
　超过旧法追诉时效但根据新法应当追诉的行为如何处理 ………… 001

第二章 犯罪概念 …………………………………………………… 006
　醉驾型危险驾驶罪如何适用《刑法》第 13 条"但书"之规定 …… 006

第三章 构成要件符合性判断之一：法益 ………………………… 011
　一、如何理解危害公共安全罪的"公共安全" …………………… 011
　二、如何认定公共安全中的"不特定" …………………………… 018
　三、以危害公共安全方式实施的针对特定对象的行为如何认定 … 025

第四章 构成要件符合性判断之二：行为、结果及因果关系 …… 031
　一、不纯正不作为犯中等价性的判断 ……………………………… 031
　二、如何理解危害公共安全罪的危险犯 …………………………… 040
　三、存在介入因素时，如何认定危害公共安全罪的因果关系 …… 044
　四、不作为犯罪中因果关系如何判断 ……………………………… 053
　五、危害公共安全罪中存在被害人减损行为的如何处理 ………… 057

第五章 构成要件符合性判断之三：犯罪主体 …………………… 060
　一、已满 14 周岁不满 16 周岁的人能否作为危害公共安全罪的主体 …… 060
　二、"非交通运输人员"违反交通运输管理法规的行为如何认定 ……… 063

第六章　违法性判断
一、危害公共安全罪中紧急避险的适用及其引发的作为义务 ⋯⋯⋯⋯ 068
二、出于抢救车内病人目的,违章驾车引发交通事故的行为如何处理 ⋯⋯ 077

第七章　有责性判断
一、危害公共安全罪中行为人主观心态的区分 ⋯⋯⋯⋯⋯⋯⋯⋯⋯⋯ 081
二、醉酒、吸毒等状态对危害公共安全主观心态和刑事责任能力的影响 ⋯ 087

第八章　犯罪形态
一、如何界定危害公共安全罪中具体危险犯的既遂标准 ⋯⋯⋯⋯⋯⋯⋯ 093
二、危害公共安全罪中具体危险犯未遂、中止形态的认定 ⋯⋯⋯⋯⋯⋯ 097
三、实际上未产生危害公共安全危险的行为如何判断及认定 ⋯⋯⋯⋯⋯ 103

第九章　共同犯罪
一、交通肇事后指使驾驶员逃逸的行为如何认定 ⋯⋯⋯⋯⋯⋯⋯⋯⋯ 108
二、非交通运输人员对于交通事故存在过错的如何认定 ⋯⋯⋯⋯⋯⋯⋯ 113

第十章　自　首
一、余罪自首中如何区分"不同种罪行"和"司法机关已掌握的罪行" ⋯ 122
二、对行为性质提出辩解的是否属于翻供 ⋯⋯⋯⋯⋯⋯⋯⋯⋯⋯⋯⋯ 125
三、醉驾型危险驾驶罪中自首的认定及从宽处罚的程度 ⋯⋯⋯⋯⋯⋯⋯ 129
四、交通肇事罪中自首的认定 ⋯⋯⋯⋯⋯⋯⋯⋯⋯⋯⋯⋯⋯⋯⋯⋯ 135

第十一章　量　刑
一、危害公共安全罪的缓刑适用及被判处缓刑后在上诉期内又犯新罪的法律适用 ⋯⋯⋯⋯⋯⋯⋯⋯⋯⋯⋯⋯⋯⋯⋯⋯⋯⋯⋯⋯⋯⋯ 141
二、醉驾型危险驾驶罪中量刑情节如何把握 ⋯⋯⋯⋯⋯⋯⋯⋯⋯⋯⋯ 145
三、危害公共安全罪中被害人存在过错的如何认定 ⋯⋯⋯⋯⋯⋯⋯⋯⋯ 147

第十二章　追诉时效
追诉时效如何计算 ⋯⋯⋯⋯⋯⋯⋯⋯⋯⋯⋯⋯⋯⋯⋯⋯⋯⋯⋯⋯ 159

第十三章　放火罪
一、尚未造成严重后果的放火行为既遂标准如何界定 ⋯⋯⋯⋯⋯⋯⋯⋯ 163
二、放火罪与失火罪之区分与转化 ⋯⋯⋯⋯⋯⋯⋯⋯⋯⋯⋯⋯⋯⋯ 169

三、如何区分放火罪与寻衅滋事罪、非法携带危险物品危及公共安全罪、
　　敲诈勒索罪等相关犯罪 ………………………………………… 174
四、以放火方式实施他罪的罪数如何认定 ………………………… 178
五、如何区分失火罪与重大责任事故罪、危险物品肇事罪和消防责任事故罪 … 183

第十四章　爆炸罪 …………………………………………………… 190
爆炸罪认定中的罪数问题如何把握 ………………………………… 190

第十五章　投放危险物质罪 ………………………………………… 197
一、如何理解投放危险物质罪与污染环境罪之间的关系 ………… 197
二、生产、销售具有毒害性的产品的行为如何认定 ……………… 200

第十六章　以危险方法危害公共安全罪 …………………………… 208
一、如何理解以危险方法危害公共安全罪中"其他危险方法"的含义 ……… 208
二、盗窃、毁坏或私自开采与公共安全相关的公共设施或资源的行为是
　　否属于"其他危险方法" ……………………………………… 212
三、射击、投掷或撞击等行为是否属于"其他危险方法" ………… 220
四、《刑法修正案（十一）》第33条中高空抛掷物品行为规定如何适用
　　与理解 …………………………………………………………… 226
五、使用危险物品或危险物质危害公共安全的行为如何认定 …… 231
六、私设电网致人重伤或死亡的行为如何认定 …………………… 237
七、在行驶的公共交通工具中干扰驾驶和司机擅离职守的行为如何认定 … 242
八、交通"碰瓷"行为如何认定 …………………………………… 248
九、如何区分交通肇事罪与以危险方法危害公共安全罪 ………… 255
十、使用燃料危害公共安全,可能发生火灾也可能发生爆炸的行为如何
　　认定 ……………………………………………………………… 266
十一、以危险方法危害公共安全罪与妨害公务罪、强令违章冒险作业罪、
　　　重大责任事故罪如何区分 …………………………………… 268

第十七章　破坏交通工具罪 ………………………………………… 277
一、如何理解破坏交通工具罪中"足以发生倾覆、毁坏危险"的既遂标准 … 277
二、破坏不特定交通工具的行为如何定性 ………………………… 281

第十八章　破坏交通设施罪 ………………………………………… 286
一、如何界定破坏交通设施罪中的"交通设施" …………………… 286

二、如何判断破坏交通设施罪中的"足以使火车、汽车、电车、船只、航空器发生倾覆、毁坏危险"与"造成严重后果" ………………… 288

第十九章　破坏电力设备罪 ………………………………………… 292
一、如何判断破坏电力设备行为是否"危害公共安全" ………………… 292
二、盗窃电力设备过程中以暴力手段抗拒抓捕的是否构成转化型抢劫罪 …… 296

第二十章　组织、领导、参加恐怖组织罪 …………………………… 301
一、如何界定"恐怖主义"的含义 ………………………………………… 301
二、组织、领导、参加恐怖活动组织并实施其他犯罪的如何认定 ……… 305

第二十一章　宣扬恐怖主义、极端主义罪 …………………………… 310
在网络上宣扬恐怖主义、极端主义行为的如何认定 …………………… 310

第二十二章　劫持航空器罪 …………………………………………… 316
如何界定劫持航空器罪的既遂标准 ……………………………………… 316

第二十三章　劫持汽车罪 ……………………………………………… 320
劫车行为中劫持汽车罪与抢劫罪如何区分与认定 ……………………… 320

第二十四章　破坏广播电视设施、公用电信设施罪 ………………… 324
一、"广播电视设施"和"公用电信设施"的范围及两罪既遂的认定 ……… 324
二、非法使用"伪基站"设备行为如何认定 ……………………………… 327

第二十五章　非法制造、买卖、运输、邮寄、储存枪支、弹药、爆炸物罪 ……… 332
一、如何认定非法制造、买卖、运输、邮寄、储存枪支、弹药、爆炸物罪中
"枪支、弹药、爆炸物"的范围 …………………………………………… 332
二、如何理解非法制造、买卖、运输、邮寄、储存枪支、弹药、爆炸物罪中
"非法制造、买卖、运输、邮寄、储存"的含义 ………………………… 336
三、如何理解"生产、生活需要" ………………………………………… 341
四、如何认定非法制造、买卖、运输、邮寄、储存枪支、弹药、爆炸物罪中的
"情节严重" ………………………………………………………………… 344

第二十六章　非法制造、买卖、运输、储存危险物质罪 …………… 348
如何认定非法制造、买卖、运输、储存危险物质罪的"危险物质" …… 348

第二十七章　盗窃、抢夺枪支、弹药、爆炸物、危险物质罪 …… 353
一、盗窃枪支罪与盗窃罪的关系如何认定 …… 353
二、以所盗窃、抢夺、抢劫的枪支、弹药、爆炸物实施故意杀人的行为如何认定 …… 355

第二十八章　非法持有、私藏枪支、弹药罪 …… 360
非法持有枪支罪中共同犯罪如何认定 …… 360

第二十九章　丢失枪支不报罪 …… 364
丢失枪支不报罪中"丢失"及"不及时报告"如何认定 …… 364

第三十章　交通肇事罪 …… 368
一、如何理解交通肇事罪和危险驾驶罪中的"道路" …… 368
二、吸毒后驾驶机动车发生交通事故的认定及吸毒是否属于交通肇事罪的"其他特别恶劣情节" …… 375
三、交警部门认定的事故责任与交通肇事刑事责任如何区分 …… 378
四、如何认定"交通运输肇事后逃逸" …… 384
五、如何理解交通肇事罪的"因逃逸致人死亡" …… 394
六、如何区分交通肇事罪与利用交通工具实施的故意杀人罪 …… 402
七、交通肇事后指使他人顶罪的行为如何认定 …… 411

第三十一章　危险驾驶罪 …… 417
一、如何理解危险驾驶罪中的"醉酒" …… 417
二、如何理解构成危险驾驶罪的车辆范围 …… 420
三、醉驾型危险驾驶罪中行为人主观心态如何判断 …… 425
四、如何理解危险驾驶罪中"追逐竞驶，情节恶劣" …… 430
五、醉酒型危险驾驶罪中部分从宽情节如何认定及处理 …… 435
六、行为人醉酒驾驶机动车并抗拒检查的如何认定 …… 440
七、如何把握醉酒驾驶机动车的证据标准 …… 444
八、危险驾驶罪与以危险方法危害公共安全罪如何区分 …… 454

第三十二章　重大责任事故罪 …… 459
如何区分重大责任事故罪与其他相关犯罪 …… 459

第三十三章 危险物品肇事罪 ··· 468
一、如何理解危险物品肇事罪"危险物品"的范围 ················ 468
二、如何认定危险物品肇事罪的主体 ································ 473

第三十四章 消防责任事故罪 ··· 479
消防责任事故罪"直接责任人员"是否限于火灾事故责任认定中的"直接责任人员" ··· 479

后记 ··· 483

第一章 时间效力

超过旧法追诉时效但根据新法应当追诉的行为如何处理

(一)裁判规则

《中华人民共和国刑法》(以下简称《刑法》)第12条规定"如果当时的法律认为是犯罪的,依照本法总则第四章第八节的规定应当追诉的,按照当时的法律追究刑事责任"中"当时的法律",既包括当时刑法中定罪量刑的规定,也包括当时刑法中关于追诉时效的规定。追诉时效适用从旧兼从轻原则,对于犯罪行为发生在1997年《刑法》实施以前且超过1979年《刑法》规定的追诉时效,即便按照1997年《刑法》的规定未超过追诉时效的,亦不应追究刑事责任。对于超过追诉时效但是已经进入刑事诉讼程序的案件,无论在刑事诉讼的哪一阶段,一般都应当终止之后的诉讼程序。

(二)规则适用

追诉时效,是指刑事法律规定的,对犯罪分子追究刑事责任的有效期限。在此期限内,司法机关有权追诉;超过此期限的,司法机关既不能行使求刑权、量刑权与行刑权,也不能适用非刑罚的法律后果,即导致法律后果的消灭,因而犯罪已过追诉时效期限的,不再追究刑事责任。1997年《刑法》修改了1979年《刑法》中关于追诉时效的部分规定。一是追诉时效延长时间点的规定,1979年《刑法》第77条规定:"在人民法院、人民检察院、公安机关采取强制措施以后,逃避侦查或者审判的,不受追诉期限的限制。"1997年《刑法》第88条第1款规定:"在人民检察院、公安机关、国家安全机关立案侦查或者在人民法院受理案件以后,逃避侦查或者审判的,不受追诉期限的限制。"1997年《刑法》将逃避侦查追诉时效延长的时间点从采取强制措施提前到立案侦查。二是1997年《刑法》增加了"被害人在追诉期限内提出控告,人民法院、人民检察院、公安机关应当立案而不予立案的,不受追诉期限限制"的规定。两相比较,1997年《刑法》有关追诉时效的规定较1979年《刑法》而言,对被告人更严格。上述规定的修改导致部分行为人在人民检察院、公安机关立案侦查或人民法院受理案件后采取强制措施前逃避侦查的案件，存在超过旧法追诉时效但根据1997年《刑法》的规定又应当追诉的情况。

对此，有意见认为，根据1997年《刑法》第12条"如果当时的法律认为是犯罪的，依照本法总则第四章第八节的规定应当追诉的，按照当时的法律追究刑事责任"的规定，行为凡是符合1997年《刑法》第四章第八节追诉规定的，应按照犯罪行为当时的法律，即1979年的法律规定定罪量刑，不因超过旧法的追诉时效而放弃刑事责任的追究。该观点的核心在于，认为1997年《刑法》第12条的规定表明对追诉时效应适用1997年《刑法》，从而排除旧刑法追诉时效的适用。笔者认为，这种观点是片面的，理由在于：1997年《刑法》第12条规定中"当时的法律"，在理解上不能仅限于当时定罪量刑的法律，也应包含当时追诉时效的规定，在适用旧法进行定罪量刑前，先要判断是否符合旧法中追诉时效的规定。在法律没有明确规定的情况下，不能把追诉时效的规定排除于当时的法律之外。据此，1997年《刑法》第12条的含义是，即便按照1997年《刑法》第四章第八节的规定应当追诉，也应按照犯罪行为时刑法中追诉时效的规定处理。

1997年《刑法》第12条关于溯及力的规定采取的是从旧兼从轻原则。关于追诉时效是否也适用从旧兼从轻原则存在争议，笔者认为，追诉时效可以适用从旧兼从轻原则，理由如下：

第一，从从旧兼从轻原则来看，该原则是罪刑法定原则与人权保障理念的具体表现。罪刑法定要求禁止事后法，这是自由的基础，知道现行法律内容，才可以在法律允许的范围内安排行为，而不用担忧该行为今后是否会被评价为非法。这种因对法律规范安定性的确信而产生的信赖利益的基础一般限于实体性规定，而不包括程序性规定。与实体性规定相比，程序性规定并不创造新的权利义务，只提供法律救济和实现权利的方法和路径，因而程序性规定不会影响法的安定性，进而影响人们对法律的信赖。刑事领域中实体性规定就是关于犯罪与刑罚的法律规范的总称。刑法是实体法，刑法的所有规定原则上均禁止适用事后法。但是，刑法中实际上包含了一些程序性规定，如现行《刑法》第48条第2款关于核准死刑的程序性规定，第79条关于减刑的程序性规定等，这些规定不属于犯罪构成要件和刑罚效果的内容，因而不受从旧兼从轻原则的限制。而追诉时效从内容上来看，会带来司法机关追诉权的消灭，从而导致被告人刑罚的消灭，属于影响刑罚的实体性规定，同时，追诉时效规定在《刑法》第四章"刑罚的具体运用"中，从条文位置来看，其性质也属于刑法实体性规定，因而可以适用从旧兼从轻原则。

第二，从追诉时效的意义来看，追诉时效之于社会的价值不在于其公正性，而在于其功利性，以较小的公正代价换取更大的秩序价值和效率价值。追诉时效的变动，体现的是一个国家司法资源的充分利用水平，所以，适用处刑较轻的新法，虽然在一定程度上牺牲了刑罚的确定性，受到了放任犯罪的质疑，但是在刑事整体法治和社会政策需求背景下却得到了更多的刑罚效益和社会价值。

第三，从社会效果来看，一是随着社会的发展、变化，法律对一个行为的评价也相应地发生变化，原来社会危害非常严重的行为，新的法律可能认为社会危害较轻或者不成立犯罪，尤其对于法定犯来说，行为的危害程度受社会环境和民众观念的影响很大，如果对于追诉时效一味适用旧法，则对被告人过于苛责。二是对于犯罪后没有被司法机关发现，无人控告的情形，追诉时效的设立可以维护已经平稳的社会关系，适用从旧兼从轻原则可以避免稳定状态被再次破坏。三是对于司法机关而言，追诉时效适用从旧兼从轻原则有利于年代久远案件的消解，减轻司法机关收集证据和办理案件的负担。

第四，1997年9月25日通过的最高人民法院《关于适用刑法时间效力规定若干问题的解释》第1条规定："对于行为人1997年9月30日以前实施的犯罪行为，在人民检察院、公安机关、国家安全机关立案侦查或者在人民法院受理案件以后，行为人逃避侦查或者审判，超过追诉期限或者被害人在追诉期限内提出控告，人民法院、人民检察院、公安机关应当立案而不予立案，超过追诉期限的，是否追究行为人的刑事责任，适用修订前的刑法第七十七条的规定。"该规定明确了追诉时效也应适用从旧兼从轻原则。

综上所述，1997年《刑法》第12条的含义是，即便按照1997年《刑法》第四章第八节的规定应当追诉的，也应按照犯罪行为时刑法中追诉时效的规定处理，除非1997年《刑法》的规定更有利于行为人。对于犯罪行为发生在1997年《刑法》实施以前且超过1979年《刑法》规定的追诉时效，即便按照1997年《刑法》未超过追诉时效的，亦不应追究刑事责任。

对于超过追诉时效但是已经进入刑事诉讼程序的案件在程序上如何处理，根据1979年《中华人民共和国刑事诉讼法》（以下简称《刑事诉讼法》）第11条的规定，对此种情况应当撤销案件，或者不起诉，或者宣告无罪，即在侦查阶段由侦查机关撤销案件；在审查起诉阶段由公诉机关作出不起诉决定；在审判阶段由法院宣告无罪。对于该规定，笔者认为，对于超过追诉时限的，在审判阶段一律宣告无罪的规定不尽合理。理由在于：因为案件尚未经过完整的审判程序，尚不能明确被告人是否有罪。1979年《刑事诉讼法》第11条"犯罪已过追诉时效"中的"犯罪"只是一种犯罪嫌疑，由于行为人的行为已经超过追诉时效，出于节约司法资源、稳定社会关系等多方面原因的考虑，对于超过追诉时效的行为，诉讼程序不再往下进行，对行为人不予追究刑事责任，而该行为不一定构成犯罪。宣告无罪是人民法院通过审理后，认为被告人无罪或者不能证明被告人有罪而作出的实体判决，它解决的不是诉讼程序上的问题，而是被告人是否有罪的实体问题。因此，对于超过追诉时效的行为，无论在刑事诉讼的哪一阶段，一般都应当终止之后的诉讼程序，在审判阶段一般应裁定终止审理，而不应宣告无罪。对于1979年《刑事诉讼法》这一规定的缺陷,1996年《刑事诉讼法》第15条①进一步增加了"或者终止审理"的表述,并延续至今。

对于"终止审理"的理解:其一,从审判过程来看,法院应当先判断被告人的行为是否构成犯罪、构成何种犯罪及应受何种处罚,之后才能比较犯罪的法定最高刑和追诉时效,所以因超过追诉时效而作出的终止审理的裁定,既是程序性裁判又是实体性裁判。② 其二,最高人民法院《关于适用〈中华人民共和国刑事诉讼法〉的解释》(以下简称《刑事诉讼法解释》)第295条第(八)项规定:"犯罪已过追诉时效期限且不是必须追诉,或者经特赦令免除刑罚的,应当裁定终止审理。"

【指导案例】朱晓志交通肇事案③——交通肇事超过旧法追诉时效但根据新法应当追诉的如何处理

货主焦伟生支付运费人民币400元,让被告人朱晓志和付品豪于1993年9月9日晚开车从驻马店至泌阳县城给其运送化肥15吨。货运到后,焦伟生以少11袋化肥为由要求朱晓志、付品豪以运费抵偿损失,朱、付不同意,双方为此争执不下。后朱、付二人趁焦伟生去找人卸化肥之机,由朱晓志于道路左侧驾车逃跑,被给焦伟生看门市部的易万峰发现。易万峰即随后追赶并冲到车前意欲拦车。由于当时雨下得很大,朱晓志在发现不及时和紧急刹车失灵的情况下,将易万峰撞死,朱、付逃逸。

1993年9月10日5时20分,死者易万峰的哥哥易万伦到泌阳县交警队报案,公安机关决定立案。1999年3月24日泌阳县公安局将朱晓志刑事拘留。2000年1月26日泌阳县人民检察院批准逮捕朱晓志。

在本案中,朱晓志为摆脱运输纠纷,违反右侧通行的交通规则驾车,致被害人易万峰死亡,且在明知发生了事故的情况下,为逃避责任而逃逸,属于交通肇事逃逸。被告人朱晓志的交通肇事行为发生在1993年9月9日,量刑上应当适用1979年《刑法》第113条和1987年8月21日最高人民法院、最高人民检察院《关于严格依法处理道路交通肇事案件的通知》第1条第(一)、(三)项规定的"三年以下有期徒刑或拘役"的法定刑幅度,而1979年《刑法》第76条和1997年《刑法》第87条都规定,法定最高刑为不满五年有期徒刑的,经过五年不再追诉。公安机关刑事拘留朱晓志的时间是1999年3月24日,距其交通肇事之日已超过五年,其

---

① 现行《刑事诉讼法》(2018年修正)第16条。
② 参见赵剑、罗成、刘晓亮:《论终止审理制度的反思与重构——以"已过诉讼时效期限的"司法裁判实质解读为视角》,载《云南警官学院学报》2018年第3期。
③ 参见刘德山、邢会峰、汪鸿滨:《朱晓志交通肇事案——超过1979年刑法规定的追诉时效但根据新刑法又应当追诉的应如何处理》,载最高人民法院刑事审判第一庭、第二庭编:《刑事审判参考》(总第26辑),法律出版社2002年版,第1—6页。

间没有对其采取拘传、取保候审、监视居住、拘留等任何一种强制措施,已经超过追诉时效。本案中朱晓志肇事后逃逸,存在逃避侦查情节,按照1997年《刑法》第88条"在人民检察院、公安机关、国家安全机关立案侦查或者在人民法院受理案件以后,逃避侦查或者审判的,不受追诉期限的限制"的规定,该案尚未超过追诉时效,而按照1979年《刑法》第77条的规定,已经超过追诉时效。

对此,一方面,按照1997年《刑法》第12条"如果当时的法律认为是犯罪的,依照本法总则第四章第八节的规定应当追诉的,按照当时的法律追究刑事责任,但是如果本法不认为是犯罪或者处刑较轻的,适用本法"的规定处理,当时的法律既包括定罪量刑的规定,也包括有关追诉时效的规定,应按当时法律即1979年《刑法》中追诉时效的规定处理,即朱晓志的行为已过追诉时效且不符合追诉时效延长的规定,不再追究刑事责任。同时比较新旧刑法,显然1997年《刑法》中"不受追诉期限的限制"的规定更重,也应适用旧法。另一方面,1997年《刑法》于1997年10月1日起生效,假如朱晓志的行为发生在1992年5月并立案,公安机关于1997年9月对其采取强制措施,根据1979年《刑法》的规定,显然超过追诉时效,不应追究其刑事责任。而同样的情况,假如公安机关于1997年10月以后对其采取强制措施,如果按照1997年《刑法》中追诉时效的规定,追究其刑事责任,采取强制措施晚的反而追诉时效长,则有失公平。因此,超过行为时法律追诉时效,但按照新法应当追诉的,应适用旧法规定,故本案已超过追诉时效,应裁定终止审理。

第二章　犯罪概念

醉驾型危险驾驶罪如何适用《刑法》第13条"但书"之规定

(一) 裁判规则

危险驾驶罪对醉酒驾驶机动车的行为虽未规定入罪的情节标准,但并不排除《刑法》第13条"但书"的适用。根据醉酒驾驶机动车行为的社会危害程度和行为人人身危险性大小,对于情节轻微的,可以依据情节轻微程度,对行为人适用缓刑、免予刑事处罚或认定无罪。

判定醉酒驾驶机动车行为是否属于情节轻微及轻微程度时,应从该行为的社会危害程度和行为人人身危险性大小两方面予以考查。判断醉酒驾驶机动车行为的社会危害程度时,着重考查醉酒驾驶机动车的速度及距离,所驾驶机动车的情况,醉酒驾驶机动车行为发生的时间、地点及后果,是否存在其他违反道路交通安全法规的行为等。判断行为人人身危险性时,着重考查行为人的血液酒精含量、行为人醉酒驾驶机动车目的、犯罪后行为人态度及一贯表现等。

行为人具有严重从重处罚情节的,一般应排除"情节显著轻微"的认定。

(二) 规则适用

《刑法》第133条之一对于"追逐竞驶"行为,规定"情节恶劣的"才构成危险驾驶罪,而对于"醉酒驾驶机动车的"并未规定任何限定条件。因此,有观点认为,只要具有醉酒驾驶机动车的危险驾驶行为,即可构成危险驾驶罪。而另有观点认为,虽然法律条文中没有明确规定情节严重或情节恶劣的前提条件,但根据《刑法》总则第13条"但书"之规定,醉酒驾驶机动车行为如果情节显著轻微危害不大的,不认为是犯罪。笔者认为,第二种观点更为合理,理由在于:

第一,《刑法》第13条规定在总则部分,而第133条之一规定在分则部分,在无明确表述排除第13条适用时,应当适用其规定。

第二,从刑法的谦抑性来看,危险驾驶罪本身属于轻罪,最重的刑罚为拘役,对于未造成后果且情节十分轻微的,并无使用刑罚规制的必要。

第三,有意见认为,在当前由机动车引发的社会安全问题日益严峻的情况下,醉酒驾驶机动车本身就属于"情节恶劣的"危险驾驶行为,只要在道路上实施醉酒驾驶机动车行为,均构成犯罪,这符合刑法修正案的本意及立法者的初衷。不赞同上述观点的认为,虽然出于对危险驾驶现状和交通安全状况等方面的考虑,对醉酒驾驶机动车行为应着力规制,法律条文中未限制醉驾行为入罪的情节标准,也说明了立法者重点规制醉驾行为的倾向,但是着力规制不表示"一刀切"地不考虑犯罪情节而将醉驾行为全部入罪,未规定入罪的情节标准也不表示完全排除《刑法》第13条的适用,而可以通过降低醉驾行为的入罪情节门槛和提高《刑法》第13条的适用标准来实现对危险驾驶行为的从严规制。从《刑法》第133条之一的法律规定来看,原则上醉驾行为应当构成危险驾驶罪,但符合《刑法》第13条规定的除外,而为了体现对醉驾行为的规制力度,应明确具体犯罪情节的影响并提高情节显著轻微的认定标准。最高人民法院《关于常见犯罪的量刑指导意见(二)(试行)》中规定了"对于醉酒驾驶机动车的被告人,应当综合考虑被告人的醉酒程度、机动车类型、车辆行驶道路、行车速度、是否造成实际损害以及认罪悔罪等情况,准确定罪量刑。对于情节显著轻微危害不大的,不予定罪处罚;犯罪情节轻微不需要判处刑罚的,可以免予刑事处罚",以及湖南省人民检察院《关于危险驾驶(醉驾)犯罪案件不起诉的参考标准(试行)》(以下简称《不起诉参考标准》)中明确规定了办理醉酒驾驶机动车案件时不起诉的标准。两份文件均明确了醉酒驾驶机动车行为虽未规定入罪的情节标准,但并不排除《刑法》第13条"但书"的适用。

判定醉酒驾驶机动车行为是否属于情节轻微及轻微程度,主要从醉酒驾驶机动车行为的社会危害程度和行为人人身危险性大小两方面予以考查。

行为方面考查的因素主要包括:①醉酒驾驶机动车的速度及距离,包括是否超速、超速的程度及醉酒驾驶的路程等。②所驾驶机动车的情况,包括车辆种类、车辆最高时速、是否载客、载客数量、是否属于营运车辆等。③醉酒驾驶机动车行为发生的时间,包括是否属于交通高峰时段、醉酒驾驶持续的时间、饮酒与驾驶之间间隔的时间长短等。④醉酒驾驶机动车行为发生的地点,包括醉酒驾驶机动车行驶路段的车流量情况,行驶道路是高速公路、主路还是辅路等。⑤酒驾的后果,是否发生事故及事故的严重程度等。⑥是否存在其他违反道路交通安全法规的行为,包括是否无证驾驶、超速、超载、违反交通信号等。

行为人方面考查的因素主要包括:①行为人的血液酒精含量,此数值直接反映了行为人的醉酒程度,进而影响醉酒驾驶机动车行为的危险程度。如果血液酒精含量超过醉酒标准不多的,一般可直接认定为情节轻微;如果超过较多,则需进一步结合其他情节进行判断。对此,《不起诉参考标准》规定,血液酒精含量在150毫克/100毫升以下,且没有其他从重处罚情节的,可以适用相对不起诉;血液酒精含量超过150毫克/100毫升但低于200毫克/100毫升,没有从重处罚情节,且具有规定的从轻处罚情节的①,可以适用相对不起诉。②行为人醉酒驾驶机动车的目的,是因紧急情况不得已而驾车,还是存在侥幸心理或是为了追求刺激,不同的目的反映了行为人的主观危险性不同。③犯罪后行为人态度,即考查行为人是否有悔罪表现,是否具有自首、坦白、立功或积极赔偿等情节。④行为人的一贯表现,包括之前的犯罪记录、社会评价及是否曾因醉酒驾驶机动车受过处罚等。

综合上述情节,基本能够反映出醉酒驾驶机动车行为的社会危害程度和行为人的人身危险性。对于具有上述情节的案件,应综合全部犯罪情节,在从轻处罚、适用缓刑、免予刑事处罚和不认定为犯罪四者间进行权衡:一是对于只具备一个或两个轻微从宽情节的,综合考虑案件其他情节,一般可以从轻处罚。二是对于没有发生事故,且行为人积极认罪、具有悔罪表现,符合缓刑适用条件的,可以适用缓刑。三是对于具备适用缓刑条件,且被告人具备其他一个或多个从宽情节的,可以免予刑事处罚。四是对于满足免予刑事处罚条件,且犯罪情节显著轻微,如酒精含量刚刚超过入罪标准,或有不得已醉酒驾驶机动车的紧急事由的,可以不认定为犯罪。

醉酒驾驶机动车的情况下,具有较为严重的从重情节的,一般不适用相对不起诉。参照《不起诉参考标准》,其规定的较为严重的从重情节具体包括:①血液酒精含量极高的。②造成交通事故负事故全部或者主要责任,或者造成他人轻伤或造成重大经济损失的。③造成交通事故或者造成交通事故后逃逸的。④在高速公路、城市快速路上或在居民区、学校附近等人群密集的区域道路驾驶的。⑤驾驶载人营运机动车的。⑥存在其他违法情节的,如机动车已经报废,或存在无证驾驶、严重超员、超载或者超速驾驶的。⑦在公安机关依法检查时,有逃跑、拒绝、阻碍公安机关依法检查,让人顶替等行为的。⑧曾因酒后驾驶机动车受过行政处罚或者追究刑事责任的。这些情节反映出醉酒驾驶机动车行为的社会危害性较高或行为人的人身危险性较大。参照该规定,在审判阶段,如果发现案件中具备上述或其他严重的从重处罚情节的,一般应排除"情节显著轻微"的认定。

【指导案例】吴晓明涉嫌危险驾驶案②——因女儿疾病醉酒驾车赶往医院的是否属于情节显著轻微危害不大

2011年7月27日凌晨1时35分许,被告人吴晓明驾驶牌号为粤BM386V的

---

① 《不起诉参考标准》第7条规定:"醉酒驾驶机动车,血液酒精含量超过150毫克/100毫升但低于200毫克/100毫升,没有本参考标准第五条规定的从重处罚情节,具备以下情形的,可以适用相对不起诉:(一)驾驶车辆的目的并非在道路上行驶,而是为了挪车位,且未发生严重损害后果的;(二)因事发突然,情况紧急驾驶车辆,且未发生交通事故的;(三)驾驶车辆行驶一段距离后主动放弃驾驶,且未发生交通事故的。"

② 参见施东辉:《吴晓明危险驾驶案——如何认定醉驾型危险驾驶案件中的犯罪情节轻微》,载最高人民法院刑事审判第一、二、三、四、五庭主办:《刑事审判参考》(总第94集),法律出版社2014年版,第21—25页。

汽车途经深圳市龙岗区龙园路龙园大门路段时,被交警当场查获。经鉴定,吴晓明血液酒精含量为 89.4 毫克/100 毫升。另查明,吴晓明的女儿吴某绮于 2010 年 12 月 1 日出生,病例材料显示 2011 年 7 月 27 日至 28 日其因发热在龙岗区中心医院就诊。

  在本案中,被告人在道路上醉酒驾驶机动车的事实清楚、证据确实充分,以危险驾驶罪定性不存在争议,但对其是否可以适用《刑法》第 13 条和第 37 条的规定存在争议。一种意见认为,被告人血液酒精含量较低,未发生交通事故,社会危害性较小,且归案后如实供述,认罪态度好,属于犯罪情节较轻,可以对被告人适用缓刑。另有意见认为,对被告人应当免予刑事处罚,本案中被告人犯罪情节轻微,危险驾驶罪中醉酒驾驶机动车行为未规定入罪情节要求,不能适用《刑法》第 13 条,所以应适用《刑法》第 37 条"犯罪情节轻微不需要判处刑罚的,可以免予刑事处罚"。第三种意见认为,被告人不仅具有上述法定或者酌定从轻处罚情节,且本案案发事由特殊,其系因未满周岁的女儿突发疾病,情急之下才醉酒驾车,且《刑法》第 133 条之一虽未规定醉驾行为的入罪情节要求,但并不排除《刑法》第 13 条的适用,应当认定为无罪。笔者认为,第三种观点更为合理,如上所述,醉驾型危险驾驶罪不排除《刑法》第 13 条"但书"的适用,而且本案被告人具备多个法定或酌定从轻处罚情节:一是未发生事故,社会危害性较小。二是被告人血液酒精含量为 89.4 毫克/100 毫升,刚达到醉酒驾驶机动车的标准。三是醉酒驾驶机动车的时间在凌晨 1 时许,行驶路线也非主干道,路上车辆较少。四是被告人出于去医院看望生病的女儿,而凌晨其他交通工具较少,同时被告人以往表现较好,到案后如实供述,认罪、悔罪,主观恶性较小,且本案中无其他从重处罚情节。综合考虑上述情节,可以适用"但书"之规定,不认定该行为为犯罪。

  【指导案例】岳某某涉嫌危险驾驶案①——酒后隔夜在交警指挥下短距离低速挪车,血液酒精含量刚超过危险驾驶罪标准的,是否属于情节显著轻微危害不大

  2016 年 4 月 20 日上午 11 时 30 分许,岳某某的同事高某某驾驶新 L-D2758 号机动车接岳某某上班时,将车违章停放在建国南路西侧人行道,执勤交警要求将车移至指定位置接受处罚。岳某某来到现场后,执勤交警要求他们出示驾驶证,岳某某将自己的驾驶证交给了执勤交警,并按照交警的要求,将车从路西侧人行道移至路东侧的机动车道。之后执勤交警在与岳某某交谈时,闻到酒味,遂将岳某某移交交警队抽血检查酒精含量,经鉴定,岳某某每 100 毫升血液中含酒精 84 毫克。另查,岳某某与高某某等人于 2016 年 4 月 19 日晚一起喝酒至凌晨 2 时

---

① 一审案号:(2016)新 2201 刑初 309 号,审理法院:新疆维吾尔自治区哈密市人民法院;二审案号:(2016)新 22 刑终 113 号,审理法院:新疆维吾尔自治区哈密地区中级人民法院。

许,高某某因此案被公安机关行政处罚人民币2000元。

　　本案中,岳某某醉酒驾车,符合危险驾驶罪的构成要件,但其行为总体上较为轻微,存在多个从轻情节:一是岳某某与高某某等人是在2016年4月19日晚一起喝酒至凌晨2时许,岳某某酒后休息了一个晚上,于20日上午11时许驾驶车辆,从饮酒到驾车之间间隔时间较长。二是岳某某血液酒精含量为84毫克/100毫升,刚刚超过80毫克/100毫升的醉酒标准,醉酒程度较低。三是岳某某是在交警的要求和指挥下移动车辆到指定位置,其驾驶车辆的行为处于交警的监管之下,且移动车辆的距离较短、速度较低,行为的危险性较小。四是岳某某通过一夜的休息,移动车辆时并未意识到自己还处于醉酒状态,且其不是主动酒后驾驶车辆,移动车辆系交警的要求,交警让其移车时,也没有发现岳某某处于醉酒状态,故岳某某不具有危险驾驶的主观故意。综合上述情节,岳某某的危险驾驶行为符合情节显著轻微的要求,可不认为是犯罪。

第三章　构成要件符合性判断之一：法益

一、如何理解危害公共安全罪的"公共安全"

（一）裁判规则

《刑法》分则第二章"危害公共安全罪"中的同类客体"公共安全"，是指不特定人的生命、健康安全，重大公私财产安全以及公共生产、工作和生活的安全。不特定人的生命、健康安全，包括不特定多数人的安全和不特定少数人的安全，特定多数人的安全和特定少数人的安全不属于公共安全。

危害公共安全行为与故意杀害、伤害行为的区分，在于犯罪行为可能侵害的对象事先是否确定，如果行为人对此既无法预料，也难以实际控制，行为造成的危险状态或者结果可能随时扩大或增加，则属于危害公共安全行为。这种不确定性，使公众陷于难以预见的危险所带来的恐惧之中，从而平添不安全感，正是危害公共安全罪与单纯侵犯人身权利或财产权利犯罪相较危害性差异之所在。

（二）规则适用

对于危害公共安全罪中"公共安全"的界定，我国刑法学界一直存在不同观点：第一种观点认为，"公共安全是指不特定多数人的生命、健康、财产安全，重大公私财产安全和其他公共利益的安全"[1]。第二种观点认为，"公共安全是不特定或者多数人的生命、身体、财产安全"[2]。第三种观点认为，"公共安全是指多人的生命、健康、重大公私财产的安全"[3]。第四种观点认为，"公共安全就是指不特定的人身与财产安全"[4]。尽管对于公共安全的范围没有统一的界定，但在一些方面还是达成了共识，几乎所有学者对"公共安全"的解释都涉及两个关键词——"不特定"和"多数"，对于不特定多数人的安全属于公共安全和特定少数人的安全不属于公共安全已经没有异议，问题主要集中在不特定少数人的安全和特定多数人

---

[1] 高铭暄、马克昌主编：《刑法学》，中国法制出版社2007年版，第397页。
[2] 周光权：《刑法各论》，中国人民大学出版社2008年版，第161页。
[3] 阮齐林：《刑法学》，中国政法大学出版社2008年版，第385页。
[4] 刘志伟主编：《危害公共安全犯罪疑难问题司法对策》，吉林人民出版社2001年版，第13页。

的安全是否属于公共安全。

多数的概念一直是和少数相对的,很大程度上受到主观因素的影响,而且危害公共安全罪中的"多数"很大程度上取决于刑事政策的倾向。虽然具体的数量仍有待于司法解释的规定,但是仍可以分析其通用的标准。笔者认为,三人以上即可认定为多数。这主要考虑到:第一,我国传统上一直将三人以上认定为多数。如东汉班固《汉书·高惠高后文功臣表序》所言,"三人为众,虽难尽继,宜从尤功",意思是数目达到三人即可称为众人,已不算少数。三人以上为多数,也符合一般人的观念。第二,《生产安全事故报告和调查处理条例》第3条对人员伤亡划分等级时规定,造成三人以上死亡,即为较大事故。由此可见,三人以上的人身伤亡可以作为一个等级划分标准。第三,从判例来看,伤害范围达到三人以上的行为,一般都具有较大的危险性。第四,《刑法》分则中还有一些涉及"众"的罪名,可以进行参照。如聚众斗殴罪中聚众的含义为:在首要分子的组织、策划、指挥下,三人以上纠集在一起。故为了法条解释的体系性,危害公共安全罪中的多数也应解释为三人以上。

对于不特定少数人的安全是否属于公共安全,有学者认为,应当重视危害公共安全罪的社会性,"公众"与"社会性"要求重视量的"多数"。换言之,"少数"的情形应当排除在外。① 但这种观点仅是从字面含义对公共安全进行解释,笔者认为,不特定少数人的安全当属于公共安全,理由如下:其一,只要对象具有不特定这一属性,那么多数还是少数,实际上是具有一定偶然性的。例如,行为人在偏僻路段故意冲撞对面车辆,车里面搭载的是一人还是多人具有极大偶然性,如用此标准区分此罪与彼罪未免显失公平。其二,公众的核心在于"不特定",而"'不特定'意味着随时有向'多数'发展的现实可能"②,即只要符合"不特定",即便当下是少数,也有转变为多数的潜在可能。其三,交通肇事罪属于危害公共安全的犯罪,而交通肇事的对象包括不特定少数③,如果将其排除公共安全之外,将无法合理解释交通肇事罪。

对于特定多数人的安全是否属于公共安全,笔者认为,特定多数人的安全不应包含在公共安全之中。第一,如果目标人数较多,就可认定为危害公共安全罪,那危害公共安全罪与故意杀人罪的区分就仅在于人数的多少,此结论于理有悖。区别危害公共安全行为和故意伤害或杀害多人的行为,要看犯罪行为可能侵犯的对象和可能造成的结果事先是否确定,如果行为人对此既无法预料,也难以实际控制,行为造成的危险状态或者结果可能随时扩大或增加,则属于危害公共

---

① 参见丁慧敏:《危险驾驶罪与刑法第一百一十四条关系初探》,载《人民检察》2011年第13期。
② 张明楷:《刑法学》(第四版),法律出版社2011年版,第601页。
③ 如行为人醉酒在偏僻道路上驾驶,即便此时该道路上仅有一名行人,只要因为醉驾行为发生交通事故,且符合交通肇事罪入罪条件的,即构成交通肇事罪,故交通肇事罪的客体包括不特定少数人的安全。

安全行为。这种对象与结果的不确定性,不仅常常造成极其严重的人身伤亡、财产损毁、秩序混乱等严重后果,而且使公众普遍陷于这种难以预见的危险所带来的恐惧之中,从而平添不安全感,这正是危害公共安全罪与单纯侵犯人身权利或财产权利犯罪相较危害性差异之所在。第二,认为特定多数人的安全属于公共安全的观点是基于"多数人之中存在社会法益",社会法益超乎于个人法益之上,但社会法益只是个人法益的集合,并不高于个人法益。第三,单独设立危害公共安全罪的初衷是为了规制心怀不满、报复社会的行为,是为了保护非因自身行为招致杀意的无辜被害人的权利,这是危害公共安全行为与故意杀害多人的区别所在。笔者曾做过这样的假设,将"特定多数"中的"多数"扩大到一个城市,甚至一个国家,如此庞大的对象确属公共安全,因为最广泛的公共安全也无非是"特定的"全人类而已。但是,当"多数"扩展到一定程度时,人员的流动将不可避免,"特定"就会转化为"不特定"。

在"公共安全"的范围中是否有必要加入"公共生产、工作和生活的安全",对此,笔者认为,作为同类客体的"公共安全"确有必要加入。以现行《刑法》第124条第1款规定的破坏公用电信设施罪为例。如果行为人盗窃正在使用的公用电信设施上的关键部件,致使公用电信设备不能正常使用、运行中断,行为人的行为既没有侵犯不特定多数人的生命、健康安全,也没有侵犯重大公私财产的安全,如果认为公共生产、工作和生活的安全不属于公共安全,那这显然不能认定为破坏公用电信设施罪。对于《刑法》分则第二章,除破坏公用电信设施罪以外的其他罪名,也应视具体罪名确定其直接客体中"公共安全"的含义。

对于单纯的公众财产安全是否应纳入公共安全的范围问题,我国刑法理论的主流观点均认为公共安全应当包括财产安全,即便是"纯粹性财产"。笔者认为,公共安全中的单纯财产安全应限定在与人的生命、健康安全密切相关的财产安全内,即侵犯财产安全的同时可能会危及相关人员人身安全,如放火烧毁有人居住的房屋或者破坏正在使用中的交通工具等。换言之,毁坏价值重大的财产,实行行为没有表现出针对公众的性质,也不会殃及其他无辜者,不属于危害公共安全的行为。例如,烧毁无人居住的价值不菲的独栋别墅不会危害到公共安全,而焚烧有人居住的茅草屋却可能危害公共安全。① 单纯的财产上的损失不应纳入公共安全,理由在于:一是从公共安全所保护的法益来看,单纯财产损失可以通过《刑法》分则第五章"侵犯财产罪"进行规制,如果将其纳入公共安全范畴,将失去公共安全之法益所具有的个罪区分功能。二是危害公共安全罪属于较重的罪名,单独的财产损失如果按危害公共安全罪处罚,罪名不符,量刑也不适。如果说只要行为侵害了价值重大的财产就属于危害公共安全罪,那么,诸如盗窃银行、博物馆,向不特定多数人集资诈骗的行为,就都可以定性为以危险方法危害公共

---

① 参见曲新久:《论刑法中的"公共安全"》,载《人民检察》2010年第9期。

安全罪了,这实在令人难以认同。①

对于《刑法》第 115 条第 1 款规定的以危险方法危害公共安全罪中"公私财产遭受重大损失",目前尚缺少明确的数额标准和范围界定。数额标准方面,直至目前,尚无明确规定,在现阶段规范缺位的情况下,量刑时可以参照相关犯罪或其他机关拟定的数额标准。范围界定方面,"重大损失"中是否包括有关人身损害而遭受的损失存在争议。一种观点认为,公私财产的损失仅仅指由于犯罪分子的行为直接作用于物品的损失;另一种观点认为,公共财产的损失应当包括犯罪分子的行为对人身损害而造成的损失。相对来说,第二种观点更为合理。理由在于:从词义角度来看,因人身损害而遭受的损失也属于公共财产损失的范围,法条中的损失并无只包含作用于物而导致损失的含义;从相关司法解释来看,最高人民法院《关于审理破坏电力设备刑事案件具体应用法律若干问题的解释》(以下简称《破坏电力设备刑事案件解释》)中对于直接经济损失的计算范围,包括电量损失金额、被损毁设备材料的购置、更换、修复费用,以及因停电给用户造成的直接经济损失等。此外,司法实践中很多案例也表明,危害公共安全罪中对人身损害进行救治等损失属于公私财产损失的范围,故公共财产的损失应当包括犯罪分子的行为对人身损害而造成的损失。

综上所述,《刑法》分则第二章"危害公共安全罪"中作为同类客体的"公共安全",是指不特定人的生命、健康安全,重大公私财产安全以及公共生产、工作和生活的安全。

【指导案例】徐敏超以危险方法危害公共安全案②——持刀随机刺伤游客的行为是否危害公共安全

2007 年 4 月 1 日被告人徐敏超受吉林市雾淞旅行社委派,带领"夕阳红"旅游团一行四十人经昆明、大理到丽江古城四方街游玩,途中因不理解昆明(地陪)导游彭丽萍的工作方法而产生隔阂,加之被告人担忧所带游客在丽江古城走散,便与彭丽萍发生争执。彭丽萍边骂边打手机离开后,16 时许,被告人徐敏超走进古城四方街东大街食品公司门市专营工艺品商店内,问是否有刀,当店主拿出一把长约 22 厘米的匕首时,被告人徐敏超夺过匕首将店主刺伤,后挥动匕首向四方街广场、新华街黄山下段奔跑 300 余米,并向沿途游客及路人乱刺,造成二十人受伤。经鉴定:被害人中重伤一人,轻伤三人,轻微伤十五人,未达轻微伤一人。

中国法医学会司法鉴定中心鉴定:"徐敏超在作案时患有旅行性精神病,评定为限制(部分)刑事责任能力。"

---

① 参见张明楷:《刑法学》(第四版),法律出版社 2011 年版,第 602 页。
② 参见王斌:《持刀在公共场所乱刺不特定人,构成以危险方法危害公共安全罪》,载《人民司法》2008 年第 16 期。

本案被告人徐敏超的律师提出，被告人行为客观上危害的不是公共安全，而是这些特定被害人的人身健康，应认定为故意伤害罪。法院经审理认定，徐敏超构成以危险方法危害公共安全罪，因为徐敏超挥刀刺向的不是某个特定的对象，不属于针对某个具体对象所实施的伤害行为。如上所述，危害公共安全行为与故意伤害行为的区别在于犯罪行为侵害对象是否特定。本案中，从危害行为具体方式的角度，虽然从单个行为来看，挥刀刺人的行为与故意杀人、伤害等行为类似，但从总体上看，其行为没有特定的对象，目标没有选择，持刀乱刺是针对不特定对象任意实施的行为，徐敏超对其持刀伤人的行为最终会危及哪一具体对象的安全事先没有确定。在有众多游客及行人的丽江古城实施挥刀乱刺，是针对不特定对象任意实施的行为，其行为具有危害公共安全的性质。同时，被告人沿途乱刺的行为，给过往的游客造成了极大的恐慌，使公众陷于危险所带来的恐惧之中，也符合危害公共安全行为的特征。综上所述，被告人徐敏超的行为方式与放火、决水等行为的危险性相当，属于"其他危险方法"，应认定为以危险方法危害公共安全罪。

【指导案例】杨再明、李俊凯以危险方法危害公共安全案①——**公交车司机互相报复泄愤，强行变道，故意加速的行为是否危害公共安全**

2016年4月29日16时许，被告人杨再明驾驶"津A×××××号"629路公交车拉载30余名乘客，沿天津市津南区津沽公路南侧由西向东行驶至辛庄镇路段中辛庄车站进站上下乘客时，被告人李俊凯驾驶"津A×××××号"652路公交车拉载40余名乘客在其左前方违规超车进站停车，阻碍被告人杨再明所驾公交车出站，遂引起被告人杨再明不满。后二被告人分别驾车行驶至津沽公路与鑫盛路交口并排等候红灯时，被告人杨再明打开车门与被告人李俊凯发生口角。待绿灯亮起后，二被告人驾车继续前行通过鑫盛路口，被告人杨再明为报复泄愤，强行并道，故意阻碍被告人李俊凯的车辆通行，被告人李俊凯见状，故意加速前进，致使该652路公交车左侧与该629路公交车的右侧相撞，造成被告人杨再明所驾公交车右前后视镜、右侧多块玻璃等处破损；被告人李俊凯所驾公交车前挡风玻璃、左前后视镜等处破损，以及车内乘客刘某1、刘某2、许某、邢某、罗某、寇某不同程度损伤的交通事故。

本案中，被告人杨再明、李俊凯作为公交车司机，在驾驶公交车拉载数十名乘客在城市主干道上行驶运营期间，因琐事发生口角，为报复泄愤，被告人杨再明驾驶公交车故意强行变道阻碍被告人李俊凯所驾公交车通行，被告人李俊凯见状并未及时采取制动措施，而是加速行驶，致使两车相撞，造成两车多块玻璃破碎及所

---

① 案号：（2016）津0112刑初308号，审理法院：天津市津南区人民法院。

载多名乘客受伤。对此,一方面,以拉载数十名乘客的公交车作为报复泄愤工具,驾驶公交车在城市主干道上违反交通法规,被告人杨再明故意强行变道,被告人李俊凯在两车即将相撞的情况下仍加速行驶,两被告人的行为具有极高的危险性。且公交车上的乘客、城市主干路上的行人及车辆数量较多,两被告人在行为时无法预料侵害对象,也无法控制损害结果,其行为给不特定多数人的生命、健康安全带来了严重威胁,已经对公共安全造成了紧迫的危险。另一方面,杨再明与李俊凯作为公交车司机,负有保障公交车安全行驶的职业义务,但二人为了报复泄愤,违反职业规范与交通规则,明知其行为可能危及车上及道路上不特定多数人的生命、健康和公私财产的安全而予以放任,主观上具有危害公共安全的间接故意,结合其行为方式,两被告人均已构成以危险方法危害公共安全罪。

【指导案例】杨某以危险方法危害公共安全案[①]**——违规进入加油站泵房盗窃汽油引发事故的是否危害公共安全**

2012年11月12日19时许,被告人杨某利用在天津市西青区中北镇天津一汽夏利汽车股份有限公司加油站值班之机,与孙一某、李一某(均另案处理)共同预谋到该公司加油站盗窃汽油。后被告人杨某在明知该加油站泵房报警器与排风扇串联的情况下,将泵房排风扇阀门闭合,并伙同孙一某在未完全着防静电服装的情况下,携带蓝色塑料桶进入该加油站泵房,以排放汽油的方式盗窃汽油。在实施盗窃行为过程中,该泵房发生燃烧。泵房燃烧后,被告人杨某在身体被大面积烧伤的情况下积极配合消防人员及时将火扑灭,该火灾未形成较大的火势,避免了严重后果的发生。案发时正值该公司生产作业的空档期,即白班生产作业结束,夜班尚未开始作业,加油站附近周边区域涉及值班人员十余人。2012年12月28日,被告人杨某被公安机关查获归案。经查,天津一汽夏利汽车股份有限公司修复该泵房共计支出人民币5万余元。

被告人杨某与他人合谋盗窃汽油,若盗窃数额达到盗窃罪入罪标准,其行为构成盗窃罪。同时,其在实施盗窃行为时对公共安全造成了危险,客观上,杨某等人在加油站泵房报警器与排风扇串联的情况下,将泵房排风扇阀门闭合,导致报警器停止工作,又在未完全着防静电服装的情况下进入加油站泵房。加油站属于高度危险区域,在泵房内活动产生的静电极易点燃汽油,而杨某等人未完全着防静电服装的行为存在引发事故的风险。在报警器停止工作的情况下,事故发生后难以被察觉,极易导致事故扩大,杨某等人的行为具有极高的危险性,易引起加油站燃烧、爆炸等后果。从结果来看,杨某等人的行为造成了加油站泵房燃烧,引发

[①] 案号:(2014)青刑初字第156号,审理法院:天津市西青区人民法院。

了火灾。在加油站引发火灾与一般火灾不同,因其在密闭空间内贮存大量燃料,极易发生爆炸,加油站周边区域涉及值班人员十余人,附近的居民及行人可能更多,杨某等人的行为危害到附近不特定人的安全,其对行为的侵害对象无法预料,也无法控制,其行为已经危害到公共安全,并造成了损害结果。主观上,杨某作为加油站的员工,对加油站的防火防爆知识理应熟知,可以预见到闭合阀门、未完全着防静电服装等行为极易引发事故,而杨某为了盗窃,放任了事故的发生,具有危害公共安全的间接故意。杨某等人以盗窃方式在加油站内引发事故,危害公共安全,应认定为以危险方法危害公共安全罪。

【指导案例】田生春过失投毒案①——为灭鼠在自家防护林带投放毒饵,造成他人死亡的是否危害公共安全

2000年4、5月间,被告人田生春为毒杀老鼠,私自将拌有3911剧毒农药的花生、瓜子、小麦投放在其责任田四周的防护林带中。同年5月22日10时许,本村农民郭志强之妻郑凤兰带着女儿郭某玲(5岁)、儿子郭某(2岁4个月)到被告人投放毒饵的林带旁的机井处洗衣服。其间,被告人郭某跑进林带玩耍,误食了被告人所投放的拌有3911剧毒农药的花生、瓜子。郭某回家后出现不适症状,被家人送往医院抢救。因抢救无效,于当日死亡,经哈密市公安局法医鉴定,结论为"被害人郭某系因3911中毒死亡"。

在案件审理中,本案被告人田生春辩称,其在投放毒饵后,在林带周围挂了写有"小心有药"的警示牌,被害人吃了其所投放的拌有3911农药的花生、瓜子是超出其预料的,应归责于其父母没有尽到监护责任。本案中,客观上田生春违反农药使用管理的规定,私自将拌有3911农药的花生、瓜子作为毒饵投放在自家防护林带。因该防护林带离村里不远,村里的小孩去林里玩耍是常事,而被告人的毒饵又是拌有农药的花生和瓜子,极易引起小孩的误食,其行为已经对不特定人造成危险,危害到公共安全,并造成一人死亡的损害结果。虽然被告人田生春在投放毒饵处设立了警示标志,但是小孩难以分辨该警示标志的含义,不足以防止损害结果的发生。田生春出于灭鼠的目的,明知其在经常有小孩玩耍的地方投放毒饵可能会造成他人误食,进而危害公共安全,而放任该结果的发生,其主观上具有危害公共安全的间接故意,应认定为过失投毒罪(本案的终审裁定时间是2001年4月16日,而2002年3月15日公布并自2002年3月26日起施行的最高人民法院、最高人民检察院《关于执行〈中华人民共和国刑法〉确定罪名的补充规定》取消了过失投毒罪罪名,改为过失投放危险物质罪)。

---

① 参见杨善明:《田春生为灭鼠投放毒饼造成1人死亡案》,载最高人民法院中国应用法学研究所编:《人民法院案例选(分类重排本)·刑事卷》,人民法院出版社2017年版,第671—673页。

二、如何认定公共安全中的"不特定"

(一) 裁判规则

公共安全的核心在于"不特定","不特定"表现为侵害对象不确定,包括侵害指向的具体对象不确定和侵害对象的数量不确定。公共安全不等同于公共场所的安全,即使是在相对封闭的场所发生了多数人损害的结果,也有可能属于侵犯公共安全的行为。

在判断"不特定"时,应当考查危害范围内的人员流动情况,根据危害范围可控性、危害范围变化性和通常情况下的人员变动情况综合判断;同时应排除介入因素的影响,根据介入因素的异常性、影响力和与危害行为的关联程度综合判断。

(二) 规则适用

司法实践中,一般有两种情况会认定为侵害对象"不特定",从而构成危害公共安全罪:第一种情形是行为针对的对象是不特定的,行为人事先无法预料或控制具体的损害结果;第二种情形是行为人针对的对象是相对特定的,但实际造成的后果是行为人无法预料、不能控制的。侵害不特定人的安全,并不是说行为人没有特定的侵害对象或目标,而是无论行为人主观上是否有特定的侵害对象,对损害结果的范围是否有一定的预判,只要最终造成或者可能造成的损害结果难以控制,从而危害特定人之外的人身或者财产安全的,都可认定为侵害对象"不特定"。有观点认为,判断"不特定"时要着重考查犯罪行为是否发生在公共场所。对此,笔者认为,首先,如上所述,"公共安全"是指不特定人的生命、健康、重大公私财产安全以及公共生产、工作和生活的安全,包括信息安全、食品安全、公共卫生安全等,是一个抽象的概念。虽然在公共场所更容易发生侵犯公共安全的案件,但是公共安全不等同于公共场所的安全。其次,公共安全的核心在于"不特定",相对封闭的场所中的行为也可能侵害不特定人的安全,进而危害公共安全,故不宜以公共场所作为划分标准。笔者认为,对于侵害对象是否属于"不特定",应从以下几个方面进行判断:

第一,"不特定"的判断前提。"如果只局限于结果,人是死、是伤、伤害多大,都是确定的。尽管如此,结果的现实性也不排除不特定的存在。不特定性在于特定的结果是由行为的不特定可能性发展的结果。"① 概而言之,如果从结果发生后或者从"上帝视角"来看,所有的损害在行为时已然注定,因此,"不特定"应限定在行为发生时以一般人的认知水平进行判断。

第二,"不特定"的判断因素。通说认为,不特定是指犯罪行为可能侵害的对象以及可能造成的损害结果无法事先确定,行为人对此既无法预料,也难以控

---

① 陈兴良、黄振中:《论危害公共安全罪中的不特定性》,载《河北法学》1992年第5期。

制。① 从中我们可以抽取其要点：①对象不确定；②后果不确定。笔者认为，后果不确定较为赘余，理由在于：在危害公共安全罪中，后果的不确定是指"行为的危险或行为造成的损害结果可能随时扩大或者增加"②。这里的损害结果本质上是指行为指向对象的不确定，有扩大或增加的危险。同时，后果不确定也并不能明确区分不特定和特定。例如，枪法不准的人以伤害故意向孤身一人的被害人射击，在射击的同时，行为人也无法确定后果，有可能造成被害人死亡，也可能造成被害人重伤或轻伤，甚至根本没有射中。因而，后果不确定虽然是危害公共安全罪的一种表现形态，但在区分"不特定"和"特定"时并无价值，故其不应作为判断标准之一。因此，笔者认为，判断"不特定"的唯一标准是行为的侵害对象是否确定。而对象是否确定包含两方面：侵害指向的具体对象不确定和侵害对象的数量不确定。侵害指向的具体对象是指行为指向的对象是张三而不是李四，侵害对象的数量就是行为可能危害到的对象个数。对象的具体指向不确定并不必然导致对象不特定，如行为人意图通过射击方式杀害张三，却由于认错或者射击失误而导致李四死亡，该行为只构成一个故意杀人罪，这已得到了理论界的普遍认同。而对象数量的不确定却必然导致对象的不特定，正是由于行为危害的对象数量不确定，有扩大的可能，才是以危险方法危害公共安全罪区别于故意伤害或杀人罪等对象特定犯罪的本质之处。故在判断对象是否确定时，具体要看数量是否确定，也就是说，如果数量不确定，对象就不特定。

第三，"不特定"的判断方式。如果从完全客观的视角，定格在行为发生的那一刻，行为危害的目标和数量都是特定的，行为与结果之间必然存在客观的因果关系，"不特定"便不会存在，那么笔者所讨论的"客观角度"是哪个层面上的？又该如何判断呢？对于不特定的判断，笔者认为，应从人员流动性和介入因素两方面来考查危害对象是否特定。这里提出的"人员流动性"概念，即危害范围内的人员变动情况，应从如下方面考查：其一，危害范围的不可控性，如引燃煤气等行为，一经点燃，除非专业人士综合实际情况进行计算，一般人难以预料其危害范围，危害对象难以确定。其二，如果危害范围可控，如在工地上驾驶挖掘机冲撞，其危害范围相对可控，但驾驶过程是动态的，危害范围一直在变化，也会导致对象不确定。其三，如果危害范围可控而又相对静止的，则要考查通常情况下的人员变动情况。如向一户独门独院的人家放火，想要杀害其全家，即便家中可能有其他人居住，也不能认为其犯罪对象是不特定的，因为通常一户家庭的居住人员较为固定；而如果行为人的目标是一家宾馆，就可以认定犯罪对象是不特定的。

同时，还应考虑介入因素的影响。如果导致流动性较大的因素十分异常，则视为特定。如上文向独门独院的人家放火的例子，被害人家中来了一伙小偷，即

---

① 参见张明楷：《刑法学》（第四版），法律出版社2011年版，第601页。
② 曲新久：《论刑法中的"公共安全"》，载《人民检察》2010年第9期。

便此时客观上的人员流动性较强,但由于介入的是异常因素,仍视对象为特定。与因果关系中介入因素类似,对"不特定"中的介入因素也应考量其异常性、影响力和其与危害行为间的关联程度。

【指导案例】郑小教以危险方法危害公共安全案①——驾驶汽车撞击拆迁现场工作人员的行为,侵害对象是否"不特定"

2011年12月,被告人郑小教在未获得相关部门批准的情况下,违法占用江山市中部开发办公室管理的位于江山市莲华山工业园区内的国有土地建房。2013年1月16日,贺村镇人民政府、市中部开发办公室、市国土资源局共同商定,以市国土资源局为执法主体,贺村镇政府、市中部开发办公室协助,于1月18日上午共同对郑小教的违章建筑实施强制拆除,并于当天下午电话通知郑小教自行拆除违章建筑。

2013年1月18日上午,郑小教会同家人和同事,先行拆除部分违章建筑,欲以此达到阻止执法人员拆除其违章建筑目的。当日上午10时许,市国土资源管理局执法大队工作人员会同贺村镇政府、市中部开发办公室工作人员共五十余人来到郑小教违章建筑所在地。在工作人员的劝说下,郑小教将原停放在违章建筑前阻挡铲车行进道路的浙HP7259私家小轿车倒驶至该道路的坡顶,工作人员遂开始拆除郑小教的违章建筑,郑小教则坐在驾驶室内远观。当看到房子被拆的场面后,郑小教越想越气,产生了驾车去撞工作人员与其拼命的念头。随后,郑小轿加速驾驶小轿车沿着带有一定坡度的道路直冲下去,撞到了站在道路上维持外围秩序的多名工作人员,其中李鸿寿被车头撞飞滚在引擎盖上后又被甩在地上。郑小教在撞到人后,仍然驾驶汽车继续右转行驶,并朝工作人员密集的地方冲撞而去,直至撞上其父亲房屋的南侧小门,在此过程中,又撞到多名工作人员和其母亲,房屋的小门及门边墙体被撞破损。后郑小教在驾车加速后退撞上砖堆时被工作人员制服。郑小教在驾车撞人过程中致工作人员十一人受伤,经鉴定,其中吴开兴等五人的损伤程度为轻伤,夏津津等二人为轻微伤,刘达飞等四人未达到轻微伤程度。

本案公诉机关以郑小教犯故意杀人罪向法院提起公诉,一审法院认定郑小教构成故意杀人罪,后二审改判为以危险方法危害公共安全罪。本案的争议在于被撞击的多个工作人员是属于特定对象还是不特定对象。对此,一种意见认为,案发道路是郑小教家庭使用的相对封闭的场所,郑小教在特定的拆违现场有针对性地冲撞特定的工作人员,不具有危害公共安全的特性,其行为构成故意杀人罪。

---

① 参见熊娟:《郑小教以危险方法危害公共安全案——如何理解以危险方法危害公共安全罪中的"不特定多数人"》,载最高人民法院刑事审判第一、二、三、四、五庭主办:《刑事审判参考》(总第103集),法律出版社2016年版,第1—5页。

另一种意见则认为,本案的案发道路并非郑小教家庭所有或单独使用,郑小教在人群聚集地采用汽车撞人的方式同时危及多数人人身权利,是危害公共安全罪的典型行为方式,其行为构成以危险方法危害公共安全罪。

本案中,被告人意图驾驶小汽车撞向拆迁人员,虽然现场的拆迁人员是相对特定的,但是拆迁人员本身就人数众多,除了拆迁人员,现场还有郑小教的邻居和亲属,其行为侵害范围内的人员众多。在被告人驾驶汽车撞人时,附近人员感受到危险会奔跑躲避,这些人员的移动难以预料和控制,故郑小教的行为危害范围内的人员流动性较大,难以预料到行为指向的具体对象和对象数量。事实证明,因郑小教的行为导致多名拆迁人员及郑小教母亲受伤的后果,因此郑小教的行为虽然针对的是相对特定的对象,但是实际上对不特定人的安全产生了威胁,已经危害到公共安全。被告人行为时可以预见到行为会危害到公共安全,而为了追求撞击拆迁人员的目的,放任危害公共安全结果的发生,构成以危险方法危害公共安全罪。

【指导案例】陈金滴过失投毒案①——在与他人合租的宿舍桌子上放置有毒麦片的行为,侵害对象是否"不特定"

被告人陈金滴在厦门市同安区第五中学读书期间,与同校学生许振江、蔡金练、张志强一同租住在同安区新店镇西岩路90号楼。1999年9月21日中午,被告人陈金滴在清理旅行袋时发现一包其于同年7月间注入灭鼠药液(内含氟乙酰胺毒性)准备用于灭鼠的美味牌即溶营养麦片,因疏忽大意将该包麦片放置于租住宿舍的桌上。同年9月23日下午5时30分左右,与其同住的许振江、蔡金练、张志强放学后返回住处,在蔡金练的提议下,三人将放置于桌上的该包麦片冲泡饮用。后三人均出现中毒症状,许振江经抢救无效死亡。经法医鉴定:许振江系食入含氟乙酰胺的食物引起中毒而死亡;蔡金练、张志强均系氟乙酰胺重度中毒,损伤程度均为重伤。另查,在案发前三四天,蔡金练曾看到该包麦片并询问能否让他泡,而陈金滴告诉他"要泡你去泡,那包是上学期留下来的",并未明确告知该包麦片有毒或变质不能使用,更未采取防范措施。

对本案的认定,存在三种意见:第一种意见认为,本案属于意外事件,被告人的行为不构成犯罪,因为从向麦片中注入灭鼠药液到被告人再次发现已经过了两个多月,被告人遗忘曾注入灭鼠药液属于正常情况,且同住同学食用有毒麦片是被告人不可能预见到的,属于意外事件。第二种意见认为,被告人的行为应认定为过失致人死亡罪、过失致人重伤罪,因为被告人的行为未危害公共安全,犯罪客

---

① 参见方建筑、王铁玲:《陈金滴在与他人合租的宿舍桌上放置有毒麦片过失投毒案》,载最高人民法院中国应用法学研究所编:《人民法院案例选(分类重排本)·刑事卷》,人民法院出版社2017年版,第666—668页。

体是个人的生命和健康安全,被告人客观上实施了将有毒麦片放在宿舍桌上的行为,其主观上具有疏忽大意的过失,造成一人死亡、二人重伤的后果,应认定为过失致人死亡罪、过失致人重伤罪。第三种意见认为,被告人的行为构成过失投毒罪(本案的终审裁定的时间是 2000 年 3 月 22 日,此时《刑法》第 115 条第 2 款中罪名仍为过失投毒罪,该罪名自 2002 年 3 月 26 日起更改为过失投放危险物质罪),因为被告人将有毒麦片放在多人共用的桌子上,导致他人误食,造成了一人死亡二人重伤的严重后果,其行为已经危害到了不特定人的生命、健康安全,构成过失投毒罪。

笔者赞同上述第三种意见,理由在于:第一,被告人的行为不属于意外事件,已经构成犯罪。意外事件是指行为虽然客观上造成了损害后果,但是是由不能预见的原因引起的。而本案中,一方面,被害人蔡金练曾询问该麦片能否食用,被告人陈金滴并未明确告知该包麦片有毒或变质不能食用,更未采取防范措施。据此,被告人理应知道存在他人误食的可能性,不仅未主动防范,亦未被动回应。如果被告人告知被害人,或者采取其他防范措施,例如在有毒麦片上标注不可食用等,他人误食的结果是可以避免的。另一方面,将有毒食物放在与他人共用的桌上,且未进行任何标注或提醒,一般人都可以预见到该行为可能会造成他人误食,故该行为所造成的损害结果是可以预见的,只是因被告人疏忽大意没有预见或轻信可以避免,最终导致损害结果的发生,被告人主观上属于过失,因而本案不属于意外事件。第二,罪名的认定上,本案中被告人的行为属于危害公共安全罪,因为本案行为危害到了不特定人的生命健康安全。认为同住舍友为不特定人的理由在于:一是共同租住的宿舍属于合租人的公共空间,宿舍的桌子为合租人所共用。二是合租人虽然同住一室,但是他们对彼此的活动并不知悉,有多少人回来就餐以及是否会食用该有毒麦片都难以预见,被告人行为所侵害的具体对象和对象数量都不确定。三是存在合租人的亲友、同学来访的可能性,该行为侵害范围内的人员具有流动性。综上,本案被告人行为的侵害对象属于"不特定人",而被告人因过失投放有毒物质致使不特定人误食,应认定为过失投毒罪。

【指导案例】何宗承等以危险方法危害公共安全案[①]**——毁坏抢险船,意图造成船毁人亡的行为如何认定**

2006 年 5 月 27 日凌晨 2 时许,因桂江涨洪水,平乐县抗洪抢险工作组二十三人乘坐桂江电力 01 号船到达大发乡大田村委田冲口村执行抢险任务。抢险船刚停靠码头,被告人何宗承、陆新明、陆来兵就冲上抢险船,威胁工作人员不允许下船,并强迫船开到何世成已被水淹的危房处。被告人陆新明持木棒砸坏抢险船

[①] 案号:(2007)桂市刑终字第 23 号,审理法院:广西壮族自治区桂林市中级人民法院。

上设施,被告人何宗承、陆新明则把船头船尾用绳子并排捆绑在危房上,企图在危房倒塌时致使船毁人亡。至同日凌晨3时40分,房屋被洪水淹倒,砖瓦砸坏了船上设施。被告人此时才允许工作组人员下船上岸,但仍扣押工作船。

　　本案中,被告人何宗承等三人打砸抢险船,并将抢险船捆绑在洪水中的危房上,意图在危房倒塌时造成船毁人亡的后果。有观点认为,本案中被告人的行为危害到了抢险船上人员的安全,因人员众多,应认定为危害公共安全罪。另有观点认为,本案中虽然侵害人员众多,但是人员特定,应认定为故意杀人罪。笔者同意第二种观点,一方面,三被告将抢险船捆绑在洪水中的危房上,一旦危房被冲毁,抢险船也会受到波及,而被告人不允许船上人员下船,船上人员在洪水中极难生还,即被告人在行为时对该行为侵害的对象及造成的损害都是可以预见的,该行为虽然具有同时危害多人生命安全的危险性,但是此处的多人是特定的,行为的危害范围内没有人员流动性,仅限于船上的二十三人,不应当认定为危害公共安全罪,而是杀害多人的故意杀人罪。另一方面,本案中的侵害对象并非普通船只,而是抢险船,扣押的人员是在洪水发生时负有抢救他人生命责任的工作人员,所以有观点认为,被告人的行为不仅侵害了船上特定人员的安全,也危害到了等待救援的不特定人员的安全,从此角度也可认定为危害公共安全罪。对此,笔者认为,扣押救援人员和船只的确会对被救援人员的安全造成危险,但该危险与本案三被告人行为之间的因果关系并不是直接的,其中存在救援行为是否成功,以及其他救援人员是否可以完成救援任务等因素的影响,故不应当因此认定本案行为属于危害公共安全罪,该情节只能作为量刑情节考量。本案中,在危房倒塌后,被告人允许工作人员下船,在犯罪过程中自动放弃犯罪,属于犯罪中止,且没有造成人员伤亡,故故意杀人行为可以免除处罚,当然三被告人使用暴力手段扣押工作人员,打砸、劫持、扣押抢险船的行为可结合其之后的行为认定为抢劫罪或故意毁坏财物罪,并与非法拘禁罪并罚。

【指导案例】赵某某以危险方法危害公共安全案①——明知患有艾滋病而与多人发生性关系的行为如何认定

　　被告人赵某某在2010年1月21日被辽宁省疾病预防控制中心确诊为HIV-1抗体阳性,患有艾滋病。被确诊患有艾滋病之后,被告人隐瞒其患有艾滋病的事实,于2011年至2013年期间先后在大连市西岗区香周路57号香源时尚快捷酒店、大连市旅顺北路长城街道11号402、大连市西岗区长江路489号长春宾馆等地与被害人杜某某、郑某某、刘某某等人在没有采取任何安全措施的情况下多次发生性关系。

---

① 案号:(2014)西刑初字第137号,审理法院:辽宁省大连市西岗区人民法院。

法院审理认为，被告人赵某某向不特定多数人传播传染病病原体，危害公共安全，其行为已构成以危险方法危害公共安全罪，判处有期徒刑七年。笔者认为，本案中被告人的行为对象不属于"不特定人"，不应当认定为危害公共安全罪，理由在于：本案的行为方式是通过发生性关系传播艾滋病，行为的侵害对象是与被告人发生性关系的人，每次行为时行为侵害的人员没有流动性，对象非常特定，且行为人行为时可以预料到行为的侵害对象，并没有危害到公共安全。虽然被害人在不知道自己被传染艾滋病的情况下，很可能将艾滋病传染给他人，进一步扩大损害结果，但是除本案三被害人之外的其他损害结果与被告人的行为间并没有直接的因果关系，不应作为本案的损害结果考量，只能作为量刑情节。

对于赵某某的行为如何认定存在两种观点：一种认为应认定为故意伤害罪；另一种认为应认定为传播性病罪。我国《刑法》第360条规定了传播性病罪，是指明知自己患有梅毒、淋病等严重性病而卖淫、嫖娼的行为。对于艾滋病是否属于"严重性病"存在不同观点，一般认为，"严重性病"一方面须与梅毒、淋病的危害性相当，另一方面须容易通过卖淫、嫖娼传播。笔者认为，可以将艾滋病认定为"严重性病"，理由在于：第一，从现有性病相关规范来看，1991年卫生部发布的《性病防治管理办法》第2条明确规定："本办法所称性病包括：（一）《中华人民共和国传染病防治法》乙类传染病中的艾滋病、淋病和梅毒；（二）软下疳、性病型淋巴肉芽肿、非淋菌性尿道炎、尖锐湿疣、生殖器疱疹。"2013年实施的修订后的《性病防治管理办法》第2条规定："性病是以性接触为主要传播途径的疾病。本办法所称性病包括以下几类：（一）《传染病防治法》规定的乙类传染病中的梅毒和淋病；（二）生殖道沙眼衣原体感染、尖锐湿疣、生殖器疱疹；（三）卫生部根据疾病危害程度、流行情况等因素，确定需要管理的其他性病。艾滋病防治管理工作依照《艾滋病防治条例》的有关规定执行。"对此修订，有观点认为，修订后的条文取消了对艾滋病属于性病的列举，表明艾滋病不再属于性病。但是该条并未明确规定艾滋病不属于性病，只是通过列举的方式说明纳入修订后的《性病防治管理办法》范围的性病，因2006年国务院发布了《艾滋病防治条例》，故艾滋病的防治管理工作依照《艾滋病防治条例》的相关规定，行政管理层面的变动并不影响医学和法律层面上性病的范围。同时，结合修订后的《性病防治管理办法》第1条"为预防、控制性病的传播流行，保护人体健康，根据《中华人民共和国传染病防治法》（以下简称《传染病防治法》）和《艾滋病防治条例》有关规定，制定本办法"的规定，艾滋病仍属于性病。第二，从实质解释的角度，艾滋病属于"以性接触为主要传播途径的疾病"；同时在现有医学条件下，艾滋病具有不可治愈性和致命性，艾滋病患者的死亡率接近100%，属于"严重性病"。故通过卖淫方式传播艾滋病的，符合传播性病罪的构成要件,这一观点也被部分判决认可。①

虽然通过卖淫方式传播艾滋病符合传播性病罪的构成要件,但是因艾滋病不可治愈且具有较高致命性,而梅毒、淋病可以治愈且无致命性,如将所有通过卖淫方式传播艾滋病的行为均纳入传播性病罪规制,部分行为的危害性与传播性病罪"五年以下有期徒刑、拘役或者管制"的刑罚难以对应。对此,笔者认为,结合传播性病罪的刑罚,对于通过卖淫方式传播艾滋病的行为应当区分情况,若未造成被害人感染艾滋病毒的,因传播性病罪属于抽象危险犯,不要求行为造成具体的危险或者现实的结果,可以认定为传播性病罪;若造成被害人感染艾滋病毒的,应认定为故意伤害罪,结合行为造成的实际后果确定刑罚范围。

三、以危害公共安全方式实施的针对特定对象的行为如何认定

(一)裁判规则

侵害不特定人,并不表示行为人一定没有特定的犯罪对象或者目标。在行为人具有特定侵害对象或目标的犯罪中,应采客观主义的立场,不能仅以行为人的主观认识为标准,即犯罪行为一经实施,不论行为人主观上是否针对特定的对象,只要在一定条件下造成了不特定人伤亡、公私财产的广泛损失,或者形成对不特定人人身、财产安全的重大威胁,就可以认定为危害公共安全罪。

在罪名认定上,行为人实施针对特定对象的行为,但客观上危害到不特定人安全的,同时构成针对特定对象的犯罪和危害公共安全罪,属于想象竞合犯,从一重罪处断。行为人的不同行为分别危害到特定对象和不特定对象安全的,应视两个行为之间的关系,按照吸收犯、牵连犯或者数罪处理。

(二)规则适用

侵害对象为不特定人的,并不表示行为人一定没有特定的犯罪对象或者目标。在审判中,经常出现行为人存在认识错误的情况,行为人以特定人的安全为对象,但客观上危害到了不特定人的安全,或者以不特定人的安全为对象,但实际上只危害到了特定人的安全,这涉及在判断"不特定"时需要以何种角度来进行判断。对于"不特定"的判断角度,笔者以客观上和主观上是否特定为标准划分为四种情况:其一,主观不特定+客观不特定。例如,行为人以报复社会的意图在人群密集的地点泄漏煤气并引爆,此时,无论是从行为人的主观上还是从行为的客观危险性上看,对象都是不特定的,此种情况毫无疑问应认定为以危险方法危害公共安全罪。其二,主观特定+客观特定。例如,行为人以杀害甲的故意,在甲家里泄漏煤气并点燃,而甲独自一人居住在荒村野岭,并无危害到其他人的危险,此

---

① 参见陈雯:《王某传播性病案——明知自己携带艾滋病病毒而卖淫的如何定性》,载最高人民法院刑事审判第一、二、三、四、五庭主办:《刑事审判参考》(总第105集),法律出版社2016年版,第109—113页。

时行为人主观上和客观上对象都是特定的,应以故意杀人罪论处。其三,主观特定+客观不特定。例如,行为人意图通过点燃煤气的方式杀害居住在某小区内的甲一家人,行为人自身精通燃料及数学,想通过计算煤气量的方式将伤害控制在该户范围内,但没想到计算失误,导致附近邻居多人伤亡。此种行为应定性为故意杀人罪与过失以危险方法危害公共安全罪的想象竞合。可见,行为人虽然主观上的犯罪对象是确定的,但由于失误,其也可能构成以危险方法危害公共安全罪。其四,主观不特定+客观特定。例如,行为人意图通过点燃煤气的方式炸毁一家宾馆来报复社会,但没想到之前这家宾馆已经倒闭,里面仅居住房主一人。此种行为类似于不能犯,即虽然主观上意图危害不特定对象的法益,但从客观上来看犯罪对象仅有特定的一人,并不存在危害公共安全的危险,理应定性为故意杀人罪。通过对认识错误情况的举例分析,可以看出,能够认定为危害公共安全罪的组合为"主观不特定+客观不特定"与"主观特定+客观不特定",合并为"客观不特定",也就是说,对不特定的判断实际上是采用客观标准,即按照实际的侵害对象是否特定,而不考虑当事人主观上的侵害对象是否特定,行为人即便在主观上有要侵害的特定对象,同时也对损害结果的发生有一定的预判,虽然其在某一特定阶段可能指向特定的目标,但行为最终造成或者可能造成的损害结果是行为人难以控制的,从而危害到特定人之外的不特定人的人身或者财产安全的,也构成危害公共安全罪。

就主观心态而言,行为人以特定对象为目标的,如果其在行为时,可以预见到行为在达到侵害特定目标的同时,存在危害公共安全可能,为了实现该目的,放任危害公共安全后果发生的,对危害公共安全的心态属间接故意;如行为人预见到危害公共安全的后果,但轻信可以避免的,对危害公共安全的心态属过于自信的过失;如行为人应当预见到危害公共安全的后果,而因疏忽大意没有预见的,对危害公共安全的心态属疏忽大意的过失。在判断行为人对于危害公共安全的主观心态时,应综合行为时的全部因素,判断行为引发危害公共安全的可能性。在行为人可以预见到行为存在危害公共安全可能时,间接故意与过于自信过失的区分主要在于,行为人在行为时是否具有防止危害公共安全结果发生的方法、可以避免损害结果发生的能力以及是否采取有效的防范措施等。对于行为人是否可以预见的判断要考虑一般人的能力和经验,同时结合行为人自身的特殊性。对于过失引起的严重后果能够及时补救或者消除,但行为人故意不为的,应认定为故意形态的危害公共安全罪。

在罪数关系上,如果行为人实施了针对特定对象的行为,但客观上危害到不特定人的安全,同时构成针对特定对象的犯罪和危害公共安全罪的,如以放火的方式杀害特定对象,如果该放火行为对周边不特定人的安全造成了紧迫危险,该行为同时构成故意杀人罪和放火罪,应认定为想象竞合犯,从一重罪处断。若行为人的不同行为分别危害到特定对象和不特定对象安全的,应视两个行为之间的关系,按照吸收犯、牵连犯或者数罪分别处理。

【指导案例】孙某过失以危险方法危害公共安全案①——酒后别停和截堵其他车辆的行为如何认定

2013年11月18日23时27分许,被告人孙某在酒后驾驶车牌号为鲁BE7R55的蓝色小货车,载刘某某沿山东省青岛市黄岛区王黄路自西向东行驶至王台镇朱范村路口处,因在其后面行驶的车牌号为鲁E91350集装箱货车按喇叭催促而将集装箱货车拦截住,迫使该集装箱货车停在王黄路中央。后被告人孙某至该集装箱车驾驶室内,对司机薛某某进行挑衅,致双方发生争执,薛某某将被告人孙某推下集装箱车后,迅速驾车离开。被告人孙某遂驾车沿王黄路向东追赶,当追至青岛市黄岛区红石崖街道办事处黄张路路段处时,在距离黄张路与胶州湾高速入口处东侧约500米处,被告人孙某驾车将薛某某追上,不顾黄张路上来往车辆,不断对薛某某驾驶的集装箱货车进行别停和堵截。当薛某某驾车行至黄张路与胶州湾高速路入口处时,被告人孙某驾车朝右侧打方向盘,欲逼停该集装箱货车,结果导致薛某某驾驶的集装箱货车翻车,薛某某死亡。被告人孙某与刘某某发现翻车后未停车随即驾车逃离。

本案中,被告人孙某酒后驾车,对被害人车辆进行别停和截堵,对此行为的认定需要考虑两个方面:一方面,孙某处于酒后驾车状态,本身对车辆的控制能力有一定程度的减弱,而驾车行为本身具有一定危险性,且孙某的行为不属于正常驾驶行为,是以驾驶车辆为工具针对被害人车辆进行别停和截堵,其行为的危险性更大。另一方面,被告人孙某的行为发生在高速公路入口处约500米处,此处来往车辆较多,车流量较大,虽然孙某的行为针对的是被害人薛某某的车辆,但是极易危害到其他车辆的安全。综上,孙某的行为已经危害到不特定人的安全,属于危害公共安全的行为,且最终造成了被害人薛某某死亡的结果,其所采用的以驾车方法进行别停和截堵的行为可以认定为"其他危险方法"。对于孙某主观心态的认定,一审法院认为孙某对于危害公共安全的结果属于过失,应认定为过失以危险方法危害公共安全罪,对此,笔者认为,孙某的主观心态不应认定为过失,而是间接故意。对于一般人来说,因为行为本身的高度危险性,可以认识到在高速公路入口、车流量较大的公路上,进行违章驾驶并对个别车辆进行别停和截堵的危险性,可以预见到此行为给被别停车辆和公路上其他车辆所带来的危险。被告人孙某虽处于酒后驾驶状态,但他在驾驶过程中对被害人薛某某进行挑衅,并在争执后有针对性地对薛某某的车辆进行别停和截堵,可见其饮酒行为并未对其辨认和控制能力产生太大影响,其在行为时对行为的危险性和可能造成的危害公共安

---

① 案号:(2014)黄刑初字第1104号,审理法院:山东省青岛市黄岛区人民法院。

全的后果是可以认识和预见到的。孙某为了对被害人薛某某的车辆进行别停和截堵，放任该危险和结果的发生，主观上对危害公共安全的后果属于间接故意。同时，对于过失以驾车方式危害公共安全的，过失以危险方法危害公共安全罪与交通肇事罪属法条竞合，交通肇事罪属特别法，即便行为人主观上为过失，根据法条竞合的处理规则，应认定为交通肇事罪，而不应认定为过失以危险方法危害公共安全罪。

【指导案例】林进亮等三人爆炸案[①]——聚众斗殴中实施爆炸行为的如何认定

自1992年以来，以被告人林进亮、陈勇、李某和陈东（在逃）、许波（在逃）、黄玉强（另案处理）等人为一方的流氓团伙，与以陆明海、庞赋凯、许绍峰、叶建华、闻宇明、伍运亮等人为另一方的流氓团伙，曾多次聚众斗殴，结下积怨。1993年10月，陆明海等人被林进亮等人投掷炸炮相炸。同年11月初，陈勇等人被陆海明等人以炸炮相炸。同年11月10日上午，陈东纠集多人，带上被告人林进亮准备的猎枪1支、小口径手枪1支，被告人陈勇准备的猎枪1支，许波准备的防暴手枪1支，以及陈东事先准备的3枚手雷，乘车寻找陆明海等人。随后，双方都发现了对方。被告人林进亮等人在钦州市客运站对面仁智楼前的马路上下车守候。当陆明海驾车载着庞赋凯、许绍峰、叶建华等人到钦州市客运站夜明珠娱乐城门前的马路减速准备袭击对方时，被告人林进亮持猎枪朝陆海明的汽车射击了一枪，李某朝陆海明的汽车投掷了一枚塑料壳手雷，手雷在车内爆炸，引爆了叶建华、庞赋凯携带的炸炮，叶建华被炸出车外当即死亡，庞赋凯、许绍峰被炸死在车内，陆明海被炸成重伤，该车失控前冲，撞在大花园上。当爆炸物爆炸时，在现场附近的一辆大客车的挡风玻璃被震烂，车内一名乘客的手被震碎的玻璃刺伤，该车前面的另一辆客车左右车窗玻璃也被震破。

本案中，对三被告人在聚众斗殴中实施的爆炸行为如何认定存在争议。一种意见认为，应认定为故意杀人罪。理由是：被告人一方与被害人一方素有积怨，曾多次聚众斗殴，而此次是被告人一方经过密谋策划、充分准备的针对被害人一方实施的报复行为，主观上有伤害甚至杀死被害人一方的意图。其投掷爆炸物是朝着被害人所乘坐的车辆投掷的，具有明确的目的性，其袭击的对象是特定的人，故应认定为故意杀人罪。另一种意见认为，被告人的行为应认定为爆炸罪。理由是：被告人的行为已经危害到了附近的不特定人的安全，属于危害公共安全罪。笔者同意上述第二种观点，虽然被告人一方是出于报复被害人一方的目的而实施的有预谋有针对性的爆炸行为，但是其作案地点是在钦州市闹市区的街道上，行

[①] 参见刘琼珍：《林进亮等人在聚众斗殴中实施爆炸案》，载最高人民法院中国应用法学研究所编：《人民法院案例选（分类重排本）·刑事卷》，人民法院出版社2017年版，第643—645页。

为附近人流量较大,爆炸行为一旦实施,难以确定行为侵害的具体对象和对象数量,已经危害到了不特定人的安全,而最后的损害结果也表明,现场附近的车辆和人员受到了不同程度的损害,故被告人的行为危害了公共安全。在闹市区实施爆炸行为危险性极大,被告人林进亮等明知在此处实施爆炸,不仅会伤害目标被害人,也会造成其他不特定人的伤亡或者公私财产的重大损失,危害公共安全,但为了追求报复陆明海等人的目的,放任危害公共安全结果的发生,主观上属间接故意,故林进亮等人的行为应认定为爆炸罪。

【指导案例】黄世华以危险方法危害公共安全案[①]——肇事后故意撞击正在追赶的被害人的行为如何认定

2012年2月11日,被告人黄世华与朋友刘红丽等人聚餐吃午饭。其间,黄世华大量饮酒。当日15时许,刘红丽驾驶黄世华的比亚迪汽车送黄世华等人回家。途中,黄世华认为刘红丽开车不熟练,强行要求刘红丽停车换由自己驾驶。当黄世华驾车行驶至浦东新区川展路附近时,与被告人沈建国驾驶的桑塔纳出租车发生追尾。黄世华担心醉酒驾车行为被查出,即驾车逃逸,沈建国遂驾车追赶。黄世华驾车行驶至浦东新区某路口时,因遇红色信号灯且前方有车辆阻挡而停车,追至此处的沈建国下车后拦在黄世华汽车前方欲与其理论,刘红丽见状下车查看。当信号灯转为绿色时,黄世华强行启动汽车,将沈建国顶于汽车引擎盖上,沿公路加速行驶。当其驾车行驶约1千米至南六公路、鹿达路路口时,撞上前方的奇瑞汽车尾部,致使该车的油箱破裂并连环撞击其前方待转的悦达起亚汽车。奇瑞汽车当场起火,车内的被害人闵正荣、谈桂芳被烧身亡,沈建国因被机动车撞击挤压致创伤性休克死亡,悦达起亚汽车内三人受伤,另造成财产损失约合人民币5万余元。经鉴定,黄世华血液酒精含量为212毫克/100毫升。

本案中,对于被告人的罪名认定存在争议。一种意见认为,沈建国在被黄世华追尾后,拦在黄世华的汽车前欲与其理论,此时沈建国对于黄世华而言是"特定的人",在此情形下,黄世华不顾沈建国的人身安危,驾车将沈建国顶在汽车引擎盖上逃逸,致沈建国死亡的行为应当定性为故意杀人罪,与其后驾车冲撞其他车辆,致多人死伤行为所构成的以危险方法危害安全罪,应当并罚。另一种意见认为,黄世华当时处于一种不顾一切执意驾车逃离现场的状态,其行为并非针对某一特定的人或车,应当将其驾车将沈建国顶在汽车引擎盖上逃逸的行为与其后驾车冲撞其他车辆,致多人死伤的行为作为一个整体行为来评价,被告人应当构成以危险方法危害公共安全罪一罪。本案中,黄世华醉酒驾车追尾被害人沈建国的

---

① 参见陈攀:《黄世华以危险方法危害公共安全案——如何理解危害公共安全犯罪中的"不特定多数人"以及如何把握醉驾案件中以危险方法危害公共安全罪的死刑适用标准》,载最高人民法院刑事审判第一、二、三、四、五庭主办:《刑事审判参考》(总第94集),法律出版社2014年版,第96—102页。

出租车后,为逃避处罚而驾车逃逸,不顾沈建国及道路上其他车辆和行人的生命安全,在车流人流密集的城市主干道醉酒驾车、高速行驶,该行为在客观上对行驶于该路段的不特定人的生命、健康及财产安全构成重大威胁,已经危害了公共安全。且其行为的后果不仅导致沈建国被撞身亡,还造成被撞车辆内多人死伤和重大财产损失。虽然被告人主观目的是摆脱被害人沈建国并逃离肇事现场,看似针对沈建国这一特定的对象,但其在行为过程中,为了逃避处罚,无视不特定多数人的安全高速驾车逃逸,其将沈建国顶于汽车引擎盖上沿公路加速行驶也是逃逸行为的一部分,并且实际上造成了不特定多数人的伤亡和重大财产损失,故被告人黄世华实施了一个高速驾车行为,主观上可以预见到其行为会危害到包括沈建国在内的不特定人的安全,为了逃逸放任该危害公共安全结果的发生,其行为应当从整体上评价为一个法律行为,认定为以危险方法危害公共安全罪。

第四章 构成要件符合性判断之二：
行为、结果及因果关系

一、不纯正不作为犯中等价性的判断

(一) 裁判规则

不纯正不作为犯罪为原则的刑法规范中不仅包含禁止规范，同时包含命令规范，如故意杀人罪中负有作为义务而不作为的，不仅违反了应该救人的"命令规范"，其结果也间接地违反了不得杀人的"禁止规范"。在不作为行为与作为行为的危害性等价时，不纯正不作为犯的处罚具有合法性。故成立不纯正不作为犯须满足三个条件：①具备作为义务；②不作为行为与作为行为等价；③不作为行为与损害结果间存在因果关系。

我国的不作为义务包括法定义务、职业义务、法律行为引起的义务和先行行为引起的义务。在判断等价性的众多学说中，笔者赞同"结果原因支配说"，即不作为行为的等价性是指负有作为义务的行为人，如果在其义务范围内积极作为的话足以阻却损害结果的发生，在此情况下行为人没有作为，并最终导致了结果的发生。行为人如果作为，在义务范围内对损害结果可以阻却的程度，反过来看，就是该不作为行为对于损害结果的危险程度。

(二) 规则适用

危害公共安全罪的认定中涉及很多不作为犯罪的认定问题，一方面，其中很多罪名，如放火罪、决水罪、以危险方法危害公共安全罪中都存在以不作为方式实施的情况；另一方面，行为人实施过失犯罪或紧急避险行为后，不积极履行其先行行为带来的义务，其不作为行为可能带来主观过错的转化等问题，故不作为犯罪的认定标准，尤其是不纯正不作为犯的等价性判断问题，在危害公共安全罪的认定中十分重要。

一般而言，作为是"身体的积极活动"，而不作为是"身体的消极不活动"。正如西原春夫教授所言，作为与不作为是彻头彻尾的行为样态，是在没有构成要件符合性、违法性、有责性等刑法评价的情况下就可以进行判断的概念。① 然而在实践中,"一个自然行为往往同时具备了动与静的多重面向,诠释的角度不同,呈现在解释者面前的行为样态也就判然有别"②。因而在作为与不作为的区分上发展出了基于存在论与规范论两个体系的学说,存在论侧重描述作为与不作为在自然意义或物理结构上的不同,规范论着眼于作为与不作为在规范层面的差异。存在论体系的学说包括:能量投入与因果关系说,即以行为人在犯罪对象存在状态的改变上是否进行了正向做功为标准;法益侵害标准说,即使法益恶化、制造或提高法益危险的是作为,而未使法益恶化、放任法益危险的是不作为。规范论体系的学说包括:社会评价与非难重点说,即通过法律非难的重点进行区分;规范违反类型说,认为应当根据行为违反的规范种类来区分作为与不作为。对于上述学说,笔者赞同法益侵害标准说,因为一方面,法益侵害是犯罪的核心,作为与不作为的本质区别在于是对法益创设或增加危险,还是负有减少法益危险的义务而放任或利用该危险;另一方面,规范是针对现实存在的现象发展起来的,规范本身的内容是依据于所规制行为本身的性质,其中就包括了是否只能以作为实施,或只能以不作为实施,同时,违反同一规范的行为可能既有作为,也有不作为,故从规范角度难以判断。

不作为犯罪又进一步分为真正不作为犯和不真正不作为犯,也称为纯正不作为犯与不纯正不作为犯。纯正不作为犯由法条明文规定在何种情况下将不作为作为处罚对象,因而一般不会有与罪刑法定原则相冲突的问题;而不纯正不作为犯的法律规范的表述针对的是作为犯罪,法律并没有明确规定其作为义务,也没有明确规定其实行行为。因而有观点认为,作为犯罪是违反了"不得做某事"的禁止规范,不作为犯罪是违反了"应该做某事"的命令规范,而不纯正不作为犯违反的是命令规范,却适用违反禁止规范的作为犯罪的规定,这是对刑罚法规的类推适用,有违罪刑法定主义。③ 对于这种观点,笔者认为,处罚不纯正不作为犯罪的刑法规范中不仅包含禁止规范,同时也包含命令规范。如故意杀人罪的构成要件,不仅包含作为的形态,也包含不作为的形态。④ 对他人负有特定义务的人故意不履行救助义务导致被害人死亡的情况,不仅违反了应该救人的"命令规范",其结果也间接地违反了不得杀人的"禁止规范",该不履行救助义务的行为与作为形态的故意杀人行为的危害具有等价性。

即便认同不纯正不作为犯的合法性,但是因缺少明文规定和明确标准,实践

---

① 参见〔日〕西原春夫:《犯罪实行行为论》,戴波、江溯译,北京大学出版社2006年版,第85页。
② 徐成:《论作为犯与不作为的区分》,载陈兴良主编:《刑事法评论:刑法规范的二重性论》,北京大学出版社2017年版,第457页。
③ 参见〔日〕金泽文雄:《不真正不作为犯的问题性》,载〔日〕团藤重光、〔日〕平场安治、〔日〕平野龙一等编:《佐伯千仞博士还历祝贺·犯罪与刑罚》(上),有斐阁1968年版,第235页。
④ 参见〔日〕平野龙一:《刑法总论Ⅱ》,有斐阁1975年版,第149页。

中在对不纯正不作为行为的认定过程中,易因标准难以把握而有违罪刑法定原则,故关键问题是明确不纯正不作为犯的成立条件。

一般来说,成立不作为犯罪须满足四个条件:第一,行为人负有实施某种积极行为的特定义务。这是成立不作为的前提条件,行为人所负有的实施某种积极行为的特定义务,是刑法赋予行为人的义务,而不是普通道德上的义务。第二,行为人有履行特定义务的可能性。从行为人自身来看,行为人具有履行特定积极义务的能力;从客观环境看,确实存在行为人履行特定义务的实际条件。第三,行为人在客观上没有履行特定的积极行为义务。这是不作为的核心,也是不作为成立的客观表现。不论是否有身体上的举动,只要在客观上没有履行特定的积极行为义务,就成立不作为。第四,行为人不履行特定积极义务的行为,对社会造成了危害,包括具体的物质性、可测量的损害结果,也包括引起物质性损害结果发生的可能性,即不作为行为与损害结果间存在因果关系。

对于成立不纯正不作为犯须要具备哪些条件,学者的观点不尽一致,存在八要素说、六要素说和两要素说等观点。① 如上所述,不作为犯罪适用作为犯罪条文的关键在于,不作为与作为行为具有等价性,而在不纯正不作为犯成立条件的学说中,对于等价性地位的理解各不相同,将其理解为违反作为义务者有之,理解为因果关系与作为犯罪等价者有之。笔者认为,从广义上理解等价性,具备等价性即意味着满足成立不纯正不作为犯的条件;而从狭义上理解等价性,作为犯罪的等价性在于不作为行为的客观危险性与作为行为等价。从狭义的等价性来看,成立不纯正不作为犯须满足三个条件:①具备作为义务;②不作为行为与作为行为等价;③不作为行为与损害结果间存在因果关系,即通过因果关系理论判定不作为行为是否具备等价性。因果关系问题笔者将在本章第四个问题中详述,此处着重讨论作为义务来源和等价性判断两个问题。

1. 作为义务来源

作为义务解决的是不作为人"应不应为"的问题,即便不作为行为与损害结果间具有直接的因果关系,只要其没有应该有所作为的理由,也不成立不纯正不作为犯。不作为成立的前提条件是行为人负有特定的积极行为义务,这种义务具有两个特点:一是法律性,即必须是行为人所负有的具有法律根据的义务,至于是否需要法律作出明确的规定,则并不重要;二是特定性,即必须针对行为人本人,刑法要求行为人亲自履行。对于不作为犯罪作为义务的来源,一直存在不同学

---

① 八要素说由德国学者耶赛克提出,具体包括:(1)存在构成要件该当的状况;(2)未发生可期待行为与个人的行为能力;(3)不纯正不作为犯的结果和因果关系;(4)不纯正不作为犯情况下的保证人地位;(5)行为要素中的相当性;(6)不作为犯情况下的故意;(7)不作为犯情况下的过失;(8)在不作为情况下的可期待性。日本学者浅田和茂持六要素说,具体包括:(1)不作为;(2)作为义务;(3)作为可能性;(4)与作为的等价性;(5)结果的发生与因果关系;(6)故意。日本学者高桥则夫认为不纯正不作为犯的成立条件只有两项:(1)作为义务;(2)实行行为性。

说,根据义务来源依据不同划分,包括形式的法义务说、实质的法义务说和机能二分说等①;根据义务来源数量不同划分,包括"三来源说""四来源说"和"五来源说"②。在我国"四来源说"占通说地位,具体包括:一是法定义务,即法律明文规定的义务,不仅限于刑事法律规定,也包括民事和行政的法律规定。二是职业义务,即职务上或业务上要求履行的义务。三是法律行为引起的义务,如民事主体之间的民事法律行为会导致一方当事人负有对另一方当事人实施某种积极行为的义务。在相对一方当事人处在非常危难的状况下,如果一方当事人履行积极行为义务能够挽救相对一方当事人的生命、健康或者保全其重大财产,此时该当事人负有积极义务。四是先行行为引起的义务,行为人实施某种行为,使其对行为所影响的直接对象负有保护责任,在该行为对象处于极度危险的情况下,行为人有保护该对象,免除该对象遭受进一步危难的积极义务。

其中,前三种义务来源都有相对明确的规定,而先行行为引发的作为义务较为特殊,缺乏认定的实质标准,存在很大争议。对于先行行为,其思想基础在于,谁创设法益侵害的危险,谁就应该防止该危险现实化,所以产生作为义务的先行行为,必须是给刑法保护的法益造成紧迫危险的行为。但是如果仅以是否引发危险状态作为引起作为义务的条件,则先行行为在范围上将无所限定,故对先行行为进行限定十分重要。一方面,先行行为形式上不以违反义务为前提,即先行行为包括合法行为。③ 另一方面,违反义务的先行行为实质上须创设可能产生构成要件结果的、紧密的、可以进行客观归责的危险,即只有当行为所创设的风险实现于构成要件范围内的结果时,该结果才能归责于行为人。一般来说,先行行为属于下列情况时,可以成为作为义务的发生根据:第一,对刑法所保护的具体法益造成了危险。对不受刑法保护的利益造成的危险,不能成为作为义务来源。第二,危险明显增大,如果不采取措施,危险会立即现实化为实害,即先行行为产生了保护义务。第三,行为人对危险向实害发生的原因具有支配,即先行行为人是当时最应当防止实害结果发生的人,或者说是最应当优先保护法益的人。④

---

① 形式的法义务说将非刑罚法规的义务作为刑法上作为义务的根据,认为作为义务产生根据包括基于法令产生的义务,基于合同、事故管理产生的义务和基于习惯、条约等产生的作为义务。实质的法义务说主要分为先行行为说、事实上的承担说与结果因果经过支配说等。机能二分说按照作为义务的发生依据,将其分为两类,第一类是处在保护该法益的关系而产生作为义务,称之为"法益保护型"义务;第二类是具有管理、监督危险源的义务而产生的义务,称之为"危险源管理监督型"义务。

② "三来源说"认为作为义务的来源于以下三方面:(1)法律上的明文规定;(2)职务或业务上的要求;(3)先行行为引起的义务。"五来源说"认为作为义务的来源包括:(1)法律上的明文规定;(2)职务或业务上的要求;(3)法律行为引起的义务;(4)先行行为引起的义务;(5)在特殊场合,社会公德要求履行的特定义务。

③ 详见本书第六章"违法性判断"中的第一个问题。

④ 参见张明楷:《不作为犯中的先前行为》,载《法学研究》2011年第6期。

2. 不纯正不作为犯等价性判断

等价性的判断标准是认定不作为犯罪的重要问题,对此问题存在很多学说,可以分为主观标准说、客观标准说和主客观综合说。主观标准说主张从行为人的主观方面来判断不作为犯罪与作为犯罪是否等价。其中,"敌对法的意志力说"认为,只要"敌对法的意志力"相同,即可认定为等价;"积极利用说"认为,行为人出于积极故意的,可以认定为等价。客观标准说认为,从行为人的客观方面来判断不作为与作为是否等价,判断的客观标准逐渐由"作为义务说"发展为"支配说"。"作为义务说"将不作为行为是否违反作为义务视为判断不作为行为等价性的重要条件,不同的学说主要是在违反不作为义务的基础上增加其他条件,现已鲜有支持者;而"支配说"延伸了罗克辛的犯罪支配理论,认为只有当侵害法益的不作为行为人与作为行为人通过他的犯罪支配所占据的地位相同时,才能对符合作为构成要件的不作为进行处罚,否则刑罚就是不适当的,根据判断支配性地位的因素和程度不同可划分为多种学说。① 其中,"因果流程支配说"认为等价性要求不作为人掌握指向结果的因果流程,具体而现实地支配了因果流程。② "结果原因支配说"认为不作为与作为归责的基础在于行为人和结果发生之间有着某种特定关系,体现于行为人对于结果发生的根据或者原因拥有现实的支配力,等价性的基础是现实地支配着结果发生的原因进程。③ "排他性支配说"认为等价性意味着行为人需要把面向结果的因果流程掌握在自己手中,以及法益的维持、存续具体而且排他地依赖于行为人。④ "因果设定说"认为行为人引起了侵害法益的因果关系,在他不去阻止这种发展趋势的时候,其不作为能够被看作作为。⑤ "排他支配设定说"认为不纯正不作为犯作为义务的实质根据在于,行为人主动设定了对法益的排他性支配。⑥ 主客观综合说则是结合主客观方面进行判断,如日本学者大塚仁认为,判断等价性的标准不应当特意强调主观方面或者客观方面,应从两个方面综合考虑。

对于上述学说,笔者赞同"结果原因支配说",理由在于:第一,等价性问题解决的是不纯正不作为行为与作为行为的行为危害性是否相当的问题,不应在其标准中加入主观因素,且从主观心态的角度判断行为危险性存在主观归罪的嫌疑。第二,主观标准说中,"敌对法的意志力说"中只包含直接故意,"积极利用说"中包含直接故意和间接故意,二者都不当地缩小了不纯正不作为犯的范围。第三,客

---

① 参见何庆仁:《义务犯研究》,中国人民大学出版社 2010 年版,第 52 页。
② 参见[日]西田典之:《不作为犯论》,载芝原邦尔等编:《刑法理论的现代的展开(总论Ⅰ)》,日本评论社 1988 年版,第 89 页。
③ 参见张明楷:《不作为犯中的先前行为》,载《法学研究》2011 年第 6 期。
④ 参见[日]岛田聪一郎:《不作为犯》,载《法学教室》2002 年第 263 号。
⑤ 参见[日]日高义博:《不作为犯的理论》,王树平译,中国人民公安大学出版社 1992 年版,第 12、13 页。
⑥ 参见黎宏:《排他支配设定:不真正不作为犯论的困境与出路》,载《中外法学》2014 年第 6 期。

观标准说中,"作为义务说"将不作为义务和等价性两个问题混为一谈,虽然从广义上理解不作为行为与作为行为等价,首先需要违反作为义务,但是存在作为义务是不作为犯罪成立的前提条件,而等价性主要解决的是不纯正不作为犯按照作为犯罪的罪名定罪处罚的依据问题,即存在作为义务是探讨等价性的前提,故不应在等价性判断之中再以作为义务为标准。综上,对不作为行为等价性的判断应采"支配说"。

在以"支配说"为基础的不同学说中,虽然种类较多,但观点争议主要集中在两点:第一,支配的是之前的原因行为,还是之后的因果进程。"结果原因支配说""因果设定说"强调支配原因行为,"因果流程支配说""排他性支配说"强调支配因果进程,而"排他支配设定说"既重视之前的原因行为,也重视后面的"支配",行为人的行为产生排他性支配导致危险状态的产生,也排他性支配地排除了他人对危险法益的救助。对此,持支配的是因果进程的观点认为,以是否支配原因行为作为认定等价性的条件,实际上是将不作为之前就已经存在的原因设定行为当作结果发生的原因,如此一来就涉嫌混淆了不作为犯罪因果关系的基本内容。[1] 同时,在不作为犯罪的作为义务人不创设因果进程,只是利用起因引起的因果进程时,这种对因果进程的利用与直接创设因果进程,应该具有同等的违法价值,因为两者都对法益造成了侵害或威胁。笔者认为,上述观点是对以原因行为作为等价性判断标准的误读,不作为行为对结果的原因力与作为行为的原因力不同,后者表现为促进型的原因力,这符合大多数人对原因力的理解。与之相对,不作为的原因力不应理解为在多大程度上导致了损害结果的发生,而应考查如果行为人作为的话,其作为义务内的行为能在多大程度上阻却损害结果的发生,即从阻却型原因力的角度判断不作为行为的原因力。以支配原因行为为判断标准的基础在于,不作为行为的等价性是指负有作为义务的行为人,如果在其义务范围内积极作为的话足以阻却损害结果的发生,在此情况下行为人没有作为,并最终导致了损害结果的发生。行为人如果作为,在义务范围内对损害结果可以阻却的程度,反过来看就是该不作为行为对于损害结果的危险程度,即与作为行为的等价性,此种阻却程度可以称为不作为行为对损害结果的原因力。不赞同以原因行为作为标准的观点普遍认为,作为判断标准的原因限于制造或增加危险的促进型原因,而忽视了不作为对损害结果的作用体现为阻却型原因力。以是否支配因果关系进程为判断标准的观点问题在于,即便对于作为犯罪,行为人支配的也只是制造或增加危险的原因行为,而鲜有可以支配因果关系进程的情形。行为人一旦实施作为行为,即产生了一个对损害结果的原因力,而其后因果关系进程如何发展,行为人难以掌控,如在因果关系发展进程中出现介入因素,介入因素的存在一般超过行为人对因果关系的支配范围,但只要介入因素不异常,在一定范围内

---

[1] 参见刘士心:《不纯正不作为犯的等价性问题研究》,载《法商研究》2004年第3期。

并不影响因果关系的认定,也不影响行为人构成犯罪。对于不作为犯罪等价性的认定,若以作为犯罪都难以达到的支配因果进程为标准,显失公平。

第二,对"支配"含义的理解。"排他支配设定说"认为支配体现为行为人主动设定了对法益的排他性支配,包括设定对法益的支配,以及因果关系进程中的支配。如上所述,对是否支配因果关系进程不属于不作为犯罪等价性判断的考虑范畴,除支配因果关系之外,该说还认为"支配"表现为行为人须设定对法益的支配,如医生只有在接手病人后,其不治疗的行为才可能构成不作为犯罪,如果病人就诊时,医生感觉无法救治自始未接手治疗的,不属于不作为,故接手治疗的行为设定了医生对病人法益的支配。笔者认为,此种说法对于支配原因行为的理解不全面,如父亲看到儿子溺水,可以救助而不施救,父亲虽没有主动设定对法益的支配,但也应成立不作为犯罪。该说中的设定法益支配可以从行为人负有作为义务而没有作为来理解,如上例中医生接手治疗的行为,实际上是产生了作为义务,行为人设定了对法益的支配只是其中的一种表现,而在父亲未救助落水子女的例子中,即便行为人没有主动设定法益支配,但法律规定父亲也负有救助义务。可见从作为义务的角度理解更为恰当。在"支配"的程度上,作为直接创设并推动侵害法益的因果进程,而不作为只能是放任、利用既存的因果进程,如果对因果关系的创设推动和放任利用能够相当,对法益有同等程度的威胁,可谓二者达到了等价,而利用因果进程要能够和创设因果进程等价,需要达到"支配"的程度。对于"支配"程度的理解,笔者认为,作为犯罪的行为危险性或者说应受刑罚处罚的理由在于不应为而为之,与之对应,不作为犯罪的行为危险性在于应为而不为。故对于不作为犯罪等价性中的"支配"程度,应理解为如果行为人作为的话可以有效避免或减轻损害结果,换句话说,义务人的行为具有"作为可能性"或者"结果回避可能性"。

综上所述,作为是行为人通过直接作为的方式,直接创设或推动侵害法益的因果进程,而不作为从物理角度来看,对损害结果并无直接的作用力,"只能利用既存的指向法益侵害的因果进程"[1],这是二者结构上的先天差异,只有二者具备同等程度的法益侵害性,才可以对不纯正不作为犯进行处罚。所以,要想适用作为犯罪的条款处罚不纯正不作为犯,就需要弥补这种结构上的差异,其关键在于,在作为义务内,行为人如果作为可以有效地避免或减轻损害结果,在这种阻却原因力达到一定程度的情况下,该不作为行为与作为行为具有等价性。作为与不作为之等价,在于违法性层面的等价,根本问题是两者因果进程中"创设或推动原因力"与"利用并支配原因力"的相当。而这需要结合案件情况,如行为时的时间、地点、环境、法益所处状态、不作为人自身状况等因素加以具体分析。

---

[1] 郝川、詹惟凯:《不真正不作为犯"作为义务二元论"再提倡——兼论作为义务与等价性之关系》,载《社会科学战线》2018 年第 12 期。

行为人如果只履行部分义务的是否属于履行了作为义务？笔者认为，行为人履行作为义务的行为应当与其履行能力相匹配，在履行能力范围内，行为人必须尽其所能积极履行义务，如果行为人在其履行范围内积极履行本可以防止损害结果的发生，而行为人只是部分履行，这种情况仍属于不作为。

【指导案例】朱林放火案①——点燃摩托车车座未见明火，离开后发生火灾的是否构成不作为放火罪

2014年8月14日凌晨1时许，被告人朱林在邹平县经济开发区会仙桥日用品批发大市场B16号商住楼其经营的"7天宾馆"三楼值班室内，听其二舅张某甲说一楼楼道内电动车和摩托车很多，妨碍通行，遂到一楼楼道去挪动电动车，发现一辆"太子把"125型摩托车长时间停放在楼道内，其曾多次将该车推出，但又总是被人再推入楼道。遂产生报复心理，欲教训一下车主，不让其在此停车。被告人朱林遂返回三楼值班室取了打火机，用打火机将摩托车车座烧了两个洞，见没有明火后返回三楼值班室。摩托车被烧着后将周围电动车引燃，火势迅速向楼上蔓延，周围过往群众发现着火后呼救，在四楼407室居住的曹某、宋某乙及在412室居住的庞伟、苏洪建发现着火后往楼下跑，宋某乙带火跑出楼道，曹某在跑到一楼楼道时被火当场烧死，庞伟和苏洪建在跑到三楼时被朱林拉到宾馆值班室等候救援，后宋某乙、庞伟、苏洪建因烧伤被送往医院救治，宋某乙于2014年10月23日经抢救无效死亡。经法医鉴定，庞伟、苏洪建伤情程度均为重伤二级。火灾造成多辆摩托车、电动车、自行车不同程度烧毁及楼房损失，经鉴定，价值共计人民币142970元。

本案被告人朱林为发泄其不满情绪，深夜在商住两用楼的楼道内点火焚烧他人摩托车车座，引发火灾，并造成二人死亡、二人重伤、公民财产遭受重大损失的严重后果。一审法院认定被告人朱林的行为构成放火罪。被告人及辩护人认为被告人朱林主观上对发生火灾不存在故意，应认定为失火罪，提起上诉。二审法院维持原判，认定被告人朱林构成放火罪。

本案中，被告人朱林存在点火行为，且因其行为发生了火灾，并造成了二人死亡、二人重伤的严重后果。争议的焦点在于被告人朱林对放火这一损害结果的主观心态。从本案火灾发生的原因看，并非因日常生活用火不慎引发，而是因被告人用打火机点燃摩托车车座故意毁坏他人财物引发。从被告人点火的对象来看，其直接点燃的是摩托车的车座，摩托车车座一般由外部的皮革和内部的海绵组成，皮革和海绵都属于可燃物，且该摩托车是以汽油为燃料的摩托车，极易遇火

---

① 一审案号：(2015)邹刑初字第122号，审理法院：山东省邹平县人民法院；二审案号：(2015)滨中刑一终字第81号，审理法院：山东省滨州市中级人民法院。

发生燃烧或爆炸。从点火对象的位置来看,该摩托车位于商住两用楼的楼道内,朱林在此经营宾馆,楼内有多人居住,当晚楼道内外密集停放着多辆摩托车、电动车,从被点燃对象本身的危险性和当时的环境看,其实施点火这一行为已足以使不特定多数人的生命、财产安全处于危险之中。总的来看,被告人朱林用打火机点燃摩托车时,只是烧出两个洞,不构成犯罪,但是该行为对刑法所保护的具体法益造成了危害,如果不采取措施,危险会立即现实化为实害,且朱林此时对该危险向实害发生的原因具有支配,在该先行行为已导致公共安全处于危险状态的情况下,其负有采取有效措施排除起火危险或防止火灾结果发生的特定义务。如果此时朱林积极作为,完全可以避免火灾的发生,在此情况下,被告人朱林自始至终并未采取任何积极有效的措施阻止损害结果的发生,致使火势迅速蔓延,酿成火灾,其不作为的行为放任了火灾的发生,与作为的放火行为具有等价性。被告人朱林主观上虽不希望或积极追求火灾的发生,但其点火的行为是出于故意而非过失,结合其点火对象及环境,被告人虽然供述其离开作案现场时未见明火,但车座组成材料的易燃性和放火行为的危险性为一般常识,因其先行行为而负有采取有效措施排除起火危险或防止火灾结果发生的特定义务,被告人离开前应检查该车座是否被点燃并采取相应的措施,而不是简单地根据是否有明火进行判断。故被告人朱林对放火行为的损害结果主观上属间接故意,应认定为放火罪。

【指导案例】刘某某放火案①——烧荒引发火灾后直接离开现场的,是否构成不作为放火罪

2015年3月27日9时许,在沈阳市沈北新区某村,被告人刘某某在自家地里烧荒,11时许,因风力加大,致使火势借助风势烧到与受害人张某甲相邻土道(七八米左右)沟壕中(有蒿草)。被告人刘某某见状上前拍打,见火势控制不了,既未向四周求救也未拨打报警电话,径直离开现场。后大火将位于刘某某自家地北侧的张某甲家的种植园烧毁。沈阳市沈北新区公安消防大队认定,火灾起火部位位于刘某某自家地里,火灾系刘某某烧荒引起。经沈阳市沈北新区价格认证中心鉴定,火灾造成被害人经济损失价值人民币583580元。

烧荒是农村普遍存在的一种陋习,虽然各地普遍出台禁止烧荒的文件,但烧荒的现象仍时有发生。本案中的争议焦点主要是被告人主观认定问题:公诉机关指控被告人犯放火罪,刘某某及其辩护人辩称,其无法预见到行为时风力过大,主观方面属于过于自信的过失,应认定为失火罪。一审法院认为,被告人在引起火险后,未履行救火义务,放任危险发生,造成他人重大财产损失,其行为构成放火

---

① 一审案号:(2016)辽0113刑初100号,审理法院:辽宁省沈阳市沈北新区人民法院;二审案号:(2016)辽01刑终527号,审理法院:辽宁省沈阳市中级人民法院。

罪。二审法院认为,在刘某某发现火势蔓延至北侧沟内杂草时,其基于以往经验已经预见到在当时的风力条件下有可能造成火势失控,但其过高估计燃烧的杂草与被害人种植园有数米土道间隔,认为火势不会蔓延至种植园的主观心态,符合普通民众的一般认识与理解,上诉人及其辩护人所提主观心态为过于自信的过失更具合理性,故认定为失火罪较之放火罪更为妥当。

本案中,被告人刘某某烧荒时并非故意制造火灾,本应为失火行为,争议的焦点在于,在被告人认识到其先前的失火行为已造成火险的情况下,离开现场是否构成不作为的放火罪。刘某某先前的烧荒行为引发火险后,负有消除危险的义务,其立即上前拍打但因火势较大无法控制,本应向他人求救或报警,却因恐惧而离开,确未积极履行其先行行为带来的作为义务。根据本案证据,刘某某供述的离开时间与最先发现火灾的证人证实的时间均为11时左右,结合当天气象资料证实的风力为七八级及风向情况,一旦发生火灾将迅速蔓延至种植园,可见即使刘某某及时向他人求救或报警,仍有可能无法避免损害结果的发生,无法认定刘某某未及时向他人求救与避免损害后果发生之间的直接联系,故其不作为行为不具有等价性,不构成不作为的放火罪。

从整体来看,本案被告人刘某某在烧荒过程中,风力突然加大,火势蔓延到北侧的沟内杂草时,在认识因素上,以当时的风力情况,被告人已经预见到有可能造成火势失控。在意志因素上,被告人对燃烧的杂草积极地进行拍打,可见其对火灾的发生是持否定态度的,但因火势大无法扑灭而离开,同时基于以往烧荒时杂草被全部过火以后可能会自动熄灭的经历,以及现场燃烧的杂草与被害人的种植园有数米土道间隔的客观因素,被告人刘某某轻信火势不会蔓延至种植园,而最终导致了损害结果的发生。因此,本案中被告人的主观心态宜认定为过于自信的过失。

二、如何理解危害公共安全罪的危险犯

(一) 裁判规则

危险是指法益侵害的可能性,既包括行为危险,也包括结果危险。根据行为发生时的具体状态,有时结果危险未实现。对于达到既遂形态的危险犯,此时危险是一种事实状态,已经脱离行为的危险,呈现出明显的结果属性。对于危险犯的界定,应采犯罪既遂说,即犯罪既遂以危害行为造成的法定危险状态发生为标准。具体危险犯与抽象危险犯的区分在于前者的危险需要司法上具体认定,而后者的危险是立法上推定的。

(二) 规则适用

危害公共安全罪中很多罪名属于危险犯,1979年《刑法》中规定了12个危险犯,其中11个罪名属于危害公共安全罪,具体包括:第106条规定的放火罪、决水罪、爆炸罪、投毒罪以及以其他危险方法危害公共安全罪;第107条设置的破坏交

通工具罪;第108条设置的破坏交通设施罪;第109条设置的破坏电力设备罪和破坏易燃易爆设备罪;第111条设置的破坏广播设施罪;第112条设置的非法制造、买卖、运输枪支、弹药罪。1997年以来,我国危险犯立法呈现扩张趋势,1997年《刑法》第120条设置了组织、领导、参加恐怖组织罪,第120条之一设置了资助恐怖活动罪。《中华人民共和国刑法修正案(四)》设置了生产、销售不符合标准的医用器械罪,此罪只要求有生产、销售行为,且足以对人身健康造成严重危害的危险而非实害结果,就构成犯罪。这就以《刑法》分则条文的方式规定了危险犯的成立标准,起到了一般预防的作用。对危险犯规定的范围进一步扩大是从《中华人民共和国刑法修正案(八)》[以下简称《刑法修正案(八)》]开始的。《刑法修正案(八)》把第141条规定的生产、销售假药罪修改为抽象危险犯,只要生产、销售假药,足以严重危害人体健康的,即构成此罪。我们更为熟悉的危险驾驶罪也被作为抽象危险犯划入了刑法调整范围。《中华人民共和国刑法修正案(九)》[以下简称《刑法修正案(九)》]增加了危险驾驶罪中"从事校车业务或者旅客运输,严重超过额定乘员载客,或者严重超过规定时速行驶的"和"违反危险化学品安全管理规定运输危险化学品,危及公共安全的"两种危险行为。

要厘清危险犯的含义,需要先明确危险的性质。学界对于该问题的争议焦点集中在两个方面:第一,危险的性质是归属于行为还是结果。对此,张明楷教授认为,行为的危险是行为的属性,不属于结果;作为结果的危险,是行为所造成的一种可能侵害法益的状态,因而属于结果。但也存在很多情况难以对二者作出区分,如行为人持枪追杀被害人,未如愿击中目标,在此过程中,这种危险状态并不能明确判定是行为还是结果。[①] 笔者认为,危险既包括行为危险,也包括结果危险,只是根据行为发生时的具体状态,有时结果危险未实现。对于达到既遂形态的危险犯,此时危险是一种事实状态,已经脱离行为的危险,呈现出明显的结果属性。若认为危险犯中的危险属于行为范畴,也就是说,危险犯的危险是依附于行为而存在的,那么任何犯罪都可以说是危险犯了,这样一来,对危险犯的探讨就显得毫无意义。对于实害犯的未完成形态,其对法益造成侵害的危险性并不能作用于法益而出现损害结果,因而依附于行为,故该种危险的属性属于行为。第二,危险的含义如何界定。刑法中对于危险的界定有以下几种:危险是被人们判断为具有侵害法益可能性与盖然性的客观事实状态。[②] 危险是指法益遭受损失或失败的潜在可能性。[③] 危险犯中包含的危险是指危害行为所导致的违反常规的客观状态的属性,也就是可以依据客观存在的事实预测将来有实害结果发生的可能性,且

---

① 参见张明楷:《刑法学(上)》(第五版),法律出版社2016年版,第166页。
② 参见张明楷:《危险犯初探》,载马俊驹主编:《清华法学评论》(总第一辑),清华大学出版社1998年版,第118—142页。
③ 参见李洁:《危险犯之危险研究》,载《淮阴师范学院学报(哲学社会科学版)》2004年第6期。

危险犯中的危险之概念的基础是损害结果产生的可能性。① 危险概念应当是主客观概念的统一,即危险既是一种基于主观的推断,也是一种客观存在的状态。刑法中的危险是行为的危险,而非行为人的危险。② 上述观点虽表述不同,但其核心含义是一致的,即危险是指法益侵害的可能性,具体可以分为行为的危险和结果的危险,行为的危险是行为本身所具有的导致损害结果发生的可能性,结果的危险是指行为所造成的对法益的威胁状态。

对危险犯的界定,存在从违法性角度和从构成要件要素角度出发的两种不同观点:从违法性角度来看,危险犯是指某行为只要对被害法益或客体造成危险之状态即可加以论罪科刑,不必以产生实害为必要。该种观点将实害犯与危险犯放到了对立面的境地,呈现一种互相排斥对立的关系。实害犯的处罚依据是行为对法益造成的现实的实质侵害结果;而危险犯的处罚依据则是行为对法益侵害所形成的客观的危险状态。此种观点的缺陷较为明显,即将危险犯的处罚依据作为其概念,易混同危险犯和未遂犯。从构成要件要素角度来看,危险犯成立的条件是作为构成要件的法益侵害之危险的出现。构成要件规定以发生法益侵害之危险为已足,不以法益现实上有侵害为必要者为危险犯,具体分为以下两种观点:其一,犯罪成立标准说。该说主张危险犯成立的标志是危险状态的产生,实害犯的成立是实害结果的产生。但该说实际上排除了实害结果和危险发生前可能存在的预备、未遂等状态。其二,犯罪既遂说。该说认为,危险犯既遂以危害行为造成的法定危险状态发生为标准。综合犯罪成立标准说的缺陷,笔者赞同犯罪既遂说,例如,故意杀人罪以死亡结果作为既遂的要件,属于结果犯;而放火罪以对公共安全产生危险为既遂条件,为危险犯。

危险犯还可以进一步分为具体危险犯和抽象危险犯。对于具体危险犯和抽象危险犯如何划分,存在多种观点:第一种观点,构成要件要素说认为,具体危险犯是在刑法条文中明确规定以发生危险作为构成要件要素的犯罪;抽象危险犯是不以发生危险作为构成要素的犯罪。③ 第二种观点,危险判断说认为,具体危险犯与抽象危险犯都是以对法益侵害的危险作为处罚依据的犯罪,但是,前者的危险是需要司法上具体认定的,后者的危险是立法上推定的。第三种观点,危险状态说认为,具体危险犯中的危险是行为所导致的一种状态,即作为结果的危险;抽象危险犯中的危险是行为本身的属性,即行为的危险。第四种观点,危险程度说认为,具体危险犯与抽象危险犯的区别在于危险程度的差异,如前者是紧迫的危险,后者是缓和的危险。④ 上述观点实际上是从不同角度对具体危险犯和抽象危险犯进行区分。从适用的角度,笔者赞同第二种观点。第一种观点中危险的对

---

① 参见马松建:《论危险犯的危险》,载《河北法学》2001年第4期。
② 参见陈家林:《论刑法中的危险概念》,载《云南大学学报(法学版)》2007年第2期。
③ 参见[日]山中敬一:《刑法总论》(第二版),成文堂2008年版,第80页。
④ 参见张明楷:《刑法学(上)》(第五版),法律出版社2016年版,第167页。

象、基准不明确，且有时以构成要件中记载的"危险"来划分抽象危险犯与具体危险犯，难以明确区分。第三种观点和第四种观点也存在这一问题，在适用中不能提供具体的标准。综上所述，法律对具体危险犯的规定是建立在这样一种考虑之上，即违反规范的行为对受保护的客体造成的危险有可能当罚，一旦该危险性在案件中具体出现。危险性的出现，在这里是构成要件，如要处罚，须由法官特别认定。具体危险犯中的危险是指在司法上以行为当时的具体情况为根据，认定行为具有发生侵害结果的紧迫危险，与之相对，抽象危险犯是立法上推定一旦实施即对法益产生紧迫危险的犯罪行为。

【指导案例】刘某放火案[①]**——放火罪中具体危险犯的认定**

2014年12月29日20时40分许，云霄县将军大道永辉超市新开业营业期间，被告人刘某进入超市南区的一临时仓库，用自带的打火机点燃仓库内的广告纸，引起仓库内50把雨伞燃烧，产生烟雾。因顾客众多，超市场面混乱。超市员工发现后及时救火，火势被控制。

2014年12月30日15时许，被告人刘某又在永辉超市后门员工通道的卫生间，用自带的打火机点燃卫生间的废纸，致使卫生间内塑料桶燃烧，超市员工及时发现，把火势扑灭，并当场抓获刘某。

我国《刑法》第114条规定："放火、决水、爆炸以及投放毒害性、放射性、传染病病原体等物质或者以其他危险方法危害公共安全，尚未造成严重后果的，处三年以上十年以下有期徒刑。"可见，放火罪的既遂以"足以危害公共安全"为标准，即以危害行为造成的法定危险状态发生为标准，且该危险需要司法上具体认定，故放火罪属于具体危险犯。本案中，被告人刘某明知自己的行为会引起火灾，仍然在公共场所点燃可燃物品，引起火情，其行为属于放火行为。被告人刘某共实施了两次放火行为，第一次放火行为中，其用自带的打火机点燃仓库内的广告纸，引起仓库内50把雨伞燃烧，产生烟雾，因顾客众多，造成超市场面混乱。从最终造成的损害结果来看，刘某的放火行为实际上只造成了50把雨伞损坏，未造成严重的损害结果，但除实害结果外，一方面，刘某的点火行为已经造成了50把雨伞燃烧，若超市员工未及时发现并救火，超市仓库内可燃物众多，极易发展成为大型火灾；另一方面，刘某点火行为发生在人员众多的超市，其点火行为产生的烟雾已经造成了超市内的混乱，混乱中极易发生踩踏事件，使不特定人的安全处于紧迫危险中，有极大可能发生实害结果，故刘某第一次点火行为已经达到"足以危害公共安全"的程度，应认定为放火罪。而刘某的第二次放火行为中，其使用自带的打火机点燃卫生间的废纸，在致使卫生间塑料桶燃烧时，被工作人员发现并扑

---

① 案号：(2015)云刑初字第106号，审理法院：福建省云霄县人民法院。

灭,此时其点火行为只造成了小范围燃烧,尚未达到"足以危害公共安全"的程度,不应认定为放火罪。

三、存在介入因素时,如何认定危害公共安全罪的因果关系

(一) 裁判规则

对于危害公共安全罪中因果关系的判断,应采相当因果关系说,存在介入因素时,具体应当考查三个方面的因素:一是行为人的行为导致结果发生的可能性。二是介入因素的异常性与独立性。三是介入因素对结果发生所起的作用,根据一般经验判断该介入因素与结果的发生是否相当。如果介入因素确属异常因素,行为人实施的危害行为本身不具有导致损害结果发生的较大可能性,介入因素对损害结果的发生起决定作用时,就应当认定前行为与损害结果之间的因果关系中断。

危害行为与损害结果的关系可以分为三种情况:一是危害行为与损害结果间的关系完全被介入因素切断,此时危害行为与损害结果间不存在因果关系。二是介入因素系受危害行为所支配,介入因素对因果关系没有实质的影响。三是介入因素具有一定独立性,但介入后并未完全切断危害行为对损害结果的影响,此时应视两者对损害结果的作用力大小分担对损害结果的责任。

(二) 规则适用

危害公共安全罪的因果关系是指危害公共安全行为和损害结果间引起与被引起的关系,在存在介入因素的情况下,因果关系是否因介入因素而中断在实践中是一个难题,这涉及因果关系理论学说及介入因素异常性的判断。

刑法中对因果关系的判断主要有六种学说:第一,条件说。条件说认为如果行为与结果之间存在没有前者就没有后者的关系,就认为二者之间具有因果关系。条件说用公式来表示就是"无 A 则无 B",例如甲用枪射击乙,致使乙死亡,如果没有甲的射击行为,乙就不会死亡,因此甲的行为与乙的死亡结果之间具有因果关系。从条件说来看,一切对损害结果发生作用的条件,无论作用力的大小,都等同地视为法律上的原因。第二,修正的条件说。因条件说会将原因的范围无限追诉,无法判断危害行为原因力的大小而难以适用,所以在此基础上提出了修正的条件说,包括因果关系错误说和因果关系中断说。因果关系错误说认为,我们对因果关系的认识只能以经验上能够预见的因果关系为界限,在超越其界限而发生结果的场合,就不能追究行为人故意的责任;因果关系中断说认为,如果行为与结果之间介入了没有预想到的异常事实或者第三者的行为,因果关系便中断了。第三,原因说。原因说仍以"无 A 则无 B"的认定公式为基础,主张以某种规则为标准,从导致结果发生的条件中挑选出应当作为原因的条件,从而限制条件说对因果关系的扩张。第四,相当因果关系说。相当因果关系说认为根据我们的社会生活经验对事物进行一般性的考查,如果认为一定的行为产生一定的结果通常是

相当的,就认为存在因果关系。关于相当的判断基础,理论上存在"经验上的通常性""高度的盖然性""常见的可能性""某种程度的可能性""经验法则上的可能程度"等多种说法,可以分为客观说、主观说和折中说。客观说主张以行为时的一切客观事实作为基础进行判断,主观说主张以行为人认识到或可能认识到的事实为基础进行判断,折中说主张以一般人能认识到的以及行为人特别认识到的事实为基础进行判断。第五,合法则的条件说。合法则的条件说认为因果关系并不只是"没有该行为就不会发生该结果"的关系,只有根据科学知识,确定了前后现象之间是否存在一般的合法则关联后,才能进行个别的、具体的判断,即"因果关系必须得到当代最高知识水平的认可"[1]。第六,重要说。重要说明确区分由条件说认定的因果关系与具体结果的发生在法律上的重要性,在条件说的基础上,按照具体构成要件的意义与目的,以及构成要件理论的一般原理,确定结果归责的范围。

对于因果关系判断的上述学说,条件说是其他学说的基础,划定了引起结果的原因范围,但条件说的缺陷也是显而易见的,适用条件说会将条件的范围无限地追诉,不当地扩大刑法意义上因果关系的认定范围,其将所有相关原因平等对待,无法区分出各原因对结果的作用大小,且在行为人所认识的因果经过与现实的因果经过不一致时,条件说得出的结论不合理。[2] 因果关系错误说难以把握行为人的预见范围,容易导致因一点细节性差错可能使行为只能按照无罪或未遂处理,而因果关系中断说只是针对存在介入因素的问题改良条件说,但未解决条件说本质上的缺陷。原因说主张从对结果起作用的众多原因中挑选出一个条件作为原因,但通常结果的发生并非依赖于一个单纯的条件,且因该学说内部对条件确定的标准难以统一,现在已经鲜有支持者。合法则的条件说主张根据科学知识判断,从而否定因果关系中断论,换言之,因果关系中的结果并不因第三人的故意或过失的介入而被否认,但该说实际上并未提供划定哪些原因可以作为受刑罚处罚原因的明确的判断标准。综上所述,笔者认为,对因果关系判断应采相当因果关系说,这也是现在学界对因果关系进行判断的通说。而在相当因果关系说中,折中说与主观说一样,因果关系的有无取决于行为人与一般人认识的有无,而因果关系本质上就是行为与结果之间引起与被引起的关系,这与因果关系的客观性相矛盾,正因为如此,客观说逐步取代了折中说占支配地位,一般来说,达到"高度的盖然性"即可。

通常情况下,因果关系的判断一般较为明晰,值得讨论的问题是,在案件中存在介入因素的情况下,如何判断其中的因果关系。对介入因素的判断是因果关系认定中的重要环节,需要比较因果关系进程中不同行为与不同事件对于结果发生

---

[1] 参见张明楷:《刑法学(上)》(第五版),法律出版社2016年版,第177页。
[2] 如甲基于杀意向乙开枪致乙受伤,乙在被救护车送往医院中遭遇车祸死亡,根据条件说,可以得出甲的开枪行为与乙的死亡结果间具有因果关系的结论。

的控制与影响的程度。如果该介入因素是异常因素,且对损害结果作用较大,一般认为可以阻断前行为与损害结果之间的因果关系。"异常因素"是因果相当性判断过程中的概念,是因果相当性比较中的一个对介入因素中偶然性较大的因素的界分。因果关系中的介入因素事实上是在面对复杂因果关系进程时,对于前行为是否对后结果存在控制的问题进行的讨论。如果前行为对后结果仍然存在控制,则前行为的行为人可以通过因果关系而归责,如果介入行为或事件等成为阻断前行为与后结果间因果关系发展的异常因素,则前行为在整个事件发展过程中只作为边缘行为而存在,前行为的因果关系被阻断。概括而言,阻断前行为与损害结果之间的因果关系须满足:①必须有另一因素介入;②介入的因素是异常因素,即通常情况下不会介入的某种行为或自然力;③中途介入的因素必须对损害结果的发生起决定性作用。据此,无论介入的因素是被害人行为、第三者行为还是行为人行为,在判断存在介入因素的因果关系时具体应当考查三个方面的因素:一是行为人的行为导致结果发生的可能性。二是介入因素的异常性与独立性,即介入因素本身是异常的还是非异常的?介入因素和危害行为之间是独立的还是从属的?三是介入因素对结果发生的作用,根据一般经验判断该介入因素与结果的发生是否相当。

第一,行为人的行为导致结果发生的可能性。即行为人的行为是否足以造成损害结果,该作用力是否会受到介入因素的影响。介入因素既包括作为,也包括不作为和事件。以不作为为例,如医生故意不救治因他人故意烧伤而送来的病人,如果事后足以证明被害人完全可以通过医生的救治而获救,则医生的不作为也可以成为一个异常因素,阻断在前的放火行为与被害人死亡结果之间的因果关系进程。如果在前的放火行为已经无可避免地导致被害人死亡的后果,则在后的医生不作为行为,不能阻断死亡结果的发生。

第二,介入因素的异常性与独立性。能够成为异常因素的一般是超出行为人通常的经验性认识的因素。如果介入因素不异常,一般人在行为时可以预见到,这种介入因素不能阻断前行为与损害结果的因果关系,只有当介入因素满足偶然性较大、概率较小的完全重复发生、反映出事物完全个别性的一个事件或行为时,才足以阻断前行为与损害结果之间的因果关系。同时,介入因素一般情况下独立于前行为,但也存在介入因素因前行为而发生的情况。如行为人在夜晚的主干道上肇事,将被害人撞倒,明知被害人晕倒在主干道上而逃逸,被害人又被其他车辆碾压致死的,其他车辆的碾压属于介入因素,但该介入因素的发生是因行为人的逃逸行为,在夜晚的主干道上,后面车辆难以及时发现倒地的被害人,故该介入因素从属于前行为,一般不能阻断前行为与损害结果之间的因果关系。

第三,介入因素对结果发生作用的大小,即介入因素的危险性。介入因素是在已经由前行为引发了对被害人的一种危险状态的情况下,在后介入了对因果进程发展控制度较高的、指向结果明确的一个第三方行为或一种事实上的状态。由此,特别是在存有第三方行为的情形下,需要比较的是前后行为对危险状态的引起与造成结果之间的相当性(控制度)问题。① 判断时与一般行为与损害结果的因果关系判断相同。争议问题在于如果前行为与介入因素之间对结果相当性的程度难以明确区分出高低,或者说正是由于前行为与介入因素的结合,才导致了最终的损害结果,是否因该介入因素的异常性而阻断前行为与损害结果之间的因果关系。在此情况下,笔者认为,即便介入因素属于异常因素,但因为前行为与介入行为原因力相当,共同作用于损害结果,该介入因素并未阻断前行为的原因力,也不能阻断前行为与损害结果之间的因果关系,此时前行为和介入因素与损害结果间都存在因果关系,属于多因一果。

综上所述,如果介入因素确属异常因素,行为人实施的危害行为本身不具有导致损害结果发生的较大可能性,介入因素对损害结果的发生起决定作用时,就应当认定前行为与损害结果之间的因果关系中断。其中,需要注意的是,当被告人实施行为后,介入被害人行为而导致结果的发生时,应根据案件具体情况判断被害人实施的行为是否具有通常性。如果被告人实施的行为导致被害人不得不或者在通常情况下会实施介入行为,则该介入行为对被告人的行为与结果之间的因果关系没有影响。当介入因素出现后,危害行为与损害结果的关系可以分为三种情况:一是危害行为与损害结果间的关系完全被介入因素切断,此时介入因素成为新的危害行为,原危害行为与损害结果间不存在因果关系。二是介入因素系受危害行为所支配,是在危害行为发生后自然出现的,从而造成了损害结果,介入因素实际上是危害行为的一部分,对因果关系没有实质的影响。三是介入因素具有一定独立性,但介入后并未完全切断危害行为对损害结果的影响,此时应视两者对损害结果的作用力大小分担责任。

【指导案例】牟伦秀交通肇事案②——肇事后被害人被其后车辆二次碾压的因果关系如何认定

2005年4月9日19时40分许,被告人牟伦秀无证驾驶"嘉陵50型"轻便摩托车,沿宜远线由远安县茅坪场镇何家湾村往茅坪场村方向行驶时,将在其前方同向行走的行人张大荣撞倒在地,致张大荣头部受伤昏迷,随后同向行驶的汪云无证驾驶两轮摩托车因预料不及从张大荣身上碾压而过。事故发生后,被告人请他人报警,并积极救助伤者张大荣。经远安县公安局法医检验鉴定中心鉴定:张大荣属重型颅脑损伤,已构成重伤。远安县公安局交警大队认定牟伦秀负事故的主要责任,汪云负事故次要责任,张大荣不负事故责任。

---

① 参见肖怡、龚力:《因果关系中的异质因素认定问题探究》,载《刑法论丛》2016年第1期。
② 参见王贵林:《牟伦秀交通肇事案》,载最高人民法院中国应用法学研究所编:《人民法院案例选(分类重排本)·刑事卷》,人民法院出版社2017年版,第810—814页。

本案的关键在于被告人牟伦秀的肇事行为致被害人重伤,其肇事行为与损害结果之间的因果关系是否因另一肇事者汪云的介入而中断。笔者认为,本案中汪云的行为不能中断牟伦秀肇事行为和张大荣重伤之间的因果关系,理由在于:第一,从行为与介入因素的关系来看,牟伦秀将张大荣撞倒在地,在其后行驶的汪云因预料不及而从张大荣身上碾过,汪云的介入行为与牟伦秀的行为之间存在一定的关联。二是从介入因素的异常性大小来看,在公路上,被害人无法起身,后面车辆躲闪不及而发生事故的概率较高,该介入因素并非异常介入因素。第三,从牟伦秀行为与汪云行为的作用力来看,判决书中提到被害人被牟伦秀驾驶的摩托车撞倒在地后"头部受伤昏迷",另一肇事者汪云驾驶的摩托车随后从被害人的身上碾压而过。从鉴定结果来看,被害人系重度颅脑损伤,可见致使被害人"头部受伤昏迷"的牟伦秀的肇事行为,相较于"从身上碾压而过"的汪云的行为而言,对被害人重度颅脑损伤的作用更大,牟伦秀应对事故负主要责任,而介入的汪云肇事行为的作用较小。同时,从交警认定的责任来看,牟伦秀应负主要责任,汪云负次要责任。综上所述,牟伦秀的肇事行为与张大荣的重伤结果间的因果关系不因汪云的行为而中断,牟伦秀应认定为交通肇事罪,对该事故负主要责任。

【指导案例】毛某先涉嫌交通肇事案[①]————司机在高速公路应急车道违章下客致使乘客横穿高速公路被其他车辆撞击致死的行为如何认定

2013年12月26日,被告人毛某先驾驶与驾驶证载明的准驾车型不相符的小型普通客车从事非法营运,超员载客12人自贵阳经沪昆高速公路往晴隆方向行驶。18时许,车辆行驶至沪昆高速公路2039千米+30米时,毛某先在应急车道内停车下客。被害人谭某艳与乘客吴某信横穿至高速路中心隔离带附近时,被正常行驶的一辆小型越野车撞上。被害人当场死亡,小型越野客车也部分受损。事发后,毛某先驾驶驶离现场,后将车变卖,外出务工直至被抓获归案。经交警部门认定,毛某先承担事故的主要责任,被害人承担次要责任,小型越野车驾驶员杨某无责任。

一审公诉机关指控被告人毛某先犯交通肇事罪,后在案件审理过程中,公诉机关决定对被告人毛某先撤回起诉。本案中,对被告人毛某先的行为是否构成犯罪,形成三种意见。第一种意见认为,毛某先的行为构成过失致人死亡罪。第二种意见认为,毛某先的行为构成交通肇事罪。第三种意见认为,被害人的死亡

---

① 参见谢璐凯:《交通肇事罪中间接因果关系关系的判定》,载《人民司法(案例)》2016年第23期。

后果和毛某先的违章下客行为没有刑法上的因果关系,不构成犯罪。笔者认为,被告人毛某先的行为不构成犯罪,理由在于:被害人死亡的直接原因是小型越野客车的撞击,但因小型越野客车为正常行驶,在本案中没有交通违法行为,撞击的原因系乘客横穿高速公路,故小型越野客车的驾驶员杨某对事故不承担责任。认为被告人涉嫌交通肇事罪的理由在于被告人在非法营运载客时在高速公路应急车道违章下客,该行为是乘客横穿高速公路的原因,因而被告人毛某先的违章下客行为与乘客的死亡结果之间存在因果关系,因而构成交通肇事罪。在本案中,被告人毛某先违章下客行为与乘客被撞结果之间介入了乘客横穿高速公路的行为,在案证据显示,除横穿高速公路外,被害乘客可以选择沿相对安全的应急车道行至收费站出站,而被害乘客是具有完全行为能力的成年人,其完全明知横穿高速公路的危险性,因此,乘客横穿高速公路是独立于毛某先违章下客行为之外的自主独立行为。该介入因素独立于被告人毛某先的下客行为;且因横穿高速公路行为的危险性,损害结果的发生系因乘客行为所引发;同时经证实,案发地是一个长期自发形成的违法上下客的集散地,很多旅客由此横穿高速公路乘车外出,故被告人违章下客行为与乘客被撞击的死亡结果之间并不具有通常的因果关系。因而乘客横穿马路的行为足以阻断被告人违章下客行为与乘客被撞击死亡结果之间的因果关系,故被告人毛某先的行为不构成犯罪。

【指导案例】杨某某、杜某某放火案[①]**——放火罪中介入被害人行为时因果关系的认定**

被告人杨某某因高某某与其断绝不正当男女关系,产生了报复高某某的想法,找到被告人杜某某要求其去高某某家放火实施报复。杜某某驾驶一辆面包车拉着杨某某,经预谋踩点后于2012年2月6日晚携带汽油、稻草、爆竹、盆子、打火机等放火工具到高某某家院墙外蹲守。当晚凌晨1时许,二被告人见高某某家东屋居住的人已熄灯入睡后,杨某某在院墙外放风,杜某某携带汽油、稻草、爆竹、盆子、打火机等放火工具进入院内,先断了高某某家的电源开关,将汽油泼洒在东、西屋窗台及外屋门上后,用木棍击碎有人居住的东屋玻璃窗,向屋内泼洒汽油。东屋内居住的高某某的父母高某、卢某某被惊醒后,使用警用手电照明后开启电击功能打出电火花,引发大火将高某、卢某某烧伤,房屋烧坏。卢某某因大面积烧伤,导致休克、毒血症以及多脏器功能衰竭,经抢救无效死亡;高某某损伤程度为重伤;高某某家被烧坏的房屋等物品价值为人民币4672元。

---

① 参见谢炳忠、宋雪敏:《杨某某、杜某某放火案——刑法上因果关系的认定》,载最高人民法院刑事审判第一、二、三、四、五庭主办:《刑事审判参考》(总第105集),法律出版社2016年版,第8—14页。

本案在审理过程中，被告人杨某某和杜某某的辩护人均提出，杜某某没有点火行为，引起火灾发生的行为系被害人使用手电照明后打出电火花所致，故被告人的行为应认定为犯罪预备。对于被告人杨某某、杜某某的行为与被害人伤亡结果之间是否具有刑法上的因果关系，有两种不同意见：第一种意见，即杜某某、杨某某辩护人的观点，认为杜某某没有点火行为，故杨某某、杜某某的行为与被害人伤亡结果之间没有刑法上的因果关系，应认定被告人为犯罪预备。第二种意见，即一、二审法院的观点，认为杨某某为报复高某某，与杜某某共同预谋，准备放火工具、助燃材料并踩点后，趁高某某家人在屋内熟睡之际，向屋外门窗泼洒汽油并敲碎玻璃向屋内泼洒汽油的行为，必然引起屋内的人使用照明设施，进而引发火灾，且客观上已经由此引发了火灾，可以认定杨某某、杜某某的犯罪行为与高某某家火灾的发生之间有必然的因果关系，即刑法上的因果关系。

本案中被害人使用警用手电照明并使用电击功能击打出电火花这一介入因素，是否能够切断二被告人放火行为与被害人伤亡结果之间的因果关系呢？笔者认为，这一因果关系未被切断，应当肯定二被告人的行为与本案损害结果之间存在刑法上的因果关系的结论，理由如下：

第一，被告人向屋外门窗泼洒汽油并敲碎玻璃向屋内泼洒汽油的行为与被害人打开手电引发火灾的行为存在引起与被引起的关系，且该引起的概率具有高度盖然性。据公安部消防局天津火灾物证鉴定中心出具的鉴定意见，证实本案中的"警用手电"在开启电击功能时，手电的端部可以产生高压电弧放电，电击的高压电弧产生的火花能量极大，可能引燃汽油蒸气。被害人开启警用手电电击功能的行为虽系偶然介入因素，但这种偶然性不足以否定被害人拿出手电照明以及使用电击功能作为阻吓入侵者行为的通常性，即被告人杜某某切断电源，打碎窗户，在屋外屋内多处泼洒汽油，被害人被惊醒后因无法开灯，不得不使用照明工具，一般人在面对此种情况时的本能反应也是寻找照明工具。这种引起与被引起的关系通常情况下具有较高的概率，被告人在行为时也可以预见到被害人的此种本能反应。

第二，被害人使用具有电击功能的警用手电为偶然因素，但可替代的其他照明方式亦具有引发火灾的风险。即便被害人没有警用手电，在黑暗中面对不正常的声响，首先要做的也是寻找照明工具，如打开手电、点燃蜡烛等方式，这些照明方式同样存在引发火灾的风险。对于该被害人介入因素的影响，有观点认为被告人随身携带了打火机，即使没有被害人的照明行为，被告人已经着手实施的放火行为依然会继续，直到损害结果发生。笔者认为，即便被告人随身携带了打火机，也不能据此推断被告人的点火行为一定会发生，在点火行为前，仍存在中止或未遂的可能，所以不能据此作为认定被告人行为与损害结果间存在因果关系的原因。

综上所述，被害人打开警用手电电击功能的行为没有中断被告人泼洒汽油行为与着火结果之间的因果关系。应当说，从刑法中因果关系的角度看，着火的结果仍是被告人泼洒汽油的行为造成的，只是由于被害人的举动，着火的结果比被告人预想的时间要提前，没有改变被告人泼洒汽油的行为对着火结果的原因力。被害人使用手电电击功能的介入行为由被告人的行为所引起，不具有独立性，虽具有一定的偶然性与异常性，但结合其他替代方式对火灾的引发概率，该异常性不影响整体因果关系进程的通常性，故本案中被害人的行为不能中断二被告人的行为与损害结果之间的因果关系。

【指导案例】陈美娟投放危险物质案[①]——介入被害人身体因素时因果关系的认定

被告人陈美娟与被害人陆兰英两家东西相邻。2002年7月下旬，两人因修路及其他琐事多次发生口角并相互谩骂，陈美娟遂怀恨在心，决意报复。2002年7月25日晚9时许，陈美娟从自家水池边找来一只一次性注射器，再从家中柴房内的甲胺磷农药瓶中抽取半针筒甲胺磷农药后，潜行至陆兰英家门前丝瓜棚处，将农药打入瓜藤上所结的多条丝瓜中。次日晚，陆兰英及其外孙女黄金花食用了被注射有甲胺磷农药的丝瓜后，出现上吐下泻等中毒症状。其中，黄金花经抢救后脱险；陆兰英在被送往医院抢救后，因甲胺磷农药中毒引发糖尿病高渗性昏迷低钾血症，医院对此诊断不当，而仅以糖尿病和高血压症进行救治，陆兰英因抢救无效于次日早晨死亡。陆兰英死后，其亲属邻里在门前瓜棚下为其办理丧事中，发现未采摘的丝瓜中有的有小黑斑，遂怀疑他人投毒，故向公安机关报案。经侦查，陈美娟被抓获。

在本案的审理过程中，被告人及其辩护人提出，被告人使用一次性注射器向数条丝瓜中注射半筒农药，其毒性有限，被害人因毒药中毒诱发其自身患有的高血压和糖尿病，引起高渗性昏迷低钾血症，加之医院诊断不准，贻误救治时机，故被害人的死亡结果并非被告人投放甲胺磷必然导致的，被告人投放危险物质的行为和被害人的死亡结果之间并不存在刑法上的因果关系。本案中，被告人陈美娟投放甲胺磷农药的行为与被害人陆兰英死亡的结果中介入了被害人患有糖尿病等疾病及医院诊断不当这两个因素。第一，被害人陆兰英自身患有糖尿病，不能切断被告人投放危险物质行为和被告人死亡结果之间的因果关系。一是被告人投放甲胺磷的行为是引发被害人糖尿病高渗性昏迷低钾血症的原因。甲胺磷属

[①] 参见臧建伟、郏习顶、周加海：《陈美娟投放危险物质案——介入因素与刑法因果关系的认定》，载最高人民法院刑事审判第一庭、第二庭编：《刑事审判参考》（总第36集），法律出版社2004年版，第1—10页。

于禁用的高毒农药①,在人体内抑制胆碱酯酶活性,造成人体神经生理功能紊乱,短期内接触(口服、吸入、皮肤、粘膜)大量引起急性中毒,重者可致死,对人体的毒害性较强。被害人将半针筒甲胺磷农药打入瓜藤上所结的多条丝瓜中,单个丝瓜中甲胺磷农药含量有限,但从被害人黄金花经抢救后脱险这一情节可见,被害人所食用丝瓜中所含有的甲胺磷农药足以造成被害人死亡的结果,被害人投放甲胺磷农药的行为与被害人死亡结果间具有相当性。二是糖尿病是一种常见疾病,不属于异常介入因素,不足以切断被告人投放行为和被害人死亡结果之间的因果关系。第二,医院诊断不当这一因素,亦不足以切断被告人投放危险物质行为和被告人死亡结果之间的因果关系。一是被害人因被告人投放甲胺磷农药所诱发的糖尿病高渗性昏迷低钾血症是一种较为罕见的疾病,这种疾病通常由外在诱因引发,患病后很难正确诊断,加上被害人并未出现明显的甲胺磷中毒症状,医院诊断不当的发生存在很大概率,不属于异常性介入因素;二是对被害人进行治疗的医院是当地的镇医院,医疗条件和医疗水平有限,对罕见病症的治疗能力有限,故从因素对结果的作用力来看,被害人死亡结果发生的主要因素是被告人投放危险物质行为引发被害人糖尿病高渗性昏迷低钾血症,医院诊断不当对被害人死亡结果的作用力较小。综上,被告人为报复被害人向丝瓜中注射甲胺磷农药,含量足以造成食用丝瓜的被害人死亡,其行为构成故意杀人罪;同时甲胺磷农药属于毒害性物质,被注射农药的丝瓜生长在户外,既有可能被其亲友或邻近村民摘食,或被作为农贸产品在市场上流转而危害不特定消费者的生命安全,危害公共安全。主观上,被告人陈美娟对其他村民可能食用被注射农药的丝瓜是明知的,为了达到报复被害人的目的放任危害公共安全结果的发生,其行为构成投放危险物质罪。两罪属想象竞合,择一重罪处罚。

【指导案例】王某交通肇事案②——被害人家属放弃治疗,被害人死亡的情形如何认定

2010年8月5日12时30分许,被告人王某驾驶银灰色北京牌小型普通客车,载着郭某潭由北向南行驶至通州区六环路内环45千米300米处时,车辆右前部与道路右侧护栏相撞后失控,又与道路护栏多次发生碰撞,致使郭某潭被甩出车外,头面部、身体等多处损伤,王某头皮裂伤。事故发生后,王某打电话报警,并拨打"120"急救电话,后随救护车陪同郭某潭到潞河医院接受救治。2010年8月

---

① 参见国务院办公厅《关于印发食品安全整顿工作方案的通知》,国家环境保护总局、农业部、海关总署《关于甲胺磷等五种高毒有机磷农药进出口管理事宜的公告》,农业部、国家发展和改革委员会、国家工商行政管理总局、国家质量监督检验检疫总局《全面禁止甲胺磷等5种高毒有机磷农药在农业上使用及有关事项》等。

② 参见邓思清主编:《刑事案例诉辩审评——交通肇事罪、危险驾驶罪》,中国检察出版社2014年版,第60—68页。

6日20时许,郭某潭家属将郭某潭用急救车拉往河南老家,次日0时50分许,车辆途经石家庄时,郭某潭死亡。经鉴定,郭某潭符合颅脑损伤死亡;经通州交通支队认定,被告人王某负此次事故全部责任,郭某潭无责任。

在本案的审理过程中,存在两种不同意见:一种意见认为,被告人王某的行为不构成交通肇事罪,因被害人家属放弃治疗的行为与被害人的死亡具有因果关系,如果不放弃治疗,被害人可能不会死亡。因此,被告人王某的行为与被害人的死亡结果不存在刑法上的因果关系。另一种意见认为,被告人王某的行为构成交通肇事罪,被害人家属虽放弃治疗,但是被害人因交通事故致严重脑干损伤,抢救生命概率极低,如果没有王某交通肇事的行为,不会产生被害人死亡的结果,因而王某的行为与被害人死亡结果间存在刑法上的因果关系。笔者赞同第二种观点。本案中,被害人家属放弃治疗的行为属于介入因素,该介入因素不足以阻断被告人王某交通肇事行为和被害人死亡结果之间的因果关系。理由是,第一,在案被害人诊断记录显示,被害人郭某潭脑干损伤伤情严重,救治的可能性极低,即便治疗也是保守的人道主义治疗,被告人王某的肇事行为是造成被害人死亡结果的主要原因。第二,在治疗过程中,被害人家属一直通过外请专家、电话咨询等途径积极救治被害人,确在救治可能性极低的情况下放弃救治,并不属于异常的介入因素。因而,虽然被害人家属放弃治疗对于被害人郭某潭的死亡结果具有一定的作用,客观上加快了郭某潭死亡结果的发生,但并非决定性的因素,且该介入因素并不具有异常性,不能阻断被告人王某交通肇事行为和被害人死亡结果之间的因果关系,被告人王某的行为构成交通肇事罪。

四、不作为犯罪中因果关系如何判断

(一)裁判规则

因作为与不作为的结构存在明显差异,不作为犯罪中的因果关系判断与作为犯罪中的因果关系判断存在不同:一是在作为的情况下,可以明确因果关系的有无及发展历程,但在不作为的情况下,考查的是可能发生的因果历程,没有实际的发展过程,是一种假定的因果关系。二是在作为犯罪中,只存在起因和被害法益二者之间的关系,而在不作为犯罪中,存在起因、被害法益和义务人之间的三重结构关系。

对于不作为行为与损害结果之间的因果关系判断,可以分为三个步骤:第一,在不作为行为前,存在危险行为或危险状态的,判断原危险行为与损害结果间是否存在因果关系,以及危险状态继续发展导致损害结果发生的可能性大小。第二,判断不作为行为与损害结果之间是否存在"有A则无B"的关系。第三,在对不作为行为与损害结果关联程度的判断上,根据我们的社会生活经验对事物进行一般性的考查,一般达到大概率的程度,即如果行为人作为不会发生损害结果的可能性占 50% 以上的,即可认为不作为行为与损害结果之间存在因果关系。

(二) 规则适用

刑法上的因果关系,是指符合构成要件的行为即实行行为与符合构成要件的结果即构成要件结果之间的原因、结果关系。在作为犯罪的认定中,因果关系是能否认定为犯罪的重点,在具体案件的认定中往往存在较大争议。而在不作为犯罪中,因行为以不作为方式实施,行为与结果之间的因果关系更难以确定。作为与不作为的结构存在明显差异,作为是行为人主动地引起某种侵害法益的因果进程系;而不作为是行为人不阻止先前已经存在的某种侵害法益的因果流向。"一个谋求有意识地把因果过程引向所考虑的目标的行为人所具有的故意,与一个对不依赖于他发展起来的因果过程不加干预的不作为人所具有的故意不同。"[1] 故不作为犯罪中的因果关系判断是因果关系领域一个需要特别对待的问题。

对于不作为犯罪中是否存在因果关系,有观点认为,不作为是人身体的静止,是"无",而无中不能生有,不作为行为不会引起外界变动,即使发生了损害结果或者对法益产生了危险,也是因其他作为行为或事件所引起的,不作为本身不是产生后果的原因。对此,需要注意的一点是,刑法上的因果关系不等于事实上的因果关系,"因果关系不是力学意义上某种力施展能量的过程或者次序,体现的是两个事物在逻辑和认识论上的联系,或者说因果关系仅仅与人们的思维、认识方法有关,而不能说是物理上的形成或者内在"[2]。不作为不是社会意义上的"无",不作为是没有做什么,而不是什么也没做。如果没有不作为就不会发生结果,即如果有作为就不会产生结果,这种意义上的因果关系是成立的。[3]

关于不作为犯罪中的因果关系如何认定,存在多种学说。他行行为说认为不作为中结果发生的唯一理由在于,不作为的行为人在应当避免结果发生时从事其他行为,因果关系存在于不作为时实施的其他作为与结果之间。先行行为说认为不作为犯罪的原因是在不作为之前实施的行为,即先行于不作为的其他作为对于结果具有原因力。干涉说认为不作为时,行为人决意干涉了结果发生的因果历程,不作为的因果性应当存在于对行为冲动的压制之中,并且作为排除了一种阻碍结果发生的因素(行动的意志)而真正造成了结果。他因利用说认为对已经发生的其他原因能够防止而没有阻止却利用它从而导致了结果,利用其他原因对结果产生了原因力。准因果关系说认为虽然不作为与结果之间不存在物理的因果

---

[1] 〔德〕克劳斯·罗克辛:《德国刑法学总论》(第二卷),王世州等译,法律出版社 2013 年版,第 473 页。

[2] 〔德〕李斯特:《德国刑法教科书》,徐久生译,法律出版社 2006 年版,第 196 页。

[3] 参见〔日〕福田平、〔日〕大塚仁编:《日本刑法总论讲义》,李乔等译,辽宁人民出版社 1986 年版,第 67 页。

性,但是在法律上将不作为的因果关系视为作为的因果关系来对待。法律因果关系说认为防止结果的法律义务是不作为犯罪因果关系的核心。①

因作为与不作为的构造不同,二者在因果关系方面的不同表现在:一方面,在作为的情况下,可以明确因果关系的有无及发展历程,但在不作为的情况下,考查的是可能发生的因果历程,没有实际的发展过程,是一种假定的因果关系。另一方面,在作为犯罪中,只存在起因和被害法益二者之间的关系,而在不作为犯罪中,存在起因、被害法益和义务人之间的一种三重结构关系。其中起因具有侵害法益的现实危险性,而不作为行为利用或放任起因的危险性转化为实际的法益侵害,故不作为的原因力体现在不防止结果发生上。

如上所述,一方面,作为与不作为等价性的判断关键在于,在作为义务内,行为人如果作为可以有效地避免或减轻损害结果,在这种阻却原因力达到一定程度的情况下,该不作为行为与作为行为具有等价性。另一方面,在因果关系的判断上应采相当因果关系说,即根据我们的社会生活经验对事物进行一般性的考查。具体而言,笔者认为,对于不作为行为与损害结果之间的因果关系判断,可以分为三个步骤:

第一,在不作为行为前,存在危险行为或危险状态的,判断原危险行为与损害结果间是否存在因果关系,以及危险状态继续发展导致损害结果发生的可能性大小。如上所述,不作为犯罪中存在起因、被害法益和义务人之间的一种三重结构关系。对于不作为犯罪,在行为人有意或者无意不作为以前,面向侵害法益结果的因果流程已经开始启动,因此不作为人不介入或者利用因果关系就能发生损害结果。故认定不作为犯罪的前提条件是,原危险行为与损害结果之间存在因果关系,或危险状态继续产生损害结果的可能性较大,作为义务人有能力作为而不作为,放任该因果关系流程或危险状态继续,从而导致损害结果的发生,这是认定不作为犯罪中的因果关系的前提。

第二,判断不作为行为与损害结果之间是否存在"有 A 则无 B"的关系。结果不仅会通过那些对其起积极性促进作用的条件产生,而且也会通过那些阻止结果发生因素的缺乏而产生。作为犯罪中的条件关系是"无 A 则无 B",在不作为犯罪中,与之相对应的是,如果行为人作为,则不会发生损害结果。即使义务人作为也会发生损害结果的话,可以排除不作为犯罪中因果关系的成立,同时也能否定该不作为的实行行为性,因此,犯罪的未遂也不能成立。理由在于,既然不能具体地确定可能避免结果的作为,也就不存在作为实行行为的不作为本身。在不作为犯罪中,行为对结果的原因难以被直观地检测,因此,条件关系的适用具有特殊性,只能在认定假定因果关系的意义上适用。

---

① 参见孙运梁:《论不作为犯的因果关系——以条件关系的适用为中心》,载《刑法论丛》2015 年第 4 期。

第三，对不作为行为与损害结果关联程度的判断上，一方面，根据相当因果关系说，根据我们的社会生活经验对事物进行一般性的考查；另一方面，不作为犯罪中的因果流程是假定的而非真实的，故在假定的条件关系中，决定性的因素是阻止结果发生的可能性。对此，存在两种观点，一种观点认为只要达到大概率的程度，即如果行为人作为不会发生结果的可能性占50%以上的，即可认为不作为行为与损害结果之间存在因果关系。另一种观点认为必须证明实施作为的话，在"确实地排除合理怀疑的程度"上能够阻止结果的发生①，才能认为不作为与损害结果之间存在因果关系。笔者认为，不作为行为与损害结果的关联程度的判断达到大概率即可，理由在于：一是不作为犯罪中的因果关系属于假定因果关系，既然是假定的，就不可能得出确定的结论，也难以达到"确实地排除合理怀疑的程度"。二是负有作为义务的行为人，在法益受到危险的时候应当积极作为而不作为，如果作为能够达到大概率避免损害结果发生的程度的，就说明其不作为行为本来可以大概率地避免结果的发生，应受刑罚处罚。例如癌症手术之后对病人的放射治疗，有90%的可能性可以避免癌细胞转移，医护人员不能据此辩解没有采取放射治疗的病人可能属于另外10%的情况，从而主张自己没有责任。

【指导案例】朱某过失以危险方法危害公共安全案②——驾车时撞倒电线杆后离开，导致其后车辆因撞到电线死亡的，不作为与损害结果间是否具有因果关系

被告人朱某于2014年9月5日5时许，从宿迁市湖滨新区出发驾驶重型普通货车装载纸板前往江苏省沭阳县送货，当车辆由北向南行驶至晓店镇三巨村三刘线圩后组路段时，货车上的纸板剐蹭到该路段上方的电线，致道路东侧水泥电线杆倒地并占据部分道路，电线西高东低呈弧形横跨路面。被告人朱某经路人提醒发现该情况，其认为路人在白天应当能够看见路上的电线杆及电线，便未报警或设置警示标志即驾车离开。同日6时许，路人尤某驾驶普通二轮摩托车沿三刘线由北向南行驶到该处时，撞到横跨路面的电线，致其摔下摩托车当场死亡，乘车人王某受伤。经鉴定，被害人尤某因交通事故致严重颅脑损伤死亡，被害人王某因外伤致硬膜下积液构成轻伤一级。

本案被告人朱某在驾驶货车途中，剐蹭电线致电线杆倒地并占据部分道路，该行为本身不构成犯罪，但其行为导致电线被拉到地面并横跨路面，电线一般较难察觉，且高压电的危险系数极高，朱某的行为给后面车辆的行驶带来了极大的安全隐患，可能危及不特定多数人的生命及财产安全。故被告人朱某剐蹭电线杆的行为，对刑法所保护的具体法益造成了危险；如果不采取措施，危险会立即现

---

① 参见〔日〕松宫孝明：《刑法总论讲义》（第四版补正版），钱叶六译，中国人民大学出版社2013年版，第54页。

② 案号：（2014）宿豫刑初字第0378号，审理法院：江苏省宿迁市宿豫区人民法院。

实化为实害,且行为人对危险向实害发展的原因可以支配,该行为属于不作为义务中的先行行为,朱某负有报警或设置警示标志的义务。在此情况下,朱某未报警或设置警示标志即驾车离开,未履行其作为义务。电线杆落地的危险状态继续发展,极有可能造成后续车辆发生事故。如果朱某积极作为,及时报警或设置明显的警示标志,则很可能不会发生损害结果。且从一般社会经验来看,该概率较大,故朱某的不作为行为与最后的损害结果之间存在因果关系。客观上,朱某剐蹭电线致电线杆倒地并占据部分道路,负有作为义务而不作为,严重危害了公共安全,并因而造成了一人死亡、一人轻伤的损害结果。该不作为行为给后面车辆的驾驶带来了极大的安全隐患,其危险性与放火等行为的危险性相当,属于"其他危险方法"。被告人朱某看到电线杆倒地并有电线横跨路面,能够预见到该行为可能会危害公共安全,但其轻信能够避免而未采取措施,造成他人伤亡的严重后果,主观上属过于自信的过失,应认定为过失以危险方法危害公共安全罪。

五、危害公共安全罪中存在被害人减损行为的如何处理

(一) 裁判规则

被害人减损问题是指在评估行为危险性和计算损害结果时,是否要考虑因被害人自身因素而减轻的部分。在处理此类问题时,可以将被害人减损行为划分为应激行为和复合行为。应激行为是指一般人在面对危险时身体的自然反应;而复合行为是指不完全受被害人主观控制,同时受客观条件等多种因素限制的行为。

对被害人减损行为的处理:被害人减轻危害的行为属于面对危险时自身本能反应的,在判断行为危险性和计算损害结果时考虑被害人减轻部分;被害人减轻危害的行为不完全受被害人主观控制,同时受客观条件限制的,在判断行为危险性时不考虑被害人减轻部分;在计算损害结果时按实际情况计算,考虑被害人减轻部分。

(二) 规则适用

被害人减损问题是指在评估行为危险性和计算损害结果时,是否要考虑因被害人自身因素而减轻的部分。假设在行为人故意拉拽正在行驶车辆的方向盘时,附近有一辆车驶过,如果被害人不躲避的话,将会造成两车严重碰撞,可能导致人员重伤甚至死亡;如果被害人有一定的躲避行为,当然前提是被害人不是专业的赛车手,只是一名普通司机,最后的结果是两车轻微碰撞,并未造成人员伤亡。那么问题在于,评估该行为是否具有致人重伤死亡的危险性以及计算实际损害结果时,是否要考虑被害人自身行为所减轻的那部分呢?笔者认为,此问题不能一言概之,应视具体行为的不同分类处理。在处理此类问题时,可以将被害人减损行为划分为应激行为和复合行为。应激行为指一般人在面对危险时身体的

自然反应;而复合行为指不完全受被害人主观控制,同时受客观条件等多种因素限制的行为。

对于应激行为,例如乘客拉动正在行驶的公共汽车的方向盘,司机及时控制车辆,因而未发生严重的损害结果,其中司机在乘客拉动方向盘时控制车辆的行为是一种自然的反应行为,在判断行为危险性时,应将被害人减轻的部分考虑在内。因为在讨论一个行为的危险性有多大时,是相对于行为侵害对象而言的,比如同样从三米高的地方往下扔一样大小的玻璃片和铁片,对于玻璃片来说足以损毁,但对于铁片却没有危险。应激行为是一般人面对危险时身体的自然反应,可以视为被害人的一种固有属性,在判断行为危险性时应将这类自然反应考虑在内。故结合司机及时控制车辆的行为来看,上例中乘客拉动公共汽车方向盘的行为并没有导致人员重伤、死亡的危险。如果被害人的减损行为超过了一般人的能力限度,如行为人故意冲撞对面行驶的车辆,对面车辆的驾驶人是职业赛车手,具有高超的躲避技巧,则该案中被害人的躲避能力属于偶然的介入因素,在判断时理应排除。

而对于复合行为,例如向公众传播早期轻微、晚期出现重伤症状的疾病的行为,笔者认为,应按照晚期症状来判定行为危险性。有人认为生病了就应就医,任由疾病发展到晚期是被害人不就医的结果,行为的危险性应按照早期的发病程度来判断。但就医这一行为并不是单纯的应激行为,而属于复合行为,不完全受被害人主观所控,还受其经济情况、居住地医疗水平等多方面客观条件的限制。所以,如果认为生病就应治疗,未治疗的后果应由被害人承担,未免使被害人承担了太多期待责任。在计算损害结果时,不用考虑过多因素,因为损害结果是行为实际造成的损害,自然应将已经减轻的损害部分考虑在内,不论该减损行为属于应激行为还是复合行为,或者有无异常的介入因素。

【指导案例】李某以危险方法危害公共安全案①——向公众传播早期轻微、晚期出现重伤症状的疾病的行为如何认定

被告人李某及其妻子明知饲养的羊患有布鲁氏杆菌病,未向动物卫生监督机构申报检疫,将自家饲养的60余只羊陆续出售。至2013年11月,苇河林又有十一人被检查出患有该病,且患病人员均和被告人出售的羊有过接触。法院审理认为,该行为已构成以危险方法危害公共安全罪,判处被告人有期徒刑三年,缓刑三年。

本案中,被告人李某将患有布鲁氏杆菌病的羊违规出售,致使十一人患病,该行为危害了不特定的购买者的安全,构成危害公共安全罪。感染布鲁氏杆菌

---

① 案号:(2014)苇刑初字第5号,审理法院:黑龙江省苇河林区基层法院。

病,早期症状为发烧、乏力,晚期可能出现丧失劳动能力、卧床不起的症状,严重者可引起死亡。① 如上所述,此种情形下,被害人的就医行为属于复合行为,行为不完全受被害人主观控制,同时受客观条件的限制,在判断行为危险性时不考虑被害人减轻部分,在计算损害结果时按实际情况计算,考虑被害人减轻部分。故即便被害人在被感染后及时就医并治愈,也不影响该行为可以致被害人死亡的行为危险本质。本案中李某违规出售患有布鲁氏杆菌的羊具有致人重伤或死亡的危险性,与放火、决水等行为的危险性相当,可以认定为"其他危险方法"。李某明知其饲养的羊患有能够传染人的布鲁氏杆菌病,为了减少自己的经济损失,隐瞒真相,未经检疫出售给他人,放任动物疫病传播、流行,危及不特定多数人的生命健康和财产安全,李某主观上对危害公共安全的损害结果持间接故意,故李某的行为构成以危险方法危害公共安全罪。

---

① 参见刘绍军主编:《食源性病原微生物及防控》,中国轻工业出版社 2006 年版,25—27 页。

第五章　构成要件符合性判断之三:犯罪主体

一、已满 14 周岁不满 16 周岁的人能否作为危害公共安全罪的主体

(一)裁判规则

在现有刑法规定中,除放火罪、爆炸罪和投放危险物质罪以外的其他危害公共安全罪,已满 14 周岁不满 16 周岁的人不能作为犯罪主体。但基于危害公共安全行为的危害性,今后立法中可考虑将部分危害性较大的危害公共安全罪纳入 14 周岁至 16 周岁的人承担刑事责任的范围。同时,根据 2002 年 7 月 24 日发布实施的全国人民代表大会常务委员会法制工作委员会《关于已满十四周岁不满十六周岁的人承担刑事责任范围问题的答复意见》(以下简称《答复意见》)的规定,《刑法》第 17 条第 2 款规定的八种犯罪,是指具体犯罪行为而不是具体罪名。据此,在危害公共安全罪中,《刑法》第 17 条规定的"犯故意杀人、故意伤害致人重伤或者死亡"的人可以理解为包含"不特定人",即已满 14 周岁不满 16 周岁的人在实施放火、决水、爆炸、投放危险物质以外的危险方法危害公共安全的行为的过程中,故意杀人、故意伤害致人重伤的,可以以故意杀人罪或者故意伤害罪追究其责任。

(二)规则适用

1979 年《刑法》第 14 条第 2 款规定:"已满十四周岁不满十六周岁的人,犯杀人、重伤、抢劫、放火、惯窃罪或者其他严重破坏社会秩序罪,应当负刑事责任。"其中其他严重破坏社会秩序罪可以包含危害公共安全罪。1997 年《刑法》将相对负刑事责任年龄阶段承担刑事责任的范围限定在故意杀人、故意伤害致人重伤或者死亡、强奸、抢劫、贩卖毒品、放火、爆炸、投毒罪八种重罪之中。[①] 因此,按照现行《刑法》的规定,除放火、爆炸、投放危险物质以外的其他危害公共安全罪的主体,只能是已满 16 周岁且具有刑事责任能力的自然人。

---

① 《刑法修正案(十一)》第 1 条保留了此规定中行为人的年龄范围,仅将"投毒"改为"投放危险物质",且增加"已满十二周岁不满十四周岁的人,犯故意杀人、故意伤害罪,致人死亡或者以特别残忍手段致人重伤造成严重残疾,情节恶劣,经最高人民检察院核准追诉的,应当负刑事责任"。

对此,有学者提出,今后对于危险性较高的危害公共安全罪,如以危险方法危害公共安全罪等,也可将已满14周岁不满16周岁的人作为此类犯罪的主体。理由在于:第一,以危险方法危害公共安全罪与放火罪、爆炸罪和投放危险物质罪并列规定在同一法条中,而且对于以危险方法危害公共安全罪客观危害行为的判断,要求与放火等行为的危险性相当,所以从社会危害性的角度,现有刑法将放火、爆炸、投放危险物质三个罪名纳入已满14周岁不满16周岁应当负责任的罪名范围,那么没有理由将以危险方法危害公共安全等危害性相当且行为方式相似的犯罪排除在外。第二,《刑法》分则第二章规定的危害公共安全罪与其他犯罪不同,侵害的是不特定人的安全,相对于其他针对特定对象的犯罪,危害公共安全罪的损害结果极易扩散、社会影响更加恶劣,行为人的主观恶性和人身危险性更高,应当从严规制,将此类犯罪纳入已满14周岁不满16周岁应当负责任的罪名范围。第三,从已满14周岁未满16周岁的未成年人自身的角度看,处于这个年龄阶段的人已经接受过一定程度的教育,具备一定的知识储备,在日常生活学习的过程中也接触到一些法律知识,基本了解哪些行为可能是犯罪,对自己的行为后果有一定的预测能力。危害公共安全罪一般都属于自然犯,其行为将带来的后果和影响对于已满14周岁的人来说完全可以感知,所以其应当对危险性较高的危害公共安全罪承担责任。虽然上述肯定说从理论上得到了很多学者的认同,但因现行法律的明确规定,现阶段否定说仍是通说,即已满14周岁未满16周岁的人不能认定为除放火、爆炸和投放危险物质三个罪名以外的其他危害公共安全罪的主体。

对于已满14周岁未满16周岁的人犯除放火、爆炸和投放危险物质三个罪名以外的其他危害公共安全罪,并因此造成他人重伤或死亡的如何处理?根据《答复意见》的规定,相对负刑事责任人应当承担刑事责任的八种犯罪,是指具体犯罪行为而不是具体罪名。据此,对于《刑法》第17条第2款规定的八种犯罪以外的犯罪,只要行为人在犯罪中故意实施了杀人、伤害行为并且造成了他人重伤、死亡后果的,都应负刑事责任,而不是只有犯故意杀人罪、故意伤害罪的,才负刑事责任。

对于除放火、爆炸和投放危险物质三个罪名以外的危害公共安全罪是否可以理解为"故意杀人"或"故意伤害"行为,进而适用上述《答复意见》的规定?提出该问题的基础在于,从客观上看,危害公共安全罪和故意杀人罪或故意伤害罪均为侵害他人生命、健康安全的犯罪,但二者的客体不同。危害公共安全罪的客体是公共安全,公共安全是指不特定人的生命、健康、重大公私财产安全以及公共生产、工作和生活的安全。不特定人的生命、健康安全包括不特定多数人的安全和不特定少数人的安全,特定多数人的安全和特定少数人的安全不属于公共安全。故意杀人罪和故意伤害罪的客体是特定人的安全。对象是否特定也是区分危害公共安全罪与故意杀人罪或故意伤害罪的关键,两者的对象和客体没有交集。对此，笔者认为，可以将《答复意见》所指的"故意杀人"和"故意伤害"行为客体中的"人"理解为"特定人"和"不特定人"的集合。而对于 16 周岁以上的，之所以将故意杀人罪和故意伤害罪的客体限定为"特定人"，是因为《刑法》分则第二章规定了危害公共安全罪。在危害公共安全罪中，按照行为方式不同区分为不同犯罪，其中包含了具有一定兜底功能的以危险方法危害公共安全罪。危害公共安全各罪名的行为方式合集大体上与故意杀人罪和故意伤害罪中的行为方式相当，二者的区分在于侵害的对象是否特定。在对象不特定的情况下，危害公共安全罪更有针对性，其罪名认定和刑罚适用更加契合，在此基础上，将危害公共安全罪与故意杀人罪、故意伤害罪区分开来，从而限定了故意杀人罪、故意伤害罪中的侵害对象为"特定人"。可见，将故意杀人罪、故意伤害罪中的侵害对象限定为"特定人"是基于现有立法规定的合理解释。故对于已满 14 周岁未满 16 周岁的人犯除放火、爆炸和投放危险物质三个罪名以外的其他危害公共安全罪，并在犯罪中确有故意杀人、伤害行为并致人重伤、死亡的，限于《刑法》第 17 条第 2 款的规定，不能认定为相应危害公共安全罪的情况下，可以将"故意杀人、故意伤害致人重伤的"中的人理解为包含"不特定人"，并未超出对故意杀人罪和故意伤害罪中"人"的解释范围，从而可以适用上述《答复意见》中的规定。同时，如上所述，危害公共安全罪本身行为危险性较高，其危害性甚至超过故意杀人罪或故意伤害罪，而现有《刑法》将部分危害公共安全罪纳入《刑法》第 17 条第 2 款规定的八种犯罪之中，其他危害程度相当的犯罪排除于八种犯罪之外的规定，本身存在一定的不合理性，需要后续立法予以完善。因此，从实质解释、体系解释的角度，对于《刑法》第 17 条中规定的"犯故意杀人、故意伤害致人重伤或者死亡"的人可以理解为包含"不特定人"，已满 14 周岁不满 16 周岁的人在实施放火、决水、爆炸、投放危险物质以外的其他危险方法危害公共安全，故意杀人、故意伤害致人重伤的，可以以故意杀人罪或者故意伤害罪追究其责任。

【指导案例】林某某、黄某泉与蔡某某以危险方法危害公共安全案[①]——**14 周岁至 16 周岁的行为人犯以危险方法危害公共安全罪的认定**

2011 年 4 月 13 日 22 时许，被告人林某某伙同蔡某某、黄某泉在惠东县稔山镇竹园村委石头岭村林某某家中商定去厦深铁路工地偷铁，林某某在家中拿了一把西瓜刀藏在身上。当三人步行至惠深沿海高速公路圭景河大桥旁边时，被告人林某某提议在高速公路边朝过往车辆投掷石头砸车玩，蔡、黄均表示同意。三人在高速公路下寻得若干混凝土石块，钻过公路防护网走到圭景河大桥往深圳方向桥

---

① 参见孟庆华、孟昭武主编：《刑事案例诉辩审评——以危险方法危害公共安全罪》（第二版），中国检察出版社 2014 版，第 79 页。

头处,伺机向途经该处的车辆正面投掷混凝土石块。当晚23时许,当车牌号为粤B0202S的大众途锐吉普车往深圳方向行驶途径该地时,被告人林某某持混凝土石块向该车投掷,石块穿过车辆右前挡风玻璃,砸中坐在副驾驶室座位上的被害人邢某左下颌面部,司机黄某见邢某受伤,立即驾车送邢某去大亚湾霞涌医院抢救。林某某与黄某泉、蔡某某则继续在高速公路上朝过往车辆投掷石头,其中,黄某泉砸中一辆本田奥德赛小车,该车副驾驶室门上A柱的三角玻璃被砸碎;蔡某某砸中一辆五菱荣光面包车右后侧部位。随后,林某某、蔡某某、黄某泉走出公路边,见现场地上有细碎的玻璃和带血的纸巾,感到害怕,立即逃离现场。其中,林某某1996年出生,在行为时不满16周岁。

本案中,林某某、黄某泉和蔡某某三人向高速公路上过往车辆投掷石头,因高速公路上车速较快,石头如果击中正在行驶的车辆,一方面可能击中司机直接危害驾驶司机的安全,另一方面投掷行为极易影响司机驾驶,从而引发交通事故。在高速公路上,如果前车发生事故,后车很难有时间作出应对,故该行为对高速公路上行驶的不特定人的安全产生了紧迫危险,足以危害公共安全,且造成了一人受伤的损害结果。该投掷行为危险性较高,具有与放火、决水等行为的相当性,属于"其他危险方法",应认定为以危险方法危害公共安全罪。三人在行为时存在合意,属于以危险方法危害公共安全罪的共犯。本案的问题在于,林某某在犯罪时是15周岁,未满16周岁,根据《刑法》第17条第2款的规定,不能认定林某某构成以危险方法危害公共安全罪。在此情况下,从故意伤害的角度看,林某某的投掷行为直接击中正在行驶的车辆,石块穿过车辆右前挡风玻璃,砸中坐在副驾驶室座位上的被害人邢某的左下颌面部,致使其受伤,如果达到了重伤的程度,林某某的该行为符合故意伤害致人重伤的要件,可以认定为故意伤害行为,根据《答复意见》,可以适用《刑法》第17条第2款的规定。综上所述,黄某泉和蔡某某已满16岁,应认定为以危险方法危害公共安全罪,而林某某因未满16周岁,不能直接认定为以危险方法危害公共安全罪,应认定为故意伤害罪。基于此,本案的判决结果为,以故意伤害罪判处被告人林某某有期徒刑十二年,另两名被告人黄某泉、蔡某某犯以危险方法危害公共安全罪,分别判处有期徒刑十年、有期徒刑六年。

二、"非交通运输人员"违反交通运输管理法规的行为如何认定

(一) 裁判规则

"非交通运输人员"是指与交通运输的经营、管理无关的人员。"非交通运输人员"违反交通运输管理法规,因而造成交通事故的,也应认定为交通肇事罪。但因"非交通运输人员"行为的危险性较低,入罪情节标准应高于"交通运输人员";只有在情节严重时,才能认定为交通肇事罪。

在司法实践中,部分"非交通运输人员"违反交通运输管理法规并发生事故的

行为被认定为以危险方法危害公共安全罪,判断行为人对公共安全的主观心态和如何理解风险的限度是区分以危险方法危害公共安全罪和交通肇事罪的关键问题。如果行为人对危害公共安全持希望或放任心态,可以认定为以危险方法危害公共安全罪。

行为人醉酒驾驶,教练明知其学员醉酒驾驶而放任的,因教练对教练车的安全行驶负有保障义务,教练构成不作为的危险驾驶罪,与醉酒驾驶人构成危险驾驶罪的共犯。

(二)规则适用

交通肇事是指违反交通运输管理法规而发生重大事故,致人重伤、死亡或者使公私财产遭受重大损失的行为,构成交通肇事罪的主体为一般主体。在司法实践中,绝大多数交通肇事的主体是车辆驾驶人员,但从1997年《刑法》取消了1979年《刑法》第113条"从事交通运输的人员"和"非交通运输人员"之分的法条修改来看,现有立法并未规定对主体的限制。2000年11月10日通过的最高人民法院《关于审理交通肇事刑事案件具体应用法律若干问题的解释》(以下简称《交通肇事刑事案件解释》)第1条规定:"从事交通运输人员或者非交通运输人员,违反交通运输管理法规发生重大交通事故,在分清事故责任基础上,对于构成犯罪的,依照刑法第一百三十三条的规定定罪处罚。"该解释第7条规定:"单位主管人员、机动车辆所有人或者机动车辆承包人致使、强令他人违章驾驶造成重大交通事故,具有本解释第二条规定情形之一的,以交通肇事罪定罪处罚。"这些规定肯定了交通肇事罪的主体既包括从事交通运输的人员,也包括非交通运输人员。如果非交通运输人员违反交通运输管理法规,引起重大交通事故的,应当认定为交通肇事罪。"从事交通运输的人员"既包括交通运输业的直接经营人员,也包括交通运输业的管理人员;"非交通运输人员"则是指与交通运输的经营、管理无关的人员。对于非交通运输人员的认定,主要争议点在于如何认定非交通运输人员"违反交通运输管理法规",以及对于非交通运输人员违反交通运输管理法规的行为如何划分交通肇事罪和以危险方法危害公共安全罪。

我国现行的交通运输管理法律法规包括国家和各地交通秩序管理的政策法规、道路交通秩序法规及管理条例,以及机动车、机动车驾驶员管理相关政策法规等,如《中华人民共和国道路交通安全法》(以下简称《道路交通安全法》)、《中华人民共和国公路法》(以下简称《公路法》)、《中华人民共和国道路运输条例》等。其中大部分内容都是规制车辆驾驶人员的规定,只有少部分内容是行人和乘车人的通行规定。通常,参照"交通运输人员"的规定,对于"非交通运输人员",只要违反了我国交通运输管理法规的规定,并因而发生了重大事故,便符合交通肇事罪的要件。如《道路交通安全法》第63条规定:"行人不得跨越、倚坐道路隔离设施,不得扒车、强行拦车或者实施妨碍道路交通安全的其他行为。"如果行人以扒车、拦车等行为影响车辆行驶,违法了交通运输管理法规,从而发生交通事故的,可以认定为交通肇事罪。但一方面,从危害行为和损害结果之间的关系来看,车辆驾驶人员的违规驾驶行为一般可以直接引发损害结果,而"非交通运输人员",如行人或乘客的违规行为,须与车辆驾驶人员的行为相结合后才能引发损害结果,故综合来看,"非交通运输人员"行为的危险性较低。另一方面,《道路交通安全法》第76条第1款第(二)项规定:"机动车与非机动车驾驶人、行人之间发生交通事故,非机动车驾驶人、行人没有过错的,由机动车一方承担赔偿责任;有证据证明非机动车驾驶人、行人有过错的,根据过错程度适当减轻机动车一方的赔偿责任;机动车一方没有过错的,承担不超过百分之十的赔偿责任。"从法条规定来看,对于"非交通运输人员"的责任也相应降低。所以在认定"非交通运输人员"交通肇事罪时,应适当提高入罪门槛,对于情节不严重的,不应当认定为犯罪,只有情节达到一定的严重程度,需要以刑罚来规制的,才可以认定为交通肇事罪。

在司法实践中,部分"非交通运输人员"违反交通运输管理法规并发生事故的行为被认定为以危险方法危害公共安全罪。如《道路交通安全法》第66条规定:"乘车人不得携带易燃易爆等危险物品,不得向车外抛洒物品,不得有影响驾驶人安全驾驶的行为。"对于公交车上的乘客,其在车辆行驶过程中影响司机驾驶或者拉动公交车方向盘的行为,很多判决认定为以危险方法危害公共安全罪,这涉及交通肇事罪和以危险方法危害公共安全罪的区分问题,这一内容在本书第十六章"以危险方法危害公共安全罪"中详述。概括来说,从罪名关系来看,交通肇事罪是过失以危险方法危害公共安全罪中的一部分,之所以将其单独定罪,并规定了更低的刑罚,是因为交通领域的风险是社会发展所必然伴随的风险,是一种被允许的风险,判断行为人对公共安全的主观心态和如何理解风险的限度是区分两罪的关键问题。以乘客为例,如果乘客因着急上下车而阻挡车门关闭或者车辆行驶,从而发生前后车追尾事故的,一般可以判定行为人没有危害公共安全的故意,只是轻信可以通过阻挡车门关闭等行为而上车或下车,应当认定为交通肇事罪。但如果乘客因自身需求没得到满足或宣泄情绪而拉动车辆方向盘的,其在行为时完全能预见到拉动方向盘的行为将造成车辆失去控制,威胁到公共汽车内和道路上其他车辆和行人的安全,能预见到而放任这种危险的发生,对危害公共安全的后果是间接故意的心态,应当认定为以危险方法危害公共安全罪。

危险驾驶罪中,非交通运输人员主要涉及驾校教练。对于在跟随教练学车期间,行为人醉酒驾驶,教练明知其学员醉酒驾驶而放任的是否构成危险驾驶罪的共犯问题,有两种不同观点。一种观点认为,根据法律的相关规定,学员必须在教练的随车指导下才能驾驶教练车,教练作为教练车的驾驶主体,对教练车的安全行驶负有保障义务,故教练应当构成危险驾驶罪的共犯。另一种观点认为,教练坐在副驾驶并未实际驾驶教练车,不能构成危险驾驶罪。对此,笔者同意前一种观点。第一,《中华人民共和国道路交通安全法实施条例》(以下简称《道路交通安全法实施条例》)第20条规定,"学员在学习驾驶中有道路交通安全违法行为或者造成交通事故的,由教练员承担责任"。从这一规定可见立法者将教练视为车辆的实际掌控人,学员的特殊身份决定了其本身对于车辆并不具有掌控能力,教练对教练车的安全行驶负有直接保障义务,教练可以作为危险驾驶罪的适格主体。第二,因职务规定,教练负有及时纠正学员不当行为的义务,学员醉酒驾驶的行为对公共安全造成了危险,如果该行为继续发展下去,极易发生危害公共安全的实害结果。在此情况下,教练能履行而不履行自己职业行为带来的作为义务,属于不作为犯罪。如果教练积极作为的话,大概率地可能阻止危害公共安全结果的发生,故教练的不作为行为与危害公共安全的结果之间存在因果关系。第三,教练明知学员处于醉酒状态而放任其继续驾驶,对危害公共安全的结果能够预见而放任的,属间接故意。综上所述,对于教练这一特殊身份,法律对其赋予了更多的义务和责任。无论教练本人是否饮酒及是否随车,只要该教练明知学员醉酒而放任其驾驶,都构成不作为的危险驾驶罪,与学员构成危险驾驶罪的共犯。

【指导案例】李某交通肇事案[①]**——公交车乘客强开车门致他人坠车死亡的行为如何认定**

2006年3月17日,李某乘坐公共汽车出门办事,在向车外张望时,无意中发现借其钱未还的王某在路边的早点铺吃饭,李某欣喜若狂,当即要求司机停车。但司机以车未到站为由拒绝李某的要求。李某情急之下硬拉开车门欲强行下车,结果混乱之中将另一乘客张某从车上挤下,致使张某被车轧死。

对本案的认定存在三种意见:第一种意见认为,李某应当预见到其强行下车的行为有导致其他乘客被挤下车的危险,但由于其疏忽大意没有预见,结果致使张某被车轧死,李某的行为构成过失致人死亡罪。第二种意见认为,李某在公共汽车正在行驶的过程中拉开车门,因公交车上乘客、道路上行人及行驶车辆较多,该行为可能致使不特定人受伤或死亡,已经危害了公共安全,李某将张某挤下车的行为造成张某被车轧死的后果,符合以危险方法危害公共安全罪的构成要件。第三种意见认为,李某强行下车的行为违反交通管理法规,并因此致使一人死亡,符合交通肇事罪的构成要件。笔者同意第三种观点,理由在于:第一,李某强行下车的行为可能会危及公交车上乘客、道路上行人及行驶车辆的安全,危害的对象为不特定人,属于危害公共安全罪,不宜认定为过失致人死亡罪。第二,李某在公共汽车开动中未经司机或售票员允许,私自拉开车门,违反了相关交通运输管理法规,其行为致使张某被挤下车,从而发生被后面车辆轧

[①] 参见王明、王运声主编:《危害公共安全、妨害社会管理秩序犯罪案例》,人民法院出版社2006年版,第91页。

死的损害结果,符合交通肇事罪的构成要件。第三,李某在下车时,作为一个正常的自然人,能够预见到行为的危险性,李某的心态是因为见到欠钱未还的王某而一时性急,疏忽大意没有预见该侵害后果的发生,主观上对张某死亡的结果存在疏忽大意的过失,不应认定为以危险方法危害公共安全罪。而交通肇事罪与过失以危险方法危害公共安全罪存在竞合关系,故本案被告人李某的行为应认定为交通肇事罪。

第六章 违法性判断

一、危害公共安全罪中紧急避险的适用及其引发的作为义务

(一) 裁判规则

构成紧急避险须存在正在发生的危险,为了避险而不得已损害另一法益,且没有超过必要限度造成不应有的损害。危害公共安全罪中,属于紧急避险行为的,不构成犯罪;避险超过必要限度的,应当减轻或者免除处罚。同时,因避险过当构成危害公共安全罪的,行为人的主观心态一般属于过失。

在先行行为包括合法行为的基础上,紧急避险虽属于正当化事由,却是以牺牲无辜第三人的权益为代价的,即紧急避险的本质在于法益相较下为了保全较大的利益而牺牲较小的利益,所以从整体上来看有益于社会整体法益的保护。但是行为的正当性不能改变对其他人合法权益的侵害性,侵害行为所带来的作为义务不应因行为属于紧急避险而改变。所以,如果紧急避险行为满足先行行为的条件,即在紧急避险行为对刑法所保护的具体法益造成了危险,如果不采取措施,危险会立即现实化为实害的情况下,避险行为人对危险向实害发展的原因具有支配,则避险行为属于先行行为。如果避险行为人在对其紧急避险行为引发的义务能够作为,且如果作为可以有效避免损害结果发生的情况下,选择不作为,并因此产生或加剧了损害结果的,属于不作为犯罪。

(二) 规则适用

紧急避险是指为了使公共利益、本人或者他人的人身和其他权利免受正在发生的危险,不得已而采取的损害较小的另一方的合法利益,以保护较大的合法权益的行为。紧急避险的成立须满足五个条件:一是必须发生了现实危险,这是实行紧急避险的事实根据。二是必须是正在发生的危险,包括现实存在的立即要造成损害结果的危险,或者已发生而尚未消除的危险。三是必须处于不得已损害另一法益的境地,紧急避险所牺牲的是合法权益,因而只有在非常紧急的情况下,为了保护更大利益,迫不得已,别无他法,只能牺牲较小的合法权益时,才允许实行紧急避险;是否属于紧急避险应以行为人行为时的认知程度和客观实际情况为标

准来判断。四是行为人须有避险意识。五是必须没有超过必要限度造成不应有的损害,只有保护的权益大于损害的权益时,紧急避险行为才具有正当化的依据。在危害公共安全罪中,紧急避险行为不构成犯罪,避险超过必要限度的,一方面,量刑时应当减轻或者免除处罚;另一方面,行为人的避险意识可能会影响危害公共安全罪的主观认定,因为避险行为一般发生在比较急迫的情况下,对行为人的注意义务应相应降低,即在一般情况下行为人可以预见到其行为可能发生危害公共安全后果的,而在避险的情况下可能无法预见,因而因避险过当构成危害公共安全罪的,很多情况下行为人的主观心态属于过失。

紧急避险虽属于正当化事由,但却是以牺牲无辜第三人的权益为代价的,如果行为人不履行因紧急避险引起的作为义务,是否会构成不作为犯罪?如上所述,构成不纯正不作为犯的条件包括不作为义务、不作为行为与作为行为的等价性,以及不作为行为与损害结果间存在因果关系。其中,根据我国通说"四来源说",作为义务来源包括法定义务、职业义务、法律行为引起的义务和先行行为引起的义务。紧急避险行为引起的义务,不属于前三种义务,是否属于先行行为引起的义务须明确先行行为是否包括合法行为。

先行行为引起作为义务是指由于行为人的行为而使刑法所保护的社会关系处于危险状态时,行为人负有以采取有效措施排除危险或防止结果发生的特定义务。先行行为是否必须是违反义务,从而导致法益遭受侵害的行为①,即是否需要将合法行为排除在先行行为之外,对此理论界存在较大争议。支持先行行为必须违反义务的义务违反说认为,如果法律允许人们为一定行为的同时,又基于行为可能产生的危险对行为人附加作为义务,其规范前后矛盾,自不待言。② 同时,不纯正不作为犯与相应作为犯罪适用同一条文,便应当同样具备义务违反性。不主张对先行行为予以限制的学说,称为因果关系说,认为先行行为包括合法行为。笔者赞同此观点,理由在于:一是先行行为只是作为义务的来源,而不是不作为犯罪的处罚根据,将先行行为限定为违反义务行为并没有充分的理由。二是判断义务违反的标准并不清楚,适用上存在困难。三是实践中某些合法行为可能引起作为义务③,如根据我国《道路交通安全法》的规定,发生交通事故之后,驾驶人应当救助受伤人员,但是并没有明确以违反交通运输管理法规为条件。④ 即便行为人在交通事故中没有违法行为,仍负有救助伤员的义务。

在此基础上,笔者认为,当避险行为造成无辜第三人的法益损害时,避险行为人有阻止法益损害继续扩大的作为义务,即紧急避险行为可以带来作为义务。理由在于:第一,紧急避险虽属于正当化事由,但却是以牺牲无辜第三人的权益为代

---

① 参见林钰雄:《新刑法总则》,中国人民大学出版社2009年版,第405页。
② 参见尚勇:《"先行行为引起作为义务"的限定》,载《西南政法大学学报》2018年第3期。
③ 详见本书第六章"违法性判断"中的第一个问题。
④ 参见张明楷:《不作为犯中的先前行为》,载《法学研究》2011年第6期。

价的,即紧急避险的本质在于法益相较下牺牲较小的利益,所以从整体上来看有益于社会整体法益的保护,但是行为的正当性不能改变对其他人合法权益的侵害性,而侵害行为所带来的作为义务也不应因行为属于紧急避险而改变,所以对于紧急避险行为致使其他人权益受到侵害的,行为人负有相应的作为义务,这种义务属于上述不作为义务中由先行行为带来的义务。第二,紧急避险是以牺牲第三人合法权益来保护社会权益的最大化,这种正当化是与利益权衡联系在一起的,这种权衡应当对被害人的利益给予最大的照顾。① 故避险行为人应当负有阻止法益损害继续扩大的作为义务。第三,在紧急避险中,第三人只有忍耐义务,即一种社会成员牺牲自己的少许利益来拯救陷入危难的其他成员的社会义务,这种义务仅在避险行为人所保护的利益明显优越于所牺牲的利益时才具备正当性。这不仅意味着成立紧急避险需要满足严格的限度条件,也意味着当原本不过当的避险行为存在造成第三人法益损害进一步扩大的危险时,避险行为人必须采取措施阻止更为严重的后果出现。例如,因遭遇雷暴天气而破窗进入他人房屋躲避的人,有义务封堵破损的窗户以防止屋内的财物遭到进一步的破坏,否则(在其他条件也满足时)他将构成不作为的故意毁坏财物罪;为避免致命车祸而将汽车猛然拐入人行道并撞伤行人的司机,有义务把伤者送往医院救治,否则(在其他条件也满足时)被撞者加重的伤情或者死亡结果将归责于这名司机的不作为。②

综上所述,在先行行为包括合法行为的基础上,如果紧急避险行为满足先行行为的条件,即在紧急避险行为对刑法所保护的具体法益造成了危险,如果不采取措施,危险会立即现实化为实害的情况下,避险行为人对危险向实害发展的原因具有支配,则避险行为属于先行行为。如果避险行为人在对其紧急避险行为引发的义务能够作为,且如果作为可以有效避免损害结果发生的情况下,选择不作为,并因此产生或加剧了损害结果的,属于不作为犯罪。

【指导案例】刘某交通肇事案③——因车辆发生故障,司机跳车导致交通事故的是否构成犯罪

2005年9月4日中午,刘某执行公司的任务,运送货物到某商场。正当车辆在郊区公路上行驶时,刘某忽然闻到一股刺鼻的异味,凭着多年开车的经验,刘某断定是其驾驶的"解放"牌中型普通货车发动机发生故障。刘某正要停车进行检查,车辆驾驶室司机座位下方突然起火,接着发动机也着火。刘某立即采取紧急制动措施,但毫无效果。无奈之下,刘某只好选择跳车逃生。而汽车则继续向前

---

① 参见〔德〕克劳斯·罗克辛:《德国刑法总论》(第二卷),王世州等译,法律出版社2013年版,第245页。
② 参见尚勇:《"先行行为引起作为义务"的限定》,载《西南政法大学学报》2018年第3期。
③ 参见王明、王运声主编:《危害公共安全、妨害社会管理秩序犯罪案例》,人民法院出版社2006年版,第93页。

冲去。恰逢此时,范某、许某骑自行车在前,周某骑车带着女友张某在后由北向南在非机动车道行至上述地点。汽车先撞上了周某的自行车,将周、张二人卷入车下,并将前方的范某撞飞,摔到5米以外的人行道上。汽车前保险杠刮到许某的自行车,将许某连车带人拖行50余米,后来许某奋力挣脱。本次事故造成周某、张某当场死亡,范某、许某受重伤,3辆自行车损坏。刘某看到眼前的一幕,恐惧非常,遂弃车逃逸。经过几天提心吊胆的生活,刘某最终到交通队投案。经鉴定,该车驾驶室严重烧毁,仪表盘烧毁,左前轮制动气室连接软管烧毁,制动系统无法操作。后经事故责任认定,刘某对此事故负全部责任。

本案的焦点问题是,刘某作为货车司机为自救而跳车后造成交通事故是否应认定为犯罪,如果构成犯罪应当构成何罪。对此,具体有以下观点:第一,刘某的行为属于紧急避险。刘某正在驾驶的车辆起火,且制动系统故障,存在正在发生的现实危险,刘某在采取紧急制动措施无效后,在没有其他应急方式的情况下,为了自救,不得已以跳车的方式保护自己,所以刘某的行为是处于紧急情况下不得已的自救行为,本质上属于紧急避险。第二,刘某的紧急避险行为超过限度,应当认定为犯罪。刘某为保护自己的生命权益,在可以预见到车辆失控可能会造成行人伤亡的情况下选择跳车,实际上造成了二人死亡、二人重伤的后果,所保护的法益小于牺牲的法益,所以刘某的避险行为超过限度,属于避险过当,应当认定为犯罪,但应酌情减轻或者免除处罚。第三,刘某的行为构成交通肇事罪。对于刘某构成何种犯罪,主要有三种意见。第一种意见认为刘某构成以危险方法危害公共安全罪。刘某作为司机,应知如果货车在马路上失去控制可能会造成严重后果,危及不特定人的人身及财产安全,仍跳离正在行驶的货车,放任该后果发生,从而造成了两死两伤的重大伤亡事故。第二种意见认为刘某构成过失以危险方法危害公共安全罪。虽然刘某明知跳车后货车会失去控制,可能危害公共安全,但其驾驶的货车制动失灵,又无法扑灭驾驶室内的大火,在此紧急情况下,选择跳车是迫不得已,要求考虑跳车后可能造成的后果是强人所难,主观上应认定为过失。第三种意见认为刘某构成交通肇事罪。刘某在公共交通道路上跳离正在行驶中的货车,使货车失去控制冲入非机动车道,造成两死两伤的严重后果,应构成交通肇事罪。笔者认为,刘某应认定为交通肇事罪。从刘某的主观认识因素看,刘某的跳车行为是在自身生命遭受到威胁的不得已的紧急情况下实施的,且其跳车地点是在行人相对较少的郊区公路上,刘某跳车时并不能准确判断之后是否会发生实际的损害结果,即刘某虽然认识到自己的跳车行为可能会发生危害公共安全的后果,但在跳车时轻信不一定会发生,如果要求跳车时刘某对损害结果必须有足够的认识实是强人所难。从意志因素来看,刘某对损害结果的发生是排斥的,而非放任或希望的,故刘某的主观心态应认定为过失。而在法条的适用上,交通肇事罪与过失以危险方法危害公共安全罪属于法条竞合,交通肇事罪为特别法。综上所述,本案被告人刘某的行为构成交通肇事罪,属于避险过当,应酌情减轻或者免除处罚。

【指导案例】雷某以危险方法危害公共安全案①——为防止货车燃烧将车内燃烧货物甩到路面的行为是否构成犯罪

2013年6月30日晚8时许,被告人雷某驾驶赣A×××××号(长7.16米、宽2.495米、高3.1米)、赣F×××××挂大货车(长17.5米、宽3米、高1.71米,吨位30吨),载着约30吨的不锈钢餐具和陶瓷马桶等货物沿合安高速公路由南向北行驶至(G4212)85千米+100米处时,发现车厢内货物起火冒烟,即将货车停靠在路边应急车道,并拨打"119"火警电话。约二十几分钟后,桐城市消防大队一辆消防车赶到,消防员令被告人雷某和万某(另一驾驶员)揭开雨布,开始灭火;9时左右,合安高速公路的第一辆巡逻车赶到,此时,货车上的火不是很大,行车道、应急车道车辆无法通行,超车道上还有少量车辆通行,因货车上火苗越烧越大,消防员要求高速公路路政人员将整个通往合肥方向的车道封死,防止着火的货物从货车上掉下来砸到通行的车辆造成二次事故;另外还要求有关人员将货车未着火的货物立即转运。高速公路路政人员通知高速公路中控室联系高速公路交警部门处理。约十分钟后,桐城市消防大队的第二辆消防车、合安高速公路交警部门两辆巡逻车相继赶到,交警到场后联系了转运车辆和搬运工赶到现场卸货;10时许,当消防队两辆消防车上的水全部用完后,货车上的火还未熄灭,货车尾部的货物在燃烧状态开始往下掉落,为防止燃烧的货物烧着车子轮胎而引燃整个货车,现场消防员指令被告人雷某将着火的大货车向前移一点,被告人雷某上车后将车子直线向前开了约四五米后,又将车子开到行车道上停了下来,此时现场有人对被告人雷某说:"快开走……把货甩下来。"于是被告人雷某又将带火的车子开起来,车身不时左右摇摆,将车上货物甩到路面上,一直到合安高速(G3)1064千米处,被告人雷某才将车子停靠在路边,此时货车共行驶了61千米。甩落的不锈钢餐具以及马桶碎片对正在合安高速行驶的车辆(主要从合铜黄高速公路变道上合安高速、从丰乐服务区上高速、从陈埠服务区上高速或从庐江高速路口上高速)构成严重危害,有数辆车子的轮胎被扎破,高速公路管理部门连夜组织二百余人清扫路面,高速公路中断通行达8个小时。

本案在审理过程中,被告人雷某辩称其行为是为了自救,其辩护人认为被告人雷某的行为是接受消防人员安排的紧急避险行为,不构成危害公共安全罪。法院经审理认为,没有证据证明"快开走,把货甩下来"系现场指挥人员所说,被告人雷某在火灾现场理应服从救援部门的指挥,但其为了避免自己的大货车被烧

---

① 案号:(2014)桐刑初字第00004号,审理法院:安徽省桐城市人民法院。

毁,擅自驾驶货车上路,在高速公路上甩落物品,放任危害公共安全结果的发生,判决雷某构成以危险方法危害公共安全罪。雷某将着火的大货车开上行车道,径自行驶61千米,将车身不时左右摇摆,让货物从大货车上甩下来,对高速公路上的车辆行驶安全造成严重危害,且从车上甩落的不锈钢餐具以及马桶碎片在高速公路上亦对车辆行驶安全造成危险,且已造成数量车辆轮胎被扎破的损害后果,其行为危害公共安全,属于"其他危险方法",构成以危险方法危害公共安全罪。这一点没有争议,争议的问题在于雷某的行为是否属于紧急避险,以及避险行为是否过当。笔者认为,本案被告人雷某的行为属于紧急避险,但避险行为超过必要限度。被告人雷某驾车在高速公路上行驶过程中,货车上货物发生火情,即将货车停靠在路边应急车道,拨打"119"火警电话,得到了桐城市消防部门、合安高速公路交警部门、路政部门人员的救援,但消防车内水已用完,车上货物明火还没熄灭,货车尾部的货物在燃烧状态下开始往下掉落,货物继续燃烧可能引燃整个货车,继而引发火灾或爆炸,而此时车辆周围的救援人员较多,货车引燃可能会危害到不特定人的安全,此时存在正在发生的紧迫的危险,在消防车没水无法继续救援的情况下,被告人雷某驾车将货物甩在道路上,属于为了避险而不得已损害另一法益,至于"快开走,把货甩下来"的话是否为救援人员所说并无实质影响,故被告人雷某的行为属于避险行为。在避险限度上,行为人如果放任危险的发展,可能造成引燃货车发生火灾或爆炸的后果,可能会危及附近救援人员的安全,而行为人为避免这一危险,将货物从大货车上甩下来,对高速公路上的车辆行驶安全造成严重危害,并导致高速公路中断通行8个小时,也产生了危害公共安全的损害结果,两种情况下侵害的法益都为公共安全,且危害程度无明显界分。而从结果发生的可能性角度来看,如果行为人放任货物燃烧,因救援人员在现场,且已经采取了封锁车道、转运货物等相应措施,并不一定会引燃货车,其损害结果的发生是一种可能性,而行为人将货物甩落在高速公路上,其造成的损害结果是必然的。从这个角度看,本案被告人雷某的行为不符合紧急避险的限度要求,属于避险过当,应认定为以危险方法危害公共安全罪,同时应减轻或者免除处罚。

【指导案例】王仁兴破坏交通设施案[①]——**为脱困解开航标船钢缆绳后离开,致使航标船流失的行为是否构成犯罪**

航标船可以标示出所处的水下深度和暗礁的概貌及船只航行的侧面界限。2003年7月28日16时许,被告人王仁兴驾驶机动渔船至某航标船附近时,见本村渔民王云等人从渔船上撒网致使"网爬子"挂住了固定航标船的钢缆绳,即驾船前

[①] 参见卢君、洪涛:《王仁兴破坏交通设施案——不履行因紧急避险行为引起的作为义务可以构成不作为犯罪》,载最高人民法院刑事审判第一庭、第二庭编:《刑事审判参考》(总第38集),法律出版社2004年版,第82—87页。

往帮忙摘取。当王仁兴驾驶的渔船靠近航标船时,其渔船的螺旋桨被航标船的钢缆绳缠住。王仁兴为使渔船及本人摆脱困境,持刀砍钢缆绳未果,又登上该航标船将钢缆绳解开后驾船驶离现场,致使脱离钢缆绳的航标船顺江漂流至下游2千米的锦滩回水沱,造成直接经济损失人民币1555.5元。

本案中,一审法院判决王仁兴构成破坏交通设施罪,王仁兴以其行为属于紧急避险而提出上诉。本案存在两个主要问题:一是被告人解开航标船钢缆绳的行为是否系紧急避险?二是被告人不履行因紧急避险行为所引起的义务是否构成不作为犯罪?从紧急避险的构成条件来看,被告人王仁兴与其妻及帮工等驾驶渔船前往帮助同村渔民王云等人时,其渔船的螺旋桨被航标船的钢缆绳缠住,造成其渔船失去动力。当时系7月,属长江流域的涨水季节,水流较湍急,在渔船存在翻沉危险的情况下,王仁兴为了保护渔船上人员的人身安全,不得已解开航标船钢缆绳致航标船漂流。虽然航标船流失会造成其他过往船舶在通过该流域时发生倾覆、触礁等人身及财产损害的危险,且可能发生的损害的权益要大于王仁兴所保护的权益,但这种损害的权益是期待权益,不是现实权益。本案中,从航标船流失至复位期间,未发生其他过往船舶通过该流域时倾覆、触礁等严重后果,所损害的现实权益小于王仁兴等人的生命权益,因此,被告人王仁兴解开航标船钢缆绳的行为可以认定为紧急避险,并且未超过避险限度。

本案中王仁兴解开航标船钢缆绳的行为属于紧急避险,虽然该行为是为了保护更大的利益而牺牲较小利益,以致航标船流失,整体上具有正当性,但解开航标船钢缆绳的行为在消除自身危险的同时又对交通安全设施造成了破坏,使其他船舶处于危险状态,已经危害了公共安全,且如果放任该危险状态,可能发生危害公共安全的实害后果,所以被告人王仁兴的紧急避险行为属于先行行为,其负有采取积极救济措施消除危险状态的作为义务。王仁兴负有作为义务,应当及时报告相关部门,但其有能力履行该作为义务而没有履行。如果王仁兴积极履行作为义务,相关部门会采取相应措施,如通知通行船只避让、寻回或放置替代的航标船等,极大概率可以避免其行为给公共安全带来的危险,故被告人王仁兴的不作为行为与损害结果之间存在因果关系。王仁兴长期从事捕鱼工作,明知解开航标船钢缆绳的行为会给其他船舶航行安全造成危险,却未采取任何救济措施,放任危险继续存在,主观上属于间接故意。同时,破坏交通设施属于危险犯,即便未发生实际损害结果,只要存在使通行船舶发生倾覆、损毁的危险状态即可构成犯罪。故王仁兴解开航标船钢缆绳的行为属于紧急避险,但因其未履行该先行行为所带来的积极救济或报告的义务,构成破坏交通设施的不作为犯罪。

【指导案例】于光平爆炸案①——因被害人上门叫骂围攻而引发的爆炸行为如何处理

1997年2月7日,被告人于光平的儿子和侄子在玩自行车钢圈时,碰到本村村民张洪庆的堂侄媳妇身上。张洪庆、史桂荣夫妇因此与于光平、于光胜发生口角,继而发生厮打。厮打中张洪庆的头部被打破,后张洪庆被送往乡医院治疗。于光平的父母多次到医院看望,向张洪庆及其父亲赔礼道歉,并找人调解,但并未得到张洪庆谅解。同年2月9日,史桂荣要求于光平、于光胜向其公爹及其夫妇下跪赔礼,于家未答应。2月10日上午8时许,史桂荣同张家及其娘家亲戚约二三十人破门闯入被告人于光平家院中,叫骂达半小时左右,并投掷石块。被告人于光平气急之下,从屋内拿出一枚私藏的手榴弹,拧开后盖掖在腰间,手持点燃的鞭炮从屋内冲出,想以此吓退对方,但未奏效,还遭到张洪春等人的围攻。于光平见状,在大门处掏出手榴弹拉响,造成张洪春等三人死亡、二人重伤、五人轻伤、一人轻微伤的严重后果。于光平右眼被炸瞎,右手拇指被炸断一节。

山东省高级人民法院在二审审理中邀请了相关专家对手榴弹爆炸时的高度、位置以及爆炸的原因作了鉴定,鉴定结论为:手榴弹是在于光平与死者张洪春双方争抢过程中于双方手中爆炸的,爆炸的高度在170厘米左右,双方争抢过程中意外引爆的可能性最大。

本案被告人于光平在一审被认定为爆炸罪后,以手榴弹是他人拉响的、自己是正当防卫为由提出上诉。笔者认为,于光平的行为不属于正当防卫,应当认定为爆炸罪,但因被害人存在过错,在量刑时可以酌定从宽处罚。第一,被害方对于光平实施了不法侵害,包括闯入被告人于光平家院中,进行长时间叫骂,并投掷石块,但该不法侵害危险性较低,没有对被告人于光平造成实质的伤害,更近似于一种挑衅行为,不具有正当防卫中不法侵害的紧迫性。面对被害人一方的叫骂和投掷行为,于光平在本身并无实质危险的情况下,拿出手榴弹进行威胁,并最终引爆,其行为并不具有防卫的意图,主观上属于泄愤或报复,故被告人于光平的行为不构成正当防卫。第二,被告人于光平的行为构成爆炸罪。于光平作为智力健全的成年人,对于手榴弹可能爆炸的危险性是有认识的,其为了吓唬闯入家中的被害人,使用手榴弹这种高度危险的爆炸物,其危险性是不言而喻的。而且其没有采取避免手榴弹爆炸的防范措施,反而拧开后盖,使手榴弹处于待引爆的危险状态,并冲入人群,以手榴弹相威胁,以致造成爆炸的损害结果,可见其对危害公共安全的后果持放任态度。虽然手榴弹在于光平和张洪春争抢中发生爆炸有一定的偶然性,但一方面这种偶然性不影响于光平行为本身的危险性;另一方面,于光

---

① 参见高贵君审编:《于光平爆炸案——危害后果严重但受害人有明显过错的案件如何适用刑罚》,载最高人民法院刑事审判第一庭编:《刑事审判参考》(总第4辑),法律出版社1999年版,第1—5页。

平在拧开手榴弹后盖并以此相威胁时可以预见到这种偶然性,故亦不影响于光平主观上对于危害公共安全后果的放任心态,其行为构成爆炸罪。第三,本案被害人存在明显过错。本案是因民事纠纷引发,在于光平父母向张洪庆、史桂荣道歉并寻求调解后,张洪庆、史桂荣仍不满足,提出过分要求,并组织亲友几十人闯入被告人家中叫骂、掷石块,使矛盾激化。被害人行为明显不当,对行为人打击报复行为的引起符合客观规律,在量刑时可以作为酌定量刑情节。

【指导案例】孙宗亮交通肇事案①——驾驶机动车追赶肇事逃逸者,致使逃逸者采取措施不当翻车死亡的是否构成犯罪

2006年7月30日15时左右,被告人孙宗亮驾驶桑塔纳轿车由北向南行驶至苏州市马涧二区附近,与由南向北行驶的被害人徐兴根驾驶的载人无牌证的正三轮摩托车发生碰撞。被害人徐兴根未停车,继续驾车行驶,被告人孙宗亮掉头追赶,在追至二车平行行驶时示意对方停车。被害人徐兴根加速继续行驶,被告人孙宗亮驾驶车辆在马涧四区附近由东向西超越被害人徐兴根的三轮摩托车后,在其前方停车。被害人徐兴根刹车并打方向致所驾三轮摩托车侧翻倒地起火,车上乘客胡新秀当场死亡,被害人徐兴根经送医院抢救无效,于次日死亡。被告人孙宗亮肇事后驾车驶离现场。

本案争议的焦点是,孙宗亮追赶徐兴根的行为是否属于正当的私力救济行为,是否构成交通肇事罪。辩护人辩称本次事故发生的原因是被告人所驾车辆被被害人驾驶的三轮摩托车碰撞,本案被害人无证载客,而且在碰撞被告人的车辆后驾车逃逸,在追赶过程中,三轮车发生侧翻,是被害人自身行为所致,故被告人的行为属于私力救济行为,不应当认定为犯罪。本案中,从被告人追赶被害人的行为性质来看,被害人徐兴根驾驶无证三轮车碰撞被告人车辆并逃逸的行为属于民事侵权行为,被告人在此情况下难以求助于公权力,因此,进行追赶以期让侵权人停下协商处理事故,该行为本身属于私力救济行为。但被告人孙宗亮在追赶的过程中为了逼停被害人违反交通规则,快速追赶被害人正在行驶的三轮摩托车,超越被害人驾驶的车辆至前方,并在前方停车,正因为被告人孙宗亮这一行为,才致使被害人因恐慌而采取迅速向左打方向等措施,导致车辆侧翻。被告人行为严重违反了交通法规,给道路上包括被害人在内的驾驶员和行人的安全造成威胁,危害了公共安全,明显超过了其私力救济的限度,构成交通肇事罪。但因被害人无证载客,发生事故后逃逸的行为确属不当,对被告人追赶行为的引起符合客观规律,被告人行为本质上属于私力救济,被害人过错在先,可以酌定从轻处罚。

---

① 参见王永伟、寿晓婷:《因追赶肇事逃逸者致人死亡的定罪分析》,载《人民司法》2009年第8期。

二、出于抢救车内病人目的,违章驾车引发交通事故的行为如何处理

(一) 裁判规则

对于为抢救车内病人违章驾车引发交通事故的,应视病人需要救助的情况和车辆行驶情况等进行综合评判。因为病人急需救助在不得已的情况下超速或实施其他违章行为的,按紧急避险或避险过当处理;对于所救助病人不存在特别紧急情况,如轻微外伤或者突发疼痛等疾病,延迟救助不会危害到病人生命健康的,不属于紧急避险,救人动机可以在量刑时予以考虑。

对于行为人为抢救车内病人而违章驾车,造成死亡二人以上,负事故全部或者主要责任,且不属于避险行为的,应在三年以上七年以下有期徒刑的范围内量刑,而后根据行为人为救人而违章这一情节酌定从轻或减轻刑罚,行为人的救人动机不影响因损害结果而具有的"其他特别恶劣情节"的认定。

(二) 规则适用

行为人为抢救车内病人而违章驾车,如为了快速赶到医院而超速驾车、硬闯红灯,或是逆向驾驶,因而引发交通事故的,在认定中存在两个争议问题:一是为抢救车内病人而违章且发生事故的是否构成交通肇事罪;二是为抢救车内病人违章且符合"死亡二人以上,负事故全部或者主要责任的"是否属于"其他特别恶劣情节"。

对于第一个问题,一种意见认为,行为人虽然违章行车,但目的是抢救病人,符合社会道德规范,其违反交通规则是在紧急情况下迫不得已而实施的行为,对因此而发生的交通事故可按一般交通事故处理,不构成交通肇事罪。另一种意见认为,交通肇事罪是一种过失犯罪,是否构成犯罪主要是看行为人主观上是否有过失,客观上是否造成了危害社会的后果。行为人客观上实施了违章驾车的行为,主观上虽然是为了救人,但在违章时可以预见到违反交通规则的行为可能会危害到公共安全而轻信可以避免的,主观上属于过失,应当认定为交通肇事罪。对此,笔者认为,为抢救车内病人而违章且发生事故的是否构成犯罪,应视病人需要救助的情况和车辆行驶情况等进行综合评判。第一,司机应当预见到违反交通规则驾车可能带来的后果,主观上存在过失,虽然是为了救助病人,但这并不能改变违章行为本身的违法性和危害性,如果因救人违章而发生重大事故的,原则上应当认定为交通肇事罪。第二,虽然救人行为不能改变违章行为的危害性,但是行为人的动机具有正当性,尤其是在救助情况紧急,如病人不及时接受治疗可能存在生命危险时,该行为实际上属于紧急避险,在病人的健康生命权益与道路上车辆和行人的公共安全之间发生冲突,又只能保护其中一个的紧急情况下,法律允许为了保护较大的权益而牺牲较小的权益。所以对于救人违章引发交通事故的,应视病人需要救助的情况和车辆行驶情况等进行综合评判。对于病人急需救助而不得不实施的超速或其他违章行为,应认定为避险行为,如果给公共

安全造成的危险或实害后果小于该行为救助的病人的权益时,该违章行为总体上有利于社会整体法益的保护,不构成犯罪;如果造成的损害结果大于违章而保护的权益时,该行为属于避险过当,量刑时应当减轻或者免除处罚。而对于所救助病人不存在特别紧急情况,只是为了尽快将其送到医院治疗,如轻微外伤或者突发疼痛等,延迟救助不会危害到病人生命健康的,不符合紧急避险所要求的"不得已",不属于避险行为,但考虑到其行为动机具有一定的正当性,可以在量刑时作为酌定从轻情节。

对于第二个问题,根据《交通肇事刑事案件解释》第4条第(一)项的规定,死亡二人以上,负事故全部或者主要责任的,属于"有其他特别恶劣情节"。《刑法》第133条规定,"交通运输肇事后逃逸或者有其他恶劣情节的,处三年以上七年以下有期徒刑"。即对于一般的交通肇事行为,行为人未逃逸的,如果造成死亡二人以上的后果,且负事故全部或者主要责任的,应处三年以上七年以下有期徒刑。在行为人为抢救车内病人而违章驾车的情况下,造成死亡二人以上,且行为人负事故全部或者主要责任的,如属紧急避险,即便造成严重后果,只要没有超过避险限度,都不构成犯罪;如属避险过当,在量刑时应当予以减轻或免除。这两种情况下行为人的救人动机是法定量刑情节,在量刑中一般没有争议,问题是对于行为人为抢救车内病人而违章驾车不属于避险行为的,只能作为酌定量刑情节而可能酌定从轻或减轻①时,造成"死亡二人以上,负事故全部或者主要责任的"是否按照上述解释规定,属于"其他特别恶劣情节"。

对于这一问题,存在不同观点:一种观点认为,即便是为了救助他人,但如果客观上造成了死亡二人以上的后果,就应当按照法定量刑区间进行量刑,但在具体量刑时可以相应从轻。另一种观点认为,行为人违章是在抢救车内病人的特殊条件下所为,即便造成了严重的损害结果,也不宜认定为"其他特别恶劣情节"。对此,笔者认为,上述两种观点的区分在于对《交通肇事刑事案件解释》第4条第(一)项规定的适用条件的理解不同,但在具体刑罚适用上区别不大。第一种观点是将第4条第(一)项规定理解为法定刑升格适用的条件,即只要行为人犯交通肇事罪,且死亡二人以上,负事故全部或者主要责任的,不考虑案件其他情节,应当适用升格的法定刑,即三年以上七年以下有期徒刑,确定量刑区间后,再考虑行为人为救人而违章这一犯罪动机,作为酌定量刑情节予以考虑。第二种观点是将第4条第(一)项规定理解为对"其他特别恶劣情节"的条件规定,即对于一般交通肇事行为,死亡二人以上,负事故全部或者主要责任的,属于"其他特别恶劣情节",但在行为人存在救人目的这一动机时,结合犯罪损害结果综合考量,视具体案件情况,可能总体来看不属于情节恶劣,故上述解释规定只适用于一般情况,存

---

① 《刑法》第63条"犯罪分子虽然不具有本法规定的减轻处罚情节,但是根据案件的特殊情况,经最高人民法院核准,也可以在法定刑以下判处刑罚"之规定,根据酌定量刑情节减轻刑罚的,须经最高人民法院核准。

在特别情况时,即便造成了死亡二人以上,负事故全部或者主要责任的,也不属于"其他特别恶劣情节"。

对此争论,上述两种观点在具体案件的量刑中并无实质区别,但从解释的合理性来看,笔者更认同第一种观点。在具体案件的量刑中,第一种观点是在根据基本肇事行为、损害结果和犯罪情节确定量刑区间后,再考虑行为人为抢救车内病人而违章驾车的犯罪动机,对于交通肇事造成死亡二人以上的后果,且负事故全部或者主要责任的,处三年以上七年以下有期徒刑,而后考虑行为人救人动机,酌定从轻或减轻。第二种观点是将行为人的救人动机作为犯罪情节之一考虑,直接体现在基本量刑中,该动机因素与"造成死亡二人以上,且负事故全部或者主要责任"的情节结合后,是否属于"其他特别恶劣情节"需要法官的评判,实际上行为人救人的动机因素也是一种酌定量刑情节,故上述两种观点在具体案件的量刑中并无实质区别。但笔者认为第一种观点的解释更为合理,理由在于:一方面,《刑法》第133条的表述为"交通运输肇事后逃逸或者有其他恶劣情节的,处三年以上七年以下有期徒刑"。"有其他恶劣情节"不同于"情节恶劣",前者的含义是存在一种"恶劣情节"即可,而后者的含义为综合案件情节评判为情节恶劣。《交通肇事刑事案件解释》第4条第(一)项规定"死亡二人以上……负事故全部或者主要责任的",属于"其他特别恶劣情节"。结合这两个规定来看,只要行为人的肇事行为造成死亡二人以上,负事故全部或者主要责任的,具有了一个"其他特别恶劣情节",基本量刑应当在三年以上七年以下有期徒刑之间,在此基础上再考虑行为人的救人动机。另一方面,严重损害结果的发生虽具有一定的偶然性,但一般情况下能够反映出行为的危害性,主观动机的正当性并不能抵消客观方面存在的恶劣情节。综上所述,对于行为人为抢救车内病人而违章驾车,造成死亡二人以上,负事故全部或者主要责任,且不属于避险行为的,应在三年以上七年以下的范围量刑,而后根据行为人为救人而违章这一情节酌定从轻或减轻处罚。

【指导案例】徐军交通肇事案①——为抢救病人而违章驾车的是否构成交通肇事罪

2000年10月16日上午,被告人徐军驾驶双排小货车载客从兴山县高阳镇驶向水月寺镇。当日10时许,当车行至水月寺镇雷溪口村时,该村村民委员会主任高圣知、妇女主任王卫莲等人以抢救该村服毒的五保户黄显玉为由,强行将徐军的车拦停,再三请求搭载。徐军先不同意,后又同意搭载并超载五人,然后超速驾驶,当车行至宜秭线95.675千米弯道处,因下雨柏油路面打滑,加之高圣知催促快开车抢救病人,徐军在车速每小时35千米的情况下,没有采取减速措施,仅踩制动

---

① 参见陶建福:《徐军为抢救病人违章行车交通肇事案》,载最高人民法院中国应用法学研究所编:《人民法院案例选(分类重排本)·刑事卷》,人民法院出版社2017年版,第775—777页。

器并扭转方向盘,致使车辆侧翻于公路坎下,造成重大交通事故。高圣知、王卫莲受伤,经抢救无效死亡;乘客胡军受轻伤,另有多人受轻微伤。

  本案在审理过程中,对于徐军是否构成犯罪存在不同意见。一种意见认为,本案的发生系村干部强行拦截徐军的车要求搭载,在驾驶过程中催促徐军开快车,且徐军违章驾车是为了抢救病人,故不应当认定为犯罪,按照一般交通事故处理即可。另一种意见认为,村干部的催促和徐军的救人动机只能作为量刑情节,并不影响徐军违章驾车行为本身的危险性,应认定为交通肇事罪。笔者认同第二种观点,本案被告人徐军作为司机,其客观上实施了违章驾车行为,在下雨的柏油路面上超速超载行驶,行为具有较大的危险性;其主观上应当知道超载超速在下雨的柏油路面上行驶,转弯时不减速可能会造成什么后果,因急于救治病人,疏忽大意而未能预见或轻信可以避免,对损害结果的发生存在过失,从而造成了二死一轻伤的后果,构成交通肇事罪。村干部在徐军驾驶过程中催促其开快车,只是造成交通事故发生的一个客观因素,是否违章仍取决于被告人徐军,故该因素不影响对徐军行为的认定,但可以作为酌定量刑情节予以考虑。同时,徐军的违章驾驶行为是为了救助服毒的村民,如不超速可能来不及救治,属于为救助病人不得已而违章驾车的情况。为了保护病人的生命权益而牺牲了部分公共安全,属于避险行为,但最后造成的二人死亡一人受轻伤的损害结果明显已经超过了所保护的病人的法益,属于避险过当,应当认定为交通肇事罪,同时应当减轻或免除处罚。本案造成了二死一轻伤的损害结果,被告人徐军负事故主要责任,符合《交通肇事刑事案件解释》第4条第(一)项之规定,应在三年以上七年以下有期徒刑区间量刑后予以减轻或免除处罚。

第七章　有责性判断

一、危害公共安全罪中行为人主观心态的区分

(一) **裁判规则**

危害公共安全罪中对于主观心态的认定,不仅会影响对同一罪名中故意形态和过失形态的认定,也可能因主观心态不同而认定为不同罪名。如交通肇事罪与过失以危险方法危害公共安全罪存在法条竞合关系,交通肇事罪为特别法,故对于驾驶机动车危害公共安全的行为,如果行为人主观上为过失的,一般构成交通肇事罪;如果行为人主观为故意的,一般认定为以危险方法危害公共安全罪。

在判断行为人对于危害公共安全结果的主观心态时,应综合行为时的全部因素,判断行为引发危害公共安全的可能性,以及行为人在行为时是否具有防止损害结果发生的方法,或可以避免损害结果发生的能力、措施等。对于行为人是否可以预见的判断要考虑一般人的能力和经验,同时结合行为人自身的特殊性。对于过失引起严重后果能够及时补救或者消除,但行为人故意不为的,应认定为故意形态的危害公共安全罪。

(二) **规则适用**

危害公共安全罪中故意与过失的区分,不仅会影响到同一罪名中故意形态和过失形态的认定,还可能因行为人主观上故意与过失的不同而认定为不同罪名,如以危险方法危害公共安全罪、过失以危险方法危害公共安全罪和交通肇事罪。交通肇事罪与过失以危险方法危害公共安全罪存在法条竞合关系,交通肇事罪为特别法,因为交通肇事的风险是社会发展所必然伴随的一种风险,属于"被允许的风险",所以刑法将这部分行为单独规定为交通肇事罪,规定了更低的刑罚。故对于驾驶机动车危害公共安全的行为,如果行为人主观上为过失的,一般构成交通肇事罪;主观为故意的,一般认定为以危险方法危害公共安全罪。[①] 同时,危

[①] 以危险方法危害公共安全罪、过失以危险方法危害公共安全罪和交通肇事罪的关系详见本书第十六章"以危险方法危害公共安全罪"中第八个问题的相关论述。

害公共安全罪中故意犯与过失犯的既遂标准不同，其中，放火罪、决水罪、爆炸罪、投放危险物质罪、以危险方法危害公共安全罪、破坏交通工具罪、破坏交通设施罪、破坏电力设备罪、破坏易燃易爆设备罪以及破坏广播电视设施、公用电信设施罪几个罪名中，犯罪的故意形态包含危险犯，与过失形态的成立条件不同。危险犯不要求实际造成人员伤亡和财产损失等损害结果，只要行为人实施的行为达到足以危害公共安全的程度的，即构成犯罪。而过失形态都是结果犯，只有行为人过失实施的危险行为造成了不特定人重伤、死亡或者公私财产损失的，才构成犯罪。

  危害公共安全罪中故意与过失的区别与其他犯罪相同，表现在行为人主观方面的认识因素和意志因素不同。其中，间接故意与过于自信的过失的区分是刑法理论中长久以来的一个难题，司法实践中有时也难以区分。一般认为，持间接故意心态的行为人明知自身行为将发生危害公共安全的后果，但为了其他目的而放任该损害结果的发生，该认识是现实的、具体的、确定的。持过于自信的过失心态的行为人认识到了损害结果可能发生，而轻信能够避免，但该预见是假定的、概括的、不确定的，且该轻信须依据一定的主客观条件，使行为人相信可以避免结果的发生。过于自信的过失一般包括三种情况：一是高估自己的能力，二是不当地估计了现实存在的客观条件对损害结果的作用，三是误以为结果发生的可能性很小，因而可以避免其发生。

  一方面，在具体案件的主观心态认定中，应综合行为人行为时的全部因素来判断。第一，行为引发损害结果的概率，如果该行为在通常情况下必然引起或除非特殊情况都会引起损害结果发生的，对于认知能力正常的一般人，可以认定为明知自身行为将发生危害公共安全的后果。第二，对于过于自信的过失，须有证据证明行为人在行为时实施了防止损害结果发生的措施，或有使自身相信可以避免损害结果发生的能力和方法等，例如驾驶机动车辆造成危害公共安全结果的，行为人是否采取了减速、刹车等措施，是否具有与其行为相匹配的驾驶技术等，如果有，可以认定行为人轻信能够避免损害结果的发生。第三，对于连续发生多次事故，危害公共安全的，在判断行为人主观心态时，要考查多次事故间的关联性，如果多个事故之间的发生是具有紧密联系的，行为人没有反应的时间和阻止的能力，可以视为一个行为；如果事故之间具有时间间隔，则要考查行为人在每次事故发生时的主观心态变化，在发生一次事故后继续驾驶的，需要结合前次事故发生的原因和后续行为共同考察。具体而言，包括行为人对前次事故的责任比例，行为人当时的意识情况、驾驶能力，行为人是采取措施防范事故的再发生，还是不采取任何措施放任损害结果的发生等。

  另一方面，存在过失转化为故意的情况。如果行为人对于过失引起的严重后果能够及时补救或者消除，但故意不为，放任损害结果发生的，应认定为故意形态的危害公共安全罪。第一，从行为人整体的主观心态上看，虽然行为人对于先行行为的发生是过失，但其后能够补救而不补救，能够预见到损害结果的发生而放任,此时行为人的主观心态已经转化为故意。第二,从不作为犯罪的角度,行为人的先行行为引发了高度危险状态,产生了救助义务。如果行为人有能力、有条件履行而不履行的,则可能构成不作为犯罪,主观上由过失转为了故意;如果行为人尽己所能进行补救但未能有效避免损害结果发生的,仍可认定为过失形态的危害公共安全罪。以放火罪与失火罪为例,放火的行为方式可以是作为,即用各种引火物直接将公私财物点燃;也可以是不作为,即故意不履行自己防止火灾发生的义务,放任火灾的发生。放火罪中不作为义务的来源包括先行行为的义务,即行为人的失火行为对刑法所保护的具体法益造成了危险,危险明显增大,如果不采取措施,危险会立即现实化为实害,在行为人对危险向实害发展的原因具有支配的情况下,该失火行为属于先行行为。此时,行为人负有及时补救,免除法益遭受进一步危难的积极义务。如果行为人明知自己的失火行为已经引起火灾,积极作为能够有效避免或减少损害结果,可以报警或救助而未履行该义务的,其不作为行为构成不作为的放火罪,此时行为人对损害结果的主观心态由过失转化为故意,由失火罪转化为放火罪。

在危害公共安全案件的主观心态认定中,有时涉及是否属于意外事件的认定。意外事件是指行为虽然在客观上造成了危害社会的结果,但不是出于行为人的故意或过失,而是由于不能预见的原因所引起的情况①,即行为人的行为所造成的危害社会的结果是由不能预见的原因所引起的。"不能预见"是意外事件最本质的特征,是其与其他罪过形式相区别的根本所在。在判断危害公共安全罪中的"不能预见"时,一方面,因为危害公共安全罪多属自然犯,一般人对其危害行为可能造成的后果是可以预见的,是属于常识性的,除因超过一般人预见能力的异常因素介入外,都可以推定行为人对危害公共安全的后果可以预见;另一方面,对于行为人是否可以预见的判断要结合行为人自身的特殊性,在一般人认知能力的基础上,如果行为人具有某方面、某领域的经验和能力,应当相应地提高对其预见能力和注意义务的要求。

【指导案例】谢某某冲监脱逃、以危险方法危害公共安全案②——驾驶吊车越狱危害公共安全,行为人的主观心态如何认定

被告人谢某某在保定监狱服刑期间,因感自己刑期较长,短期内出狱无望,遂产生脱逃之念。其经过多次观察踩点后,决定采用驾驶监狱内基建用的吊车暴力冲监的方式越狱逃跑。2008年3月12日晚10时许,被告人谢某某在第七监区干活时,假借上厕所之机,从该车间工艺室窗户跳出逃至第十二监区存放吊车的仓库,用事先自制的撬锁工具撬开车库门锁,将吊车倒出车库后遂驾驶吊车(起重12

---

① 参见赵秉志主编:《刑法总论》(第二版),中国人民大学出版社2012年版,第156页。
② 参见孟庆华、孟昭武主编:《刑事案例诉辩审评——以危险方法危害公共安全罪》(第二版),中国检察出版社2014版,第233页。

吨、自重 16 吨)加速冲向保定监狱南门,在连续冲破防爆门、A 门、B 门三道大门及铁艺围墙后冲出监狱冲向公路。监狱三道大门及铁艺围墙的损失总价值人民币 80101 元。在强行冲监的过程中,值班狱警高某上前拦阻时腿部被吊车划伤,经鉴定高某的损伤为轻微伤,吊车也因撞击导致刹车失灵、方向偏移。被告人谢某某继续驾驶吊车沿七一路向东经东苑街冲向人员、车辆较多的军校广场,在军校街便道上连撞 4 辆汽车后冲上广场草坪,随即弃车逃跑,被撞 4 辆汽车损失总价值人民币 305267 元,吊车损失总价值人民币 17320 元。

本案中,公诉机关起诉的罪名是脱逃罪和以危险方法危害公共安全罪,而谢某某及其辩护人辩称被告人的行为属于过失以危险方法危害公共安全罪,被告人谢某某称自己并不想撞车,只想尽快逃离,主观上属过失。法院经审理认为,被告人构成脱逃罪和以危险方法危害公共安全罪。笔者认为,该判决对被告人主观心态的认定是正确的,理由在于:谢某某驾驶吊车冲出监狱,为了逃离监狱并尽快逃离现场,在划伤值班狱警高某后,继续驾驶因撞击导致刹车失灵、方向偏移的吊车冲向人员、车辆都较多的军校广场,连撞 4 辆汽车。在此过程中,谢某某在操纵车辆时,可以感知到车辆在撞击后存在问题,为了达到逃狱的目的,仍然驾驶车辆,放任车辆继续行驶,且在逃出监狱后驾车冲向人员和车辆较多的广场。驾驶刹车失控、方向偏移的车辆冲向人员众多的广场,其危险性显而易见,已经严重危害到了不特定人的安全,谢某某对其驾驶吊车行为会危害到不特定人的生命、健康安全是有认识的。谢某某虽主观上是为了逃狱,不希望损害结果的发生,但其已经预见到该行为会危害到公共安全,为了达到逃狱的目的,放任危害公共安全结果的发生,且无证据证明其实施了能避免损害结果发生的措施,没有其轻信可以避免损害结果发生的依据,应认定以危险方法危害公共安全罪。

【指导案例】刘华、王某某破坏交通设备案[①]——**在钢轨上摆放石头取乐致使列车脱轨的行为人的主观心态如何认定**

1994 年 7 月 1 日 22 时 50 分许,被告人刘华、王某某来到沈阳铁路分局管内浑(河)揽(军屯)线 3 千米 912 米处,王某某提出"往铁道上摆石头,看能不能压碎",刘华应允。二人遂在两股钢轨的轨面上摆放路基石 29 块。当日 22 时 56 分,由浑河站开来的 43424 列车(货车)压上摆放的路基石,致使该列车前进型 3455 号机车脱轨,造成直接经济损失折合人民币 18 万余元。

---

① 参见杜长利:《刘华、王某某在铁路钢轨上摆放石头破坏交通设备案》,载最高人民法院中国应用法学研究所编:《人民法院案例选(分类重排本)·刑事卷》,人民法院出版社 2017 年版,第 709—710 页。

本案在审理中,对两被告人破坏交通设备①的主观心态是故意还是过失存在不同意见。辩护人认为,两被告人没有破坏交通设备、追求列车脱轨或倾覆结果发生的故意,发生列车脱轨的后果是两被告人始料未及的,应属过失犯罪。笔者认为,两被告人对列车脱轨的损害结果的主观心态属间接故意。铁道上运行的列车一般分为载人列车和载货列车,因承载力较高,一般情况下列车所载人员或货物的数量都非常多,两被告人在钢轨上摆放了较为坚硬的路基石,且摆放了29块之多,极易造成列车脱轨或倾覆,该行为给列车的行车安全带来了极大的安全隐患,严重危害了公共安全。虽然两被告人在钢轨上摆放石头没有明确目的,主观上是为了取乐,没有追求列车脱轨或倾覆的直接故意,但一般人对于在钢轨上摆放石头行为的危险性是明知的,对可能发生列车脱轨或倾覆的严重后果是明知的,为了取乐对危害公共安全结果的发生采取放任态度,这符合间接故意犯罪的特征,因而对两被告人应认定为破坏交通设备罪。

【指导案例】李某甲过失以危险方法危害公共安全案②——强行拖拽铲车致多人受伤的行为人的主观心态如何认定

2013年12月29日14时许,被告人李某甲驾驶60型铲车,在明知铲车周围有多人的情况下,强行拖拽停放在莱州市三山岛街道三山岛村菜市场东门的一辆30型铲车,后拖车用的吊装带被拉断,致在30型铲车周围的李某乙、施某甲、施某丙、卢某某被铲车挤、压伤,致停放在菜市场门口施某乙的长城牌皮卡车被30型铲车撞损。经莱州市公安局法医鉴定,被害人李某乙右肾离断,胸椎11横突骨折,腰椎1、2、3、4多发横突骨折,左侧第11肋骨骨折,右侧第11肋骨骨折,构成重伤;被害人施某甲左足多发骨折、甲状腺功能亢进,构成轻伤;被害人施某丙右内踝骨折,构成轻伤;被害人卢某某闭合性胸部外伤、软组织损伤,构成轻微伤。

本案在审理过程中,辩护人主张被告人李某甲不可能预见拖车的吊装带会断裂,同时有工作人员在场维持秩序,拖车时亦不可能预见另有他人在拖车周围,因此李某甲不存在过失。后法院经审理认定李某甲主观上存在过失。本案中,根据判决书中所列证据可以证实,被告人李某甲在拖车前,其铲车及被拖铲车周围仍有阻拦的村民,因拖车的对象是铲车,重量较大,拖车时需要较大的动力,难以控制被拖拽车辆起步时的速度,且30型铲车一旦被拖动,难以即时控制其速度、使其停止,拖拽也需要一定的空间,故在附近有多人的情况下,该行为对附近人员的安全产生了危险,危害了公共安全。被告人李某甲作为专业的铲车驾驶人员,应当了解吊装带的承重范围,知道拖拽铲车需要的空间范围,可以预见在铲车附近有

---

① 需要说明的是,1979年《刑法》中的相应罪名为"破坏交通设备罪",后修改为"破坏交通设施罪",本案发生于1994年,适用1979年《刑法》,故此处统一使用"交通设备"。
② 案号:(2014)莱州刑初字第391号,审理法院:山东省莱州市人民法院。

村民的情况下,拖拽铲车的行为可能存在的风险,拖车时应当预见其行为可能造成附近不特定人的人身损害。而李某甲却轻信能够避免,强行拖拽铲车,以致造成一人重伤、二人轻伤、一人轻微伤的严重后果,主观上属于过失,构成过失以危险方法危害公共安全罪。

【指导案例】曲某失火案①——运送烟草过程中吸烟引起火灾的是否属于意外事件

曲某是某烟草厂的烟草押运员。2003年7月某日,曲某和司机奉命接运一批烟草。由于供应方在运作程序上的问题,该批烟草于晚上10点才全部到位。烟草装好后,曲某照例坐在卡车斗中"押车"。将近凌晨1点时,曲某觉得有些困意,便像往常一样点了一根香烟,用以提神。香烟抽完后曲某将烟蒂扔出车外,但阴差阳错,未熄灭的烟蒂竟然又遇风飞回车中,落在成捆的烟草上。烟草遇火即燃,火势冲天。曲某眼见救火不及,立即和司机弃车而逃。不一会,卡车在高温灼烧下发生爆炸。所幸当时正值午夜,公路上并无同行车辆,未引起人员伤亡。爆炸不但炸毁了卡车,也对公路和路旁设施造成了一定损害,共计损失人民币10万余元。

对于本案的认定,存在多种意见。一种意见认为,曲某在烟草厂工作二十余年,应当熟知烟草的特性,知道烟草遇火即燃。曲某在押送过程中吸烟,属于应当预见到危险的发生且放任该危险的发生,因此,曲某构成放火罪。另一种意见认为,曲某把烟蒂扔到了车外,但烟蒂遇风飞回,并非曲某故意而为,危害的产生源自曲某的过于自信,即预见到危险但轻信能够避免,应当认定为失火罪。还有意见认为,曲某已经将烟蒂扔出车外,但因遇风而飞回车中,风向的变化是曲某所不能预见的,所以应当认定为意外事件。本案中,行为人曲某是烟草公司的老员工,常年负责押运烟草的工作,对烟草的相关认识和押运烟草的注意事项都非常了解,在此基础上,即便曲某扔烟蒂时可能无风,是否起风也无法预料和控制,但是作为多年的从业者,对于天气的多变应有一定的认识,且在易燃的烟草附近吸烟、扔烟蒂的行为本身就违反职业规范,存在极高的风险,故曲某可以预见到在烟草附近吸烟并丢烟蒂的行为是存在引起火灾的风险的,但曲某仍轻信将烟头扔出车外可以避免损害结果的发生,主观上对损害结果存在过失,应认定为失火罪,而不应认定为意外事件。

---

① 参见王明、王运声主编:《危害公共安全、妨害社会管理秩序犯罪案例》,人民法院出版社2006年版,第21页。

【指导案例】吴某富涉嫌交通肇事案①——交通肇事罪中意外事件的认定

2002年2月28日下午4时左右,被告人吴某富应海南某果菜种养有限公司白沙分公司求救,去接受伤的人员去医院,未经白沙县公安局桥南派出所领导同意,擅自驾驶本所警车前往。28日下午5时左右,当被告人吴某富驾驶警车行驶至什邦线50千米+225米处时,因该车制动器不良,前左制动缸和后左右制动缸活塞密封胶渗漏制动液,导致车辆在行驶中制动器失效,使该车下坡转弯时偏右激烈碰撞路沟护墙发生交通事故,造成路边行人林某福、陈某养死亡的严重后果。

本案情况是否属于意外事件存在争议。意外事件与过失的区分主要在于行为人的行为所造成的危害社会的结果是否由不能预见的原因所引起的。本案中,事故发生的原因系车辆行驶过程中前左制动缸和后左右制动缸活塞密封胶渗漏制动液,导致制动器失效,而这一车辆故障需专业人员利用专业设备才能检测出来,故被告人吴某富在使用车辆前及使用车辆时难以发现这一故障。同时,被告人吴某富是在接到求救电话的紧急情况下出车,无时间和条件对车辆进行仔细检查。故被告人吴某富无法预见到所驾车车辆存在故障,其在驾驶过程中亦无其他违反交通法规的行为,且在案证据现实,在车辆故障后,被告人是为了避免与对面驶来的车辆相撞,才向右侧紧急躲避因而碰撞路沟护墙,该行为属于避险行为。综上,本案发生的原因系车辆故障,而这一故障是被告人不能预见的,被告人在发现故障后,为了避免与对面车辆相撞实施向右躲避的避险行为,因而发生损害结果。被告人对损害结果的发生并无主观上的故意和过失,应当认定为意外事件。

二、醉酒、吸毒等状态对危害公共安全主观心态和刑事责任能力的影响

(一)裁判规则

在刑事责任能力方面,行为人因醉酒、吸毒等行为使自己陷入丧失或者尚未完全丧失刑事责任能力的状态,并在该状态下实施了符合犯罪构成要件特征的行为的,一般认为应当负刑事责任。对于醉酒或吸毒状态的行为人应当承担责任的原因,学界的通说是原因自由行为说。醉酒或吸毒的行为人对责任的具体承担,应当综合多种因素进行认定,一般应考查醉酒或吸毒的原因、醉酒或吸毒时的责任能力状况,并按照自陷行为时行为人醉酒或吸毒时的责任能力状况和对醉酒或吸毒的主观心态进行认定。

醉酒、吸毒等状态在危害公共安全案件中对主观心态认定方面的影响体现在两个方面:一方面,应当根据其自陷行为时对损害结果的认识和意志状态认

---

① 参见邓思清主编:《刑事案例诉辩审评——交通肇事罪、危险驾驶罪》,中国检察出版社2014年版,第238—245页。

定其对结果所持的主观罪过。对于吸毒史较长的人,因对自身吸毒后状态和风险的了解,一般可以认定行为人对损害结果持希望或者放任态度。对于首次吸毒的人,一般可以认定行为人对损害结果的发生持反对态度。另一方面,行为人因醉酒、吸毒等状态引发多个连续同性质的行为的,一般可以认定为一个行为。

(二) 规则适用

在刑事责任能力方面,对于行为人因醉酒、吸毒等行为使自己陷入丧失或者尚未完全丧失刑事责任能力的状态,并在该状态下实施了符合犯罪构成要件特征的行为的,我国《刑法》第 18 条第 4 款明确规定了"醉酒的人犯罪,应当负刑事责任",《刑法》条文中虽未对吸毒状态下行为人的刑事责任能力作出明确规定,但一般认为醉酒状态与吸毒状态可以进行相似处理。

认为醉酒或吸毒的人对其危害行为应负刑事责任的理由主要有:第一,在醉酒或吸毒状态下,行为人没有完全丧失辨认和控制自己行为的能力,而只是有某种程度的减弱。第二,醉酒或吸毒状态是行为人自己造成的,并非不可避免。行为人在醉酒或吸毒以前,应当预见或认识到自己在醉酒或吸毒以后,有可能会实施某种危害行为。第三,习惯性或长期饮酒可能会发展为酗酒,过度使用酒精可能形成"酒精依赖",从而危害身体健康,而吸毒行为本身就是违法行为,理应加以控制。第四,存在部分行为人故意借醉酒或吸毒进行犯罪活动的情况。

对于醉酒或吸毒的人犯罪负刑事责任的根据,主要观点有:第一,用严格责任理论解释醉酒或吸毒的人负刑事责任的根据。第二,坚持责任原则维持说,即在坚持责任能力与实行行为同时存在原则的前提下进行解释,主要包括:①间接正犯说。该说认为利用自己陷于醉酒或吸毒这一无责任能力状态以实施犯罪,实际上是利用自己的无责任行为为机械或道具以实现犯罪,因而应以间接正犯论处。由于间接正犯是以利用行为之着手为犯罪实行行为之着手,故行为人自陷于精神障碍状态的行为就是实行行为,从而维持了责任能力与实行行为同在的原则。②因果关系说。该说认为醉酒或吸毒的原因行为有发生犯罪结果危险的,即为符合构成要件的行为,但以原因行为与结果行为之间有因果关系为必要,且限于过失犯罪和不作为犯罪的场合。③统一行为说。该说认为应将醉酒或吸毒的原因行为与结果行为进行统一地观察,两者是一个统一的行为,应一并认定为犯罪的实行行为。④原因自由行为说。该说认为在醉酒或吸毒状态下,结果行为不具有行为意义,原因行为与损害结果之间具有因果关系,因此,可将原因行为认定为实行行为。第三,责任原则修正说,该说认为此种情况是责任能力与实行行为同时存在原则的例外,或者是对责任原则中的"实行行为"等概念进行扩张解释,将"实行行为"换作"行为",以将原因行为涵盖在内。对于醉酒或吸毒的人犯罪的刑事责任之具体负担,第一种观点认为,对醉酒或吸毒的人,不问其醉酒或吸毒原因,只要实施了危害行为,造成了损害结果,一律负刑事责任。第二种观点认为,确定醉酒或吸毒的人是否应负完全的刑事责任,应当认真分析醉酒或吸毒的原因以区别对待。第三种观点认为,应当区分不同情况确定醉酒或吸毒的人应当承担的刑事责任,需要综合考查醉酒或吸毒的原因、醉酒或吸毒时的责任能力状况等因素。

关于醉酒或吸毒状态的行为人应当承担责任的原因,学界的通说是原因自由行为说。原因自由行为是指具有刑事责任能力的行为人,故意或者过失使自己一时陷入丧失或者完全丧失责任能力的状态,并在该状态下实施了符合构成要件的违法行为。使自己陷入丧失或者尚未完全丧失责任能力状态的行为,称为原因行为;在该状态下实施的构成要件行为,称为结果行为。由于行为人可以自由决定自己是否陷入上述状态,所以称为原因自由行为。认定原因自由行为的主观罪过,应结合一般人的认知规律、行为人个体特征、认知水平、经验程度、有无既往经历等因素,考查其对原因行为导致自陷于精神障碍状态的可能性认识和对损害结果发生的认知程度。① 关于醉酒或吸毒状态的行为人对责任的具体承担,笔者认为,应当综合考虑多种情况进行认定。一般应考查醉酒或吸毒的原因、醉酒或吸毒时的责任能力状况,并按照自陷行为时行为人醉酒或吸毒时的责任能力状况和对醉酒或吸毒的主观心态分别认定。例如,我国《刑法》第18条第4款的规定针对的是自陷行为时处于正常状态的行为人。但对于自陷行为前已经处于辨认或者控制能力减弱甚至完全丧失的行为人,按照原因自由行为说,应当按照自陷行为时行为人的责任能力状态进行认定,不能因醉酒或吸毒状态反而提高了行为人的日常刑事责任能力。

按照醉酒类型进行划分,生理性醉酒者一般具有完全刑事责任能力;病理性醉酒者,易因醉酒而出现行为紊乱、记忆缺失、意识障碍,并伴有幻觉、错觉、妄想等精神病症状,一般具有部分或完全丧失责任能力。所以,当行为人因没有意识到的首次病理性醉酒而导致损害结果发生时,由于其主观上不存在过失,不应认定为犯罪。但如果行为人已经出现过病理性醉酒,得知自身醉酒后的症状,可以预见到自己醉酒后会实施危害行为而放任的,应当承当责任。② 关于毒品所致精神障碍者的责任认定问题,刑法未作出明确规定,实践中亦存在很大争议。参考司法部司法鉴定科学技术研究所于2008年起草的《精神障碍者刑事责任能力评定标准(草案)》规定:"对毒品及其他精神活性物质所致的精神障碍者,如为非自愿摄入者按4.1条款(一般精神障碍者)评定其责任能力;对自愿摄入者,仅在实施危害行为时辨认和控制能力丧失者才评定为限制责任能力,其余情况下均评定为完全责任能力,法律另有规定者除外。"该规定根据毒品摄入是否出于主观自

---

① 参见郑岳龙、石春燕:《原因自由行为的处罚依据及刑罚适用》,载《人民司法(案例)》2017年第2期。

② 参见张明楷:《刑法学(上)》(第五版),法律出版社2016年版,第307页。

愿,对毒品所致精神障碍者的责任能力认定进行了区分。在此基础上起草实行的《精神障碍者刑事责任能力评定指南》规定:"对毒品所致精神障碍者,如为非自愿摄入者按照 5.1 条款(即一般精神障碍者)评定其刑事责任能力;对自愿摄入者,如果精神症状影响其辨认或控制能力时,不宜评定其刑事责任能力,可进行医学诊断并说明其作案时精神状态。"

醉酒、吸毒等状态对行为人主观心态的影响:一方面,对于自陷于精神障碍的行为人,应当根据其自陷时对损害结果的认识和意志状态认定其对结果所持的主观罪过。如果行为人已经认识到饮酒或吸毒后自己会陷入精神障碍状态,从而实施犯罪行为并造成结果的,其主观罪过为故意;如果行为人对自己陷入精神障碍状态后引发损害结果的危险没有预见,或者虽有预见但轻信可以避免的,那么其主观罪过为过失。比如吸毒史较长的人,其对吸毒后会出现的精神障碍症状一般较为了解,行为人知道或者应当知道其吸毒的自陷行为将会导致精神障碍状态的高度盖然性,在这种情形下实施自陷行为并因而实施犯罪行为,造成损害结果的,一般可以认定行为人对损害结果持希望或者放任态度。对于首次吸毒的人,行为人对于吸毒后会出现的精神障碍症状的认识一般比较模糊,虽然可能略有所闻但因未亲身经历而可能存在侥幸心理。所以,其对自陷行为导致精神障碍状态的可能性和失控程度可能评估不足。另一方面,行为人因醉酒、吸毒等状态引发多个连续同性质的行为,一般可以认定为一个行为。如连续肇事行为,行为人因醉酒或吸毒而丧失反应能力的,可以将多次肇事行为视为一个行为,从而针对该行为整体判断行为人的主观心态。

【指导案例】叶丹以危险方法危害公共安全案①——因吸毒长期处于精神障碍状态,病情缓解再次吸毒并驾驶机动车,致使发生交通事故的,如何认定行为人的刑事责任能力以及主观心态

2010 年 12 月 28 日 20 时许,被告人叶丹在武汉市蔡甸区蔡甸街呈祥旅社内吸食毒品甲基苯丙胺片剂后,独自驾驶无牌奔驰汽车离开。叶丹在驾车途中产生幻觉,怀疑有车跟踪并谋害自己,遂将汽车停放在该区文正街与蔡张二路的交叉路口,不让过往车辆通行。民警接警后赶到现场处理,叶丹拒不听从民警的劝阻和指挥,突然发动车辆,驾车至蔡甸村村委会附近,并先后与正常行驶的一辆公交车、两辆东风雪铁龙汽车、一辆五菱汽车发生碰撞。随后,叶丹继续驾车行驶至蔡甸街益康面粉厂附近,又先后与正常行驶的两辆吉利汽车、一辆东风雪铁龙汽车发生碰撞,并将拦截的凯美瑞警车、依维柯警车撞损。叶丹撞开警车后,行驶至蔡

---

① 参见曾琳、张晓洪:《叶丹以危险方法危害公共安全案——因吸毒长期处于精神障碍状态,在病情缓解期再次吸毒并驾驶机动车,致使发生交通事故的,如何认定行为人的刑事责任能力以及主观罪过》,载最高人民法院刑事审判第一、二、三、四、五庭主办:《刑事审判参考》(总第 94 集),法律出版社 2014 年版,第 141—147 页。

江路又先后与正常行驶的雪佛兰汽车、尼桑货车发生碰撞。叶丹驾车行至蔡甸街江滩公园1号门附近，撞到1辆助动自行车后，被警车截停。民警将叶丹当场抓获。经鉴定，被撞车辆损失共计人民币38367元。

本案的判决书载明，被告人叶丹从2004年开始吸食毒品；2005年开始逐渐出现精神异常，时而胡言乱语，时而无目的驾车出行，且脾气越发暴躁、冲动，曾两次在家中纵火，持刀在家中乱砍家具；2008年多次被诊断为"精神活性物质所致精神障碍"。在司法鉴定机构对叶丹进行精神检查时，其对案发经过有部分记忆，对撞车细节记忆不全，存在幻听、幻视、被害妄想，称案发时有很多人开车追他，要害他，他一心想逃，便撞了几辆车。本案中，被告人因吸毒长期处于精神障碍状态，且被诊断为存在精神障碍，在实施吸毒这一自陷行为时本身处于限制刑事责任能力状态，且在司法鉴定机关进行检查时，其对案件发生经过尚有部分记忆，存有部分意识，故本案中被告人叶丹应认定为限制刑事责任能力人。主观方面，被告人长期吸食毒品，对自己吸食毒品后会陷入精神障碍有充分认识，因毒瘾难控而多次复吸，放任可能出现的损害结果，主观上应认定为间接故意。

【指导案例】成某某交通肇事案①——行为人对连续多次肇事行为无意识的，如何认定其对危害公共安全后果的主观心态

2013年9月3日14时许，被告人成某某酒后驾车，与临时停靠在路边的陈某某的轿车相撞，随后与前方同向由廖某某驾驶的轿车相撞，致该车失控后将行人朱某某、雷某某撞倒。此后，被告人又将停放的两辆摩托车与路人成某、曾某某和彭某某撞倒。在公安民警赶到现场时，被告人正在驾驶员位置睡觉。经法医鉴定：被害人成某死亡、朱某某伤残十级、曾某某轻伤。经物价认证中心鉴定：财产损失为人民币56693元。

本案中，成某某因醉酒发生连续肇事，在公安民警赶到时，其正在驾驶员位置睡觉，结合成某某多次肇事过程中的行驶路线、速度变化等，可以推断成某某在整个肇事过程中因醉酒完全丧失反应能力，多次肇事行为系因成某某醉酒状态引发控制能力减弱而造成的一个整体行为，即在发生第一个肇事行为与陈某某的轿车相撞后，因醉酒程度较深，成某某没有控制车辆的能力，从而发生了后续的肇事行为。这种情况下，多次肇事行为实际上是一个实行行为。对于该醉酒肇事行为，被告人成某某在行为时处于醉酒状态，应当根据其自陷行为时对损害结果的认识和意志状态认定其对结果所持的主观罪过。一般情况下，酒后驾车的人，明

---

① 案号：(2014)蓝刑初字第13号，审理法院：湖南省蓝山县人民法院。

知饮酒后不能驾车的规定,在饮酒时可以预见到陷于醉酒状态后驾驶车辆可能发生交通事故,但多数处于侥幸心理,认为不会发生事故而饮酒并驾车,主观上属于过失,且通常情况下行为人饮酒后发生事故的,其对危害公共安全的后果持排斥心态,故被告人成某某的行为应认定为交通肇事罪。当然,如果有证据证明行为人故意利用或者放任自己的醉酒状态危害公共安全的,应按以危险方法危害公共安全罪论处。

第八章 犯罪形态

一、如何界定危害公共安全罪中具体危险犯的既遂标准

(一)裁判规则

危害公共安全罪中部分危险犯属于具体危险犯,对于具体危险犯既遂的判断,应以是否对公共安全产生危险并达到紧迫程度为标准。对于紧迫危险的认定,主要通过判断资料、判断时点和判断标准等方面来对危险状态进行限定,并采用等置模型为分析工具,即法官应设"身"处"地"综合全部情节判断行为对公共安全所造成的危险是否达到紧迫的程度。

(二)规则适用

危害公共安全罪中存在部分危险犯,且随着立法的修订,危险犯的数量不断增加,如《刑法修正案(十一)》第2条第1、2款中对在行驶的公共交通工具中干扰驾驶、驾驶人员与他人互殴或者殴打他人的规定,均属危险犯。危险犯分为抽象危险犯和具体危险犯,抽象危险犯是一种立法上的推定,即为了保护某些重要的法益,只要实施一定的行为便构成犯罪,无须法官根据个案中的危险状态进行认定。抽象危险犯是一种行为犯或举动犯。而具体危险犯则有所不同,具体危险犯实际上是结果犯的一种,只不过这种结果表现为危险状态而非实害结果。具体危险犯与抽象危险犯都是以对法益侵害的危险作为处罚依据的犯罪,但是,前者的危险是需要司法上具体认定的,后者的危险是立法上推定的。

危害公共安全罪中的部分危险犯是属于抽象危险犯还是具体危险犯存在争议。如以危险方法危害公共安全罪,认为该罪属于抽象危险犯的观点认为,以危险方法危害公共安全罪应当属于抽象的危险犯,危险的存在是不需要证明的,或者说不需要判断是否有发生现实危险的可能性,这种危险是一种推断的危险,倘若行为人实施了一定的危险行为,就必然会对公共安全造成威胁而成立犯罪既遂。笔者不同意此观点,理由在于:第一,抽象危险犯理论并不适用于采用兜底式规定的以危险方法危害公共安全罪。如果罪状规定极其明确,在行为实施后毫无疑问将出现刑法所规制的危险状态的,才适宜认定为抽象危险犯。而该罪中何为危

险方法以及危害到何种程度才达到足以危害公共安全的标准都存在争议,因此,以危险方法危害公共安全罪不属于抽象危险犯。第二,《刑法》第114条的表述为"放火、决水、爆炸以及投放毒害性、放射性、传染性病原体等物质或者以其他危险方法危害公共安全,尚未造成严重后果的"。依法条的叙述,"危害公共安全"是构成危险犯的标准,换句话说,《刑法》第114条所规定的危险犯虽然不要求造成严重的后果,但并不是只要实施了对公共安全有一定危险性的行为就构成犯罪,该行为还需要达到"危害公共安全"的标准,可见该条规定的罪名属于具体危险犯。

对于具体危险犯的既遂标准,即具体危险结果应当具有什么状态,以及它的状态应当如何加以确定,迄今为止,还没有明确。在德国,《联邦最高法院刑事判例集》中曾对危险状态判断的标准表述为一种损害的出现比其未发生更有可能,后续又将其推翻,原因是不应当使用一种在实践中难以确定的百分比来计算(不能因51%的可能性而认定,亦不能因49%的可能性而拒绝)。后来陆续出现了"对受威胁的法益存在高度的危急"和"几乎发生的事故"等观点,但这些观点的问题都在于将"危险"及"可能性"的判断交给了法官的生活经验,并没有提出客观的标准。在此基础上,霍恩(Eckhard Horn)提出"自然科学的危险性结果理论",认为如果根据已知的因果法则本来一定会导致侵害时可以认定具体的危险。① 该观点的问题在于,从事后的角度来看,所有结果的发生均是符合自然科学上的因果关系的,其亦未进一步说明评价时考虑因素的范围,实际上是依据损害结果进行判断,失去了危险犯的讨论价值。

现今,受到较多支持的判断具体危险犯既遂的学说主要有两种:第一种是德国学者许内曼(Bernd Schünemann)提出的"规范的危险性结果理论",其认为:"具体危险犯存在于危害性结果偶然没有发生的场合。这种偶然性不是确定为在自然科学上无法说明的理由,而是确定为一种人们不能相信会出现的情形。"② 例如,行为人故意逆向高速行驶,意图通过撞击其他车辆达到报复社会的目的,但对面车辆的驾驶员是一名赛车手,通过高超的驾车技巧成功躲避,只有在这种情况下,行为人才可以成立以危险方法危害公共安全罪的具体危险犯。可见,该说对于具体危险犯的适用采用的是十分严格的解释。但如采此标准,《刑法》第114条规定的三年量刑起点显然较低,有悖于为了着重保护公共安全而设立具体危险犯的初衷。第二种是我国的通行观点,危害公共安全罪中的具体危险犯达到既遂须对公共安全产生紧迫危险,对紧迫危险的判断主要通过判断资料、判断时点和判断标准等方面来限定危险状态。③ 笔者同意第二种观点。一方面,对公共安全产

---

① 参见〔德〕克劳斯·罗克辛:《德国刑法总论》(第一卷),王世洲译,法律出版社2005年版,第276页。
② 〔德〕克劳斯·罗克辛:《德国刑法总论》(第一卷),王世洲译,法律出版社2005年版,第277页。
③ 参见舒洪水:《危险犯中危险状态的判断》,载《法律科学(西北政法大学学报)》2012年第5期。

生紧迫危险是指该危险随时可能会转化为实害结果,只有达到产生紧迫危险的程度,具体危险犯才具备受刑罚处罚的合理性,只对公共安全造成轻微危险的,一般不认为是犯罪。另一方面,行为的刑事违法性首先是基于该行为的社会危险性。任何一行为均发生于特定的时空环境,在行为的自然属性已确定之前提下,只有从经验法则的角度,结合行为时空环境和对象才能评判行为的社会危险性,行为的危险性不能脱离具体情况而存在,如同样的挥刀动作,离被害人20米、2米和2厘米的危险程度自然不同。对"危害公共安全"的判断上,即在解决应以什么事实作为危险判断的基础、由谁来判断和在什么时刻进行判断这三个关键问题时,目前刑法理论和审判实践宜采"客观说",即以事后查明的行为所存在的各种客观事实为基础,以行为时为标准,从一般人的立场出发来判断。具体而言,如果就事后查明的行为时存在的情况,以一般人的观念来看,对不特定人安全产生了紧迫危险,发生损害结果的可能性极大,就可以认定为达到既遂标准。同时,在具体危险犯的认定中应采等置模型为分析工具,即法官应设"身"处"地"综合全部情节判断行为所造成的危险是否达到紧迫的程度,具体包括两方面:其一,理性人构建,即设"身"。在评判某一未造成实害结果的行为是否对公共安全产生紧迫危险时,法官应站在具有正常智力和知识水平的、目睹行为发生的一般第三人的立场,评价该行为对公共安全的危险性,而不能凭已发生的损害结果或自身的主观感受进行推断。其二,场景还原,即处"地"。在确定危险性时,应尽力还原行为时的现场情况,考量行为的侵害范围、侵害范围内人群密度、危险回避可能性等因素综合评判。

上文所述为一般情况下认定具体危险犯的既遂标准,在危害公共安全罪中,具体危险犯的既遂标准应结合各罪名的行为特点和法条规定具体认定。对于一些罪名,在具体危险犯是否既遂的判断存在疑难的,除通过正向判断来判断行为对保护法益是否造成紧迫危险外,还可以通过反向判断来判断行为人是否已经失去了控制其行为后果向公众扩散的能力等,本书在第十三章中将结合放火罪进一步探讨具体危险犯的既遂标准。

【指导案例】孙恒玉以危险方法危害公共安全案[①]——在驾驶室乱按火车操作台按钮后被制服的犯罪是否既遂

2013年6月11日10时5分许,被告人孙恒玉因对铁路服务工作不满,遂手持剃须刀片威胁车站工作人员,强行从天津站南三出站口闯入天津站一站台。后孙恒玉从一站台跳下,越过线路,爬上二、三站台,用同样的方法威胁上前劝阻他的车站工作人员,强行闯入停靠在三站台的图们至北京的K216次旅客列车的机车西侧驾驶室。孙恒玉用刀片将劝阻他的机车司机翟某某划伤,后将翟某某、齐某

---

① 案号:(2014)津铁刑初字第5号,审理法院:天津铁路运输法院。

某、王某等三名机车司机驱赶下车,反锁驾驶室车门,挥舞改锥、剪刀等物阻止其他人员进入驾驶室。孙恒玉不顾车站工作人员及民警劝阻,拒绝下车,在驾驶室内乱按操作台按钮,后被民警制服并抓获。北京铁路局安全监察室认定,孙恒玉在驾驶室内乱按操作台按钮的行为可能造成列车非正常启动运行,危及列车及旅客的生命财产安全。

本案中被告人孙恒玉使用暴力闯入列车驾驶室,驱赶司机下车,将自己反锁在驾驶室内,乱按操作台按钮,该行为可能会导致列车的非正常启动,该列车为旅客列车,载客人数较多,且列车不同于其他车辆,质量和所需动力较大,一旦启动除非行为人自己主动刹车,否则很难停下。被告人孙恒玉的行为极有可能导致不特定多人重伤、死亡的后果,对公共安全产生了危险,其行为的危险性与放火、决水、爆炸和投放危险物质等行为相当。被告人孙恒玉因对铁路服务工作不满而意图泄愤,其可以预见乱按火车操作台按钮的行为可能会造成列车的非正常启动,进而危害公共安全;为了达到泄愤的目的积极追求危害公共安全结果的发生,主观上存在故意,应认定为以危险方法危害公共安全罪。孙恒玉的行为是既遂还是未遂,须判断其行为对公共安全造成的危险是否达到了紧迫的程度。孙恒玉使用暴力将司机驱赶下车,并将自己反锁在驾驶室内,使他人无法干预,在列车驾驶室内乱按火车操作台按钮,而其中包括列车行驶的启动按钮,故被告人孙恒玉的行为存在极大概率造成列车的非正常启动。列车一旦启动,被告人孙恒玉一方面主观上不一定存在停止列车的想法,另一方面也不知道如何操作。列车上旅客众多,不当操作易发生列车脱轨事故,且列车的非正常启动可能会与同一铁轨上运行或线路交叉的车辆发生碰撞等事故,孙恒玉的行为对公共安全造成危险,且该危险随时可能转化为损害结果,已经对公共安全产生了紧迫危险,虽然孙恒玉因被民警制服,没有产生实害结果,但该紧迫危险状态符合具体危险犯要求的"足以危害公共安全"的程度,应属于以危险方法危害公共安全罪的既遂。

【指导案例】赵培玉以危险方法危害公共安全案[①]**——在事发时无人的公共空间进行射击致玻璃损坏的犯罪是否既遂**

2013年4月24日16时许,被告人赵培玉伙同张胜(另案处理),在北京市朝阳区SOHO现代城3号楼109室内,使用1把枪状物,向放置于屋外露天平台柱子上的目标物射击,造成109室对面的小牛津双语幼儿园二楼资料室、备课室的外墙玻璃被击打损坏。后经民警电话通知,被告人赵培玉到案。经鉴定,本案被告人赵培玉所使用的枪状物,枪口比动能为2.39焦耳/平方厘米,大于1.8焦耳/平方

[①] 参见万兵、何宝明:《在公共空间射击属于以危险方法危害公共安全》,载《人民司法》2016年第2期。

厘米,认定为枪支。

本案中被告人赵培玉是在一个事发时无人出现、视野较为开阔的公共空间,出于玩耍动机,向摆设于该空间内的目标物进行射击,最终造成所在位置对面的幼儿园窗户玻璃多处受损,就窗户实际受损价值而言,数额仅有几百元。赵培玉的行为性质,公安机关在接到报警后起初并未认为赵培玉的行为涉嫌犯罪,是在赵培玉射击时所使用的枪状物被鉴定为枪支后,才以寻衅滋事罪这一罪名予以立案,法院最终判决被告人的行为构成以危险方法危害公共安全罪。被告人赵培玉及其辩护人都以案发时射击视野空间内无人,以及射击目标明确为由,辩称行为不具有危害公共安全属性。

本案主要涉及在事发时无人出现的公共空间,如何判断某一行为是否危害公共安全。在大多数以危险方法危害公共人身安全的案件中,行为发生时的场所内通常都会有一定数量的人,行为危险性也较易察觉和判定,但并不意味着一定要求行为时必须有人出现才可判定该行为具有危害公共人身安全的属性。一方面,被告人赵培玉使用枪支向公共场所射击,无论是其所预先设定的目标物,还是除此之外的整个公共场所,均因子弹飞行指向和落处的不确定而处于不确定的危险当中。被告人多次打中该空间内幼儿园教室的玻璃,虽然未击穿玻璃导致教室内人员受到伤害,但当时正处于幼儿园上课时间,该间教室随时可能出现人员流动,其射击行为可能会造成不特定人员的损伤,对公共安全产生的危险随时可能转化为实害结果,且如果击中,其射击行为足以造成幼儿重伤或死亡,故被告人赵培玉的行为已经给公共安全造成了紧迫危险。另一方面,在射击行为发生后,幼儿园立即停课放学,造成了幼儿园师生恐慌,这也属于其危害公共安全行为的后果。射击行为的危害性与放火、决水等行为相当,都存在致人重伤、死亡的危险。被告人赵培玉对于 SOHO 现代城 3 号楼 109 室对面的建筑物为小牛津双语幼儿园,以及两个建筑物之间存在人行过道的事实是明知的,对于该空间的社会公共属性也是知晓的,但仍出于刺激、玩耍的动机使用枪支向该空间射击,其对行为危害公共安全,致使公共安全处于紧迫危险的结果至少是放任的。综上所述,被告人赵培玉的行为对公共安全造成了紧迫的危险,应认定为以危险方法危害公共安全罪既遂。

二、危害公共安全罪中具体危险犯未遂、中止形态的认定

(一)裁判规则

因意志以外因素未造成实害结果的,危害公共安全罪中所规定的具体危险犯可以理解为相对应结果犯的未遂犯的一部分,只是因行为本身的危险性及所保护法益的重要性,法律将这一部分未遂单独规定为犯罪。如以危险方法危害公共安全罪中,因行为人意志以外因素未达到《刑法》第 115 条规定的既遂标准的,实际

上都为实害犯的未遂,只是因法律的特殊规定,将该条的未遂犯划分为具体危险犯和普通未遂犯。二者的区别主要看行为停止时的危险状态,达到紧迫危险程度的,构成具体危险犯既遂;未达到紧迫危险程度的,属于实害犯的未遂,故具体危险犯不存在未遂形态。认定为普通危险犯的,在刑罚适用时受实害犯未遂和未达到同为实质未遂犯的具体危险犯既遂标准两个方面的限制。

因行为人自动中止行为未造成实害结果的,即行为人在实行危害行为时自动中止行为,这时危险状态尚未出现,可以成立具体危险犯的中止形态。行为实施终了,已经发生危险状态以后,行为人自己采取行动有效防止了实际损害的发生,既属于实害犯的中止,又属于具体危险犯既遂的,从鼓励行为人积极悔改出发,应认定为实害犯的中止犯。此种情况在刑罚适用上,应按照《刑法》第115条实害犯的刑罚规定进行减轻或免除,同时参照其行为构成的一般具体危险犯的刑罚从轻处罚。

(二) 规则适用

如上所述,危害公共安全罪中存在很多具体危险犯,对具体危险犯是否存在未遂、中止形态及如何认定、处罚存在一定争议,这涉及具体危险犯与结果犯(狭义上,指实害犯)未遂的关系,未遂、中止形态的成立条件等多个问题。上文论述过《刑法》第114条中规定的罪名为具体危险犯,故下文以《刑法》第114条和第115条规定的以危险方法危害公共安全罪为例,讨论具体危险犯的未遂和中止问题。行为人实施危害公共安全行为,停止在对公共安全造成的状态,未产生实害结果的,一般是因为行为人意志以外的因素所导致的,直接可以认定为具体危险犯既遂,此种情况下属于一般的具体危险犯。当然,也存在因行为人自动中止犯罪而停止在对公共安全造成的状态的情况,此种情况将在下文中进一步讨论,应在一般具体危险犯的基础上在量刑上从轻处罚。

第一,在因行为人意志以外因素未造成实害结果的情况下,对于具体危险犯与结果犯未遂的实质关系,危害公共安全罪中所规定的具体危险犯应理解为相对应结果犯的未遂犯的一部分。从理论上来说,《刑法》第115条未遂犯的标准是"尚未造成严重后果",而立法者考虑到危害公共安全罪的危害性,将第115条未遂犯中的"虽未造成严重后果,但已足以危害公共安全"的这部分单独用一个条文,即第114条进行规定。如图8-1所示,《刑法》第114条中规定的具体危险犯实质上是第115条实害犯中未遂犯的一部分。

有的学者如张明楷教授认为"未遂犯都是具体危险犯",换句话说,《刑法》第114条完全等于第115条的未遂。究其原因,并不是对《刑法》第114条和第115条的关系理解不同,而是对着手的理解不同,张明楷教授认为"只有当行为产生了侵害法益的具体危险状态时,才是着手",在危害公共安全罪中,"足以危害公共安全"便等于危险达到紧迫程度,也就是说《刑法》第114条的入罪条件等于着手的条件,这样一来,第115条的未遂犯范围便和第114条完全重合了。而传统四要件

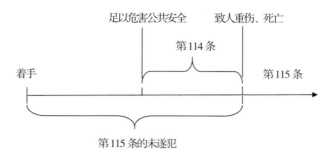

图 8-1 《刑法》第 114 条与第 115 条的关系

理论认为,着手是指"行为人已经开始实施刑法分则规范里具体犯罪构成要件中的犯罪行为"①。以释放煤气行为为例:释放煤气行为有一个过程,先要打开煤气瓶阀门,此处为传统四要件理论的着手;随着煤气释放浓度不断增加,直到浓度到达极易燃烧或爆炸的时候,给公共安全带来了紧迫的危险,构成了《刑法》第 114 条规定的具体危险犯既遂,也同时为张明楷教授所说的着手。可以看出,这两种说法在对具体危险犯的认定上本质是相同的,只是在对未达到紧迫危险程度的未遂犯是否构成犯罪这一点上有所不同。笔者采用传统四要件理论的着手标准,因为例如释放煤气等行为,具有极高的危险性,拧开阀门到浓度足以危害公共安全的时间极短,如果行为人在这之间被制止,虽未危害到公共安全,但是具有极高的危险进一步发展的可能性,且此种行为本身已足以引发附近公众恐慌,故笔者认为认定为未遂更合适。另有学者认为《刑法》第 115 条是第 114 条的结果加重犯。这种观点是以《刑法》第 114 条作为基本条文,认为"足以危害公共安全"构成第 114 条规定的犯罪既遂,而"致人重伤、死亡"是一种加重结果。单从《刑法》第 114 条和第 115 条来看,这种解释没有问题,而且这与上述观点本质上也是相同的,定罪量刑的结果也有区别,但结果加重犯一般都规定在同一条文中,如抢劫罪等,故将第 114 条理解为第 115 条未遂犯的一部分更加符合体系解释的要求。

第二,本书第四章第二个问题中谈到,对危险犯的理解,笔者赞同犯罪既遂说,例如,故意杀人罪以死亡结果作为既遂的要件,属于结果犯;而放火罪,以对公共安全产生危险为既遂条件,为危险犯。那么对于实质上属于实害犯未遂形态一部分,但形式上因法律规定达到对公共安全产生紧迫危险程度即既遂的具体危险犯,是否具有未遂形态,以及因行为人意志以外因素未达到"足以危害公共安全"程度的行为是认定为《刑法》第 114 条的未遂,还是第 115 条的未遂等问题存在不同观点。对于危险犯是否存在未遂形态,一种观点认为,对公共安全的紧迫危险状态并非一开始就出现,而是行为人的行为到达一定阶段才出现的,行为开始进行和危险状态的出现,两者时间步调并不一致,由于二者间存在时间间隔,其

---

① 赵秉志主编:《刑法总论》(第二版),中国人民大学出版社 2012 年版,第 221 页。

中有具体危险犯未遂形态的存在空间。另一种观点认为,对公共安全的紧迫危险状态一经出现,具体危险犯即达到既遂,但在未达到紧迫危险状态,行为即因行为人意志以外的因素而停止时,无法判断该行为是会造成危险还是产生实害结果,故具体危险犯不存在未遂形态。

笔者主张具体危险犯不存在未遂形态的观点。一般而言,有既遂就应当存在未遂形态,行为人实施犯罪行为,达到既遂标准的即为既遂,因行为人意志以外因素未达到既遂标准的即为未遂。如果抛开《刑法》第115条规定的实害犯,单独看第114条规定的具体危险犯,很容易得出上述第一种观点的结论,即行为着手到危害公共安全紧迫危险的产生之间存在间隔,其中因行为人意志以外因素而停止的,属于未遂。但《刑法》第114条和第115条规定的特殊之处在于,同一危害公共安全行为发展下去,同时具有两个既遂标准,对公共安全产生紧迫危险时达到具体危险犯既遂,紧迫危险转化为实害结果时达到实害犯既遂,所以不能用传统的思路理解具体危险犯中的未遂。如上所述,具体危险犯实质上是实害犯未遂的一部分,因行为本身的危险性及所保护法益的重要性,法律将这一部分未遂单独规定为犯罪。故在未遂犯的理解上,也应将《刑法》第114条中具体危险犯的部分视为法律的特别规定。未遂犯一般不存在未遂形态,故对于《刑法》第114条和第115条的未遂问题,应将传统未遂犯与既遂犯的二分法改为未遂犯、具体危险犯与实害犯的三分法。具体而言,《刑法》第115条中实害犯为基础条款,达到实害犯既遂标准的,为该条之既遂。因行为人意志以外因素未达到既遂标准的,为实害犯的未遂,只是因法律的特殊规定,将第115条的未遂犯划分为具体危险犯和普通未遂犯。二者的区别主要看行为停止时的危险状态,给公共安全带来的危险达到紧迫程度的,构成具体危险犯既遂;未达到紧迫危险程度的,属于实害犯的未遂,故具体危险犯不存在未遂形态。实践中很多判决将案件中的诉争行为认定为《刑法》第114条的未遂犯,是对第114条和第115条关系的误读。在刑罚适用上,持具体危险犯存在未遂形态观点的重要理由是,如将上述普通未遂犯理解为实害犯的未遂形态,将导致刑罚过重。对此,笔者认为,《刑法》第115条规定的是基础处罚条款,未遂犯的处罚原则是可以比照既遂犯从轻或者减轻处罚,故普通未遂犯的刑罚区间是在"十年以上有期徒刑、无期徒刑或者死刑"的基础上从轻或减轻。而同时,因行为停止时危险状态未达到具体危险犯程度,量刑应比照具体危险犯的刑罚区间"三年以上十年以下有期徒刑"进一步从轻,故将普通未遂犯理解为实害犯的未遂形态不会导致量刑过重,只是在刑罚适用时,受实害犯未遂和未达到同为实质未遂犯的具体危险犯既遂两个方面的限制。

第三,具体危险犯的中止形态的判断主要分为两种情况:第一种是行为人在实行危害行为时的中止行为,这时危险状态尚未出现,能否成立危险犯的中止形态?第二种是行为实施终了,已经发生危险状态以后,行为人采取行动有效防止了实际损害结果的发生,此时能否视为危险犯的中止形态?第一种情况属于具体危险犯的中止形态没有争议,而第二种情况下,即具体危险犯中危险状态出现后是否能够成立犯罪中止存在不同观点:第一种观点认为,法定危险状态出现后,危险犯就为既遂,既遂后犯罪已完成,不存在犯罪中止的情形。否则,如果犯罪既遂后还会出现犯罪中止,就表明犯罪形态的相关理论在逻辑上无法自洽。虽然既遂后不存在中止,但是如果犯罪分子主动阻止了实际损害的发生,那么,虽然定罪上不能认定为中止,却可以从量刑上进一步考虑实际损害结果的程度,从而给予较轻的处罚,这并不违反罪刑相适应原则。① 第二种观点认为,任何犯罪在发生最终的损害结果之前,都应当给予行为人机会去自主防止其行为结果的发生。在危险犯中,即便出现了危险状态,标志着危险犯的既遂,也只是说明犯罪过程相对终结了,但是并不代表整个犯罪过程在危险状态发生后就终止了,毕竟还可能出现实害犯的犯罪结果。所以,此时虽然不可能再发生危险犯中止的情况,但是仍旧有可能成立实害犯中止。② 第三种观点认为,将行为人既遂后自动有效地防止实害结果发生的行为认定为犯罪中止,虽与既遂后不能成立犯罪中止的观点相抵牾,但有利于尽可能鼓励犯罪分子及时悔悟,避免损害结果的发生,更好地保护公共安全。所以,应当作为一种特例来看待。③

我国刑法理论一直坚持的是,犯罪停止形态是固定的、不可逆的,成立了一种犯罪停止形态之后就不可能再出现其他的停止形态,但此种结论是针对普通犯罪而言。如上所述,《刑法》第114条和第115条中犯罪行为的发展存在两个既遂节点,故对其中的犯罪形态问题也应作出不同理解。和上述具体危险犯中未遂形态问题的分析思路相同,先抛开具体危险犯的特殊规定,以《刑法》第115条的实害犯规定为基础条款,在危害公共安全行为已经造成公共安全的紧迫危险,尚未造成实害结果时,行为人自动中止其行为,并有效防止了实害结果的发生,当然属于该条规定的实害犯的中止犯。但由于法律的特殊规定,因为对公共安全的紧迫危险已经产生,该行为已经构成了《刑法》第114条规定的具体危险犯的既遂,而不属于具体危险犯的中止。因为中止犯认定的重要条件之一是有效避免犯罪结果的发生,而对公共安全产生紧迫危险意味着具体危险犯的犯罪结果已经发生,故具体危险犯不存在中止形态。行为实施终了,已经发生危险状态以后,行为人自己采取行动有效防止了实际损害发生,既属于实害犯的中止,又属于具体危险犯的既遂的,笔者认为,此种情况应认定为实害犯的中止犯。因为我国对中止犯的处罚原则是减轻处罚或者免除处罚,故认定为实害犯的中止犯可能免除处罚,相对来说刑罚更轻缓,更能鼓励行为人积极悔改;在刑罚适用上,可按照《刑法》第115条的实害犯刑罚规定,参照"十年以上有期徒刑、无期徒刑或者死刑"减轻或免

---

① 参见高铭暄主编:《刑法学原理》(第二卷),中国人民大学出版社1993年版,第359—361页。
② 参见王志祥:《危险犯实行阶段的中止问题研究》,载《云南大学学报(法学版)》2004年第3期。
③ 参见马克昌等编:《刑法学全书》,上海科学技术文献出版社1993年版,第133页。

除处罚。同时,如上所述,实践中一般认定为具体危险犯的情况,是行为人意图造成危害公共安全的实害结果,但因行为人意志以外因素在造成紧迫危险后停止行为。在造成危险后及时中止并防止损害结果发生的,与上述一般情况相较,行为人的主观罪过更小,故应该参照其行为构成一般具体危险犯的刑罚从轻处罚。

【指导案例】祖某投放危险物质案①——投毒后悔悟救人,是否属于犯罪中止

被告人祖某的丈夫周某是某建筑工程队的负责人。2002年春,周某的工程队和另一工程队一起接下了一项工程,周某照惯例让祖某充当工程队的厨师。某日,周某和一合作工程的年轻负责人任某起了争执,二人的争执被正在做饭的祖某看到,祖某下定决心要惩治任某。当晚,祖某将下午购买的老鼠药偷偷倒入任某所在工程队的饭锅中。收工时,祖某见周某与任某已经冰释前嫌,和周某说明了自己下毒一事,好在刚刚开饭,工人们有的还没有动餐具,只有三个工人吃到少量有毒的饭菜,被及时送到医院,未造成任何人员伤亡。

本案中,祖某向工程队的饭锅中加入老鼠药,在工程队内就餐的工人众多,祖某的行为危害了公共安全,且祖某主观上认识到在供多人食用的饭锅中放入老鼠药可能会致不特定人重伤或死亡,但为了惩治任某而放任危害公共安全后果的发生,主观上属故意,其行为构成投放危险物质罪。祖某向工人们说明的时候,已经开饭,有三人少量食用,继续发展下去极易造成不特定多人重伤或死亡的后果,该行为已经对公共安全产生了紧迫危险,构成投放危险物质罪,且属于具体危险犯的既遂。

本案争议的焦点问题是祖某的行为是否属于投放危险物质罪的中止犯。一种意见认为,祖某构成犯罪中止。祖某向丈夫承认自己在任某工程队的饭菜中下毒,又出于自身意愿阻止了工人们继续使用有毒的饭菜,没有造成人员伤亡及其他重大损失,符合犯罪中止中自动性和有效性两个要件,属于犯罪中止。另一种观点认为,我国的犯罪中止要求行为人中止犯罪的行为处于从犯罪预备形态开始到既遂形态成立之前的期间。祖某虽然认识到错误并主动说明,但已经有工人食用了带毒的饭菜,犯罪已经既遂,因而不能认定为犯罪中止。本案中,祖某的行为应认定为投放危险物质罪实害犯的中止犯。理由在于:第一,祖某在下毒后,因周某与任某冰释前嫌而向被害人说明,阻止被害人继续食用有毒食物,且工程队刚刚开饭,大部分工人还没有动餐具,食物中毒的三个工人食用了少量有毒的饭菜,也被及时送到医院,未造成任何人员伤亡。祖某的行为属于行为实施终了,已经发生危险状态以后,行为人自己采取行动有效防止了实际损害的发生,如上文所述,祖某的行为应认定为投放危险物质罪,且属于实害犯的中止犯。在刑

---

① 参见王明、王运声主编:《危害公共安全、妨害社会管理秩序犯罪案例》,人民法院出版社2006年版,第15页。

罚适用上,应按照《刑法》第 115 条的实害犯刑罚规定减轻或免除处罚,同时参照其行为构成的一般具体危险犯的刑罚从轻处罚。第二,按中止处理符合中止犯的立法精神。设立犯罪中止的目的是最大限度地减轻已经实施的犯罪对社会的危害程度,行为人在法定危险状态出现后,出于自己的意志消除这种危险状态,避免了实害结果的发生,一方面减轻了行为的危害程度,另一方面体现出行为人主观恶性较小,对其认定为犯罪中止符合中止犯的立法精神。综上,祖某的行为构成投放危险物质罪,其投毒后积极阻却犯罪结果的发生,应当认定为犯罪中止。

三、实际上未产生危害公共安全危险的行为如何判断及认定

(一)裁判规则

不能犯不属于未遂犯,在二者的区分上,不能犯的行为不具有侵害法益的危险性,原因是行为人本身的行为方法、行为对象或行为主体之不能而导致犯罪不可能发生。而未遂犯的行为具有侵害法益的危险性,是因为行为人意志以外的因素而没有发生危险或者危险程度减弱,没有达到既遂标准。未遂犯和不能犯的区分在于行为对法益是否存在高度盖然性的危险,不能犯自始不存在危险,而未遂犯存在于危险偶然没有发生的场合。对于危险的判断:正向上,以行为时为基准,从一般人的认识和行为人特别认识的情况和角度,结合经验知识,判断危险是否存在;反向上,分析结果未发生的原因以及欠缺的条件或要素发生的可能性是否"极小"。

(二)规则适用

实际上未产生危害公共安全危险的行为属于不能犯,理论界通说认为,不能犯是指因犯罪人对有关犯罪事实认识错误而使犯罪行为自始不可能达到既遂的情况。[①] 典型行为如对稻草人开枪,把白糖误当成砒霜杀人等。不能犯可以分为工具不能犯和对象不能犯。所谓工具不能犯,是指犯罪人由于认识错误采用了按其客观性质不能构成既遂的犯罪工具;所谓对象不能犯,是指犯罪对象的数量、性质或者种类不是犯罪构成所需。

不能犯与未遂犯是紧密相连的概念,传统观点认为不能犯属于未遂犯的一种,按照我国《刑法》第 23 条对未遂犯的规定进行处理,已经着手实行犯罪,由于犯罪分子意志以外的原因而未得逞的,是犯罪未遂。对于未遂犯,可以比照既遂犯从轻或者减轻处罚。随着研究的深入,对于不能犯,虽然其实施了实行行为,且非因行为人意志而未能既遂,形式上符合未遂的条件,但是将由于认识错误而客观上不可能发生法益侵害结果的情况一律认定为犯罪未遂是不妥当的。之所以处罚未遂犯,是由于未遂犯造成法益被侵害的危险性是相当大的,将不能犯作为犯罪处理有根据行为人主观恶性定罪之嫌,行为人虽有主观上的犯罪故意,但在

[①] 参见高铭暄、马克昌主编:《刑法学》,中国法制出版社 2007 年版,第 183 页。

客观上不可能达到犯罪目的,并且目的达不到并非行为人"意志以外的原因"所造成,故现在学界普遍认同,"不能犯的本质是缺乏实现犯罪的危险性,所以不可能成立未遂犯"①。

当前,关于不能犯问题的研究主要是围绕如何区分未遂犯与不能犯,即不能犯的认定标准。尽管不能犯和未遂犯都没有造成既遂犯的损害结果,但是二者在性质上是截然不同的,不能犯中"没有实际的危险"是先在的,而未遂犯中"没有实际的危险"是后在的。换句话说,从先在的角度,不能犯是先在无危险性,而未遂犯是先在有危险性。在判断时,要注意区分实际危险与危险性,对于不能犯不能以是否有后在的实际危险来判断,而是根据是否有先在的危险性来判断。不能犯的行为客观上不具有危险性,不能引起实际的危险,且没有危险性的原因是行为人本身的行为方法、行为对象或行为主体之不能而导致犯罪不可能发生。而未遂犯的行为客观上具有危险性,本身可以产生实际危险,因为行为人意志以外的因素而没有发生危险或者危险程度减弱,没有达到既遂标准。犯罪分子意志以外的原因具有一定偶然性,可能发生也可能不发生,若该"意志以外的原因"未发生,则会造成既遂犯要求的损害结果。

在对行为是否能够产生危险的判断上,存在客观危险说和具体危险说两种对立观点。客观危险说认为,对危险的判断不能考虑行为人的主观内容,否则,就会造成行为人认为有危险就有危险,行为人认为没有危险就没有危险的局面,应重视裁判时已查明的所有事实,从最后时点进行科学的、客观的事后判断;具体危险说主张以行为时为基准,按照一般人的感觉或者行为人的特别认识,结合经验知识(包括与此紧密相关的因果法则),判断危险是否存在。② 因客观危险说存在明显不足,极易否定行为的危险性进而不当扩大不能犯的范围,故在其基础上出现了多种修正的客观危险说,如认为必须以行为时所存在的全部事实为基础,站在行为时的立场,按照科学的因果法则进行判断③;在判断有无危险时,以实行行为时所存在的一切客观事实为基础,以行为时为基准,由法官根据一般人的观点,科学、合理地判断结果发生的概率来加以判断④;判断结果发生可能性时,既要探究结果未发生的原因,也要讨论存在何种情况变化就可能发生结果,以及这种情况变化具有多大程度的盖然性,如果结果发生的盖然性较低或者根本不存在的,成立不能犯。⑤ 客观危险说和具体危险说之间的对立在一定程度上展示了行为无价值论和结果无价值论之间的对立,"如果认为刑法具有行为规范的特点,其运作必

---

① 张明楷:《刑法学(上)》(第五版),法律出版社2016年版,第352页。
② 参见陈兴良、周光权:《刑法学的现代展开Ⅱ》,中国人民大学出版社2015年版,第328—329页。
③ 参见黎宏:《刑法总论问题思考》,中国人民大学出版社2007年版,第460页。
④ 参见〔日〕前田雅英:《刑法总论讲义》,东京大学出版会2006年版,第152页。
⑤ 参见〔日〕西田典之:《日本刑法总论》,刘明祥、王昭武译,中国人民大学出版社2007年版,第253页。

须有助于实现积极的一般预防,那么,一般人在行为时对危险的判断就是至关重要的。如果认为刑法只是裁判规范,法益保护是刑法的唯一目的,那么,由裁判者结合科学法则对危险进行客观判断才是关键"①。

上述观点之间的争论主要集中在两个问题上:一是对危险的判断时点是事后还是行为时,二是危险是客观的还是可感知的。笔者认为,对危险的判断时点应采行为时,从一般人的认识或者行为人的特别认识角度判断危险是否存在,原因如下:

第一,在判断时不能以事后所查明的客观事实为基础,因事物的实际发展、变化必然符合科学的因果法则,"未遂犯事实上永远客观不能"②,以事后所查明的客观事实为基础会得出任何未遂犯都是不能犯的结论,上述修正的客观危险说中多数对客观危险说中的事后判断进行了修改。

第二,对危险是客观的还是可感知的这一问题,笔者认为,具体危险说存在危险概念主观化的问题,行为危险性的存在与否是客观的,危险是否存在实际上是存在论解决的问题,不应用认知论上的感知来进行判断,不能犯的行为不具有危险性,而未遂犯的行为具有危险性,只是因偶然因素的介入而没有产生实际危害。虽然从理论上分析上述逻辑似乎是合理的,但是一方面,对偶然性大小的判断是主观的,这与客观的判断角度相悖。从完全客观的角度来看,很多未遂犯在行为时无法实现既遂状态,"意志以外的原因"多数也属于客观因素,故从客观角度判断危险是否存在将扩大不能犯的范围,无法有效划分不能犯与未遂犯。另一方面,对于行为时从客观来看无法实现既遂状态的行为是否应当纳入未遂犯处罚的问题,刑法是行为规范,是对一般国民行动的指引,如果对类似的一般人可以感知到危险,但因特殊客观因素实际上未产生危险的行为不处罚,刑法的规范指引功能就会丧失,不利于实现积极的一般预防。因此,危险不是客观的概念,一般人是否能够感知到危险是关键。

第三,基于刑法行为规范指引的功能,未遂犯的危险实际上是一种高度盖然性的危险,即某种行为从一般人的角度来看是危险的,是大概率会造成损害结果的。单次实施这一行为可能属于未发生损害结果的小概率范围,但是并不影响实施此类大概率造成损害结果的行为的应受刑罚处罚性,其应受处罚的理由在于类似行为对相应法益的危险性,"这样的行为模式如果重演,在不同的时空背景下,谁也无法保证下一次的法益不会被侵害"③。相应的,某种行为被评价为不能犯,表明这种行为对相应法益没有危险,其再次发生可以被容忍。基于此,对危险的判断应以一般人的认识或者行为人的特别认识到的情况为限,不应基于所有事后查明的情况;对危险的判断应基于一般的经验法则,而不是基于实际上客观的

---

① 陈兴良、周光权:《刑法学的现代展开Ⅱ》,中国人民大学出版社2015年版,第327页。
② 黄荣坚:《基础刑法学(下)》,元照出版有限公司2006年版,第550页。
③ 蔡圣伟:《刑法问题研究(一)》,元照出版有限公司2008年版,第83页。

因果法则。

第四,从正当防卫的适用来看,如果甲误以为实际上无子弹的枪支内有子弹,使用该枪支向乙射击,丙见状在甲射击前用石头投掷甲。此例中,如果从客观的角度来看,甲的行为实际上并无危险,不属于不法侵害,丙的行为不属于防卫行为;如果从一般人的认识来看,甲向乙射击的行为存在高度盖然性的危险,丙基于一般人的认识通过向甲投掷石头避免发生甲向乙射击的结果,其行为属于正当防卫。可见,如果采用客观角度判断危险,防卫人需要确认不法侵害能够在客观上产生危险才可以进行防卫,这与正当防卫制度的理念不相符。

第五,具体危险说中的危险和上文所述具体危险犯的危险不同,具体危险说中的危险是行为的危险,是评判行为侵害法益的危险性,而具体危险犯中的危险是结果的危险,是与实害结果相对应的一种对公共安全产生了紧迫危险的状态。故判断具体危险说中的危险是从一般人的认识和行为人的特别认识,结合经验知识,判断危险是否存在;而具体危险犯中的危险判断中需考查行为是否使公共安全陷入危险中,即在犯罪行为停止、事态不再向前发展时,以所查明的所有客观情况为判断材料,以科学上的因果法则为标准判断行为所造成的危险是否迫切。①

第六,未遂犯和不能犯的区分在于行为对法益是否存在高度盖然性的危险,不能犯自始不存在危险,方法或对象与目的不对应,而未遂犯存在于危险因行为人意志以外因素而偶然没有发生的场合。在此基础上,在判断时应注意区分"危险"与"实害","实害"是既定事实,而"危险"是待考事实,本质上属于可能性的判断。据此认定危险是否存在可以从正向和反向两个方面进行判断:一是正向判断,以行为时为基准,从一般人的认识和行为人特别认识的情况和角度,结合经验知识,判断危险是否存在;二是反向判断,分析结果为什么没有发生以及具备什么条件或要素结果才会发生,该条件或要素是否可能具备以及可能性是否并非"极小"。如果可以肯定该条件存在的可能性并非"极小",就可以认定危险存在而成立未遂犯,反之则成立不能犯。

【指导案例】王二决水案②——**为淹没他人庄稼而开启水闸,但因渠道堵塞未达目的的,是否构成犯罪**

1998年,张村村委会决定修建一座水库,以供给自村的庄稼用水,但由于资金问题,一直悬而未决。1999年,经过多方努力,张村终于筹集到修建水库的资金,其中,王村村委会为张村筹集到人民币20万元资金,双方约定5年后将20万元欠款一次性还清。2002年,王村村委会计划修建一条公路以方便对外运输,于是向张村提出希望提前收回一部分欠款。张村新上任的村支书张三同时也计划

---

① 具体危险犯中危险的认定详见本书第十三章"放火罪"中的第一个问题。
② 参见王明、王运声主编:《危害公共安全、妨害社会管理秩序犯罪案例》,人民法院出版社2006年版,第7页。

了一项工程,于是以协定日期未到为由,坚持不提前还款。王村村支书王二大怒,与张三大吵一架后气愤而归。当夜,王二越想越气,偷偷打开数年前为张村供水的闸门,欲水淹张村的庄稼。第二天,闸门被开的情况被村民发现。经调查,由于该渠道长年不用,中段被山石堵塞,王二所放出的水没能流到张村的地里。

对于本案,存在三种意见:第一种意见认为决水罪与放火罪相同,只要行为人进行了决水的行为,水流开始就应当认定为决水罪既遂,即便由于渠道多年荒废,中段被山石阻塞,也不影响犯罪既遂。第二种意见认为王二虽然打开了闸门,但其欲水淹张村庄稼的目的并未实际达到,应认定为决水罪未遂。第三种意见认为王二的行为属于不能犯,不构成犯罪。笔者同意第三种观点。本案中,王二实施了打开供水闸门的行为,意图水淹张村的庄稼,但因渠道中段被山石堵塞,所以放出的水没能流到张村的地里。从正向来看,基于一般人的认识,荒废多年的渠道很可能被堵塞,利用此渠道放水的行为并无侵害法益的危险;从反向来看,在这一过程中,水淹庄稼的损害结果没有发生系因渠道堵塞。因该渠道多年未用,堵塞是一直且长期存在的客观状态,并不属于偶然发生的情况,水被堵塞的可能性并非"极小",故王二的行为不具有侵害法益的危险,属于不能犯,不应认定为犯罪。

第九章 共同犯罪

一、交通肇事后指使驾驶员逃逸的行为如何认定

(一)裁判规则

对于《交通肇事刑事案件解释》第5条第2款交通肇事罪共犯的规定,可以通过混合过错进行理解,将交通肇事罪中行为人的主观过错划分为事故发生时和事故后两个阶段,行为人在两个阶段的主观心态分别为过失、故意。

在上述解释规定的共犯认定上,只有对逃逸行为起到推动作用的"指使人"可以认定为共犯。构成交通肇事罪共犯的人员范围不限于解释规定的4种人员类型,其他相关人员符合共同犯罪认定标准的,也可认定为交通肇事罪的共犯,"指使人"只在逃逸行为所扩大的结果范围内承担责任。对于交通肇事罪共犯的认定,应严格遵照共同犯罪认定的标准。

如果行为人交通肇事后继续驾车冲撞满足最高人民法院《关于醉酒驾车犯罪法律适用问题的意见》(以下简称《醉酒驾车意见》)中"行为人明知酒后驾车违法、醉酒驾车会危害公共安全,却无视法律醉酒驾车,特别是在肇事后继续驾车冲撞,造成重大伤亡,说明行为人主观上对持续发生的损害结果持放任态度,具有危害公共安全的故意"之规定的,应认定行为人构成以危险方法危害公共安全罪。故对于逃逸行为指使人的认定,应根据其对危害公共安全的主观心态的不同进行判断。如果行为人处于正常驾驶状态,指使其逃逸是为了逃避处罚,指使人应认定为交通肇事罪的共犯。如果行为人本身处于醉酒、吸毒等非正常驾驶状态,或存在其他影响行为人正常驾驶的情形,指使人可以认定为以危险方法危害公共安全罪的共犯。

(二)规则适用

《交通肇事刑事案件解释》第5条第2款规定:"交通肇事后,单位主管人员、机动车辆所有人、承包人或者乘车人指使肇事人逃逸,致使被害人因得不到救助而死亡的,以交通肇事罪的共犯论处。"该条司法解释明确了交通肇事罪中存在共犯的情形。而我国《刑法》总则第25条规定:"共同犯罪是指二人以上共同故意犯

罪。二人以上共同过失犯罪,不以共同犯罪论处,应当负刑事责任的,按照他们所犯的罪分别处罚。"我国现行刑法中未规定共同过失犯,而一般认为交通肇事罪是典型的过失犯罪,故理论界和实务界对上述司法解释规定的认识和认定都存在较大争议。

在对《交通肇事刑事案件解释》第5条第2款规定的认识上,目前学界提出的学说包括:①罪名转化说,即犯罪行为的性质随主观心理的变化而变化,行为人在过失构成交通肇事罪后,为了逃避法律制裁逃离现场致使被害人因得不到救助而死亡的,其主观心理由过失转化为故意。②独立入罪说,即将交通肇事后的逃逸行为从交通肇事罪中独立出来。③过失共犯肯定说,即通过修改刑法中对于共犯只限于故意犯罪的规定,从而合理解释上述规定。笔者认为,在我国现行刑法条文和刑法理论的框架下,将交通肇事罪的过错形式理解为混合罪过较为合适。混合罪过是指行为人在整个犯罪活动中,因客观情况和主观心理发生变化,在犯罪过程的不同阶段产生了故意与过失两种罪过形式。它的主要特点表现为,一个犯罪活动中出现了不止一种罪过形式,既有故意也有过失,故意与过失可以相互转化,或由故意转化为过失,或由过失转化为故意,而且有可能不止一次转化。这种主观心态的并存和转化没有改变行为人故意与过失的主观罪过性质,这种混合没有产生新的犯罪形式,是物理上的混合,而非新的化学反应。① 混合罪过实质是一个犯罪活动中犯罪人心理的态度转变,其中的故意与过失两种罪过形式中必有一个是基本的罪过,另一个是加重的罪过,应按照一罪处理。在交通肇事罪中,从交通肇事致人死亡这一行为来看,可以将其分为两个阶段。第一阶段为交通肇事阶段,行为人违反交通运输管理法规,其可以预见此种行为可能会引发交通事故而轻信可以避免,从而导致了事故的发生,行为人主观上存在过于自信的过失。第二阶段,事故发生后,肇事人对被害人负有救助的义务,如果行为人在事故发生后逃逸,不履行上述先行行为引起的作为义务,并因此致使被害人因得不到救助而死亡的,应认定为不作为犯罪。行为人可以预见到自己的逃逸行为可能会导致被害人的死亡,为了逃避法律责任而放任该结果发生的,主观上属于间接故意。所以,"指使人"与交通肇事行为人在逃逸行为上构成共犯,《交通肇事刑事案件解释》第5条第2款规定的交通肇事罪共犯与《刑法》总则中共同犯罪的规定并不矛盾。

在对《交通肇事刑事案件解释》第5条第2款规定的认定上,第一,如果事故发生后肇事人已经决定逃逸,而"指使人"只是附和或者对逃逸行为表示认同,对逃逸行为没有起实质推动作用的,不能认定为共犯。只有事故发生后,肇事人和"指使人"意识到发生了事故,在肇事人犹豫不决甚至不打算逃逸,而在"指使人"

---

① 参见谢焱、黄先驰:《复杂罪过:交通肇事罪共犯的理论支撑》,载《湖北警官学院学报》2017年第3期。

的唆使下决心逃逸,该指使逃逸行为在这一阶段发挥重要作用的情况下,才可以将"指使人"认定为《交通肇事刑事案件解释》规定的交通肇事罪的共犯。第二,在人员范围方面,根据上述混合罪过说进行解释,《交通肇事刑事案件解释》的规定并不违反现有《刑法》总则的规定,不属于特殊规定。所以在人员范围上应不仅限于《交通肇事刑事案件解释》第5条第2款中规定的单位主管人员、机动车辆所有人、承包人和乘车人,如果其他相关人员符合上述规定,指使行为人肇事后逃逸且指使行为起到重要作用的,都可以认定为交通肇事罪的共犯。第三,在"指使人"应当承担的结果范围方面,"指使人"是在指使逃逸阶段与行为人构成共犯,对肇事行为无过错,不应承担肇事行为的责任,只对肇事后的逃逸行为造成的结果负责,即逃逸行为导致的被害人伤情加重的部分。当然,如果该加重部分较小,"指使人"的行为属于犯罪情节轻微的,不应按照犯罪处理。第四,上述解释仅适用于交通肇事逃逸致人死亡的条件下,如果逃逸未致人死亡的交通肇事案件中指使行为人逃逸的能否认定为共犯呢?笔者认为,从混合罪过的角度来理解交通肇事罪的共犯,由于逃逸阶段行为人的主观为故意,如果因"指使人"的指使行为,行为人在肇事后逃逸,二者之间具有意思联络、共同认识和共同意志,符合《刑法》总则对于共同犯罪的规定的,应当认定为共同犯罪。第五,在判定的标准方面,应严格遵守共同犯罪的认定标准,即共同犯罪人都须明知发生事故而逃逸,主观上对交通肇事逃逸行为具有过错,且该逃逸行为与交通肇事的损害结果或部分损害结果须具有因果关系,基于此才能将"指使人"认定为交通肇事罪的共犯。

《醉酒驾车意见》规定:"行为人明知酒后驾车违法、醉酒驾车会危害公共安全,却无视法律醉酒驾车,特别是在肇事后继续驾车冲撞,造成重大伤亡,说明行为人主观上对持续发生的损害结果持放任态度,具有危害公共安全的故意。对此类醉酒驾车造成重大伤亡的,应依法以以危险方法危害公共安全罪定罪。"据此,醉酒驾车连续冲撞构成以危险方法危害公共安全罪的基本条件有三个:①醉酒驾车肇事;②肇事后继续驾车冲撞;③客观上造成了重大伤亡结果。如行为人交通肇事后继续驾车冲撞满足上述条件的,则构成以危险方法危害公共安全罪,但对于发生交通事故后指使行为人逃逸,行为人的逃逸行为表现为冲撞的,"指使人"的行为应如何认定?有观点认为,仍应认定为交通肇事罪的共犯,因为"指使人"对于行为人逃逸之后是否冲撞并不能控制,其后的行为与之无关,只需要同上所述承担交通肇事逃逸的共犯责任。行为人的第一次肇事行为与后续肇事行为独立存在,指使行为只与后面的交通肇事罪有关,对其应以交通肇事罪来认定,而不能与行为人的第一个肇事行为作为一个整体认定为以危险方法危害公共安全罪。也有观点认为,在发生第一次交通事故时,如无他人指使逃逸,行为人已刹车减速,这意味着指使人在行为人继续驾车冲撞危害公共安全的行为中起到了重要作用,故"指使人"应认定为以危险方法危害公共安全罪的共犯。笔者认为,一方面,单一的交通事故一般难以认定为以危险方法危害公共安全罪。《醉酒驾车意见》中上述规定的理由在于,发生交通事故后,行为人负有救助的义务而没有履行,且通过交通事故对自身现有的对车辆的控制能力有所认识,如果行为人因醉酒等原因导致控制能力减弱,在发生事故后仍放任以该状态驾车,并继续发生事故的,可以认定其主观心态上对危害公共安全结果的发生存在间接故意。所以多次肇事行为是不能分开的,共同构成了以危险方法危害公共安全行为。另一方面,对于逃逸行为"指使人"的认定,应根据其对危害公共安全的主观心态的不同进行判断。如果行为人本身处于正常驾驶状态,驾驶前没有饮酒且没有疲劳驾驶等问题,发生交通事故确是因一时违章驾驶所致,此时指使人根据行为人之前的行为,指使其逃逸是为了逃避处罚,一般主观上没有危害公共安全的故意,应认定为交通肇事罪的共犯。而如果行为人本身处于醉酒、吸毒等非正常驾驶状态,或存在其他影响行为人正常驾驶的情形,"指使人"同行为人一样,在发生第一次交通事故后,对行为人的控制能力也有所了解,在明知行为人控制能力减弱且已经发生事故的情况下,仍然指使行为人继续驾驶,可以认定其对危害公共安全是放任的心态,此时应以以危险方法危害公共安全罪的共犯论处。

【指导案例】关某交通肇事案[①]——发生交通事故后唆使司机逃逸的,是否构成犯罪

2005年11月27日早晨,张某驾驶自家农用四轮机动车,从市区送完货返回,因车灯不亮,张某之妻关某在驾驶室帮助丈夫监视路面情况。当日6点20分左右,当车沿公路自南向北行驶时,遇到上学的学生刘某(男,14岁)自东向西骑自行车横穿公路,张某因犯困打盹未发现,机动车将刘某撞倒在公路中心线东侧。张某踩刹车将车停住,关某见状说:"现在无人,快跑。"张某闻听,未下车便驾车逃逸。当日约6时25分许,吴某驾驶汽车由南向北行驶至事故现场时,由于发现情况不及时,汽车左前轮从侧卧在路边上的被害人刘某的头部轧过,致刘某当场死亡,吴某亦驾车逃逸。张某、关某连夜逃至一亲戚家中。

本案中,张某因驾车打盹而将被害人撞倒,其行为违反了交通管理法规,危害了公共安全,且造成了损害结果,构成交通肇事罪。在事故发生后,行为人张某已经踩刹车将车停住,因关某的唆使而驾车逃逸,关某的行为属于指使张某肇事后逃逸的行为。在发生事故后,张某负有救助被害人的义务,而关某作为乘车人,唆使张某不履行该义务,且张某在发生事故后已经刹车,从在案证据来看,关某的唆使行为对张某的逃逸行为起到了关键的推动作用,致使张某负有作为义务而不履行,并因此导致了损害结果的发生,张某的逃逸行为构成了不作为犯罪,关某构成

---

① 参见王明、王运声主编:《危害公共安全、妨害社会管理秩序犯罪案例》,人民法院出版社2006年版,第108页。

了该不作为犯罪的共犯。同时,对于关某应承担的结果范围,本案存在介入因素,即在事故发生后,吴某驾驶车辆通过该处时因发现不及时,从被害人刘某头部轧过,导致刘某当场死亡。对于吴某驾车碾压被害人这一介入因素,因张某、关某将被害人刘某撞倒在公路中心线东侧,且案发时间为冬日早上,光照并不充足,被害人侧卧在马路上,发生二次碾压的可能性较高,故该介入因素不足以切断张某、关某逃逸行为与被害人死亡结果之间的因果关系,所以关某与张某构成交通肇事逃逸致人死亡的共犯,对被害人承担逃逸致人死亡的责任,关某在逃逸行为扩大的损害结果范围内承担责任。

【指导案例】李井强、朱加亮以危险方法危害公共安全案[①]——指使醉驾者逃逸危害公共安全的,是否构成以危险方法危害公共安全罪的共犯

2011年1月15日14时许,被告人李井强、朱加亮与他人共同饮酒后,李井强便向朋友徐梦磊借用苏 KEJ587 号轿车。被告人李井强驾驶,朱加亮坐于副驾驶位置,准备中途下车的杨伟坐于后排位置,轿车沿苏326线由西向东行驶。当轿车行驶至苏326线99千米处时,追尾撞倒同方向谢如军驾驶的苏 NR7828 号二轮摩托车,致谢如军及乘坐人徐长珍、谢某(儿童)受伤。事故发生后,李井强即刹车减速。被告人朱加亮见状对李井强说:"三哥,赶紧跑。"并指着路右边的水泥路叫李井强开车向南逃跑。被告人李井强遂驾车驶上253乡道,后由北向南高速行驶,行至3千米+500米拐弯处时,因车速过快冲出水泥路,撞倒路边小店外的棚子,致使正在棚下玩耍的苗某(不满14岁)、苗某某(不满16岁)被撞。苗某当场死亡,苗某某受伤。被告人李井强一边刹车一边向左打方向,但因速度过快未能将轿车停下,直至车头撞到小店南20余米处的树上。被告人朱加亮下车后见李井强站在车旁发呆,遂将轿车后牌照扳下,对李井强说:"走。"二人一起逃离了现场。经涟水县公安局法医鉴定,苗某某的损伤程度属重伤,徐长珍的损伤程度属轻伤,谢如军、谢某的损伤程度属轻微伤。2011年1月15日晚,被告人李井强到涟水县公安局投案,并如实供述了全部犯罪事实。经酒精定量检测,被告人李井强的血液酒精含量为100毫克/100毫升。

本案中存在两个争议问题:第一,李井强的行为构成何罪。李井强酒后驾车,在发生事故后继续高速驾驶,驶入乡道高速行驶,在拐弯处因车速过快冲向路边小店的棚子,造成一人死亡多人受伤的损害结果,其行为符合上述《醉酒驾车意见》中的规定。且被告人李井强对危害公共安全的主观心态也可以认定为间接故意。其一,李井强醉酒驾车撞倒摩托车驾乘人员后,尚知道刹车减速,并能在他人

[①] 参见马作彪:《指使醉驾者逃逸危害公共安全构成以危险方法危害公共安全罪共犯》,载《人民司法》2011年第18期。

指使下驾车加速逃逸;在发生第二事故后,也知道刹车减速,并能在他人提示和指使下弃车逃逸,说明其案发时具有辨认和控制能力,对其行为可能造成的损害结果属明知。其二,李井强首次肇事撞伤三人后,无视其先行行为的义务而置被撞人员安危于不顾,仍继续驾车企图离开现场,继而撞向路边小店,致一人死亡一人重伤,说明其心态非为轻信能够避免损害结果的发生,而是为了逃避法律责任,对危害不特定多数人的生命、健康或重大财产安全的结果持放任态度,即具有危害公共安全的间接故意。因此,其行为已构成以危险方法危害公共安全罪。

第二,本案中朱加亮作为乘车人,在发生第一次事故后指使肇事者逃逸,又发生重大事故,其指使行为是以交通肇事罪论处,还是认定为以危险方法危害公共安全罪的共犯? 公诉机关认为两被告人构成以危险方法危害公共安全罪的共犯,而被告人朱加亮的律师认为其并未实际控制车辆,不构成犯罪。笔者认为,朱加亮应认定为以危险方法危害公共安全罪的共犯,理由在于:第一次碰撞事故发生后,驾驶人李井强应当认识到醉酒引发了事故,理应停车,且负有抢救被害人的义务,在能够作为的情况下对被害人弃之不理,仍选择在醉酒驾驶机动车这种高度危险的情况下逃逸,其对后续行为产生的损害结果存在放任心态。虽然乘坐人朱加亮没有控制车辆,但在当时情况下,朱加亮明知李井强饮酒后不能开车,却在事故发生后指使其继续开车,应该意识到继续行驶极有可能再次威胁他人生命、财产安全,且在驾驶人李井强发生第一事故后即刹车减速的情况下,非但不积极劝说李井强施救或者协助营救,反而指使李井强继续驾车逃逸,反映出其主观上对损害结果发生的放任心态,客观上促使了李井强实施后续驾驶行为并导致了损害结果的发生。且在朱加亮指使李井强逃逸时,二人对于李井强继续醉酒驾车危害公共安全的行为有意思联络、共同认识和共同意志,在二人行为的共同作用下,发生了危害公共安全的结果,故李井强与朱加亮应认定为以危险方法危害公共安全罪的共犯。

二、非交通运输人员对于交通事故存在过错的如何认定

(一)裁判规则

非交通运输人员违反我国交通运输管理法规的规定,并因而发生重大事故,符合交通肇事罪要件的,构成交通肇事罪。《交通肇事刑事案件解释》第7条不应理解为对交通肇事罪共犯的规定,而是法律拟制的对交通肇事罪的特别规定。该条规定应仅适用于《交通肇事刑事案件解释》中规定的主体和行为,不可进行类推。一方面,对于非交通运输人员纵容驾驶人违章驾驶的,在《交通肇事刑事案件解释》第7条为法律拟制的特别规定的基础上,不适用《交通肇事刑事案件解释》第7条的规定,也不应认定为危险驾驶罪的共犯,不应认定为犯罪。另一方面,除《交通肇事刑事案件解释》第7条规定的"单位主管人员、机动车辆所有人或者机动车辆承包人"以外的非交通运输人员不可构成该条规定的交通肇事罪。

(二) 规则适用

本书在第五章"构成要件符合性判断之三：犯罪主体"中的第二个问题部分论述过，1997年《刑法》取消了1979年《刑法》中对"从事交通运输的人员"和"非交通运输人员"的区分。《交通肇事刑事案件解释》第1条规定："从事交通运输人员或者非交通运输人员，违反交通运输管理法规发生重大交通事故，在分清事故责任的基础上，对于构成犯罪的，依照刑法第一百三十三条的规定定罪处罚。"根据该条规定，即便不是直接从事交通运输的人员，也属于交通肇事罪的主体。"非交通运输人员"只要违反了我国交通运输管理法规的规定，并因而发生了重大事故，便符合交通肇事罪的构成要件。但比照交通运输人员，在认定"非交通运输人员"的交通肇事罪时，应适当提高入罪门槛，对于情节不严重的，不应当认定为犯罪，只有情节达到一定的严重程度，需要以刑罚来规制的，才可以认定为交通肇事罪。

《交通肇事刑事案件解释》第7条规定："单位主管人员、机动车辆所有人或者机动车辆承包人指使、强令他人违章驾驶造成重大交通事故，具有本解释第二条规定情形之一的，以交通肇事罪定罪处罚。"对于此规定，有观点将其理解为该条规定了交通肇事罪的共犯，而因交通肇事罪属过失犯，"这一规定在我国刑法中确立了过失犯罪的共同犯罪理论，并同时确立了过失教唆犯的理论"①。笔者不同意上述观点，理由在于：其一，从表达上看，《交通肇事刑事案件解释》第5条第2款与第7条对是否属于共犯的表达明显不同，《交通肇事刑事案件解释》第5条第2款明确规定"以交通肇事罪的共犯论处"，而第7条仅规定"以交通肇事罪定罪处罚"，如果《交通肇事刑事案件解释》第7条规定的也是交通肇事罪的共犯，为何两个条款不使用相同的表达？从这一点来看，这两条规定在是否属于共犯上是有区别的。其二，即便认为《交通肇事刑事案件解释》第7条是关于交通肇事罪共犯的规定，亦不具有类推意义。《交通肇事刑事案件解释》属于司法解释，其是对交通肇事相关问题具体适用法律的解释，不能仅从一个条文去推理得出过失共犯得到承认的结论。② 其三，在我国法律明确规定共同犯罪仅限于共同故意犯罪的情况下，将第7条的规定理解为共犯，将致使共犯规定存在逻辑矛盾。因此，应将《交通肇事刑事案件解释》第7条的规定理解为法律的特殊规定，或一种特殊的法律拟制，"这一司法解释直接将这种指使、强令行为解释为交通肇事行为，而不适用共犯关系"③。

根据《道路交通安全法》第22条第3款之规定，任何人不得强迫、指使、纵容驾驶人违反道路交通安全法律、法规和机动车安全驾驶要求驾驶机动车。对于存

---

① 侯国云：《交通肇事罪司法解释缺陷分析》，载《法学》2002年第7期。
② 参见胡胜：《车主纵容他人醉酒驾驶发生事故构成交通肇事罪》，载《人民司法（案例）》2017年第5期。
③ 陈兴良：《共同犯罪论》（第二版），中国人民大学出版社2006年版，第402页。

在"指使、强令"两个行为之外的纵容驾驶人违章的行为的,应当如何处理?这里主要是指明知驾驶人违章驾驶而予以纵容的情况。一方面,在《交通肇事刑事案件解释》第7条为法律拟制的特别规定的基础上,上述情况不属于该条的规定范围。另一方面,有论者认为,对于此种情况仍应按照危险驾驶罪的共犯处理,因为交通肇事罪实为危险驾驶罪的结果加重犯,在驾驶人违章阶段符合危险驾驶罪要件的,即便因最终发生了交通事故而应认定为交通肇事罪,行为人对发生交通肇事后果持过失心态,难以认定为共同犯罪,但这不影响此种情况下纵容驾驶人违章的其他人构成危险驾驶罪的共犯,对于驾驶人和纵容人应分别认定为交通肇事罪和危险驾驶罪。① 笔者同意该论者的分析思路,但不赞同此项结论。理由在于:在犯罪主体为驾驶人,且认定为交通肇事罪的违章驾驶行为符合危险驾驶罪规定的情况下,交通肇事罪是危险驾驶罪的结果加重犯,其他情况则不然。从《刑法》分则的规定来看,交通肇事罪的规定为"违反交通运输管理法规,因而发生重大事故",没有限定主体为驾驶人,而危险驾驶罪的规定为"在道路上驾驶机动车,有下列情形之一的",规定中明确要求"驾驶机动车"时存在下列情形的,可见犯罪主体为驾驶人。同时,《刑法》第133条之一第2款规定的"机动车所有人、管理人对前款第三项、第四项行为负有直接责任的,依照前款的规定处罚"也印证了该条第1款的规定仅适用于驾驶人。危险驾驶罪与交通肇事罪主体的区别说明了立法者在规定危险驾驶罪时,目的是规制存在危险驾驶行为的驾驶人,机动车所有人、管理人只有在负有直接责任时,才能认定为危险驾驶罪,而纵容行为不属于负有直接责任的情形。危险驾驶罪为《刑法修正案(八)》新增的罪名,是我国刑法中法定刑最低的分则罪名,是为了从刑事政策角度控制酒后驾车率居高不下的问题,而纵容行为相较于"指使、强令"行为的程度较弱,违章行为的产生也系驾驶人自主产生,对该行为实无处罚必要。当然,负有特殊作为义务的主体应排除在外,理应受到处罚,如驾校教练纵容学员饮酒驾车的情况。

与之相似,《交通肇事刑事案件解释》第7条规定以外的主体也不应当适用该条的规定。有观点认为,因《交通肇事刑事案件解释》第1条规定了从事交通运输人员或者非交通运输人员,违反交通运输管理法规发生重大交通事故,在分清事故责任的基础上,对于构成犯罪的,依照《刑法》第133条的规定定罪处罚,所以即便不是直接从事交通运输工作的人员,也属于交通肇事罪的主体。故《交通肇事刑事案件解释》第7条规定的"单位主管人员、机动车辆所有人或者机动车辆承包人"以外的非交通运输人员也可构成该条规定的交通肇事罪。笔者认为,一方面,在《交通肇事刑事案件解释》第7条为法律特殊规定的基础上,将法律规定之外的主体根据该条规定入罪,为类推解释,有违罪刑法定原则;另一方面,单位主

---

① 参见胡胜:《车主纵容他人醉酒驾驶发生事故构成交通肇事罪》,载《人民司法(案例)》2017年第5期。

管人员、机动车辆所有人或者机动车辆承包人系与驾驶人存在一定利益关系的人,这些人员的指使、强令行为对驾驶人的作用力较大,而除此之外的其他人,指使、强令驾驶人违章的,一般而言对驾驶人的作用力较小,不应作为犯罪处理。

【指导案例】李学斌交通肇事、李某某包庇案①——车辆所有人对交通事故有过错的,是否构成犯罪

被告人李某某是某大货车车主郭金龙所雇请的司机。2000年5月2日,李某某驾驶郭金龙另外一辆无牌照大货车到殷家坪拖矿,被告人李学斌随车回家。当晚约11时许在夜明珠卸矿后,李某某将车交给李学斌驾驶。李学斌驾车行至某三岔路口左转弯时,与直行的高军驾驶的两轮摩托车相撞,造成高军及乘车人廖桂萍受伤,经抢救无效死亡。经交警部门鉴定,李学斌负本次交通事故的全部责任。由于李学斌系无证驾驶,出事后当即与李某某合谋,由李某某顶替李学斌承担交通事故责任。

本案的争议主要有两点:第一个争议问题是李某某的罪名如何认定。第一种观点认为,李某某的行为既构成交通肇事罪,又构成包庇罪。第二种观点认为,李某某的行为只构成交通肇事罪,不构成包庇罪。第三种观点认为,李某某的行为只构成包庇罪,不构成交通肇事罪。对于李某某的罪名认定可分为交通肇事罪和包庇罪两方面来讨论。首先,本案中的李某某不是事故发生时的驾驶人员,也不是《交通肇事刑事案件解释》第7条规定的单位主管人员、机动车辆所有人或者机动车辆承包人,属于其他非交通运输人员。本案发生事故的原因在于李学斌的无证驾驶,李某某并无直接的违章行为,虽然其明知李学斌无证驾驶仍将车交与他,但是交通肇事系过失犯罪,不存在共犯。同时,他也没有指使、强令李学斌违章驾驶车辆的情形,因而其行为不构成交通肇事罪。其次,李某某明知李学斌无证驾驶造成了严重的后果,应承担法律责任,但他为使李学斌逃脱罪责,与李学斌合谋,由其顶替李学斌承担责任,向公安机关作了虚假的供述,误导了公安机关的侦查方向,符合包庇罪的犯罪构成。

第二个争议问题是郭金龙作为车辆所有人是否应当承担刑事责任。有观点认为,郭金龙作为车辆所有人,从他人手中购得无牌证车辆,并指使他人驾驶,最终导致重大交通事故,符合《交通肇事刑事案件解释》第7条、第2条规定的条件,应按照交通肇事罪对郭金龙进行追诉。但笔者认为,郭金龙虽然是车辆所有人,从形式上来看符合《交通肇事刑事案件解释》的规定,但是造成本案事故发生的实质原因是李学斌的无证驾驶行为,与郭金龙指使他人驾驶无证车辆的行为无

---

① 参见张静波:《李学斌交通肇事、李某某包庇案》,载最高人民法院中国应用法学研究所编:《人民法院案例选(分类重排本)·刑事卷》,人民法院出版社2017年版,第798—800页。

直接因果关系。虽然车辆所有人郭金龙从他人手中购得无牌证车辆,并指使他人驾驶,存在一定过错,但一方面,本次事故的发生系因李学斌的无证驾驶行为导致,与车辆本身没有关系;另一方面,郭金龙雇用的司机是李某某,其对李学斌的无证驾驶行为并不知情。故郭金龙的过错与本次事故的发生之间并不具有因果关系,不应认定为交通肇事罪。

【指导案例】温明志、李志平交通肇事案[①]——车辆所有人将车交给醉酒者驾驶的如何认定

2014年6月11日23时许,被告人温明志、李志平与胡旺、周毅等人用餐时,大量饮用啤酒。次日凌晨2时许,温明志、李志平、胡旺、周毅商定前往开县汉丰镇玩耍,李志平在明知温明志当晚饮酒且无驾驶资格的情况下同意温明志驾车。温明志上车后挂不进倒车挡位而无法将渝F1T709号车倒出停放处,李志平挪车后将车交给温明志驾驶。后温明志驾车超速行驶,撞到路边的陈兰春、李光培、李远碧、杨道玉、江必记等八名菜农和渝F6B786号车。温明志发现撞击后立即采取制动措施,渝F1T709号车滑行二十余米后停下,渝F6B786号车被撞击后滑行三十余米后停下。该撞击致使陈兰春、李光培当场死亡,李远碧、杨道玉经送医院抢救无效死亡,江必记等人受伤,渝F6B786受损。被告人温明志、李志平等人在撞击发生后立即下车逃离现场,并商定由李志平顶替温明志承担责任。公安民警接警后到达现场,李志平随即返回现场向公安民警投案,并作如实供述。同日凌晨4时许,温明志到公安局投案,并作如实供述。经鉴定,温明志驾驶的渝F1T709号车案发时的速度约为90千米/时;温明志到案后血液中的乙醇含量为116.1毫克/100毫升,李志平到案后血液中的乙醇含量为87.2毫克/100毫升。江必记属轻伤二级,另有一人重伤,四人轻微伤。

法院经审理认为,被告人温明志、李志平违反道路交通管理法规,因而发生重大交通事故,并在事发后逃离事故现场,二人均构成交通肇事罪。本案中,被告人温明志酒后无证驾车,因而造成四人死亡,一人重伤,一人轻伤,四人轻微伤的重大交通事故。因仅发生一次碰撞,且被告人在撞击后立即采取了紧急制动措施,可见被告人并不希望损害结果的发生,属于轻信能够避免的过失心态,故被告人温明志的行为应认定为交通肇事罪。对于被告人李志平,法院在审理中认为,根据监督过失理论,车主将自己的机动车交给醉酒者、无驾驶资格者驾驶,没有防止伤亡结果发生的,驾驶者与车主均成立交通肇事罪,故其构成交通肇事罪的共犯。对此,笔者认为,因交通肇事罪是过失犯罪,在我国现有法律规定框架

---

① 参见谭卫华、陈峰:《醉驾中交通肇事罪与以危险方法危害公共安全罪的界分》,载《人民司法(案例)》2016年第23期。

下,除《交通肇事刑事案件解释》第 7 条的特别规定外,不宜认定为交通肇事罪共犯。本案中,李志平系肇事车辆所有人,李志平虽明知温明志饮酒、无证驾驶仍帮温明志倒车并将车辆交给温明志驾驶,但是该行为并不属于"指使、强令他人违章驾驶"的情形,故被告人李志平的行为不能依据《交通肇事刑事案件解释》第 7 条认定为交通肇事罪。

对于被告人李志平的行为,还有一种观点认为,李志平明知温明志醉酒且无驾驶证的情况下仍将车交给温明志驾驶,属于故意为温明志危险驾驶提供帮助的行为,与温明志构成危险驾驶罪的共犯。同时,温明志的过失行为造成重大交通事故,二人本应构成危险驾驶罪结果加重犯的共犯,只是对于危险驾驶罪的结果加重犯而言,我国刑法将其另设置为交通肇事罪,故李志平亦构成交通肇事罪。① 这一观点的基础是交通肇事罪是危险驾驶罪的结果加重犯,对此理论界尚存争议。② 笔者认为,从交通肇事罪和危险驾驶罪的构成要件来看,交通肇事罪的行为方式包括危险驾驶罪的行为方式,实施危险驾驶行为,未造成《交通肇事刑事案件解释》第 2 条规定的实害结果的,构成危险驾驶罪,造成实害结果的,构成交通肇事罪。从这个角度来看,发生严重实害结果的危险驾驶罪转化为交通肇事罪。而结果加重犯是指"实施基本犯罪构成要件的行为,发生基本犯罪构成要件以外的重结果,因而刑法规定加重刑罚的犯罪形态"③,其中一个条件为"刑法规定"。在此基础上,一方面,在刑法无明确规定的情况下,仅通过两罪构成要件之间的转化关系即认定交通肇事罪属危险驾驶罪的结果加重犯,进而认定被告人李志平构成交通肇事罪,有违刑法的谦抑性;另一方面,一般情况下结果加重犯与基本犯除损害结果外的其他构成要件均相同,如《刑法》第 136 条规定的危险物品肇事罪,"违反爆炸性、易燃性、放射性、毒害性、腐蚀性物品的管理规定,在生产、储存、运输、使用中发生重大事故,造成严重后果的,处三年以下有期徒刑或者拘役;后果特别严重的,处三年以上七年以下有期徒刑",结果加重犯与基本犯仅通过造成的是"严重"还是"特别严重"的后果进行划分。而交通肇事罪和危险驾驶罪分别规定在《刑法》第 133 条和第 133 条之一,虽从实质解释的角度,发生严重实害结果的危险驾驶罪转化为交通肇事罪,但两罪的构成要件表述并不相同,相应的,除行为方式存在包含关系外,犯罪主体、主观方面等并不相同,《交通肇事刑事案件解释》中规定的构成交通肇事罪的主体亦不能直接适用于危险驾驶罪,故在刑法未明确交通肇事罪是危险驾驶罪的结果加重犯的情况下,不宜以此为基础认定被告人李志平的行为构成交通肇事罪。

---

① 参见胡胜:《车主纵容他人醉酒驾驶发生事故构成交通肇事罪》,载《人民司法(案例)》2017 年第 5 期。

② 张明楷教授持交通肇事罪为危险驾驶罪结果加重犯的观点。

③ 高铭暄、马克昌主编《刑法学》(第五版),北京大学出版社、高等教育出版社 2011 年版,第 187 页。

【指导案例】梁应金、周守金等交通肇事案[①]——肇事交通工具的单位主管人员能否构成交通肇事罪

被告人梁应金以榕山建筑公司名义经批准建造短途客船"榕建"号。该船于1996年7月经合江县港航监督所船舶所有权登记,合江县榕山建筑公司为船舶所有人,法定代表人为梁应金。1997年7月11日,经船舶检验,核定该船乘客散席一百零一人,每年5月1日至9月30日洪水期准载七十人;除大客舱允许载客外,其余部位严禁载客;应配备船员六人。被告人梁应金聘请只有四等二副资格的周守金驾驶,安排其子梁如兵、儿媳石萍及周良全任船员。"榕建"号营运期间,梁应金为多载客,决定将驾驶室升高80厘米,顶棚甲板上重新焊接栏杆。该船改装后没有向船舶检验机构申请附加检验。梁应金长期不重视营运安全,对该船超载问题过问很少,使该船长期超载运输,埋下了事故隐患。

2000年6月22日晨5时40分左右,被告人周守金、梁如兵驾驶"榕建"号客船从合江县榕山镇境内的长江河段徐家沱码头出发,上行驶往榕山镇,由本应负责轮机工作的石萍负责售票。该船在下浩口码头接客后,船舱、顶棚甲板及驾驶室周围都站满了人,堆满了菜篮等物,载客二百一十八名,已属严重超载。客船行至流水岩处时河面起大雾,能见度不良,周守金仍冒雾继续航行,迷失了方向,急忙叫被告人梁如兵到驾驶室操舵,自己则离开驾驶室到船头观察水势,因指挥操作不当,被告人梁如兵错开"鸳鸯"车(双螺旋桨左进右退),致使客船随即倾翻入江中,船上人员全部落水,造成一百三十人溺水死亡,公私财物遭受重大损失。

本案中,对于被告人周守金、梁如兵、石萍的定罪无争议,作为直接从事客运运输的人员,可以预见到违章驾驶客船的严重后果,仍违反交通运输管理法规,超载运输、冒雾航行,造成"榕建"号客船倾翻而发生一百三十人死亡的重大事故,应当认定为交通肇事罪。争议的焦点在于,被告人梁应金作为"榕建"号所有人榕山建筑公司的法定代表人,并没有直接从事运输工作,能否以交通肇事罪追究刑事责任。笔者认为,被告人梁应金应认定为交通肇事罪。《中华人民共和国内河交通安全管理条例》(以下简称《内河交通安全管理条例》)第10条规定:"船舶、浮动设施的所有人或者经营人,应当加强对船舶、浮动设施的安全管理,建立、健全相应的交通安全管理制度,并对船舶、浮动设施的交通安全负责;不得聘用无适任证书或者其他适任证件的人员担任船员;不得指使、强令船员违章操作。"本案中,梁应金作为"榕建"号的所有人,对客船负有管理职责,为了获取不正当利益,聘用不具备资格的驾驶员周守金,未按规定配足船员,对船舶长期超载运输不

[①] 参见陈立生:《梁应金、周守金等交通肇事案——肇事交通工具的单位主管人员能否构成交通肇事罪》,载最高人民法院刑事审判第一庭、第二庭编:《刑事审判参考》(总第13辑),法律出版社2001年版,第1—6页。

制止,使船舶长期存在超员载客、船员数量不足、驾驶员资格不够、违规改装等多项违反上述条例的问题,严重违反了交通管理法规,且这些行为与事故的发生有直接的因果关系,根据《交通肇事刑事案件解释》第 1 条的规定,从事交通运输人员或者非交通运输人员,违反交通运输管理法规发生重大交通事故,在分清事故责任的基础上,对于构成犯罪的,依照《刑法》第 133 条的规定定罪处罚,故被告人梁应金构成交通肇事罪。

【指导案例】刘海交通肇事案[①]**——附带民事诉讼中雇主是否对其雇员非职务行为造成的交通事故损害结果负连带责任**

被告人刘海受李军雇佣,担任货车司机。1996 年 10 月 8 日晚 7 时许,被告人刘海与其朋友贾德明、田海军等人一起饮酒,酒后擅自驾驶货车送贾德明等人回家。晚 9 时许,当货车行至临河市卫校附近时,与反方向行驶的骑自行车的苏军相撞,发生事故。肇事后,被告人刘海驾车逃离现场,次日被抓获归案。被害人苏军因颅脑损伤,经抢救无效死亡。

本案中,一审法院判决被告人刘海酒后驾车,造成重大交通事故,其行为构成交通肇事罪,并赔偿附带民事诉讼原告人的经济损失;附带民事诉讼被告人李军承担连带赔偿责任。一审宣判后,李军不服提起上诉。二审法院认为上诉人李军不应承担连带赔偿责任,予以纠正。对这一问题,从刑事附带民事诉讼的本质来看,其与民事诉讼相同,是由侵权行为引起的损害赔偿民事诉讼,只不过附带民事诉讼提起的前置条件是有刑事案件的发生。二者的关系在于:第一,附带民事诉讼的被告主要包括"刑事被告人以及未被追究刑事责任的其他共同侵害人,未成年及限制行为能力刑事被告人的监护人,死刑罪犯及死亡被告人的遗产继承人,对被害人的物质损失依法应当承担赔偿责任的其他单位和个人"[②]。此处的"应当承担赔偿责任的单位和个人"是指民事上的赔偿责任,依据的是民事侵权相关的法律规范。第二,普通民事诉讼根据最高人民法院《关于审理人身损害赔偿案件适用法律若干问题的解释》的规定,因生命、健康、身体遭受侵害,赔偿权利人起诉请求赔偿义务人赔偿财产损失和精神损害的。而刑事附带民事诉讼,《刑事诉讼法》第 101 条第 1 款规定,"被害人由于被告人的犯罪行为而遭受物质损失的,在刑事诉讼过程中,有权提起附带民事诉讼。被害人死亡或者丧失行为能力的,被害人的法定代理人、近亲属有权提起附带民事诉讼"。这一规定将刑事附带民事诉讼的赔偿范围限制在物质损失。

[①] 参见张军审编:《刘海交通肇事案——雇主应否对其雇员的非职务行为造成的损害结果负连带赔偿责任》,载最高人民法院刑事审判第一庭编:《刑事审判参考》(总第 4 辑),法律出版社 1999 年版,第 6—12 页。

[②] 蒋敏:《刑事附带民事诉讼之实务问题探讨》,载《人民法院报》2018 年 9 月 5 日,第 6 版。

生命、健康、身体遭受侵害的,只能要求赔偿医药费、护理费、误工费等物质损失,而不能要求赔偿精神损失费。①

本案中,根据案件行为时有效的《道路交通事故处理办法》(1992年1月1日起实施,2004年失效)第31条的规定,承担赔偿责任的机动车驾驶员暂时无力赔偿的,由驾驶员所在单位或者机动车的所有人负责垫付。故李军虽然不承担连带赔偿责任,但如果被害人刘海没有赔偿能力,李军作为车辆所有人,也应当先向被害人垫付赔偿。

---

① 2021年最高人民法院《关于适用〈中华人民共和国刑事诉讼法的解释〉》对刑事附带民事诉讼中的精神损害赔偿问题作出了新的调整性规定。

第十章 自 首

一、余罪自首中如何区分"不同种罪行"和"司法机关已掌握的罪行"

(一) 裁判规则

被采取强制措施的犯罪嫌疑人、被告人和已宣判的罪犯,如实供述司法机关尚未掌握的罪行,与司法机关已掌握的罪行或者判决确定的罪行均构成不同罪名的,成立自首。"不同种罪行"包括两个层面的含义:一是要求供述事实与司法机关已掌握的罪行间没有关联,二是该罪行所属的罪名与司法机关已掌握罪行的罪名间没有关联。

(二) 规则适用

《刑法》第67条第2款规定:"被采取强制措施的犯罪嫌疑人、被告人和正在服刑的罪犯,如实供述司法机关还未掌握的本人其他罪行的,以自首论。"这被称为"余罪自首"或"准自首"。根据该条规定,成立"余罪自首",应当满足两个条件:①自首的主体必须是被采取强制措施的犯罪嫌疑人、被告人和正在服刑的罪犯。②必须如实供述司法机关还未掌握的本人其他罪行。第二个条件中的"司法机关还未掌握"是指司法机关没有证据证实犯罪嫌疑人、被告人或者正在服刑的罪犯还有实行其他犯罪的嫌疑;"本人其他罪行"是指被采取强制措施的犯罪嫌疑人、被告人和正在服刑的罪犯已被司法机关掌握的罪行之外的罪行。对于"其他罪行"的范围,1998年最高人民法院《关于处理自首和立功具体应用法律若干问题的解释》(以下简称《自首和立功解释》)第2条规定:"根据刑法第六十七条第二款的规定,被采取强制措施的犯罪嫌疑人、被告人和已宣判的罪犯,如实供述司法机关尚未掌握的罪行,与司法机关已掌握的或者判决确定的罪行属不同种罪行的,以自首论。"第4条规定:"被采取强制措施的犯罪嫌疑人、被告人和已宣判的罪犯,如实供述司法机关尚未掌握的罪行,与司法机关已掌握的或者判决确定的罪行属同种罪行的,可以酌情从轻处罚;如实供述的同种罪行较重的,一般应当从轻处罚。"2010年最高人民法院《关于处理自首和立功若干具体问题的意见》(以下简称《自首和立功意见》)第3条第2款规定:"犯罪嫌疑人、被告人在被采取强制措施期间如实供述本人其他罪行,该罪行与司法机关已掌握的罪行属同种罪行还是不同种罪行,一般应以罪名区分。虽然如实供述的其他罪行的罪名与司法机关已掌握犯罪的罪名不同,但如实供述的其他犯罪与司法机关已掌握的犯罪属选择性罪名或者在法律、事实上密切关联,如因受贿被采取强制措施后,又交代因受贿为他人谋取利益行为,构成滥用职权罪的,应认定为同种罪行。"

从上述解释规定可见,关于余罪自首的规定可以理解为,对于是属于"同种罪行"还是"不同种罪行"的判断,一般应以罪名区分。被采取强制措施的犯罪嫌疑人、被告人和已宣判的罪犯,如实供述司法机关尚未掌握的罪行,与司法机关已掌握的罪行或者判决确定的罪行均构成不同罪名的,成立自首。但是如实供述的其他犯罪与司法机关已掌握的犯罪属选择性罪名或者在法律、事实上密切关联的都属同种罪名。由此可见,同种罪行不限于该罪行与司法机关掌握的或判决确定的罪名相同,也包括虽罪名不同但属选择性罪名或事实上相关的。因此,"不同种罪行"包括两个层面的含义:一是要求供述事实与司法机关已掌握的罪行间没有关联,二是该罪行所属的罪名与司法机关已掌握罪行的罪名间没有关联。

不少学者不认同上述司法解释的规定。有学者认为,《刑法》规定余罪自首的其他罪行从文义解释看,既可以是其他同种罪行,也可以是其他不同种罪行,属同种罪行的,"其他罪行必须是同种罪行数次犯罪中除已被司法机关掌握的那一次以外的另外次数的犯罪。数次犯罪中,每次犯罪都应具有独立的犯罪构成,之间既无因果关系,也无从属关系"①。而司法解释不当缩小了其他罪行的适用范围,不仅排除了同种罪行,又进一步排除了选择性罪名等在事实、法律上有密切关联的罪行,属于不当解释。笔者认为,上述司法解释规定的原因主要是考虑到侦查工作的实际,一方面,被采取强制措施的犯罪嫌疑人往往不清楚有多少罪行已被司法机关掌握,其对于司法机关掌握以外的同种罪行供述的主动性较弱,且其供述并不能作为定罪的主要依据,查明同种未被掌握的罪行主要靠侦查机关调查取证。另一方面,如果余罪自首中的其他罪行包括同种罪行,那么几乎所有盗窃、贪污、受贿等数额犯都具有自首情节,自首的范围太过宽泛。同时,立法部门认为坦白制度已很好地填补了这一处罚漏洞。② 当然,上述司法解释也存在进一步改善的空间,如可以取消在法律、事实上有密切联系的其他罪行的限定,因为该种情形完全可以认定具体不同罪名的自首,不应作出限定。

同时,《自首和立功意见》规定了"以罪名区分",以"司法机关已掌握的罪行"为基础作比较,而不是以"判决确定的罪名"进行区分。前者是指司法机关已了解到一定线索、证据,可以形成合理怀疑的罪行,后者是指法院判决确认的罪行,因

---

① 洪秀娟:《网络诈骗行为中司法机关尚未掌握的同种罪行的认定——福建厦门中院裁定苏清林诈骗案》,载《人民法院报》2015年7月23日,第6版。
② 参见最高人民法院刑事审判第一庭编著:《最高人民法院自首、立功司法解释:案例指导与理解适用》,法律出版社2012年版,第254—255页。

为行为人供述的时间不一定是在审判阶段,有可能尚未经过法院判决。对司法机关已掌握和未掌握的罪行判断,包括几种情形:在通缉阶段,一般以司法机关是否在通缉令发布范围列入某罪行或某罪行是否已经录入全国公安信息网络在逃人员信息数据库中为标准进行判断;如果某罪行未被通缉,且未录入在逃人员信息数据库,应以司法机关是否实际掌握某罪行为标准。①

对于被采取强制措施的犯罪嫌疑人、被告人和已宣判的罪犯如实供述的其他罪行属于同种罪行的处理,按照上述《自首和立功解释》的规定,在同种罪行中划分为两种,一般情况和供述的罪行较重的情况。对于被采取强制措施的犯罪嫌疑人、被告人和已宣判的罪犯如实供述的罪行与司法机关所掌握的罪行虽属同种,但其供述的内容更重的,应当从轻处罚;对于其他属同种罪行的情况,可以酌定从轻处罚。但该规定有矛盾之嫌,一方面对于供述司法机关所掌握的更重的同种罪行,不认定为自首,但应当从轻处罚,而根据《刑法》的规定,即使认定为自首,也只是可以"从轻或减轻"处罚,这一点仍需日后对其进一步予以完善。

【指导案例】蒋文正爆炸、敲诈勒索案②——余罪自首中"不同种罪行"的判断

2009年5月下旬,被告人蒋文正得知湖南省桂阳县城关镇泰康医院(以下简称"泰康医院")发生过医疗纠纷,遂预谋采取爆炸的方式向泰康医院敲诈财物。同月28日1时许,蒋文正将自制的定时爆炸装置安放在泰康医院一楼儿科住院部卫生间内的电热水器上,后该装置发生爆炸,致住院病人及家属胡清、陈华勇轻微伤,刘芳及其幼子周坚等受伤,并造成医院机械设备受损。随后,蒋文正用手机发短信、打电话,多次向泰康医院董事长谭永生勒索财物,均未果。

2009年6月1日20时许,蒋文正用纱布包脸伪装成伤员,一手提一袋苹果,一手提用旺仔牛奶箱装的已定时1小时的爆炸装置,乘坐被害人徐细群驾驶的出租摩托车前往泰康医院。途中,蒋文正以有事为借口下车,委托徐细群将苹果和牛奶箱送至泰康医院住院部二楼交给一名70多岁的老太太。徐细群提着东西到医院二楼寻人,遍寻不着。当徐细群提着东西下楼时,爆炸装置发生爆炸,致徐细群重伤,胡胜国轻伤,易慧东、廖兵华轻微伤,龚光德等人亦受伤,并造成泰康医院住院部楼道口附属设备被毁。两次爆炸造成泰康医院经济损失共计人民币234600元。

2009年5月28日凌晨1时许,被告人蒋文正在泰康医院安放爆炸装置后,来到该镇蒙泉路20号李牛圣经营的寿材店门口,安放了一包装有雷管、导火索的炸药,并打电话向李牛圣勒索2万元。李牛圣即报警,蒋文正勒索未果。

---

① 参见张明楷:《刑法学(上)》(第五版),法律出版社2016年版,第565页。
② 参见林红英、孟伟:《蒋文正爆炸、敲诈勒索案——余罪自首中如何认定"不同种罪行"和"司法机关已掌握的罪行"》,载最高人民法院刑事审判第一、二、三、四、五庭主办:《刑事审判参考》(总第80集),法律出版社2011年版,第62—68页。

2009年5月29日至5月31日,被告人蒋文正多次打电话、发短信恐吓湖南省桂阳县教育局职工曹玲英,向其勒索10万元,未果。

泰康医院在发生第二次爆炸后即报警,该医院董事长谭水生向公安机关反映在事发后多次接到勒索电话。公安机关后通过技术手段将蒋文正抓获。蒋文正在归案后主动供述了公安机关尚未掌握的其在泰康医院实施的第一次爆炸及敲诈勒索李牛圣、曹玲英的犯罪事实。

本案的争议焦点,是蒋文正主动供述公安机关未掌握的另两起敲诈勒索犯罪,与公安机关已掌握的爆炸后敲诈勒索犯罪是否属于不同种罪行?对此,一种意见认为,蒋文正在泰康医院实施爆炸并进行敲诈勒索的行为构成爆炸罪,不构成敲诈勒索罪,因此,其主动供述的另两起敲诈勒索犯罪与司法机关已掌握的罪行属不同种罪行,构成自首。另一种意见认为,蒋文正归案时,司法机关已经掌握了其涉嫌爆炸罪、敲诈勒索罪的罪行,故与其主动供述的另两起敲诈勒索犯罪属同种罪行,不构成自首。本案中,被告人蒋文正采用爆炸的方法,向他人勒索财物,并多次实施爆炸行为,造成多人受伤,其行为已构成爆炸罪。同时,被告人蒋文正实施爆炸是为了勒索财物,以非法占有为目的,对被害人使用威胁、恐吓的方法勒索钱财,数额巨大,其行为已构成敲诈勒索罪。爆炸罪与敲诈勒索罪之间存在手段与目的关系,属于牵连犯。蒋文正归案时,公安机关已经掌握了其敲诈勒索并实施爆炸的罪行,已掌握了蒋文正涉嫌这两个罪名。蒋文正归案后主动供述的另两起敲诈勒索案,与公安机关已掌握的部分罪行构成敲诈勒索罪,属于同一罪名、同种罪行,按照《自首和立功意见》的规定,不能认定为自首。

二、对行为性质提出辩解的是否属于翻供

(一) 裁判规则

翻供是指就犯罪构成的主要事实先前作了承认而后进行否认的行为。但是,对不影响犯罪构成的次要事实先后作不同的供述不能认定为翻供。如实供述与被告人行使辩解权并没有根本的冲突,被告人对行为性质的辩解不影响如实供述的成立,与悔罪表现也并不矛盾。同时被告人对司法机关作了前后不同的供述,不能轻易地认定其翻供,应视行为人供述中变动的事项、原因及对行为认定的影响程度综合考量。

(二) 规则适用

自动投案后如实供述主要犯罪事实的,应认定为自首。根据《自首和立功解释》的规定,在如实供述后又翻供的,一般认为不成立自首,但如果在一审判决宣告以前又能如实供述的,应当认定为自首。此后,2010年最高人民法院、最高人民检察院、公安部、国家安全部、司法部《关于办理死刑案件审查判断证据若干问题的规定》(以下简称《死刑案件证据规定》)、2021年《刑事诉讼法解释》均明确规定

了被告人翻供的供述采信规则。翻供是刑事司法实践中一种常见的现象,是对犯罪嫌疑人、被告人推翻原来的有罪供述逐渐形成的一种约定俗成的术语。目前对于何为翻供,存在方法说、现象说、证据说和行为说等多种观点。① 笔者赞同行为说,认为所谓翻供,是指就犯罪构成的主要事实先前作了承认而后进行否认的行为。在我们的印象里,翻供是一种负面行为,一般表现为犯罪嫌疑人、被告人推翻有罪供述、在供述中反复,但在实践中,翻供表现为多种形式,既包括推翻之前的有罪供述,也包括通过翻供后如实供述。翻供权在诉讼法领域有积极意义,翻供权是一种正当的防御性权利。正确对待翻供的权利,不仅可以促使司法人员更加全面地收集和掌握证据材料,避免主观片面,而且可以促使司法人员发现司法活动中的缺陷,防止形成冤假错案,避免误捕、误判、误杀无辜。在翻供的认定中需要注意:

第一,一般认为,翻供仅限于对先前作出的"主要犯罪事实"进行否认。犯罪事实是指依照刑法规定的某一犯罪的犯罪构成要件,包括客体、客观方面、主体、主观方面的事实。犯罪事实由构成犯罪的各个事实要素所组成,任何要素发生变化,都可能影响犯罪的构成。主要犯罪事实是指犯罪事实中可以直接影响罪与非罪、重罪与轻罪或适用法定刑的事实。对于不影响犯罪构成的次要事实先后作不同的供述不能认定为翻供。

第二,被告人行使辩解权与如实供述并不冲突,如实供述是对自身行为的真实叙述,与对行为或事实性质的辩解并不矛盾。一方面,《自首和立功解释》第1条在解释何为"如实供述自己的罪行"时指出,"如实供述自己的罪行,是指犯罪嫌疑人自动投案后,如实交代自己的主要犯罪事实"。根据此规定的表述,如实供述的内容是行为人的"主要犯罪事实",这是客观性的内容,不包括对行为性质的供述。对行为性质辩解是在承认客观事实的基础上对自身行为的认定提出的不同观点,行为性质的判断是主观性的,不同人对同一行为可能有不同的理解,即便是合议庭成员的意见,也未必统一。所以被告人对自身行为性质的辩解并不违反如实供述的规定,无论是被告人将其犯罪行为辩解为无罪或是将此罪辩为彼罪,还是将其行为辩解为正当防卫、紧急避险等,都属于对行为性质的不同认识和理解,不能因此而轻易地认定其翻供。另一方面,对于行为性质的认定,最终是司法裁决的问题,在司法最终裁决前,行为人的行为性质尚无定论,也无对错之分,即便行为人的看法与办案机关的看法不同,也不表明行为人的看法是错误的,更不能据此认定行为人未如实供述。

第三,翻供不等于推翻之前供述,即便被告人作了前后不同的供述,也不能轻

---

① 方法说认为翻供是犯罪嫌疑人、被告人抗拒庭审、逃避法律制裁的方法或伎俩;现象说认为翻供是被告人在不同诉讼阶段推翻原供的现象或情况;证据说认为翻供是口供的特殊表现形式,是犯罪嫌疑人、被告人推翻原来的口供所形成的新的口供;行为说认为翻供是犯罪嫌疑人、被告人推翻原供的行为。

易地认定其翻供。这涉及对客观事实的记忆是否准确与认识是否正确的问题。虽然被告人的行为是客观的,但被告人对行为的认识是主观的,即便亲身经历,却未必完全客观正确,可能存在认识偏差或片面的情况。同时记忆本身也可能存在错误,行为人可能在事后回忆的时候有所改变,属于正常现象,所以对于行为人前后供述不同的,不能简单认定为翻供,应视行为人供述中变动的事项、原因及对行为认定的影响程度综合考量。

第四,被告人的辩解与悔罪表现并不矛盾。一般来说,如实供述并承认犯罪能够体现出被告人的悔罪心理,但是即便被告人对其行为进行辩解,也不影响对行为人是否悔罪的认定,是否有悔罪表现与被告人是否行使辩解权是两个问题。具有悔罪表现,表明被告人的人身危险性有所减小。被告人表示悔罪,其实质也是行使权利的一种方式,是被告人意图通过"悔罪"而达到从轻处罚的目的,因而可以视为"请求从轻处罚权"的内容之一。而被告人行使辩解权,不仅仅是在行使刑事实体上的权利,更是在行使刑事诉讼上的权利。被告人进行辩解,可能只是对其行为存在不同理解,并不影响被告人是否有悔罪心态,故被告人是否行使辩解权不影响行为人的悔罪表现。当然,辩解权要适当使用,不能滥用,如果行为人超过合理辩解限度,一直进行狡辩,不承认自身行为构成犯罪,没有悔改意思的,不能认定为悔罪。

翻供的适用需要注意:其一,犯罪嫌疑人自动投案、如实供述罪行后翻供,直到二审时才重新认罪的,不能认定为自首。根据《自首和立功解释》的规定,犯罪嫌疑人、被告人翻供后必须在一审判决前作出如实供述,一旦其到二审时才重新认罪,已经超出了能够认定自首的最后时限,不能认定为自首。其二,被告人在一审时被认定了自首,但上诉后又翻供的如何认定?对此,司法解释没有规定。笔者认为,通常情况下,对一般的翻供行为,经过教育改正,原审被告人确有悔改表现的,应当从宽掌握,维持一审对自首的认定。在特殊情况下,如果原审被告人对重大事实予以根本推翻,甚至作伪证的,应当依据自首的精神否定一审中自首的认定。其三,在一审认定被告人构成自首后,被告人在二审期间翻供,且翻供的内容与客观事实相符的,显然在一审阶段不应该认定为自首,二审阶段虽然被告人如实供述了真正的案件事实,但其在投案以后没能及时如实供述犯罪事实,不应该认定为自首。①

【指导案例】姜方平非法持有枪支、故意伤害案②——审判中供述由"一人殴打后还击"改为"一家人殴打后还击"的,是否属于翻供

1997年6月21日晚6时许,被告人姜方平与叶小明、叶春古(均在逃)在航埠

---

① 参见王海、杨琳:《论翻供的法律意义》,载《河南警察学院学报》2018年第5期。
② 参见陆建红:《姜方平非法持有枪支、故意伤害案——被告人对事实性质的辩解不影响如实供述的成立》,载最高人民法院刑事审判第一庭、第二庭编:《刑事审判参考》(总第30辑),法律出版社2003年版,第11—18页。

镇姚家村姚水良供销店门口遇到与其有宿怨的姜志清,双方发生争执。姜方平即拔出随身携带的刀朝姜志清左、右腿、腹部等处连刺数刀。经法医鉴定,姜志清所受损伤属轻伤。

2001年7月15日晚,被告人姜方平得知与其有过纠纷的郑水良当日曾持铁棍在航埠镇莫家村姜金木家向其父姜良新挑衅后,便前往郑水良家滋事。因郑水良不在家,姜方平便返回,并从路过的叶小飞家的厨房取了一把菜刀藏于身后。当姜方平行至该村柳根根门前路上时,郑水良赶至并持铁棍打姜方平,姜方平即持菜刀与郑水良对打,并用菜刀砍郑水良左手腕关节,姜方平也被随后赶至的郑水良之女郑华仙砍伤。经法医鉴定,郑水良所受损伤属轻伤。2001年7月17日,被告人姜方平在医院治疗期间,委托其姐姜素芳代为向公安机关投案。

2001年11月初,被告人姜方平从其朋友处拿了一把自制左轮手枪及改装的子弹6发,并将之藏于其借住的衢州市区崔家巷2号305室的厨房。同月11日夜11时许,柯城公安分局下街派出所民警在检查出租私房过程中,将该手枪及房内的大量自制刀具等查获。经鉴定,该枪支系发射弹药的枪支。

本案的认定上,被告人姜方平违反枪支管理规定私藏枪支,其行为已构成私藏枪支罪。姜方平故意非法损害他人健康,致二人轻伤,其行为已构成故意伤害罪。郑水良向姜方平父亲姜良新挑衅,显然是不当行为,但此挑衅行为尚未形成实在的对姜良新的不法侵害。姜方平在此时寻找郑水良并准备好菜刀,反映了其滋事斗殴的故意。在斗殴中,虽然是郑水良先动手,该行为显系不法行为,但姜方平于其后动手打的行为也并不是防卫行为,而是斗殴行为的组成部分,因而也是不法行为,但因被害人郑水良在本案中亦有较大过错,可相应减轻姜方平的罪责。案发后,被告人姜方平因其被郑水良之女砍伤而去医院治疗,委托其姐代为向公安机关投案,这一行为,根据《自首和立功解释》第1条的规定,应当视为自动投案。归案后,姜方平在侦查阶段、审查起诉阶段对于案件的事实均作了与指控一致的供述,但在一审庭审中却辩称,其用刀砍伤郑水良,是在受到被害人郑水良一家围攻殴打时才拔刀还击的,其行为属于正当防卫。而在此之前,其一直供称是在受到郑水良一人的殴打时就拔刀还击,郑水良家人郑华仙是在其砍伤郑水良后才赶到的。据此,一审法院认定被告人姜方平的行为系翻供,因而不能认定为自首。

笔者认为,姜方平的行为不属于翻供,理由在于:即便姜方平伤害郑水良是在受到被害人郑水良一家围攻殴打时才拔刀还击的,也不能因此认定姜方平的行为属正当防卫。因为,斗殴并不是一定要双方一对一的,一方人员多一些,另一方人员少一些,仍可以构成斗殴。关键是,姜方平是主动地去与郑水良一方对打,还是被动地在其受到郑水良殴打时进行还击。故姜方平砍击郑水良是因郑水良一人殴打姜方平还是因郑水良一家殴打姜方平,姜方平对此作不同供述并不影响对姜方平故意伤害罪主要事实的认定。被告人姜方平自归案后到二审庭审结束,对其于 2001 年 7 月 15 日在航埠镇莫家村用菜刀砍伤郑水良的事实,一直没有否认。而这一事实则是确认其行为是否构成故意伤害罪的基本事实、主要事实。姜方平与郑水良在见面前均提前准备凶器是一种互殴行为,虽然证据表明发生斗殴是郑水良一人先动手而不是郑水良和其家人一起先动手,但姜方平基于一种对法律的肤浅认识和朴素理解,认为郑水良先动手,其家人又参与对其殴打,自己后动手就属于正当防卫。姜方平没有认识到斗殴人数的多与少以及谁先动手并不必然影响其与郑水良的行为系互殴的性质。尽管可以根据相关证据确定姜方平对这一非主要事实的辩解系狡辩,但实际上也不能彻底排除其在记忆上的误差,故姜方平的行为不应属于翻供。

三、醉驾型危险驾驶罪中自首的认定及从宽处罚的程度

(一) 裁判规则

行为人自动投案的动机不影响投案行为的实质,只要其不反对投案,就可认定其为自动投案。在醉驾型危险驾驶罪的自首认定中,对于行为人是否属于自动投案,应当按照公安机关检查查获、经电话通知接受询问、发生事故后报警和逃跑后投案四种情况分别认定。对于醉驾型危险驾驶罪自首的如实供述,主要事实是行为人是否饮酒驾车,同时须注意事实供述和身份供述的认定标准不同。

醉驾型危险驾驶罪的自首无法适用减轻处罚,认定自首后的从轻幅度应划分不同等级。主动报警的,应当从轻处罚,其中事故较轻的,可以免除处罚;被动报警,能逃跑而未逃跑的,可以从轻处罚;逃离后投案的,可以从轻处罚,但一般不可免除处罚。从轻的幅度上,参考《人民法院量刑指导意见(试行)》,结合前文所述的醉酒驾驶机动车的行为人到案的不同情况可分为以下几种情况:公安机关检查查获前承认、被告人本人报警及他人报警在现场等候的,一般均属于犯罪事实或犯罪嫌疑人未被司法机关发觉,此时自首的从轻幅度可以控制在减少刑罚的 20%～50%;而经公安电话通知归案和逃逸后投案的,一般属于犯罪事实或犯罪嫌疑人已被司法机关发觉,此时自首的从轻幅度可以控制在减少刑罚的 10%～40%。

(二) 规则适用

醉驾型危险驾驶罪在司法实务中比较常见,但由于醉酒驾驶机动车事件一般在公安机关交通管理部门例行检查时案发,或者在发生交通事故后因当事人、群众报警而案发,被告人主动、直接到司法机关投案自首的情形极少,故其自动投案

的情形与其他刑事案件中的常见情形有一定区别。对于醉驾型危险驾驶罪的自首认定,一种观点认为,醉驾型危险驾驶罪一律不能成立自首,尤其是被交警设卡拦获的醉酒驾驶机动车案件。因为醉驾型危险驾驶罪的行为人如果没有被交警设卡拦截或未出现交通事故,不会主动报警称自己涉嫌危险驾驶罪,其主观心理上存在侥幸,缺乏归案的主动性。而且部分醉酒人本身认识能力和控制能力降低或丧失,其没有离开现场是基于自己醉酒而无力离开现场或者是被人拦下而无法离开现场,在现场等待的行为一般也不具有自动投案的意思表示。另一种观点认为,行为人自动投案的动机不影响其投案的行为实质,醉驾型危险驾驶罪的行为人只要主动将自己处于司法机关的控制之下,并如实供述自己醉酒驾驶的犯罪事实,仍应认定自首。

笔者赞同后一种观点,理由在于:在醉驾型危险驾驶罪的犯罪嫌疑人自动投案的认定上,应该依据自首的立法本意,自首制度旨在通过鼓励犯罪人自动投案,提高诉讼效率,节约司法成本,同时促使犯罪人悔过自新,不再继续作案。一般而言,只要行为人对投案不持反对态度即可。《自首和立功意见》中列明的犯罪嫌疑人自动投案的种类中就包括:① 犯罪后主动报案,虽未表明自己是作案人,但没有逃离现场,在司法机关询问时交代自己罪行的;② 明知他人报案而在现场等待,抓捕时无拒捕行为,供认犯罪事实的。根据《自首和立功解释》第1条的规定,并非出于犯罪嫌疑人主动,而是经亲友规劝、陪同投案的,也认定为自动投案。该种情形下,行为人对投案的态度也是不反对。但对于被亲友采用捆绑等手段送到司法机关的情形,《自首和立功意见》中规定不能认定为自动投案,因在此情况下,行为人对投案是持反对态度的。从上述规定的内容来看,不管行为人是出于真心悔悟,积极主动,还是为了争取宽大处理而不逃避,或因亲友劝说,或因心存侥幸,只要其不反对投案,就可认定其为自动投案。故醉驾型危险驾驶罪中存在自首,对自动投案与如实供述的认定,应根据行为人到案方式分情况进行处理。

1. 醉驾型危险驾驶罪中自动投案的具体认定

第一,经公安机关临检查获行为人醉酒驾车的,可以分为两种情形:一种情形是公安机关设卡检查,即通过该路段的所有车辆在一定时间内都要接受检查。此时,公安机关在检查时发现行为人存在酒驾行为,行为人在这之后交代自己饮酒后驾车的行为,此种情况下,如果公安机关未进行检查,行为人不会主动交代。因而,对于此类情形,行为人应属被动到案,不属于自动投案。如果行为人看到前方有警察设卡,无可逃避,意识到自己饮酒后驾车将被查获,所以主动上前交代自己饮酒后驾车的行为,该种情形下,行为人虽系被设卡查获,但其是主动将自己置于司法机关的控制之下,有一定的主动性,且配合检查,应属主动到案。另一种情形是公安部门对道路上的车辆进行抽查,对通过该路段的部分车辆进行检查,醉酒驾驶机动车者存在逃过抽查的可能性。此时行为人没有逃避交警检查,而是主动到设卡处接受检查并交代相关事实的,可以认定属于自动投案。

第二,在检查中,公安机关未对醉酒驾驶机动车者采取强制措施,而后行为人经电话通知后即到公安机关接受询问并如实供述犯罪事实,其行为应属于自动投案,应认定为自首。其一,经电话通知归案的行为人具有归案的主动性,此时行为人仍有一定的自主选择,可选择归案或拒不到案。其二,根据刑法"举重以明轻"原理,犯罪事实已被司法机关查清并被通缉的犯罪嫌疑人,此后如果能够主动投案并如实交代罪行的,可以认定为自首,那么,未被通缉的犯罪嫌疑人实施类似的行为亦可以构成自首。

第三,行为人在醉酒驾驶机动车发生事故后报警。一般分为两种情况:一种是自己主动报警,另一种是明知他人报警而在现场等候。行为人主动报警的,无论行为人出于何种动机,如果其在打报警电话时或报警后警察到现场来时,主动向警察交代自己饮酒后驾车的事实,主动将自己置于司法机关的控制之下,行为人有机会逃走而不逃走,自愿在现场等候的,就应该认定为自动投案。这种情形显然也契合《自首和立功意见》中规定的"犯罪后主动报案,虽未表明自己是作案人,但没有逃离现场,在司法机关询问时交代自己罪行的"精神。当然,如果行为人没有机会逃走,如周围群众已经将其包围,迫不得已打电话报警的,不属于自动投案。对于委托他人报案的情况,行为人必须在事故现场等候处理,方能认定为自动投案。对于明知他人报警而在现场等候的,参照《自首和立功意见》中"明知他人报案而在现场等待,抓捕时无拒捕行为,供认犯罪事实的"的规定,此种情况下认定为自首须满足:行为人主观上必须是明知他人报警而自愿将自己置于司法机关的控制下,自愿留在现场,能逃而不逃,且无拒捕行为,自愿将自己交付司法机关处理。如果犯罪嫌疑人根本不知道他人已经报警而留在现场,或者在得知他人报警后欲逃离现场,但因对方当事人控制或者群众围堵而被动留在现场的,则不能认定为自动投案。①

第四,行为人逃离现场后又投案的。如果犯罪嫌疑人得知他人报警后逃离现场,事后迫于压力又主动到公安机关交代犯罪事实的,可以认定为自动投案。《自首和立功意见》中明确规定,"交通肇事逃逸后自动投案,如实供述自己罪行的,应认定为自首"。逃逸行为体现行为人犯罪当时的表现,不能因此否认其之后归案和坦白的主动性。

2. 醉驾型危险驾驶罪中如实供述的具体认定

《立功和自首解释》第1条规定,"如实供述自己的罪行,是指犯罪嫌疑人自动

---

① 参见胡尚慧:《醉驾型危险驾驶犯罪自首的审查与认定》,载《人民司法》2015年第16期。

投案后,如实交代自己的主要犯罪事实"。主要犯罪事实,是指对认定犯罪行为性质和量刑有决定意义的事实、情节,即能够用以确定犯罪性质并确定相应的法定量刑幅度和法定刑格的犯罪事实。醉驾型危险驾驶罪中的基本构成要件事实包括:在驾车之前是否饮酒,是否驾车上路行驶,驾驶何种车辆等。2013年最高人民法院、最高人民检察院、公安部《关于办理醉酒驾驶机动车刑事案件适用法律若干问题的意见》(以下简称《醉酒驾驶机动车刑事案件意见》)第2条规定中涉及醉驾型危险驾驶罪的量刑情节有:是否及如何发生交通事故,血液酒精含量,是否在高速公路、城市快速路上驾驶,是否属于载客的营运机动车,是否有超员、超载、超速驾驶、无证驾驶、使用伪造或者变造的机动车牌证等严重违反道路交通安全法规的行为,是否逃避、拒绝、阻碍公安机关检查,是否曾因酒后驾驶机动车受过处罚。其中最主要犯罪事实是行为人饮酒开车,不管犯罪嫌疑人是在见到公安人员后主动交代饮酒事实,还是在公安人员根据其状态怀疑其饮酒对其进行询问时承认,均属于如实供述。然而以下几种情况,虽然犯罪嫌疑人承认饮酒,但不属于如实供述:①犯罪嫌疑人虽然承认饮酒,但对公安人员的检查不配合甚至采用暴力手段抗拒的。②在发生事故后逃逸,待血液中酒精含量降低后才投案承认其饮酒或肇事的。③行为人虽按交警要求接受检查处理,但辩称自己没有饮酒,只是误食了含有酒精的食物,或者辩称自己开车时没有饮酒,只是车子停下来后在车上少量饮酒,后经查实确系饮酒后开车的。需要注意的一点是,《自首和立功意见》第2条对"如实供述主要犯罪事实"和"如实供述身份"规定了不同的认定标准。对于主要犯罪事实的供述,犯罪嫌疑人多次实施同种罪行的,如实交代的犯罪情节重于未交代的犯罪情节,或者如实交代的犯罪数额多于未交代的犯罪数额,一般应认定为如实供述自己的主要犯罪事实。无法区分已交代的与未交代的犯罪情节的严重程度,或者已交代的犯罪数额与未交代的犯罪数额相当,一般不认定为如实供述自己的主要犯罪事实。而对于身份的供述,犯罪嫌疑人供述的身份等情况与真实情况虽有差别,但不影响定罪量刑的,应认定为如实供述自己的罪行。犯罪嫌疑人自动投案后隐瞒自己的真实身份等情况,影响对其定罪量刑的,不能认定为如实供述自己的罪行。

在醉驾型危险驾驶罪被告人自首后从宽幅度的认定上,第一,因刑法中关于醉酒型危险驾驶罪只设置了拘役这一单独主刑并处罚金,无其他主刑可以选择,且拘役刑仅有一个法定刑区间,无法在法定量刑幅度的下一个量刑幅度内判处刑罚,所以醉酒型危险驾驶罪的自首无法适用减轻处罚。第二,对于醉驾型危险驾驶罪被告人自首的从轻量刑,可以把自首的情形分为几个等级。一是被告人主动报警的,因为危险驾驶罪本身属于轻罪,一般应当从轻处罚。如果没有发生交通事故,或者只是造成轻微财产损失的,可以不作为犯罪处理或者免除处罚。二是在他人报警的情况下,如果行为人有逃跑的条件而不逃跑的,可以从轻处罚,并且从轻的幅度要小于被告人主动报警的情形。三是行为人逃跑后自动投案,构成自首的,可以从轻处罚,此种情形须视具体情况决定从轻幅度。但因一方面,醉酒驾驶机动车行为具有较高的隐秘性,逃跑后较难证明行为人驾驶时处于醉酒状态;另一方面,随着时间的推移,体内酒精含量会降低,且无法排除行为人在逃跑期间人为降低体内酒精含量的可能,故对于醉酒驾驶机动车逃跑后自首的,应限制从宽幅度,且一般不可以免除处罚。① 第三,在从轻的具体幅度上,《人民法院量刑指导意见(试行)》规定的量刑指导原则和量刑方法对于醉酒型危险驾驶罪的量刑具有指导作用,其中第三部分规定,"6. 对于自首情节,应当综合考虑投案的动机、时间、方式、如实供述罪行的程度以及悔罪表现等情况确定从宽的幅度。①犯罪事实或者犯罪嫌疑人未被司法机关发觉,主动、直接投案构成自首的,可以减少基准刑的 20%~50%;②犯罪事实或者犯罪嫌疑人已被司法机关发觉,但犯罪嫌疑人尚未受到讯问、未被采取强制措施时,主动、直接投案构成自首的,可以减少基准刑的 10%~40%"。结合前文所述的醉酒驾驶机动车案件中行为人到案的不同情况可分为以下几种:公安机关检查查获前承认、被告人本人报警及他人报警在现场等候的,均属于犯罪事实或犯罪嫌疑人未被司法机关发觉,此时自首的从轻幅度应控制在减少刑罚的 20%~50%;而经公安电话通知归案和逃逸后投案的,属于犯罪事实或犯罪嫌疑人已被发觉,此时自首的从轻幅度应控制在减少刑罚的 10%~40%。

【指导案例】徐俊响危险驾驶案②——醉驾型危险驾驶案件中他人报警,行为人在现场等候的,是否属于自首

2014 年 12 月 27 日 20 时许,被告人徐俊响酒后驾驶套牌的普通二轮摩托车从台州市黄岩区新前街道七里村驶往黄岩城区方向,逆向行驶途经黄岩北院大道新前街道七里村路段时,与王金安驾驶的小型轿车发生碰撞,造成两车部分毁损的道路交通事故。被告人徐俊响明知他人报警而在现场等候,后被接警赶到的交警传唤到案并如实供述犯罪事实。案发时被告人徐俊响血液中的酒精含量为 217 毫克/100 毫升,属于醉酒驾驶。另查明,被告人徐俊响负事故的全部责任,现已赔偿了被害人王金安的经济损失。

本案中,被告人徐俊响酒后逆向行驶时与对方轿车发生碰撞,尚未造成严重后果,其行为属于危险驾驶罪。事故发生后,轿车驾驶员与徐俊响协调事故的处理,后发现徐俊响有酒后开车嫌疑,就当着被告人徐俊响的面打电话报警。当时

---

① 参见胡胜:《醉驾逃逸后又自首应当限制从宽处罚》,载《人民司法(案例)》2017 年第 32 期。
② 参见胡尚慧:《醉驾型危险驾驶犯罪自首的审查与认定》,载《人民司法》2015 年第 16 期。

被告人徐俊响明知对方报警,对对方已获知自己开车时喝了酒的情况也是明知的,但对于对方报警没有持反对意见。在当时的情况下,被告人徐俊响有条件逃离现场但没有离开,而是在现场等候交警赶来处理。等交警到现场询问时,徐俊响主动向交警交代了自己酒后开车以及引起事故的事实。由此可见,被告人徐俊响是主动将自己置于司法机关的控制之下,系自动投案,且投案后如实供述自己酒后开车的犯罪事实,故被告人徐俊响具有自首情节。

【指导案例】李某危险驾驶案①——交警当场查获酒驾行为人,时隔一周后行为人经公安机关传唤到案的,能否认定为自首

2017年11月26日晚,被告人李某在长沙市雨花区桃花埫路乡缇小厨饭店吃饭期间饮酒。当晚22时48分许,被告人李某驾驶号牌为湘H6××××的小型汽车,沿长沙市雨花区韶山路由北往南行驶至时代阳光大道路口时,被执勤交警查获。经鉴定,被告人李某血液酒精含量为200.4毫克/100毫升。根据交警大队出具的李某到案经过显示,李某于查获一周后经公安机关传唤主动到交警大队接受调查。

被告人李某醉酒驾驶机动车,被执勤交警查获,血液酒精含量为200.4毫克/100毫升,属于醉酒驾驶机动车,已构成危险驾驶罪。审理过程中争议焦点在于,李某酒驾被交警当场查获,时隔一周后经公安机关传唤到案的,能否认定为自首。对此,认为李某不成立自首的观点认为:一是李某于酒驾当晚当场被查获,并由交警进行了登记、填写了《查获经过》,李某在本案中属于被动到案;二是李某当场被查获酒驾,并由交警对其进行吹气酒精含量测试,初步证实其具备醉酒驾驶犯罪的嫌疑之后,交警将其带至附近医院进行抽血酒精含量检测的行为就属于刑事侦查行为的范畴,在已经被动到案并后续对其采取刑事侦查措施的情况下,李某依法不能构成自首。笔者认为,李某的行为构成自首,理由在于:一是行政程序与刑事程序不存在必然等同的关系,未经刑事立案之前,行为人仍具备成立自首的可能性。吹气酒精含量测试、抽血酒精含量检测等行为属于行政强制措施,不是刑事侦查措施,两者之间不可混淆适用。二是李某的行为符合自首的条件。李某在未经侦查机关刑事立案之前,在血液酒精含量鉴定结果出来之后,经公安机关传唤自动投案并如实交代自己的罪行,符合了《自首和立功解释》第1条规定的"未受到讯问、未被采取强制措施"之前的时间范围。李某经传唤后,仍具有自主选择是否归案的空间,其可以选择归案,也可拒不到案甚至逃离,在此情况下能够主动归案,就表明其有认罪悔改、接受惩罚的主观意愿,即具有归案的自动性和主

---

① 案号:(2018)湘0111刑初273号,审理法院:湖南省长沙市雨花区人民法院。

动性,且李某在自动投案后,均如实陈述自己涉嫌危险驾驶的事实,配合侦查机关工作、认罪态度好,多次供述稳定一致,属于自动投案且如实供述自己的罪行,依法应当认定为自首。

【指导案例】黄建忠危险驾驶案①——醉驾型危险驾驶案件中具有自首情节的,如何确定从宽处罚程度

2011年5月1日晚,被告人黄建忠酒后驾驶未经检验合格的二轮摩托车,行驶至苏州市相城区黄桥街道旺盛路与兴旺路交叉路口由北向西右转弯时,与由西向北左转弯骑电动自行车的王春雷相撞,致二车受损。经鉴定,黄建忠血液酒精含量为143毫克/100毫升。交通管理部门认定,黄建忠负事故主要责任。案发后,黄健中在明知对方当事人报警的情况下,留在现场等候处理,归案后如实供述犯罪事实。

本案中,被告人饮酒后驾驶二轮摩托车,血液酒精含量为143毫克/100毫升,属于醉酒驾驶,与被害人驾驶的电动自行车发生碰撞,构成危险驾驶罪,一般应适用拘役三个月以上的刑罚。但被告人黄建忠在得知对方当事人报警后,在人身未受到控制的情况下选择不逃离现场,自愿留在现场等候处理,属于典型的"能逃而不逃"情形,应当认定为自动投案。其归案后如实供述自己的犯罪事实,具有自首情节。在自首的从宽幅度上,被告人在他人报警后留在现场等候,积极配合警方处理事故,属于他人报警而在现场等候的自首,可以从轻处罚。同时属于犯罪事实或犯罪嫌疑人未被司法机关发觉的情形,此时自首的从轻幅度应控制在减少刑罚的20%～50%。而且事故造成二车受损,仅造成轻微财产损害,故可以在量刑起点量刑。综上,一审法院对黄建忠从轻处罚,判处拘役一个月,并处罚金人民币1000元,量刑比较适当。

四、交通肇事罪中自首的认定

(一)裁判规则

交通肇事后留在现场等候处理并如实供述的,可以认定为自首,不违反禁止重复评价原则。交通肇事后逃离现场并不必然认定为"逃逸"。"逃逸"须具备构成交通肇事罪、明知已发生交通事故、具有逃跑行为以及为逃避法律追究的目的四个条件。交通肇事后逃离现场但又主动投案并如实供述的,可依法认定为自首。

---

① 参见刘福龙、李万勇:《黄建忠危险驾驶案——如何认定醉驾型危险驾驶犯罪案件中的自首以及如何根据具体的自首情形决定对被告人的从宽处罚程度》,载最高人民法院刑事审判第一、二、三、四、五庭主办:《刑事审判参考》(总第94集),法律出版社2014年版,第34—38页。

(二) 规则解读

交通肇事后留在现场等候处理的,是否可以认定为自动投案? 有观点认为,《道路交通安全法》第 70 条第 1 款规定,"在道路上发生交通事故,车辆驾驶人应当立即停车,保护现场;造成人身伤亡的,车辆驾驶人应当立即抢救受伤人员,并迅速报告执勤的交警或者公安机关交通管理部门"。故交通肇事后及时报警并在现场等候,是履行道路交通安全法规规定的义务,且刑法已将交通运输肇事后逃逸的行为规定为加重情节。①《刑法》第 133 条对交通肇事罪规定了三档法定刑,第二档专门适用于交通运输肇事后逃逸和具有恶劣情节的交通肇事行为。所以,交通肇事后不逃逸的才适用第一档法定刑,对逃逸需要加重处罚的交通肇事者,没有必要再用自首制度鼓励他们自动投案②,依法不应将交通肇事后报警并在现场等候的行为重复评价为自动投案。笔者认为,交通肇事后留在现场等候处理的,应认定为自动投案,理由在于:

第一,交通肇事后留在现场等候处理的,不违背禁止重复评价原则。一方面,交通肇事后报警并在现场等候的法定义务规定在《道路交通安全法》中,《刑法》将这一行为规定为法定从轻、减轻情节,并不违反禁止重复评价原则。履行行政法定义务与自首并非等同关系。如行为人虽然保护现场、抢救伤者并报警,但并不承认自己是肇事者,即不如实供述自己罪行的,纵然履行了行政法上的义务,也不符合自首条件。既然并非等同,就不存在重复评价的问题。换言之,不履行《道路交通安全法》规定的行政法定义务,所承担的是行政法的法律后果;履行此行政法定义务,虽然可以避免在行政法上承担更为严重的责任,但并不是刑罚处罚的从轻、减轻或免除处罚情节。另一方面,没有逃逸无法涵盖自首行为,主动投案并如实供述自己罪行并不是肇事者的义务,当肇事者实施超出其义务的行为时,理应适用自首的规定。对于行为人虽未逃逸,但并不承认自己是肇事者,也不配合公安人员检查的,与交通肇事后留在现场等候处理的,行为人的悔过程度自然不同。如果不认定后者为自首,对这两种情况处以相同刑罚也有违公平原则。故在事故后,行为人未逃离现场的均适用交通肇事罪的第一档法定刑,与留在现场等候处理并如实供述的,认定为自首情节,亦未重复评价。综上所述,在刑事审判过程中,依据刑法认定其自首,并不会违反禁止重复评价原则。

第二,逃跑并不同等于逃逸。对于逃逸,《交通肇事刑事案件解释》第 3 条规定:"'交通运输肇事后逃逸',是指行为人具有本解释第二条第一款规定和第二款第(一)至(五)项规定的情形之一,在发生交通事故后,为逃避法律追究而逃跑的行为。"可见,对于交通肇事后行为人逃离现场的,不能一律认定为交通肇事罪"逃逸",还须具备四个条件:其一,行为人的行为构成交通肇事罪。这是"逃逸"的前

---

① 参见梁健:《从胡斌案谈交通肇事案件中的自首认定及量刑》,载《人民司法》2009 年第 20 期。
② 参见侯国云:《交通肇事后报警不以自首论的法理解读》,载《人民检察》2008 年第 18 期。

提。其二,行为人明知已经造成交通事故。这是"逃逸"的主观条件,"知道"是指对交通肇事的发生有所认识,但不要求对事故的所有细节都有详细认识。其三,行为人实施了逃跑行为。这是"逃逸"的客观表现,逃跑行为包括肇事者离开事故现场、将被害人带离事故现场后抛弃和将被害人送到医院后逃跑等几种情况。其四,行为人为了逃避法律追究。这是"逃逸"的本质所在,也是逃逸行为为何应从严处罚的原因。如果行为人只是为了躲避被害人家属的殴打而逃离现场,则不属于逃逸。

第三,《刑法》总则并没有对适用《刑法》第 67 条关于自首的条件作出任何限制性规定,《刑法》第 133 条关于交通肇事罪的规定中也没有排除自首制度的适用。因此,《刑法》总则关于自首的规定完全可以适用于《刑法》分则第 133 条规定的交通肇事罪。交通肇事后积极救助伤者、及时报警、保护现场的行为人,应当与构成自首条件的其他犯罪人平等地被认定为自首,否则,有违刑法平等原则的要求。

第四,从自首制度设立的原因来看,自首制度旨在通过鼓励犯罪人自动投案来促使案件的及时侦破与审判,提高诉讼效率,节约司法成本,并促使犯罪人悔过自新,不再继续作案。而交通肇事后,行为人留在现场等候处理的,符合上述自首制度的目的,等候处理可以说明行为人身危害性有所减轻,可以节约司法成本,也能确立良好的价值导向,鼓励肇事者积极施救。

综上所述,交通肇事案件中存在自首,且自首的认定条件和其他犯罪是一致的。

在自首的认定上,我国关于自首的规定强调自动投案必须具有时限性、主动性和直接性。时限性要求行为人的投案行为必须完成在犯罪事实或者犯罪嫌疑人未被司法机关发觉,或者虽被发觉,但犯罪嫌疑人尚未受到讯问、未被采取强制措施时;主动性要求投案行为是出于行为人的自觉自愿;直接性要求行为人本人向司法机关完成投案。司法解释则规定了司法实践中的一些特殊情况,可以不局限于上述特征。如行为人经查实,确实已准备投案或者正在投案途中,被公安机关捕获的不具有时限性特征;亲友将行为人送去投案的不具有主动性特征;犯罪嫌疑人在病、伤的情况下,委托他人代为投案的不具有直接性特征。但司法解释均将上述情形规定为自首。所以对于自首的认定不能只局限于形式上是否满足,也要考查其行为是否符合自首制度设立的实质要求。对于交通肇事中犯罪嫌疑人辩称为抢救被害人而未投案的,是否可以认定为自首,应考查案件实际情况。如情况特别紧急,犯罪嫌疑人为了抢救被害人确实无时间或条件投案的,其积极抢救被害人,在事故发生后亦无逃跑行为,且配合公安人员调查的,可以认定为自动投案。而如果行为人在事故发生后有时间和条件先行投案或报警,而没有任何投案的准备行为,也未向任何人表示过投案,只是辩称其为救助被害人赶往医院的,不能认定为自动投案,但确有积极抢救被害人行为的可以在量刑时酌情考量。

【指导案例】谭继伟交通肇事案①——交通肇事后报警并留在现场等候处理的,能否认定为自动投案

2007年5月5日23时30分许,被告人谭继伟持C1驾驶证驾驶一辆面包车由重庆市垫江县城向新民方向行驶,当车行驶至城北小学路口处,会车时发生交通事故,致行人许武权当场死亡。经法医鉴定,许武权系外力所致颅脑损伤死亡。公安机关交通事故认定书认定,谭继伟负本次事故的主要责任。谭继伟在发生交通事故后,立即拨打了120急救电话及122交通事故报警电话,留在现场等候处理,后随交警到公安机关如实交代了犯罪事实。案发后,谭继伟亲属积极赔偿被害人亲属的经济损失,并取得被害人亲属的谅解。

本案中,被告人谭继伟驾车致一人死亡,负事故主要责任,其行为构成交通肇事罪。被告人谭继伟在交通肇事后,没有逃逸,而是留在现场并拨打了120急救电话及122交通事故报警电话,保护现场,抢救伤者,主动向公安机关报案,属于自动投案。后随交警到公安机关如实交代了犯罪事实,其行为符合自首的成立条件,应依法认定为自首。同时,在二审审理过程中,谭继伟的亲属与被害人的亲属达成了和解协议,赔偿被害人亲属经济损失人民币20万元,取得了被害人亲属的谅解,被害人亲属也请求法院对谭继伟从轻处罚。综上,谭继伟在交通肇事后,有自首情节,可以对其从轻处罚。谭继伟在诉讼过程中认罪态度好,并真诚悔罪,通过其亲属积极赔偿被害人的经济损失,可以酌情对其从轻处理。二审法院以谭继伟犯交通肇事罪,判处有期徒刑一年,缓刑一年零六个月是适当的。

【指导案例】石华岭交通肇事案②——交通肇事后逃离现场又自动投案的,能否认定为自首

2008年11月2日17时许,被告人石华岭驾驶其所有的小轿车,由西向东行驶至延庆县某路段时,因操作不当,驶入非机动车道,将在非机动车道内同向骑自行车的罗建华、步行人赵淑兰撞倒,致罗建华闭合性颅脑损伤合并创伤性休克死亡,赵淑兰受伤。肇事后,石华岭返回现场,在给自己亲属打电话告知此事的同时,询问伤者的伤势,当石华岭的亲属张晓森赶来后,石华岭要求其赶快打电话叫救护车救人并报警,死者家属赶到现场欲殴打石华岭,石华岭逃离现场,并于次日

---

① 参见周军、张眉:《谭继伟交通肇事案——交通肇事后报警并留在现场等候处理的,应认定为自动投案》,载最高人民法院刑事审判第一、二、三、四、五庭主办:《刑事审判参考》(总第80集),法律出版社2011年版,第8—15页。

② 参见肖先华、李凤建、赵佳:《石华岭交通肇事案》,载最高人民法院中国应用法学研究所编:《人民法院案例选(分类重排本)·刑事卷》,人民法院出版社2017年版,第827—831页。

9时许到公安机关投案。经认定,石华岭负事故的全部责任。

本案经一审法院判决后,被告人石华岭的行为构成交通肇事罪无争议,但被告人石华岭以其交通事故后逃离事故现场的行为不应认定为"逃逸"提起了上诉。本案中,石华岭在肇事后,即下车询问伤者的伤情,并及时拨打救护电话,后看见死者家属欲殴打他,便离开现场。从其行为来看,被告人在肇事后尽到了抢救伤者、立即报警的法定义务,没有逃避法律追究。其后被告人逃离现场也是为了保障自身安全,以免事件升级,逃离目的也不是为了逃避法律追究,故不应当认定为逃逸。

肇事后逃离现场又自动投案并如实供述的,是否可以认定为自首?对此存在不同观点。第一种观点认为,交通肇事者负有救助伤员、报告交警等义务,应当留在现场,逃离现场的,不能认定为自首。第二种观点认为,交通肇事者只要未受到讯问、未被采取强制措施,依然可以认定为自首。笔者同意后一种观点,按照《刑法》总则的规定,只要符合"自动投案并如实供述自己的罪行"的,就可以认定为自首,并没有时间限制,只要犯罪嫌疑人在被讯问、被采取强制措施前投案的都可以认定为自首,且此种情况下认定为自首也符合自首制度的设立理念。投案前,石华岭未受到讯问、未被采取强制措施,其于案发次日主动投案的行为符合《刑法》对于自首的规定。综上,本案被告人石华岭的行为构成交通肇事罪,无逃逸行为,且具有自首情节。

【指导案例】李满英过失致人死亡案[①]——**因抢救被害人未来得及自动投案即被抓获,到案后主动如实供述犯罪事实的,能否认定为自首**

2001年11月9日18时许,被告人李满英无证驾驶一辆无牌号摩托车,在华北石油天津物资转运站大院内行驶时,将正在散步的张岳琴撞倒。李满英随即同他人将张岳琴送到医院,被害人经抢救无效后死亡。李满英在医院内被接到报警后前来的公安人员抓获。

根据《交通肇事刑事案件解释》第8条的规定,在实行公共交通管理的范围内发生重大交通事故的,以交通肇事罪论处;在公共交通管理的范围外,驾驶机动车辆或者使用其他交通工具致人伤亡或者致使公共财产或者他人财产遭受重大损失,构成犯罪的,分别依照《刑法》第134条规定的重大责任事故罪、第135条规定的重大劳动安全事故罪和第233条规定的过失致人死亡罪定罪处罚。本案被告人李满英无证驾驶一辆无牌号摩托车,在华北石油天津物资转运站大院这一非公共交通管理的范围内行驶时,将正在散步的张岳琴撞死,不属于交通肇事罪,而应认

[①] 参见天津高院:《李满英过失致人死亡案——驾驶交通工具在非公共交通范围内撞人死亡的应如何定罪》,载最高人民法院刑事审判第一庭、第二庭编:《刑事审判参考》(总第32辑),法律出版社2003年版,第29—33页。

定为过失致人死亡罪。

本案被告人是在医院被公安人员抓获的,显然不属于一般意义上的自动投案。但被告人辩称其本有准备投案的意愿,只不过因忙于抢救被害人而没来得及投案即被公安人员在医院抓获。对此,笔者认为,认定被告人准备投案,应当具有可供查实的投案的准备行为,或者具有准备投案的意思表示。本案被告人在送被害人到医院抢救后,应该有时间和条件先行电话投案或委托他人投案的,但其没有实施任何投案的准备行为,也没有向任何人表示过准备投案。因此,仅凭其辩称有准备投案的内心意愿,尚不足以认定其准备投案,故本案不能认定被告人有自首情节。由于本案被告人具有减轻犯罪后果,积极抢救被害人以及到案后如实供述的行为,在量刑时应当酌情予以考虑。

第十一章 量 刑

一、危害公共安全罪的缓刑适用及被判处缓刑后在上诉期内又犯新罪的法律适用

(一) 裁判规则

危害公共安全罪的缓刑适用,需要对行为人的再犯可能性和人身危险性进行全面考查。对于危险驾驶罪的缓刑适用,虽然危险驾驶罪属于轻罪,但并不意味着轻罪当然属于"犯罪情节较轻",是否属于犯罪情节较轻需要根据具体案件中的犯罪情节进行考量。认定"犯罪情节较轻"时不应以是否发生交通事故为划分标准,应注重行为人有无再犯可能性,存在发生交通事故、肇事后逃逸、严重超速超载、无证驾驶、逃避或者阻碍公安机关依法检查等情节的,适用缓刑时应当从严掌握。

行为人在缓刑判决确定前又犯新罪,不再符合"有悔罪表现"和"没有再犯罪的危险"这两项条件,且初判缓刑已失去威慑和教育功能的,应予以撤销。由于缓刑判决撤销后,行为人的原判刑罚尚未实际执行,因此,应当与新罪实行数罪并罚。

(二) 规则适用

根据我国《刑法》第 72 条的规定,对于被判处拘役、三年以下有期徒刑的犯罪分子,由于其犯罪情节较轻,有悔罪表现,没有再犯罪的危险,暂不执行刑罚对所居住社区没有重大不良影响的,可以规定一定的考验期,暂缓刑罚的执行,此即为缓刑。如果犯罪人在考验期内遵守一定条件,原判刑罚就不再执行。缓刑是我国刑法中一项重要的刑罚执行制度,是一种附条件的刑罚不执行制度,体现了刑罚的人道和轻缓,实际减少了短期自由刑的监禁率,降低了监狱内交叉感染的负面效应,使罪犯可以保持正常的工作及家庭联系,避免了重返社会的困难。根据《刑法》的规定,适用缓刑须具备三个基本条件:一是被判处拘役、三年以下有期徒刑的罪犯。缓刑实际上是附条件的不执行原判刑罚,这决定了缓刑的适用对象只能是罪行较轻的犯罪分子。二是犯罪情节较轻,有悔罪表现,没有再犯罪危险以及

宣告缓刑对所居住社区没有重大不良影响。三是累犯和犯罪集团的首要分子不适用缓刑。

在危害公共安全罪中，因侵害客体为公共安全，行为的危害性一般较大，所以对其适用缓刑应更为慎重，需要对行为人的再犯可能性和人身危险性进行全面考查，包括是否属初犯、偶犯，是否自首，是否具有悔罪诚意，是否赔偿了各被害人的全部损失费用并取得了各被害人的谅解等。其中，自2011年醉酒驾驶机动车入刑以来，如何在危险驾驶案件中把握缓刑的适用标准一直存在较大争议，主要分为三个方面：一是对于危险驾驶罪中犯罪情节较轻的判断，虽然危险驾驶罪的主刑为拘役，刑罚设置较轻，但并不意味着轻罪当然属于"犯罪情节较轻"，是否属于犯罪情节较轻需要根据具体案件的犯罪情节进行考量。二是是否需要以未发生交通事故作为适用缓刑的条件。笔者认为，不应以是否发生交通事故为划分标准。一方面，对于虽然发生交通事故，但事故后果并不严重，且被告人积极赔偿、认罪、悔罪的，综合考虑全案情节，仍可以认定为犯罪情节较轻，对被告人依法可以宣告缓刑。另一方面，缓刑可以有效避免短期自由刑的交叉感染，醉酒驾驶机动车的行为人年龄主要集中在30岁到50岁，大部分有稳定的工作，是家庭主要收入来源。① 这部分人在羁押服刑期间容易被"交叉感染"，刑满释放后可能成为无业人员，重返社会困难，在此情况下适用缓刑对行为人的生活有很大的积极作用，故即便发生交通事故，视案件情况仍可适用缓刑。三是在对犯危险驾驶罪的行为人适用缓刑时的考量因素上，应注重其有无再犯可能性，如果被告人系初犯、偶犯，没有曾因酒后驾驶受过行政处罚或者刑事追究，且符合法律规定的其他条件时，就可以适用缓刑。但存在发生交通事故、肇事后逃逸、严重超速超载、无证驾驶、逃避或者阻碍公安机关依法检查等情节的，适用缓刑时应当从严掌握。

对于被判处缓刑后在上诉期内行为人又犯新罪的法律适用问题，《刑法》第77条规定了撤销缓刑的条件，结合《刑法》第73条第3款关于缓刑考验期限的规定，可以得出如下结论：从判决确定之日始至缓刑考验期满之日止，行为人在此期间内又犯新罪，抑或违反相关规定并达到情节严重的程度，再或者被发现判决宣告前还有漏罪的，应当被撤销缓刑。但对于行为人在缓刑判决宣告后至生效前又犯新罪的情形应如何处理存在争议：第一种意见认为，此时应当启动审判监督程序，撤销原判刑罚，将前后两罪一并判决；第二种意见认为，此种情形不应撤销原判缓刑，而应在对行为人新犯之罪量刑时适当考虑旧罪因素，酌情从重处罚，并适用实刑；第三种意见认为，此种情形应当撤销缓刑，并实行数罪并罚。笔者同意第三种意见，理由如下：第一，根据《刑事诉讼法》及《刑事诉讼法解释》的相关规定，刑事审判监督程序的目的在于纠正生效裁判的错误，在生效裁判没有错误或

---

① 参见魏颖华、张永超：《醉酒驾驶犯罪调研报告》，载《中国检察官》2012年第11期。

者裁判尚未发生效力但被告人又犯新罪的情况下,不能适用审判监督程序撤销原判。第二,行为人在原审判决尚未生效时又犯他罪,说明其并未从前罪的刑罚中汲取教训,对法律心存藐视,不符合适用缓刑所需的没有再犯罪危险的条件。缓刑虽然是"附条件地不执行原判刑罚",但是行为人已经被实际追诉和被宣告了刑罚,被宣告的刑罚是否能够免除执行并不能在宣判时当即最终确定。故行为人在缓刑判决尚未生效时又犯新罪,足以说明初判缓刑已失去威慑和教育功能,应予以撤销。第三,《刑法》第77条是撤销缓刑判决的唯一法律依据。该条规定了撤销缓刑的两个要件:一是时间要件,即缓刑考验期内或者判决宣告之前;二是事实要件,即新罪、漏罪或者有情节严重但尚不构成犯罪的违法行为。对于缓刑判决宣告后生效前又犯新罪的,适用哪条法律规定,在刑法上找不到直接依据。笔者认为,《刑法》第77条规定中,事实要件是实质要件,是撤销缓刑的根本理由,而时间要件只是事实要件的补充要件。在缓刑判决宣告后生效前,缓刑考验期限还未开始计算,行为人在此期间又犯新罪,与在缓刑考验期内犯新罪的,并无本质区别。甚至从与缓刑宣告的时间间隔来看,在缓刑生效前又犯新罪的,较之于在缓刑考验期内犯新罪,行为人的主观恶性更大。这一点是《刑法》第77条的时间要件规定中的一个问题,需要今后立法进一步完善。由于缓刑判决撤销后,行为人的原判刑罚尚未实际执行,因此应当与新罪所判处的刑罚实行数罪并罚。

【指导案例】魏海涛危险驾驶案①——如何把握醉驾型危险驾驶案件中的缓刑适用

2011年6月18日夜间,被告人魏海涛与同事喝酒至次日1时许。19日5时20分许,魏海涛驾驶汽车行至秦皇岛市北戴河区滨海大道万腾路段,后停在公交车道内,被从后面驶来的34路公交车追尾。交警部门认定双方对事故负同等责任。经鉴定,魏海涛血液酒精含量为96.06毫克/100毫升,处于醉酒状态。案发后,魏海涛积极赔偿,并取得对方谅解。另查明,事发当天天气状况为"雾"。

本案中,魏海涛醉酒后在道路上驾驶机动车的行为构成危险驾驶罪并无争议,争议的问题在于,魏海涛是否符合《刑法》第72条规定的缓刑适用条件。本案中被告人魏海涛的危险驾驶行为虽导致了交通事故,但事故后果并不严重,事故双方均未受到较大财产损失和人身伤害,也未殃及他人,且交警部门认定双方对事故负同等责任,行为本身的社会危害性较小,虽然其血液中酒精含量为96.06毫克/100毫升,仍然高于醉酒标准,但是程度不高,可以认定为犯罪情节较轻。同

---

① 参见王瑛、王冬霞:《魏海涛危险驾驶案——在醉驾型危险驾驶案件中如何把握缓刑适用标准》,载最高人民法院刑事审判第一、二、三、四、五庭主办:《刑事审判参考》(总第94集),法律出版社2014年版,第26—29页。

时,在案证据显示被告人在驾车之前已经休息了约4个小时,主观上存在认为自己已经醒酒的可能,其发现雾大能见度低时,为防止发生交通事故而主动停车,且事故后被告人积极赔偿、认罪悔罪,可见其主观恶性较小,有悔罪表现,再犯罪危险较低,结合社区调查结果等相关因素,可以对其宣告缓刑。

【指导案例】包武伟危险驾驶案[①]**——被判处缓刑后在上诉期内又犯新罪的如何处理**

2013年3月24日21时许,被告人包武伟在江阴市澄山路600号阿妹便民超市与被害人苏才玉发生口角,即与苏才玉及其丈夫李建忠发生扭打,致二人轻伤。案发后,被告人包武伟赔偿两被害人人民币90000元,并取得对方谅解。2013年9月27日,被告人包武伟被江阴市人民法院以故意伤害罪判处有期徒刑九个月,缓刑一年。

2013年10月1日22时许,被告人包武伟在前罪缓刑判决尚未生效时,酒后驾驶号牌为苏BDM869的小型轿车沿江阴市绮山路由南向北行驶至人民东路叉口地段左转弯处,车辆前部追尾撞击前方由沈晓炯驾驶、同向行驶的苏BF9755小型轿车尾部,后包武伟驾驶车辆继续向前行驶,车辆前部又与沿天鹤路由北向南行驶的杨建华驾驶的苏BDB720小型轿车前部相撞,造成三车损坏的交通事故。经江阴市公安局物证鉴定室鉴定,包武伟血液酒精含量为230毫克/100毫升。经江阴市公安局交通巡逻警察大队认定,包武伟负此事故的全部责任。

本案行为人在道路上醉酒驾驶机动车,因而发生交通事故,其行为已构成危险驾驶罪。而其在前案中故意伤害他人,造成二人轻伤,被判处缓刑,本应深刻反省犯罪行为,却在被判处缓刑的第五天就醉酒驾驶,造成三车损坏的交通事故。行为人在缓刑判决生效前又犯新罪,足见行为人毫无悔过之意,存在再犯罪危险,不再符合"有悔罪表现"和"没有再犯罪的危险"这两项条件,不符合缓刑适用条件,且初判缓刑已失去威慑和教育功能。包武伟在缓刑判决生效前又犯新罪,距缓刑宣告的时间间隔极短,其主观恶性大于缓刑考验期内又犯新罪的情形,应予以撤销。结合《刑法》第77条关于缓刑撤销的规定,本案被告人构成新罪的时间虽不属于"缓刑考验期限内犯新罪或者缓刑判决宣告以前",但在撤销缓刑上并无本质不同,故应当撤销包武伟前罪的缓刑,与危险驾驶罪数罪并罚。江阴市人民法院撤销对被告人包武伟的缓刑判决,以危险驾驶罪判处其拘役四个月,并处罚金人民币4000元,与前罪并罚,决定执行拘役四个月和有期徒刑九个月,并处罚金人民币4000元的判决是适当的。

[①] 参见王星光、韩锋:《包武伟危险驾驶案——被判处缓刑后在上诉期内又犯新罪的法律适用》,载最高人民法院刑事审判第一、二、三、四、五庭主办:《刑事审判参考》(总第103集),法律出版社2016年版,第6—11页。

二、醉驾型危险驾驶罪中量刑情节如何把握

(一) 裁判规则

在危害公共安全罪中,在道路上醉酒驾驶机动车的情况复杂,不同情形之间差别较大,对于醉驾型危险驾驶罪的量刑,需要考查的因素包括驾驶人的醉酒程度、驾驶资格、行为人违反交通法规行为的严重程度、行为人的主观恶性和人身危险性大小、案件损害后果等。在具有多种量刑情节,既包括从严情节,又包括从宽情节时,既可以先考虑从宽情节,也可以先考虑从严情节,从而确定整体的量刑幅度。量刑情节的法定或酌定,表述为"应当"或"可以"不影响量刑中的考虑顺序。

(二) 规则适用

醉酒驾驶机动车入刑实施以来,成效显著,但也引发了量刑方面的争议,突出表现在:各地法院对于醉驾型危险驾驶罪量刑宽严不一。为了维护国家司法的统一性和均衡性,在司法实践中尚未对危险驾驶罪的量刑形成统一认识的情况下,有必要对危险驾驶罪的量刑均衡性进行研究,厘清该罪量刑上的争议,严格规范危险驾驶罪的量刑。

在道路上醉酒驾驶机动车的情况复杂,不同情形的醉酒驾驶机动车,对公共安全的危险程度以及所反映出的行为人的主观恶性、人身危险性有较大差别。在处理醉驾型危害公共安全案件时,应当全面审查醉酒驾驶机动车的具体情节,做到区别对待。参考相关立法规定,对于醉驾型危险驾驶罪,应当着重考虑以下几个方面:

第一,考查驾驶人的驾驶能力。包括:①行为人醉酒程度。根据《车辆驾驶人员血液、呼气酒精含量阈值与检验》(GB19522—2017)的标准,一般体质的驾驶人,血液酒精含量大于或者等于80毫克/100毫升的,属于酒后驾驶。如果行为人血液酒精含量远远超过该标准,就应当认定其醉酒程度较高,驾驶能力受到较大影响,危险程度也较大,应当从重处罚。如果行为人血液酒精含量刚超过醉酒驾驶机动车标准,且未发生交通事故,说明酒精对其驾驶能力的影响不大,现实危险性相对较小,可以酌情从轻处罚。②驾驶人的驾驶资格。即是否属于无证驾驶或者与准驾车型不符,如果有上述情节,即可认定其不具备驾驶能力。

第二,考查行为人违反交通法规行为的严重程度,看其违章行为是否对道路交通安全构成现实且紧迫的严重威胁。如行为人超过规定时速50%,明知是拼装、改装或者报废的机动车而驾驶,严重超载,驾驶的车辆载有易燃易爆、放射性等危险物品,违章驾驶路段在高速公路、闹市区等,都属于严重违反交通法规的情形。

第三,考查行为人的主观恶性和人身危险性大小。除不法行为本身所反映出的行为人主观恶性外,具体包括:①实施醉酒驾驶机动车行为之前的表现,通过比较美国、韩国、新西兰等国相关犯罪的量刑幅度,可知"对初犯者处罚较轻,而对屡

犯或造成人员伤亡者,处罚较重"在各国量刑实践中已达成共识,主要考查行为人是否曾经因酒后驾驶受过行政或刑事处罚,是否多次违反道路交通法规等。②被查获时行为人的表现,是否配合公安机关的检查,是否有逃避、甚至暴力抗拒检查等行为。③归案后行为人的认罪悔罪态度,是否如实供述罪行、积极赔偿被害人经济损失、取得被害人谅解等。

第四,考查案件的损害结果,包括案件的实际损害后果,对交通运输的影响等。

对于危险驾驶罪量刑的争议,源头在于各地法院对该罪量刑要素的理解与适用不同。因此,解决危险驾驶罪量刑均衡的问题,很大程度上就是要在审判实践中均衡把握个案中的量刑要素,这不仅包括对量刑要素种类的明确,也包含对量刑幅度的把握。具体量刑幅度的确定,需要在大量司法案件调研的基础上,划定各量刑要素对影响量刑的幅度范围,这需要今后的立法规范或司法解释进一步明确。在具有多种量刑情节,既包括从严情节,又包括从宽情节时,我国刑法中未对冲突量刑情节的适用规则予以明确规定。学界对此问题存在整体综合判断说、分别综合说、优势情节说、抵消说等观点。① 笔者认为,对于同时具有多项从严情节和从宽情节的,总体上应当"同向相加,逆向相减",在考虑顺序上,既可以先考虑从宽情节,也可以先考虑从严情节,在综合全部从宽或从严情节后,再考量对量刑影响相反的全部量刑情节,这样更有利于梳理各量刑情节的影响,从而确定整体的量刑幅度。对于酌定从轻情节与法定从轻情节的区别主要在于立法形式上,"应当"或"可以"从宽、从严的表述,也只是对该量刑情节是否实际影响量刑的限定,故量刑情节是法定还是酌定,是"应当"还是"可以"不应影响量刑影响因素的考虑顺序。

【指导案例】罗代智危险驾驶案②——醉驾型危险驾驶案件中存在多个量刑情节的如何处理

2011年5月15日晚,被告人罗代智进餐时饮酒。当日20时50分许,罗代智酒后驾驶警车,沿北海市长青路由西向东行驶,至广东路路口右转弯向南继续行驶时,与前方驾驶电动车同向行驶的苏耿利(被害人,女)发生碰撞,致苏耿利倒地受轻微伤。罗代智下车查看后,驾车逃离现场。谢有雄(苏耿利丈夫)即用手机打

---

① 整体综合判断说认为,要综合分析案件各种情节,全面考虑以决定刑罚的轻重;分别综合说同样强调对案件的全面分析,但认为应当首先综合考虑从严情节,确定拟判的刑罚,再考虑从宽处罚情节,作为最后判处的刑罚;优势情节说强调在情节适用时存在优劣顺序,法定情节优于酌定情节;抵消说分为绝对抵消说和相对抵消说,绝对抵消说认为可将各量刑情节的量化系数进行折抵,而相对抵消说强调对不同量刑的作用进行优劣区分,按照顺序分别进行量刑情节系数的折抵。

② 参见江媞、陈军:《罗代智危险驾驶案——如何把握醉驾型危险驾驶犯罪案件中的量刑情节》,载最高人民法院刑事审判第一、二、三、四、五庭主办:《刑事审判参考》(总第94集),法律出版社2014年版,第30—33页。

电话报警。交警根据群众提供的线索,在北海市林业局找到上述肇事车辆,并将罗代智抓获。经鉴定,罗代智血液酒精含量为193.02毫克/100毫升,属于醉酒状态。交通管理部门认定,罗代智负事故全部责任。

本案中,被告人罗代智醉酒驾驶机动车,于交通高峰时间在市区内人流密集路段驾驶,并发生交通事故,致一人轻微伤,其行为构成危险驾驶罪。在量刑方面,被告人罗代智具有多项从重处罚情节:一是其危险驾驶行为发生了实际的损害结果;二是其血液内酒精含量较高,远超过规定标准;三是其在肇事后企图逃避法律追究;四是案发后让下属顶罪;五是身为警察,知法犯法,醉酒驾驶警车,在市区繁华路段发生交通事故后驾车逃逸,现场多名群众围观,社会影响恶劣。同时,罗代智也存在多项酌定从轻处罚情节:罗代智在庭审中如实供述,悔罪态度较好,积极赔偿被害人并获得谅解。量刑时,应当先考虑全部从轻或全部从重情节,而后考虑其他全部情节。本案综合以上从重、从轻处罚情节,被告人罗代智行为的从重情节重于从轻情节,总体上应从重。故一审法院对被告人罗代智判处拘役五个月,并处罚金人民币5000元的量刑,较为适当。

三、危害公共安全罪中被害人存在过错的如何认定

(一)裁判规则

危害公共安全罪中,如果被害人存在过错,行为人可以在一定限度内采取相应的自救、反击等行为。但如果自救、反击等行为违反法律规定,超过了必要限度的,应当构成犯罪并承担相应的责任,被害人过错在此情况下可以作为从宽量刑情节。基于社会契约论,刑罚的目的为维护社会秩序,具体包括惩罚犯罪人违反契约行为、威慑潜在犯罪人、弥补被害人的伤害、评估犯罪人对潜在被害人的再犯可能性。相应的,刑罚的评价要素为行为(客观性质和程度、主观)、结果(客观)、再犯可能性。在此基础上,作为量刑情节的被害人过错,根据对犯罪行为影响路径的不同,可以分为影响行为主观的被害人过错和参与行为客观的被害人过错。参与行为客观的被害人过错影响量刑的基础在于,其行为与行为人行为叠加共同构成犯罪,或者其行为扩大了损害结果,行为人仅对自身行为部分承担责任。对于影响行为主观的被害人过错,其影响量刑的基础在于在具有完全刑事责任能力的情况下,行为人意志的形成和发展不可避免地受到客观规律的影响,非行为人所能控制,包括短期刺激的影响和思维结构的形成,此种意志自由的"相对性"体现出行为人选择违法的主动性更小,再犯可能性更小。同时,被害人过错行为的不当性,为行为人反击冲动的产生提供了刑罚中可以考虑的"正当性",在量刑中应当予以考虑。

作为量刑情节的被害人过错,如果属于影响行为主观的被害人过错,一是要求被害人行为是不当的,二是被害人过错行为对行为人实施犯罪行为意志的引起

符合客观规律(一般人的认知);如果属于参与行为客观的被害人过错,要求被害人过错行为对犯罪行为(客观性质和程度)和结果(客观)存在实质影响。

(二)规则适用

很多危害公共安全案件中存在被害人过错问题,如放火罪和爆炸罪,很多情况下是因被害人侵害被告人的权益,被告人为报复或被激怒而实施放火或爆炸行为;再如交通肇事罪,经常出现被告人和被害人都存在违反交通管理法规的情况。危害公共安全犯罪之外,侵犯公民人身权利、财产权利等案件中亦存在大量的被害人过错问题。被害人过错对定罪量刑的影响在于:被害人存在过错的,被告人可以在一定限度内采取相应的自救、反击等行为,在合理范围内的行为即便已经侵犯了被害人的法益,也不应作为犯罪处罚。如果行为违反法律规定,超过必要限度的,应当构成犯罪并承担相应的责任,被害人过错在此情况下可以作为从宽量刑情节。

在我国,很长一段时间内,对于被害人过错,刑法及司法解释中都没有明确的规定,只在类似司法解释性质的1999年最高人民法院印发的《全国法院维护农村稳定刑事审判工作座谈会纪要》(以下简称《纪要》)中规定:"对于因婚姻家庭、邻里纠纷等民间矛盾激化引发的故意杀人犯罪,适用死刑一定要十分慎重,应当与发生在社会上的严重危害社会治安的其他故意杀人犯罪案件有所区别。对于被害人一方有明显过错或对矛盾激化负有直接责任,或者被告人有法定从轻处罚情节的,一般不应判处死刑立即执行。"按照《纪要》中的规定,可以阻却死刑立即执行适用的被害人过错有两类,即"明显过错"和"直接责任",可见达到一定程度的被害人过错足以单独阻却死刑立即执行的适用。当然也不排除行为人的基本犯罪事实非常恶劣,即便是存在被害人过错也足以判处死刑立即执行的情况,故《纪要》中使用了"一般"二字,是较为严谨的。直到2009年最高人民法院发布的《人民法院量刑指导意见(试行)》第11条规定:"对于被害人有过错或者对矛盾激化负有责任的,应当综合考虑案发的原因、被害人过错的程度或者责任的大小等情况确定从宽的幅度。(1)被害人有严重过错或者对矛盾激化负有直接责任的,可以减少基准刑的20%~30%;(2)被害人有一般过错或者对矛盾激化负有一定责任的,可以减少基准刑的20%以下。"后续最高人民法院、最高人民检察院、公安部、国家安全部、司法部《关于加强协调配合积极推进量刑规范化改革的通知》,最高人民法院、最高人民检察院《关于办理敲诈勒索刑事案件适用法律若干问题的解释》,最高人民法院、最高人民检察院、公安部、国家安全部、司法部《关于办理死刑案件审查判断证据若干问题的规定》,最高人民法院、最高人民检察院、公安部、司法部《关于依法办理家庭暴力犯罪案件的意见》,最高人民法院《关于贯彻宽严相济刑事政策的若干意见》及各地的量刑指导意见实施细则中陆续规定了被害人过错对量刑的影响。但在司法实践中,对作为量刑情节的"被害人过错"的理解及认定条件仍存在较大争议,不同法院对被害人过错的认定标准和其对量刑影响程度的把握也存在较大差别,致使被害人过错情节在司法适用中有很大的不确定性。如同类型的妻子因家暴故意杀害丈夫的案件,有的判决中认定存在被害人过错情节并从宽处罚,有的判决却不予认定或者认定以后不予从宽处罚。这些问题存在的原因:一是对于作为量刑情节的被害人过错如何认定及适用缺少明确的规定;二是被害人过错表现方式多样,难以界定与划分。

对于作为量刑情节的被害人过错认定条件的讨论,其本质是对被害人在犯罪中地位的讨论。在刑法研究和司法实践中,往往习惯性地将被害人视为一个标准化角色,带着无辜、不幸、同情等一系列标签,而忽视其有血有肉的存在。还原到实际案例中,被害人往往以更鲜活的面孔、更主动的姿态,影响、改变甚至推动着犯罪的发生。在定罪量刑中正确定位"被害人",正确划定"被害人过错"的范围,不仅是基于量刑规范化改革对实质正义的追求,也是司法理性、学术研究对被害人"刻板印象"去标签化的人性还原。对这一角色的关注,将影响我们对犯罪究竟是罪行还是罪人,定罪是针对行为还是行为人,量刑是侧重惩罚还是预防等一系列问题研究和思考的逻辑起点。笔者认为,"罪"所关注的不仅仅是行为,也不仅仅是行为人,而是互动关系。对犯罪的分析、调整和评价单位应当是"加害-被害关系",从而使国家摆脱"被害人总代理"的角色,获得相对中立的刑罚立场。在此基础上,结合现阶段被害人过错影响量刑的理论观点,笔者试从刑罚目的和评价要素,以及意志的相对自由性出发讨论作为量刑情节的被害人过错的认定条件。

1. 被害人过错影响量刑的理论观点

关于被害人过错影响量刑理论基础的争论来源已久,存在多种观点,笔者将这些观点分为从行为人角度出发、从被害人角度出发和从社会整体角度出发三种类型。

(1) 从行为人角度出发的观点

第一,责任分担说。该说认为,被害人过错导致相应被害人应当分担行为人的责任,任何犯罪都存在一定需要分配的责任总量,被害人因过错分担了行为人的一部分责任,相应的,行为人的责任减轻,责任分担的比例与过错程度呈正比。与之相似的还有责任减轻理论,进一步说明了被害人应当分担责任的原因,其核心内容是责任自负、责任转化和责任减轻,认为被害人基于自己过错,对犯罪施加了一定的作用力,被害人的行为和损害结果之间具有因果关系,犯罪结果之所以发生,是因为行为人和被害人共同导致的缘故,所以被害人要承担相应的责任,行为人的责任由此减轻。[1]这两种观点存在的问题:一是被害人能够分担责任的理论基础存疑。有观点认为,被害人承担部分责任的观点是基于个人归责的理念,这

---

[1] 参见肖中华、张少林:《论刑法中的被害人行为的效力依据》,载赵秉志编:《刑法论丛》(第三卷),法律出版社2010年版,第111页。

用于民事领域可能是妥当的,但用于刑事领域存在问题,因为刑事责任是犯罪人对国家所承担的单向责任,是犯罪人应受到的刑法上的否定性评价,而被害人不可能对国家负有刑事责任。① 二是对采此种方法的行为人责任认定结果存疑,通过分担责任方式减轻行为人的责任,表明在被害人有过错的情况下,将不法结果的责任分别分给行为人和被害人。对被害人分担多少责任按照被害人的过错程度,这种分担不考虑被害人过错对行为人的实际影响。对行为人的量刑是总责任减去被害人过错责任,实际上脱离了以行为人为中心的量刑原则。

第二,谴责性降低说。该说认为,被害人过错影响量刑的理由不是被害人遭受的损害小于没有被害人过错的犯罪行为,二者的损害明显是一样的,而是因为犯罪人的应受谴责性得以减轻。"尽管存在着公民对挑衅应该保持正常自我克制的强烈期望,但是一旦人们对这类行为失去自我控制时,在不同程度上,这又是可以理解的。"②该观点的问题在于对被害人过错的范围考虑不周,被害人过错包含多种形式,不仅可能在责任层面上产生影响,也可能在构成要件符合性和违法性上产生影响。

第三,期待可能性降低说。该说认为,被害人过错导致对行为人的期待可能性降低,因此"可以将被害人过错作为期待可能性的具体事由而加以定型化"③。从人趋利避害的本能出发,犯罪人之所以实施犯罪或者造成损害结果的发生都是因为受到这种外在因素的刺激和推动所致,也是为了保全自我价值面对他人过错行为侵犯的本能反应所致,可以在一定程度上宽容犯罪人未能自我克制的行为。该说存在的问题:一方面,与谴责性降低说相似,作为一种责任阻却事由,期待可能性理论作为被害人过错影响刑事责任的理论依据不全面;另一方面,期待可能性在我国现有构成要件体系内,作为免除责任的要件考量,无法对其进行量化和分级,与被害人过错的不同程度难以相互对应。

第四,主客观并合说。在责任分担说和谴责性降低说的基础上,有学者试图对两种观点进行调和,称为主客观并合说,即被害人的过错在一定程度上反映了行为的社会危害性和行为人人身危险性的降低。④ 该说综合考量了被害人过错对行为人行为主观和客观的影响,可以说明被害人过错影响量刑的原因,问题在于该说内容过于笼统,未具体说明如何影响量刑。

(2)从被害人角度出发的观点

第一,有条件的权利理论说。该说认为,权利是有条件的,被害人通过自愿的

---

① 参见陈旭文:《西方国家被害人过错的刑法意义》,载《江南大学学报(人文社会科学版)》2004年第1期。
② 马卫军:《被害人自我答责研究》,中国社会科学出版社2018年版,第112页。
③ 杨丹:《被害人过错的刑法含义》,载冯军主编:《比较刑法研究》,中国人民大学出版社2007年版,第171页。
④ 参见彭新林:《被害人过错与死刑的限制适用》,载《法学杂志》2017年第11期。

(同意或者甘冒风险)或者非自愿的方式(通过侵犯他人的法定权利)减少或者丧失了自身所享有的权利,加害人针对被害人的侵害行为因此而被部分正当化。该说的问题在于:一是合理性存疑,被害人有过错或者甘冒风险是否可以表明被害人对此部分权利的放弃？二是无法合理解释正当化事由如正当防卫、紧急避险的构成条件,在正当防卫的认定中,被害人是否放弃或减少其权利并非必要的考虑因素。在一方实施不法行为时,如果对方无防卫意识,其反击行为不能认定为防卫行为,而按照有条件的权利理论说,实施不法行为一方的权利已经不被保护,那么无论对方反击时是否有防卫意识,都不构成犯罪,显然此种观点与现有通说理论相悖。三是对于被害人减少或丧失的权利范围难以确定,通过自身行为所放弃的权利与行为人的责任难以相互对应或转化。①

第二,自我创设危险理论。来源于早期的"甘冒风险"原则,认为被害人在做一件事情时明知有风险还愿意去做,其就失去了请求赔偿的权利,构成条件包括:被害人对危险的存在必须是"明知"的,被害人自愿地从事了危险行为,并在与行为人的共同作用下实现了该危险。该说的问题:一是主要针对被害人甘冒风险行为,不包括促使行为人实施不法行为、被害人过失错误等情形;二是该说基于客观归责理论,客观归责理论是一套责任认定体系,既包括行为认定、结果认定,也包括因果关系认定,能够有效分析杀人、伤害等缺乏定型行为的规则问题②,但客观归责理论在我国现有构成要件和刑事规范背景下的适用性仍需理论研究,在此前提下,笔者认为不能截取其中的一部分内容作为被害人过错问题的讨论基础。

第三,被害人自我答责理论。意志自由是"被害人自我答责"理论的核心要素,该说认为,对自己管辖范围的事情都由自己负责,强调被害人具有自我答责的能力(类似于承诺能力),以及被害人需要对遭受损失的法益具有处分权限。③ 该说实际上是将被害人过错近似于被害人承诺,但笔者认为被害人过错与被害人承诺虽然具有一定的相似性,但也有本质区分。被害人承诺中被害人对发生的损害结果有认识,且主观上是认同的;而被害人过错中,被害人往往对行为人的行为和造成的损害结果缺少明确认识,且主观上排斥损害结果的发生。

第四,被害人义务违反说。该说认为,可归责于被害人的基础是被害人的功能责任,即被害人负有的"不做任何招致他人伤害自己的事情,并积极预防罪犯伤害自己"④的责任,强调被害人谨慎义务。该说实际上与下文中的成本与效率理论异曲同工,笔者在下文一并讨论。

---

① 参见初红漫:《被害人过错与罪刑关系研究》,西南政法大学 2012 年博士学位论文。
② 参见张明楷:《也谈客观归责理论——兼与周光权、刘艳红教授商榷》,载《中外法学》2013 年第 2 期。
③ 参见于飞、吴大华:《被害人过错影响刑事责任的正当根据初探——自我答责理论之提倡》,载《贵州社会科学》2018 年第 11 期。
④ 高维俭:《试论刑法中的被害者过错制度》,载《现代法学》2005 年第 3 期。

（3）从社会整体角度出发的观点

第一，成本与效率理论。该说与被害人义务违反说相类似，实际上进一步说明了为被害人设置义务的合理性。该说认为，"基于社会整体福利的考虑，赋予被害人一定的预防自身被害的谨慎义务，必然会整体降低控制预防犯罪的社会成本，从而更加有效地预防犯罪的发生"①。这种责任对被害人而言没有任何惩罚意味，也无任何实体影响，其目的仅在于理性地看待犯罪和刑事责任，督促粗心、潜在的被害人增加预防犯罪的成本，从而实现刑罚的最佳效果。② 该说和被害人义务违反说存在的共同问题是：一是当潜在被害人使用了更好的预防措施时，犯罪的风险只不过是被转移至其他的潜在被害人，犯罪控制行为只不过是将犯罪重新分配，而不是防止了犯罪。二是法律不应依赖于经济效率的论证主线，这种功利主义推理模式有违法律的正义属性。三是这种观点给被害人设置了更高的注意义务，这种注意义务设置的合理性需要进一步论证，如果仅从效率或经济的角度出发，难以以此为由影响被害人的权利。

第二，值得保护理论。与成本与效率理论相似，该说认为，"一个具有自我保护可能性也被期待去自我保护的被害人，却放弃了自我保护的措施，此时，他就丧失了应保护性与需保护性"③。该说实际上是从社会和效率的角度来论证有条件的权利理论说，存在的问题是：其一，仅从效率的角度论证被害人存在过错行为即丧失了应保护性的观点缺乏合理性；其二，该理论的适用范围极其有限，通常只能适用于诸如欺诈等"关系对等型"犯罪，在暴力犯罪中的适用性需要进一步论证；其三，这种观点实际上是通过"谴责被害人"来认定犯罪人的责任。

第三，"社会标准"理论。该说认为，法律应该根据社会直觉来分配责任和刑罚。该说的问题：一是迎合公众观点的法律并不必然是"好"的、正义的，对公众口味的迎合，最终将使法律失去权威，还是应采用客观、规范化的标准。二是该说并没有从客观层面或者规范层面说明被害人过错影响量刑的基础，是用一种直觉来解释另一种直觉。

综上所述，从社会整体角度出发的观点给被害人设置了更高的注意义务，这种注意义务设置的合理性需要进一步论证。从行为人角度出发和从被害人角度出发的观点，分别试图从犯罪互动关系双方两个角度来寻找被害人行为影响行为人刑罚合理性的落脚点，但如上所述存在诸多不合理或不完整的问题。笔者认为，对被害人过错影响量刑合理性的讨论，还是要回到对刑罚目的与评价要素的

---

① 刘军：《被害人谨慎义务的对弈思考——以控制犯罪成本为视角》，载《法制与社会发展》2009年第5期。

② 参见王佳明：《互动之中的犯罪与被害——刑法领域中的被害人责任研究》，北京大学出版社2007年版，第71页。

③ 车浩：《被害人教义学的发展：刑事责任的分配与被害人自我保护》，载《政治与法律》2017年第10期。

讨论上来。

2. 刑罚目的与评价要素

关于刑罚的正当化根据,长期存在报应刑论(报应理论)和目的刑论(功利理论)之争。报应刑论认为刑罚是对犯罪的报应,基于恶有恶报的朴素正义观念;目的刑论认为只有在预防犯罪的意义上刑罚才具有价值。现有理论观点和司法裁判中普遍认为应当在量刑中综合考虑报应刑(责任刑)和目的刑(预防刑),"在确定刑罚的时候,要先确定责任刑,责任刑是向后看的、回顾性的,在此基础之上再来讨论预防刑。预防刑是向前看的,就被告人犯罪前后的表现或再犯可能性来讲,未来防止其再犯罪"[1]。笔者认为,讨论被害人过错影响刑罚的理论基础,在责任刑和预防刑二分的基础上,应进一步细化刑罚的评价要素。首先需明确国家的刑罚权,即国家基于犯罪行为对犯罪人实行刑罚惩罚的国家权能和犯罪人的刑罚承受义务来源于哪里?从社会契约理论出发,国家刑罚权来源于与公民签订的社会契约,公民以不做损害他人行为的义务为代价换取国家保护其不受他人侵害的权利,而刑罚权的存在是为了保障社会契约的履行,通过刑法规范划定权利义务范围。国家刑罚权及其所保障的社会契约,本质都是为维护社会秩序服务。社会秩序一直维持下去的动力源于社会契约内含的权利义务关系所发展而来的法律规范(包括刑罚)的正当性、公正性,即订立契约的各方间合理地分配了权利与义务,因"法律乃是公意的行为"[2],其正当性、公正性被包含在制定的过程中。

具体而言,在刑事案件中涉及的与国家签订社会契约的公民可以分为四类:犯罪人、被害人、潜在犯罪人、潜在被害人。相应的,刑罚权的作用或目的分别为:惩罚违反契约的公民,威慑潜在的违反契约的公民(一般预防),通过惩罚犯罪人弥补被害人受到的伤害,并预防犯罪人再犯罪侵害潜在被害人的权利(特殊预防)。既包括对已然发生的惩罚和弥补,也包括对未然发生的威慑和评估。而传统的国家代表被害人诉讼的观点过于强调社会整体,忽视了被害个体,只有充分保证个体在刑事诉讼中的诉求,国家的代表和刑罚的结果才具有正当性。相应的,刑罚的评价要素为行为(客观性质和程度、主观)、结果(客观)、再犯可能性(主观),如图11-1所示。需要说明的是,客观的损害结果不同可能影响行为认定的罪名(如过失致人重伤罪和过失致人死亡罪),但因客观上实际损害结果的发生具有一定的偶然性,可能因某些因素的存在而扩大或缩小,因此,笔者将损害结果在量刑过程中评价。故笔者所用"定罪"和"量刑"均为逻辑意义上的概念,"定罪过程"是指对行为是否构成犯罪、构成何种类型犯罪的性质归类的过程,量刑过程是指将属于犯罪的行为对应某一法定刑区间,进而确定具体刑罚的过程。这两个

---

[1] 周光权:《量刑的实践及其未来走向》,载《中外法学》2020年第5期。
[2] 〔法〕卢梭:《社会契约论》(修订第三版),何兆武译,商务印书馆2003年版,第47页。

过程可能与我们通常所使用的认定构成何罪和判处何种刑罚有所交叉,这种交叉是法律规定中罪名划分的结果。

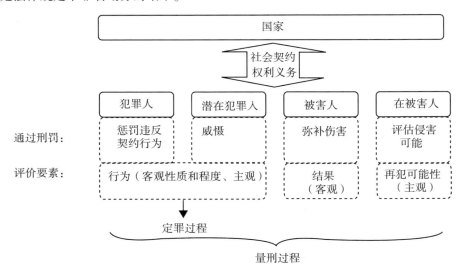

图 11-1 基于社会契约论的刑罚目的和评价要素说明图

基于此,被害人过错对刑罚的影响根据类型的不同而有所不同,根据对行为人行为影响路径的不同,可以划分为影响行为主观的被害人过错和参与行为客观的被害人过错。影响行为主观的被害人过错是指被害人的过错行为对行为人的主观产生影响,进而引发行为人实施不法行为。如因被害人的过错引发争执,行为人殴打被害人、被害人实施人身伤害行为或其他不当行为致使行为人反击等。参与行为客观的被害人过错,主要表现为被害人不当行为与行为人行为相结合共同导致损害结果的发生,或者被害人行为扩大了损害结果。

参与行为客观的被害人过错,直接影响行为人客观行为和损害结果进而影响刑罚。例如,被害人闯红灯违反交通规则在先,因而与另一个违反交通规则的行为人,如酒驾或超速的车辆相撞。对于此种情况,应按照过错比例来分担后果,《交通肇事刑事案件解释》中确立了按事故过错比例认定"重大事故"的标准,这也是责任分担原则的体现,符合公平正义的一般要求。正因为这二者的过错叠加才导致最后损害结果的出现,形成一种特殊"共犯",行为人仅对自身行为部分承担责任。一方面,这种情况下自然应该相应减轻行为人的责任;另一方面,被害人过错行为也可能在构成要件符合性和违法性上产生影响。如上述交通肇事案件中,被害人过错行为使其负事故的全部或者主要责任,行为人因而不符合《交通肇事刑事案件解释》第 2 条规定的入罪标准。而对于影响行为主观的被害人过错,其影响量刑的理论基础争议较大,笔者认为,对此问题的讨论需要明确自由意志的含义和产生过程。

3. 自由意志

一般而言，具有完全刑事责任能力且行为受自身意志支配的人，笔者认为其意志是自由的。问题在于，这是否意味着意志是完全自由的？笔者认为，对这个问题的讨论，需要回归到人的意志，或者说何谓自我这个本源问题上。康德哲学将人的主体性，即自由意志置于至高无上的地位，行为人负担责任是因为个体只受个体理性的支配，个体的意志是完全自由的，因此，如果个体基于自己的理性选择了违反道德律令的行为，就应当因此而负有相应的道德责任。从现有研究的角度来看，康德哲学的局限在于它无法说明实施相同性质犯罪的犯罪人为何适用不同的刑罚量，忽视了人首先是与"他人"共在的。"意志自由只是借助于对事物的认识来做出决定的那种能力。"①在此基础上，主体际理论逐渐兴起，主体际理论认为，自我在某种意义上仍然依赖于自然世界，受因果律的支配。认可犯罪主体行为所受到的来自他者主体的影响，他者主体的过错行为完全有理由分担部分犯罪主体之责任。

康德哲学是从内在的自我意志控制的角度，强调人对自身行为的控制是完全自由的，无论受到何种威胁或挑衅、辱骂或欺凌，行为人是否通过违法方式实施某一反击行为都是自由的、是可以控制的，从这个角度来看，意志是完全自由的。而主体际理论则是从意志形成过程去关注其起因和规律性。的确，人实施某一行为的意志，来源于自我的思维结构和当下的感受刺激，当下的感受刺激影响行为人形成不同的感受。如他人的辱骂激发出行为人报复的欲望，这是普遍存在于人的意志中的客观规律（规律的"客观性"主要体现在这种引起与被引起的关系不受主体控制，且普遍存在；但因无法排除特例，并结合实践判断标准的需要，对意志产生规律的客观性实际上可以通过是否符合一般人的认知进行判断）。当这种感受刺激进入行为人的思维结构中，或是足够理智地认为实施报复行为造成的负面效应的痛苦大于当下报复的快乐，或是对刑罚的恐惧已经无法抵挡想要报复的欲望，即不同人对于不同价值的排序，进而输出报复或忍耐的意志，基于该意志实施后续的行为。一方面，感受刺激对意志的影响具有一定的客观规律，即挑衅、辱骂等伤害行为会使对方产生报复的意志，而给予帮助、好处等会带来感恩的意志，等等；另一方面，个人的思维结构很大程度上也受到外界因素的影响，其形成与发展存在一定的客观规律，如原生家庭对孩子性格的影响等。所以从这个角度来看，行为人意志的形成与存在，很大程度上受客观环境、客观规律的影响，可以说不仅意志自由本身是相对的，产生意志自由的个体思维模式的形成也不是完全自由的。

在此基础上，结合上文所述刑罚目的及评价要素，笔者认为，对"责任"需进一步进行划分，一是成立犯罪所必须具备的责任（定罪责任），二是案件中所有责任要素所表明的对行为人适用对应刑罚的责任（量刑责任）。定罪过程中评价的

---

① 刘军：《刑法学中的被害人研究》，山东人民出版社2010年版，第67—68页。

责任讨论的是行为人对自身的控制,即整体的行为自由(下文称为行为自由),也是康德主体理论中的自由意志;而量刑过程中评价的责任讨论的是排除长期思维结构和短期刺激中客观规律作用下的行为人选择实施某一行为的自由(下文称为选择自由),即主体际理论中的自由意志。因为在具有完全刑事责任能力的情况下,行为人对自身行为具有完全的控制能力,其行为符合构成要件的,行为人应当构成犯罪并承担责任,这也是我们通常意义上所使用的自由意志的含义。但同时我们不能忽视意志的相对自由,意志的形成和发展不可避免地受到客观规律的影响,包括短期刺激和思维结构的影响,部分客观因素经由客观规律对意志自由造成的影响非行为人所能控制,在量刑中应当予以考虑。只有应归属于行为人之责的人格的形成可以成为且必须成为责任的根据①,故量刑过程中评价的是行为人有"绝对"控制权的选择自由,如图11-2所示。需要注意的是,笔者所使用的"短期"与"长期"是相对意义上的概念,思维结构的形成是一个渐进的过程,而感受刺激则强调某一事件或行为对行为人即时的影响。

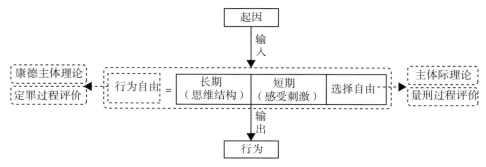

图 11-2　定罪过程中评价的"行为自由"
和量刑过程中评价的"选择自由"关系说明图

其中,长期思维结构、短期感受刺激和选择自由并不是相互独立的,笔者认为三者的关系如图11-3所示。在短期感受刺激作用于个体时,其对个体的影响通过两个过程起作用:一是直接通过客观规律引起行为人行为冲动,如辱骂、挑衅等对个体带来反击冲动,这种冲动的存在是基于人的意识的共性,属于客观规律;二是冲动的大小、作用力的大小受到个体主观上长期思维结构的影响,即个体通过其个人经历、对行为后果反馈的学习等过程所形成的个体化的思维结构,一般外在表现为个性,内在表现为对不同利益的排序、对不同事件重要性、影响力的认识和反应等。换句话说,长期思维结构是处理短期感受刺激引发冲动,并对其赋予权重的过程。短期感受刺激通过客观规律和个体主观长期的思维结构对行为人意志产生影响,其中,客观规律是人类个体中共性的、普遍存在的,更偏重影响

---

① 参见〔日〕西田典之:《日本刑法总论》,刘明祥、王昭武译,中国人民大学出版社2007年版,第159页。

输出冲动的"质",而长期思维结构是个性化的、不同个体间存在显著分化的,更偏重影响输出冲动的"量"(当然,特殊的长期思维结构也会影响输出冲动的质,如存在受虐倾向或因特殊经历而形成的对某一行为的特殊认知和反应等),在二者的共同影响下输出该短期感受刺激作用于个体所引发的反击冲动。该冲动进而与违法成本进入个体的比较"天平",最终的选择过程即为该个体的选择自由,输出的结果即为行为自由。可以说,选择自由是对行为冲动与其对违法成本认知共同作用下的选择,最终如何选择是个体自由的体现,也是不法行为及其后果可归责于个体的原因。根据这一个体意志模型,能很好地解释很多问题,比如为什么在挑衅或攻击后,短时反击较之间隔一段时间的长期反击更值得宽宥的原因,再如为什么累犯作为法定量刑情节要加重对行为人的处罚等。同时,短期感受刺激经过意志—行为的输出过程并产生结果,经过个体的理解识别和偏好选择,可能会进一步成为思维结构的影响因素,思维结构是在感受刺激的不断积累、反馈、选择中形成的。

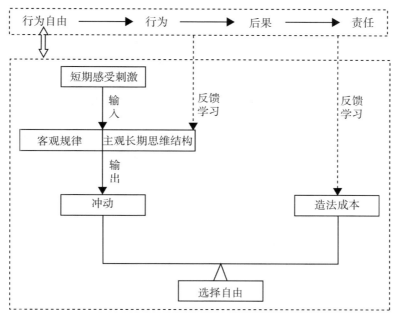

图 11-3 长期思维结构、短期感受刺激和选择自由关系说明图

基于该模型,影响行为主观的被害人过错一般属于短期的感受刺激,如被害人对行为人实施辱骂、殴打等行为,引起行为人的反击冲动符合意志产生的客观规律,从而影响行为人的选择自由。此时行为人控制能力并未减弱,但因冲动的作用其选择违反规范的主动性相应减弱。同时,被害人行为需具有不当性,被害人过错行为的不当性为行为人反击冲动的产生提供了正当性,在此种情况下进行反击的,反映出行为人较小的再犯可能性,这属于量刑责任的评价要素,应当在量

刑时予以从宽。正如犯罪学家加罗法洛所言,"这种受到突然或严重过错刺激下所实施的犯罪行为属于一种'瞬间反映',并认为在这种'瞬间反映'下所实施的暴力犯罪甚至是杀人都会失去其恐怖性,因为被害人挑衅所引发的犯罪人愤怒、恐慌、抑制等情绪使得犯罪人处于一种心理功能的失调"①。需要注意的是,对于长期思维结构,如果在客观规律的影响下,其所形成的思维结构展现出明显的反社会性,严重影响其自由选择判断,进而影响行为人再犯可能性的,应纳入量刑的评价中。

4. 被害人过错影响量刑的条件

汇总上文讨论的结论,影响行为主观的被害人过错影响量刑的基础在于:一方面,被害人过错行为对行为人行为意志的引起符合客观规律。因自由意志中自由的"相对性",受到客观规律的限制,行为人的反击行为相较于一般的同类型的犯罪行为,其选择违法的主动性更小,再犯可能性更小。另一方面,被害人过错行为的"不当性"为行为人反击冲动的产生提供了刑罚中可以考虑的"正当性"。参与行为客观的被害人过错影响量刑的基础在于其行为与行为人的行为叠加共同导致构成犯罪,直接作用于行为人的客观行为,或者其行为扩大了损害结果。

基于此,作为量刑情节的被害人过错的认定条件分为两类:①影响行为主观的被害人过错:首先,被害人行为是不当的;其次,被害人行为对行为人行为意志的引起符合客观规律(一般人的认知)。②参与行为客观的被害人过错:被害人行为对犯罪行为(客观性质和程度)和结果(客观)存在实质影响。

---

① 〔意〕加罗法洛:《犯罪学》,耿伟、王新译,中国大百科全书出版社1996年版,第114页。

第十二章　追诉时效

追诉时效如何计算

(一) 裁判规则

我国现行追诉时效的规定以法定最高刑为有期徒刑、无期徒刑和死刑作为计算基准,对于法定最高刑为拘役的,不应直接适用《刑法》第 87 条规定,而应参照有期徒刑适当缩短追诉时效,具体时限的确定应以一年为宜。

追诉时间停止点为追诉开始,即进入立案程序。"不予立案"不仅包括司法机关因各种原因应当立案而未立案,也包括形式上已经立案,但实质上应受追诉的被告人未受追诉的,分为司法人员的渎职行为造成的司法机关在立案后所作出的撤销案件、不起诉决定或无罪判决是错误的和司法机关在对行为人作出立案决定后不了了之两种情况。

(二) 规则适用

追诉时效,是指刑事法律规定的,对犯罪分子追究刑事责任的有效期限。超过此期限的,司法机关不能行使刑权、量刑权与行刑权,也不能适用非刑罚的法律后果,导致法律后果的消灭。《刑法》第 87 条至第 89 条规定了追诉时效制度,因法条规定简单,以及《刑法》分则中罪名法定最高刑的改变,致使在计算追诉时效时对法条的理解存在争议,主要包括三个问题:

第一,法定最高刑为拘役时,追诉时效如何计算。从《刑法》第 87 条规定来看,我国追诉时效的规定以法定最高刑为有期徒刑、无期徒刑和死刑作为追诉时效期限的计算基准[1],这是因为长久以来我国《刑法》分则在法定刑的配置中,最高刑没有低于有期徒刑的,但是 2011 年 5 月 1 日生效的《刑法修正案(八)》中增设的

---

[1]　《刑法》第 87 条规定:"犯罪经过下列期限不再追诉:(一)法定最高刑为不满五年有期徒刑的,经过五年;(二)法定最高刑为五年以上不满十年有期徒刑的,经过十年;(三)法定最高刑为十年以上有期徒刑的,经过十五年;(四)法定最高刑为无期徒刑、死刑的,经过二十年。如果二十年以后认为必须追诉的,须报请最高人民检察院核准。"从该条第(一)项至第(四)项的表述可见,《刑法》仅规定了法定最高刑为有期徒刑、无期徒刑和死刑的追诉时效的计算。

危险驾驶罪,最高刑为拘役;2015年11月1日生效的《刑法修正案(九)》增设的使用虚假身份证件罪、盗用身份证件罪和代替考试罪三个罪名的最高刑亦为拘役。因为追诉时效的规定并未随着这些罪名的增设而修改,所以对于法定最高刑为拘役的罪名,追诉时效如何计算存在争议。有观点认为,根据我国《刑法》第87条的规定,法定最高刑为不满五年有期徒刑的,经过五年不再追诉。拘役没有超过五年有期徒刑,依照现有法律规定追诉时效为五年。另有观点认为,拘役比有期徒刑更轻,追诉时效应当更短。对此,笔者认为,法定最高刑为拘役的追诉时效应当参照有期徒刑进行缩短。一方面,拘役与有期徒刑属于不同种主刑,法定最高刑为拘役和有期徒刑的罪名的危害性也存在显著不同,而追诉时效的长短应当与罪行的轻重和刑罚的轻重相适应,所以法定最高刑为拘役的罪名,其追诉时效应当与有期徒刑的追诉时效作出区分,不应直接适用我国《刑法》第87条规定。另一方面,危险驾驶、使用虚假身份证件、盗用身份证件、代替考试这四种行为比较容易查获、证据容易固定,无须设定过长的追诉时效期限。在具体时限的确定上,应以一年为宜,因拘役的期限为一个月以上六个月以下,数罪并罚时最高不能超过一年,参照《刑法》第87条规定,追诉时效一般与法定最高刑的上限相当,结合司法机关办案一般所需的时间,对于法定最高刑为拘役的罪名,设置一年的追诉时效较为适宜。①

第二,我国《刑法》对追诉时效仅规定了追诉时间计算的起点和中断,而缺少对追诉时间停止点的规定,由此造成了对追诉时间计算停止点的不同认识。追诉时间即从犯罪之日(有连续或继续状态的,从行为终了之日)到行为人被追诉这一时间段,传统的观点有三种:一是追诉时间停止点为追诉开始即进入立案程序,二是追诉时间停止点为提起公诉时,三是追诉时间停止点是完成追诉即审判结束。笔者赞同第一种观点,理由在于:其一,追诉是追查、提起诉讼,只要行为人所犯之罪经过的时间到案件开始进入刑事诉讼程序时尚未过追诉期限,就可以对其追诉。其二,设立追诉时效的目的是节约长时间没有被司法机关发现或者无人控告的案件的司法资源,而进入立案阶段说明司法机关已经发现线索或者已经有人控告,追诉时间理应停止计算。其三,侦查活动的内容主要是收集、固定证据,这些措施需要花费大量的时间,因此在侦查活动开始时停止计算追诉时间更有利于侦查活动的持续开展。② 其四,如果不以立案作为追诉时效终期,可能出现立案后时效超期的情况,不当地消耗司法资源。2017年最高人民法院通过个案法律适用答复的方式③,明确了追诉时效的终期以立案侦查为节点。

---

① 参见董丽君、赖早兴:《追诉时效制度适用中的疑难问题》,载《河南警察学院学报》2018年第4期。

② 参见石经海、王桢:《以立案侦查为时效终期之检讨——从〈答复〉的规定切入》,载《山东警察学院学报》2019年第1期。

③ 详见福建省高级人民法院《关于立案追诉后因法律司法解释修改导致追诉时效发生变化的案件法律适用问题的请示》以及最高人民法院《关于被告人林少钦受贿请示一案的答复》。

第三,对于《刑法》第 88 条中的"不予立案"如何理解。《刑法》第 88 条第 3 款规定:"被害人在追诉期限内提出控告,人民法院、人民检察院、公安机关应当立案而不予立案的,不受追诉期限的限制。"其中的"不予立案"通常理解为在被害人控告后,司法机关因各种原因应当立案而未立案。实践中存在虽然形式上已经立案,但实质上应受追诉的被告人未受追诉的情况,此种情况也应属于《刑法》第 88 条中的"不予立案",具体分为两种情况:一是因司法人员的渎职行为造成的司法机关在立案后所作出的撤销案件、不起诉决定或无罪判决是错误的情况,从实质来看与"不予立案"无差异,都是因为司法人员而使犯罪行为未受到追诉,应适用时效延长制度。二是司法机关在对行为人作出立案决定后不了了之,没有进一步处理,也未结案的情况的,可以适用追诉时效延长的规定。

【指导案例】蒋某某等以危险方法危害公共安全案[①]——**违规修建危房并销售的行为如何认定及追诉时效如何计算**

2007 年,被告人蒋某某伙同周某 1(另案处理)在遵义市汇川区高桥镇鱼芽村河边组周某 1、周某 2、陈某三户的土地上修建了一栋八层高的楼房。该楼房为两个单元,共计占用土地为 654.6 平方米(其中经相关部门批准的用地面积为 80 平方米,建筑面积为 160 平方米,非法占用土地面积为 574.6 平方米),内有房屋 40 余套,建筑面积共约 5000 平方米。该楼房建成后至 2010 年止,被告人蒋某某陆续售出该楼房的房屋共计 40 余套,获得购房款共计人民币(以下币种同)200 多万元。经遵义中审司法鉴定所评估,被告人蒋某某修建楼房一单元已卖部分的建造成本为 537197.00 元,未卖部分的建造成本为 264294.00 元,市场价值为 880980.00 元;二单元已卖部分建造成本为 1426896.00 元,未卖部分建造成本为 109094.00 元,市场价值为 363645.00 元。2015 年 6 月,遵义市汇川区对辖区内居民房屋质量及安全性开展排查,认为案涉楼房存在一定安全隐患,建议拆除。2015 年 6 月 20 日至 21 日,汇川城投公司委托贵州省瑞昌房屋拆除工程有限责任公司拆除了案涉楼房。2015 年 7 月 9 日,汇川城投公司与众惠检测公司补签了建设工程检测合同。2016 年 1 月 13 日,检测公司作出书面说明,认为根据现场检测,案涉楼房承重结构承载力不能满足正常使用要求,整体出现险情,构成整幢危房,评定为"D"级危房。

一审认定被告人蒋某某构成重大责任事故罪,而后二审裁定发回重审后,法院认定蒋某某构成以危险方法危害公共安全罪。本案中,被告人蒋某某伙同他人在集体土地上自建楼房并转让牟利,所建房屋没有获得施工建设的用地、规划许可,无施工图纸及技术资料,没有保障质量及安全的具体措施,施工人员非专业技

[①] 案号:(2017)黔 0303 刑初 36 号,审理法院:贵州省遵义市汇川区人民法院。

术人员,房屋建成后也未经相关部门验收,房屋出卖后存在楼房局部墙体裂缝、局部钢筋裸露、锈蚀,砂浆强度低等情况,存在严重的安全隐患,被相关检测机构评定为"D"级危房。被告人蒋某某的行为符合在生产、作业中违反有关安全管理的规定,但是并未因此发生重大伤亡事故或者造成其他严重后果,不符合重大责任事故罪的构成要件,所以二审法院裁定发回重审是正确的。而蒋某某的行为虽未造成实际的损害结果,但其建设危房并出售的行为已经足以危及在案涉房屋中居住、往来的不特定多数人的生命、健康及公私财产安全。房屋已经出现墙体裂缝、钢筋锈蚀等一系列问题,存在倒塌的危险,具有与放火、决水、爆炸和投放危险物质相当的危险。其行为已触犯《刑法》第114条"放火、决水、爆炸以及投放毒害性、放射性、传染病病原体等物质或者以其他危险方法危害公共安全,尚未造成严重后果的,处三年以上十年以下有期徒刑"的规定,构成以危险方法危害公共安全罪。

在本案的审理中,辩护人提出被告人蒋某某修建的房屋于2007年建成,即便其行为构成犯罪,也已经超过追诉时效。对此,《刑法》第89条第1款规定:"追诉期限从犯罪之日起计算;犯罪行为有连续或者继续状态的,从犯罪行为终了之日起计算。"因此,判断追诉时效需先考查行为终了的时间。本案中,被告人蒋某某违反规定建造危房的行为已经终了,如果以重大责任事故罪追究蒋某某刑事责任的话,其犯罪行为已经终了。但如上所述,从以危险方法危害公共安全的行为来看,蒋某某的犯罪行为是建造危房并销售给公众的整体行为,其建造行为虽停止,但销售行为一直在继续,直至拆除时尚有部分房屋未销售,且其将危房销售后买房者的使用状态一直存在,危害公共安全的状态一直持续,即蒋某某危害公共安全的行为和不法状态同时继续,属于继续犯。① 根据《刑法》第89的规定,对继续犯的追诉期限,从犯罪行为终了之日起计算,因蒋某某的行为尚未终了,故未超过追诉时效,其辩护人关于本案已过追诉时效的辩解不成立。

---

① 继续犯,也叫持续犯,是指行为从着手实行到终止以前,一直处于持续状态的犯罪,判断时要求实行行为与不法状态同时继续。如非法拘禁,行为人从着手非法剥夺他人人身自由到恢复他人人身自由为止,其非法剥夺他人自由的行为一直处于持续状态中。

第十三章　放火罪

一、尚未造成严重后果的放火行为既遂标准如何界定

(一) 裁判规则

《刑法》第114条规定的尚未造成严重后果的放火罪属具体危险犯,在既遂的判断标准上,应以放火行为对公共安全造成了紧迫危险为既遂标准,即火力燃烧目的物使公共安全处于迫切的危险之中。此种标准可以弥补"独立燃烧说"的不足,将因放火行为引起的危险包含到紧迫危险的内容中,肯定了难以独立燃烧但通过燃烧产生有毒物质危害公共安全的情况。

在是否产生紧迫危险的具体判断上,包括正向判断和反向判断两个方面。正向判断上,行为是否产生危害公共安全的紧迫危险应结合实际客观情况进行综合判断,考查该行为是否使公共安全陷入危险中,即在犯罪行为停止、事态不再向前发展时,以所查明的所有客观情况为判断资料,以科学上的因果法则为标准判断放火行为所造成的危险是否迫切。反向判断上,以该危险是否失控为标准,排除尚在行为人控制当中的危险。

(二) 规则适用

放火罪的既遂标准是十分复杂的问题,涉及对放火行为性质的理解、放火罪的法条设置、具体危险犯既遂标准等多方面内容,一直是理论界与实务界研究的重点问题。对尚未造成严重后果的放火罪既遂的界定,须先明确其犯罪类型。根据犯罪构成是否以实际发生犯罪结果为条件可将犯罪分为实害犯与危险犯。所谓危险犯,就是指以发生某种危险状态作为构成要件的犯罪。其中,根据认定时对法益发生侵害危险程度的不同要求,危险犯可分为具体危险犯和抽象危险犯。前者指需要在司法上就具体个案是否存在现实的、具体的危险进行判定的类型。后者是指在立法上以一般的社会生活经验为根据认定行为通常具有发生侵害后果的危险,而无须个案认定,如煽动分裂国家罪。具体危险犯与抽象危险犯都是以对法益发生侵害的危险作为处罚依据的犯罪,但是,前者的危险是需要司法上具体认定的,后者的危险是立法上推定的。

因为放火行为一经实施，火势一旦蔓延，其发展状况往往难以控制，以致造成无法挽回的严重后果，故许多国家将放火罪规定为危险犯，以实现对法益的提前保护和对放火行为的严厉打击。根据《刑法》第114条和第115条的规定，放火罪有两种不同形态，分别适用不同的法定刑幅度：一是尚未造成严重后果的，处三年以上十年以下有期徒刑；二是已致人重伤、死亡或者使公私财产遭受重大损失的，处十年以上有期徒刑、无期徒刑或者死刑。《刑法》第115条以造成严重后果为既遂标准，为典型的实害犯，而第114条规定的既遂标准表述为"危害公共安全，尚未造成严重后果的"，规定较为简单，故对此条中尚未造成严重后果的放火罪是否属于具体危险犯存在争议。① 笔者认为，《刑法》第114条规定的放火罪是具体危险犯，理由在于：其一，从立法论的角度，不是任何放火行为都会危害公共安全，而应结合具体情况进行分析，只有达到危害公共安全程度的，才须以刑罚规制。如在空旷无人的广场上焚烧自己的财物，不会也不可能给这一公共场所造成安全上的隐患，故而不会构成放火罪。其二，从司法论的角度，《刑法》第114条在规定了放火的实行行为后还专门规定了"危害公共安全"这一要件，由此可见，仅仅实施放火行为还不够，上述行为必须同时危害了公共安全。因此，对于放火行为，并不是一经实施即可直接推定为危害公共安全，而是要结合行为实施的环境、侵害的对象、事后产生的影响等因素进行分析，实践中需要结合具体个案的情况进行认定，属于具体危险犯。

对于尚未造成严重后果的放火罪既遂，在操作层面上，如何界定放火行为已经达到了危害公共安全的程度，理论上存在较多分歧，主要有五种观点：第一，"点燃说"，认为行为人将目的物点燃即构成放火罪既遂；第二，"独立燃烧说"，认为目的物离开媒介物能够独立燃烧的构成既遂；第三，"重要部分燃烧说"，当目的物的重要部分开始燃烧时构成既遂；第四，"丧失效用说"，认为当目的物因燃烧而失去效用时构成既遂；第五，"损弃说"，当目的物因燃烧而损毁的构成既遂。② 在具体危险犯的危险判断方面，也存在多种危险判断理论：一是"主观变动说"，"应将入罪的危险标准向既遂标准（危害公共安全）压缩。至于压缩的程度，应根据行为人的主观恶性进行判断，恶性越低，入罪标准越高"③。二是"综合判断说"，即对于放火罪，根据行为当时的客观情况，具体认定目的物燃烧确已产生了公共危险时才成立放火罪。④ 三是"客观危险说"，主张将所有客观事实作为判断资料，根据客观的因果法则判断目的物燃烧的行为是否足以形成在时间上和空间上失去控制

---

① 参见陈洪兵：《重新审视具体危险犯与抽象危险犯的归类——以案例为进路分析》，载《山东大学法律评论》2011年第1期。

② 参见张明楷：《刑法学（下）》（第五版），法律出版社2016年版，第692页。

③ 谭京凯、洪建平：《论放火罪的停止形态——从焚烧本人财物引发火灾的情形说起》，载《中国检察官》2010年第10期。

④ 参见周光权：《刑法各论》，中国人民大学出版社2008年版，第221页。

的燃烧状态。① 四是"三阶段判断说",将行为时所有客观事实划分为积极的诱因和消极救助因素,当积极的诱因已经使法益陷入危急状态,而消极救助因素的出现又不属于值得信赖的情形时,就应该肯定具体危险的存在。②

对于放火罪的既遂标准,现阶段我国刑法通说倾向于采用"独立燃烧说",即只要放火行为将目的物点燃后,已经达到脱离引燃媒介能够独立燃烧的程度,即使没有造成实际的损害结果,也应视为放火罪既遂。采此学说的学者认为,一方面考虑到放火罪侵害公共安全的特性,在发生人身、财物的实际损害之前,以目的物独立燃烧为标准,能够将既遂的认定时间提前,更有利于公共安全的保护;另一方面考虑到我国建筑物建造的特点,多为钢筋混凝土或砖石,达到独立燃烧需要一定的时间,故采取"独立燃烧说"并不会使既遂的认定时点出现太大偏差。③ 但该理论也受到多种批判:第一,会导致针对难燃性目的物的放火行为,因无法达到独立燃烧状态,而只能成立放火罪未遂。随着建筑物新型材料的广泛应用,耐燃性建筑材料在目的物独立燃烧前,因燃烧产生的有毒有害物质也可能对人造成损害,从而危害公共安全,此种情形认定为未遂不利于对公共安全的保护。第二,根据我国《刑法》第114条的规定,放火罪属具体危险犯,而目的物达到独立燃烧的标准,只是达到了抽象危险的标准,具体危险是否存在,仍要结合客观情况和危害程度等进行综合认定,故"独立燃烧说"实际上与我国放火罪的具体危险犯性质相背离。

为了弥补"独立燃烧说"的上述缺陷,有观点认为,在目的物独立燃烧基础上增加"持续性"要求,或者运用"延烧"的标准,即存在火势蔓延至整体的风险。④ 这一观点实质上是通过进一步限制"独立燃烧"状态使之向危害公共安全的紧迫危险靠拢。如本书第八章"犯罪形态"中的第一个问题所述,具体危险犯的既遂须对公共安全产生危险并达到紧迫的程度,对于紧迫危险的认定主要通过判断资料、判断时点和判断标准等方面来对危险状态进行限定,并采用等置模型为分析工具,即法官应设"身"处"地"综合全部情节判断行为所造成的危险是否达到紧迫危险的程度。在此基础上,根据我国《刑法》第114条的规定,将实质危害公共安全作为放火罪的既遂标准,即火力燃烧目的物使公共安全处于紧迫的危险之中,此种标准可以弥补"独立燃烧说"的不足,将因放火行为引起的危险包含在紧迫危险的内容中,肯定了难以独立燃烧但通过释放有毒物质危害公共安全的情况。

对于放火罪中紧迫危险的具体判断,笔者认为,一方面,危险的正向判断上应结合全部实际客观情况,对放火行为是否产生危害公共安全的紧迫危险进行判

---

① 参见张明楷:《刑法学(下)》(第五版),法律出版社2016年版,第691页。
② 参见欧阳本祺:《论刑法上的具体危险的判断》,载《环球法律评论》2012年第6期。
③ 参见黎宏:《论放火罪的若干问题》,载《法商研究》2005年第3期。
④ 参见张明楷:《未遂犯论》,法律出版社、成文堂1997年版,第174—176页。

断,考查该行为是否使公共安全陷入危险中。一则可以避免上述"主观变动说"中主观归罪或纵容犯罪的情况,二则可以避免对"一般人"理解的争议和判断的难题,从而使对危险的判断更加客观,且具有一致的标准。具体而言,须从判断资料、判断时点、判断标准三方面入手,明确危险的判断思路。判断资料,即哪些资料可以作为判断紧迫危险的依据。在放火行为处于停止状态后,侦查人员会通过多种方式如现场勘察、询问相关人员、搜集证据等进行调查,有时会出现行为人所认识到的情况、一般人认识的情况和客观情况相冲突的情形。对此,应当以所查明的所有客观情况为判断资料,包括放火行为的实施状况、对象物性质结构、周边环境,如行为时的气候、风力、气温等。判断时点上,应以行为后、事态处于停止状态时对判断的资料展开搜集、对危险进行判断。判断标准上,以科学上的因果法则为标准,可以根据火势的大小、周边可燃物性质结构等外部客观情况判断放火行为造成的和可能造成的损害结果。放火行为所导致的危险状态体现为目的物或其他可燃物燃烧,能够以一定的外在状态表现出来。如放火现场的目的物燃烧剩余物、火势蔓延到其他财物的燃烧痕迹等,且只有在行为后、事态处于停止状态时才可对危险状态进行判定。因为火灾未停止时,难以预测火势的后续情况,亦难以判定该危险状态是否会转化为实害结果。另一方面,为了弥补传统判断方法在认定危险紧迫性时标准难以把握的问题,应增加限定危险迫切程度的反面路径,即以放火行为是否失控为标准,排除尚在行为人控制当中的危险,在行为人控制范围内的火势一般难以造成危害公共安全的紧迫危险。只有在当事人不能够控制事态发展,不能够依靠自己力量阻止实害结果发生时,才可以认定为足以危害公共安全。

【指导案例】谢俊华放火案[①]**——在堆放易燃物区域多次打着打火机的,是否可以认定为放火罪既遂**

2017年4月11日9时许,被告人谢俊华去到广州市花都区狮岭镇新庄村新花路9号奥维拉箱包有限公司(以下简称"奥维拉公司")厂区内,要求厂方管理人员任某某结算工资无果后,遂回宿舍取水果刀1把、打火机1个,又到厂区包装部拿上"白电油"1瓶(约180毫升),再次找到厂方负责人索要工资。其间,谢俊华手持水果刀、"白电油"和打火机,在堆放塑胶、里布等生产原料的车间内,多次打着打火机,扬言放火威胁在场人员。公安民警接报警后赶到现场对谢俊华进行劝说,并安排消防人员到场,双方僵持近一个小时,谢俊华在厂方支付其人民币2360元工资后仍拒绝放下纵火工具,在民警远离谢俊华后,其携带纵火工具离开涉案厂区回到宿舍。公安民警在该厂宿舍楼下抓获谢俊华,现场起获水果刀1把、打

---

① 案号:(2017)粤0114刑初1323号,审理法院:广东省广州市花都区人民法院;(2018)粤01刑终255号,审理法院:广东省广州市中级人民法院。

火机 1 个、"白电油" 1 瓶。经检验,涉案"白电油"检出的主要成分为正己烷、正庚烷、环己烷及甲基环己烷,涉案塑胶的燃烧速度为沿长度方向 63 毫米/分,涉案里布的燃烧速度为经向 230 毫米/分、纬向 231 毫米/分。

本案一审法院认为,被告人谢俊华违反法律规定,放火危害公共安全,尚未造成严重后果,其行为已构成放火罪。谢俊华放火的行为,依法应当适用"三年以上十年以下有期徒刑"的量刑幅度予以处罚。谢俊华已经着手实施犯罪,由于意志以外的原因而未得逞,是犯罪未遂,可以比照既遂犯从轻或者减轻处罚。辩护人认为被告人的行为属犯罪中止,并向广东省广州市中级人民法院提出上诉,后二审法院改判为破坏生产经营罪,判处拘役四个月。

本案中,上诉人谢俊华以即时取得工资为目的,并为了宣泄内心的不满,持水果刀、"白电油"和打火机在放置生产原料的公司车间内扬言放火,查证的相关证据如执法记录仪拍摄的录像以及奥维拉公司相关人员、到场民警的证言等证据可以证实,谢俊华当时在情绪激动的情况下,虽多次打着打火机靠近生产原料,但并未显现要点燃生产原料的意图,谢俊华当时的情绪、言语可以反映出其是为取得工资而以扬言放火的方式相威胁,并宣泄心中的怨恨。在民警到场后也是为了不被抓获而以此相威胁,主观上不具有点火的意图,虽多次点燃打火机,但未实施点燃可燃物的行为,仅以点火行为进行威胁,未实施放火罪的实行行为,不构成放火罪。

假设本案中谢俊华主观上存在放火的故意,并实施点燃可燃物行为的,应分情况处理:如果其在打着打火机时,未释放"白电油"中的可燃气体,但已经点燃固体可燃物,因从打着打火机到固体可燃物独立燃烧,到对公共安全产生紧迫危险需要一段时间,可视行为停止时对公共安全的危害是否紧迫判断放火罪是否既遂。如果其打着打火机时,已经释放"白电油"中的可燃气体,其点燃打火机的行为,即便实际上未能点燃可燃气体,只要其打着打火机时可燃气体含量达到可以燃烧的标准的,因可燃气体燃烧的易发性、扩散性及失控性,应认定为该行为对公共安全产生了迫切的危险,构成放火罪。

【指导案例】史某荣放火案[①]——**为索要欠款以放火相要挟,泼洒汽油尚未点火的行为如何认定**

2016 年 8 月,经何某 2 介绍,何某 1 认识了被告人史某荣及其丈夫王某,并以发展茶叶产业为由向史某荣夫妇提出借款人民币(以下币种同)5 万元。史某荣、王某夫妇商量后决定借款给何某 1,并向凤冈县农村信用社贷款 6 万元。2016 年

---

① 案号:(2017)黔 0327 刑初 160 号,审理法院:贵州省凤冈县人民法院;(2018)黔 03 刑终 176 号,审理法院:贵州省遵义市中级人民法院。

9月6日，何某1出具了一张5万元的借条给王某，双方约定还款日期不超过一年，且在本金还清之前每月支付利息2500元，何某2、夏某作为在场人均在借条上签了字。随后，史某荣、王某到凤冈县龙泉镇信用社转了47500元到何某1的信用社卡上（扣除当月利息2500元）。之后，何某1只支付了1000元利息给王某，并以各种理由拒绝按约定支付利息。2017年8月，由于王某、史某荣的贷款即将到期，银行向二人催还贷款，于是王某、史某荣夫妇就向何某1、何某2索要借款，但何某1、何某2一直未归还借款，并拒绝与王某、史某荣联系。2017年8月27日中午，史某荣夫妇到何某2父母家通过何某2的父母联系到何某1和何某2，但何某1和何某2还是称无钱归还。于是，史某荣就产生了放火的想法并驾驶一辆摩托车到凤冈县龙泉镇三坝村购买了汽油、打火机后于当日22时又来到何某2的父母家中，要求何某2的父亲何某3找何某2和何某1回来还钱给她，称如果他们不还钱，自己就要死在他们家中，并将汽油洒在自己身上及何某3家的沙发上、地上等处，并手持打火机准备点燃汽油。何某3喊来何兴武劝阻史某荣，同时拨打了报警电话。周围群众相继赶到并劝阻史某荣，但史某荣情绪激动，仍然准备点火，接警后赶到现场的公安民警趁史某荣不注意时将其制服并将其带回公安机关，被告人史某荣到案后如实供述了犯罪事实。

一审法院认定被告人史某荣犯放火罪，判处其有期徒刑一年。被告人史某荣以其为犯罪预备，而非犯罪未遂为由提起上诉。二审法院认为，史某荣是犯罪预备，可以比照既遂犯从轻、减轻处罚或者免除处罚，认定史某荣犯放火罪，判处有期徒刑九个月。本案中，被告人史某荣为了讨要何某1和何某2的欠款，将汽油洒在自己身上及何某3家的沙发上、地上等处，并手持打火机准备点燃汽油，后在群众劝阻及公安民警的控制下未点燃汽油。放火罪的着手一般为行为人点燃可燃物，史某荣洒完汽油，手持打火机，一旦史某荣将汽油点燃，火势可能会不断扩大无法控制，史某荣在洒满汽油的屋内意图点火的行为危险性极高。但汽油属于液体可燃物，其易燃性、燃烧后的扩散性和失控性均低于气体可燃物。虽然液体汽油可能会通过挥发与空气混合，进而形成气态可燃物，但这一过程不仅需要一定的挥发时间，也需要一定的密闭空间，故一般而言泼洒液体汽油行为的危险性小于释放气态可燃物。同时，即便点燃汽油的行为从实施点燃行为到对公共安全产生紧迫危险的时间间隔极短，也不能因此否认该间隔的存在进而混淆放火罪的着手与既遂。本案中史某荣尚未点火即被民警阻止，其未着手实施放火罪的实行行为，更未对公共安全造成紧迫危险。虽然其行为危险性极高，也仅属于为犯罪准备工具、制造条件，因意志以外的原因而未能着手实行犯罪，属犯罪预备。

二、放火罪与失火罪之区分与转化

(一) 裁判规则

放火罪与失火罪在客观方面、犯罪主体和犯罪主观方面都存在不同,判断难点主要在于行为人主观上间接故意与过于自信过失的区分,其中过于自信的过失中行为人对损害结果不会发生的轻信须依据一定的主客观条件。认定行为人对放火行为的主观心态时,因放火行为本身的高危险性属一般常识,对行为人是否可预见放火行为损害结果的发生应采较低的认定标准。

行为人对于其失火行为引起的火灾有采取相应措施的义务。如果行为人明知自己的行为已经引起火灾,可以报警或救助而未履行该义务的,其对火灾这一损害结果的心态由过失转变为故意,可能构成不作为的放火罪。同时须注意,失火后不能仅以行为人是否救火或报警来认定行为人主观是否由过失转化为间接故意,还须考查行为人如果作为是否可以有效避免或减轻损害结果的发生。

(二) 规则适用

放火罪与失火罪的区别在于:第一,犯罪的客观方面不同。失火罪是结果犯,严重的损害结果是失火罪的构成要件之一,因此,必须造成严重后果即致人重伤、死亡或使公私财产遭受重大损失的,才能构成失火罪;放火罪存在危险犯,不以造成上述严重后果为构成要件,只要行为人的行为足以危害公共安全就可以构成放火罪危险犯的既遂,如果致人重伤、死亡或者使公私财产遭受重大损失的,则构成放火罪结果犯的既遂。第二,犯罪的主体不同。失火罪的犯罪主体是年满16周岁具有刑事责任能力的自然人;而放火罪的犯罪主体是年满14周岁具有刑事责任能力的自然人。第三,犯罪的主观方面不同。失火罪行为人的主观方面是过失,包括疏忽大意的过失和过于自信的过失;而放火罪在主观方面是故意,包括直接故意和间接故意。第四,犯罪的既遂和未遂方面不同。失火罪是过失犯罪,以严重的损害结果为法定的犯罪构成要件,不存在犯罪未遂的问题;而放火罪是故意犯罪,存在犯罪未遂、中止等问题。

区分放火罪与失火罪的难点,主要在于行为人主观上间接故意与过于自信过失的区分。间接故意的认识因素是明知损害结果会发生,即行为人从自身角度出发,认为自己的行为必然会或可能会发生某种结果,客观上行为发生损害结果具有较大的盖然性。而过于自信的过失在认识因素的程度和内容上是行为人预见到自己的行为可能会发生危害社会的结果,对行为及损害结果等事实的认识与间接故意认识程度相比,较为模糊、不明确,行为发生损害结果的盖然性低于间接故意。从意志要素来看,间接故意是放任,是为达到某种目的而对其他损害结果的放任,不是简单地对损害结果听之任之或漠不关心,是为了追求特定目的而有意允许损害结果发生。过于自信的过失则表现为不希望,行为人对损害结果的发生持否定、反对的态度,但过高地估计客观事实因素或自己的条件,使得行为人轻信能够避免,从而发生损害结果,因此成立过失犯罪。一般认为,过于自信的过失中行为人对损害结果不会发生的轻信须依据一定的主客观条件,由此使行为人相信可以避免结果的发生。过于自信过失中行为人对损害结果是否发生的认识偏差一般包括三种情况:一是高估自己的能力;二是不当地估计了现实存在的客观条件对损害结果的作用;三是误以为结果发生的可能性很小,因而可以避免发生。而认识这三种情况均需依据一定的主客观条件,如行为人之前的某些经历使其主观上存在高估自身能力或低估现实危险的可能,或者是行为人具有某些可以阻碍结果发生的客观因素,使其基于对这些因素的错误估计而产生轻信。具体认定中对于放火罪和失火罪主观心态进行区分应注意以下问题:

第一,放火行为中对于行为人是否可预见损害结果的发生应采较低的认定标准。这是因为火是一种常见的危险物质,存在可燃物的情况下实施放火行为极易发展成火灾,这属于基本的生活常识。故行为人存在放火行为的,即便可能是为了某一合法目的,或可能只是针对某一物品或某一范围,但因为放火行为本身的危险性和火势发展的不受控制性,行为人本身负有较高的注意义务,应对实施放火行为附近的环境、点燃物的性质等有所了解。故除非存在异常因素,一般行为人实施放火行为,并因而发生损害结果的,一般应认定为行为人在行为前可以预见损害结果的发生。

第二,某些情况下失火罪可以转化为放火罪。放火的行为方式既可以是作为,即用各种引火物直接将公私财物点燃,也可以是不作为,即故意不履行自己防止火灾发生的义务,放任火灾的发生。放火罪中不作为义务的来源包括先行行为的义务,即在行为人的失火行为对刑法所保护的具体法益造成了危险,危险明显增大,如果不采取措施,危险会立即现实化为实害,且行为人对危险向实害发生的原因具有支配的情况下,该失火行为属于先行行为。此时,行为人负有及时补救,免除该对象遭受进一步危难的积极义务。如果行为人明知自己的失火行为已经引起火灾,积极作为能够有效避免或减轻损害结果,可以报警或救助而未履行该义务,符合不作为犯罪的构成要件的,其不作为行为构成不作为的放火罪,此时由失火罪转化为放火罪。

同时须注意,失火后不能仅以行为人是否救火或报警来认定行为人主观是否由过失转化为间接故意,根据本书中第四章对不作为犯罪的相关论述,失火后行为人具有救火和报警的义务。如果行为人不报警也不救火的,虽属不作为,且和损害结果之间存在因果关系,若构成不作为犯罪,还须满足等价性条件,即行为人如果作为可以有效避免或减轻损害结果的发生。换句话说,应考量法益基于何种原因处于危险状态,行为人不履行义务是否是造成损害结果的主要原因,是应将结果归属于前面的失火行为还是后面的不作为行为。只有行为人积极履行作为义务可以有效避免损害结果,损害结果发生或扩大的原因可以主要归责于不作为行为的,行为人的主观由过失转化为间接故意,可以认定其构成放火罪。

【指导案例】刘枝平、白蓉、杨存正、李继平放火案①——在山林中烧烤引发火灾后逃离现场的行为人主观心态如何认定

2016年4月1日早9时许,由被告人杨存正驾驶黑色桑塔纳2000轿车,与被告人白蓉、李继平、刘枝平一同前往太原市尖草坪区崛围山景区。11时许,四人到达太原市尖草坪区马头水乡庄头村村西,被告人白蓉、李继平、刘枝平三人先进入庄头村西侧井儿沟沟底,选择地点后四人开始准备烧烤。被告人杨存正提供打火机,被告人白蓉点火时将沟底杂草引燃,当火势开始蔓延时,四人见无法控制便驾车逃离现场,致使着火地点马头水乡庄头村西侧井儿沟山坳内侧"山西崛围山文化旅游开发有限公司"种植林大面积被烧毁。2016年5月10日,山西崛围山文化旅游开发有限公司根据太原市勘察测绘设计院测量计算,过火面积约232.70亩,烧毁油松、黄栌、刺槐等林木6万余株。经太原市尖草坪区价格认证中心鉴定,被烧毁林木物品等总价值约3781860元。2016年5月10日,被告人白蓉、杨存正、李继平、刘枝平向太原市公安局尖草坪分局迎新街责任区刑警队投案自首,并如实供述了犯罪事实。

本案中四被告人在山林间进行烧烤,点火的直接目的是烧烤,却引发火灾,故本案中四被告人对于火灾后果的主观心态是属故意还是过失存在争议。笔者认为,四被告人的主观心态属间接故意,理由在于:案件发生时正处于护林防火期间(每年3月15日至6月15日为春季森林防火期,9月15日至11月15日为秋季森林防火期),林区在防火期间禁止野外用火。四被告人违反规定进入其中进行烧烤。被告人在供述中提到其知道护林防火期间是严禁烟火的,也知道当时是护林防火的重点时期,四人在上山的路上也曾看到护林防火人员和卡点。而且在山林中使用明火极易引发火灾为基本常识,而四被告人明知火种可能引起火灾,仍点火进行烧烤,为了烧烤而放任可能发生的损害结果,行为时主观上属间接故意。而后当引燃杂草火势开始蔓延时,四被告人既未积极灭火,又未报警防止火势扩大,却开车离去,任火势蔓延,致使公私财物遭受重大损失,其行为系故意不履行自己防止火灾发生的义务,进一步加重了火灾造成的损害结果,故四被告人的行为应认定为放火罪。需要注意的是,四被告人在引燃杂草火势蔓延后的不作为行为,虽然进一步加大了火势,加重了火灾的损害后果,但是该不作为行为自身并不构成不作为犯罪。如本书在第四章不作为犯罪等价性中探讨的,不作为犯罪的等价性要求行为人在其义务范围内积极作为的话足以阻却损害结果的发生。本案中,山林间杂草树叶等可燃物极多,在杂草引燃后,火势迅速开始蔓延,判决认定的事实中也提到,四被告人是在无法控制火势的情况下驾车逃离现场,可见即便

---

① 一审案号:(2016)晋0108刑初247号,审理法院:山西省太原市尖草坪区人民法院;二审案号:(2017)晋01刑终150号,审理法院:山西省太原市中级人民法院。

四被告人积极作为,也无法阻却损害结果的发生。该不作为行为虽不足以单独构成不作为犯罪,但行为人在引发火灾后负有报警义务却只顾逃跑,致使救火工作开展较晚,扩大了其放火行为的损害结果。该不作为行为与前述以点火方式实施的放火行为可视为一个整体,不作为行为所扩大的损害结果亦应归属于该放火行为整体。

本案杨存正的辩护人还提出,当时火不是由被告人杨存正点着的,被告人杨存正不是犯罪行为的具体实施者的辩护意见。对此,本案中放火行为系四人共同商量,共同实施的犯罪行为,且四被告人主观上都存在放任发生火灾的间接故意,在共同犯罪中作用基本相当,不宜区分主从犯。四被告人系共同犯罪,共同犯罪中一人实行的行为导致了犯罪结果的发生,全体共同犯罪人都应对该犯罪结果承担责任,故即便杨存正并未实施点火行为,也应认定为放火罪的共犯。

【指导案例】郑懂明放火案①——吸食毒品产生幻觉后实施放火行为的行为人主观心态如何认定

2017年12月23日5时许,被告人郑懂明在广州市增城区新塘镇锦绣银苑11-902房间休息时,因在外吸食毒品后产生有人要伤害及放火烧他的幻觉,遂使用打火机点燃屋内物品,对房屋内客厅、卧室、厨房等多处进行放火,后用鞋柜、饭桌等物品顶住大门极力阻挠公安民警以及消防员入内扑救火情,后爬出阳台栏杆,持刀与民警进行对峙,更扬言跳楼进行威胁,后被劝下抓获。公安机关出具的现场检测报告、行政处罚决定书证实郑懂明案发前有吸食毒品行为,郑懂明本人亦多次供述其案发前有吸食毒品并产生幻觉的行为。

一审法院经审理认为,被告人郑懂明故意放火危害公共安全,其行为已构成放火罪。被告人郑懂明以其没有放火的故意,没有作案动机,引起火灾是过失为由提出上诉,二审法院维持原判。本案中,被告人郑懂明使用打火机点燃屋内物品,对客厅、卧室、厨房等多处进行放火,且阻挠公安民警以及消防员扑救火情,其行为符合放火罪构成要件。问题是被告人郑懂明是在吸毒后产生幻觉的情况下实施的放火行为,其主观上是属于故意还是过失存在争议。本书第七章"有责性判断"中讨论过对于处于醉酒、吸毒等状态下的行为人实施危害公共安全行为的,主观心态应当根据其实施陷入醉酒、吸毒等状态的行为时对损害结果的认识和意志状态来认定其对结果所持的主观罪过。一般而言,行为人在吸毒时应当知道吸毒后其可能处于产生幻觉的状态,且在案论据显示被告人郑懂明并非首次吸毒,故在行为人实施自陷行为,即吸毒行为时,其对处于产生幻觉的状态下的行为

---

① 一审案号:(2018)粤0118刑初303号,审理法院:广州市增城区人民法院;二审案号:(2018)粤01刑终1817号,审理法院:广东省广州市中级人民法院。

不受控制,可能实施犯罪行为是明知的,而仍然实施吸毒行为,放任损害结果的发生,其主观上对于损害结果的发生持概括的故意。故本案中被告人郑懂明实施的放火行为涵盖在其吸毒时对其后可能实施犯罪行为的概括故意之中,其对损害结果的心态应认定为故意,其行为构成放火罪。

【指导案例】章来富放火案①——行为导致可燃物冒烟后,采取脚踩方式灭火并逃离,而后发生火灾的,是否构成不作为放火罪

2013 年 9 月 3 日,被告人章来富与宁国紫江椅业有限公司(以下简称"紫江椅业公司")签订了 7 号车间的生产经营承包协议,从事"软体沙发"的生产(7 号车间实指 4 号半成品车间和 5 号成品车间)。经营过程中,被告人章来富与紫江椅业公司法定代表人叶某产生矛盾,对叶某心存不满。2015 年 1 月 25 日 18 时许,被告人章来富驾车行至紫江椅业公司西大门外,为防止门卫值班人员发现,被告人章来富翻栅栏进入厂区,然后经窗户攀爬潜入 5 号车间后进入 4 号车间。在进入 4 号车间内的粘棉车间后,被告人章来富明知弹簧包可能发生自燃,其仍坐在粘棉车间存放的弹簧包上,后发现所坐的弹簧包发热冒烟,即用脚踩压弹簧包,之后弹簧包起火燃烧(火灾起因是章来富点火还是弹簧包自燃存在争议,被告人的 4 次供述亦不一致,现有证据证实弹簧包在喷过胶水后有自燃的可能,在案证据未能排除合理怀疑,故认定火灾起因为弹簧包自燃)。被告人章来富在明知弹簧包已经燃烧的情况下,未采取任何救火措施,也未报警处理,即逃离现场。大火被 5 号车间内的值班人员发现并报警,经消防官兵数小时扑救,大火被扑灭,起火燃烧的 4 号车间厂房及车间内的货物均被烧毁。

案发后,经勘查:紫江椅业公司位于宁国经济技术开发区河沥园区宜黄路边,4 号车间位于厂区内东南角,为钢结构厂房,隔壁 5 号车间与 4 号车间有一过道相连,5 号车间堆放有大量沙发成品;5 号车间与办公楼相对,间隔一水泥路;5 号车间西侧与一在建厂房钢架相邻;紫江椅业公司西邻宜黄公路,南隔一水泥路与亿农菌业公司相邻,东邻一未建工地,北邻一荒地;亿农菌业公司北侧架设有高压线,紫江椅业公司东侧未建工地的东侧架设有高压线。经鉴定,被烧毁厂房价值人民币 166.4298 万元,被烧毁厂房内存放的原材料和半成品价值人民币 146.7476 万元,以上财物共计价值人民币 313.1774 万元。

被告人章来富在坐在弹簧包上致其自燃导致起火后,该行为已经对刑法所保护的法益造成了危险,且如果不采取措施,危险将明显增大,会现实化为实害,该行为属于先行行为,被告人负有扑灭已经起火的弹簧包并阻止其燃烧蔓延的特定

---

① 一审案号:(2015)宁刑初字第 00212 号,审理法院:安徽省宁国市人民法院;二审案号:(2016)皖 18 刑终 75 号,审理法院:安徽省宣城市中级人民法院。

义务。被告人负有作为义务,却在车间堆放有大量易燃品的情况下未采取任何施救措施,也未报警,即逃离现场,引发了火灾,其行为已危及不特定多数人的生命和重大公私财产的安全,属于不作为的放火行为。被告人章来富逃离时如果及时履行其作为义务,可以有效避免损害结果的发生,故被告人的不作为行为与火灾的损害结果之间存在因果关系。被告人章来富作为从事沙发生产行业多年的人员,在清楚车间堆放的均是易燃品的情况下,其主观上明知该危险状态继续发展下去将发展成为火灾却逃离现场,未采取任何救火措施,也未报警处理,可见被告人对火灾的发生持放任或希望的态度,主观上属故意。综上,被告人章来富构成放火罪。

三、如何区分放火罪与寻衅滋事罪、非法携带危险物品危及公共安全罪、敲诈勒索罪等相关犯罪

(一) 裁判规则

若行为人以自焚相威胁,或利用他人对放火的恐惧达到无事生非等目的,不足以危害公共安全但情节恶劣、扰乱正常社会秩序的,应认定为恐吓型寻衅滋事罪。

放火罪和非法携带危险物品危及公共安全罪的区别主要在主观方面:放火罪中,为放火携带易燃物品的,行为人主观上具备纵火的故意;而非法携带危险物品危及公共安全罪对行为人主观上是否存在放火的故意没有要求。行为人是否具有放火故意可以通过对其携带可燃物的种类、含量、目的地、用途等多方面进行考查。

对于以放火行为作为威胁手段的,应视具体行为目的进行区分:如果行为人的放火行为是为了使被害人陷入恐惧心理,进而取得财物的,则构成敲诈勒索罪;如果行为人的放火行为虽然使被害人陷入恐惧心理,但行为人的主要目的是烧毁财物进而危害公共安全的,则构成放火罪。

(二) 规则适用

放火行为作为一种犯罪方式,不仅存在于放火罪中,视具体情况不同,可能构成寻衅滋事罪、非法携带危险物品危及公共安全罪、敲诈勒索罪等相关犯罪。在把握放火罪与以放火方式实施的上述犯罪的区分上,应当注意以下几点:

第一,放火罪与寻衅滋事罪的区分。《刑法修正案(八)》在寻衅滋事罪的客观行为中增加了恐吓行为。恐吓行为的表现方式多样,其中包括以自焚或者点燃可燃物等进行威胁的方式,此种行为是构成危害公共安全的放火罪还是恐吓型的寻衅滋事罪,主要看行为人是否实施了放火行为,以及放火行为是否可能达到足以危害公共安全的程度。放火罪以行为人实施点火行为为实行行为,且行为人点燃的物品或燃料须具有可燃性,同时综合考量可燃物种类、性质、数量,及其行为是否会危及附近不特定人员的安全,只有可能对公共安全造成紧迫危险的行为才可

构成放火罪。未实施点火行为,或是点燃的可燃物和行为的客观环境使放火行为不存在危害公共安全危险的,不构成放火罪。但在此情况下,如果行为人以自焚或者点燃可燃物相威胁的行为达到情节恶劣、扰乱正常社会秩序程度的,则可能构成恐吓型寻衅滋事罪。进而考查行为人主观上是否具有寻衅滋事的意图,寻衅滋事罪要求行为人主观上具有实施寻衅滋事行为的故意,并希望或者放任侵害社会秩序后果的发生。根据最高人民法院、最高人民检察院《关于办理寻衅滋事刑事案件适用法律若干问题的解释》第1条的规定,行为人为寻求刺激、发泄情绪、逞强耍横等,无事生非,实施《刑法》第293条规定的行为的,应当认定为"寻衅滋事"。因此,在恐吓型寻衅滋事罪中,被告人也往往具有为寻求刺激、发泄情绪、逞强耍横等无事生非的主观内容,在放火行为中往往表现为行为人意图以自焚相威胁,或利用他人对放火的恐惧达到发泄情绪、无事生非等目的。如果行为人的放火行为符合寻衅滋事罪的上述主客观要件的,应认定为寻衅滋事罪。

第二,放火罪和非法携带危险物品危及公共安全罪的区分。两罪同属危害公共安全的犯罪。放火行为往往以携带易燃物品为预备行为,故对于携带易燃物品的行为是认定为放火罪的预备行为,还是非法携带危险物品危及公共安全罪存在一定的争议。为放火携带易燃物品的,行为人主观上具备纵火的故意,即行为人携带易燃物品的目的就是要放火焚烧公私财物,并希望或者放任火灾的发生。而非法携带危险物品危及公共安全罪对于行为人主观上是否存在放火的故意没有要求,只要被告人明知其携带的物品为易燃、易爆、放射性、毒害性、腐蚀性危险物品,而将之带入公共场所,达到情节严重之程度,即构成非法携带危险物品危及公共安全罪。故行为人为放火携带危险物品的,如果该非法携带危险物品的行为达到情节严重的程度,同时构成放火罪预备和非法携带危险物品危及公共安全罪的,属想象竞合,从一重罪处理。如果行为人没有实施放火的意图,只是通过携带的方式运输危险物品的,不构成放火罪,达到情节严重程度的,构成非法携带危险物品危及公共安全罪。行为人是否具有放火故意一般可以通过对其携带可燃物的种类、含量、目的地、用途等多方面进行考查。

第三,放火罪与敲诈勒索罪的区分。敲诈勒索罪是指以非法占有为目的,对他人实施威胁,所获公私财物数额较大或者多次敲诈勒索的行为,其中实施威胁的方式包括自焚或者点燃可燃物。构成敲诈勒索罪须满足两个因果关系,即因威胁手段使被害人产生恐惧心理,被害人基于恐惧心理交付财物,行为人进而取得财产。故对于以放火行为作为威胁手段的,应视具体行为的目的进行区分:如果行为人的放火行为是为了使被害人陷入恐惧心理,进而取得财物的,则构成敲诈勒索罪;如果行为人的放火行为虽然使被害人陷入恐惧心理,但行为人的主要目的是烧毁财物进而危害公共安全的,则构成放火罪。即便行为人的目的是敲诈勒索财物,但如果放火行为失控,实际上危害到公共安全的,也构成放火罪,与敲诈勒索罪按照想象竞合处理。

【指导案例】张晓雷、赵瑞龙寻衅滋事案①——以自焚方式索要钱款的行为如何认定

2016年1月15日,被告人张晓雷、赵瑞龙携带汽油桶、打火机至上海市浦东新区浦东南路1088号地下一层的捷敏酒吧,分别将汽油泼洒在身上,并由张晓雷手持打火机(内无液体),以点火自焚相威胁,欲逼迫该网吧退还张晓雷因在此处玩赌博机输掉的部分钱款。后两名被告人在与网吧工作人员交涉过程中被公安民警当场抓获。

本案争议的焦点在于为达非法目的,以点火自焚的手段恐吓他人,是构成危害公共安全的放火罪还是破坏社会正常秩序的恐吓型寻衅滋事罪。笔者认为,对于本案中被告人张晓雷、赵瑞龙的行为应作如下分析:第一,二被告人的行为不构成放火罪。两被告人携带汽油桶和打火机,将汽油泼洒在身上,并手持打火机扬言自焚,虽形式上符合放火罪的要件,但实质上两被告人实施自焚行为的目的是对网吧相关负责人员进行威胁,进而达到使网吧退回赌资的目的。从其打火机内无液体可以看出,两被告人不是真的想实施自焚行为,且未实施点火行为,泼洒汽油行为本身虽具有一定的危险性,但因液体燃料的易燃性、扩散性和失控性弱于气体燃料,一般需要明火点燃,结合两被告人所使用的打火机实际上不能产生明火,故不应认定为放火罪。第二,两被告人的行为不构成敲诈勒索罪。二被告人威胁的目的是逼迫该网吧退还张晓雷因在此处玩赌博机输掉的部分钱款,因其勒索的财物以自身赌博输掉的钱款为限,且数额较小,不应认定为敲诈勒索罪。第三,二被告人的行为构成寻衅滋事罪。两被告人以自焚相威胁的方式严重影响了网吧的正常经营,破坏了社会秩序。网吧负责人由于害怕发生自焚并引起火灾导致人身及财产的毁损,只能与其谈判退赔事宜,两被告人用自焚相威胁的方式对被害人的精神达到了强制的作用,应认定为寻衅滋事罪中的恐吓。两被告人的行为整体上反映出两被告人无事生非、无理取闹的主观特征。同时,两被告人虽未实施点火行为,也无放火的故意,但往身上浇汽油以自焚的手段来恐吓他人的方式危险性较高,一旦遭遇明火,仍然很容易诱发火灾,从而危害公共安全。两被告人的行为在客观上引起了网吧内人员的恐慌,严重扰乱了该网吧的正常经营,对社会正常生活、工作秩序产生了破坏,两被告人的行为达到了情节恶劣的程度,应认定为寻衅滋事罪。

【指导案例】余永平非法携带危险物品危及公共安全案②——放火罪与非法携带危险物品危及公共安全罪的区分

2002年9月9日上午10时许,被告人余永平携带一支打火机和一桶汽油(10

---

① 参见陆玮:《放火罪与寻衅滋事罪的区分》,载《人民司法》2018年第2期。
② 参见倪宗泽:《余永平非法携带危险物品危及公共安全案》,载最高人民法院中国应用法学研究所编:《人民法院案例选(分类重排本)·刑事卷》,人民法院出版社2017年版,第761—762页。

升)到厦门市后江埭路29号欧阳永盛经营的永康足浴店内。到了店内,余永平放下汽油桶,打开瓶盖,并用手把玩打火机,向欧阳永盛示威。过了一会儿(约几分钟至十几分钟),因店内员工赶来制止,被告人余永平被围住,欧阳永盛对其推打,余永平拿着打火机挥舞,没有打火并逃离现场。当天中午12时许,被告人余永平被电话通知到公安机关,如实供述了上述事实。据查,欧阳永盛欠被告人余永平人民币3000元,且在作案前一天,余永平曾打电话给欧阳永盛称其明天要冲到店里。

本案中,被告人余永平明知自己携带的危险物品为易燃物品,其在进入公共场所后,以出示打火机、打开汽油桶盖等方式暗示要放火进行威胁,对于其行为,存在两种意见:一种观点认为被告人携带易燃物品,并意图点燃,应认定为放火罪。检察院即以被告人余永平犯放火罪提起公诉。另一种观点认为被告人虽携带易燃物品,但并不是为了点燃,只是用于示威,根据其犯罪情节,应认定为非法携带危险物品危及公共安全罪。笔者同意后一种观点,理由在于:

第一,被告人余永平的行为不构成放火罪。其一,被告人余永平在到达足浴店后,放下汽油桶,打开瓶盖后开始把玩打火机,以此向欧阳永盛示威,若余永平若真要纵火,已具备足够的时间条件。直到店员赶到现场将其围住这一段时间,大约有几分钟至十几分钟,其间余永平除打开汽油桶盖以外,始终未进一步采取行动,只是在店里用手把玩打火机。即便在被店员围住、被推打的情况下,被告人也没有反抗,没有点火,只是逃离现场。可见被告人自身没有放火的意图。其二,被告人在作案前一天打电话给欧阳永盛称其明天要冲到店里。如果被告人确实存有放火故意的话,该行为并不利于其实施,可见被告人的行为目的仅是示威。其三,被告人余永平与欧阳永盛之间只有3000元人民币的纠纷,且被告人有相对稳定的工作和收入,被告人的供述中也提到此举是以假装放火的方式吓一吓对方,并认为此举不构成犯罪。其四,余永平虽携带易燃物品和点火工具,但实际上仅打开汽油桶盖,未泼洒汽油,亦未实际点火。故而余永平没有实施放火行为的故意,也没有实施放火的实行行为,不宜认定为放火罪。

第二,被告人余永平的行为不构成敲诈勒索罪。被告人余永平以假装放火的行为进行威胁,向欧阳永盛索要钱款,一方面,余永平索要的钱款是欧阳永盛的欠款,属合法债权;另一方面,被告人余永平的行为并未使被告人产生恐惧心理,故被告人余永平的行为不宜认定为敲诈勒索罪。

第三,被告人余永平的行为不构成寻衅滋事罪。被告人余永平索要的是其合法债权,故其主观上并没有破坏社会秩序的故意,也没有寻求精神刺激、填补精神空虚、发泄不良情绪等动机,故其行为不属于寻衅滋事行为。

第四,被告人的行为构成非法携带危险物品危及公共安全罪。被告人余永平非法携带一桶汽油到公共场所,汽油属易燃的危险物品,且被告人所携带的汽油达到10升,极易引发火灾事故。被告人主观上也明知携带大量汽油到公共场所可能会危及公共安全,为了达到进行威胁从而索要欠款的目的,放任危害公共安全后果的发生,主观上对危害公共安全的结果持间接故意。而且行为人在携带大量易燃物品的基础上,把玩打火机,以此进行威胁,属于情节严重。

综上所述,被告人余永平的行为构成非法携带危险物品危及公共安全罪。

四、以放火方式实施他罪的罪数如何认定

(一)裁判规则

放火行为是一种较为常见的犯罪手段,通过放火行为实施其他犯罪时可能同时构成放火罪,故在放火行为罪数问题的处理上,需要视具体情况和罪名进行分析。以放火方式损坏财物的,构成故意损坏财物罪,如果同时危害到公共安全的,则应认定为放火罪。以放火方式实施的破坏交通工具的行为,是以使交通工具发生倾覆、毁坏危险的方式危害公共安全的,构成破坏交通工具罪;如果是以财物燃烧火势蔓延的方式危害公共安全的,则构成放火罪。两种危险或结果兼有的,同时构成两罪,按照想象竞合处理。在两罪的罪名认定上,先考查两种方式危害公共安全的程度,后考查行为人的主观意图。以放火方式烧毁投保物进行保险诈骗的行为,理论上属于放火罪与保险诈骗罪的牵连犯,但根据法律的特别规定,应以放火罪和保险诈骗罪数罪并罚。

(二)规则适用

放火行为是一种常见的犯罪手段行为,为实施其他犯罪而放火,放火行为对公共安全造成了紧迫危险的,同时构成放火罪。对于其他犯罪与放火罪的罪数关系,则需要视具体情况和罪名进行分析。

第一,放火罪和故意毁坏财物罪。故意毁坏财物的手段有多种,其中包括放火的方法。以放火方式实施故意毁坏财物行为的,在造成特定财物损坏的同时,火势可能会失去控制进而危害公共安全。故意毁坏财物罪的客体是公私财产所有权,而放火罪的客体是公共安全,放火点燃物品必然伴随着物品的损毁,达到故意损害财物罪认定数额的,构成故意损坏财物罪;如果该行为同时危害到公共安全的,则构成放火罪,二者之间构成想象竞合,择一重罪处罚,即以放火罪认定。综上,以放火方式损坏财物达到数额标准的,构成故意损坏财物罪;如果同时危害到公共安全的,则应认定为放火罪。

第二,放火罪与破坏交通工具罪。以放火方式破坏正在使用的交通工具,并足以使交通工具发生倾覆、毁坏危险的,首先构成破坏交通工具罪,同时如果该放火行为本身所引发的财物燃烧带来的危险达到了危害公共安全的程度,该行为同时构成放火罪。其中有两个问题:其一,放火罪与破坏交通工具罪都以危害公共安全为既遂标准,是否意味着对于以放火方式实施的破坏正在使用的交通工具的行为,只要达到危害公共安全程度的,同时构成放火罪与破坏交通工具罪两罪,再

按照想象竞合处理。对此,笔者认为,应当对危害公共安全的具体方式进行区分,如果以放火方式实施破坏交通工具行为,是以使交通工具发生倾覆、毁坏危险的方式危害公共安全的,构成破坏交通工具罪;如果是以财物燃烧火势蔓延的方式危害公共安全的,则构成放火罪;两种危险或结果兼有的,则构成两罪,按照想象竞合处理。其二,放火罪与破坏交通工具罪竞合的特殊性在于二罪的法定刑完全相同,对于二者想象竞合的罪名如何认定?在这种情况下,首先应当以两种方式实际危害公共安全的程度进行认定,如果通过放火破坏正在使用的交通工具的行为,实际上,火势蔓延对公共安全造成的危害更大的,应认定为放火罪,反之应认定为破坏交通工具罪。通过火势蔓延和致使交通工具发生倾覆或毁坏两种方式对公共安全造成的危害相当的,则进一步分析行为人的主观目的。如果行为人主观上追求的是交通工具损坏的结果,换言之,其犯罪目的直接指向交通工具本身的,一般应认定为破坏交通工具罪;如果行为人追求的是通过点燃交通工具引发火灾,进而危害公共安全的,宜认定为放火罪。

第三,放火罪与保险诈骗罪。以保险诈骗为目的采用放火方式烧毁投保物的行为如何认定存在争议。根据我国刑法规定,保险诈骗罪是以非法获取保险金为目的,违反保险法规,采用虚构保险标的、保险事故或者制造保险事故等方法,向保险公司骗取保金数额较大的行为。保险诈骗罪的犯罪主体一般有三,即保险合同中的投保人、被保险人和受益人。根据《刑法》第 198 条第 4 款的规定,保险诈骗罪的主体还包括保险事故的鉴定人、证明人、财产评估人。如果上述主体在进行保险诈骗的过程中,采用放火方式烧毁投保物,危害公共安全的,同时构成放火罪与保险诈骗罪。对于两个罪名的罪数关系,存在不同意见。有观点认为,此类行为中行为人为进行保险诈骗实施放火行为,属于犯罪方法或手段触犯了另一个罪名的牵连犯。也有观点认为,行为人在此过程中是出于诈骗保险金这一个犯意,实施了放火这一个行为,该放火行为同时构成放火罪与保险诈骗罪,属想象竞合。上述争议的分歧在于,保险诈骗罪的实行行为与放火罪的实行行为是否为同一行为,即保险诈骗罪的实行行为是破坏投保物的行为和以此向保险公司进行索赔两个行为,还是仅指向保险公司进行索赔这一个行为。笔者认为,保险诈骗罪本质上属于诈骗罪,行为人的目的是骗取保金,在向保险公司索赔之前制造保险事故的行为是进行保险诈骗的一种准备行为,只有行为人以此事故向保险公司骗取保险金时,才开始实施诈骗行为。故以放火方式破坏投保物的行为和向保险公司进行索赔,属于两个行为,分别触犯两个罪名,但是这两个行为之间存在方法行为与目的行为的关系,属于牵连犯。但我国《刑法》第 198 条第 2 款规定:"有前款第四项、第五项所列行为,同时构成其他犯罪的,依照数罪并罚的规定处罚。"而第 198 条第 1 款第(四)项、第(五)项行为分别为"投保人、被保险人故意造成财产损失的保险事故,骗取保险金的""投保人、受益人故意造成被保险人死亡、伤残或者疾病,骗取保险金的"。所以,以放火方式烧毁投保物的行为,理论上应当认定为放火罪与保险诈骗罪的牵连犯,但根据法律的特别规定,应以放火罪和保险诈骗罪数罪并罚。

【指导案例】王新生、赵红钦放火案①——以放火方式实施保险诈骗的行为如何认定

1998年5月,被告人王新生为骗取保险金与被告人赵红钦合谋:由赵红钦将王新生承包的嵩县汽车站的客车烧掉(客车所有权、投保人均为汽车站),事后付给赵红钦人民币(以下币种同)1500元酬金。后王新生先付给赵红钦20元。1998年6月4日凌晨3时左右,赵红钦携带汽油及点火装置到嵩县汽车站,将王新生停放在车站院内的客车烧毁,造成直接经济损失14400元。当时车站内停有其他十几辆车,燃烧地点距家属楼16米,距加油站25米,距气象站7米。事后,王新生又付给赵红钦酬金1500元。中保财产公司嵩县支公司未能查明起火原因,遂向投保人嵩县汽车站支付赔偿款34400元。案发后,嵩县汽车站又将该款返还保险公司。

对于本案中王新生、赵红钦行为的定性,有三种不同意见:第一种意见认为,被告人的行为构成放火罪。第二种意见认为,被告人的行为构成保险诈骗罪。第三种意见认为,被告人既构成放火罪又构成保险诈骗罪,根据法律规定数罪并罚。本案中,被告人点火的对象为停放在车站院内的客车,客车内装有燃料,燃烧后易发生火灾或爆炸。从焚烧对象所处环境看,当时车站内停有十余辆汽车,且在其燃烧地点25米以内有家属楼、办公楼、加油站等建筑物,在这种情况下点燃客车,极有可能引起周围其他车辆燃烧或发生爆炸,进而危害到附近不特定人的安全,被告人点燃客车致客车烧毁的行为已经对公共安全造成了迫切的危险,构成放火罪。

本案被告人行为的目的是骗取保险金,被告人实施的放火行为只是为达到骗取保险金这个非法目的而采取的一种手段,从形式上来说,符合保险诈骗罪的构成要件,但是保险诈骗罪的主体是特殊主体,根据《刑法》第198条的规定,保险诈骗罪的犯罪主体一般有三,即投保人、被保险人或受益人,其他人员仅可以与前述人员构成保险诈骗罪的共犯,如保险事故的鉴定人、证明人、财产评估人故意提供虚假的证明文件,为他人诈骗提供条件的,属于保险诈骗罪的共犯。其中,投保人是与保险公司签订保险合同,并按照保险合同约定支付保险费的人;被保险人是指其财产或人身受保险合同保障,享有保险金请求权的人;受益人是指人身保险合同中由被保险人或投保人指定的享有保险金请求权的人,其一般只存在于人身保险合同中。本案中,嵩县汽车站为投保人,被保险人也是嵩县汽车站(保险合同

---

① 参见杨书芳、宋冰:《王新生、赵红钦为骗取保险金放火案》,载最高人民法院中国应用法学研究所编:《人民法院案例选(分类重排本)·刑事卷》,人民法院出版社2017年版,第621—624页。

中已载明);本案属于财产保险,不存在受益人。被告人王新生不属于投保人、被保险人和受益人,也不属于保险事故的鉴定人、证明人、财产评估人,故被告人王新生不满足构成保险诈骗罪的主体要件。本案中的被告人王新生是嵩山汽车站一辆客车的承包人,却勾结并教唆被告人赵红钦把所承包的客车烧掉,想以此骗取保险金,显然是出于对保险合同的误解。综上所述,被告人王新生、赵红钦不构成保险诈骗罪,应认定为放火罪的共犯。

【指导案例】吴小明故意杀人、放火案①——实施犯罪后,放火毁灭证据、破坏现场的行为如何认定

1993年6月24日,被告人吴小明与被害人袁某某(女,殁年42岁)登记结婚。袁某某与被害人汪某甲(男,殁年55岁)相识后,与吴小明感情不睦,要求离婚。1994年2月9日,吴小明持刀追砍袁某某及阻挡其行凶的王某某,后因此被判刑。同年8月31日,袁某某与吴小明经调解离婚,后与汪某甲结婚。2011年,因袁某某在司法机关征求意见时不同意对吴小明假释,吴小明假释未获批准,吴小明遂产生出狱后报复袁某某之念。2012年10月29日,吴小明刑满释放后到福建省、江苏省等地打工。2014年5月,吴小明回到安徽省青阳县××镇租房居住,经跟踪掌握了袁某某的住址和活动规律,并购买了尖刀、汽油等作案工具。同月22日7时许,吴小明到袁某某家门外守候,趁袁某某开门准备外出之机闯入室内,朝袁某某背部捅刺两刀。汪某甲闻声从卧室出来,吴小明朝汪某甲胸部、颈部、腹部等处连续捅刺,致汪某甲大出血死亡。吴小明又回身朝袁某某胸部、腹部捅刺,致袁某某大出血死亡。随后,吴小明割下袁某某的外生殖器扔至楼下,在室内泼洒汽油然后放火焚烧,同时用刀切割自己颈部和手腕,从窗口跳楼自杀被送医院抢救。消防人员及时赶至将火扑灭。

本案中,被告人吴小明因袁某某不同意假释而意图报复袁某某,在刑满释放后,跟踪袁某某掌握其住址和活动规律,并事先准备尖刀、汽油等作案工具,闯入室内使用尖刀捅刺袁某某背部两刀,朝汪某甲胸部、颈部、腹部等处连续捅刺,又回身朝袁某某胸部、腹部捅刺,致二人死亡,其行为已构成故意杀人罪。杀人后,吴小明在室内泼洒汽油后放火焚烧,不仅破坏了其杀人行为的现场,毁灭了相关证据,也可能危及公共安全。被告人自身实施毁灭证据、破坏现场的行为属事后不可罚行为,不认为是犯罪,但吴小明采用放火的方式,其泼洒汽油并引燃的行为引发了火灾,袁某某的房屋附近居民较多,文书中未提及具体火势情况,但从已引起火灾且需要消防人员扑灭来看,吴小明的放火行为已经威胁到附近不特定人的安全,构成放火罪。吴小明虽然是在实施故意杀人罪后,可能是出于毁灭证据、

---

① 案号:(2014)池刑初字第00007号,审理法院:安徽省池州市中级人民法院。

破坏现场的目的,也可能为进一步报复泄愤而实施放火行为,但放火行为本身与吴小明之前的杀人行为分属两个独立行为,放火行为已经超过了事后不可罚行为的范围,应当单独认定为放火罪。吴小明的两行为之间不存在原因与结果、手段与目的的关系,应当依法予以并罚。

【指导案例】叶朝红等放火案①——以盗窃为目的放火烧毁货物列车的行为如何认定

被告人叶朝红、刘佩猛、石累伙同李晓阳(在逃)于2011年8月6日16时,携带打火机、编织袋等作案工具,伺机在景德镇火车站停靠的货物列车上,采取用明火烧货物外包装袋的方法盗窃铁路运输物资。当四人行至停靠在该站六道的25023次货物列车时,叶朝红、刘佩猛发现该次列车某棚车内有可盗窃物品,遂由石累望风,叶朝红、刘佩猛钻入该车车底,点燃货物外包装袋,因该棚车装载可发性聚苯乙烯,遇火燃烧并向车外蔓延,三人见状后立即逃离现场,致使火势进一步扩大。造成该棚车装载的聚苯乙烯烧损133袋,烧损货物价值人民币26600元,该棚车烧损面积达5327平方米,相邻的棚车烧损面积达33.6平方米;景德镇火车站六道2根25米钢轨报废,价值人民币8750元。

对于本案的认定存在不同意见:第一种意见认为应认定为放火罪,第二种意见认为应认定为失火罪,第三种意见认为应认定为故意毁坏财物罪,第四种观点认为应认定为破坏交通工具罪。笔者认为,叶朝红等被告人的行为应认定为放火罪,理由在于:第一,叶朝红等被告人的行为构成放火罪,而不是失火罪。叶朝红等人采取钻货物列车车底,用明火烧货物外包装袋的手段来盗取货物,点燃车内装载的可发性聚苯乙烯,引发火灾,造成严重损失,且行为时该车辆停放在景德镇火车站,火车站内人员密集,临近候车室、站台,其放火的货物列车第三节是油罐车辆,其行为已经危害到不特定人员的安全。主观上,被告人叶朝红等人完全能够预见采取这样的手段进行盗窃可能产生的后果,为了实现盗窃铁路运输物资的目的,放任损害结果的发生,且当其点火导致车内装载的聚苯乙烯燃烧并向车外蔓延时,便立即逃跑,既未采取任何灭火措施,也未及时报警,进一步放任了火势的扩大,故三被告人对危害公共安全的结果持故意心态,应认定为放火罪。第二,三被告人的行为不构成故意损坏财物罪。被告人点燃货物的行为,是为了通过点燃货物外包装袋盗窃运输物资,虽然该行为实际上造成了财物损坏,但是被告人主观上并无毁坏财物的故意,不构成故意毁坏财物罪。第三,三被告人的行为不构成破坏交通工具罪。三被告人的放火行为客观上也对交通工具造成了

---

① 参见黄伟:《叶朝红等放火案——以盗窃为目的放火烧毁货物列车的行为应如何定罪》,载最高人民法院刑事审判第一庭、第二庭编:《刑事审判参考》(总第32辑),法律出版社2003年版,第7—12页。

一定程度的毁坏,但是被告人放火指向的对象是列车上的货物而非列车本身,放火行为是通过引发火灾危害公共安全,而不是通过损坏交通工具使之发生倾覆、毁坏危害公共安全,故不构成破坏交通工具罪。综上,三被告人的行为应认定为放火罪。

五、如何区分失火罪与重大责任事故罪、危险物品肇事罪和消防责任事故罪

(一) 裁判规则

从法条竞合和想象竞合的处罚原则来看,对于同一行为符合构成两个犯罪构成的,优先判断两罪名是否属于法条竞合,判断的标准,一是两法条是否单独适用都可以完全涵盖该犯罪行为,二是两法条之间是否存在某一法条的针对性更强的情况,即存在一般法与特别法的关系。除法条竞合外,满足同一行为触犯两个犯罪构成的,一般可以认定为想象竞合。基于此,失火罪与表现为火灾形式的重大责任事故罪、危险物品肇事罪和消防责任事故罪都存在一般法和特别法的竞合关系,即失火罪为一般法,其他三罪为特别法。对于罪名认定,基于实质解释原则,在满足这三个罪名适用条件的情况下,优先适用特别法。如果适用特别法的刑罚难以达到罪刑相适应,可以适用一般法即失火罪。

在实施其他犯罪的同时可能引发火灾从而构成失火罪,在认定时具体分为一行为同时构成失火罪和他罪的,与多行为分别构成失火罪和他罪两种情况,分别按照想象竞合和数罪并罚处理,其中还须注意失火后行为人对火灾引起损害结果的主观心态转化问题。

(二) 规则适用

失火罪是指行为人由于过失引起火灾,造成严重后果,危害公共安全的行为,失火罪中的过失是指行为人违反注意义务,对造成致人重伤、死亡或公私财物发生重大损失的严重结果的发生,主观心态为过失,而行为人对点火行为的主观心态可以为故意,也可以为过失。在实践中,一方面,往往出现行为人在日常生活中或者特别义务领域,由于不正确用火或者没有尽到注意义务而引发火灾的情形,这种情形下需要区分失火罪和表现为火灾形式的其他过失危害公共安全犯罪。另一方面,失火罪往往不是单独发生的,同时构成其他犯罪的,存在罪数认定问题。

1. 失火罪与表现为火灾形式的其他过失危害公共安全犯罪的关系

《日本刑法典》将失火罪划分为业务上的失火罪、重过失失火罪等罪名。我国虽无此规定,但是《刑法》分则"危害公共安全罪"一章中规定了重大责任事故罪、危险物品肇事罪及消防责任事故罪,在司法实践中,这三罪都可能表现为过失引起火灾的形式,在客观上都可能表现为以火灾的形式致人重伤、死亡或者使公私财产遭受巨大的损失,主观上对损害结果的发生都持过失心态,故在认定中需要

明确上述罪名与失火罪的界限问题。

第一，失火罪与重大责任事故罪。重大责任事故罪可以以火灾的形式出现，尤其是在生产、作业中违反企业的规章制度导致火灾发生的情况下，重大责任事故罪与失火罪容易混淆。两罪的区分在于：根据《刑法》第134条的规定，重大责任事故罪是指在生产作业中违反有关安全管理的规定，因而发生重大伤亡事故或者造成其他严重后果的行为。重大责任事故罪必须是发生在生产、作业过程中，表现为行为人不服从管理、违反规章制度；而失火罪可以发生在任何时间和地点。失火罪的主体是年满16周岁的具有刑事责任能力的自然人；而《中华人民共和国刑法修正案(六)》[以下简称《刑法修正案(六)》]将重大责任事故罪的主体从特殊主体修改为一般主体，但这并不意味着该罪对于主体就完全没有要求，事实上要构成重大责任事故罪，其主体必须是在生产作业中从事某项"业务"的人。

第二，失火罪与危险物品肇事罪。失火罪与引发火灾的危险物品肇事罪的区分在于：失火罪在客观上表现为在日常生活中用火、用电等不慎引起火灾；而危险物品肇事罪在客观上主要表现为行为人在生产、储存、运输、使用中，违反对危险物品的注意义务，从而造成严重的后果。失火罪的主体是年满16周岁的具有刑事责任能力的自然人；危险物品肇事罪的主体为一般主体，主要是从事生产、储存、运输、使用危险物品的自然人。

第三，失火罪与消防责任事故罪。失火罪与消防责任事故罪之间差别表现在：只要行为人在日常生活中违反注意义务而引发火灾，即可能构成失火罪；而要构成消防责任事故罪，还须存在行为人违反消防管理法规，经消防监督机构通知采取改正措施而拒绝执行的条件。失火罪的主体是年满16周岁的具有刑事责任能力的自然人；消防责任事故罪的主体则存在一定的争议，"直接责任人员"为构成消防责任事故罪的主体条件，实践中多为机关、团体、企业、事业等单位对消防工作负有直接责任的人员。一种观点认为，消防责任事故罪的主体是一般主体，即凡是达到刑事责任年龄、具备刑事责任能力的自然人均可成为该罪的犯罪主体，具体指经消防监督机构通知采取改正措施的居民、单位的直接责任人员等。另一种观点认为，消防责任事故罪的主体是特殊主体，指那些对公安消防部门要求改正的通知负有采取改正措施责任的人，实践中主要是那些与防火有直接关系的单位主管人员和其他直接责任人员。笔者同意第一种观点，特殊身份是行为人在开始实施危害行为时就已经具有的特殊资格或已经形成的特殊地位或状态，在行为后形成的特殊地位，不属于特殊身份。而"直接责任人员"是对损害结果负有直接责任的人员，不属于行为时已具有的特殊资格或地位，故消防责任事故罪的主体属一般主体。可见，消防责任事故罪要求行为人的行为必须同时具备下列条件：行为人属于对是否改正消防违规行为起决定性作用的人员，其行为违反了消防管理法规，在消防监督机构通知其采取改正措施的情况下，有能力履行却不履行。这些条件缺一不可，否则，构成失火罪而不是消防责任事故罪。

对于失火罪与表现为火灾形式的重大责任事故罪、危险物品肇事罪和消防责任事故罪的关系，实践中多认为其中存在一般法和特别法的竞合关系，失火罪与前述三罪本身属于交叉型的法条竞合，一般应优先适用特别法。但因失火罪和前述三个罪名的刑罚规定，对于法条竞合情况下适用何种罪名存在一定争议。失火罪的刑罚为"三年以上七年以下有期徒刑；情节较轻的，处三年以下有期徒刑或者拘役"，其他三罪的刑罚一般为"三年以下有期徒刑或者拘役"，在情节特别恶劣或后果特别严重的情况下，处"三年以上七年以下有期徒刑"。部分法院判决中认为，在行为同时符合失火罪和其他三罪之一的犯罪构成时，属于法条的交叉竞合，虽然其他三罪为特别法条，但是作为一般法条的失火罪刑罚更重，根据交叉竞合的适用原则是重法优于轻法，应认定为失火罪。因此，产生了在交叉型法条竞合中是采用"特别法优于一般法"还是"重法优于轻法"的争议。

上述争议的基础问题是，交叉关系属于法条竞合还是想象竞合。交叉关系的法条竞合，是指两个犯罪的构成要件之间在外延或者内涵上存在部分重合的情形。我国刑法理论一般认为，法条之间存在包容或交叉关系时便是法条竞合。而以张明楷教授为代表的学者提出"交叉关系是想象竞合，而不是法条竞合"[①]。对此，须先明确法条竞合和想象竞合之关系。法条竞合是指一个行为在外观上符合数个法条的犯罪构成要件，但数个法条之间因为法条规定的错综复杂，实际上在对行为进行处理的时候，只适用其中一个构成要件，而排除其他构成要件适用的情况。想象竞合是指一个行为触犯了数个罪名，择一重罪处罚的情况。关于法条竞合与想象竞合之间区别或界分的观点很多：第一种观点为传统的形式标准理论，认为法条竞合触犯的数个刑法规范之间存在包容或交叉关系，而想象竞合触犯的数个罪名之间不存在这种关系；法条竞合的行为是出于一个罪过、一个结果，而想象竞合的行为往往是数个罪过、数个结果；法条竞合是由于法律规范的错杂规定所致，而想象竞合是由于犯罪的事实特征以致一行为触犯数罪名。[②] 第二种观点为实质标准理论，认为从法益的角度来把握，即在法条竞合的情况下，除补充关系的法条竞合外，根据法条竞合的适用规则选择适用的刑法规范能对犯罪行为所侵犯的法益作出全面的评价。而在想象竞合的情况下，一行为所触犯的数罪名均不能对犯罪行为所侵犯的法益作出全面的刑法评价。[③] 第三种观点为形式标准与实质标准相结合的理论。张明楷教授认为，不借助具体案件事实的联结，仅通过对构成要件的解释，就能够肯定两个法条之间存在包容或交叉关系，是法条竞合的形式标准。实质标准之一是法益的同一性；实质标准之二是不法的包

[①] 张明楷：《刑法学（上）》（第五版），法律出版社2016年版，第465页。
[②] 参见高铭暄、马克昌主编：《刑法学》（第五版），北京大学出版社、高等教育出版社2011年版，第322页。
[③] 参见安文录、陈洪兵：《法规竞合与想象竞合比较研究》，载《同济大学学报（社会科学版）》2003年第3期。

容性。① 对于上述判定标准,传统的形式标准理论判断的依据是基于法条本身竞合还是因案件事实竞合,这一点只有在典型案例中具有明显的区分,在只有特定表现形式下存在竞合的交叉关系中,有时难以辨别该竞合是因为法律规定还是由于案件事实。实质标准理论说中对于法益是否同一这一标准也存在判断难题,以盗窃罪与盗窃枪支罪为例,二者属包容关系的法条竞合,但二者所保护的法益也并不同一,盗窃罪的客体为财产权利,盗窃枪支罪的客体既包括财产权利,也包括公共安全。

笔者认为,应从法条竞合和想象竞合的处罚原则出发,法条竞合中遵循"特别法优于一般法"。因为特别法在一般法基础上增加了构成条件,从而提高了对某一类行为的针对性,因而在选择适用时应采特别法,如盗窃罪与盗窃枪支、弹药、爆炸物、危险物质罪等。换句话说,法条竞合包括两个条件:一是适用一般法或特别法都可以完全涵盖该犯罪行为;二是特别法较之一般法对这一犯罪行为的针对性更强,否则无法判断出特别法与一般法,自无"特别法优于一般法"的适用余地可言。而想象竞合遵循"从一重罪处断",是因为某一行为同时符合两罪构成要件,而行为人只实施了一个行为,只要按照重罪进行处罚即可与行为人之行为相适应。

在此基础上,笔者认为,对于同一行为符合两个罪名的构成要件时,优先判断两罪名是否属于法条竞合。判断的标准为:一是两法条是否单独适用都可以完全涵盖该犯罪行为;二是针对此犯罪行为,两法条之间是否存在某一法条的针对性更强,即存在一般法与特别法的关系。除法条竞合外,满足同一行为触犯两个犯罪构成的,一般可以认定为想象竞合。

以上述结论为基础,对于失火罪与重大责任事故罪、危险物品肇事罪和消防责任事故罪的关系,笔者认为属于交叉关系的法条竞合。一方面,只有在上述三罪表现为火灾形式时,才可能与失火罪发生竞合。另一方面,在客观上表现为过失发生火灾,又分别符合失火罪和上述三罪构成要件的情况下,某一法条的单独评价都可以涵盖该犯罪行为,但上述三罪是在失火罪的基础上增加了构成条件,针对性更强,属特别法,失火罪属一般法。

失火罪与重大责任事故罪、危险物品肇事罪和消防责任事故罪属法条竞合关系,那么下一个问题是在一般法处罚较重的情况下,法条竞合是采用"特别法优于一般法"还是"重法优于轻法"的原则,这"始终是我国刑法学界关于法条竞合理论关注的一个核心问题"②。有观点认为,当"特别法优于一般法"的具体原则与"罪刑相适应"的基本原则相抵触时,前者仅是执法的具体原则,而后者却是立法和执法都必须遵循的基本原则,是刑法的核心因素,前者应让位于后者,服从后者。具

---

① 参见张明楷:《法条竞合与想象竞合的区分》,载《法学研究》2016 年第 1 期。
② 陈兴良:《法条竞合的学术演进——一个学术史的考察》,载《法律科学(西北政法大学学报)》2011 年第 4 期。

体说来,当出现适用特别法则刑不足以抵罪,而适用一般法却能够解决这个问题时,可以选用一般法,以符合"罪刑相适应"的基本原则。① 也有观点认为,司法机关只有严格执行立法机关所制定的法律条文规定的职责,没有使法律条文"失去独立成罪""实际上不复存在"的权力。如果允许从重选择,则必然使某些法律规定"实际上不复存在",这是以司法权侵越立法权②;同时,也存在以刑制罪的问题。

上述观点涉及形式解释论与实质解释论之间的分歧。形式解释论只是对法条竞合进行逻辑上的思考,不权衡法条之间是否协调,不考虑个案的判决是否符合罪刑相适应原则。而实质解释论认为,法条竞合并不是单纯的逻辑关系,而是要将公平正义贯彻于法条竞合与具体个案之中。③ 对此,笔者支持实质解释论,某些法条竞合并不是完全的包容关系,可能只是在特定的表现形式下形成的交叉竞合关系。一般来说,特别法的适用范围更窄、更有针对性,故我们在适用时应当优先适用针对性更强的特别法规定的罪名,而非在行为的某种表现形式下同时构成的一般法规定的罪名。故在行为同时触犯一般法和特别法的情况下,一般应适用特别法,除非在特殊条件下适用"重法优于轻法"。特殊条件包括两个方面:一是特别法规定的法定刑明显低于一般法规定的法定刑,且缺乏法定刑减轻的依据;二是在具体案件中适用轻刑难以达到罪刑相适应。

基于此,对于失火罪与重大责任事故罪、危险物品肇事罪和消防责任事故罪竞合时的罪名选择问题,一般应适用特别法,即重大责任事故罪、危险物品肇事罪或消防责任事故罪。但当适用上述罪名难以达到罪刑相适应时,三个特别法增加了构成条件,却降低了刑罚规定,属于缺乏法定刑减轻依据的情况,如果适用特别法的刑罚难以与罪行相适应,可以认定为失火罪。

2. 失火罪的罪数问题

很多情况下,失火罪并非孤立存在,可能是在实施其他犯罪的过程中因过失导致火灾发生,这就产生了失火罪与其他犯罪间的罪数认定问题。

第一,一行为同时构成失火罪和他罪的。如行为人通过点火燃烧的方式故意毁坏某财物,意外引起目标财物附近其他可燃物燃烧,从而引起火灾的情况。对此,如果该行为造成的损害结果达到故意损坏财物罪的入罪标准,且引发的火灾足以危害公共安全的,行为人的一个放火行为,同时构成失火罪与故意毁坏财物罪,属于想象竞合,从一重罪处理。

第二,多行为分别构成失火罪和他罪的,视失火行为与他罪行为之间的关系,可能属于牵连犯,也可能属于数罪。同时,失火后可能存在行为人的主观心态转化问题,如行为人在实施盗窃过程中过失引发了火灾,危害公共安全,致人重伤、死亡或者使公私财产遭受重大损失的情形。如果行为人在尚未离开盗窃现场

---

① 参见冯亚东:《论法条竞合后的从重选择》,载《法学》1984 年第 4 期。
② 参见肖开权:《法条竞合不能从重选择——与冯亚东同志商榷》,载《法学》1984 年第 8 期。
③ 参见张明楷:《刑法学(上)》(第五版),法律出版社 2016 年版,第 470 页。

时已经发现其行为引发的火情,且能迅速扑救而不补救,放任火情扩大,致人重伤、死亡或者使财产遭受重大损失的,行为人对火灾后果抱有间接故意的心态,应以盗窃罪和放火罪数罪并罚。如果行为人虽然离开现场,在发现火情后,认为火势扩大的可能性不大,稍后会自行熄灭,以致造成他人重伤、死亡或者使公私财产遭受重大损失的结果出现,行为人对该结果持有过失的心态,构成盗窃罪和失火罪,实行数罪并罚。

【指导案例】谢加强失火案①——生产过程中使用液化石油气瓶不慎引发火灾的行为如何认定

2014年7月8日22时,被告人谢加强与带班师傅王某、工人谢某等人在汕头市龙湖区鑫荣塑料实业有限公司工作,被告人谢加强负责操作的5台注塑机旁堆放有注塑的成品和半成品。期间,被告人谢加强在工作中发现其负责的一台注塑机的出胶口堵塞,致该注塑机未能正常工作。被告人谢加强未将上述故障汇报王某,也未经王某的允许,擅自找来一套该公司自行组装的液化石油气喷枪(由一条燃气软管连接一瓶5公斤装的液化石油气和喷气枪头制成,带有限压阀),准备用该液化石油气喷枪加热该阻塞的出胶口,疏通该出胶口以解决故障。随后,被告人谢加强打开该液化石油气瓶,拿出打火机点燃喷气枪头时,由于燃气软管破裂漏气,已泄露的燃气喷火导致被告人谢加强被灼伤,被告人谢加强遂将喷气枪头与燃气软管往地上扔,火势随即蔓延。被告人谢加强见状,即离开现场至该公司办公室,找到王某并说明情况。之后,被告人谢加强自行离开火灾现场至珠池医院医治。当王某赶到火灾现场时,发现火势已经蔓延、无法控制,立即疏散工人撤出现场并报警。随后,火情从该公司一楼向整栋楼房蔓延,该栋楼房的第二、三、四、五楼层均遭大火燃烧,至消防部门赶到,经过很长时间才将火势扑灭。

本案中,被告人谢加强在生产作业过程中,违反相关安全管理的规定,使用液化石油气瓶时疏忽大意,被灼伤后将喷气枪头与燃气软管扔到地上,从而引起火灾,造成公私财产遭受重大损失,引起火灾的行为与损害结果之间具有刑法上的因果关系。主观上,被告人谢加强为了解决注塑机喷嘴堵塞的问题,采用液化石油气喷枪点火加热进行清除的做法明显违反了日常生产所应遵循的安全注意义务,且被告人谢加强作为一名成年的操作工人,具有完全刑事责任能力,其对于日常安全生产的认识不低于普通人,因此,被告人谢加强在本案中对于使用公司组装的液压石油气喷枪的危险性是应当预见且能够预见,却因为疏忽大意而没有预见,被告人谢加强主观方面属于疏忽大意的过失。其行为符

---

① 一审案号:(2015)汕龙法刑初字第254号,审理法院:广东省汕头市龙湖区人民法院;二审案号:(2016)粤05刑终169号,审理法院:广东省汕头市中级人民法院。

合失火罪犯罪构成的同时亦符合重大责任事故罪的犯罪构成。

失火罪和重大责任事故罪之间属于交叉竞合型的法条竞合,即重大责任事故罪中造成重大事故的原因包括违规使用明火,但又不局限于违规使用明火;失火罪可以发生在生产过程中,也可发生在其他过程中。因此,失火罪和重大责任事故罪在违规生产过程中使用明火引发火灾这部分是重合的。对于交叉关系,一般情况下适用特别法,即重大责任事故罪;只有在适用特别法的刑罚难以与罪行相适应时,才可以适用失火罪。

本案的特殊之处在于,被害人及被害公司未能提供符合物价部门受理条件的相关凭证,故物价部门无法对上述被害人及被害公司在本次火灾事故中的直接经济损失进行评估。失火罪的量刑起点是三年以上七年以下有期徒刑;情节较轻的,才处三年以下有期徒刑或者拘役。而重大责任事故罪的量刑起点是三年以下有期徒刑或者拘役;情节特别恶劣的,才处三年以上七年以下有期徒刑。根据2015年实行的最高人民法院、最高人民检察院《关于办理危害生产安全刑事案件适用法律若干问题的解释》(以下简称《危害生产安全刑事案件解释》)第7条的规定,重大责任事故罪适用三到七年有期徒刑的条件为:①造成死亡三人以上或者重伤十人以上,负事故主要责任的;②造成直接经济损失500万元以上,负事故主要责任的;③其他造成特别严重后果、情节特别恶劣或者后果特别严重的情形。本案中,未造成人员伤亡,因物价部门无法对上述被害人及被害公司在本次火灾事故中的直接经济损失进行评估,故难以认定被告人谢加强的犯罪情节特别恶劣。而结合相关证人证言、消防部门出具的火灾事故调查报告及案发现场照片等证据可以证明,本案火灾造成涉案厂房大楼的过火面积约5200平方米,还造成被害单位的生产设备等财产烧毁等损害结果,适用轻法难以做到罪刑相适应,被告人谢加强应认定为失火罪。

第十四章 爆炸罪

爆炸罪认定中的罪数问题如何把握

(一) 裁判规则

因我国对爆炸物的管理较为严格,且爆炸行为可以作为多种犯罪的手段行为,使得爆炸罪在认定时可能与其他罪名存在罪数问题。如组织、领导、参加恐怖组织罪,组织、领导、参加黑社会性质组织罪,入境发展黑社会组织成员罪和包庇、纵容黑社会性质组织罪,因法律的特别规定,犯前述罪同时构成爆炸罪的,一般与爆炸罪按照数罪并罚处理。犯违反枪支、弹药管理规定危害公共安全的犯罪,非法携带危险物品危及公共安全罪和非法携带爆炸物参加集会、游行、示威罪,同时构成爆炸罪的,一般按照牵连犯处理。犯放火罪、决水罪、破坏交通工具罪、破坏交通设施罪、破坏电力设备罪、故意杀人罪、故意伤害罪、破坏生产经营罪、故意毁坏财物罪,在犯罪过程中同时构成爆炸罪的,前述犯罪行为可能与爆炸行为间存在想象竞合关系。

(二) 规则适用

爆炸罪是指故意引起爆炸物或其他设备、装置爆炸,杀伤不特定人或损害重大公私财物,危害公共安全的行为。引起爆炸物爆炸,主要是指引起炸弹、炸药包、手榴弹、雷管及各种易爆的固体、液体、气体物质爆炸。引起其他设备、装置爆炸主要是指利用各种手段,导致机器、锅炉等设备或装置爆炸。从司法实践来看,行为人实施爆炸行为的爆炸物来源多种多样,但多数为非法来源,有的是非法制造、买卖得到的,有的是盗窃、抢劫、抢夺来的。根据我国刑法规定,非法制造、买卖、盗窃、抢劫、抢夺爆炸物的,都构成相应的犯罪。同时,实施爆炸罪往往带有一定的特定目的,可能与恐怖活动组织或黑恶势力相关,故在爆炸罪的认定上存在与多种犯罪间的罪数问题。

第一,涉爆犯罪的数罪并罚问题。实践中涉及的与爆炸罪数罪并罚的罪名主要有组织、领导、参加恐怖组织罪,组织、领导、参加黑社会性质组织罪,入境发展黑社会组织成员罪和包庇、纵容黑社会性质组织罪。《刑法》第 120 条规定:"组织、领导恐怖活动组织的,处十年以上有期徒刑或者无期徒刑,并处没收财产;积极参加的,处三年以上十年以下有期徒刑,并处罚金;其他参加的,处三年以下有期徒刑、拘役、管制或者剥夺政治权利,可以并处罚金。犯前款罪并实施杀人、爆炸、绑架等犯罪的,依照数罪并罚的规定处罚。"《刑法》第294条规定了组织、领导、参加黑社会性质组织罪,入境发展黑社会组织成员罪和包庇、纵容黑社会性质组织罪,其中第4款规定:"犯前三款罪又有其他犯罪行为的,依照数罪并罚的规定处罚。"以组织、领导、参加恐怖组织罪为例,行为人组织、领导、参加恐怖组织一般是为了实施恐怖行为,从这个意义上来说,包括爆炸行为在内的恐怖行为是组织、领导、参加恐怖组织罪的延伸,组织、领导、参加恐怖组织行为是实施恐怖活动的预备行为。从刑法理论的角度,组织、领导、参加恐怖组织等行为与爆炸行为间属于吸收关系,但因恐怖活动的严重危害性,我国《刑法》第120条第2款将此种情况作为数罪处理。一般而言,恐怖组织成员对于组织所实施的恐怖犯罪承担共犯责任。当然,如果恐怖组织成员为了个人目的,并非在恐怖组织的布置、安排下实施包括爆炸罪在内的犯罪行为,按照行为构成的罪名单独处罚,其他组织成员不承担共犯责任。在行为人要求参加恐怖活动组织但没有获得接受的情况下,自己独立实施了爆炸罪的,仅构成爆炸罪;如果与恐怖活动组织的其他成员共同实施恐怖活动组织安排的爆炸行为的,应当视为行为人通过行动的方式参加了恐怖活动组织,此时应以参加恐怖组织罪和爆炸罪并罚。

  第二,涉爆犯罪的牵连犯问题。爆炸罪与其他罪发生牵连的情况是指行为人为实施某种犯罪,所采取的手段行为即爆炸行为又触犯爆炸罪,或者行为人为实施爆炸罪,所采取的手段行为又触犯其他罪名的情况。行为人犯爆炸罪时,很容易与其他罪名构成牵连,因为行为人为得到实施爆炸行为所需的爆炸物,往往会采用其他犯罪手段获得,因我国法律对爆炸物采取严格的管制措施,这些行为往往构成犯罪。具体分为以下几种:其一,违反爆炸物管理规定危害公共安全的犯罪,具体包括非法制造、买卖、运输、邮寄、储存爆炸物罪。其二,非法方式获取类,包括盗窃、抢夺爆炸物罪和抢劫爆炸物罪。其三,非法携带类,包括非法携带危险物品危及公共安全罪和非法携带爆炸物参加集会、游行、示威罪。以非法制造、买卖、运输、邮寄、储存爆炸物罪为例,《刑法》第125条第1款规定的非法制造、买卖、运输、邮寄、储存爆炸物罪,是指违反国家有关爆炸物管理法规,擅自制造、买卖、运输、邮寄、储存爆炸物的行为。对于在实施爆炸行为前的非法制造、买卖、运输、邮寄、储存爆炸物等行为如何认定存在争议。通说认为,行为人为了实施爆炸罪而获取爆炸物的手段触犯了上述罪名的,其目的行为与手段行为之间存在牵连关系,属于牵连犯,应当"择一重罪处断",认定为爆炸罪。笔者认为,行为人为实施爆炸而获取爆炸物的行为与爆炸行为之间,既存在手段行为与目的行为之间的牵连关系,也存在预备行为与实行行为之间的发展关系,即爆炸是犯罪的实行行为,非法获取爆炸物的行为是为了顺利实施爆炸罪而采取的准备工具的预备行为,因而同时属于吸收犯。根据吸收犯的处断原则,实行行为吸收预备行为,因而预备行为失去独立存在的意义,应当以实行行为定罪处罚,与牵连犯相同,以爆炸罪一罪认定。

第三,涉爆犯罪的想象竞合问题。爆炸罪与其他犯罪发生想象竞合的情况,是指行为人基于一个犯罪意图所产生的危害公共安全的故意或其他罪过,实施一个爆炸行为而同时触犯爆炸罪和其他罪名,具体包括以下几种情况:

其一,爆炸罪与其他危害公共安全犯罪。①爆炸罪与放火罪、决水罪。行为人采用爆炸方法引起火灾或制造水患,因火灾或水患而危害公共安全,如果爆炸行为本身不足以危害公共安全的,应认定为放火罪或决水罪,不单独对爆炸行为进行评价;但在爆炸引起火灾、水患的情况下,如果爆炸行为本身也足以危害公共安全的,属于想象竞合犯,因法定刑相同,在认定罪名时只能通过考查爆炸与放火、决水各自的情节轻重确定罪名。②爆炸罪与破坏交通工具罪、破坏交通设施罪、破坏电力设备罪等犯罪的关系与之类似。有观点认为,采用爆炸方法破坏交通工具的,既可以适用爆炸罪的法条,也可以适用破坏交通工具等罪的法条,爆炸罪与破坏交通工具罪、破坏交通设施罪、破坏电力设备罪之间属于交叉的法条竞合关系。笔者认为,破坏交通工具罪等罪名与放火罪类似,其与爆炸罪的法定刑相同,无轻罪重罪之分,属"并列"关系,即罪名之间的区分在于危害公共安全的方式是通过破坏交通工具、交通设施、电力设备,还是放火或爆炸。爆炸罪的行为仅限于使用爆炸方式直接危害不特定人员安全或重大公私财产安全的行为。虽然作为一种犯罪行为方式,爆炸行为可以被用来破坏交通工具,进而危害公共安全,但此种间接通过爆炸行为危害公共安全的行为不宜认定为爆炸罪,故爆炸罪与破坏交通工具罪、破坏交通设施罪、破坏电力设备罪之间不属于法条竞合。如果行为人使用爆炸方式破坏交通工具,应看危害公共安全的原因是交通工具损坏,还是发生爆炸,如果二者兼有,属于想象竞合;因二者法定刑相同,须比较二者的情节轻重,以情节较重的罪名认定即可。

其二,爆炸罪与故意杀人罪、故意伤害罪。行为人出于杀人意图,放任其采用爆炸方法可能会造成危及公共安全的结果;而实施爆炸行为,结果危及了公共安全且侵犯了他人的生命权,触犯了爆炸罪和故意杀人罪,这两种情况都属于想象竞合。如果行为人在主观上没有预见到会危及公共安全或轻信能够避免危及公共安全结果的发生,即行为人主观上不是对危害公共安全的结果持放任的态度,而是持否定、不希望、积极避免的态度,应认定为过失爆炸罪与故意杀人罪的竞合。认定时应考虑以下几方面因素:一是行为人实施爆炸行为的目的,二是行为人的行为方式,三是行为人实施爆炸行为造成的损害结果。

其三,爆炸罪与破坏生产经营罪和故意毁坏财物罪。行为人以爆炸方式毁坏机器设备、残害牲畜等生产经营工具、设施而触犯爆炸罪和破坏生产经营罪,如果爆炸行为达到危害公共安全程度的,属于两罪之间的想象竞合,一般按爆炸罪处理。爆炸罪与故意毁坏财物罪的关系亦是如此。

【指导案例】靳如超爆炸案①——为实施爆炸而获取爆炸物的手段触及其他罪名的如何处理

2000年六七月份,靳如超到河北省鹿泉市采石厂工人胡某某处购买50枚雷管及20根导火索。2001年3月12日至14日先后三次到非法制造炸药的王某某、郝某某处购买了600公斤的硝铵炸药,并进行了爆炸实验。2001年3月15日晚至16日凌晨,靳如超用575公斤炸药和雷管、导火线制成爆炸装置,又分别运送并放置在其前妻、前妻父母、儿子、自己住所所在的宿舍楼和其姐姐售出的房屋所在楼房,后乘坐出租车一起引爆,致上述地点连续发生爆炸,共造成一百零八人死亡,多人受伤。

本案中,被告人靳如超使用575公斤炸药和雷管、导火线制成爆炸装置,将爆炸装置分别放置在其前妻、前妻父母、儿子、自己住所所在的宿舍楼和其姐姐售出的房屋所在的楼房内,一起引爆致使发生多起爆炸。被告人靳如超放置爆炸装置的地点为居民楼或宿舍楼,附近居住人员密集,其实施的爆炸行为造成了一百零八人死亡、多人受伤的严重事故,其行为已经严重危害公共安全。根据《民用爆炸物品安全管理条例》第2条及《民用爆炸物品品名表》的规定,被告人所使用的炸药、雷管属于爆炸物,且被告人明知爆炸物的危险性而自制爆炸装置,希望爆炸事故的发生,主观上具有危害公共安全的故意,被告人的行为构成爆炸罪。同时,被告人靳如超为实施爆炸行为,从他人处非法购得雷管、硝铵炸药,自制爆炸物并分别运送放置到爆炸地点,构成非法制造、买卖、运输爆炸物罪。这些犯罪行为是为其实施爆炸罪准备工具、制造条件的预备行为,也是为实施爆炸罪而采取的手段行为,因而与其所实施的爆炸行为形成吸收关系和牵连关系,对被告人靳如超应以爆炸罪定罪处罚。

【指导案例】陈中和爆炸案②——为自杀非法制造爆炸物的构成何罪

被告人陈中和因对生活失去信心而产生轻生念头,他用1500克铵磺炸药和7只电雷管做成一个爆炸物,又用14节1号电池组装成引爆装置。1991年12月8日,陈中和携带上述爆炸物和引爆装置乘火车来到北京,准备游览北京后用爆炸的方法自杀。陈中和先后在北京市石景山区苹果园附近的三家旅馆住宿。因其所带的钱已经花光,便将自制的爆炸物和引爆装置连接在一起捆绑在腰间,然后

---

① 参见左坚卫、黄娜、周加海:《危害公共安全罪司法适用》,法律出版社2007年版,第56页。
② 参见乔新生、龚立夫:《陈中和在北京火车站实施爆炸企图自杀并危害公共安全案》,载最高人民法院中国应用法学研究所编:《人民法院案例选(分类重排本)·刑事卷》,人民法院出版社2017年版,第609—611页。

将引爆开关放在自己的皮夹克上衣右下兜内,于12月16日晚来到北京火车站。次日0时9分,陈中和在北京站中转签字处15号窗口西侧一米处将雷管引爆。由于炸药受潮,爆炸物未能爆炸,电雷管引爆后仅将陈中和的双手和腹部炸伤,其中一只手的拇指被截断致残,没有造成其他人身伤亡和财产损失。案发后,北京市公安局对爆炸物进行了刑事技术鉴定,鉴定结论认定:①该爆炸物不接通电源,仅碰撞挤压不会发生爆炸;②该爆炸物的杀伤半径为1米;③该爆炸物引发未爆是因为炸药受潮所致。

本案中,对陈中和的行为认定为何罪存在四种意见。第一种意见认为,根据1979年《刑法》,被告人的行为构成非法制造爆炸物罪和非法携带炸药、雷管进站上车罪,应数罪并罚。第二种意见认为,上述两罪属于吸收犯,应从一重罪处断。第三种意见认为,陈中和以自杀为目的自制爆炸物的行为,不构成非法制造爆炸物罪,但应构成非法携带炸药、雷管进站上车罪,且虽然在携带过程中发生了爆炸,但未发生严重后果,可不定爆炸罪。第四种意见认为,该行为构成爆炸罪。

非法携带炸药、雷管进站上车罪规定在1991年《铁路法》第60条第2款中,1993年最高人民法院《关于执行〈中华人民共和国铁路法〉中刑事罚则若干问题的解释》第2条进一步明确"携带炸药、雷管或者非法携带枪支子弹、管制刀具进站上车构成犯罪的,应当定非法携带炸药、雷管、枪支子弹、管制刀具进站上车罪,依照刑法第一百六十三条规定适用刑罚",该规定现已废止。

在现行刑法条文的语境下,陈中和的行为主要涉及三个罪名:一是爆炸罪,二是非法制造爆炸物罪,三是非法携带危险物品危及公共安全罪。对于爆炸罪,陈中和在北京站中转签字处引爆杀伤半径为1米的爆炸物,火车站属人口稠密地区,被告人的行为危害到了不特定多数人的生命、健康和公私财产安全。主观上,其在进入北京站前就已经将事先连接好的引爆装置和爆炸物捆绑在腰间,并将引爆开关放入兜内,使爆炸物处于一触即发的状态,属于有预谋的爆炸行为。被告人虽是出于自杀的目的,但明知在人员密集区域实施爆炸行为会危害公共安全,而放任损害结果的发生,主观上属故意,其行为构成爆炸罪。对于非法制造爆炸物罪,被告人陈中和违反国家爆炸物管理的相关规定,擅自制造爆炸物,且符合非法制造爆炸物罪的情节规定①,构成非法制造爆炸物罪。对于非法携带危险物品危及公共安全罪,被告人陈中和所携带的爆炸物属于爆炸性物品,其非法携带爆炸性物品进入北京站,且其携带爆炸物由1500克铵磺炸药和7只电雷管制

---

① 最高人民法院《关于审理非法制造、买卖、运输枪支、弹药、爆炸物等刑事案件具体应用法律若干问题的解释》(以下简称《非法制造、买卖、运输枪支、弹药、爆炸物等刑事案件解释》)第1条第1款第(六)项规定:"非法制造、买卖、运输、邮寄、储存炸药、发射药、黑火药一千克以上或者烟火药三千克以上、雷管三十枚以上或者导火索、导爆索三十米以上的。"

成,危害性较大,属于情节严重,其行为已构成非法携带危险物品危及公共安全罪。在爆炸罪与非法制造爆炸物罪、非法携带危险物品危及公共安全罪的关系上,制造爆炸物和携带爆炸物的行为是为其实施爆炸行为准备工具、制造条件的预备行为,也是为实施爆炸行为而采取的手段行为,因而与其所实施的爆炸行为形成吸收关系和牵连关系,对被告人陈中和应以爆炸罪定罪处罚。

【指导案例】赖贵勇爆炸案①——以报复特定人为目的而实施的不计损害结果的爆炸行为如何认定

1999年10月,被告人赖贵勇经人介绍与扎西家的保姆普布卓玛按当地风俗举行结婚仪式后同居(未办理结婚登记手续)。后因双方生活方式不和,普布卓玛于1999年年底回到扎西家。赖贵勇数次到扎西家劝普布卓玛回家但均遭到拒绝。同年4月中旬,赖贵勇又到扎西家,劝普布卓玛回家未果,便向扎西提出退还礼金500元人民币的要求,扎西不从。赖贵勇恼羞成怒,怀恨在心,产生报复扎西一家的念头。同年5月16日晚10时许,赖贵勇留下遗书后,携带事先自制的炸药包、炸药瓶等爆炸物至扎西家北侧房顶潜伏。次日凌晨3时40分许,赖贵勇用细线将一炸药瓶吊至扎西家南侧的厨房天窗内,并随即引爆,致使扎西之子扎西尼玛因房屋倒塌窒息死亡,扎西、普布卓玛、尼珍受轻微伤。

本案的争议点是赖贵勇的行为是构成故意杀人罪还是爆炸罪。以爆炸方法实施的故意杀人罪与爆炸罪,虽然在犯罪方法和犯罪后果方面有相同之处,但两者亦存在区别:一是侵犯客体不同,爆炸罪侵犯的客体是公共安全,而故意杀人罪侵犯的客体是特定公民的生命权。二是客观方面不同,爆炸罪的危害行为限于行为人故意引爆爆炸装置,故意杀人罪的危害行为更为广泛,其中也包括使用爆炸方法。三是主观方面不同,爆炸罪行为人主观上希望或放任损害结果的发生,而故意杀人罪行为人的主观方面是故意剥夺特定公民个人的生命。综上所述,如果行为人以爆炸方法杀害特定人,未危及公共安全的,其行为构成故意杀人罪;如果行为危及或足以危及公共安全,且行为人对危害公共安全的后果持追求或放任态度的,同时构成故意杀人罪和爆炸罪,属想象竞合,一般应认定为爆炸罪。本案中赖贵勇将炸药瓶吊至扎西家,引发爆炸,造成一人死亡、三人受伤的损害结果,该爆炸行为是针对扎西一家实施的杀害行为,构成故意杀人罪。同时,虽然扎西家居住的人员特定,但是炸药瓶为行为人自制,未经检验和测试,行为人引爆炸药瓶时无法预料及控制行为的侵害对象和损害结果,其行为可能危害到扎西家附近居民的安全,故其行为足以危害扎

---

① 参见周峰:《赖贵勇爆炸案——以报复特定人为目的而实施的不计危害后果的爆炸行为如何定性》,载最高人民法院刑事审判第一庭、第二庭编:《刑事审判参考》(总第22辑),法律出版社2001年版,第1—4页。

西家附近不特定人的安全。被告人赖贵勇熟悉作案地点环境，其身为石匠，懂得炸药性能和威力，在实施爆炸时，为加大爆炸产生的破坏力，有意将爆炸装置用绳子吊在房屋天窗内引爆，被告人赖贵勇可以预见到其行为会造成危害公共安全的后果，为了对扎西一家实施报复，放任损害结果的发生，主观上对危害公共安全的结果持故意心态，其行为在构成故意杀人罪的同时构成爆炸罪，属想象竞合，从一重罪处断。

第十五章　投放危险物质罪

一、如何理解投放危险物质罪与污染环境罪之间的关系

(一) 裁判规则

从最高人民检察院、公安部《关于公安机关管辖的刑事案件立案追诉标准的规定(一)》和最高人民法院、最高人民检察院《关于办理环境污染刑事案件适用法律若干问题的解释》(以下简称《环境污染刑事案件解释》)中对投放危险物质罪和污染环境罪入罪标准的规定来看,《刑法》第114条规定的尚未造成严重后果的投放危险物质罪与污染环境罪存在法条竞合关系。

从构成要件来看,两罪虽都包含毒害性、放射性和传染性三类物质,但投放危险物质罪中所包含的"危险物质"种类更多,行为范围也更广,投放危险物质罪包含污染环境罪,污染环境罪属特别法。根据司法解释的规定,在同时构成两罪时,按照重罪认定。污染环境致人重伤、死亡或公私财产遭受重大损失的,按照《刑法》第115条规定的投放危险物质罪的实害犯定罪处罚;对于其他"严重污染环境"和"后果特别严重"的情况,如果行为达到危害公共安全程度的,按照《刑法》第114条规定的投放危险物质罪的具体危险犯定罪处罚。

(二) 规则适用

投放危险物质罪和污染环境罪的构成要件行为相似。投放危险物质罪是指故意投放毒害性、放射性、传染病病原体等物质,危害公共安全的行为。根据《刑法》第114条与第115条第1款的规定,犯投放危险物质罪尚未造成严重后果的,处三年以上十年以下有期徒刑;致人重伤、死亡或者使公私财产遭受重大损失的,处十年以上有期徒刑、无期徒刑或死刑。《刑法修正案(八)》出台以后,污染环境罪替代了重大环境污染事故罪。污染环境罪,是指自然人或者单位违反国家规定,排放、倾倒或者处置有放射性的废物、含传染病病原体的废物、有毒物质或者其他有害物质,严重污染环境的行为。根据《刑法》第338条的规定,严重污染环境的,处三年以下有期徒刑或者拘役,并处或者单处罚金;后果特别严重的,处三年以上七年以下有期徒刑,并处罚金。根据《环境污染刑事案件解释》第8条的

规定,违反国家规定,排放、倾倒、处置含有毒害性、放射性、传染病病原体等物质的污染物,同时构成污染环境罪、非法处置进口的固体废物罪、投放危险物质罪等犯罪的,依照处罚较重的规定定罪处罚。对该条规定的理解存在两个问题:

一是该规定中是否包括《刑法》第 114 条规定的投放危险物质罪的具体危险犯。对此,笔者持肯定的观点,理由在于:2008 年 6 月 25 日发布的最高人民检察院、公安部《关于公安机关管辖的刑事案件立案追诉标准的规定(一)》第 1 条第(一)项、第(二)项和第(五)项规定,过失引起火灾,造成死亡一人以上,或者重伤三人以上的;造成公共财产或者他人财产直接经济损失 50 万元以上的;其他造成严重后果的情形,应予立案追诉。该规定体现了《刑法》第 115 条第 1 款中"严重后果"的标准。从规范体系的连贯性出发,同样规定在《刑法》第 115 条第 1 款的投放危险物质罪的"严重后果"的认定也应采此标准。在污染环境罪中,最高人民法院、最高人民检察院对《刑法》第 338 条中的"严重污染环境"和"特别严重后果"作出了明确解释。根据《环境污染刑事案件解释》的规定,致使三人以上轻伤或一人以上重伤,或者公私财产损失 30 万元以上的,就属于严重污染环境;致使三人以上重伤或一人以上死亡,或者公私财产损失 100 万元以上的,属于后果特别严重。据此,构成污染环境罪的部分行为属于尚未造成严重后果的投放危险物质罪。故《环境污染刑事案件解释》第 8 条的规定中包含《刑法》第 114 条尚未造成严重后果的投放危险物质罪。

二是须明确污染环境行为适用投放危险物质罪的限制条件。一方面,在两罪的区分上,《刑法》分则对投放危险物质罪的规定为"投放毒害性、放射性、传染病病原体等物质",对污染环境罪的规定为"违反国家规定,排放、倾倒或者处置有放射性的废物、含传染病病原体的废物、有毒物质或者其他有害物质"。从明确列举的物质来看,两罪虽都包含毒害性、放射性和传染性三类物质,但污染环境罪中仅包括放射性、传染性废物和有毒物质,投放危险物质罪中所包含的"危险物质"种类更多,如具有放射性、传染性但不属于废物的,不属于污染环境罪中列举的物质,而包含在投放危险物质罪列举的物质中;两罪中物质的"兜底"表述虽都包含明确列举外的物质,但污染环境罪表述为"其他有害物质",而投放危险物质罪表述为"等物质",无"有害"这一限制,其所包含的物质范围更大。同时投放危险物质罪的行为表述为"投放",而污染环境罪的行为表述为"排放、倾倒或者处置",投放可以包含上述三种行为,投放危险物质罪的行为范围也更广。故从构成要件来看,投放危险物质罪包含污染环境罪,二者之间属法条竞合关系,虽污染环境罪属于特别法,但根据《环境污染刑事案件解释》第 8 条的规定,在同时构成两罪时,按照重罪认定。① 另一方面,在入罪的标准上。《环境污染刑事案件解释》第 1 条、第 2 条所列举的"严重污染环境"和"后果特别严重"的情况中,除污染环境致人重

---

① 参见田国宝:《我国污染环境罪立法检讨》,载《法学评论》2019 年第 1 期。

伤、死亡或公私财产遭受重大损失以外的,不能以《刑法》第 115 条规定的投放危险物质罪定罪处罚。其他行为,例如通过暗管、渗井、渗坑、裂隙、溶洞、灌注等逃避监管的方式排放、倾倒、处置有放射性的废物、含传染病病原体的废物、有毒物质的;二年内曾因违反国家规定,排放、倾倒、处置有放射性的废物、含传染病病原体的废物、有毒物质受过两次以上行政处罚,又实施前列行为的等情形,如果达到危害公共安全程度的,可以认定为《刑法》第 114 条规定的投放危险物质罪的具体危险犯。

【指导案例】古计明、方振华投放危险物质案[①]——使用铱(放射性同位素)射线工业探伤机照射他人的行为如何认定

被告人古计明为广州古今科技发展有限公司法定代表人,在与广州军区广州总医院合作建立广州军区广州总医院激光医疗中心期间,与广州军区广州总医院整形外科主任刘春利产生矛盾,怀恨在心。2002 年 3 月,古计明了解到采用放射性物质照射人体可以造成伤害的信息,产生采用这一方法伤害刘春利的犯意。2002 年 5 月 9 日,古计明采用伪造的准购证和介绍信,以人民币 5.5 万元从辽宁省丹东射线仪器集团有限公司购买了一台铱射线工业探伤机。后在回广州途中,古计明将该探伤机对人体的危害性及准备使用其照射被害人刘春利的情况告知了方振华。同月 11 日,两被告人将探伤机带回古计明的办公室。随后,古计明和方振华利用晚上无人上班之际,将探伤机的装源铅罐安装在古计明办公室内天花板上,将连接主机的前端管道从天花板上拉到刘春利办公桌上方的天花板上。2002 年 5 月中旬至 2002 年 7 月 19 日,古计明、方振华多次共同或单独趁被害人刘春利在办公室工作及中午休息之机,在古计明办公室的暗室通过驱动探伤机施源器,将铅罐内的铱放射源输送到刘春利的办公室天花板,使用铱源对刘春利进行照射,致使刘春利及在该中心工作的 70 多名医护人员受到放射源的辐射伤害。经法医鉴定,被害人刘春利的损伤构成重伤,被害人江萨、曾东等十三人的损伤构成轻伤,被害人李玉莲等六十一人的损伤构成轻微伤。经现场试验测定,放射源为工业探伤机用铱-192 放射源。

对于本案,有观点认为,被告人利用放射性物质危害公共安全,属于投放危险物质罪;有观点认为,被告人利用放射性物质污染环境,从而导致多人受伤,应认定为污染环境罪。对此,从本案被告人使用的铱源来看,铱源是铱元素的放射性同位素,属于中毒组放射性核素,在没有屏蔽的情况下,对人和动物会产生严重辐射危害。核辐射损伤有远后效应和遗传效应两个特点,对被辐射的群体而言,远

[①] 参见程永生:《古计明、方振华投放危险物质案——在危害公共安全罪中,没有造成一人以上死亡或多人以上重伤后果的,一般可不判处死刑立即执行》,载最高人民法院刑事审判第一庭、第二庭编:《刑事审判参考》(总第 46 集),法律出版社 2006 年版,第 1—7 页。

后效应和遗传效应必然在某些人身上出现(受害者群体历经若干年后一部分人会出现癌症等恶性疾病),但对于被辐射的具体人而言则未必会出现。放射性损伤可以引起致畸、致癌、致突变等远后效应,就现在的医学水平而言,尚无法对此种损伤进行确切评价。另外,案发时适用的《人体重伤鉴定标准》(司发〔1990〕070号)、《人体轻伤鉴定标准(试行)》(法〔司〕发〔1990〕6号)和《人体轻微伤的鉴定标准》(GA/T146—1996),以及现行适用的2014年实施的《人体损伤程度鉴定标准》均以肢体、器官功能、容貌的损伤程度为标准,没有将放射性物质造成的损伤及其远后效应列入其中,不能解决此类损害的认定标准问题。所以对于放射性元素造成的损伤,在鉴定被害人伤害等级时,应充分考虑被害人染色体的畸变数量和今后可能对被害人造成的影响,尤其是其后发生障碍性贫血、白血病或者恶性肿瘤等疾病的可能性。本案中,被告人使用的铱源属于放射性物质,但不属于放射性废物。客观上古计明购买铱射线工业探伤机,并将该探伤机的装源铅罐安装在古计明办公室内天花板上,对被害人进行照射,该行为属于投放,而不属于"排放、倾倒、处置"中的一种,被告人古计明的行为不符合污染环境罪的客观要件。被告人在广州军区广州总医院内连续两个多月投放放射性物质,致被害人刘春利重伤,同时不可避免地照射到与刘春利相邻办公室的工作人员,致十三人轻伤、六十一人轻微伤,其行为已经严重危害到了公共安全,已经造成了严重的损害后果,被告人古计明的行为符合投放危险物质罪的客观要件。被告人出于报复动机,明知铱源为放射性物质,将铅罐内的铱放射源输送到刘春利的办公室天花板足以危害到不特定人的安全,为了达到报复刘春利的目的,放任危害公共安全结果的发生,主观上属故意,应认定为投放危险物质罪。

二、生产、销售具有毒害性的产品的行为如何认定

(一)裁判规则

在生产、销售具有毒害性的产品的行为认定上,首先,应判断该行为是否属于生产、销售有毒、有害食品/假药/伪劣产品罪,主要考查行为人是否属于生产者或销售者及该产品是否属于食品、药品和商品领域,是否符合生产、销售有毒、有害食品/假药/伪劣产品等罪名的客观要件,是否满足各罪名的入罪标准等。其次,应判断该行为是否构成投放危险物质罪或以危险方法危害公共安全罪,主要考查行为侵犯客体是否为公共安全,以及是否满足"投放"或"其他危险方法"的条件。再次,判断该生产、销售行为是否属于非法经营活动,判断时须明确形式违法性和实质违法性条件。最后,在明确行为构成罪名的基础上,同一行为触犯多个罪名的,依照处罚较重的规定追究刑事责任。

(二)规则适用

对于生产、销售具有毒害性的产品的行为认定,实践中争议较大,主要涉及四类罪名:投放危险物质罪,以危险方法危害公共安全罪,生产、销售有毒、有害食

品/假药/伪劣产品罪和非法经营罪。其一,投放危险物质罪和以危险方法危害公共安全罪规定在《刑法》第114条和第115条,投放危险物质罪的客观要件为故意投放毒害性、放射性、传染病病原体等物质,危害公共安全的行为;以危险方法危害公共安全罪的客观要件为使用放火、决水、爆炸、投放危险物质以外的其他方法危害公共安全的行为。可见以危险方法危害公共安全罪为规制放火罪、决水罪、爆炸罪和投放危险物质罪这四个罪名以外的其他同程度的危害公共安全行为的兜底条款。其二,生产、销售有毒、有害食品罪是指在生产、销售的食品中掺入有毒、有害的非食品原料,或者销售明知掺有有毒、有害的非食品原料的行为,具体包括三种行为,即在生产的食品中掺入有毒、有害的非食品原料,在销售的食品中掺入有毒、有害的非食品原料和明知是掺有有毒、有害的非食品原料而销售的行为。生产、销售假药罪是指故意生产、销售假药的行为,是否属于假药应依照《中华人民共和国药品管理法》(以下简称《药品管理法》)的规定认定。生产、销售伪劣产品罪是指生产者、销售者在产品中掺杂、掺假,以假充真,以次充好或者以不合格产品冒充合格产品,销售金额较大的行为。因其认定标准存在销售金额标准,实践中一般认为该罪为《刑法》分则第三章第一节"生产、销售伪劣商品罪"中其他罪名的兜底条款。其三,非法经营罪是指违反国家规定从事非法经营活动,扰乱市场秩序,情节严重的行为,具体指以下四类行为:①未经许可经营法律、行政法规规定的专营、专卖物品或其他限制买卖的物品的;②买卖进出口许可证、进出口原产地证明以及其他法律、行政法规规定的经营许可证或者批准文件的;③未经国家有关主管部门批准,非法经营证券、期货或者保险业务的,或者非法从事资金结算业务的;④从事其他非法经营活动,扰乱市场秩序,情节严重的行为。

在生产、销售具有毒害性的产品的行为认定上,首先,判断该行为是否属于生产、销售有毒、有害食品/假药/伪劣产品罪。一方面考查行为人是否属于生产者或销售者,生产者既包括产品的制造者,也包括产品的加工者,销售者则包括批量销售者、零散销售者以及生产后的直接销售者。至于生产者、销售者是否取得了有关产品的生产许可证或营业执照,一般认为不影响生产、销售有毒、有害食品/假药/伪劣产品罪的成立。另一方面须考查该行为是否属于食品、药品和商品领域,是否符合生产、销售有毒、有害食品/假药/伪劣产品等罪名的客观要件,是否满足各罪名的入罪标准。其次,应判断该行为是否构成投放危险物质罪或以危险方法危害公共安全罪。认定是否构成两罪的关键,一方面在于行为是否危害到公共安全,即对不特定人的生命、健康和财产权利造成威胁;另一方面在于行为方式是否满足"投放"或"其他危险方法"的条件。一般认为,"投放"行为是指将危险物质放置于固定的容器、场所内,也包括将危险物质投放(释放)于土地、大气中。"其他危险方法"是指放火、决水、爆炸和投放危险物质之外的且与前述四个行为的危险程度相当的其他可能危害到公共安全的方法。再次,须判断该生产、销售行为是否属于非法经营活动,由于非法经营罪的罪状描述上采取了"空白罪状+兜底条款"的形式,使得该罪的构成要件具有开放性及不确定性,因此,在适用时应坚守同质性解释,严格适用条件,明确形式违法性和实质违法性条件。形式违法性的判断上强调对犯罪要件符合性的判断,经营行为须"违反国家规定"。《刑法》第96条专门对"国家规定"的内涵与外延作出具体规定,即"违反国家规定,是指违反全国人民代表大会及其常务委员会制定的法律和决定,国务院制定的行政法规、规定的行政措施、发布的决定和命令"。实践中存在以司法解释或部门规章作为依据认定非法经营的情形。对此,如果"国家规定"本身并未对某一类行为方式予以禁止,则司法权在适用"国家规定"时不应突破形式上的限制,而应当将"疑点"利益归于被告人,保持刑法的审慎与谦抑。在实质违法性的判断上,要求非法经营行为须具有实质的社会危害性,具备上述形式与实质违法性的才可认定为非法经营罪。最后,三类犯罪所保护的客体不同,正因为同一生产销售毒害性产品的行为可能同时危害不同的客体,因而,该行为可能同时触犯三类罪名。在明确行为构成的罪名的基础上,如果同一生产、销售行为构成多个犯罪的,属想象竞合,从一重罪处断。同时,2002年最高人民法院、最高人民检察院《关于办理非法生产、销售、使用禁止在饲料和动物饮用水中使用的药品等刑事案件具体应用法律若干问题的解释》(以下简称《非法生产、销售、使用禁止在饲料和动物饮用水中使用的药品等刑事案件解释》)第5条明确规定了在生产、销售的饲料中添加盐酸克仑特罗等禁止在饲料和动物饮用水中使用的药品的行为,同时触犯两种以上犯罪的,从一重罪处断,而该行为属于生产、销售具有毒害性产品的行为。综上,生产、销售具有毒害性产品的行为同时触犯多个犯罪的,从一重罪处断。

【指导案例】刘襄等以危险方法危害公共安全案[①]——大量生产、销售"瘦肉精",给广大消费者的身体健康、生命安全造成严重危害,并使公共财产遭受特别重大损失的行为如何认定

2007年年初,被告人刘襄、奚中杰为攫取暴利,共谋研制、生产、销售盐酸克仑特罗供生猪饲用。二人商议:双方各投资人民币(以下币种同)5万元,刘襄负责技术开发和生产,奚中杰负责销售,利润均分。同年八九月份,刘襄在湖北省襄阳市谷城县试制出盐酸克仑特罗后,与奚中杰一起带样品到河南省先后找到被告人陈玉伟、肖兵进行试验、推销。陈玉伟、肖兵二人明知使用盐酸克仑特罗饲养的生猪流入市场会对消费者身体健康、生命安全造成危害,仍将盐酸克仑特罗卖给收猪的经纪人试用,得知效果好后,遂将信息反馈给刘襄、奚中杰。刘襄等人将该盐酸克仑特罗称为"刘襄产品",开始大规模生产,陈玉伟、肖兵进行大量销售用于生猪饲养。截至2011年3月,刘襄、奚中杰共生产盐酸克仑特罗(原粉)2700余公

[①] 参见王永贞、冯童:《刘襄等以危险方法危害公共安全案》,载最高人民法院中国应用法学研究所编:《人民法院案例选(分类重排本)·刑事卷》,人民法院出版社2017年版,第681—684页。

斤,奚中杰、陈玉伟、肖兵销售后,金额达640余万元,非法所得约250万元。被告人刘鸿林明知人食用含有盐酸克仑特罗的猪肉有害身体健康,仍协助刘襄购进原料,进行研制、生产、销售等活动。

2007年10月至2009年6月,奚中杰与刘襄合伙期间共同销售盐酸克仑特罗(原粉)1200余公斤,销售金额300余万元,非法所得130余万元。2009年10月至2010年2月,奚中杰还单独从迟名华(另案处理)等人处购买盐酸克仑特罗(原粉)230余公斤,销售金额140余万元,非法所得30余万元。奚中杰与刘襄共同销售及其单独销售金额440余万元,非法所得160余万元。

2007年8月、9月至2011年1月,肖兵将从刘襄处购进的1300余公斤盐酸克仑特罗(原粉)销售给倪陆昀(另案处理)等人,销售金额300余万元,非法所得60余万元。

2007年10月至2011年3月,陈玉伟将从刘襄处购得的600余公斤盐酸克仑特罗(原粉),兑入淀粉,用搅拌机搅拌后,使用刘建业等假名销售给博爱县的贺群启(另案处理)等人,销售金额200余万元,非法所得约70万元。

五被告人生产、销售的盐酸克仑特罗,经过层层销售途径,最终销至河南、山东、北京、湖南、海南、安徽、黑龙江、广东八省市的生猪养殖户,勾兑饲料用于饲养生猪,致使大量该类猪肉流入市场,给广大消费者身体健康、生命安全造成严重危害,并使公私财产遭受特别重大损失。

本案中,盐酸克仑特罗俗称"瘦肉精","瘦肉精"具有相当的毒性,动物食用后会在动物组织中形成残留,特别是可以残留于肝、肾、肺等内脏器官中。人食用残留有盐酸克仑特罗的肉及其制品后,会出现肌肉震颤、心慌、战栗、头痛、恶心、呕吐等中毒症状,长期食用可诱发恶性肿瘤等疾病,严重者可致人死亡。本案在审理过程中,对于刘襄等人的行为构成何罪存在不同意见。笔者认为,刘襄等人的行为构成三个罪名:

第一,非法经营罪。根据《饲料和饲料添加剂管理条例》(2001年第一次修订)①第4条第2款规定:"新研制的饲料、饲料添加剂,在投入生产前,研制者、生产者(以下简称申请人)必须向国务院农业行政主管部门提出新产品审定申请,经国务院农业行政主管部门指定的机构检测和饲喂试验后,由全国饲料评审委员会根据检测和饲喂试验结果,对该新产品的安全性、有效性及其对环境的影响进行评审;评审合格的,由国务院农业行政主管部门发给新饲料、新饲料添加剂证

---

① 该条例1999年5月29日经中华人民共和国国务院令第266号发布,根据2001年11月29日国务院《关于修改〈饲料和饲料添加剂管理条例〉的决定》第一次修订,2011年10月26日国务院第177次常务会议修订通过,根据2013年12月7日国务院《关于修改部分行政法规的决定》第二次修订,根据2016年2月6日国务院《关于修改部分行政法规的决定》第三次修订,根据2017年3月1日国务院《关于修改和废止部分行政法规的决定》第四次修订。本案案发时适用2001年第一次修订的规定。

书,并予以公布。"第 5 条规定:"申请人提出饲料、饲料添加剂新产品审定申请时,除应当提供新产品的样品外,还应当提供下列资料:(一)该新产品的名称、主要成分和理化性质;(二)该新产品的研制方法、生产工艺、质量标准和检测方法;(三)该新产品的饲喂效果、残留消解动态和毒理;(四)环境影响报告和污染防治措施。"刘襄等人研制、生产、销售盐酸克仑特罗作为饲料,未经相关部门审核、检测,且该饲料的安全性明显不符合规定要求。同时参照《禁止在饲料和动物饮用水中使用的药物品种目录》[①]和最高人民法院、人民检察院《关于办理非法生产、销售、使用禁止在饲料和动物饮用水中使用的药品等刑事案件具体应用法律若干问题的解释》第 1 条、第 2 条之规定[②],刘襄、奚中杰共谋非法生产盐酸克仑特罗,并销售给陈玉伟、肖兵等人,陈、肖等人又继续销售,属于违反国家规定从事非法经营活动,扰乱市场秩序,情节严重的行为,均构成非法经营罪。

第二,生产、销售有毒、有害食品罪。被告人明知盐酸克仑特罗的危害性,知道国家明令禁止在猪饲料中添加"瘦肉精",但为了追求不法利益,仍然大量生产、销售"瘦肉精",通过层层销售渠道,供给生猪养殖户用于生猪饲养,与养殖户构成生产、销售有毒、有害食品罪的共同犯罪。

第三,以危险方法危害公共安全罪。客观上,刘襄等人研制、生产、销售的盐酸克仑特罗的唯一用途就是往饲料中添加,用于生猪养殖,最终销至河南、山东、北京、湖南、海南、安徽、黑龙江、广东八省市的生猪养殖户,致使大量该类猪肉流入市场,给广大消费者身体健康、生命安全造成严重危害,并使公私财产遭受特别重大损失,其行为已经严重危害公共安全。而且被告人刘襄等人的行为危险性极高,与放火、决水等行为的危险性相当,属于"其他危险方法"。主观上,刘襄等人从事制药或生猪收购工作,均明知国家严禁在饲料中添加盐酸克仑特罗,也知道使用盐酸克仑特罗喂养的猪流入市场后,会对广大消费者的身体健康、生命安全造成危害,而为攫取暴利,仍大量生产、销售盐酸克仑特罗饲养生猪,放任其行为对不特定的广大消费者的身体健康、生命和财产安全造成严重危害,均有危害公共安全的主观故意,故被告人刘襄等人的行为构成以危险方法危害公共安全罪。

综上所述,刘襄等人生产、销售盐酸克仑特罗用于生猪养殖的行为,属一个行为触犯了数个罪名的想象竞合犯,既触犯了生产、销售有毒、有害食品罪,又触犯了非法经营罪和以危险方法危害公共安全罪。《非法生产、销售、使用禁止在饲料和动物饮用水中使用的药品等刑事案件解释》第 5 条规定:"实施本解释规定的行

---

① 2002 年 2 月 9 日发布,其中列明"1. 盐酸克仑特罗(Clenbuterol Hydrochloride)"。
② 2002 年 8 月 23 起施行,第 1 条规定:"未取得药品生产、经营许可证件和批准文号,非法生产、销售盐酸克仑特罗等禁止在饲料和动物饮用水中使用的药品,扰乱药品市场秩序,情节严重的,依照刑法第二百二十五条第(一)项的规定,以非法经营罪追究刑事责任。"第 2 条规定:"在生产、销售的饲料中添加盐酸克仑特罗等禁止在饲料和动物饮用水中使用的药品,或者销售明知是添加有该类药品的饲料,情节严重的,依照刑法第二百二十五条第(四)项的规定,以非法经营罪追究刑事责任。"

为,同时触犯刑法规定的两种以上犯罪的,依照处罚较重的规定追究刑事责任。"所以本案应依照处罚较重的以危险方法危害公共安全罪定罪处罚。

【指导案例】王桂平以危险方法危害公共安全、销售伪劣产品、虚报注册资本案①——生产假冒的药品辅料致多人死亡的行为如何认定

2005年9月,被告人王桂平为牟取非法利益,在明知二甘醇不能作为药用的情况下,购买二甘醇1吨,冒充药用丙二醇,以每吨人民币(以下币种同)14500元的价格销售给齐齐哈尔第二制药有限公司,并伪造了产品合格证。2006年3月,齐齐哈尔第二制药有限公司用王桂平出售的药用丙二醇,生产出亮菌甲素注射液,销往广东省。后广东省中山大学第三附属医院购得该注射液临床使用,导致十五名患者出现急性肾衰竭或病情加重,其中吴明远等十四名患者死亡。此外,被告人王桂平还于2005年1月至2006年4月间,以假充真,销售伪劣产品金额计人民币297310元。

2005年10月份,王桂平在没有实际缴纳注册资本的情况下,通过伪造现金缴款单、银行对账单、银行询证函等手续,骗取验资报告,至泰兴市工商行政管理局领取了注册资金为500万元的江苏美奇精细化工有限公司的营业执照。

本案一审法院认为,对被告人王桂平应按照以危险方法危害公共安全罪、销售伪劣产品罪和虚报注册资本罪三罪并罚。被告人王桂平以其行为属于销售伪劣产品性质,或者构成过失以危险方法危害公共安全罪为由提出上诉,后二审法院经审理维持原判。本案中,对于王桂平在2005年1月至2006年4月间实施的销售伪劣产品行为,以及虚报注册资本行为分别构成销售伪劣产品罪和虚报注册资本罪没有争议。争议在于,对王桂平以二甘醇冒充药用丙二醇销售给制药企业用于生产药品的行为认定存在不同意见:第一种意见认为上述行为应当以销售伪劣产品罪进行整体评价,以销售金额累计计算;第二种意见认为应当以销售假药罪定罪处罚;第三种意见认为该行为符合以危险方法危害公共安全罪。

以二甘醇冒充药用丙二醇销售给制药企业用于生产药品的行为,笔者认为,应认定为以危险方法危害公共安全罪。理由在于,第一,被告人王桂平的行为构成以危险方法危害公共安全罪。被告人王桂平以二甘醇冒充药用丙二醇销售给制药企业用于生产药品,致使生产出的药品不合格,在药品被用于临床治疗时,会严重危及不特定患者的安全,事实上造成了十四名患者死亡的严重后果,已经严重危害公共安全。该行为危险性极高,足以致使不特定人重伤或死亡,与放火、决水等行为危险性相当,属于"其他危险方法"。主观上,王桂平庭前多次供述

---

① 参见沈德咏主编:《最高人民法院公报案例汇编(1985—2015年·刑事卷)》,人民法院出版社2016年版,第55—61页。

证实,其不仅知道制药企业购买药用丙二醇的用途,而且知道二甘醇被用于加工药品后,会危害他人身体健康,但为了谋取非法利益,放任损害结果的发生,具有实施以危险方法危害公共安全的间接故意。综上所述,王桂平的行为构成以危险方法危害公共安全罪。第二,该行为不构成销售假药罪。根据《刑法》第141条第2款的规定,假药具体可以分为"假药""按假药处理的药品"以及"按假药处理的非药品"。《药品管理法》只对"假药"和"按假药处理的药品"的范围有所涉及,并没有明确规定"按假药处理的非药品"。丙二醇本身不属于药品,但该产品用于药品生产中,属于药品辅料。根据《药品管理法》的规定,辅料是指生产药品和调配处方时所用的赋形剂和附加剂,与药品有别。被告人王桂平以二甘醇冒充药用丙二醇进行销售,属于以工业用产品冒充药品辅料进行销售,其行为既不属于销售"假药",也不属于销售"按假药处理的药品",而认定为销售"按假药处理的非药品"亦缺乏明确的法律依据,故不宜按销售假药罪处理。第三,被告人王桂平的行为构成销售伪劣产品罪。以二甘醇冒充药用丙二醇进行销售,属于在销售产品时以假充真,销售数额达29万余元人民币,其行为符合销售伪劣产品罪的构成要件,构成销售伪劣产品罪。综上,被告人王桂平以二甘醇冒充药用丙二醇销售给制药企业用于生产药品的行为构成以危险方法危害公共安全罪和销售伪劣产品罪两罪,属想象竞合,按照重罪即以危险方法危害公共安全罪定罪处罚。结合王桂平实施的其他销售伪劣产品行为,以及虚报注册资本行为,对被告人王桂平应按照以危险方法危害公共安全罪、销售伪劣产品罪和虚报注册资本罪三罪并罚。

【指导案例】许小渠过失以危险方法危害公共安全案[①]——食品销售人员对亚硝酸盐未尽妥善保管义务导致亚硝酸盐混入食品中出售致人伤亡的行为如何认定

被告人许小渠在江苏省宿迁市湖滨新区某农贸市场从事预包装、散装食品销售。2012年12月30日上午,许小渠在店内准备用亚硝酸盐(俗称硝卤精)调配硝卤水,因忙于其他事务而将亚硝酸盐遗留在经营区域。店内其他销售人员误将亚硝酸盐混入白糖销售箱,销售给张某忠、蔡某珍等人。当日下午,被害人唐某兰在食用张某忠所购买的混有亚硝酸盐的白糖后,发生亚硝酸盐中毒,经抢救无效死亡。2013年1月8日,被害人蔡某珍食用先前购买的混有亚硝酸盐的白糖后,发生亚硝酸盐中毒。经鉴定,被害人唐某兰系亚硝酸盐中毒死亡,被害人蔡某珍的损伤构成轻微伤。案发后,许小渠主动到公安机关投案,如实供述了上述事实,并赔偿被害人唐某兰亲属人民币(以下币种同)16.6万元,赔偿被害人蔡某珍4.4万元,且获得了唐某兰亲属及蔡某珍的谅解。

[①] 参见袁震、郭奎:《许小渠过失以危险方法危害公共安全案——食品销售人员对亚硝酸盐未尽妥善保管义务导致亚硝酸盐混入食品中出售,致人伤亡的行为如何定性》,载最高人民法院刑事审判第一、二、三、四、五庭主办:《刑事审判参考》(总第101集),法律出版社2015年版,第57—61页。

本案在审理过程中，对被告人许小渠的行为，主要形成三种不同观点：第一种观点认为，亚硝酸盐属于毒害性物质，许小渠的行为构成过失投放危险物质罪。第二种观点认为，许小渠的行为致一人死亡，构成过失致人死亡罪。第三种观点认为，许小渠的行为构成过失以危险方法危害公共安全罪。

本案中，许小渠作为一名长期从事预包装、散装食品销售的人员，特别是经常从事用亚硝酸盐调配硝卤水的工作，对亚硝酸盐的危害性应当是明知的。根据相关法律、法规的规定，许小渠负有妥善保管危险物品的法定义务。被告人许小渠作为食品销售的业主，其本身就有义务预见有毒物质出现在食品销售区域的危险，而因疏忽大意没有预见，主观上存在疏忽大意的过失。

过失投放危险物质罪要求被告人有过失投放的行为，即行为人主动实施了一定的行为，导致危险物质混入食物中，他人进食后中毒。本案被告人只是在调配硝卤水的过程中拿出亚硝酸盐后，没有及时将这种危险物质放回、保管好，客观上并没有实施投放的行为，是其他店员在不知情的情况下将亚硝酸盐混入白糖中出售的，投放的行为并非许小渠所实施，故不能构成过失投放危险物质罪。过失致人死亡罪侵犯的客体是公民个人生命健康，危害的对象具有特定性，本案被告人的未妥善保管行为发生在食品销售流通领域，其食品向不特定的公众进行销售，一旦将危险物质混入食品中，会对公共安全造成威胁，被告人许小渠的行为侵害的法益为公共安全，不能认定为过失致人死亡罪。

被告人许小渠对损害结果的发生在主观上具有过失，在客观上未妥善保管有毒物质，将有毒物质放置在食品销售区域，该区域对消费者开放，来往人员较多，该危险物质极易销售给他人，从而危害不特定人员的安全，最终导致一死一轻微伤的严重后果。该行为已经严重危害公共安全，且足以致使不特定人重伤或死亡，与放火、决水等行为的危险性相当，属于"其他危险方法"，符合过失以危险方法危害公共安全罪的构成要件。综上所述，被告人许小渠作为食品经销商，对亚硝酸盐未尽到妥善保管义务，以致其店内员工误当作白糖向多人销售，致一人死亡、一人轻微伤，其行为构成过失以危险方法危害公共安全罪。

第十六章　以危险方法危害公共安全罪

一、如何理解以危险方法危害公共安全罪中"其他危险方法"的含义

(一) 裁判规则

认定为以危险方法危害公共安全罪中"其他危险方法"的行为,须满足行为杀伤力、伤害范围和因果关系三个方面的条件。杀伤力是指"其他危险方法"须具有"一次性"致人重伤、死亡的可能性;伤害范围指"其他危险方法"须难以预料其损害结果范围、程度及发展过程,行为一旦实施,损害结果即会不断扩张且难以控制;因果关系指"其他危险方法"与结果间存在直接、紧迫的因果关系。

(二) 规则适用

根据我国《刑法》第114条的规定,以危险方法危害公共安全罪,是指以放火、决水、爆炸以及投放危险物质以外的其他危险方法危害公共安全的行为。因该罪罪状表述简单,导致司法实践中对于某一行为是否属于"其他危险方法",常存在认定上的争议。随着社会的飞速发展,犯罪行为引发的危险有向公众扩散的趋势,而刑法规范的修订滞后于社会实践,难以涵盖层出不穷的犯罪手段和犯罪行为,为加强对公共安全的保护,《刑法》对以危险方法危害公共安全罪的规定采用了概括性表述,但因为概括性规定的运用,导致实践中以危险方法危害公共安全罪与其他罪名难以区分,并引起了诸多争论。

司法中认定为以危险方法危害公共安全罪的行为包括与危险物质相关的,如使用燃料、烟花爆竹、腐蚀或高温液体等;与车辆相关的,如违规驾车、驾车撞击、拉动方向盘或干扰司机、碰瓷等;与公共设施相关的,如盗窃或毁坏公共设施、私设电网、在高压线旁堆物等;非法售卖毒害或危险物品的,如售卖有毒食品、售卖麻醉飞镖和将炮弹作为废品出售等;还有危险性较高的其他行为,如射击、高空抛物、持刀捅刺等。其中,包含了部分不应认定为以危险方法危害公共安全罪的行为,主要分为四种情况:一是认定为"其他危险方法",但对公共安全不具有直接危险的,如盗窃消防水枪喷头等行为。二是针对特定的人实施犯罪,未危害公共安全的,如针对特定的人射击或撞击等行为。三是涉及公共安全而未构成其他犯

罪,但不具有以危险方法危害公共安全罪所要求的危险性而认定为以危险方法危害公共安全罪的,如盗窃不涉及公共事务的窨井盖等行为。四是虽危害公共安全,但未达到以危险方法危害公共安全罪所要求的程度的,如车辆行驶中,乘客拉动方向盘或干扰司机但并未产生实质危险的行为。上述行为的认定使得以危险方法危害公共安全罪逐渐成为风险社会的新生"口袋罪",该罪已经演变成危害公共安全罪的兜底性条款,危害公共安全而又不构成其他犯罪的行为便按以危险方法危害公共安全罪进行定罪处罚,故如何解释及适用"其他危险方法"成为以危险方法危害公共安全罪的研究重点。

为应对现今以危险方法危害公共安全罪在适用中成为"口袋罪"的趋势,对"其他危险方法"的界定必须严格按照文义解释和同类解释规则进行。依文义解释规则,"其他危险方法"须在客观上对公共安全造成威胁,并具有发生危险后果的现实可能性;依同类解释规则,在《刑法》第114条和第115条中,"其他危险方法"与放火等行为并列叙述,表明"其他危险方法"应与放火等行为的危险性相当。这种相当性的判断实际上是对行为抽象危险性的判断,即先不去关注实际受侵害的对象情况,将行为抽象出来单独评价。结合放火、决水、爆炸、投放危险物质的共同特征及对公共安全的危险程度,笔者认为"其他危险方法"应当满足以下三个要件:

第一,行为危险之质:行为杀伤力。杀伤力包括致人重伤、死亡的"可能性"与"一次性"两个要素。理由在于:其一,从国民观念看,放火等行为危害极其严重,与之相提并论的"危险"自然不是普通危险,应当是"足以震动国民感情和法秩序安全感的危险"[1]。其二,从法定刑来看,以危险方法危害公共安全罪的刑罚较重,参照故意杀人罪、故意伤害罪等的量刑,应对以危险方法危害公共安全罪进行严格解释,行为须具备致人重伤、死亡的可能性。其三,放火等行为都能够"一次性"地损害人的健康或剥夺人的生命,与分多次完成一个行为的危险性不同。综上,现代风险使很多危害行为凸显出危害公共安全的性质,"其他危险方法"在性质上必须能够导致不特定重伤、死亡的结果,实质上具有致不特定人重伤、死亡的现实可能性,应排除仅能导致轻伤的危险方法。

第二,行为危险之量:伤害范围。放火等行为一旦实施,损害结果呈扩张趋势,且难以控制其发展,结果的发生具有高度盖然性。故"其他危险方法"也应具此特性,即难以预料其损害结果范围、程度及发展过程,行为一旦实施,造成的损害结果会不断扩张且难以控制。

第三,行为危险之本:因果关系。因果关系是指行为与结果间的关联性。一方面,表现为直接性,即危险方法本身就会造成危害公共安全的后果,不需要其

---

[1] 高艳东:《谨慎判定"以危险方法危害公共安全罪"的危险相当性——兼析具体危险犯的可罚性标准》,载《中国刑事法杂志》2006年第5期。

他因素介入。如偷盗消防喷水枪头等行为，本身并不能危害公共安全，只有在发生火灾时消防设施不能正常使用，才会产生危害，不属于"其他危险方法"。另一方面，还要求时间上具有一定程度的紧迫性，即要求行为与结果紧密衔接，包括行为后立即发生后果、不可能补救或来不及补救等。

【指导案例】陈某来以危险方法危害公共安全案①——持刀在校园内划伤不特定人的行为是否属于"其他危险方法"

2017年11月30日7时许，被告人陈某来从家里来到文昌市东郊镇中心小学，从操场围墙翻进校园，见校园里有很多学生，就走到学校大门旁边的文具店里购买了一把美工刀。当日7时30分许，被告人陈某来持美工刀走到教学楼四楼五年级（2）班教室里将前门关上，叫大家安静不要说话，见同学们不理睬，就朝被害人符某博走过去朝其脖子划了一刀，又朝坐在后面的被害人黄某恒脖子划了一刀。同学们见状纷纷向后门跑，被害人陈某佳跑时被被告人陈某来抓住欲持刀划其脖子，陈某佳捂住脖子，被告人陈某来就将其踢倒地上，造成其双侧耳郭受伤。接着，被告人陈某来走到隔壁（3）班教室将被师生们用桌椅顶住的门踢开，学生们见状从另一边的门逃跑，当被害人符某顺从教室里跑到走廊上时，被被告人陈某来抓住朝其脖子划了一刀。被告人陈某来又走到隔壁（4）班教室处，同学们见状纷纷往外跑，被害人李某智在往外跑时被凳子绊倒，被告人陈某来将其按在地上朝其脖子划了一刀，随后闻讯赶来的教职工将被告人陈某来制服。

2017年12月1日，经文昌市公安司法鉴定中心鉴定：被害人中三人为轻伤二级，二人为轻微伤。2017年12月5日，经海南省安宁医院精神疾病司法鉴定中心鉴定，陈某来在本次作案时患有精神分裂症，对本次作案具有限制刑事责任能力。

本案中，对被告人陈某来的行为是否属于"其他危险方法"存在争议。有观点认为，陈某来的行为可以拆分成多个伤害行为，每一个伤害行为都有特定的对象，并未危害公共安全，应认定为故意伤害罪。笔者认为，本案中陈某来的行为危害了公共安全，属于"其他危险方法"，理由如下：其一，被告人陈某来的行为虽然拆分来看，每一次持刀伤害行为都有特定的对象，但是本案行为与针对特定对象的持刀伤害行为的危险性不同，因为单一的伤害行为可控，侵害对象明确，损害结果可以预料。而本案中被告人持刀在校园学生聚集的班级内，对学生随机进行伤害，其在行为前没有具体目标，行为时对象选择随机，对持刀伤人的行为最终会侵害到哪一具体对象的安全以及侵害对象的数量都无法确定，其行为对象属"不特

---

① 案号：（2018）琼9005刑初331号，审理法院：海南省文昌市人民法院。

定人",已经危害了公共安全,且客观上造成了三人轻伤,二人轻微伤的损害结果。其二,对被告人陈某来持刀伤人的行为方式是否属于"其他危险方法"的认定,应以已查明的其实施危害行为的客观环境和客观事实为基础进行判断。被告人陈某来持美工刀,在学生聚集的班级内对毫无防备的学生进行划伤,造成多人受伤,其持刀伤害的行为具有"一次性"造成他人重伤或死亡的可能性,且行为人没有行凶目标,处于限制刑事责任能力状态,持刀伤害的范围在整体上难以预料和控制;被告人的行为与造成的损害结果间也存在直接的、紧迫的因果关系,符合上述"其他危险方法"的要求,与放火、决水、爆炸等危险方法危害公共安全的危险性相当,应认定为《刑法》第 115 条第 1 款规定的放火、决水、爆炸、投毒之外的"其他危险方法",而与之相似,在人群密集地区开枪射击的行为也属此类。① 故本案中被告人的行为应认定为以危险方法危害公共安全罪。

【指导案例】毕某某过失以危险方法危害公共安全案②——将所拾炮弹作为废品卖出引发爆炸的行为是否属于"其他危险方法"

被告人毕某某应当预见其子毕某明于三年前捡拾的一发炮弹流入社会有可能发生危险的情况下,因疏忽大意未能预见危险发生,仍于 2014 年 7 月 31 日将上述炮弹作为废品卖给本村的孙某福,致使孙某福在邻居孙某深、毕某义围观的情况下,于当日下午在自家用砂轮切割炮弹时爆炸,孙某福及围观的孙某深被当场炸死,毕某义被炸伤。

本案中,被告人毕某某将其子所拾炮弹作为废品卖给他人,他人在切割炮弹过程中发生爆炸,致使二人死亡、一人受伤。法院经审理认为,被告人毕某某在应当预见其子捡拾的一发炮弹流入社会有可能发生危险的情况下,因疏忽大意未能预见危险发生,仍将上述炮弹作为废品卖给他人,该行为构成过失以危险方法危害公共安全罪。笔者认为,因判决书中所载内容较为简练,未提及被告人毕某某是否向孙某福说明该物品为炮弹,以及孙某福是否明知该物品为炮弹,不同情况下对被告人毕某某的行为认定不同。如果孙某福明知该物品为炮弹而收购的,毕某某拾到炮弹不上交相关部门而将其转卖的行为虽然违法,但是该转卖行为与爆炸的结果间不存在直接的因果关系。毕某某在转卖炮弹后,炮弹已在孙某福的控制之下,致使爆炸结果发生的是孙某福的切割行为,其明知该物品为炮弹而切割的行为构成过失爆炸罪,毕某某的行为未危害公共安全,不构成危害公共安全类犯罪。如果毕某某向孙某福隐瞒该物品属炮弹的事实,使孙某福误以为该物品为

---

① 参见田仁和、罗德梅:《雷德奇、孔建华在旅游区开枪射击致人死亡案》,载最高人民法院中国应用法学研究所编:《人民法院案例选(分类重排本)·刑事卷》,人民法院出版社 2017 年版,第 648—651 页。

② 案号:(2014)易刑二初字第 48 号,审理法院:河北省保定市易县人民法院。

普通废品而收购的,孙某福的切割行为为收购废品后的正常处理行为,不独立于毕某某的卖出行为,未切断毕某某卖出行为与爆炸结果之间的因果关系,故此时毕某某的行为构成危害公共安全类犯罪。主观上,被告人毕某某虽明知该物品为炮弹,但未能预见到该炮弹会发生爆炸,属于疏忽大意的过失。被告人通过隐瞒真相的方法卖出炮弹,该行为一方面属于诈骗,但因数额较小不构成诈骗罪;另一方面,该行为具有"一次性"造成他人重伤或死亡的可能性,行为实施后,损害结果会不断扩张且难以控制,该行为与损害结果之间存在直接因果关系,属于"其他危险方法",故被告人毕某某的行为构成过失以危险方法危害公共安全罪。

【指导案例】王某甲以危险方法危害公共安全案①——驾驶挖掘机摆臂乱抡的行为是否属于"其他危险方法"

2013年9月6日16时许,被告人王某甲在魏县友谊商场路口驾驶挖掘机摆臂乱抡,将修路工人李某某撞伤,后又将路边商户摊位推翻,造成大量车辆和行人无法通行。后经法医学损伤检验鉴定意见书认定,李某某系轻微伤。另查明,案发后被告人王某甲家属主动赔偿被害人经济损失共计人民币10000元,并取得被害人的谅解。

挖掘机,是指用铲斗挖掘高于或低于承机面的物料并装入运输车辆或卸至堆料场的土方机械。现在的挖掘机大多依靠液压的动力,根据吨位(挖掘机的大概自重)分类,有几吨到一百吨以上不等。案例中未提及被告人所驾驶挖掘机的吨位,但是一般来说,挖掘机可以产生较大的挖掘力,结合挖掘机的自重,本案中挖掘机摆臂所产生的力量足以致人重伤或死亡,故被告人驾驶挖掘机摆臂乱抡的行为具有"一次性"致人重伤或死亡的危险性。同时被告人并非正常驾驶,而是故意驾驶挖掘机摆臂乱抡。一方面,被告人是在人流量较大的商场路口实施这一行为,极易造成不特定人伤亡;另一方面,挖掘机可能造成附近建筑物或临时搭建的棚子等倾倒,也易造成附近不特定人伤亡。该行为的伤害范围难以预料和控制,且该行为与损害结果间存在直接、紧迫的因果关系,应当认定为"其他危险方法"。

二、盗窃、毁坏或私自开采与公共安全相关的公共设施或资源的行为是否属于"其他危险方法"

(一)裁判规则

盗窃、毁坏或私自开采与公共安全相关的公共设施或资源的行为可以分为两

---

① 案号:(2014)魏刑初字第5号,审理法院:河北省魏县人民法院。

种情况：一是行为可以直接对公共安全造成危险的，即行为与危害公共安全结果间存在直接因果关系；二是行为本身不能危害公共安全，须结合其他客观事件或因素的发生才能危害公共安全的，即对公共安全只有间接危险的，与损害结果间存在间接因果关系。直接危险与间接危险的区分在一定程度上影响了行为的危险性，但只是判定行为危险性的一个方面，并不是决定性因素，是否属于"其他危险方法"还须结合行为的具体情况进行判断。

对于盗窃窨井盖行为的认定，分为以下几种情况：第一，如盗窃窨井盖的行为未达到危害公共安全程度的，只构成盗窃罪，且须满足盗窃罪的入罪数额要求。第二，盗窃机动车公路上的窨井盖导致公路上行驶的车辆发生倾覆或具有倾覆危险的，应认定为破坏交通设施罪。第三，如行为人盗窃的窨井盖属非机动车道或人行道，但造成的危险足以危害公共安全的，应认定为以危险方法危害公共安全罪。

盗窃消防器材零部件的行为会对公共安全造成一定的危险，但是该危险是间接的，一般来说并不具有危害公共安全的紧迫性，不属于"其他危险方法"。而如果火灾正在发生，行为人盗窃本可以使用的消防器材零部件的，可以认定为"其他危险方法"。

(二) 规则适用

在认定为以危险方法危害公共安全罪的判决中，存在大量盗窃、毁坏或私自开采与公共安全相关的公共设施或资源的行为，因此类行为中行为人的目的是非法获取财产性利益，并无危害公共安全的主观意图，且对上述行为本身的危险性也有不同的认识，所以对其是否可以认定为"其他危险方法"存在争议。盗窃、毁坏或私自开采与公共安全相关的公共设施或资源的行为可以分为两种情况：一是行为可以直接对公共安全造成危险的，行为与危害公共安全结果间存在直接因果关系，如盗窃窨井盖、盗窃电梯坠重铁块、非法挖掘地基、矿石等行为。二是行为本身不能危害公共安全，须结合其他客观事件或因素的发生才能危害公共安全的，即对公共安全只有间接危险的，与损害结果间存在间接因果关系，如盗窃铝制消防喷水枪头、铝制消防水带连接口、消防正压风机的铜芯供电线等盗窃消防器材零部件的行为，只有当发生火灾时，消防器材不能正常使用，才会对公共安全产生危害。再如破坏瓦斯传感器、盗挖河堤土等行为，都须结合瓦斯数量超标或河堤水位增高等因素才会产生危险。直接危险与间接危险的区分在一定程度上影响了行为的危险性，一般来说对公共安全造成直接危险的行为危险性较高，极可能构成"其他危险方法"，而对公共安全造成间接危险的行为危险性较低，一般不认为是"其他危险方法"。但行为对公共安全是否具有直接危险只是判定行为危险性的一个方面，并不是决定性因素，还须结合行为的具体情况来判断行为的危险性及侵害范围。下面分别以属于"直接危险"的盗窃窨井盖行为和"间接危险"

的盗窃消防器材零部件行为为例进行分析。

1. 盗窃窨井盖行为的认定

在盗窃、毁坏或私自开采与公共安全相关的公共设施或资源,并对公共安全产生直接危险的行为中,以争议较大的盗窃窨井盖行为为例。窨井是指上下水道或者其他地下管线工程中,为便于检查或疏通而设置的井状建筑物。实践中,存在一些人为追求非法利益,将公路上的窨井盖盗走,当作废品销售的行为,不仅直接侵害了窨井盖所有权所属单位的财产权利,同时给群众生活带来极大不便,易造成来往车辆发生事故或行人不慎坠入,给公共安全带来一定威胁。正因为盗窃窨井盖行为不仅侵犯了财产权,也危害到了公共安全,所以对其如何认定存在争议。第一种观点认为,盗窃窨井盖行为仅在数额达到标准的情况下构成盗窃罪。因为盗窃窨井盖行为虽然给公共安全带来一定威胁,但危险性较小,不应认定为其他犯罪。第二种观点认为,盗窃窨井盖行为构成以危险方法危害公共安全罪。盗窃窨井盖可能危及行人或汽车等交通工具的安全,行为人明知而放任的,符合以危险方法危害公共安全罪的主客观要件,而且以危险方法危害公共安全罪属于危险犯,只要行为足以危害公共安全,无须实际损害结果的发生,即构成该罪。第三种观点认为,盗窃窨井盖行为构成破坏交通设施罪。因为窨井盖属于正在使用中的公路上的交通设施,对窨井盖的盗窃足以使汽车发生倾覆、毁坏的危险。第四种观点认为,盗窃窨井盖的行为人对行人跌入致伤、致死、机动车发生倾覆的可能性持放任态度,主观上系间接故意,但是只有当盗窃窨井盖行为发生实害结果的,才构成危害公共安全类犯罪,未发生实害结果的,只能认定为盗窃罪。

笔者认为,盗窃窨井盖行为的认定不能一概而论,应视盗窃窨井盖案件中的具体情况分别认定,对此需要分析以下几个问题:第一,从盗窃窨井盖行为侵犯的客体来看,盗窃窨井盖行为首先侵犯了公共财产所有权,因为窨井盖属于市政管理部门的财产,行为人以盗窃方式非法占有窨井盖并转卖获利,直接侵犯了公共财产所有权。第二,盗窃窨井盖行为是否侵犯公共安全须结合行为危险性进行具体判断,须考查所盗窃窨井盖所处的位置人流量及车流量,是否严重影响行人及车辆行驶,是否处于易被发现的位置,窨井的深度以及该处被检修的频率等因素。如果所盗窃窨井盖所在位置行人及车辆较多,严重危害公共安全,或窨井较深,行人跌落其中会导致重伤或死亡结果的,一般可以认定该行为危害了公共安全。① 第三,关于窨井盖是否属于交通设施,《公路法》第52条规定:"任何单位和个人不得损坏、擅自移动、涂改公路附属设施。前款公路附属设施,是指为保护、养护公路和保障公路安全畅通所设置的公路防护、排水、养护、管理、服务、交通

---

① 参见邹开红:《盗窃公路窨井盖行为法律适用探析》,载《人民检察》2006年第6期。

安全、渡运、监控、通信、收费等设施、设备以及专用建筑物、构筑物等。"公路窨井盖有保护窨井的作用,又构成公路的一部分,属于交通设施。第四,关于行为人的主观方面,有观点认为盗窃窨井盖的行为人一般只是为了追求财产性利益,并无危害公共安全的意图,所以主观方面一般为过失。笔者认为,公路是供行人及汽车等运输工具通行往来的重要公共场所,涉及行人及车辆的运行安全,本身就存在一定的安全风险,而窨井盖被盗窃后,窨井处于暴露状态,且一般来说窨井盖的缺失较难引起行人或车辆驾驶人的注意,极易引起事故的发生。这属于基本常识的内容,行为人在盗窃窨井盖时应当可以认识到该行为可能造成的危险,而仍然放任并实施,具有危害公共安全的间接故意。第五,对于破坏交通设施罪与以危险方法危害公共安全罪的关系,两者都属于危害公共安全类犯罪,区别在于破坏交通设施罪的客体是交通运输安全,以危险方法危害公共安全罪的客体是公共安全;破坏交通设施罪的行为仅限于破坏正在使用的交通设施,使其损毁或丧失应有性能,而以危险方法危害公共安全罪的行为是与放火、爆炸、决水和投放危险物质危险性相当的"其他危险方法"。相较而言,以危险方法危害公共安全罪的客体和客观方面范围更广,故二者的关系属于法条竞合,破坏交通设施罪是特别法,以危险方法危害公共安全罪是一般法。

综上所述,对于盗窃窨井盖行为的认定,分为以下几种情况:第一,盗窃窨井盖行为未达到危害公共安全程度的,如所盗窨井盖处于偏僻位置,人流量及车流量较小,或窨井盖处于极易被发现的位置,或窨井的深度较浅不会对行人造成严重损害结果的,盗窃窨井盖行为只构成盗窃罪,且须满足盗窃罪的入罪数额要求。第二,盗窃机动车公路上的窨井盖导致公路上车辆发生倾覆或具有倾覆危险的,应认定为破坏交通设施罪。第三,如行为人盗窃的窨井盖属非机动车道或人行道,因破坏交通设施罪的后果为"足以使火车、汽车、电车、船只、航空器发生倾覆、毁坏危险",而非机动车道或人行道上的窨井盖丢失一般不会影响上述规定中车辆的行驶安全,所以不构成破坏交通设施罪,但盗窃窨井盖行为造成的危险足以危害公共安全的,应认定为以危险方法危害公共安全罪。

2. 盗窃消防器材零部件行为的认定

盗窃消防器材零部件包括盗窃铝制消防喷水枪头、铝制消防水带连接口和消防正压风机的铜芯供电线等。消防器材是发生火灾时进行灭火及抢救人员的重要器材,故盗窃消防器材零部件进而导致消防器材无法使用的,会对公共安全造成一定的危险。但是该危险是间接的,即盗窃行为,或者说破坏消防器材行为本身对公共安全并无危险性,只有发生火灾因消防器材无法使用时才会危害公共安全。而且按照相关规定,消防器材在使用一段时间后会进行更换,盗窃消防器材所产生的潜在危险在替换时即消灭,在替换前未发生火灾的,盗窃行为未对公共安全造成危险。所以一般来说,盗窃消防器材零部件的行为并不具有危害公共安全的紧迫性,不属于"其他危险方法"。当然,如果火灾正在发生,而行为人盗窃本可以使用的消防器材零部件的,该行为与危害公共安全的结果间存在直接因果关系,可以认定为"其他危险方法"。

【指导案例】陈亿鹏以危险方法危害公共安全案①——盗窃电梯坠重铁块的行为是否属于"其他危险方法"

2013年6月开始,被告人陈亿鹏任职深圳市鹏基物业管理服务有限公司电梯维修员,负责维修深圳市福田区八卦岭工业区内的电梯。同年8月8日至10月20日,被告人陈亿鹏利用工作便利条件,进入电梯间的顶部,分7次分别盗窃了八卦岭工业区619栋、616栋、618栋、532栋、524栋、423栋、424栋、515栋电梯里的坠重铁块,总共126块。同时,被告人陈亿鹏还借机进入深圳市鹏基物业管理服务有限公司位于深圳市福田区八卦路六街一号的仓库,盗窃公司超负荷试验专用砝码67块(未鉴定,被害人陈述价值人民币8040元)。

本案被告人陈亿鹏以非法占有为目的,秘密窃取他人财物,数额较大,其行为已构成盗窃罪,同时,其盗窃的电梯坠重铁块属于公共设施的一部分,与公共安全紧密相关。对重系统属于曳引式电梯八大系统之一的重量平衡系统,对重装置是曳引驱动不可缺少的部分,它平衡着轿厢的重量和部分载荷的重量,减少了电机功率损耗,在电梯运行过程中,对重装置通过对重导靴在对重导轨上滑行,起平衡作用,对重装置一般由对重架和坠重铁块两部分组成。本案中被告人偷盗坠重铁块的行为将导致电梯平衡系数变小,影响电梯对重重量与满载轿厢重量,可能导致电梯满载或者重载下行时失去控制,发生溜车等事故,侵害乘客人身安全,已经对公共安全造成了紧迫的危险。在坠重铁块被盗后,一旦电梯失控或发生溜车等事故,极易造成人员伤亡,该行为具有"一次性"导致搭载乘客重伤、死亡的可能性。被告人所偷盗的地点在工业区内,被盗电梯均为正在使用的公用电梯,可能搭乘被盗电梯的人员较多,电梯内的人员流动性较大,难以预料及控制该行为侵害的具体对象及损害结果,且被告人偷盗坠重铁块的行为与危害公共安全的结果之间存在直接的因果关系,故被告人陈亿鹏偷盗坠重铁块的行为属于"其他危险方法",构成以危险方法危害公共安全罪。

【指导案例】刘典武、王海宽以危险方法危害公共安全案②——破坏矿井下瓦斯传感器的行为是否属于"其他危险方法"

2009年7月22日上午9时许,被告人刘典武、王海宽在禹州市三窑沟矿业有

---

① 案号:(2014)深福法刑初字第554号,审理法院:广东省深圳市福田区人民法院。
② 一审案号:(2009)禹刑初字第304号,审理法院:河南省禹州市人民法院;二审案号:(2010)许中刑二终字第013号,审理法院:河南省许昌市中级人民法院。

限公司煤矿井下11010采面采煤期间,将两台瓦斯传感器的进气孔堵塞,不能准确测到井下瓦斯浓度,导致瓦斯传感器失灵,上传数据失真,井下矿工的生命安全及矿井受到瓦斯超标的威胁。

　　瓦斯传感器用于实时检测矿井下的瓦斯浓度。本案中被告人将矿井下瓦斯传感器的进气孔堵塞,使瓦斯传感器所测量的数据并非矿井内的当时瓦斯浓度,导致上传数据失真,无法得知井下的实时瓦斯浓度。矿井瓦斯是指井下以甲烷为主的有毒、有害气体的总称,有时也单独指甲烷,瓦斯比空气轻,易扩散、渗透性强,容易从邻近层穿过岩层由采空区放出。一方面,瓦斯虽然本身无毒性,但不能供人呼吸,当矿内空气中瓦斯浓度超过50%时,能使人因缺氧而窒息死亡。另一方面,高浓度的瓦斯极易燃烧或爆炸从而引发事故。矿井下的工作人员众多,在无法测量瓦斯浓度的情况下,瓦斯浓度过高时,相关工作人员无法知晓并及时采取措施,矿下人员易因瓦斯浓度过高而窒息,或发生燃烧、爆炸事故,故被告人破坏矿井下瓦斯传感器的行为已经严重危害了矿井下工作人员的生命安全,一旦发生事故,足以致人重伤或死亡,同时难以预料和控制侵害范围和损害结果。对于破坏瓦斯传感器和损害结果的因果关系是否直接的问题,有观点认为,该行为与破坏消防器材的行为类似,即该行为本身并不会对公共安全产生危险,二者分别只有在瓦斯浓度过高或发生火灾的情况下,破坏瓦斯传感器、破坏消防器材的行为才会危害到公共安全,故上述行为与损害结果间只存在间接的因果关系。

　　笔者认为,破坏瓦斯传感器行为与破坏消防器材行为存在一定区别,虽然两个行为都只是破坏检测或救援设施,最终引发损害结果的不是破坏设施的行为,而是设施所监控或救援的瓦斯或火灾,但这两个行为与所结合因素的关系及行为的危险性明显不同。瓦斯是在高温、高压的环境中,由于物理和化学作用而产生的,其一般与煤或石油相伴而生,矿井下一般都会存在瓦斯超标的危险,瓦斯引发的事故也是矿井中的主要事故。瓦斯传感器是监测矿井下瓦斯含量的重要手段,当上传的数据显示瓦斯含量较高时,就要采取相关措施降低瓦斯含量或者中止矿井下的相关工作,如果瓦斯传感器正常工作,可以起到预防矿井下瓦斯含量过高及决定矿井下工作是否继续的作用。被告人破坏瓦斯传感器的行为,使得相关人员无法获知矿井下瓦斯的真实含量,直接导致矿井下瓦斯含量失去监管和控制,从而无法在瓦斯含量较高时及时采取措施,致使瓦斯含量不断累积和增高。所以破坏瓦斯传感器行为与瓦斯含量过高的发生直接相关,与之后因瓦斯含量过高而引发的事故也直接相关,而破坏消防器材行为与之后是否发生火灾并无关联,只是事故发生后的一种减损手段。而且火灾发生的概率较小,而矿井下的瓦斯含量极易超标,两行为的危险性也不相同。综上所述,破坏瓦斯传感器行为与可能发生的损害结果间存在直接的因果关系,本案被告人的行为属于"其他危险方法",应认定为以危险方法危害公共安全罪。

【指导案例】温林珍过失以危险方法危害公共安全、非法采矿案①——非法采砂形成水坑致人死亡的行为是否属于"其他危险方法"

2007年12月,温林珍在位于岚县普明镇大贤村西南的上湾开办了兴盛养鱼场,领取了营业执照。2011年12月,养鱼场的营业执照被依法吊销。之后,温林珍仍然经营养鱼场,并在与大贤村委签订的协议范围内以及河坝以南的普明河、屯营河渠的荒地上采挖砂石并出售,非法采砂筛选总量为65687.89立方米,造成河砂资源破坏价值为400.7万元人民币。在养鱼场西面采挖砂石形成了形状近似三角形,面积18354平方米,平均采深为2.87米的水坑,且水坑周围未全部设置防护网,无专人看护,没有设置明显安全警示标志。2013年2月25日下午,被害人刘某丙、温某庚、王某丙三名儿童进入兴盛养鱼场玩耍时跌入水坑,导致溺水死亡。案发后,受温林珍委托,普明镇大贤村村民委员会以温林珍的名义分别与三被害人家属达成赔偿协议,一次性先行垫付赔偿刘某丙家属经济损失53万元人民币,赔偿温某庚、王某丙家属各经济损失38万元人民币。

一审法院认为,被告人温林珍未尽到安全防护责任,造成三被害人跌入水坑溺水死亡的严重后果,违反矿产资源法规,未取得采矿许可证擅自采矿,情节特别严重,应以过失以危险方法危害公共安全罪、非法采矿罪数罪并罚。温林珍提出上诉,认为其开办养鱼场是合法的,三被害人溺水死亡属于意外事件,应改判为无罪。温林珍的辩护人提出,事发水域是温林珍用于养鱼而承包的荒滩,认定温林珍构成非法采矿罪是错误的,且温林珍的行为符合想象竞合犯的构成要件。二审时出庭检察人员提出,三被害人溺水地点并不属于严格意义上的公共场所,温林珍的行为构成过失致人死亡罪和非法采矿罪,由于三被害人的监护人亦未尽到监护责任,应当对其从轻处罚。

本案中,被告人温林珍在之前承包的养鱼场的营业执照被吊销后,仍然经营养鱼场,并在承包土地内部及外部非法采挖砂石并出售,造成河砂资源的严重破坏。河砂指河水中的自然石经自然力的作用,即河水冲击和侵蚀而形成的有一定质量标准的建筑材料,常用于混凝土的制备。《中华人民共和国矿产资源法实施细则》第2条第1款规定:"矿产资源是指由地质作用形成的,具有利用价值的,呈固态、液态、气态的自然资源。"在《矿产资源分类细目》中,天然石英砂已被明确属于非金属矿产资源。1995年最高人民法院《关于对河道采砂应否缴纳矿产资源补偿费问题的答复》中也指出,河道中采的天然石英砂按照矿产资源征收补偿费。

---

① 一审案号:(2013)岚刑初字第60号,审理法院:山西省岚县人民法院;二审案号:(2014)吕刑终字第62号,审理法院:山西省吕梁市中级人民法院。

同时,《中华人民共和国矿产资源法实施细则》第 29 条第 1 款规定:"单位或者个人开采矿产资源前,应当委托持有相应矿山设计证书的单位进行可行性研究和设计。开采零星分散矿产资源和用作建筑材料的砂、石、粘土的,可以不进行可行性研究和设计,但是应当有开采方案和环境保护措施。"《中华人民共和国河道管理条例》第 25 条规定:"在河道管理范围内进行下列活动,必须报经河道主管机关批准;涉及其他部门的,由河道主管机关会同有关部门批准:(一)采砂、取土、淘金、弃置砂石或者淤泥……"综上所述,本案中的河砂属于矿产资源,只有获得行政部门审批后,才可以进行采砂活动,且应当有开采方案和环境保护措施,而被告人温林珍违反矿资源法规的规定,未取得采矿许可证擅自采挖砂石,且采砂总量巨大,造成河砂资源的严重破坏,其行为构成非法采矿罪。基于此,本案的争议集中在两个问题上:一是被告人温林珍非法挖采砂石形成水坑,并未进行防护,造成三被害人跌入水坑溺水死亡的这一事实,构成何罪;二是被告人温林珍构成的数罪间是何关系。

  对于第一个问题,被告人温林珍非法挖采砂石形成水坑,一方面属于非法采矿行为;另一方面,形成的水坑面积较大,深度也较深,且被告人温林珍未全部设置防护网,无专人看护,没有设置明显的安全警示标志,存在不特定人跌入的风险,该行为已经危害到不特定人的安全,最终造成三被害人跌入水坑溺水死亡的严重后果。他人一旦跌入水坑,因水坑较深,存在致人重伤或死亡的危险,且该危险指向不特定公众,损害结果的范围难以控制,挖采砂石行为与危害公共安全的结果间存在直接因果关系,故被告人温林珍的行为属于"其他危险方法"。从主观上看,被告人温林珍可以预见到挖采砂石产生的深坑,可能会危及他人安全,但由于轻信不会发生损害结果而没有设置防护措施,属于过于自信的过失,其行为应认定为过失以危险方法危害公共安全罪。对于第二个问题,即过失以危险方法危害公共安全罪与非法采矿罪的关系,本案中的过失以危险方法危害公共安全的行为是被告人非法挖采形成水坑,并未设置防护网的行为。具体而言,挖采行为本身并未对公共安全造成危险,但因挖采形成了面积较大、深度较深的水坑,被告人负有对此水坑设置防护措施的义务。但被告人没有履行因先前的挖采行为形成的作为义务,因而对公共安全造成了危险。故认定为过失以危险方法危害公共安全罪的行为是被告人不设置安全措施的不作为行为,而认定为非法采矿罪的行为是被告人非法挖采砂石的行为。本案被告人的两个行为分别触犯两个罪名,应当以非法采矿罪和过失以危险方法危害公共安全罪数罪并罚。鉴于案发后,温林珍与三被害人家属达成了赔偿协议,且三被害人的监护人亦未尽到监护责任,可酌情对温林珍予以从轻处罚。

【指导案例】高彩琴、高桂明以危险方法危害公共安全案①——非法开挖地基致山体滑坡的行为是否属于"其他危险方法"

2011年6月27日,被告人高彩琴雇佣挖掘机驾驶人被告人高桂明等人在甘泉县长青路(即瓦窑沟)"喜庆洗浴中心"南100米处山坡地段非法开挖地基,准备建房,同年8月中旬停工。开工前,当地居民刘有财等人向高彩琴指出山体曾经有过裂缝。施工过程中,甘泉县国土资源监察大队两次责令停止施工而被告人高彩琴仍私自开挖,致使地基上侧山体出现裂缝。险情发生后,当地居民29户共九十一人撤离。2011年8月20日,开裂山体整体下滑十几米,造成14间房屋被掩埋和损毁。经甘泉县价格认证中心鉴定,此事故共造成经济损失人民币424066.88元。

本案中,被告人高彩琴、高桂明为建新房,在甘泉县国土资源监察大队两次责令停止施工后,仍私自开挖地基,致使山体出现裂缝,发生山体滑坡,造成了多间房屋损毁的严重后果。被告人开挖地基处的山体曾经有过裂缝,再次施工,极有可能使山体再次开裂。而山体上及附近的居民人数较多,山体开裂发生滑坡将危害周围居民的人身安全和财产安全。在此情况下,被告人不顾国土资源部门的责令,明知该山体曾有过裂缝,其行为可能会导致山体开裂,危及他人生命安全,为了达到为新房挖地基的目的,放任危害公共安全结果的发生,并最终造成了地基上侧山体出现裂缝,整体下滑十几米,多间房屋被毁的损害结果,其行为已经严重危害了公共安全,主观上属于间接故意。山体滑坡具有"一次性"致人重伤或死亡的可能,一旦发生难以控制侵害对象和范围,且被告人的施工行为与损害结果间存在直接的因果关系,符合"其他危险方法"的条件,被告人高彩琴、高桂明的行为应认定为以危险方法危害公共安全罪。

三、射击、投掷或撞击等行为是否属于"其他危险方法"

(一)裁判规则

射击、投掷或撞击行为在一定情况下都可能致人重伤或死亡。一般情况下,针对不特定人或车辆进行射击的,因射击行为的"杀伤力"较大,属于"其他危险方法"。针对不特定人或车辆进行投掷的,行为危险性因投掷工具和部位的不同区分较大,如果以不特定人为对象,要考查投掷的物品种类、数量以及投掷的部位等因素。针对不特定人或车辆进行撞击的,须考查撞击发生路段、行为人及被害车辆车速和道路车流量等因素,进行综合判断。

以特定的人员为目标的,如果射击、投掷或撞击范围内无其他人员,只有目标对象,或行为范围内目标对象周围的人员不流动的,应认定为故意伤害罪或故意

---

① 案号:(2012)甘刑初字第00004号,审理法院:陕西省甘泉县人民法院。

杀人罪;如果目标对象附近的其他人员是流动的,该行为可能会危害不特定人的安全,应认定为以危险方法危害公共安全罪。以正在行驶中的特定车辆为目标的,须综合考量射击、投掷或撞击的部位,所使用工具,被害车辆车速以及道路车流量、人流量等情况,综合判断行为是否影响车辆驾驶进而危害公共安全。

在罪名认定上,对正在行驶中的车辆进行射击或投掷行为危害公共安全的,须考查该射击或投掷行为危害公共安全的方式,看行为是通过对交通工具造成实质破坏,影响车辆行驶,还是通过干扰驾驶人或者破坏驾驶路线等方式干扰驾驶进而危害公共安全,视不同情况分别认定为破坏交通工具罪或以危险方法危害公共安全罪。而撞击行为因为危害性较大,向不特定的人和车辆进行撞击的,直接就可以对公共安全产生危害,不需要通过对交通工具进行破坏进而危害公共安全,一般应认定为以危险方法危害公共安全罪。

(二)规则适用

1. 射击或投掷行为

射击或投掷行为在实践中一般表现为行为人用气枪、猎枪、仿真枪或者砖头、石块、弹弓等工具,向他人或正在行驶的车辆进行一次或多次的射击、投掷的行为。射击和投掷行为在一定情况下都可能致人重伤或死亡,行为的危险程度较高。但与持刀捅刺行为不同的是,射击或投掷行为中行为人一般与被害人之间存在一定的距离,有误伤他人的可能性。故在造成不特定人伤亡的情况下,有意见认为应当认定为以危险方法危害公共安全罪;但也有观点认为,射击或投掷行为的侵害范围小,一次行为一般只能针对单个的人或车辆,所以并不具有"其他危险方法"的行为危险性,不属于"其他危险方法"。对此,笔者认为,对于射击和投掷行为是否属于"其他危险方法",应当分为对象特定和不特定两种情况分别进行讨论。

第一,针对不特定人或车辆的射击或投掷行为。针对不特定人或车辆实施的射击或投掷行为的危害客体为公共安全无异议,对于行为是否属于"其他危险方法",如上文所述,笔者认为,判断行为是否属于"其他危险方法",须满足行为杀伤力、伤害范围和因果关系三个要件。杀伤力是指"其他危险方法"须具有"一次性"致人重伤、死亡的可能性;伤害范围指"其他危险方法"须难以预料其损害结果范围、程度及发展过程,行为一旦实施,损害结果即会不断扩张且难以控制;因果关系指"其他危险方法"与结果间存在直接、紧迫的因果关系。对于射击或投掷行为,从行为杀伤力来看,射击行为一般是以各种类型枪支为工具,行为危险性相对较高,向人或者正在行驶的车辆射击的,一般都具有"一次性"造成他人重伤或死亡的可能性。而投掷行为多以砖头、石块或弹弓为工具,行为危险性因投掷的工具和部位的不同区别较大,如果以不特定人为对象,要考查投掷的物品种类、数量以及投掷的部位等因素,综合判断是否具有"一次性"造成他人重伤或死亡的可能性;而针对正在行驶的车辆投掷的,要考查投掷的部位、被害车辆车速以及道路车流量等情况,综合判断投掷行为是否影响车辆驾驶进而危害公共安全。从伤害范围来看,射击行为与投掷行为相似,针对不特定人或车辆进行射击或投掷的,无论是多次还是单次无针对性的射击或投掷,因没有特定的侵害对象,行为人在行为时往往难以预料具体侵害对象及其所造成的损害结果。从因果关系来看,射击和投掷行为与损害结果发生的时间间隔较短,行为本身足以危害公共安全,除特殊情况外,一般与损害结果间存在直接、紧迫的因果关系。综上所述,射击行为一般符合"其他危险方法"的行为危险性,投掷行为因投掷的工具和部位不同区别较大,须综合判断是否具有"一次性"造成他人重伤或死亡的可能性。

第二,针对特定人或车辆的射击或投掷行为。一般来说,侵害特定对象的,不属于危害公共安全类犯罪,但因射击或投掷行为存在误伤的可能,所以即便以特定对象为目标,也可能危害到不特定人的安全。以特定人员为目标的,如果射击或投掷范围内无其他人员,只有目标对象的,可以认定为故意伤害罪或故意杀人罪。但如果射击或投掷范围内有其他人员,须要考查该射击或投掷行为对侵害范围内的其他人员是否具有危险,若射击或投掷范围内目标对象周围的人员是不流动的,行为人在射击或投掷时,一般可以认识到其行为可能会存在偏差,从而危害到目标对象身边人员的安全;若射击或投掷行为存在偏差,造成其他人员伤亡,行为人对此结果的发生存在放任心态的,也应认定为故意伤害罪或故意杀人罪。而如果目标对象附近的其他人员是流动的,也处于射击或投掷范围内,行为人在行为时难以预料到行为的危害对象及后果的,该射击或投掷行为危害到不特定人的安全,属于危害公共安全行为,应认定为以危险方法危害公共安全罪。以正在行驶中的特定车辆为目标的,与以特定人员为目标不同,因车辆在行驶过程中,无论是射击或投掷行为造成的车内人员伤亡还是车辆损坏,都有可能影响车辆的驾驶,进而影响周围车辆或行人的安全,除非目标车辆附近无其他车辆或行人。对于针对正在行驶中的车辆进行射击或投掷是否属于"其他危险方法"的判断,须综合考量射击或投掷的部位、所使用工具、被害车辆车速以及道路车流量、人流量等情况,综合判断投掷行为是否影响车辆驾驶进而危害公共安全。

在罪名认定上,对正在行驶中的车辆进行射击或投掷的行为涉及破坏交通工具罪和以危险方法危害公共安全罪两个罪名,适用哪个罪名,须考查该射击或投掷行为危害公共安全的方式,如射击或投掷行为通过对交通工具造成实质破坏,影响车辆行驶,达到足以使汽车发生倾覆或者严重毁坏的程度,进而危害到公共安全的,应认定为破坏交通工具罪;如射击或投掷行为未对交通工具造成实质破坏,未达到足以使汽车发生倾覆或者严重毁坏的程度,而是通过干扰驾驶人或者破坏驾驶路线等方式影响驾驶,进而危害到公共安全的,一般应认定为以危险方法危害公共安全罪。

2. 撞击行为

撞击行为是指行为人驾驶车辆故意撞击他人或正在行驶车辆的行为,因撞击行为的侵害范围往往难以控制,有时虽然针对特定对象进行撞击,但也可能危害到不特定人员的安全。撞击行为的侵害范围虽然一般大于射击或投掷行为,但在认定上与上述射击或投掷行为相同。针对不特定人员、不特定的正在行驶的车辆和特定的正在行驶的车辆进行撞击的,因难以预测和控制损害后果,易造成被撞车辆失控,故行为的危险性较高,一般可以认定为"其他危险方法"。而针对特定的人进行撞击的有可能只侵害特定人的安全,判断时要考查撞击范围内的人员流动性,判断该撞击行为是否危及目标对象以外的其他不特定人员的安全。在罪名认定上,撞击正在行驶的车辆,即便是因为撞击行为造成被害车辆损坏或失控从而危害到公共安全的,一般也不应认定为破坏交通工具罪。一般来说,破坏交通工具的行为是通过本身危害性较小的行为,如盗窃、破坏某一零部件,与车辆行驶中发生故障相结合而危害公共安全,而撞击行为本身的危险性较高,大多数情况下都是通过撞击行为直接对公共安全造成危害,撞击行为本身足以危害公共安全,不需要与车辆行驶故障相结合。而且行为人在实施撞击行为时,一般也无通过撞击行为去破坏交通工具进而危害公共安全的意图,故以撞击方式危害公共安全的,一般应认定为以危险方法危害公共安全罪。

【指导案例】覃海龙以危险方法危害公共安全案①——为泄愤向人群开枪致二人轻伤的行为如何认定

2013 年 1 月 8 日,小洲村小洲屯村民因拉石料,与回龙屯的群众产生矛盾。同日 18 时许,有人用砂枪朝小洲屯位于公路边的商店方向开了两枪,未造成人员伤亡。小洲屯群众怀疑朝小洲屯公路边商店所开的两枪与回龙屯覃海章有关,于是小洲屯立即聚集了二三十名群众前去找覃海章讨要说法,双方在回龙屯覃乙家的商店发生打斗,回龙屯的覃海章、覃海贤、覃乙等人被打伤,覃乙商店的部分财物被损坏。店主覃乙为了防止小洲屯群众再次闹事,就到回龙屯纠集了被告人覃海龙及覃甲、覃勇开、覃耀开等数名村民手持砂枪、石块等东西到商店与小洲屯的村民对峙,最终在融安县公安局长安派出所出警民警的劝阻下事态得以平息。21 时 40 分许,在公安民警陆续将小洲屯群众劝出回龙屯的途中,被告人覃海龙为了泄愤,便手持从覃甲手上拿得的砂枪站在覃海斌家屋后附近的水泥路路口,故意举枪朝正在返回小洲屯途中的小洲屯群众和公安民警方向开了一枪,后把枪还回覃甲。被告人覃海龙所开的一枪打中了融安县公安局长安派出所民警覃小波和协警伍凌,二人受到不同程度损伤。经融安县公安局法医鉴定,覃小波、伍凌所受损伤均评定为轻伤。

本案中,被告人覃海龙为了泄愤,手持砂枪朝小洲屯群众和公安民警方向开

---

① 案号:(2013)融刑初字第 120 号,审理法院:广西壮族自治区融安县人民法院。

了一枪。谭海龙向人群开枪射击,在射击时没有明确的对象和目标,且射击时小洲屯的村民正在返回小洲屯途中,射击范围内人员较多且人员是流动的,行为侵害的具体对象不确定,侵害对象数量也不确定,故覃海龙朝人群射击的行为极有可能造成不特定人伤亡,最终造成了二人受伤的损害结果,其行为已经危害到了公共安全。被告人覃海龙明知向人群射击可能会造成不特定人伤亡,为了泄愤故意为之,主观上属直接故意。被告人覃海龙持砂枪射击的行为,具有"一次性"致人重伤或死亡的可能性。被告人射击时未瞄准,且射击范围内的人员流动性较大,难以预料及控制行为侵害的对象、范围及损害程度,且行为与损害结果间存在直接的因果关系,属于"其他危险方法",故被告人覃海龙的行为应认定为以危险方法危害公共安全罪。

【指导案例】石某以危险方法危害公共安全案①——为报复使用整瓶啤酒砸击正在行驶车辆的行为如何认定

河北省馆陶县人孙某甲(已判决)曾和河北省大名县人孙某丙一起干物流,因发生矛盾分开。后来孙某丙又和冠县清泉办事处南关村常某合伙经营"众力快运"物流,孙某甲遂起意通过在高速路上砸车的方式报复孙某丙。2008年11月24日上午,孙某甲纠集李某(已判决)、孙某某、程某(二人移交河北省另案处理)四人来到冠县,又通过他人找到被告人石某和高某甲、徐某(均已判决)等人。经事先预谋,当日15时许,孙某甲带领上述人员来到济馆高速公路冠县服务区东2千米处路段,分别在横跨高速公路的桥上和路边用整瓶的啤酒乱砸、乱投经过该路段的冠县清泉办事处南关村常某驾驶的面包车和河北省大名县大名镇满洲街村成某驾驶的厢式货车,将面包车和货车砸坏,经鉴定损失价值人民币950元。2011年7月28日被告人石某到冠县公安局投案,如实供述了上述犯罪事实。

本案被告人石某在高速公路上使用整瓶啤酒砸击被害人正在行驶的面包车和货车,其行为属于故意毁坏财物,但未达到故意毁坏财物罪追诉的数额标准②,而正在高速公路上行驶的面包车和货车不仅具有财物属性,被告人的砸击行为还会影响到司机驾驶和车辆运行,进而影响到高速公路上行驶的其他车辆的安全。对在公路上砸击正在行驶车辆的行为危险性的认定,须具体结合车辆行驶地点、车辆速度、附近车流量、砸击所使用的工具及砸击位置等因素综合考量。如果该行为已经影响到驾驶员控制车辆,并导致车辆严重偏离轨道或者失控,一般足

---

① 案号:(2014)冠刑初字第13号,审理法院:山东省冠县人民法院。
② 最高人民检察院、公安部《关于公安机关管辖的刑事案件立案追诉标准的规定(一)》第33条规定:"[故意毁坏财物案(刑法第二百七十五条)]故意毁坏公私财物,涉嫌下列情形之一的,应予立案追诉:(一)造成公私财物损失五千元以上的;(二)毁坏公私财物三次以上的;(三)纠集三人以上公然毁坏公私财物的;(四)其他情节严重的情形。"

以危害公共安全;如果砸击行为未影响车辆行驶的,则未对公共安全造成危险。本案中,被告人石某砸击的车辆行驶在高速公路上,附近车辆数量较多,且车速较快,一旦车辆行驶受到影响,偏离路线或是减速、刹车的,周围车辆难以及时反应,极易引发交通事故。被告人使用整瓶的啤酒乱砸、乱投,整瓶啤酒重量较重,加上投掷的速度,所产生的撞击力足以造成被击中部位损坏,进而影响被害人驾驶及车辆运行,且啤酒瓶摔破后,其碎片极易划破来往车辆的轮胎,影响车辆运行,该行为已经给公共安全造成了紧迫的危险,具有"一次性"致人重伤或死亡的危险性。行为一旦造成被害车辆运行故障,可能影响整条高速公路上的车辆行驶,该行为造成的损害结果难以控制及预估,且被告人的砸击行为与损害结果之间具有直接的因果关系。故本案被告人石某砸击高速公路上正在行驶车辆属于"其他危险方法",行为人主观上明显属故意,应认定为以危险方法危害公共安全罪。

【指导案例】王某某以危险方法危害公共安全案①——在施工现场驾车冲撞执法人员的行为如何认定

2013年1月12日9时许,被告人王某某在青岛市李沧区南王社区施工现场,阻挠机械施工,并扬言:其持有爆炸物,谁过来就炸死谁。公安民警、特勤人员及城管执法人员欲上前检查时,王某某离开施工现场,进入其停放在旁边的面包车驾驶室内,先驾车向后倒车,后加速正面向欲检查其车辆的执法人员冲击,执法人员见状向两边散开,王某某驾车向右拐弯,将徐某某、于某某、曲某某撞倒在地,车辆熄火,王某某被当场抓获。经法医鉴定,徐某某被伤致右小腿皮下出血并皮肤擦伤,其损伤属轻微伤;曲某某被伤致右手食指掌指关节背侧皮肤擦伤,左小腿皮下出血,其损伤属轻微伤。

本案一审法院认为被告人构成妨害公务罪。宣判后,检察院以判决定性错误,被告人的行为构成以危险方法危害公共安全罪为由提出抗诉;被告人不服,以其不是故意开车撞人,剥夺了其对于妨害公务罪的辩护权为由提出上诉。后发回重审,法院认定为以危险方法危害公共安全罪,判处被告人有期徒刑三年。被告人又提出上诉,终审裁定维持原判。本案中,被告人王某某为阻止执法人员执行公务,谎称其车辆上有爆炸物,数十名执法人员遂上前检查,被告人见执法人员靠近其车辆时,驾车前行,执法人员见状已向道路两侧分散,被告人又驾车突然向右急转故意冲撞执法人员,其行为可能造成不特定人员伤亡,足以危及不特定多数人的生命、健康安全,并造成两名执法人员轻微伤的损害结果。行为人主观上报

---

① 一审案号:(2013)李刑初字第271号,重审案号:(2014)李刑重字第2号,审理法院:山东省青岛市李沧区人民法院;二审案号:(2014)青刑一终字第131号,审理法院:山东省青岛市中级人民法院。

复并抗拒执法的意图明显,属故意。被告人驾车加速冲撞执法人员,该行为具有"一次性"致人重伤死亡的可能性,且驾车撞击行为范围内人员较多且处于躲避车辆的移动状态,难以预计及控制侵害对象和损害结果,该驾车行为与损害结果间具有直接的因果关系,故被告人王某某的行为属于"其他危险方法",应认定为以危险方法危害公共安全罪。

【指导案例】孙某以危险方法危害公共安全案①——以矿石砸击正在行驶的列车的行为如何认定

2000年2月25日16时许,被告人孙某由卧龙寺火车站扒上4418次货物列车某车厢。当该车运行至陇海线某处时,被告人捡起车厢内装载的矿石投掷对面相会的北京至成都363次旅客列车。矿石砸破该旅客列车6号车厢运行方向右侧的车窗玻璃,致伤该车厢旅客文代勇面部及旅客赵秀华头部。经法医鉴定,文代勇左眼损伤致视力丧失,属重伤;赵秀华严重颅脑外伤,属重伤。

本案是一起以矿石砸击正在行驶中的列车从而危害公共安全的案件。对本案的认定存在两种观点:一种观点认为孙某构成故意伤害罪;另一种观点认为孙某构成以危险方法危害公共安全罪。笔者认为,后一种观点比较适当。因为旅客列车是公共交通工具,孙某在高速运行的火车上石击飞速行驶的旅客列车,由于被击列车的速度快,石击的冲力大,击碎的列车玻璃亦存在致人伤亡的危险,故孙某的行为足以危害列车上不特定旅客的生命和健康安全,且被告人孙某的行为最终造成二人重伤的损害结果,其行为已危害公共安全。砸击正在行驶列车的行为具有"一次性"造成他人重伤或死亡的危险,其行为的损害结果难以预料,与旅客重伤的损害结果间存在直接的、紧迫的因果关系,属于"其他危险方法"。孙某主观上也明知自己向飞速行驶的旅客列车投掷矿石会伤及旅客,却对自己这一行为可能造成危害公共安全的结果采取放任的态度,可以认定为以危险方法危害公共安全罪。

四、《刑法修正案(十一)》第33条中高空抛掷物品行为规定如何适用与理解

(一)裁判规则

对于高空抛物行为,《刑法修正案(十一)》第33条第1款增设《刑法》第291条之二,规制高空抛物"情节严重"但尚未"危害公共安全"或不属于"其他危险方法"的行为,如果危险性较高的抛掷重物或危险物品等高空抛物行为达到"危害公

---

① 参见胡雁:《孙某以矿石砸击列车的危险方法危害公共安全案》,载最高人民法院中国应用法学研究所编:《人民法院案例选(分类重排本)·刑事卷》,人民法院出版社2017年版,第669—670页。

共安全"程度的,应认定为以危险方法危害公共安全罪。从《刑法修正案(十一)》的规定可以看出,立法中有将危害公共安全行为中危害性相对较小的行为入罪且设定更轻法定刑的趋势,在未来的修法中,可以考虑将这些行为汇总通过概括或列举的方式单独规定,作为以危险方法危害公共安全罪,并为其设立更低一档的法定刑。

(二) 规则适用

近年来,高空抛坠物致人伤亡的事件频发,威胁"头顶安全"的社会问题一次次引起社会公众热议,对于高空抛掷物品的行为如何处理,一直存在较大争议。司法实践中对于高空抛物危害公共安全的行为,一般认定为以危险方法危害公共安全罪,2019年最高人民法院《关于依法妥善审理高空抛物、坠物案件的意见》(以下简称《高空抛物、坠物意见》)第5条规定:"故意从高空抛弃物品,尚未造成严重后果,但足以危害公共安全的,依照刑法第一百一十四条规定的以危险方法危害公共安全罪定罪处罚;致人重伤、死亡或者使公私财产遭受重大损失的,依照刑法第一百一十五条第一款的规定处罚。为伤害、杀害特定人员实施上述行为的,依照故意伤害罪、故意杀人罪定罪处罚。"

《刑法修正案(十一)(草案一次审议稿)》(以下简称《草案一》)第1条规定:"在刑法第一百一十四条中增加两款作为第二款、第三款:'从高空抛掷物品,危及公共安全的,处拘役或者管制,并处或者单处罚金。有前款行为,致人伤亡或者造成其他严重后果,同时构成其他犯罪的,依照处罚较重的规定定罪处罚。'"立法机关在《关于〈中华人民共和国刑法修正案(十一)(草案)〉的说明》中指出,"对社会反映突出的高空抛物、妨害公共交通工具安全驾驶的犯罪进一步作出明确规定,维护人民群众'头顶上的安全'和'出行安全'"。该条在《刑法修正案(十一)(草案第二次审议稿)》(以下简称《草案二》)第27条中被修改为:"在刑法第二百九十一条之一后增加一条,作为第二百九十一条之二:'从建筑物或者其他高空抛掷物品,情节严重的,处一年以下有期徒刑、拘役或者管制,并处或者单处罚金。有前款行为,同时构成其他犯罪的,依照处罚较重的规定定罪处罚。'"《刑法修正案(十一)》第33条维持了《草案二》的内容。与《草案一》相比,《刑法修正案(十一)》第33条作了以下修改:一是增加了"从建筑物或者其他高空";二是将"危及公共安全的",改为"情节严重";三是罪名体系从危害公共安全罪改为扰乱社会秩序罪;四是法定最高刑从拘役改为一年以下有期徒刑。

理解《刑法修正案(十一)》第33条的基础问题是,在现有法律规定下高空抛物行为是否满足"其他危险方法"的危险性。有观点认为,《刑法》第114条所保护的只能是不特定且多数人的生命、身体的安全。其中的"不特定"并非指行为对象的不确定,而是指危险的不特定扩大,但高空抛物行为不具有危险的不特定扩大的特点,不应认定为以危险方法危害公共安全罪。① 笔者认为,如上所述,公共安全的核心在于"不特定","不特定"表现为侵害对象不确定,包括侵害指向的具体对象不确定和侵害对象的数量不确定;"其他危险方法"须满足行为杀伤力、伤害范围和因果关系三个方面的条件。对高空抛物行为是否构成以危险方法危害公共安全罪的判断,是对行为是否危害公共安全及是否属于"其他危险方法"的判断。高空抛物问题是很典型的民刑交叉问题,一般的高空抛物行为,情节轻微的,一般属于民事侵权法的调整范围,只有在高空抛物行为情节严重,达到危害公共安全程度,给公共安全带来紧迫危险的,才进入刑法的讨论范围。对于高空抛物行为是否已经给公共安全带来紧迫危险,需要综合行为时的相关因素进行判断,根据《高空抛物、坠物意见》的规定,对于高空抛物行为,应当根据行为人的动机、抛物场所、抛掷物的情况以及造成的后果等因素,全面考量行为的社会危害程度,准确判断行为性质,正确适用罪名,准确裁量刑罚。具体而言,一般的高空抛物行为,如抛掷塑料袋、日常生活垃圾等,并无致人伤亡、危害公共安全的危险性;但对于抛掷重物或危险物品如砖头、菜刀、液化石油气罐等行为,危险性较高,物品高速降落的冲击力较大,存在"一次性"致人重伤、死亡的危险;而行为人在投掷物品时,因投掷行为与物品落地存在时间差,投掷地点可能存在视线遮挡或投掷范围内人流密集等情况,除行为人故意针对特定对象投掷,一般而言行为人无法预料及控制侵害对象及损害后果;发生损害后果的抛掷行为与损害后果间存在直接、紧迫的因果关系。故对于抛掷重物或危险物品等危险性较高的行为属于"其他危险方法",达到危害公共安全程度的,应认定为以危险方法危害公共安全罪。

在此基础上,《草案一》第1条对高空抛物的相关规定实际上是对危险性较高的高空抛物尚未造成严重后果的行为增加了一档"拘役或者管制,并处或者单处罚金"的法定刑,此种情况下可以将高空抛物行为理解为《刑法》第114条的量刑情节;同时将一部分危险性未达到"其他危险方法"的程度但实际上危害公共安全的行为纳入犯罪。有观点认为,《草案一》第1条的不合理之处在于:一方面,高空抛物是"其他危险方法"的一种类型,而现行《刑法》第114条第2款规定的独立罪名,与相应的第1款罪名之间都不具有包含关系,因此,将高空抛物列为独立罪名,表明兜底罪名包含的其他任何行为类型也都可以被抽出作为单独罪名,兜底规定便会被抽空,名存实亡。另一方面,一旦《刑法》第114条包含《草案一》第1条,此种情况下第114条后两款属于另一个罪名,切断了后两款与《刑法》第115条的联系。《刑法》第115条是第114条罪名的刑罚升格规定,无法与不属于第114条罪名的刑罚规定相衔接,于是《草案一》第1条在没有触犯其他犯罪的情形下就面临无刑罚可用的局面。② 针对上述问题,《草案二》及《刑法修正案(十一)》

---

① 参见张明楷:《高空抛物案的刑法学分析》,载《法学评论》2020年第5期。
② 参见夏勇:《高空抛物的刑法定位——关于〈刑法修正案(十一)(草案)〉第一条的理解和改进》,载《法治研究》2020年第5期。

中将高空抛物行为从危害公共安全罪改为扰乱社会秩序罪,同时将入罪标准由"危及公共安全的"改为"情节严重"。

综上所述,一方面,《刑法修正案(十一)》第33条第1款针对高空抛物行为增设的《刑法》第291条之二,规制高空抛物"情节严重",但尚未"危害公共安全"或不属于"其他危险方法"的行为,如果上述危险性较高的高空抛物行为达到"危害公共安全"程度,根据《刑法修正案(十一)》第33条第2款"同时构成其他犯罪的,依照处罚较重的规定定罪处罚"的规定,应认定为以危险方法危害公共安全罪。另一方面,一般而言,高空抛物行为投掷区域范围有限,故上述危险性较高的高空抛物行为的危险性虽符合"其他危险方法"的要求,但其在"其他危险方法"之中属于危险性较低的行为,结合《刑法修正案(十一)》第2条对干扰行驶中公共交通工具驾驶人员、驾驶人员与他人互殴或者殴打他人危及公共安全,尚未造成严重后果的,处一年以下有期徒刑、拘役或者管制,并处或者单处罚金的规定,可以看出,今后立法中有将危害公共安全行为中危害性相对较小的行为入罪且设定更轻法定刑的趋势。在未来的修法中,当类似行为积累到一定数量时,可以考虑将这些行为汇总通过概括或者列举的方式单独规定,作为以危险方法危害公共安全罪法定刑的一档,如将"以其他危险方法危害公共安全,危险性较低,危及公共安全,尚未造成损害结果的,处一年以下有期徒刑、拘役或者管制,并处或者单处罚金"或"有下列危险方法的行为之一,危及公共安全的,处一年以下有期徒刑、拘役或者管制,并处或者单处罚金:(一)从高空抛掷物品的;(二)对行驶中的公共交通工具的驾驶人员使用暴力或者抢夺驾驶操纵装置的;(三)行驶中交通工具的驾驶人员与他人互殴或者殴打他人的;(四)……"作为《刑法》第114条第2款,如果上述行为符合"其他危险方法"的要求,同时给公共安全带来紧迫危险的,应认定为以危险方法危害公共安全罪。

【指导案例】丁美刚以危险方法危害公共安全案[①]——从高空向公共场所抛掷红砖致人死亡的行为是否属于"其他危险方法"

2013年11月1日16时许,被告人丁美刚乘坐电梯到3号楼楼顶平台收取自己晾晒的衣服,因感到平时家中生活压力大而产生不良情绪,见楼顶有一摞建筑用红砖,遂用右手拿起两块红砖朝东侧方向扔下,随即从安全楼梯逃离现场并返回暂住处。丁美刚扔下的红砖击中正在路边行走的被害人范某某(男,殁年52岁)头部,致范某某重伤倒地,后经抢救无效死亡。经法医鉴定,被害人系被钝性物体作用头部致开放性颅脑损伤死亡。丁美刚在公安机关对其进行询问时,主动交代了上述犯罪事实。据查,3号楼(共16层)位于小区东南角,地上一层为临街

[①] 参见李江蓉、黎乃忠:《高空向公共场所抛物致人死亡的刑事责任认定》,载《人民司法》2015年第20期。

门面房,东侧、南侧门面房前均为市区公共道路,周边居民区密集,来往行人及车辆较多。

检察院以被告人丁美刚犯故意伤害罪向法院提起公诉,后法院认定为其构成以危险方法危害公共安全罪。具体到本案中的高空抛物行为,因行为人丁美刚从16楼的高空向公共场所抛掷转头,就所抛掷的物而言,砖头自身的重量以及所抛掷的高度,到达地面的冲击力足以对人的生命或者财产造成重大损害;就所抛掷的地点而言,小区楼下道路为公共场所,投掷重物致使在道路上通行的不特定人或物处于高度的危险之中,故行为人于16楼高空抛物的行为已经危害公共安全,其行为具有"一次性"致不特定人重伤或死亡的可能性,行为的侵害对象和损害结果难以预料,且该行为与被害人的死亡结果间存在直接的、紧迫的因果关系,故行为人的行为方式符合与放火、决水、爆炸、投放危险物质危险性相当之"其他危险方法"。主观上,丁美刚居住于此,对周围环境较为熟悉,虽辩解扔砖头行为是为了发泄心中的郁闷,但是其可以预见到楼下来往行人较多,此行为很可能会造成不特定人的损伤,而仍然放任此行为,属间接故意,故本案被告人构成为以危险方法危害公共安全罪。根据《刑法》第291条之二第2款的规定,被告人丁美刚应认定为以危险方法危害公共安全罪。

【指导案例】潘裔彧以危险方法危害公共安全案[①]**——从高空使液化气罐坠落致人死亡的行为是否属于"其他危险方法"**

2008年1月1日6时50分左右,被告人潘裔彧持名字为"陈音亚"的虚假身份证入住重庆市渝中区和平宾馆1107房间,并在该房间窗台上用事先准备好的木板、滑轮、绳索、蜡烛等制作了一个延时装置,将两个5公斤重的液化气罐分别固定于木板上,随后在绳索下点燃蜡烛,采取使绳索烧断后液化气罐自然下落到人群密集的人行道上的方式危害公共安全。被告人潘裔彧安装好装置后于当日15时20分左右逃离和平宾馆1107房间,当日15时40分左右,潘裔彧安装的两个液化气罐先后坠落在和平宾馆门前人行道上,其中一个液化气罐砸中过路行人罗人珂(女,1986年5月8日出生)及姚明兵(男,1984年10月26日出生),致罗人珂颅骨爆裂当场死亡,姚明兵颅骨粉碎性骨折。经法医学尸体检验鉴定,罗人珂系因重度颅脑损伤死亡;经法医学人体损伤程度鉴定,姚明兵的损伤程度属重伤。2008年1月2日,被告人潘裔彧被捉获归案。经重庆市精神卫生中心鉴定,被告人潘裔彧患精神分裂症,是限制责任能力人。

法院经审理认为,被告人潘裔彧构成以危险方法危害公共安全罪,判处无期

---

① 案号:(2008)渝五中刑初字第56号,审理法院:重庆市第五中级人民法院。

徒刑,剥夺政治权利终身。本案中,被告人潘裔或制造并安装液化气罐从高楼坠落的装置,并点燃蜡烛使液化气罐延时坠落的行为,因液化气罐自重较重,行为人设置坠落装置的地点为和平宾馆11层,液化气罐的自重加上坠落高度,使液化气罐坠落所产生的冲击力足以"一次性"致人重伤或死亡,同时,液化气罐的坠落地点为和平宾馆门前人行道,位于重庆市渝中区,属于人流较为密集路段,行为人坠落液化气罐的行为给通行于此的不特定行人的安全带来了极大的危险,行为人难以预料及控制行为的侵害对象和损害后果,该行为和危害公共安全的结果之间存在直接、紧迫的因果关系,行为人的行为已经危害公共安全,且属于"其他危险方法"。主观上,被告人明知其行为会造成不特定的人身和财产损害而积极实施该犯罪行为,并导致一人死亡、一人重伤的严重后果,其行为构成为以危险方法危害公共安全罪。根据《刑法》第291条之二第2款的规定,被告人潘裔或应认定为以危险方法危害公共安全罪。鉴于被告人潘裔或系限制责任能力人,可从轻处罚。

五、使用危险物品或危险物质危害公共安全的行为如何认定

(一) 裁判规则

"危险物质"是指毒害性、放射性和传染病病原体等物质,"危险物品"是指爆炸性、易燃性、放射性、毒害性、腐蚀性物品。对《刑法》中"毒害性、放射性、传染病病原体等物质"中"等"字的理解,一方面应与毒害性、放射性和传染病病原体等物质的危险性相当,另一方面应当适用于投放、制造、买卖、运输、储存、盗窃、抢夺、抢劫八种行为。

以危险方法危害公共安全罪只是《刑法》第114条和第115条的兜底条款,而不是《刑法》分则第二章的兜底条款,但因其罪状规定较为概括,可能与其他罪名存在法条竞合关系。在认定使用"危险物质"或"危险物品"危害公共安全的行为时,应先考虑该行为是否符合《刑法》分则第二章中明文规定的以使用"危险物质"或"危险物品"危害公共安全的7个罪名,如不符合,再考虑是否满足以危险方法危害公共安全罪的构成要件。

(二) 规则适用

在危害公共安全犯罪中,涉及很多通过危险物品或危险物质危害公共安全的罪名,包括(过失)爆炸罪,(过失)投放危险物质罪,非法制造、买卖、运输、储存危险物质罪,盗窃、抢夺枪支、弹药、爆炸物、危险物质罪,抢劫枪支、弹药、爆炸物、危险物质罪,非法携带枪支、弹药、管制刀具、危险物品危及公共安全罪,危险物品肇事罪。除爆炸物、枪支、弹药等有明确指向和含义的危险性较高的物品外,还有7个罪名是以"危险物品"或"危险物质"两种含义较为概括的词语进行规定的。一般来说,物品泛指各种东西或零星的物品,物质从物理的角度看是构成一切物体的实物和场,物质较之物品含义更广。但从上各罪名中"危险物品"和"危险物质"的区分并不在于"物质"与"物品"的含义区分,而在于刑法规定的含义不同。

对行为人使用危险物品或危险物质危害公共安全的行为进行认定时,一是要辨析各罪名中"危险物质"或"危险物品"的含义,看行为人所使用的危险物品或危险物质是否属于刑法意义上的"危险物品"和"危险物质",以及行为是否构成上述犯罪;二是界定上述罪名与以危险方法危害公共安全罪的关系,不构成上述犯罪的,可能构成以危险方法危害公共安全罪。

1. 各罪名中"危险物品"与"危险物质"的梳理

《刑法》分则第二章涉及"危险物质"和"危险物品"的 7 个罪名中,有 5 个罪名中存在"危险物质",2 个罪名中存在"危险物品"①。根据《刑法》第 114 条、第 115 条、第 125 条、第 127 条的规定,投放危险物质罪,过失投放危险物质罪,非法制造、买卖、运输、储存危险物质罪,盗窃、抢夺枪支、弹药、爆炸物、危险物质罪以及抢劫枪支、弹药、爆炸物、危险物质罪 5 个罪名中的"危险物质",都是指毒害性、放射性和传染病病原体等物质。根据《刑法》第 130 条和第 136 条的规定,非法携带枪支、弹药、管制刀具、危险物品危及公共安全罪和危险物品肇事罪中的"危险物品",都是指爆炸性、易燃性、放射性、毒害性、腐蚀性物品。

从《刑法》条文的表述来看,"危险物品"和"危险物质"都包含毒害性和放射性物质或物品,区别在于:一是"危险物质"包括传染病病原体,而"危险物品"包括爆炸性、易燃性和腐蚀性物品;二是"危险物质"表述为"毒害性、放射性和传染病病原体等物质",即说明除了三种明文规定的危险物质,也包括与其危险性相当的其他危险物质,而"危险物品"仅限于明文规定的五种物品。对于"毒害性、放射性和传染病病原体等物质"中"等"字的理解,笔者认为,应结合包含"危险物质"的罪名进行理解,对应的行为包括投放、制造、买卖、运输、储存、盗窃、抢夺、抢劫八种。《刑法》分则第二章各罪名中"危害物质"的表述完全相同,其含义应当进行统一解释,即符合"等"字要求的危险物质一方面应与毒害性、放射性和传染病病原体等物质的危险性相当;另一方面应当可以适用于上述八种行为,以投放行为为例,一般是指放置,即将危险物质放置于食品、水源、土地、大气等中,故"危险物质"应满足以投放方式可以危害公共安全,即通过饮用或接触可以伤害或杀害不特定人或牲畜,如烟花爆竹一般需要引燃或引爆,单纯放置一般难以危害公共安全,故不属于"危险物质"。

2. 各罪名与以危险方法危害公共安全罪的关系

以危险方法危害公共安全罪规定在《刑法》第 114 条和第 115 条,是规制除放火、决水、爆炸和投放危险物质以外的危害公共安全的行为,是《刑法》第 114 条和第 115 条的兜底条款,但不是《刑法》分则第二章的兜底条款,这一点在实践中常被混淆以致以危险方法危害公共安全罪的适用范围过宽。故上述除投放危险物

---

① 其中,"危险物质"的含义详见本书第二十六章"非法制造、买卖、运输、储存危险物质罪","危险物品"的含义详见本书第三十三章"危险物品肇事罪"。本章着重对"危险物质"和"危险物品"的含义进行辨析。

质罪、过失投放危险物质罪以外的包含"危险物质"和"危险物品"的5个罪名,在体系上与以危险方法危害公共安全罪属并列关系。但因以危险方法危害公共安全罪的行为仅规定为"其他危险方法"较为概括,而其他5个罪名有较为明确的行为规定,故实施其他5个罪名规定的行为,如果符合"其他危险方法"的要求,且达到危害公共安全程度,也构成以危险方法危害公共安全罪,二者间存在一定的法条竞合关系,上述5个罪名为特别法。在认定使用"危险物质"和"危险物品"危害公共安全的行为时,应先考虑该行为是否符合(过失)投放危险物质罪,非法制造、买卖、运输、储存危险物质罪,盗窃、抢夺枪支、弹药、爆炸物、危险物质罪,抢劫枪支、弹药、爆炸物、危险物质罪,非法携带枪支、弹药、管制刀具、危险物品危及公共安全罪,危险物品肇事罪这七种犯罪的要求,如不符合,再考虑是否满足以危险方法危害公共安全罪的构成要件。

【指导案例】王某以危险方法危害公共安全案①——在幼儿园门口通过点燃炮仗引发恐慌的行为如何认定

2013年9月24日21时许,被告人王某与"三哥""小海"(均另案处理)等人商量到佛山市南海区桂城街道帮"三哥"的朋友(另案处理)做事。次日9时许,"阿亮"驾驶汽车搭载王某及"三哥""小海""小聂""东海"(均另案处理)等人到佛山市南海区桂城街道与"三哥"的朋友在佛平路紫金城美食城斜对面景岗羊庄门口会合,"三哥"的朋友将写好的恐吓纸张和捆绑好的炮仗交给王某和"三哥"等人,并指使"三哥"等人到颐景园大地幼儿园门口引爆炮仗及散发恐吓纸张。当日16时30分许,"三哥"在颐景园大地幼儿园门口散发恐吓纸张,王某和"小海"点燃炮仗后扔到幼儿园门口。炮仗爆炸后引起多名在幼儿园门口接小孩的家长恐慌,王某和"三哥""小海"等人乘乱逃离现场。民警在现场提取了爆炸残留物和恐吓纸张11张。同年10月17日,王某被抓获归案,如实供认了犯罪事实。经鉴定,在现场提取的爆炸残留物中检出钾离子、硝酸根离子、硫离子成分。

法院经审理认为,本案被告人的行为构成以危险方法危害公共安全罪。笔者认为,本案被告人的行为不属于"其他危险方法",也未达到危害公共安全的程度。烟花爆竹制品是指以烟火药为主要原料制成,引燃后通过燃烧或爆炸,产生光、声、色、型、烟雾等效果,用于观赏,具有易燃易爆危险的物品。一般来说,虽然烟花爆竹制品也是以火药为原料,但其火药含量相对较低,本质上是娱乐性用品,并不属于高危险性、高杀伤力、高破坏力的爆炸物②,故通过点燃烟花爆竹制品危害公共安全的,一般不认定为爆炸罪。烟花爆竹制品的种类很广,各个种类之间的

---

① 案号:(2014)佛南法刑初字第1335号,审理法院:广东省佛山市南海区人民法院。
② 这一点将在本书第二十五章"非法制造、买卖、运输、邮寄、储存枪支、弹药、爆炸物罪"第一个问题中详细论述。

作用原理和火药含量各不相同,如烟花,由于须达到一定的高度,所含的火药含量一般较高。所以,在认定点燃烟花爆竹危害公共安全的行为是否构成犯罪及构成何罪时,须结合具体案件中烟花爆竹的种类、成分和数量判断其危险性,只有火药含量达到一定数量,足以危害公共安全的,才可以认定为"其他危险方法"。本案中,被告人王某伙同他人在幼儿园门口处,点燃炮仗意图引发恐慌,但是炮仗中所含火药成分较少,点燃炮仗行为本身危害性较低,一般只能产生微小爆炸及声响,难以造成他人重伤或死亡,故不应认定为"其他危险方法";而且被告人行为时幼儿园尚未放学,门口都是家长,都具有躲避的能力,该行为未达到危害公共安全的程度,不应认定为以危险方法危害公共安全罪,也不构成《刑法》分则第二章的其他危害公共安全类犯罪。本案中被告人通过点燃炮仗引发公众恐慌的行为,符合寻衅滋事罪中"在公共场所起哄闹事,造成公共场所秩序严重混乱"的客观要件,从主观上也可看出被告人是出于寻求刺激、无事生非的意图,故被告人的行为应认定为寻衅滋事罪。

【指导案例】高某某以危险方法危害公共安全案[①]**——非法运输、储存烟花爆竹制品的行为如何认定**

2013年11月21日,被告人高某某在栾川县安监局办理烟花爆竹制品经营零售许可证后,在自己的千秋门业商店兼营烟花爆竹制品。2014年3月,被告人高某某在没有任何合法运输手续的情况下,私自驾驶豫CQ5116号双排座汽车到洛阳关林市场违规购买3000余元人民币烟花爆竹制品运到栾川,在无任何安全设施的情况下,储存在自己位于栾川县城关镇兴华东路刘某某家的出租房内。2014年7月17日被栾川县公安局民警当场查获。经鉴定,被查获的烟花爆竹制品中黑火药总含量为48.592公斤。

烟花爆竹制品以烟火药为主要原料,具有易燃易爆的特性及一定的危险性,所以我国对于烟花爆竹制品的生产、运输、储存、经营和燃放都有相应的规定予以规范,避免因烟花爆竹制品的不当管理和使用而发生事故。以运输行为为例,根据《烟花爆竹安全管理条例》第40条的规定,经由道路运输烟花爆竹制品,违反运输许可事项的,由公安部门责令改正,处200元以上2000元以下的罚款。对本案中被告人行为的认定,因烟花爆竹制品属于爆炸性物品,可以认定为《刑法》分则第二章规定的"危险物品",而如上所述,烟花爆竹制品无法通过投放的方式危害公共安全,故不符合"毒害性、放射性和传染病病原体等物质"中"等"的要求,不属于"危险物质"。对于危险物品,《刑法》分则第二章规定了非法携带危险物品危及公共安全罪和危险物品肇事罪两个罪名。非法携带是指在进入公

[①] 案号:(2014)栾刑初字第205号,审理法院:河南省栾川县人民法院。

共场所或者公共交通工具时,将危险物品带在身上或置于身边。本案被告人驾车违规运输大量烟花爆竹制品,严重危害公共安全,构成非法携带危险物品危及公共安全罪。

同时,本案被告人高某某在没有合法运输手续和相应安全措施的情况下,违规运输烟花爆竹制品并存放在居民区内,火药总含量较多,对公共安全有较大的隐患,其行为已经对公共安全产生了紧迫的危险。被告人违规运输、储存大量烟花爆竹制品,一旦发生事故,将危及运输路上车辆及行人的安全及储存地附近居民的安全。烟花爆竹制品整体中所含黑火药含量较大,该行为具有"一次性"致人重伤、死亡的可能性,如果发生事故,大量的黑火药易燃,将难以预料最终损害结果的范围、程度及发展过程,行为一旦实施,损害结果会不断扩张且难以控制,且被告人的行为和可能发生的损害结果之间存在直接、紧迫的因果关系,应当属于"其他危险方法"。故本案中被告人违规运输、储存烟花爆竹制品的行为构成为以危险方法危害公共安全罪,而违规运输行为构成非法携带危险物品危及公共安全罪,两罪在违规运输这一行为上属法条竞合,非法携带危险物品危及公共安全罪为特别法,但因该罪名无法涵盖违规储存行为,而本案中被告人所实施的违规运输、储存行为是一个整体,故本案中被告人的行为宜整体上认定为以危险方法危害公共安全罪。

【指导案例】储昭兆以危险方法危害公共安全案①——向路边行人喷射硫酸的行为如何认定

2016年10月4日8时许,被告人储昭兆驾驶红色大运牌摩托车从家中出发,行驶至岳西县天堂镇建设东路妇幼保健站对面公交站台附近,将写有"我想杀人、我有怨气"的广告牌挂在胸前,手持装有硫酸的玩具手枪,随意向路边行人进行喷射,造成余某1、王某1、戴某、朱某2、吴某1、朱某3、郑某、储某1、余某2及岳西县黄尾镇黄尾村村民舒某、岳西县温泉镇汤池村村民刘某1、岳西县温泉镇汤池村村民陈某1等十二人不同程度受伤并至岳西县医院治疗。

硫酸属强酸,具有强烈的腐蚀性和氧化性,对皮肤、粘膜等组织有强烈的刺激和腐蚀作用,硫酸蒸气或雾可引起结膜炎、结膜水肿、角膜混浊,以致失明,易刺激呼吸道,重者发生呼吸困难和肺水肿,属于危险性较高的物品。本案中,被告人储昭兆使用玩具手枪,随意向路边行人喷射硫酸,其行为没有特定的目标,行为范围内的人员流动性较强,侵害客体属不特定人的安全,其行为已经危害到公共安全。硫酸具有强烈腐蚀性,属于刑法意义上的"危险物品",但本案行为人的行为不符合非法携带危险物品危及公共安全罪和危险物品肇事罪。从被告人的行为来看,向被害人喷射硫酸,视具体喷射部位不同,可能引发被告人失明、灼伤,该行为

---

① 案号:(2017)皖0828刑初39号,审理法院:安徽省岳西县人民法院。

具有"一次性"致人重伤、死亡的可能性。而行为人采取随意喷射的方式,无法控制及预料喷射的具体对象、伤害部位及损害程度,且被告人喷射硫酸的行为和多名被害人受伤之间存在直接的因果关系,其行为属于"其他危险方法",行为人喷射硫酸时可以预见到危害公共安全的后果而积极追求,主观上属故意。故被告人储昭兆的行为应认定为以危险方法危害公共安全罪。

【指导案例】周某1、彭某某、陈某某、周金某、张某、龚某某、周某2以危险方法危害公共安全案[①]——**非法生产、销售大量麻醉飞镖的行为如何认定**

2008年2月至2010年年初,被告人周某1、彭某某为牟取经济利益,从被告人陈某某处购买属于国家管制器具的弩120余把、"麻醉飞镖"6450余支进行贩卖,非法获利人民币23100元。2010年2月至2012年11月,彭某某、周某1为获取更大的经济利益,从陈某某处学会了"麻醉飞镖"的制造方法并购入大量制造"麻醉飞镖"的原材料,租赁湘乡市新湘路长桥安置区一住所作为工厂场所,组织周金某、周某2、龚某某、张某为其制造"麻醉飞镖",并将弩、"麻醉飞镖"销售各地,被广泛用于盗狗等违法犯罪活动。经查明,彭某某、周某1将弩、"麻醉飞镖"贩卖给宋某某400余支、朱春朋11200余支,另通过网络方式卖给其他人员。经鉴定,从该"麻醉飞镖"中检出琥珀胆碱和甲醇成分。

本案中,七被告人为获取非法利益,购入"麻醉飞镖"原材料,制造并销售含有琥珀胆碱和甲醇成分的"麻醉飞镖"。其中,琥珀胆碱是一种化学品,这种药物属于骨骼肌松弛药,在临床上多用于局部麻醉,但使用不当可引起心动过缓、心律失常、心搏骤停等,超量注射可致人支气管痉挛或过敏性休克死亡;甲醇对中枢神经系统有麻醉作用,可能对视神经和视网膜有特殊选择作用,引起病变。"麻醉飞镖"中两种成分的主要作用都为麻醉,如果使用不当,可能对人体产生很多副作用,有致人重伤或死亡的可能。而被告人销售的"麻醉飞镖",也被广泛用于盗狗及其他违法犯罪活动,可见被告人制造并销售"麻醉飞镖"的行为给公共安全带来了一定危险。笔者认为,本案的行为不应认定为"其他危险方法",因为虽然"麻醉飞镖"具有"一次性"致人重伤或死亡的可能,被告人将其销售给不特定消费者,也难以控制及预料使用"麻醉飞镖"进行的违法犯罪活动的损害结果,但本案被告人制造并销售"麻醉飞镖"的行为与损害结果之间并不具有直接的因果关系,其中介入了"麻醉飞镖"的购买者使用"麻醉飞镖"的行为。购买者购买"麻醉飞镖"后如何使用及是否用于犯罪,都是本案被告人所无法控制的。生产、销售发生于销售者和消费者之间,而销售"麻醉飞镖"的行为本身对消费者并无危害性。法院之所

[①] 一审案号:(2013)湘法刑初字第221号,审理法院:湖南省湘乡市人民法院;二审案号:(2014)潭中刑终字第138号,审理法院:湖南省湘潭市中级人民法院。

以判定以危险方法危害公共安全犯罪的理由在于,消费者有很大的可能会滥用"麻醉飞镖",从而危害公共安全,但生产、销售"麻醉飞镖"的行为本身并不会直接危害到公共安全。所以本案中被告人的行为不属于"其他危险方法",不应认定为以危险方法危害公共安全罪。

本案中,被告人的行为直接违反的是我国对此类危险物品制造及销售的相关规定,属于非法经营活动,且严重扰乱市场秩序,情节严重,应认定为非法经营罪。在共同犯罪中,被告人周某1、彭某某、陈某某均起主要作用,系主犯,应当按照其参与的全部犯罪进行处罚;被告人周金某、周某2、龚某某、张某均起次要作用,系从犯,应当从轻处罚,如果犯罪情节轻微,不需要判处刑罚的,可以免予刑事处罚。

六、私设电网致人重伤或死亡的行为如何认定

(一)裁判规则

私设电网行为可以分为两种类型:一种是为了捕猎获利而私设电网,另一种是为了防止盗窃而私设电网。后者属于预防性措施,其是否属于防卫行为,关键在于行为人架设电网的行为在多大程度上针对的是正在进行的不法侵害。

私设电网行为如果无法确定何时何人途经该处,具有危害不特定人安全的可能性,应属危害公共安全行为;如果电网没有架设在公共空间,只有特定人能够经过触碰,致人死亡的,应认定为过失致人死亡罪。私设电网行为是否属于"其他危险方法",要看电网上的电压是否能够"一次性"致人重伤或死亡;认定行为人对危害公共安全是持间接故意还是过失时要着重考察私设电网的位置,他人通行的概率大小,是否是在行为人管理范围内,行为人架设电网的次数,是否因此受过处罚,行为人在架设电网时是否设有保护措施和警示标志等因素。

(二)规则适用

私设电网致人伤亡的案例时有发生,实践中对于此类行为的认定存在争议,对罪名认定、同一罪名的故意与过失形态、是否应当从宽处罚等都存在不同意见。私设电网行为可以分为两种类型:一种是为了捕猎获利而私设电网;另一种是为了防止盗窃而私设电网,例如,行为人在自家高层住宅的阳台上装有电网,在晚上通电,致使想要入室盗窃的窃贼攀爬至阳台时触电身亡。私设电网行为属于违法行为,根据《中华人民共和国治安管理处罚法》第37条的规定,未经批准,安装、使用电网的,或者安装、使用电网不符合安全规定的,均属于妨害公共安全的行为,尚未造成严重后果的,将处以拘留或罚款。故对于第一种情况中行为的违法性并无异议,而第二种行为本身是否具有防卫的正当性存在争议,此类行为属于行为人为保护自身免受不法侵害而设置的预防性措施。为防止盗窃的私设电网行为是否具有正当性,主要涉及以下两个问题,笔者结合上例进行讨论:

第一,犯罪预备行为是否属于正在进行的不法侵害。正当防卫条件中"正在进行的不法侵害",是指已经开始而尚未结束的不法侵害。按照通说,不法侵害

"已经开始",是指行为人已经着手,直接实施《刑法》分则规定的犯罪构成客观方面的行为。一般而言,通说的这种理解是合适的,因为已经着手实施的不法侵害行为,比较明显地反映出不法侵害行为的紧迫危险性。笔者认为,对于着手之前的预备行为,某些情况下也应当认定为正在进行的不法侵害。一是某些预备行为已经属于犯罪行为,既然对于不构成犯罪的违法行为也可以实施正当防卫,对于已经构成犯罪的预备行为不应当"一刀切"地排除于正当防卫的范围之外。上例中住宅涉及个人的居住平稳与安宁,窃贼爬墙翻窗的行为本身可能构成非法侵入住宅罪。二是某些犯罪预备行为已经具有侵害法益的紧迫性。上例中窃贼深夜爬墙翻窗企图入室的行为具有侵害法益的紧迫性。室内居民在熟睡之际通常欠缺必要的警觉性,且窃贼入室盗窃的犯罪行为随时可能转化为抢劫或杀人行为,入室型犯罪中入室行为对于处于熟睡中毫无防范的主人来说,具有侵害法益的紧迫性,故《刑法》和有关司法解释中对入户抢劫、入户盗窃都作出了特别规定,适用较重的法定刑,或者把入户作为构成犯罪的条件。① 三是欠缺时间要件的预备行为与欠缺其他要件的情况存在本质的不同,并不影响正当防卫的基本结构,其缺失并不否定一个可预见的、将来会到来的不法侵害的存在。基于此,我国有学者从不法侵害的紧迫性角度出发提出,不法侵害的开始一般是指不法侵害已经着手实施,但同时还应包括侵害已经直接面临不可避免的某些状态,侵害者虽尚未着手,但实施某一侵害行为的直接威胁已十分明显,合法权益遭受到现实的威胁时,属于正在进行的不法侵害,可以实行防卫。② 对于处在预备初期,无法益侵害紧迫性的,一般认为不能进行正当防卫。

第二,防卫行为是否可以带有预见性。我国刑法规定正当防卫是为了使国家、公共利益、本人或者他人的人身、财产和其他权利免受正在进行的不法侵害,而采取的制止不法侵害的行为。刑法理论通说主张,只有在侵害行为正在进行的情况下,被侵害人才可以行使正当防卫的权利,也即不法侵害必须已经发生和客观存续。③ 从这一立场出发,带有预见性的防卫行为似乎不存在正当化的空间,为防止盗窃而提前架设电网的行为难以认定为防卫行为。对此,一方面,从立法论的角度,一个确定的不法侵害很大程度上是一个过于理想的概念,如果严格遵循通说,那么在侵害人继续实施不法侵害的过程中,当其因种种不易为防卫人察觉的随机因素而突然结束不法侵害,此时,虽然不法侵害的表象仍然存在,但防卫人已然失去进行防卫的权利了,这样的结论显然是有失公允的。这是由于正当防卫的构建并非单纯基于客观事实,其制度的核心在于合理分配防卫人和被防卫

---

① 参见周振晓:《在自家阳台私设电网致他人死亡之案的定性——兼论预防性措施的正当性问题》,载《人民检察》2003年第8期。
② 参见马克昌主编:《犯罪通论》,武汉大学出版社1999年版,第730页。
③ 参见高铭暄、马克昌主编:《刑法学》(第五版),北京大学出版社、高等教育出版社2011年版,第130页。

人间的风险,以实现法益保护的平衡。对不法侵害客观存续性过于严苛的要求显然超出了正常人的合理预见范围,进而不当地提高了防卫人在防卫中的风险。而正当防卫时间要件设立的实质在于防范防卫权利泛滥和异化的潜在危险,故有必要承认,正当防卫的触发条件并非不法危害本身的客观存在,而是不法侵害发生和继续的可能性的客观存在。① 应当承认,如果行为人合理预见到不法侵害将要发生的,可以进行防卫。当然,这只是理论上的探讨,根据我国刑法的现有规定,防卫行为限定在不法侵害正在发生。从司法论的角度,预见性的私设电网行为虽然是在不法侵害发生前已经实施,但是与一般意义上的预见性防卫行为不同。一般意义上的预见性防卫行为是指在合理预见到不法侵害将要发生时,对不法侵害人实施防卫,例如酒店老板听到住客在商讨晚上对酒店实施抢劫,故在住客的饮食中加入麻醉药。一般意义上的预见性防卫行为在不法侵害实施前已经作用于不法侵害人,而预见性的私设电网行为中,如上所述,窃贼能够触摸到电网时,已经在着手实施入户行为,属于正在进行的不法侵害,假设行为人未提前给电网通电,在看到窃贼正在爬窗时,才将电网通电,此种情况下,认定行为人的行为属于防卫行为便不存在问题,而此种情形与上例中先给电网通电的情形并无实质区别,故应当认定上例中预见性的私设电网行为属于防卫行为。

综上,窃贼深夜爬窗属于正在进行的不法侵害,可以进行正当防卫,行为人提前架设电网不影响其行为属于防卫行为,但如果行为人的防卫行为明显超过了限度,属于防卫过当。从此例展开,对于预见性的私设电网行为是否属于防卫行为,问题的关键在于,行为人架设电网的行为在多大程度上针对的是正在进行的不法侵害。私设电网行为在不法侵害实施之前,不法侵害可能发生也可能不发生,该行为也可能对不法侵害人以外的人造成威胁,判断此类预见性行为是否属于防卫行为,要看该行为针对可能发生的不法侵害和非不法侵害的概率。如上例中,行为人在自家高层住宅阳台上架设电网,且只在夜间休息时通电,除了欲非法入室的不法分子,他人很难触碰到电网,能够接触到电网的被害人已经开始实施爬墙翻窗行为,故该私设电网行为完全针对不法侵害,应当属于防卫行为。而对于在自家瓜田内私设电网防止他人偷瓜的行为,虽然也是为了防止盗窃私设电网,但是瓜田虽为其承包,也存在他人路过瓜田的可能,该私设电网行为不完全针对不法侵害,故不应当认定为防卫行为。

对于私设电网行为罪名的认定,存在多种不同观点:第一种观点认为,私设电网过失导致他人死亡的,应认定为过失致人死亡罪;第二种观点认为,该行为已经危害了公共安全,且行为人一般主观上无故意,应认定为过失以危险方法危害公共安全罪;第三种观点认为,该行为危害到公共安全,且行为人在行为前可以预见到损害结果,主观上属间接故意,应认定为以危险方法危害公共安全罪。对此,笔

---

① 参见赵秉志、黄静野:《正当防卫时间要件疑难问题研究》,载《京师法律评论》2016年刊。

者认为,私设电网行为如果无法确定何时何人途经该处,具有不确定性,被告人对侵犯的具体对象没有指向性,具有随机性,应属危害公共安全行为;如果电网没有架设在公共空间,只有特定人能够经过触碰,因电网致人死亡的,应认定为过失致人死亡罪。一般情况下,行为人为了捕猎或防止盗窃而架设电网的区域,说明猎物和窃贼经常通过的区域属于不特定人能够通行的公共区域。而私设电网行为是否属于"其他危险方法",要具体看电网上的电压是否能够"一次性"致人重伤或死亡,如果符合此条件,可以认定为"其他危险方法"。

行为人将电网架设在公共空间的,一般都可以预见到该区域可能有人通行,故在认定时对于行为人对危害公共安全是持间接故意还是过失时要着重考量以下因素:一是私设电网的位置,他人通行的概率大小,以及是否是在行为人管理范围内。如果电网所在地确属人迹罕至的地方,有依据使行为人轻信他人通行可能性极小的,可以认定行为人主观为过失。二是行为人架设电网的次数及是否因此受过处罚。行为人架设次数较多或曾经因此受过处罚,而仍然实施私设电网行为的,一般可以认定为故意。三是行为人在架设电网时是否设有保护措施和警示标志。如案例中有的行为人设置了断电保护系统,有人误触电网时,可以及时断电防止损害结果的发生,但因为电路故障而致人死亡的,可以认为行为人是因为轻信了保护措施的作用而相信可以避免发生致人伤亡的结果,可以认定行为人主观上属于过于自信的过失。醒目的警示标志也可以作为考量因素,如果行为人确在电网周围设置了足够引起他人注意的标志的,也可以作为证明行为人主观上属于过失的证据。

【指导案例】彭雄伟、范林林、邓高林以危险方法危害公共安全案①——为狩猎在野外私设高压电网的行为如何认定

2016年10月,被告人彭雄伟通过网络结识被告人范林林,后二人经常在QQ上谈论在野外私设高压电网狩猎。尔后,被告人范林林电话联系被告人邓高林,从后者处获悉尖峰乡源头村农田附近有野猪出没。于是,被告人彭雄伟、范林林、邓高林决定一起前往该处电捕野猪。2017年1月15日上午,在被告人邓高林的带领下,三被告人驾驶小车前往尖峰乡源头村曾家庄小组。当日下午,三被告人既未经有关部门批准,也不通知、警示当地村民,在未采取任何防范措施的情况下,擅自架设长达数百米,电压过万伏的高压电网,并将电网连接被告人彭雄伟的手机进行远程遥控。该电网以邓水龙家梯田为起点,沿着岭上山场底部农田,穿过岭上和反田排山场之间的小溪,进入反田排山场通往该山场顶部。架设电网过程中,数位村民途经该处,村民曾善意提醒三被告人注意安全。当日16时许,三被告人将高压电网架设完毕并通电试验,然后返回小车停放处无人留守。18时20

---

① 一审案号:(2017)赣1030刑初48号,审理法院:江西省广昌县人民法院;二审案号:(2017)赣10刑终126号,审理法院:江西省抚州市中级人民法院。

分许,被告人彭雄伟使用手机远程遥控电源开关为电网通电。几分钟后,被害人邓某1从山上挖笋、砍柴回家途经该处,触及高压电网当场身亡。与此同时,被告人彭雄伟的手机接收到信息提醒,得知有物体触碰电网,遂赶至现场发现被害人邓某1已经失去生命体征。经鉴定,死者邓某1系意外触电导致电击而死亡。

　　本案的公诉机关指控被告人彭雄伟、范林林、邓高林构成以危险方法危害公共安全罪。三被告人及其辩护人认为,彭雄伟和范林林过分相信邓高林所说的晚上根本无人会出入该片区域,因为当时正值严冬,农闲季节,农田无人劳作,并且他们在架设电网前对周围环境进行了观察,现场无人居住,故三被告人对损害结果的发生无主观故意,只是对环境估计不足,属于过于自信的过失。本案中,三被告人在公共通行区域使用电压过万伏的高压电网,电网通过梯田、农田、小溪和山场,架设线路长达数百米,电网经过的地点均为公共场所,存在致使不特定人伤亡的可能,该行为为给公共安全带来了紧迫危险。万伏高压电网足以"一次性"致人重伤或死亡。三被告人将高压电网架设完毕后无人留守,使用手机远程遥控电源开关为电网通电,无法控制及预料其行为侵害的具体对象、伤害部位及损害程度,且架设电网的行为和被害人死亡结果之间存在直接的因果关系,其行为属于"其他危险方法"。在主观上,架设电网的地方为当地村民劳作经常经过的地方,属于开放现场,案发当天,三被告人布设电网时,现场仍有人、牛经过,三被告人完全可以预见到此区域有不特定人通行,在此架设电网极有可能发生致人伤亡的损害结果。三被告人未经有关部门批准,设立电网前也未通知、警示当地村民,通电离开后也未采取任何防范措施、未设置警示装置,无支撑三被告人可以轻信损害结果不会发生的依据。可见三被告人架设电网捕猎,其主观上虽没有致死他人的直接故意,但是为了达到狩猎的目的放任危害公共安全后果的发生,属于间接故意,故三被告人构成以危险方法危害公共安全罪。

　　在共同犯罪中,被告人彭雄伟、范林林共同预谋在广昌县山上私设电网打野猪,准备了作案工具,并在广昌县甘竹镇、尖峰乡山上多次私设电网,在具体作案时分工不同,均系主犯,但被告人彭雄伟带着主要作案工具来到广昌县,并控制电网开关,其在犯罪中的地位、作用相对更大。被告人邓高林在被告人范林林的询问下,告诉被告人彭雄伟、范林林其老家尖峰乡源头村曾家庄小组有野猪出现过,并帮忙私设电网,其所起的作用较小,起辅助作用,系从犯,依法可从轻处罚。

【指导案例】许贵云过失以危险方法危害公共安全案[①]——**为防止他人窃瓜在所承包西瓜地里架设电网致人死亡的行为如何认定**

　　被告人许贵云为阻止他人窃瓜,于2008年6月左右,在上海市奉贤区南桥镇

[①] 案号:(2008)沪一中刑初字第315号,审理法院:上海市第一中级人民法院。

红星村 1604 号北侧由其承包的西瓜地里私自架设了电网。同年 7 月 7 日晚至次日凌晨，许贵云将电网接通 220V 交流电，致被害人余海涛被电击身亡。后公安机关经现场勘查，在相关电气设备中发现漏电保护设备。

本案中，许贵云是在自家承包的瓜田里而非公共场所架设电网，针对的又系窃瓜者这一特定对象，因此，有观点认为其行为没有危害到不特定人的安全。虽然许贵云在其瓜田里架设电网的本意固然在于针对窃瓜人，但其行为是否危害公共安全并不以其主观认识为标准。被告人许贵云所承包的瓜田系村内露天场所，虽有植物、排水沟、局部尼龙网相隔，却并不封闭，客观上不能排除不特定人员的进入，其在瓜田里架设电网仍存在致使不特定人伤亡的可能，故其私设电网行为危害到了不特定人的生命、健康安全。电网接通了 220V 交流电，存在"一次性"致人伤亡的可能，无法控制及预料其行为的具体对象、伤害部位及损害程度，且架设电网的行为和被害人死亡之间存在直接的因果关系，其行为属于"其他危险方法"。

许贵云在接通电网时安装有漏电保护设备，漏电保护设备就其功能而言，在于一旦有人触电，电流加大，即可自动断电，起到保护作用。故可以认定许贵云从一般人的认知出发，产生只要安装了漏电保护设备，就不会致人死亡的想法，同时没有对所购漏电保护设备有效与否进行检验，以致漏电保护设备实际因客观原因没有发挥保护作用。许贵云过于轻信能以安装的漏电保护设备避免损害结果的发生，主观上持过失心态，而非希望或者放任损害结果发生的故意，应认定为过失以危险方法危害公共安全罪。

七、在行驶的公共交通工具中干扰驾驶和司机擅离职守的行为如何认定

(一) 裁判规则

对于在行驶的公共交通工具中干扰驾驶和司机擅离职守的行为的认定，首先，应判断该行为是否构成以危险方法危害公共安全罪。一方面要综合案发时的客观情况判断行为人的行为是否使公共安全处于危险状态；另一方面行为须符合"其他危险方法"的要求，关键在于对干扰驾驶、擅离职守行为的程度和乘客与司机双方的过错程度的判断。其次，须进一步判断行为是否符合《刑法修正案（十一）》第 2 条增设的《刑法》第 133 条之二所规定的新罪。最后判断行为是否构成寻衅滋事罪。若未达到上述入罪标准，只是单纯的挑衅行为，不构成犯罪。

对于因乘客严重的干扰行为，发生司机和乘客互打的，如果司机在被乘客袭击后擅离职守进行反击的，不属于正当防卫。行为达到危害公共安全程度，属于"其他危险方法"的，对于乘客，一般可以预见到其行为可能发生危害公共安全的后果，而仍放任该结果的发生，应认定为以危险方法危害公共安全罪；对于司机，一般应认定为过失以危险方法危害公共安全罪，严重违反职业规定的，可以认

定为以危险方法危害公共安全罪。

(二) 规则适用

2018年发生了震惊全国的重庆公交车坠江案件,因乘客与司机发生了激烈争执,后升级为互殴,最终导致车辆失控,造成15人死亡的严重后果,使得干扰正在行驶车辆驾驶的行为引起了民众的关注。干扰正在行驶车辆驾驶的行为,一般包括辱骂、拉扯、殴打正在行驶中车辆的司机,甚至直接拉拽、抢控方向盘等行为,受到干扰的驾驶人员可能会因此擅离职守进而影响驾驶。在《刑法修正案(十一)》施行前,有观点认为此类行为属于寻衅滋事罪;亦有观点认为应认定为以危险方法危害公共安全罪。以危险方法危害公共安全罪与寻衅滋事罪的区别在于:第一,侵犯的客体不同。前罪侵犯的客体是公共安全,即不特定多数人的生命、健康和重大公私财产的安全,而寻衅滋事罪侵犯的主要客体是公共秩序。第二,客观方面不同。前罪的客观方面表现为以"其他危险方法"危害公共安全的行为,而根据《刑法》第293条的规定,寻衅滋事罪主要表现为随意殴打他人,情节恶劣等四种形式。第三,主观方面不同。以危险方法危害公共安全罪的主观方面为故意,即明知自己所实施的危险方法或行为可能足以危及公共安全,仍希望或放任该危险状态的发生,而寻衅滋事罪的主观方面主要表现为直接故意,且行为人具有无事生非的目的。第四,既遂标准不同。前罪是危险犯,只要产生了现实的危险,即便未造成重伤、死亡的后果,也成立该罪的既遂,而寻衅滋事行为只有达到情节恶劣或严重的程度,方可成立犯罪。

《刑法修正案(十一)》第2条规定:"在刑法第一百三十三条之一后增加一条,作为第一百三十三条之二:'对行驶中的公共交通工具的驾驶人员使用暴力或者抢控驾驶操纵装置,干扰公共交通工具正常行驶,危及公共安全的,处一年以下有期徒刑、拘役或者管制,并处或者单处罚金。前款规定的驾驶人员在行驶的公共交通工具上擅离职守,与他人互殴或者殴打他人,危及公共安全的,依照前款的规定处罚。有前两款行为,同时构成其他犯罪的,依照处罚较重的规定定罪处罚。'"该条将在行驶的公共交通工具中干扰驾驶和司机擅离职守的行为单独规定为妨害安全驾驶罪。

对于妨害安全驾驶罪与以危险方法危害公共安全罪之间的关系,一般而言,考虑到车辆的安全行驶关系到车内及车外道路上不特定人员的人身、财产安全,在行驶的公共交通工具中干扰驾驶和司机擅离职守的行为危险性较高,远超出行为本身的危害,且造成的危险具有扩散性和不可控性;在正在行驶的公共交通工具中实施上述行为的危险性更高,有可能危害公共安全,进而构成以危险方法危害公共安全罪。基于此,2019年最高人民法院、最高人民检察院、公安部《关于依法惩治妨害公共交通工具安全驾驶违法犯罪行为的指导意见》(以下简称《妨害公共交通工具安全指导意见》)中明确规定,乘客在公共交通工具行驶过程中,抢夺方向盘、变速杆等操纵装置,殴打、拉拽驾驶人员,或者有其他妨害安全驾驶行为;乘客在公共交通工具行驶过程中,随意殴打其他乘客,追逐、辱骂他人,或者起哄闹事;驾驶人员在公共交通工具行驶过程中,与乘客发生纷争后违规操作或者擅离职守,与乘客厮打、互殴等行为,达到危害公共安全程度的,均可以认定为以危险方法危害公共安全罪。

根据《刑法》第133条之二第3款的规定,同时构成其他犯罪的,依照处罚较重的规定定罪处罚,而以危险方法危害公共安全罪的法定刑明显高于妨害安全驾驶罪。对于《刑法》第133条之二第3款的规定,《刑法修正案(十一)》的草案一次审议稿和二次审议稿均表述为"有前两款行为,致人伤亡或者造成其他严重后果,同时构成其他犯罪的,依照处罚较重的规定定罪处罚",后在《刑法修正案(十一)》生效时删去了"致人伤亡或者造成其他严重后果"这一限制条件。按照草案中的规定,只有行为造成严重后果时,构成他罪的才按照处罚较重的规定处理,如果未造成严重后果,均认定为妨害安全驾驶罪,这实际上将原属于《刑法》第114条以危险方法危害公共安全罪的具体危险犯所规制的行为具有"其他危险方法"的危险性,且达到危害公共安全程度的在行驶的公共交通工具中干扰驾驶和司机擅离职守的行为划入了妨害安全驾驶罪。而将造成严重结果的限制条件删除,表明上述情况仍属以危险方法危害公共安全罪的具体危险犯的规制范围。妨害安全驾驶罪实际上仅针对尚未达到"其他危险方法"行为危险性的情形。基于此,笔者认为,对于在行驶的公共交通工具中干扰驾驶和司机擅离职守的行为的认定应按照如下顺序:

第一,首先应判断该行为是否构成以危险方法危害公共安全罪。一方面,要结合案发时行驶车辆的状况,包括车辆行驶速度、乘客数量、行驶的路段及时间、车外道路情况、周围行人及车辆情况等综合判断行为人的行为是否使公共安全处于危险状态,只有当行为人造成的危险状态是现实的、具体的、紧迫的,才能适用以危险方法危害公共安全罪。具体判断方式及标准详见本书第八章"犯罪形态"一章第一个问题中对具体危险犯既遂标准的界定。另一方面,行为须符合"其他危险方法"的要求,即本章中第一个问题所述的行为杀伤力、伤害范围和因果关系三个方面的条件,不仅限于《妨害公共交通工具安全指导意见》中明确规定的行为。判断的考量因素,除了上述车辆行驶速度、道路情况等常规因素,还应包括干扰行为和擅离职守行为的危险程度,以及乘客和司机双方的过错程度。

具体而言,对干扰行为的危险程度和双方的过错程度,首先应判断干扰行为是否实质影响到车辆行驶,辱骂、言语挑衅等行为虽然在一定程度上干扰司机的注意力,或者影响司机的驾驶情绪,但因其未对司机的驾驶产生有形的作用力,一般不认为对驾驶行为产生实质影响,而拉扯、殴打司机或拉拽、抢控方向盘的,一般可以认为对驾驶行为产生了实质影响。其次判断是乘客单方过错还是乘客与司机双方的过错。如乘客实施上述严重干扰行为,直接对驾驶行为产生实质影响,进而危害公共安全的,只有乘客一方有过错,乘客可以预见到干扰行为可能危害公共安全,为了达到迫使司机停车或发泄自身情绪等目的,放任危害公共安全后果的发生,如果行为属于"其他危险方法",构成以危险方法危害公共安全罪。如乘客只是实施辱骂、言语挑衅等行为,并未实质影响司机驾驶,而司机进行反击从而影响驾驶,进而危害公共安全的,因为司机本身是特殊职业行为的主体,负有特殊的职业义务,负担乘客的生命财产安全,故时刻都要以车辆行驶安全及乘客生命安全为先。对于普通人,其遇到辱骂、挑衅可以争吵;但对于正在驾驶的司机,面对乘客的辱骂和挑衅,其应以驾驶安全为重。在因果关系的认定上,刑法上的因果关系包括单一因果关系和竞合因果关系,竞合因果关系是指两个或者两个以上的行为人的不法行为结合到一起共同造成了损害结果。在这种情况下,虽然数个行为人各自的原因力可能不同,但对损害结果的发生都要承担相应的法律责任,除非一方责任过小依法可以免责。故受到乘客辱骂、挑衅等未对公共安全造成实质影响的干扰行为时,司机为了争吵或还击而影响驾驶的,司机与乘客的行为与损害结果间都存在因果关系,司机对损害结果应负主要责任,而乘客负次要责任。

第二,未构成以危险方法危害公共安全罪的,应进一步判断行为是否构成新罪。从条文表述上来看,构成新罪需满足以下三个条件:其一,该罪仅针对"行驶中的公共交通工具";其二,行为种类有所限制,干扰驾驶行为限于"使用暴力或者抢控驾驶操纵装置",驾驶人员擅离职守的限于"与他人互殴或者殴打他人";其三,行为需达到"危及公共安全"的程度。同时,结合《刑法》第133条之二第3款规定,行为需不属于"其他危险方法",即不具有"其他危险方法"的行为危险性。

第三,如行为不属于"其他危险方法",亦不符合妨害安全驾驶罪的构成要件,或者尚未达到危害公共安全程度的,须进一步判断是否构成寻衅滋事罪。行为满足刑法规定的寻衅滋事的行为要件的,应认定为寻衅滋事罪:①随意殴打他人,情节恶劣的;②追逐、拦截、辱骂、恐吓他人,情节恶劣的;③强拿硬要或者任意损毁、占用公私财物,情节严重的;④在公共场所起哄闹事,造成公共场所秩序严重混乱的。未达到上述入罪标准,只是单纯挑衅行为的,不构成犯罪。

第四,需要注意的问题是,对于因乘客严重干扰行为,发生司机和乘客互打的如何定性。其一,如果司机在被乘客袭击后擅离职守进行反击,是否属于正当防卫。笔者认为,司机受过职业安全教育,对车辆的安全行驶负有保障义务,遇到乘客殴打行为的正确方式是立即停车,应当认识到在行驶车辆中擅离职守进行还击会危害车辆行驶安全,所以其还击行为严重违反了公交车驾驶人员职业规定,威胁到了车上其他乘客及道路上车辆及行人的安全,不可认定为正当防卫。其二,乘客与司机是否构成犯罪。乘客在实施干扰行为时,一般可以预见到其行为可能发生危害公共安全的后果而仍放任该结果的发生,如果行为达到危害公共安全的程度,且属于"其他危险方法"的,应认定为以危险方法危害公共安全罪;如行为达到危害公共安全的程度,不属于"其他危险方法",符合妨害安全驾驶罪构成要件的,则构成妨害安全驾驶罪。而司机因违反了职业规定,主观上存在过错,一般属于过于自信的过失,如果行为达到危害公共安全的程度,且属于"其他危险方法"的,构成过失以危险方法危害公共安全罪,但对于严重违反职业规定,如完全放任车辆在无人控制的状态下行驶或故意通过驾车方式还击的,对司机的主观上可以认定为故意,应认定为以危险方法危害公共安全罪;同样,如行为达到危害公共安全的程度,不属于"其他危险方法",符合妨害安全驾驶罪构成要件的,构成妨害安全驾驶罪。

【指导案例】祝久平以危险方法危害公共安全案[①]**——无理纠缠并殴打正在驾驶公交车的司机的行为如何认定**

2001年8月12日,被告人祝久平在扬州市广陵区湾头镇搭乘12路无人售票公交车,因未及时购票而遭到司机的指责,祝久平遂生不满,便辱骂司机,并上前扇打司机的耳光。司机停车后予以还击,双方厮打,后被乘客劝止。司机重新启动公交车。在行驶过程中,祝久平再生事端,勒令司机立即停车,殴打正在驾驶的司机,并与司机争夺公交车的变速杆,致使行驶中的公交车失控,猛然撞到路边的通讯电线杆后停下。通讯电线杆被撞断,车上部分乘客因此受伤、公交车受损,直接经济损失近万元。

检察院以祝久平犯寻衅滋事罪提起公诉,后法院经审理认定,其构成以危险方法危害公共安全罪。本案中,被告人祝久平殴打正在驾驶的公交车司机,与司机争抢公交车变速杆的操控权,这一行为使公交车失控,公交车上所载乘客较多,公交车行驶的道路上行人与车辆亦较多,其行为已经危及车上及路上行人和车辆的安全,给公共安全造成了紧迫危险。在干扰程度上,被告人祝久平直接与司机争夺公交车的变速杆,使得行驶中的公交车失控,其行为已经实质影响到车辆行驶,危险性极高,符合"其他危险方法"的要求。本案中司机在第一阶段的争执中,先停车而后还击;在继续驾驶的第二阶段,被祝久平抢夺变速杆,其行为未违反职业规定,应由祝久平承担全部责任。在主观上,祝久平可以预见到其行为的危险性而仍然实施,为了达到与司机争强斗胜这一目的放任危险状态的发生。综上,被告人祝久平的行为应认定为以危险方法危害公共安全罪。在《刑法修正案(十一)》生效后,本案中被告人的行为符合妨害安全驾驶罪构成要件,但因同时构成以危险方法危害公共安全罪,根据《刑法》第133条之二第3款的规定,应认定为以危险方法危害公共安全罪。

[①] 参见尹晓涛、郁习顶、汪鸿滨:《祝久平以危险方法危害公共安全案——人民法院认定事实与指控事实一致的,能否直接将指控的轻罪名变更为重罪名》,载最高人民法院刑事审判第一庭、第二庭编:《刑事审判参考》(总第40集),法律出版社2005年版,第40—47页。

【指导案例】陆某某、张某某以危险方法危害公共安全、交通肇事案①——公交车司机离开驾驶岗位与乘客斗殴引发交通事故的行为如何认定

2001年3月30日上午7时许,被告人陆某某当班驾驶一辆无人售票公交车,从起点站出发,当车行驶至市区某站时,被告人张某某上了该车。因张某某上车后始终站在车前门第二台阶处影响乘客上车,陆某某遂叫张某某往车厢内走,但张某某未予理睬。当公交车停靠下一站起步后,陆某某见上车的乘客较多,再次要求张某某往里走,张某某不仅不听从劝告,反以陆某某出言不逊为由,挥拳殴打正在驾车行驶的陆某某,击中陆某某的脸部。陆某某被殴后,置行驶中的车辆于不顾,离开驾驶座位,抬腿踢向张某某,并动手殴打张某某。被告人张某某则辱骂陆某某并与陆某某扭打在一起。这时公交车因无人控制偏离行驶路线,有乘客见公交车前出现车辆、自行车,惊呼"当心,车子!",但为时已晚,公交车接连撞倒一相向行驶的骑自行车者、撞坏一辆出租车、撞毁附近住宅小区的一段围墙,造成骑自行车的被害人龚某某因严重颅脑损伤致中枢神经功能衰竭而当场死亡,撞毁车辆及围墙物质损失价值人民币21288元(其中桑塔纳出租车物质损失价值人民币12431元,公交车物质损失价值人民币6037元,围墙损坏修缮费人民币2820元)。随后,被告人陆某某委托在场群众向公安机关报警投案自首。

本案中,客观上,被告人陆某某因与乘客张某某发生争执,遭到张某某的殴打,虽然张某某挥拳殴打在先,但陆某某作为公交车司机,负有保障乘客安全的职业义务,此时应当就近停车,而后再处理与张某某的问题。而陆某某面对张某某的殴打,置正在行驶中的公交车于不顾,离开驾驶室与张某某互殴。这一行为危险性较高,足以危及不特定多数人的人身和财产安全,具有"其他危险方法"的行为危险性,最终导致公交车失控,造成一人死亡、一辆出租车和围墙严重毁损的交通事故。主观上,就陆某某置公交车正行驶在车来车往、人流不断的市区道路上于不顾,在没有采取任何措施的情况下,即离开驾驶室与张某某互殴这一事实来看,一般人能够清楚地预见到该行为的高度危险性,不可避免地会危及公共安全。从陆某某在公交车自停靠站起步不久即离开驾驶室与张某某互殴,车辆从启动至最后撞到围墙停下来,行驶了约180米,经过时间大约35秒,这期间车上乘客对出现的危险情况有惊呼的事实来看,陆某某完全可以自主停止与张某某斗殴,重返驾驶室有效控制车辆,以避免交通事故的发生或损失的扩大,但陆某某没有这么做。在没有控制车辆的情况下,陆某某也没有采取任何措施以保证车辆不危及道路上行人及车辆的安全,而且从当时市区道路交通的实际情况来看,陆某某也缺乏赖以"轻信损害结果不会发生"的任何现实根据和客观条件,故陆某某对危害公

---

① 参见金泽刚、周翔:《陆某某、张某某以危险方法危害公共安全、交通肇事案——公交车司机离开驾驶岗位与乘客斗殴引发交通事故的如何定性》,载最高人民法院刑事审判第一庭、第二庭编:《刑事审判参考》(总第28辑),法律出版社2003年版,第1—9页。

共安全后果持放任心态,应认定为以危险方法危害公共安全罪。

对于张某某,其殴打正在驾驶公交车的司机这一行为,本身就是一种可能会危及公共安全的高度危险行为。被告人张某某拳击陆某某引起陆某某的回击进而对殴的行为,与陆某某放弃驾车而与张某某对殴的行为共同引发了危害公共安全这一结果,因此,被告人张某某的行为与损害结果的发生具有法律上的因果关系。主观上,张某某多次干扰公交司机驾驶,争夺变速杆,严重影响车辆的正常行驶,危及公共安全,行为亦属于"其他危险方法",其在行为时完全可以预见到其行为对公共安全产生的危险,也应认定为以危险方法危害公共安全罪。

八、交通"碰瓷"行为如何认定

(一)裁判规则

交通"碰瓷"行为要区分情况进行认定:第一,看行为侵犯的法益。未危害公共安全的,只认定为侵犯财产犯罪;危害公共安全的,属侵犯财产犯罪和以危险方法危害公共安全罪的想象竞合,依照较重的犯罪进行处罚。第二,看受害人对财产处分的心理状态。如果受害人是基于错误认识而"自愿"赔偿的,可能构成诈骗罪。第三,看碰瓷人在碰瓷行为中索要财物的手段,如果采用威胁或要挟方法,致使受害人基于恐惧心理而交付财物的,应认定为敲诈勒索罪;如果行为人使用暴力或胁迫手段,达到压制受害人使之不能反抗、不敢反抗或者无法反抗程度的,则成立抢劫罪。

(二)规则适用

"碰瓷"在过去是古玩业的行话,是指贩卖古董的商贩,将假瓷器或者已经碎了的瓷器放置在马路上,待路人碰坏瓷器后,向路人讹诈,骗取路人财产的行为。随着社会的发展,"碰瓷"的内涵不断拓展,出现了很多利用机动车进行"碰瓷"的犯罪方式,即以身体或者驾驶机动车辆的方式,故意制造交通事故,造成自己身体或财产受到损害的假象,以此讹诈被害人的行为。此种行为在实施时可能会危害公共安全,同时行为人的目的是讹诈钱财,涉及财产犯罪,故在罪名认定上存在一定的争议。

对于交通"碰瓷"行为的定性存在以下观点:第一,构成诈骗罪。"碰瓷"人故意制造交通事故,假装自己的财产或者人身受损,借机向被害车主索要财产,被害车主由于"碰瓷"人的行为,相信事故是自己造成的,自愿交付财产给行为人。行为人以虚构事实、隐瞒真相的方法,使被害人对事故发生的真正原因产生错误认识并根据这种错误认识实施赔偿行为,达到取得财物的目的,符合诈骗罪的构成要件。第二,构成敲诈勒索罪。"碰瓷"人故意制造交通事故后,被害车主若是没有基于行为人的欺骗自愿交付财物,行为人为实现非法占有的目的,以暴力相威胁,致使被害人内心恐惧而交付财物的,应认定为敲诈勒索罪。第三,部分案件中,行为人在勒索钱财时使用暴力的,可能构成抢劫罪。抢劫罪和敲诈勒索罪的区别在于:一是抢劫罪客观方面表现为采用暴力、胁迫或者其他方法,而一般情况下敲诈勒索罪的手段表现为威胁、要挟,不包括当场使用暴力,但可以涵盖轻微的暴力。在威胁的内容上,既可以以暴力相威胁,也可以以揭发隐私、损害名誉、毁坏财物等相威胁。二是抢劫罪的威胁内容要求当场实现,而敲诈勒索罪的威胁内容可以在未来实现。三是抢劫罪必须当面发出威胁,而敲诈勒索罪中发出威胁可以当面,也可以不当面。四是抢劫罪必须达到压制反抗的程度,而敲诈勒索罪的暴力不必达到足以压制他人反抗的程度。如被害车主没有基于行为人的欺骗自愿交付财物,行为人为实现非法占有的目的,采取暴力、胁迫或其他方法,且该方法达到压制被害人反抗程度从而交付财物的,应当认定为抢劫罪。第四,构成以危险方法危害公共安全罪。"碰瓷"人在公共交通道路上实施"碰瓷"的行为,可能造成被害车辆由于突然被撞击,驾驶员反应不及,或者因操作不当失去控制,发生更大的交通事故,使不特定人的人身或财产权利处于紧迫危险之中。"碰瓷"人在行为前对行为可能造成的结果能够预见,但为了达到非法获取钱财的目的,而放任此种结果的发生,应认定为以危险方法危害公共安全罪。第五,构成交通肇事罪。交通"碰瓷"行为属于违反交通运输管理法规的行为,行为人明知而仍然实施,故如果因该行为导致发生了重大交通事故,致使他人受伤甚至死亡的,应当认定为交通肇事罪。

笔者认为,交通"碰瓷"行为不能认定为交通肇事罪。交通肇事罪为过失犯罪,即行为人对其行为造成损害结果的主观心态为过失,因疏忽大意没有预见违章驾驶行为可能造成的损害结果,或者已经预见但轻信可以避免,而"碰瓷"人在行为时的目的是故意制造交通事故,对行为可能危害公共安全的危险性也是明知的,为了获取非法利益而放任结果的发生,对发生事故和危害公共安全的主观心态均是故意,而非过失。

综合上述观点,对交通"碰瓷"行为要区分情况进行认定:第一,看行为侵犯的法益。交通"碰瓷"行为必然侵犯行为人的财产权益,同时可能会危害公共安全,未危害公共安全的,只认定为侵犯财产犯罪;危害公共安全的,属侵犯财产犯罪和以危险方法危害公共安全罪的想象竞合,依照较重的犯罪进行处罚。对是否危害公共安全的判断,要考虑事发地点、道路属性、碰撞方式、车流以及行人状况、行车速度、所撞车辆的部位、造成的损害结果等具体因素。实践中,大量碰瓷者是利用道路混乱、机动车起步阶段或者违规变道行驶等条件,在车流量小、行车速度慢、行人稀少或道路进出口等路段,驾车与被害车辆发生碰撞,继而要求被害人赔偿。与放火、爆炸等危险方法相比,上述交通"碰瓷"行为危险性较低,不足以严重危害不特定人的人身、财产安全,实际造成车毁人亡的严重损害结果的也不多见,对这类行为一般不能以危险方法危害公共安全罪论处。第二,看被害人对财产处分的心理状态。被害人如果是基于错误认识而"自愿"赔偿的,行为人可能构成诈骗罪;如果是受制于"碰瓷"者的暴力或威胁行为而赔偿的,行为人可能属于敲诈勒索罪或抢劫罪。第三,看"碰瓷"人在交通"碰瓷"行为中索要财物的手段。如果行为人采用威胁或要挟方法,致使被害人基于恐惧心理而交付财物,被害人对是否交付财物仍存在一定意志自由的,应认定为敲诈勒索罪。实践中,要挟、强迫的方式多种多样,有的以不赔偿就扣留车辆相要挟,有的抓住被害人车辆手续不全、正规处理程序烦琐、害怕耽误时间等心理,但不管具体方式如何,要准确把握行为人要挟、强迫的本质特征。如果行为人使用暴力或胁迫手段,达到压制被害人使之不能反抗、不敢反抗或者无法反抗程度的,则成立抢劫罪。

【指导案例】李跃等人以危险方法危害公共案①——在城市主干路或高速公路上多次驾驶机动车"碰瓷"是否构成以危险方法危害公共安全罪

2004年4月以来,三十一名被告人纠集在一起,先后组成以北京无业人员李跃、顾荣玉、英大庆和辽宁省无业人员卜新岩等人为首的两个团伙,在北京市二环路、三环路、四环路等城市主干道以及部分高速公路上多次故意制造交通事故,并以此向事故的另一方当事人索要钱财。其采用的作案方法主要是,由被告人李跃等人驾车在道路上寻找外省市进京的中、高档小轿车并尾随其后,当前车正常变更车道时,突然加速撞上前车侧后方,造成前车变更车道时未让所借车道内行驶的车辆先行的假象;事故发生后,其他被告人轮流冒充驾驶人,待到达事故现场的交警作出前车负全部责任的认定后,以此要挟甚至采用威胁的方法,向被害人索要钱财。三十一名被告人先后制造对方负全部责任的事故220余次,非法获利共计人民币51万余元。

本案中,被告人李跃等人为达到非法占有的目的,在城市道路上故意制造了大量的交通事故。城市主干道或高速公路上车流量大且行车速度快,被告人所采用的驾车突然加速撞向正在正常变更车道的其他车辆的方法,有可能通过损坏车辆或干扰驾驶员使受到撞击的车辆失去控制,进而危及高速公路上其他不特定人的人身和财产安全,已经对公共安全产生了紧迫危险。被告人所采用的方法危险性较高,存在"一次性"致人伤亡的可能,无法控制及预料其行为侵害的具体对象及损害程度,且该行为和危害公共安全的结果之间存在直接的因果关系,属于"其他危险方法",应认定为以危险方法危害公共安全罪。如果交通"碰瓷"行为没有发生在城市主干道或者高速公路上,而是在行人稀少的街道等场所,其对不特定人安全的危害是相对较小的,一般不认为危害了公共安全,亦不能认定为"其他危险方法"。同时,被告人故意制造交通事故,假装自己的财产或者人身受损,借机向被害车主索要财产,被害车主由于"碰瓷"人的行为,相信事故是自己造成的,

---

① 参见谭京生、赵德云、于同志:《李跃等31人以危险方法危害公共安全案》,载最高人民法院中国应用法学研究所编:《人民法院案例选(分类重排本)·刑事卷》,人民法院出版社2017年版,第629—634页。

"自愿"交付财产给行为人,符合诈骗罪的构成要件,被害人非基于"自愿",是因被告人的威胁或要挟行为而交付财物的,构成敲诈勒索罪。此两罪与以危险方法危害公共安全罪属于想象竞合,按照重罪处罚,即认定为以危险方法危害公共安全罪。

【指导案例】李品华、潘才庆、潘才军诈骗案[①]**——故意制造"交通事故"获得赔偿款的行为如何认定**

被告人李品华、潘才庆、潘才军多次单独或结伙驾驶轿车,趁前方外地来沪车辆变道之际,采用不减速或加速行驶的方法,故意碰擦前方车辆,制造交通事故;隐瞒故意制造交通事故真相,欺骗对方车辆驾驶员和公安交警部门,并利用有关道路交通法规规定的路权优先原则,在事故处理中获得赔款,从而骗取对方车辆驾驶员支付的车辆修理费。被告人李品华于 1999 年 12 月 2 日凌晨 1 时许,驾驶牌号为沪 AG3862 的桑塔纳轿车,在上海市中山北路近共和新路口处,趁被害人张宝成驾驶的货车(牌号:晋 A14162)变道之际,在直行车道上从后故意碰擦张宝成驾驶的车辆从而制造交通事故。事后,李品华通过公安交警部门调处,骗得张宝成给付的车辆修理费人民币 1800 元。相似行为三被告人共实施 10 次。

对本案中三被告人行为的定性,笔者认为:第一,被告人李品华、潘才庆、潘才军单独或结伙,利用《中华人民共和国道路交通管理条例》[②]第 7 条第 1 款所规定的"车辆、行人必须各行其道。借道通行的车辆和行人,应当让其在本道内行驶的车辆或行人优先通行"这一路权优先原则,趁被害人驾车变道时,不减速或加速而故意碰擦对方车辆,故意制造交通事故,其主观上对于事故的发生并非出于过失,不构成交通肇事罪。第二,被告人故意碰擦变道货车的行为,一般都发生在被害人车辆变道减速之时,且被告人选取的作案时间一般较晚,此时道路上行驶车辆较少,被告人的行为方式也仅限于碰擦,故尚不足以认定其具有危害公共安全的危险性,不构成危害公共安全罪。第三,被害人对"交通事故"系被告人故意所为这一事实并不知情,不存在威胁或者要挟被害人的前提,且案件的事实表明,被害人是基于对"交通事故"原因的误解,错误地认为被告人车辆损害系因自己违反交通规则造成的,因此不属于出于精神上的强制而被迫交付赔偿款,故被告人的行

[①] 参见鲍慧民、郭杰:《李品华、潘才庆、潘才军诈骗案——故意制造"交通事故"骗取赔偿款行为的定性》,载最高人民法院刑事审判第一庭、第二庭编:《刑事审判参考》(总第 29 辑),法律出版社 2003 年版,第 25—32 页。

[②] 该条例于 1988 年 8 月 1 日实施,在本案行为时有效,后因 2003 年 10 月 28 日通过的《道路交通安全法》和 2004 年 4 月 30 日发布的《道路交通安全法实施条例》的实施而废止。本案中车辆变道时,原车道的车辆或行人的路权优先在现行《道路交通安全法实施条例》中仍有体现,根据该条例第 38 条和第 51 条的规定,直行车辆或行人的路权优先转弯的车辆。

为不属于敲诈勒索罪。第四,本案所谓的"交通事故",不属于道路交通管理法规、规章所调整的道路交通事故。因为,"事故"并非被害人违反交通规则中关于路权优先的规定所致,而是被告人为获取赔偿款故意所为。被告人故意制造交通事故后,对被害人和公安交警部门隐瞒该交通事故是其故意制造的真相,致使公安交警部门将上述故意制造的交通事故按一般的交通事故进行调处,并认定被害人承担事故的全部责任或部分责任,为此被害人"自愿"支付赔款。因此,被告人不仅在主观上具有非法骗取他人钱款的故意,而且在客观方面也实施了骗取其本不应获取且数额较大的赔款的行为,已符合诈骗罪构成的主客观要件,应构成诈骗罪。

【指导案例】闫某、祁某某诈骗、保险诈骗案①——利用自己或他人车辆制造事故实施保险诈骗的行为如何认定

2004年4月4日19时许,被告人闫某为骗取车辆保险金,在北京市门头沟区109国道下苇甸村附近的公路上,驾驶本人投保的吉利美日汽车故意制造交通事故,并因此向其车辆投保的中国人民财产保险公司北京市朝阳支公司进行理赔,骗取保险金人民币6859.71元。闫某后实施此类行为3次。

2005年4月11日21时许,被告人闫某、祁某某经事先预谋骗取车辆保险金后,在北京市石景山区金顶山路,利用被告人祁某某之弟祁某河投保并为被保险人的吉利汽车与被告人闫某之母王某某投保的富康汽车故意制造交通事故,并因此向祁某河的吉利汽车所投保的中国人民财产保险公司北京市石景山支公司进行理赔,骗取保险金人民币8043.6元。闫某后实施此类行为1次,祁某实施此类行为1次。

本案中,被告人闫某、祁某某的行为可以分为两类:一是被告人闫某伙同祁某某,或是二人单独,经预谋使用他人车辆,在行驶中故意制造交通事故,以此骗取他人车辆的保险金的行为。二是被告人闫某使用本人汽车,在公路上故意制造交通事故,以此骗取自己车辆的保险金的行为。对于被告人闫某、祁某某行为的认定,主要从以下三个方面展开:第一,二被告人的行为不构成以危险方法危害公共安全罪。本案中,被告人闫某、祁某某的碰撞行为均为事先设计好的,与一般意义上以交通事故进行"碰瓷"的行为不同。一般的"碰瓷"是行为人故意驾车撞击被害车辆,或是利用被害车辆的违章行为制造事故,因被害车辆的行为不可控,碰撞可能会超过行为人的控制范围进而危害公共安全。而本案中的事故均为被告人事先安排,事故当事人均有所准备,二被告人的行为均可控,而且事发路段均非主路或高速公路,故二被告人的行为并无危害不特定人安全的危险,不构成以危险方法危害公共安全罪。第二,被告人闫某、祁某某实施的骗取他人车辆保险金的

---

① 案号:(2008)石刑初字第00053号,审理法院:北京市石景山区人民法院。

行为构成诈骗罪。闫某、祁某某骗取保险金的行为虽符合保险诈骗罪中故意制造保险事故骗取保险金的客观要件,但是不符合保险诈骗罪的主体要件。根据《刑法》第198条规定,保险诈骗罪的犯罪主体一般有三,即保险合同的投保人、被保险人或受益人,保险事故的鉴定人、证明人、财产评估人故意提供虚假的证明文件,为他人诈骗提供条件的,或者其他人员与投保人、被保险人、受益人共同实施保险诈骗的,属于保险诈骗罪的共犯。而闫某、祁某某利用他人车辆,骗取他人保险金,不属于投保人、被保险人和受益人,也不属于保险事故的鉴定人、证明人、财产评估人,亦无证据表明二人与投保人、被保险人、受益人共同实施诈骗行为,不构成保险诈骗罪。基于保险诈骗罪与诈骗罪之间的法条竞合关系,二被告人故意制造交通事故,使保险公司认为存在真实事故,并基于错误认识赔付保险金,二被告人的行为属于以非法占有为目的,用虚构事实或隐瞒真相的方法,骗取数额较大公私财物的行为,应认定为诈骗罪。第三,被告人闫某骗取自己车辆的保险金的行为构成保险诈骗罪。被告人闫某是自己车辆的投保人和受益人,其以故意制造交通事故的方式,骗取保险金的行为符合保险诈骗罪的构成要件。综上,被告人闫某共实施保险诈骗行为4起,实施诈骗行为2起,且各行为间相互独立,应以诈骗罪和保险诈骗罪并罚。被告人祁某实施诈骗行为2起,应认定为诈骗罪。

【指导案例】杜某等敲诈勒索案[①]——**故意制造交通事故后以修车为由索要赔款的行为如何认定**

2005年7月16日0点许,被告人侯某强伙同他人驾驶红色羚羊牌小轿车行至北京市大兴区京开西辅路三融桥处,趁郭某群驾车自右侧车道向左侧车道并线时,故意与被害人郭某群驾驶的轻型普通货车相撞,经北京市公安局大兴分局交通支队认定郭某群负此事故的全部责任。后被告人侯某强以修车为由,向郭某群索要人民币2500元。2006年1月4日23时许,被告人杜某、黄某驾驶灰色奇瑞牌小轿车在北京市大兴区京开公路东辅路三融桥北口,故意与被害人王某松驾驶的大货车相撞,经北京市公安局大兴分局交通支队认定王某松负此次事故的全部责任。后被告人杜某、黄某以修车为由向被害人王某松索要人民币6500元,不赔款则扣下王某松的车。2005年7月至2006年3月间,杜某等人共实施类似上述行为12次,其中,被告人杜某参与4次,被告人王甲参与3次,被告人王某伟参与4次,被告人黄某参与5次,被告人侯某强参与4次,被告人王乙参与2次,被告人张某参与1次。

---

① 参见孟庆华、孟昭武主编:《刑事案例诉辩审评——以危险方法危害公共安全罪》(第二版),中国检察出版社2014版,第289页。

本案中，杜某等人自 2005 年 7 月至 2006 年 3 月，多次实施交通"碰瓷"行为，利用机动车辆有意碰撞其他车辆，造成事故的假象，以此来讹诈钱财。对于此行为，是认定为敲诈勒索罪还是认定为以危险方法危害公共安全罪，存在争议。笔者认为应认定为敲诈勒索罪，理由在于：被告人杜某等人采用驾驶机动车辆碰撞其他违规机动车辆的方式，目的主要是勒索钱财，其选择的事发地均为辅路，这些路段行车少、速度慢，从作案时选定的目标来看，均为外地进京的货车，由于货车在辅路行驶的车速较慢，对其碰撞一般不会造成车辆侧翻或者与其他车辆发生碰撞，因此不会危害到不特定人的生命健康安全，只是侵犯了被害人的财产权利。杜某等人在发生碰撞后，以修车为由索要钱财，并且以扣车相要挟，而外地进京的货车一般是送货进京或从北京路过，货车的使用费用直接决定了其运输成本，且外地车在北京进行保险理赔有一定困难，加上车辆被扣、运货迟延将会导致更大的损失，所以车主遇到上述情形一般都会选择赔偿了事，故本案中被害人赔款是基于利益考量，不是因相信自己的行为造成事故而自愿赔偿，杜某等人不构成诈骗罪。杜某等人凭借人多势众，以修车为由或以扣车相要挟，利用货车车主急于送货、害怕延误的心里，迫使被害人交付财物，在此过程中，杜某等人的威胁行为并未达到压制被害人反抗的程度，不构成抢劫罪，但符合敲诈勒索罪中"行为人对被害人实施威胁——对方产生恐惧心理——对方基于恐惧心理处分财产——行为人取得财产"的构成要件，故杜某等人的行为应认定为敲诈勒索罪。

【指导案例】刘飞抢劫案①——故意制造交通事故后持刀威胁被害人索要钱财的行为如何认定

2009 年 5 月 12 日 21 时许，被告人刘飞与吴乃刚、任贵滨、王磊（均另案处理）共同预谋以制造交通事故的方式讹诈途经天津市的外地货运汽车司机钱财。刘飞乘坐吴乃刚驾驶的夏利轿车，到天津市北辰区津保桥至外环线匝道处伺机作案，任贵滨与王磊驾驶另一辆夏利轿车在附近望风。当日 23 时许，被害人李更堂（被害人，殁年 46 岁）驾驶的蓝色货运汽车经津保桥西端右转进入匝道入口，准备倒车经匝道驶入外环线，吴乃刚发现后即驾驶夏利轿车与货运汽车尾部相撞。刘飞与吴乃刚遂下车以修车为名向李更堂讹诈钱财，李更堂叫另一司机徐玉玺（被害人，时年 37 岁）下车并报警。吴乃刚从车里取出一把西瓜刀对李更堂进行威胁，索要钱财。此时，徐玉玺下车从背后抱住吴乃刚，与李更堂一起将吴乃刚拽到护栏边，刘飞见状即从车里取出一根镐把，先后朝着李更堂的头部、背部、腿部和徐玉玺的头部、面部等部位击打，将二人打倒在地，致李更堂重型颅脑损伤经抢救

---

① 参见赵俊甫：《刘飞抢劫案——驾驶机动车"碰瓷"行为如何定性》，载最高人民法院刑事审判第一、二、三、四、五庭主办：《刑事审判参考》（总第 85 集），法律出版社 2012 年版，第 52—58 页。

无效死亡,致徐玉玺轻伤。后刘飞与吴乃刚逃离现场。

本案中,被告人刘飞等人选择的"碰瓷"方式是驾驶小汽车撞击正在倒车的货车尾部。经查,货车倒车速度及刘飞驾车故意追尾的车速均不高,吴乃刚所驾小汽车保险杠和前车灯损坏,被撞货车也只是轻度受损,加上案发时系深夜,途经车辆不多,因此,被告人刘飞等人驾车"碰瓷"的行为尚不足以使被撞车辆失去控制、发生倾覆、撞击到其他车辆,或者造成其他危及公共安全的重大事故,尚未危害公共安全,不构成危害公共安全犯罪。在碰撞发生后,刘飞同伙吴乃刚以修车为名向被害人索要财物,被害人拒绝交付钱财,此时被告人刘飞等人的行为属于敲诈勒索。在被害人准备打电话报警时,同案犯吴乃刚即从车里取出一把西瓜刀对被害人进行威胁,向其索要钱财;遭遇被害人反抗时,刘飞又持镐把先后击打两被害人,并致一死一伤。综上所述,吴乃刚的行为属于为索要财物,使用暴力或胁迫手段,达到压制受害人使之不能反抗、不敢反抗或者无法反抗的程度,从起初的敲诈勒索转变为抢劫。根据共同犯罪的规定和基本原理,被告人刘飞等人预谋通过"碰瓷"向被害人索要钱款,同时又准备了西瓜刀和镐把等作案工具,具有敲诈不成即抢劫的概括的共同预谋。刘飞在同伙着手实行抢劫时,加入实施暴力行为,故即使其实施暴力后未进一步劫取财物,也不能割裂暴力行为与非法占有财物目的的内在联系,其行为完全符合抢劫罪的构成要件,应当以抢劫罪论处。

九、如何区分交通肇事罪与以危险方法危害公共安全罪

(一) 裁判规则

因交通肇事罪与以危险方法危害公共安全罪之间存在的法条竞合关系,对于因违章驾车引发重大交通事故的,以危险方法危害公共安全罪和交通肇事罪的界限主要在于行为人对危害公共安全结果的主观心态,如果是故意,构成以危险方法危害公共安全罪;如果是过失,构成交通肇事罪。

对醉酒驾驶机动车发生交通事故的行为认定应参照如下顺序:①只发生一次碰撞的,一般情况下都可以认定行为人对损害结果持过失态度,进而以交通肇事罪论处,但是对于具有特殊情节,确有证据证实行为人明知酒后驾驶机动车可能发生交通事故,仍执意驾车,导致一次冲撞发生重大伤亡的,仍然可能依法构成以危险方法危害公共安全罪。②发生多次碰撞的,须考查行为人对再肇事行为有无意识。如果行为人因醉酒完全丧失反应能力而再肇事的,一般可以推定为交通肇事罪。③发生多次碰撞,行为人对再肇事行为有意识的,须考查再肇事的原因是第一次肇事后惊慌失措、反应不及时还是肇事后的继续驾驶行为。如果属于因第一次肇事而惊慌失措或者反应不及时而导致的再肇事行为,应认定为交通肇事罪。④发生多次碰撞,行为人对再肇事行为有意识,且属于肇事后的继续驾驶行

为的,须考查该行为是冲撞行为还是逃逸行为,属逃逸行为的,一般构成交通肇事罪;属冲撞行为的,构成以危险方法危害公共安全罪。逃逸行为与冲撞行为的区别在于:一是行为人再肇事时是否有能力避免损害结果的发生,二是行为人再肇事时是否尽其所能避免损害结果的发生。

(二) 规则适用

以违章驾车的危险方法危害公共安全的行为与交通肇事行为有相似之处,两者侵犯的客体都是交通运输安全,客观上表现为违章驾车行为,并且造成了人员伤亡或者财产损失,致使以危险方法危害公共安全罪与交通肇事罪极易混淆。在对违章驾车行为进行认定时,两罪的区别在于:一是交通肇事罪只能发生于公共交通区域,在公共交通管理范围之外,驾驶机动车辆或者使用其他交通工具致人伤亡或使公共财产或他人财产遭受重大损失,如在施工场地、企事业单位内部、居民区等非公共交通领域内,车辆肇事的,一般构成与生产作业责任事故、劳动安全责任事故、过失致人死亡或重伤等相关犯罪;而违章驾车行为构成以危险方法危害公共安全罪的不以公共交通区域为限。二是构成交通肇事罪须违反交通运输管理法规,违章驾车行为构成以危险方法危害公共安全罪的固然违反了交通运输管理法规,但这并非成立该罪的条件。虽然两罪之间具有上述区别,但实践中,行为人在公共交通领域违反交通运输管理法规驾驶车辆,并因而发生重大事故的是构成交通肇事还是以危险方法危害公共安全罪往往存在争议。司法实践中,主要问题在于对以危险方法危害公共安全罪与交通肇事罪、危险驾驶罪关系的理解上,三个罪名大致比较如图 16-1 所示:

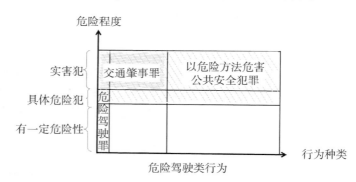

图 16-1 以危险方法危害公共安全罪、交通肇事罪、危险驾驶罪三罪的比较

综上所述,对于违反交通运输管理法规驾驶车辆,并因而发生重大事故的,其行为的危险性通常符合以危险方法危害公共安全罪的要求,与交通肇事罪的界限主要在于行为人对危害公共安全的主观心态上,如果是故意,构成以危险方法危害公共安全罪;如果是过失,可能构成交通肇事罪。同时客观上,驾车肇事行为是否与放火、决水、爆炸等危害公共安全行为在性质上相当,要在具体案件中根据行为的时间、地点、方式、环境等因素来具体分析判断,不能单纯以损害结果来判断肇事行为是否构成以危险方法危害公共安全罪。在对行为人主观心态的判断

上,一般而言,应结合行为人是否具有驾驶能力、是否处于正常行驶状态、行驶速度快慢、所驾车辆车况如何、路况和能见度如何、案发地点车辆及行人数量、肇事后的表现,以及行为人关于主观心态的供述等,进行综合分析认定。

以实践中发生较多的醉酒驾驶机动车造成交通事故的行为为例,因为此类案件中行为人处于醉酒状态,主观心态一般难以考查,且有时是变化的,因此,认定时需要设定客观标准。对此,《醉酒驾车意见》规定,"行为人明知酒后驾车违法、醉酒驾车会危害公共安全,却无视法律醉酒驾车,特别是在肇事后继续驾车冲撞,造成重大伤亡,说明行为人主观上对持续发生的损害结果持放任态度,具有危害公共安全的故意。对此类醉酒驾车造成重大伤亡的,应依法按以危险方法危害公共安全罪定罪"。从《醉酒驾车意见》的规定来看,醉酒驾驶机动车的肇事者对损害结果发生的心理状态是间接故意还是过失,具有一定的模糊性,难以从第一次碰撞事故的客观情况作出结论性的判断。在判断此类犯罪的罪过形式时,应当坚持两个原则:其一,主观支配客观、客观反映主观的刑法原理,结合案件的具体情况,即行为人是否具备驾驶能力、是否处于正常行驶状态、行驶速度、车辆安全性能以及案发地点的人、车通行量,证人证言等方面综合判断。其二,在证据不足时根据存疑时有利于被告人原则,应作出有利于被告人的判断。

一般情况下,醉酒驾驶机动车发生交通事故的大致分为以下三种情形:第一种情形是醉酒驾驶机动车肇事后,立即停止行驶,即所谓一次碰撞;第二种情形是醉酒驾驶机动车肇事后,为避免造成其他损害结果而采取紧急制动措施,但因失去意识、惊慌失措或者反应不及时等原因,进而发生再次碰撞;第三种情形是行为人醉酒驾驶机动车肇事后,继续驾车行驶,以致再次肇事,造成更为严重的后果。参考《醉酒驾车意见》的上述规定,对醉酒驾驶机动车发生交通事故的行为应参照如下顺序判断:

第一,只发生一次碰撞的,因一般人对于交通事故发生的排斥心态,一般情况下都可以认定行为人对损害结果持过失态度,进而以交通肇事罪论处。但是对于具有特殊情节,确有证据证实行为人对危害公共安全的结果持希望或放任心态的,仍然可能依法构成以危险方法危害公共安全罪。这些情节包括但不限于:①行为人曾有酒后驾驶机动车发生交通事故经历的;②在车辆密集的繁华地段故意实施超速50%以上驾驶、违反交通信号灯驾驶、逆向行驶等严重威胁道路交通安全的行为;③驾驶机动车前遭到他人竭力劝阻,仍执意醉酒驾驶机动车的。这些情节都在一定程度上反映出行为人对违章驾车行为导致的危害公共安全后果持放任心态。[①] 对于行为人对损害结果的发生持希望或者放任态度的认定,在证据上要从严把握,除非有确实、充分的证据能够证明行为人对危

[①] 参见杨华:《杜军交通肇事案——对酒后驾驶造成重大伤亡的案件,如何区分交通肇事罪与以危险方法危害公共安全罪》,载最高人民法院刑事审判第一、二、三、四、五庭主办:《刑事审判参考》(总第94集),法律出版社2014年版,第84页。

害公共安全结果明知且持放任心态的,才能够认定为以危险方法危害公共安全罪。

第二,发生多次碰撞的,须考查行为人对再肇事行为有无意识。如果行为人因醉酒完全丧失反应能力,这种情况下,多次肇事行为实际上是一个实行行为,且通常情况下行为人对危害公共安全结果持排斥心态,可以推定为交通肇事罪。当然,如果有证据证明行为人故意利用或放任自己无意识或意识减弱状态危害公共安全的,按以危险方法危害公共安全罪处理。

第三,发生多次碰撞,行为人对再肇事行为有意识的,须考查再肇事是因为第一次肇事后惊慌失措、反应不及时还是肇事后的继续驾驶行为。如果属于惊慌失措或者反应不及时而导致的再肇事行为,行为人为了避免发生损害结果而采取了相应措施,对损害结果持否定态度,但因为惊慌失措或者反应不及时,导致没有控制住损害结果的发生,其主观罪过为过失,应认定为交通肇事罪。

第四,发生多次碰撞,行为人对再肇事行为有意识,且属于肇事后的继续驾驶行为的,因行为人醉酒驾驶机动车发生一次碰撞后,能够认识到其醉酒驾驶机动车行为具有高度的危险性,有可能再次发生安全事故,危及他人的生命安全,所以须考查行为人对行为后果是持放任还是相信可以避免的心态,具体而言须判断该行为是冲撞行为还是逃逸行为。逃逸行为与冲撞行为的区别在于,行为人再肇事时是否有能力避免损害结果的发生,是否尽其所能避免损害结果的发生,而不在于行为人主观上是否是为了逃逸。即便行为人是出于逃逸目的,但是以横冲直撞方式逃逸,或者明知自己因醉酒状态难以控制车辆而仍然逃逸的,也属于冲撞行为。在判断时须考查行为人意识状态、路段车流、车速及减速、刹车等措施的采取情况,具体可以通过轮胎印迹、监控录像等方式查明。行为人再肇事行为属逃逸行为的,行为人一般排斥损害结果的再次发生,主观上对于危害公共安全结果属过失,应认定为交通肇事罪;再肇事行为属冲撞行为的,行为人在第一次肇事后明知自身醉酒驾驶机动车的危险性而继续冲撞,可见行为人放任危害公共安全结果的发生,一般应认定为以危险方法危害公共安全罪。

【指导案例】成某某交通肇事案[①]——酒后引发多起交通事故,行为人对再肇事行为无意识的构成何罪

2013年9月3日中午,被告人成某某饮酒后驾驶湘M××小型轿车,14时10分许,沿塔峰东路由东向西行驶,当途经蓝山县塔峰镇某某超市门前路段时,与临时停靠在路边由陈某某驾驶的湘M6××小型轿车相剐撞,随即又与前方同向行驶的由廖某某驾驶的湘M8××小型轿车尾随相冲撞,致湘M8××小型轿车失控后向左前方驶离有效路面将行人朱某某、雷某某撞倒,被告人成某某驾驶的湘

---

① 案号:(2014)蓝刑初字第13号,审理法院:湖南省蓝山县人民法院。

M××小型轿车失控后向右前方冲撞上某某大厦超市门前人行道,将停放在超市门前的粤S4××二轮摩托车、湘MG××二轮摩托车及行人成某、曾某某、彭某某撞倒,致上述五车受损,朱某某、雷某某、曾某某、彭某某受伤,成某当场死亡的重大事故。事故发生后,公安民警赶到现场时,被告人成某某仍然坐在肇事车辆驾驶员位置睡觉。经永州市中医院对被告人成某某驾驶机动车时血液酒精含量检测,其血液酒精含量为311.99毫克/100毫升,大于80毫克/100毫升的醉酒驾驶机动车辆的国家标准。经蓝山县公安局交警大队认定,被告人成某某负此次事故的全部责任。

本案中,被告人成某某酒后驾驶机动车,与道路上行人及车辆发生多次碰撞,造成一人死亡、多人受伤的结果,严重危害公共安全。因本案中行为人碰撞次数多,造成后果严重,故有观点认为被告人成某某构成以危险方法危害公共安全罪。然而本案的特殊之处在于,公安民警赶到现场时被告人仍坐在驾驶员位置睡觉,可见行为人醉酒达到一定程度,已经完全丧失反应能力。从本案多次撞击的情况来看,被告人驾驶的湘M××小型轿车与停靠在路边的湘M6××小型轿车相剐撞后,随即又与前方同向行驶的湘M8××小型轿车尾随相冲撞,导致湘M8××小型轿车与被告人驾驶的湘M××小型轿车失控,分别向左前方和右前方驶离有效路面将行人撞倒,该肇事行为实质上是一个连续的行为。被告人因丧失反应能力,而在第一次肇事后并未采取任何行动,导致连续撞击多次,这种情况下,多次肇事行为实际上为一个实行行为。主观上,被告人成某某虽然在饮酒前明知饮酒后不能驾驶机动车辆,但其供述对于醉酒后如何驾车离开酒店、如何到达肇事路段均不清楚,对于如何发生碰撞造成损害结果也无记忆。由于没有确切的证据证实被告人主观上是希望或者放任损害结果的发生,其主观心态应属过失,应认定为交通肇事罪。

【指导案例】冯某朋涉嫌以危险方法危害公共安全案①——醉酒后多次肇事的行为人主观心态的认定

犯罪嫌疑人冯某朋于2010年11月3日15时许,酒后驾驶宝来牌小型轿车从西田各庄镇某商业银行分理处出来准备回家,由西向东行驶至西田各庄镇韩各庄村小学附近路段,与在前方骑自行车行驶的马某合接触,造成马某合倒地后受伤;冯某朋驾驶小轿车未停车,继续向东行驶至韩各庄村路段,所驾车辆前部与前方同向正常行驶的丛某山驾驶的哈飞牌小型面包车后部接触,后冯某朋依然没有停车查看;驾车继续向东行驶,行至密云县新北桥路口由西向南右转弯时,遇王某杰

---

① 参见邓思清主编:《刑事案例诉辩审评——交通肇事罪、危险驾驶罪》,中国检察出版社2014年版,第187—193页。

驾驶现代牌小客车由北向南正常行驶,冯某朋所驾车辆前部与现代牌小客车的右侧接触后仍未停车,继续驾驶车辆回到家中。当日17时许在其家中将冯某朋抓获,当日18时28分,经对冯某朋进行呼吸式酒精检测,酒精含量为148毫克/100毫升,随后抽取血液检测酒精含量为323.6毫克/100毫升。交通大队认定冯某朋承担事故全部责任。

本案侦查机关以冯某朋构成以危险方法危害公共安全罪移送检察院审查起诉,后检察院以冯某朋的行为情节显著轻微、危害不大,不构成犯罪为由,作出不起诉决定。不考虑案例中行为人的情节情况,分析行为人在整个过程中主观心态的变化。行为人醉酒驾驶机动车,共发生三次肇事行为,在第一次肇事时,行为人能够预见到醉酒驾驶机动车行为的危险性,但轻信可以避免,其对损害结果的发生主观上属过失。在第一次事故发生后,冯某朋继续驾车行驶,接连发生第二次、第三次交通事故,行为人对再肇事行为有意识,明知自己因醉酒状态难以控制车辆而仍然逃逸,其再肇事行为属于上文所述的"冲撞行为",可以认定行为人对于危害公共安全的结果持放任心态。将实施此类"冲撞行为"的行为人的主观认定为故意的理由在于:第一,基于事物间的因果关联,某些行为的实施必然伴随着一定的结果,故行为人对于损害结果是否可以预见,亦应根据行为与损害结果的关联性,即行为本身的危险性进行划分,行为危险性较高的,行为人在实施行为时可以预见到损害结果,行为人对损害结果的发生是持放任态度还是轻信可以避免,取决于行为人是否有合理的依据使其相信其可以避免损害结果的发生;行为危险性较低的,在合理控制下一般不会造成损害结果的,主要考察行为人是否对控制损害结果的发生尽到了合理义务以及未尽到合理义务的原因,除非行为人严重违反合理义务或者原因不合理的,一般可以认定为过失。第二,行为人轻信的合理依据的判断因素除了其自身积累的经验,亦包括行为时的实际能力和情况。醉酒驾驶机动车行为属于危险性较高的行为,对行为人主观心态的判断主要依据其是否存在轻信损害结果不会发生的合理依据。本案中,行为人发生多次肇事后仍继续驾驶,多次肇事的发生足以使其意识到其醉酒驾驶机动车的行为对公共安全造成的危险,且可以说明行为人因醉酒状态难以控制车辆。行为人没有轻信损害结果不会发生的合理依据,属于明知损害结果而放任其发生的情形,属间接故意。综上所述,行为人对危害公共安全的结果由第一次肇事的过失转变为间接故意,可以认定为行为人的主观心态为故意。因本案中造成的损害结果较小,行为人醉酒驾驶机动车的时间段,行驶道路上的车辆较少,检察院以冯某朋的行为情节显著轻微、危害不大,不构成犯罪为由作出不起诉决定是适当的。

【指导案例】黎景全以危险方法危害公共安全案[①]——**醉酒驾驶发生严重事故的如何区别交通肇事罪和以危险方法危害公共安全罪**

2006年9月16日18时50分许,被告人黎景全大量饮酒后驾驶车牌号为粤AIJ374的面包车由南向北行驶,行至佛山市南海区盐步碧华村新路治安亭附近路段时,蹭倒骑摩托车的被害人梁锡全(系黎景全的好友),其随即下车查看,见未造成严重后果,便再次上车发动引擎,继续快速前行,从后面将骑自行车的被害人李洁霞及其搭乘的儿子陈柏宇撞倒,致陈柏宇轻伤。黎景全继续开车前行,撞坏治安亭前的铁闸及旁边的柱子,又掉头由北往南向穗盐路方向快速行驶,车轮被卡在路边花地上。梁锡全及其他村民上前救助伤者并劝阻黎景全,黎景全加大油门驾车冲出花地,碾过李洁霞后撞倒梁锡全,致李洁霞、梁锡全死亡。黎景全驾车驶出路面外被抓获。经鉴定,黎景全血液酒精含量为369.9毫克/100毫升,案发时处于急性醉酒状态。

本案中,黎景全在发生第一次交通事故后,可以认识到其醉酒驾驶会发生交通事故的情况下,为逃离现场而加大油门驾车冲向人群,导致二人死亡,属于醉酒连续肇事后继续冲撞。其主观方面已从最初的过于自信的过失转化为放任的间接故意,危害到不特定多数人的生命财产安全,按以危险方法危害公共安全罪定罪处罚更为妥当。对黎景全酒后驾车冲撞的行为进行分析,大致可以将其分为两个阶段:在第一个阶段,黎景全驾车行驶过程中,先是蹭倒骑摩托车的梁锡全,其随即下车查看,见未造成严重后果,便再次上车发动引擎,继续快速前行。后又从后面撞倒同向行驶以正常速度骑自行车的李洁霞、陈柏宇母子,致陈柏宇轻伤,黎景全随即踩下刹车。从黎景全撞上梁锡全后下车查看,以及撞上李洁霞母子后立即采取制动措施的行为看,其在事故发生时虽然处于严重醉酒状态,但仍有一定的辨认和控制能力,其并不希望或者放任损害结果的发生,对碰撞持过失心态,且此时造成的后果均不严重,故其行为仅属于一般的危险驾驶行为。[②] 在第二个阶段,黎景全撞倒李洁霞母子后,多名群众见其已经刹车即上前劝阻、包围车辆,此时,黎景全所驾驶车辆的车窗是打开的,并不是处于封闭的环境中,具备感知、认识周围环境和人员的条件。从事后勘查发现,黎景全的车辆主要是右后车轮碾压被害人的情况看,黎景全撞人时正在掉头转弯,说明其知道自己被众人围堵并急于离开现场,对自己的驾车行为仍具备一定的控制能力。在此情况下,黎景全出于逃离现场的动机,不顾站在车旁群众的生命安危,锁闭车门、打转方向、加大油

[①] 参见曲晶晶:《黎景全以危险方法危害公共安全案——在醉酒驾驶发生严重事故的案件中如何区别交通肇事罪和以危险方法危害公共安全罪以及确保量刑适当》,载最高人民法院刑事审判第一、二、三、四、五庭主办:《刑事审判参考》(总第94集),法律出版社2014年版,第74—80页。

[②] 根据《交通肇事刑事案件解释》第2条的规定,致二人轻伤尚未达到认定为交通肇事罪的标准。故第一阶段中黎景全的行为属于危险驾驶行为。

门继续行驶,导致未及时躲避的李洁霞和在车旁劝阻其继续驾驶的梁锡全被车撞倒死亡,此时,黎景全明知其行为可能发生致人死亡的损害结果而持放任心态,主观上对于损害结果存在间接故意。事故发生后,黎景全在医院被约束至酒醒,其辩称对具体作案过程无记忆,只记得此前在酒楼喝酒,以及第一次撞倒梁锡全曾下车查看,对此后的事情已经没有印象。黎景全事后对部分经历毫无印象的情况,属于记忆缺损,与酒精作用抑制脑部记忆细胞功能的发挥有关,其对具体作案过程无记忆,并不妨碍对其作案时主观方面的认定,而从黎景全在行为时的表现来看,其在行为时具有一定的辨认与控制能力,明知而放任损害结果的发生。综上,黎景全作案时对外界情况和事物具有认知能力,主观上具有放任损害结果发生的故意,客观上实施了危害公共安全的行为,其行为构成以危险方法危害公共安全罪。

【指导案例】吴清等以危险方法危害公共安全案①——客车司机相互追逐致多人伤亡的行为构成何罪

2005年2月13日下午5时许,被告人吴清驾驶某中巴客车载七名乘客从沭阳县客车站发车返回宿迁市区,在行驶至沭阳县步行街时,车主王伟发现从沭阳县提前发车的被告人丁辉驾驶的某中巴客车,即唆使被告人吴清驾车追赶,后两车互不相让,不顾车上乘客安全并排高速行驶。期间,王伟从其乘坐的中巴车副驾驶位置持铁锤将丁辉所驾中巴车的左倒车镜砸坏。两车行驶至沭阳收费站时,仍然互不相让,均不顾车上乘客及收费站工作人员等二十余人生命安全,高速同时冲入收费车道,被告人吴清驾驶的中巴车撞上收费岗亭,致使该岗亭和吴清驾驶的中巴车报废,并致使该中巴车上乘客南方利骨盆及多处损伤、刘彦雷左上肢及脊柱损伤、胡以平面部及肢体多处损伤、施静全身多处损伤,均构成轻伤。经宿迁市宿豫区价格认证中心鉴定,岗亭损失为人民币131464元、吴清驾驶的中巴车损失为人民币26485元。

本案中,有意见认为,被告人吴清和丁辉追逐竞驶的目的是争抢客源,都不希望事故发生,从而主观上虽然预见到其行为可能会造成危害公共安全的后果,但轻信可以避免,对危害公共安全后果的主观心态属过失,应认定为交通肇事罪。从本案的情况来看,被告人吴清和丁辉在驶入收费道后,明知收费亭出口只能容许一辆车通过,仍然高速并排行驶,对于以此方式进入收费亭的后果都是明知的,即至少有一辆车要撞在收费亭上。即便对自己车辆发生危险结果持不希望的心态,但对对方车辆发生危险后果是放任,甚至是希望的,对危害公共安全结果的

---

① 参见赵祥东、吴燕:《吴清等以危险方法危害公共安全案》,载最高人民法院中国应用法学研究所编:《人民法院案例选(分类重排本)·刑事卷》,人民法院出版社2017年版,第625—628页。

发生主观上属于故意。从客观上看,被告人吴清、王伟、丁辉驾驶载有乘客的公共汽车,在公路上并排高速行驶,相互追逐,王伟用铁锤将丁辉驾驶的中巴车的左倒车镜砸坏,在进入仅容许一车通行的收费道时仍不减速,其行为危险性极高,已经危害了车内及收费站内不特定人的安全,最终致多人受伤和重大公私财产损失。被告人的上述行为具备"一次性"致人伤亡的可能性,两辆车都是载客中巴车,车上乘坐人员众多,两车在公路上追逐竞驶及并排驾驶冲入收费站时附近行驶车辆较多,行为一旦实施,无法预料及控制侵害对象及损害结果。三被告人的行为与损害结果之间存在直接因果关系,符合"其他危险方法"的要求,应认定为以危险方法危害公共安全罪。

【指导案例】王伟以危险方法危害公共安全案①——在人员密集的闹市街区高速行驶,致使不特定多人死伤和多辆机动车受损的构成何罪

2016年4月12日15时左右,派出所民警得知被告人王伟与冯某某约好在宝鸡市人民医院北门见面向冯某某购买毒品。当日15时20分左右,王伟驾驶金属色小型面包车,头北尾南停放在宝鸡市人民医院北门前120通道西侧。同日15时31分,派出所民警走向王伟驾驶的车辆,拉了一下王伟的车门未能拉开,当民警用手敲车窗玻璃时,王伟为逃避抓捕,无视自己处于交通要道和人员密集区域的客观环境,驾驶小型面包车强行起步加速,在宝鸡市人民医院北门前120通道由南向北逃跑,先后与同向左侧刘某驾驶的宝马小轿车,行人孙某某、郭某某、梁某,头北尾南停放在道路东侧的出租车一(驾驶人张某某)、出租车二(驾驶人王某甲),同向前方范某某驾驶的两轮摩托车及由北向南王某乙驾驶的现代小轿车连续碰撞,造成行人孙某某当场死亡,郭某某、梁某、范某某、张某某受伤,六车受损。案发后,王伟弃车逃离现场。同年4月16日21时30分许,王伟在其母亲的陪同下向公安机关投案自首。经法医鉴定,孙某某系遭受强大钝性外力作用致创伤失血性休克死亡;郭某某受钝性外力作用致骨盆骨折,属重伤二级,大脑后中线旁硬膜下合并蛛网膜下腔出血,腰1—5椎体横突骨折、左侧第10肋骨骨折,分别属轻伤一级、轻伤一级和轻微伤;梁某受钝性外力作用致左侧第2肋骨骨折,右股骨外侧踝骨挫伤,属轻微伤。张某某、范某某不构成轻微伤。

一审法院经审理认为被告人王伟构成以危险方法危害公共安全罪,王伟以自己主观上只是过失为由提起上诉,后二审法院经审理维持原判。本案中,被告人王伟购买毒品被派出所民警抓捕,因抗拒抓捕而驾驶车辆在人员密集的闹市街区高速行驶逃跑,与道路上的车辆及行人发生多次连续碰撞。从碰撞的次数及频率

---

① 一审案号:(2017)陕03刑初29号,审理法院:陕西省宝鸡市中级人民;二审案号:(2018)陕刑终235号,审理法院:陕西省高级人民法院。

可以看出,行为人驾车逃逸时完全不顾及道路上行人及车辆安全,横冲直撞,给公共安全带了极大的危险,并最终造成一人死亡、四人受伤、六车受损,其行为严重危害了公共安全。驾车冲撞行为具有"一次性"致人伤亡的可能性,行为一旦实施,无法预料侵害对象及损害结果,且驾车行为与损害结果间存在直接、紧密的因果关系,该行为属于"其他危险方法"。对王某提出的上诉理由,过失犯罪是指行为人应当预见自己的行为可能发生危害社会的后果,因为疏忽大意而没有预见,或者已经预见但轻信能够避免而发生了危害社会的结果,行为人在根本上对损害结果的发生持否定态度。在道路上驾车横冲直撞的行为危险性极高,一般人都可以预见到此行为会对公共安全造成危险。被告人王伟明知其身处人流、车流量大的城市繁华区域,驾驶车辆高速行驶会造成群众生命、财产损失,在公安机关抓捕时仍启动车辆加速行驶,且在行驶过程中、损害结果发生前未采取避让、制动措施,充分反映出其为逃避抓捕而对损害结果的发生放任不管、不计后果的主观心态,其认识因素和意志因素均不符合过失犯罪的构成特征,主观上属间接故意,其行为已构成以危险方法危害公共安全罪。

【指导案例】赵彬、徐超以危险方法危害公共安全案①——行为人为追截他人车辆在高速公路上逆行,造成他人人身伤亡及财产损失的构成何罪

2016年4月22日,刘某向汇融公司借款人民币7万元,并提供其于2016年4月21日购买的川E×号"北京现代"牌小型普通客车用于抵押,于同年4月25日办理相关抵押登记。借款当日,刘某向该公司出具《承诺书》将该车辆借回自用。借款期限届满后,因刘某不能按时归还上述借款,遂将上述车辆委托佐腾处置,佐腾受托后又委托前海图腾分公司的潘某处置。2016年7月6日,被告人徐超以人民币7.4万元购得上述车辆后,又以人民币8.8万元转卖予王某1。

2016年7月11日,被告人赵彬以及陈某、曾某、王某2接受汇融公司安排,到乐山收回川E×号"北京现代"牌小型普通客车,并于当日14时20分许从王某1处将上述车辆强行开走后,由被告人赵彬驾驶该车由乐山市沙湾区往泸州市方向行驶。当日被告人徐超从王某1处得知上述车辆被强行开走的情况后,遂驾驶川L×号越野车搭载赵某、李某前往"乐某"高速路上追截川E×号"北京现代"牌小型普通客车。当日14时40分许,被告人徐超在"乐某"高速路上发现赵彬驾驶的车辆后,遂驾驶其车辆进行快速追逐,被告人赵彬发现被追逐后,为摆脱追逐,在高速公路上调头后并在应急车道内高速逆向行驶,被告人徐超发现被告人赵彬所驾车辆调头逆行后,明知其逆向行驶继续追逐被告人赵彬所驾车辆的行为会对公共安全造成严重危害,仍然驾驶车辆在高速公路上调头并高速逆行追逐被告人赵彬所

---

① 一审案号:(2018)川1102刑初12号,审理法院:四川省乐山市市中区人民法院;二审案号:(2018)川11刑终94号,审理法院:四川省乐山市中级人民法院。

驾车辆,且二被告人驾驶车辆在高速逆行过程中存在相互"逼车"的行为。上述车辆行至"G93"成渝环线789千米路段时,被告人赵彬驾驶车辆与迎面驶来由罗某1驾驶的川L×号大型汽车相撞后,与被告人徐超驾驶车辆相撞,造成陈某当场死亡、被告人赵彬右手截肢及全身多处骨折和挫伤、被告人徐超被气囊击中以及赵某头部及血管受伤、李某眼部受伤、罗某1轻微伤、三车严重损坏的后果。

一审法院认定二被告人构成以危险方法危害公共安全罪。被告人赵彬提出上诉,认为其主观上不存在"逼车"的故意,没有"逼车"的行为,而是被徐超逼迫所致,主观上没有危害公共安全的故意。被告人徐超提出上诉,认为其驾车尾随跟踪被抢车辆,没有实施过追逐等妨害前车驾驶的行为,相互"逼车"不能成立,其主观心态为过失,且未认定本案被害人陈某有重大过错不妥,对方强行将车开走的行为构成抢劫罪,自己的行为是正当防卫或防卫过当。

本案中,赵彬、徐超为争夺抵押车辆,违反道路交通安全法规有关高速公路上驾车的规定,驾驶机动车在高速公路上高速逆行、追逐。高速公路上车速较快,二被告人的行为严重违反交通法规,极易造成高速公路上行驶的其他车辆因躲避不及发生事故,其行为已经严重危害公共安全,最终造成一人死亡、四人受伤以及公私财物重大损失的严重后果,该行为危险性极高,属于"其他危险方法"。主观上,在高速公路上逆行、追逐的行为危险性极高,发生交通事故的可能性极大,这一点属于常识,而二被告人在预见到其行为会危害公共安全的情况下,为了争夺抵押车辆,放任危害公共安全后果的发生,属于间接故意,应认定为以危险方法危害公共安全罪。对于赵彬及其辩护人所提的意见,其认为是在徐超逼迫下实施上述行为,主观上为过失。对此,虽然徐超确有追赶行为,但徐超追赶只是为了抵押车辆,并非针对其实施侵害行为,故赵彬可以自由选择是否继续逃脱,以及采用何种方式逃脱,但赵彬为了摆脱徐超,在高速公路上调头后并在应急车道内高速逆向行驶,实施了严重危害公共安全的行为。赵彬作为一名有驾照的司机,了解基本的高速公路驾驶规则,其明知在高速公路上驾车高速逆行会发生严重的损害结果,仍驾车高速逆行、追逐,放任损害结果发生,侵害了不特定多数人的安全,其行为具有危害公共安全的故意,故该辩护意见不成立。对于徐超及其辩护人所提其主观为过失以及其行为属正当防卫的意见,徐超的主观心态与赵彬相同,对于车辆的归属可以通过其后协商或其他方式解决,而其选择在高速公路上违规追赶,明知其行为危害公共安全而放任,主观上属于间接故意。虽然赵彬强行开走抵押车辆在先,但是刘某在转卖车辆前,以该车辆设定抵押,且已经办理了抵押登记,徐超购得该车辆。《中华人民共和国物权法》第191条规定:"抵押期间,抵押人经抵押权人同意转让抵押财产的,应当将转让所得的价款向抵押权人提前清偿债务或者提存。转让的价款超过债权数额的部分归抵押人所有,不足部分由债务人清偿。抵押期间,抵押人未经抵押权人同意,不得转让抵押财产,但受让人代为清偿债务消灭抵押权的除外。"①刘某转让抵押车辆未经抵押权人同意,且车辆已经办理了抵押登记,抵押权人仍可以行使抵押权。因而,借款人在借款到期而刘某未归还时仍有权以该车辆受偿。故赵彬开走车辆的行为不属于不法侵害,徐超自然不能对其进行防卫,该辩护意见不成立。

十、使用燃料危害公共安全,可能发生火灾也可能发生爆炸的行为如何认定

(一)裁判规则

对于已经发生危害公共安全实害结果的行为,区分放火罪与爆炸罪的关键是看危及公共安全的直接原因是着火,还是爆炸。对公共安全产生紧迫危险,但尚未造成危害公共安全的实害结果,难以判断该行为是通过火灾还是爆炸危害公共安全的,如使用的是气体燃料,一般应认定为以危险方法危害公共安全罪;如果使用的是液体燃料,除点燃密封容器中的液体燃料应认定为爆炸罪外,其他一般应认定为放火罪。

(二)规则适用

放火罪、爆炸罪和以危险方法危害公共安全罪规定在《刑法》第114条和第115条,三罪的侵犯客体、犯罪主体和主观方面都相同,区别在于三罪的客观行为不同。放火罪是指使用各种引火物质,点燃侵害对象,制造火灾,从而危害公共安全的行为。爆炸罪是指行为人用引爆爆炸物或者其他方法制造爆炸,对不特定多数人的人身安全和公私财产造成危害的行为。而以危险方法危害公共安全罪一般是指用与放火、决水、爆炸、投放危险物质等方法相当的其他不特定方法危害公共安全的行为。区分三者主要是看所采取的方法,即是放火、爆炸,还是刑法没有规定的危害公共安全的其他方法。在实践中,使用燃料危害公共安全的行为过程中可能出现燃烧,也可能发生爆炸,因为放火行为中点燃可燃物的方法很多,既可以是直接点火,也可以采取爆炸方式;引爆爆炸物的方式也很多,既可以设置控制按钮,也可以撞击,还可以点火。所以实际案件中常常是放火中有爆炸,爆炸中有着火,故对使用燃料危害公共安全行为的认定存在争议,且实践中做法不一。例如,对于在加油站喷洒汽油并点火的行为,法院判决中有的认定为放火罪②,有的认定为爆炸罪③,有的认定为以危险方法危害公共安全罪④。

对此,笔者认为,对于已经发生危害公共安全实害结果的行为,区分放火罪还

---

① 《中华人民共和国物权法》已经因《中华人民共和国民法典》生效而废止。《中华人民共和国民法典》第406条第1款规定:"抵押期间,抵押人可以转让抵押财产。当事人另有约定的,按照其约定。抵押财产转让的,抵押权不受影响。"
② 参见湖南省邵阳市双清区人民法院(2013)双刑初字第191号刑事判决书。
③ 参见湖南省新宁县人民法院(2013)宁刑初字第133号刑事判决书。
④ 参见陕西省西安市雁塔区人民法院(2014)雁刑初字第00898号刑事判决书。

是爆炸罪的关键是看危害公共安全的直接原因是着火还是爆炸。如行为人通过释放液化石油气并点燃的行为危害公共安全,该行为是构成放火罪还是构成爆炸罪,关键要看液化石油气点燃后,主要是通过发生爆炸导致人员伤亡、财产损失,还是引起火灾而导致人员伤亡、财产损失。对于对公共安全产生紧迫危险,但尚未发生危害公共安全实害结果的,一般难以判断该行为是通过火灾还是通过爆炸危害公共安全。由于气体燃料和液体燃料在扩散和燃烧方式上有所区别,应分开来讨论。

气体燃料包括煤气、液化石油气和天然气等。实践中对于打开煤气罐阀门放出液化气的行为认定为以危险方法危害公共安全罪的理由为:行为可能引发的危险,既可能因其他因素或条件的介入引发火灾,也可能造成液化气爆燃。因此,对于该行为究竟是以放火还是爆炸的手段危害公共安全,在未发生损害结果时难以作出明确的判断,宜认定为以危险方法危害公共安全罪。① 但如果火灾或爆炸已经发生,则应视导致损害结果的具体过程分别认定为放火罪或爆炸罪;若同时导致了火灾和爆炸,且程度相当的,如果分别认定为放火罪和爆炸罪,一方面两个行为造成的损失难以认定,另一方面行为人实际上实施的是一个行为,认定为两罪后再按照想象竞合择一重罪处罚的话,实际上不当地缩小了犯罪认定的损害结果,故认定为以危险方法危害公共安全罪更为适合。

液体燃料包括汽油、机油、乙醇等,与气体燃料的认定思路相同,只是针对液体燃料的特殊性质,一般存在两种情况:第一,点燃在密封容器中的液体燃料的,如在加油站喷洒汽油并点火的行为,因加油站内储存有大量汽油,且汽油都集中存放在密闭容器中,一旦接触火源,燃料燃烧产生的气体在密封容器内难以释放,通常情况下都会发生爆炸,且此种情况下爆炸产生的冲击力和杀伤力是造成损害结果的主要原因,故应认定为爆炸罪。第二,除了上述在密封容器中的液体燃料,其他情况下点燃液体燃料发生爆炸的可能性很小,几乎都是通过燃烧的方式危害公共安全,此时认定为放火罪更为合适。

【指导案例】张某某以危险方法危害公共安全案②——无法确认危害公共安全的后果是因放火还是爆炸而导致的行为如何认定

2010 年 6 月 26 日下午 2 时 30 分左右,被告人张某某与其友外出饮酒。后返回家中,即令其父外出购买主食锅贴,当时遭其父拒绝,张某某暴跳如雷,摔坏录音机,张父见状躲出屋外。在此期间,被告人张某某将放置墙角处的液化石油气胶管拔下,打开阀门,用火柴点燃石油气,火焰喷出 50 余公分直逼木质墙壁,张某某此时跑到屋外并大叫"炸死你们"。周围邻居闻讯纷纷跑出屋门拨打"110"

---

① 参见吉林省吉林高新技术产业开发区人民法院(2014)吉高新刑初字第 30 号刑事判决书。
② 参见郭立新、黄明儒主编:《刑法分则典型疑难问题适用与指导》,中国法制出版社 2012 年版,第 11 页。

"119"报警。民警及消防队员及时赶到,将火扑灭,被点燃液化石油气罐阀门周围已烧黑,塑料手柄变形,罐体上半部也呈焦黑状,被告人当场被抓获。经查,被告人张某某经常酗酒后殴打其父母。公安机关在现场勘验中发现被告人居所属木结构平房,同邻居隔墙相连成片,房屋面积多为8至10平方米,成排房屋间距较小,一旦起火将殃及成片居民。

本案在定罪问题上曾出现了几种不同意见:第一种意见认为,被告人的行为可认定为放火罪,理由是被告人主观上出于泄愤目的,客观上实施了危害公共安全的放火行为,并使用引火物直接点燃液化石油气罐且已形成火势,因扑救及时未酿成火灾后果,认定为放火罪比较符合被告人客观上实施的行为。第二种意见认为,被告人所点燃的液化石油气罐本身属于易爆物品,其行为具有引发爆炸物的特性,认定为爆炸罪也有依据。第三种意见认为构成以危险方法危害公共安全罪。

笔者认同第三种意见。本案被告人在与其亲属发生纠纷后,产生泄愤报复想法,气急败坏不计后果,点燃自家液化石油气罐,并扬言要炸死他人,其实施行为是以引火物质直接点燃液化石油气,极有可能造成火灾,表面上与放火罪相符。但全面分析液化石油气罐的化学属性可知,它既不能等同于直接被引火物质点燃焚烧的公私财物,也不能归为可以直接引发的爆炸物品,同炸药或自制的爆炸装置是有区别的,因此,本案认定为放火罪或爆炸罪均缺乏犯罪构成要件。而液化石油气本身具有可燃性,且又属易爆物品,被告人点燃的气罐内经鉴定存有液化石油气,如罐体燃到一定温度加之外界气压适当,其内部液化石油气急剧膨胀为气体,当罐体承受不住压力时会产生迸裂,此时气罐就变成爆炸物。被告人以及邻居所住的房屋建材有极强易燃性,加之面积普遍较小且无间隔,如不及时灭火,被告人家起火后很快会形成大面积火灾并难以扑救,必然会造成严重损失。综合以上情况,本案被告人的行为一方面可引发火灾,另一方面不排除爆炸后果的出现。无论是出现其中一种后果还是两种后果同时出现,都会使邻居财物遭受毁损,也极可能造成人员伤亡,而该行为造成损害结果的具体途径是本案被告人主观上认识不到且事先又无法确定的,认定为放火罪或者爆炸罪都不能完全涵盖行为人的犯罪行为及损害结果。从被告人实施的行为看,完全符合同放火、决水、爆炸、投放危险物质相类似的"其他危险方法",故认定为以危险方法危害公共安全罪更为适宜。

十一、以危险方法危害公共安全罪与妨害公务罪、强令违章冒险作业罪、重大责任事故罪如何区分

(一)裁判规则

对于为逃避检查或法律制裁而驾车冲撞执法人员的行为,如果行为人所冲撞

的执法人员属于国家机关工作人员，且正在执行公务的，应认定为妨害公务罪；如果行为人冲撞行为的车速较快，存在致人死伤危险，且行为人明知其车辆继续行驶会撞击到公务人员，在撞击时无避让或减速等措施的，一般可以认定为故意杀人罪；如果冲撞行为危害到了公共安全，且其行为危险性较高，满足"其他危险方法"要求的，应认定为以危险方法危害公共安全罪。同一冲撞行为构成数罪的，属于想象竞合，择一重罪处罚。

以危险方法危害公共安全罪与强令违章冒险作业罪、重大责任事故罪的区分，主要在于行为人对于危害公共安全结果的心态。如果行为人对危害公共安全结果发生的可能性有高度认知，主观上存在放任该损害结果发生的心态，应认定为以危险方法危害公共安全罪。如果行为人基于自己所采取的一定措施，相信危险能够被阻止的，属于过于自信的过失，一般按照重大责任事故罪等处理。

(二) 规则适用

以危险方法危害公共安全罪因罪状的概括表述，致使构成该罪的行为范围较广，在认定时易与其他犯罪产生争议。一般来说，只要行为危害公共安全，且行为符合"其他危险方法"的要求，即可认定为以危险方法危害公共安全罪，同时构成其他犯罪的，按照想象竞合或数罪并罚处理。以危险方法危害公共安全罪在与相关犯罪的关系上，主要存在下述两个问题：

1. 为逃避检查或法律制裁，驾车冲撞执法人员的行为认定中与妨害公务罪的区分

对于行为人为逃避检查或法律制裁而驾车冲撞执法人员行为的认定，存在三种意见：第一种意见认为构成妨害公务罪，第二种意见认为构成故意杀人罪，第三种意见认为构成以危险方法危害公共安全罪。其一，妨害公务罪，是指以暴力、威胁方法阻碍国家机关工作人员依法执行职务，阻碍全国人民代表大会和地方各级人民代表大会代表依法执行代表职务，阻碍红十字会工作人员依法履行职责的行为，以及故意阻碍国家安全机关、公安机关依法执行工作任务，未使用暴力、威胁方法，造成严重后果的行为。实践中，行为人逃避的执法人员一般属于国家机关工作人员。2002年12月28日实施的全国人民代表大会常务委员会《关于〈中华人民共和国刑法〉第九章渎职罪主体适用问题的解释》(以下简称《〈刑法〉第九章渎职罪解释》)规定："在依照法律、法规规定行使国家行政管理职权的组织中从事公务的人员，或者在受国家机关委托代表国家机关行使职权的组织中从事公务的人员，或者虽未列入国家机关人员编制但在国家机关中从事公务的人员，在代表国家机关行使职权时，有渎职行为，构成犯罪的，依照刑法关于渎职罪的规定追究刑事责任。"由于渎职罪的主体是国家机关工作人员，故可以认为该解释是对"国家机关工作人员"的解释。为逃避检查或法律制裁而驾车冲撞执法人员的行为，符合妨害公务罪所要求的暴力，如果行为人所冲撞的执法人员属于《〈刑法〉第九章渎职罪解释》中规定的国家机关工作人员，且正在执行公务的，应认定为妨害

公务罪。需要注意的是,认定为妨害公务罪必须存在使用暴力、威胁手段,一般是指行为人通过自身驾车行为直接冲撞执法人员。如果行为人为逃避检查或法律制裁而高速驾车,执法人员为追赶而因自身驾驶不当或其他因素发生事故的,因行为人本身未实施暴力、威胁手段,不应认定为妨害公务罪;如果行为人为逃避检查或法律制裁而违章驾车并造成交通事故的,属交通肇事罪。其二,认定为故意杀人罪的行为人在实施行为时须有非法剥夺他人生命的意思表示,需要考查行为人的行为方式和行为针对性。如果行为人冲撞行为的车速较快,存在致人死伤危险,且行为人明知其车辆继续行驶会撞击到公务人员,在撞击时无避让或减速等措施的,一般可以认定为故意杀人罪。其三,如果冲撞行为危害到了公共安全,且其行为危险性较高,满足"其他危险方法"要求的,应认定为以危险方法危害公共安全罪。同一冲撞行为构成数罪的,属于想象竞合,择一重罪处罚。

2. 在采矿、建筑等领域或违章作业造成损害结果的行为认定中与强令违章冒险作业罪、重大责任事故罪的区分

在采矿、建筑等生产领域,对于生产作业人员或者管理人员的违章行为导致人员伤亡或财产损失后果发生的,一般按照重大责任事故罪处理,但是随着生产规模的不断扩大和这些生产领域安全防护措施的更新,有些违章行为造成的危险和后果为一般的事故类犯罪所难以涵盖,这涉及以危险方法危害公共安全罪与强令违章冒险作业罪、重大责任事故罪之间的罪名辨析问题:其一,从主观罪过上看,以危险方法危害公共安全罪是故意犯罪,而重大责任事故罪等事故犯罪都是过失犯罪,既可以是过于自信的过失,也可以是疏忽大意的过失。其二,从危害行为的表现形式看,以危险方法危害公共安全罪是指采取和放火、决水、爆炸、投放危险物质等有相当危险性的方法危害公共安全的行为,既可以是作为犯罪,也可以是不作为犯罪。强令违章冒险作业罪是指生产作业管理人员在生产活动中强令工人违反安全管理规定,冒险开展作业,因而发生重大伤亡事故或其他严重后果的行为,其行为只能表现为作为。重大责任事故罪则是指在生产作业活动中违反安全管理规定,因而发生重大伤亡事故或造成其他严重后果的行为,行为人不按照安全规章制度开展生产活动,本质上是一种不作为犯罪。其三,从既遂标准上看,以危险方法危害公共安全罪既可以是危险犯,也可以是实害犯,只要行为人的行为使公共安全陷入危险之中,不待损害结果实际发生,即构成犯罪。重大责任事故罪和强令违章冒险作业罪都是过失犯罪,要求行为必须导致重大伤亡事故或其他严重后果,才构成犯罪。其四,从因果关系发展过程来看,以危险方法危害公共安全罪和重大责任事故罪中的危险本来是不存在的或者只是一种潜在的危险,行为人通过实施一定行为而使不特定多数人的生命、财产安全陷入危险之中,或者将潜在的危险变成现实的危险,这种危险进一步演变,即可发生实际损害结果。换句话说,行为人的行为是危险产生的原因,行为人本身就是危险的制造者。而强令违章冒险作业罪中,损害结果发生的直接原因仍是工人的违章冒险作

业行为,强令行为本身不是危险的来源,也不能直接导致损害结果的发生,只是助力于客观存在的危险,使这种危险演变成损害结果,行为人是危险的实现者。综上,以危险方法危害公共安全罪与强令违章冒险作业罪、重大责任事故罪的区分,主要在于行为人对于危害公共安全结果的心态。如果行为人一再被监管部门告诫而视若无物,或已经发生过类似事故,对损害结果发生的可能性有高度认知,仍决意为之,说明其主观上存在放任该损害结果发生的心态,应认定为以危险方法危害公共安全罪。如果行为人虽然认识到存在一定危害公共安全的危险,却基于自己所采取的一定措施,相信危险能够被阻止,不会发生损害结果,则属于过于自信的过失,一般应按照重大责任事故罪等处理。

【指导案例】任寒青以危险方法危害公共安全案①——为逃避酒驾检查而驾车冲撞警察和他人车辆的行为如何定性

2010年9月6日23时20分许,任寒青酒后驾驶车牌号为沪KG6806的凯迪拉克汽车,行驶至上海市延安路高架茂名北路下匝道北侧时,上海市公安局静安分局交警大队正在开展执法整治行动。任寒青见状,向斜后方倒车企图逃避检查,交警张之宇示意任寒青停车接受检查。任寒青不顾交警的指令继续倒车,车尾撞上车牌号为沪HA9692的本田汽车后,突然加速向前,将正前方相向走来的张之宇撞倒在凯迪拉克汽车引擎盖上。之后,任寒青不顾张之宇一直在引擎盖上要求停车的呼喊,仍然紧急倒车并再次撞上道路隔离栏,后又沿延安中路由东向西逆向行驶,至陕西南路口驶入顺向车道。途中,任寒青驾车速度达108.63千米/时,在华山路口违反红色信号灯行驶,致华山路南北向多辆汽车紧急刹车,任寒青还驾车呈"s"形行驶,影响了其他车辆的正常行驶。当行驶至延安西路358号附近时,任寒青突然紧急刹车,将张之宇从引擎盖上甩下后逃逸,致张之宇轻伤。

法院审理过程中对被告人的行为定性存在三种不同意见:第一种意见认为,任寒青构成故意杀人罪(未遂)。第二种意见认为,任寒青构成妨害公务罪。第三种意见认为,任寒青应当按以危险方法危害公共安全罪定罪处罚。笔者认为,任寒青构成以危险方法危害公共安全罪,理由如下:任寒青虽然实施了用车辆撞击张之宇的行为,且明知张之宇趴在引擎盖上仍继续行驶1.9千米,途中车速曾高达108.63千米/时,最后突然紧急刹车,将张之宇甩至车道上,但这些行为尚不足以造成张之宇必然死亡的结果,因此,现有证据难以证实任寒青主观上具有杀人的直接故意。本案被告人在交警张之宇示意其停车接受检查时,不顾交警的指令继续倒车,突然加速向前,将正前方相向走来的张之宇撞倒在汽车引擎盖上,行

---

① 参见孙玮:《任寒青以危险方法危害公共安全案——对为逃避酒驾检查而驾车冲撞警察和他人车辆的行为如何定性》,载最高人民法院刑事审判第一、二、三、四、五庭办:《刑事审判参考》(总第94集),法律出版社2014年版,第90—95页。

驶一段距离后将其甩至车道上,属于采取暴力手段阻碍警察依法执行职务,最终造成警察受轻伤的后果,构成妨害公务罪。同时,被告人违反限速规定在市区道路上高速行驶,且其行为发生在上海市商业中心城区静安区的繁华路段,车流量较大,其行为对沿途经过的不特定行人、车辆和财产安全构成严重威胁,多个违章行为具有高度的危险性,已经严重危害公共安全,其行为符合"其他危险方法"的要求。行为人主观上明知其驾驶车辆发生碰撞,为了逃避处罚,不顾违章造成危害公共安全后果继续行驶;明知趴在其汽车引擎盖上的警察面临高度危险,不顾其生命安全,主观上对损害结果持间接故意,构成以危险方法危害公共全罪,与妨害公务罪属于想象竞合。

【指导案例】田军祥等以危险方法危害公共安全案①——是否区别对待犯罪后为逃避法律制裁引发的与酒驾引发的以危险方法危害公共安全案件的量刑

2009年4月,田军祥、周猛、祝加永合资购得大型自卸工程车一辆(无手续),田军祥、周猛在无相关驾驶资质的情况下驾驶该车非法运营。同年9月1日19时许,田军祥、周猛驾驶该车行至临沂市兰山区时,被临沂市交通局工作人员查获,田军祥弃车逃离,周猛按照指令将该车停放于临时停车点。当日20时许,田军祥、周猛、祝加永伙同蒋金涛等十余人(均另案处理)赶到临时停车点,手持铁锤、铁锨,采用语言威胁等手段,由田军祥将被查扣的自卸工程车强行开走,祝加永、周猛驾驶奥拓汽车紧随其后。临沂市公安局兰山分局半程派出所民警接警后驾车出警,并在汶泗公路与金锣二路交会处附近追上田军祥驾驶的自卸工程车。当民警向田军祥示意停车接受检查并试图用警车堵截自卸工程车时,周猛向田军祥大声呼喊,督促田军祥加速逃跑。田军祥即驾车多次撞击警车,致警车受损(损失价值人民币3380元)。民警为防止出现意外情况,遂放慢警车速度,拉大与自卸工程车的距离。为逃避查处,田军祥驾驶载有60余吨黄沙的自卸工程车在公路上高速逃逸,当行驶至山东省费县汪沟镇驻地十字路口西侧时,因强行占道超车,与对向行驶的一辆小型普通客车相撞,致小客车上的三人死亡、一人重伤、三人轻伤。之后,田军祥、周猛、祝加永三人逃离现场。

本案中,被告人田军祥、周猛、祝加永伙同他人为将被查获的自卸工程车夺回,先是三被告人在临时停车点手持铁锤、铁锨,采用语言威胁等手段,后由田军祥在强行开走自卸工程车逃离过程中驾车多次撞击警车,三被告人的行为属于以暴力、威胁方法阻碍国家机关工作人员依法执行职务,构成妨害公务罪。而被告人田军祥在强行开走自卸工程车时,没有驾驶该工程车的资质,还驾驶自卸工程

---

① 参见周川:《田军祥等以危险方法危害公共安全、妨害公务案——如何区别对待犯罪后为逃避法律制裁引发与醉驾引发的以危险方法危害公共安全案件的量刑》,载最高人民法院刑事审判第一、二、三、四、五庭主办:《刑事审判参考》(总第92集),法律出版社2014年版,第1—6页。

车在车辆、人流密集的公路上高速逃逸,在民警用警车堵截自卸工程车时,田军祥驾驶自卸工程车连续撞击警车,其无证驾驶,在公路上驾驶车辆高速逃逸,并在公路上驾车撞击车辆的行为,已经严重威胁到公路上行驶的其他车辆的安全,对公共安全造成了极大的危险,且最终造成三人死亡、一人重伤、三人轻伤的后果。田军祥实施的高速驾车和故意撞击行为都具有"一次性"致人死伤的可能,行为一旦实施无法控制及预料损害结果,且行为与损害结果间存在直接、紧密的因果关系,被告人的行为属于"其他危险方法"。田军祥明知自己无驾驶自卸工程车的资质,驾驶大型自卸工程车辆严重超载运营,在公路上高速逃逸,并故意对警车进行撞击,这些行为都具有高度危险性。田军祥可以预见到其行为可能会发生危害公共安全的后果,为了夺回自卸工程车而放任危险的发生,主观上属间接故意,构成以危险方法危害公共安全罪。周猛、祝加永在田军祥驾驶工程车时,驾驶奥拓汽车紧随其后,在民警对自卸工程车进行堵截时,周猛向田军祥大声呼喊,督促田军祥加速逃跑,可见三被告人对于在公路上驾车加速逃跑的行为是存在共同认识和共同意志的,客观上周猛和祝加永对田军祥的行为提供帮助,故周猛、祝加永和田军祥构成以危险方法危害公共安全罪的共犯,属从犯,可依法从轻处罚。

在对被告人田军祥的量刑方面,存在不同意见。一种意见认为,田军祥所犯以危险方法危害公共安全罪的后果特别严重,情节特别恶劣,且其主观恶性深、人身危险性大,依法应当判处死刑立即执行或死刑缓期执行。另一种意见认为,最高人民法院公布的黎景全醉驾案、孙伟铭醉驾案、张明宝醉驾案与本案的定罪相同,但上述被告人均只被判处无期徒刑,且孙伟铭醉驾案、张明宝醉驾案造成的死伤后果更为严重(孙伟铭醉驾案致四死一伤,张明宝醉驾案致五死四伤),与前述案件相比,如果判处田军祥死刑,则会造成量刑失衡。笔者同意第一种观点,本案与黎景全、孙伟铭、张明宝等人醉驾案确实有一定相似之处,但对于认定为逃避法律制裁引发和因醉酒驾驶机动车引发的以危险方法危害公共安全案件,在量刑上应有所区别。首先,从案件起因看,因逃避法律制裁而以危险方法危害公共罪的主观恶性更大,能够反映出其对国家法律的抗拒和对自身行为没有悔改之意。其次,这种抗法又犯罪的行为所造成的影响更为恶劣,对社会秩序和人民群众安全感的破坏明显大于前述醉酒驾车案件。最后,本案中田军祥在违法时的神志清醒,控制力正常,较之醉酒状态下行为人控制能力减弱,主观恶性更大,故对其应施以更重的刑罚。

【指导案例】李新军、韩二军等以危险方法危害公共安全案①——煤矿安全事故中管理人员逃避监管、隐瞒安全隐患的行为如何认定

平顶山市新华四矿为一私营煤矿,2006年,被告人李新军接任新华四矿矿

---

① 参见最高人民法院中国应用法学研究所编:《人民法院案例选(分类重排本)·刑事卷》,人民法院出版社2017年版,第674—680页。

长,被告人韩二军受让该矿股权并担任技术副矿长,被告人侯民任安全副矿长,被告人邓树军任生产副矿长,被告人袁应周任生产矿长助理。2007年,该矿曾发生煤与瓦斯突出,属煤与瓦斯突出矿井,但仍违规按低瓦斯矿井管理。2009年年初,平顶山市新华区煤炭工业局多次到该矿检查,发现存在瓦斯传感器(俗称瓦斯探头)滞后、断线、位置不当等安全问题,责令限期整改。同年3月20日,河南省安全生产领导小组下发文件明确规定该矿为停工停产整改矿井,按照规定,整改期间每班最多入井二十三人,禁止生产。但新华四矿一直借入井整改隐患之名违法生产,每日三班,每班下井工人近百名。在长期技改和停工整改期间,被告人李新军、韩二军、侯民、邓树军明知该矿属于煤与瓦斯突出矿井,存在瓦斯严重超标等重大安全隐患,不仅不采取措施解决瓦斯超标问题,反而多次开会要求瓦斯检查员(以下简称"瓦检员")确认瓦斯超标时瓦斯传感器不报警,否则予以罚款;指使瓦检员将井下瓦斯传感器传输线拔脱或置于风筒新鲜风流处,使瓦斯传感器丧失预警防护功能;指使他人填写虚假瓦斯数据报表,使真实瓦斯数据不能被准确及时掌握,有意逃避监管,隐瞒重大安全隐患;擅自开采己组煤层;以罚款相威胁,违规强令大批工人下井采煤。被告人袁应周明知井下瓦斯传感器位置不当,不能准确检测瓦斯数据,安全生产存在重大隐患,仍按照李新军、韩二军的安排,强行组织大批工人下井作业。2009年9月5日,新华四矿发生冒顶。9月7日,新华区煤炭工业局下达限期整改通知书,禁止超员入井作业。9月8日,被告人侯民、袁应周等人强行组织九十三名矿工下井生产。井下因冒顶造成局部通风机停止运转,积聚大量高浓度瓦斯,瓦斯传感器被破坏无法正常预警,误导瓦检员送风排放瓦斯,使瓦斯浓度达到爆炸极限,煤电钻电缆短路产生高温火源引发瓦斯爆炸,致七十六人死亡、二人重伤、四人轻伤、九人轻微伤。

本案中,李新军、韩二军等人作为煤矿管理人员,在生产管理过程中,存在以下行为:①在煤矿属煤与瓦斯突出矿井的情况下,仍违规按低瓦斯矿井管理;②行政机关发现煤矿存在瓦斯传感器滞后、断线、位置不当等安全问题,责令其限期整改,按照规定,整改期间每班最多入井二十三人,禁止生产。但实际上煤矿一直借入井整改隐患之名违法生产,每日三班,每班下井工人近百名;③要求瓦检员在瓦斯超标时不予报警;④指使瓦检员将井下瓦斯传感器传输线拔脱或置于风筒新鲜风流处,使瓦斯传感器丧失预警防护功能;⑤指使他人填写虚假瓦斯数据报表,逃避监管部门的监管;⑥擅自开采己组煤层,违规强令大批工人下井采煤;⑦在煤矿发生冒顶,煤炭工业局明令限期整改时,仍强行组织九十三名矿工下井生产。一方面,瓦斯探测设备被破坏,使其丧失预防井下瓦斯爆炸的功能,失去了预防和检测瓦斯隐患的可能性,监管部门无法得到准确的瓦斯检测数据,无法在瓦斯超标时及时采取措施,此行为将井下多名矿工置于无检测的危险环境下,以致瓦斯浓度过高而发生爆炸事故;另一方面,在安全指标不合格,行政机关强令整改,禁止生产时,仍强令矿工超员下井,使煤矿工人的安全处于高度危险之中。被告人的上述行为危险性极高,极易发生矿井下的爆炸事故,对公共安全造成了严重危害,最终造成了七十六人死亡、二人重伤、四人轻伤、九人轻微伤的严重后果,属于危害公共安全类犯罪。而且被告人的上述行为具有"一次性"致人死亡的可能性,行为实施后无法预料侵害对象及损害结果,损害结果会不断扩张,行为与损害结果间存在直接、紧密的因果关系,可以认定为"其他危险方法"。

从主观上来看,新华四矿擅自开采属于高瓦斯煤层的己组煤层,曾发生过煤与瓦斯突出,却一直按照低瓦斯矿井的标准进行建设和管理,且通过破坏瓦斯探测设备逃避监管,在案发前煤矿刚发生冒顶事故、局部通风机停止运转、没有风电锁闭及瓦斯电闭锁装置,在这种情况下生产作业,瓦斯爆炸的发生具有高度盖然性,被告人李新军等长期从事煤矿管理工作,完全能够认识到其行为导致发生瓦斯爆炸事故的高度可能性。李新军等人为了追求煤炭生产的巨额利润,多次接到调度员的瓦斯超标报告仍敷衍了事、继续作业,说明其主观上认为实现其暴利目的比防止事故结果发生更为重要,为了牟取暴利不顾员工的死活,且被告人也没有相信可以避免损害结果发生的合理依据,主观上属间接故意。被告人李新军等对事故的发生持间接故意,故不构成重大责任事故罪等过失犯罪,应认定为以危险方法危害公共安全罪。被告人袁应周没有实施上述行为,只是在明知煤矿存在重大安全隐患的情况下,强令工人下井作业,构成强令违章冒险作业罪。

对于煤矿安全事故,一般而言,如果是因生产作业人员或者管理人员的违章行为导致人员伤亡或财产损失后果发生的,按照事故犯罪处理,如强令违章冒险作业罪、重大责任事故罪或重大劳动安全事故罪。但在前述犯罪中,行为人对损害结果发生的心态仅限于过失,如果行为人明知其行为存在高度危险,为了牟取暴利,逃避监管或是无视监管部门的整改措施而造成事故的,行为人对于事故发生的主观心态属于间接故意,应认定为以危险方法危害公共安全罪。

【指导案例】王某某、刘某某以危险方法危害公共安全案[①]**——共犯间职务关系是否影响刑事责任分担**

2009年7月22日上午9时许,被告人王某某、刘某某,原系禹州市三窑沟矿业有限公司井下采煤队正、副队长,二人在井下采煤期间,将两台瓦斯传感器的进气孔堵塞,致使传感器不能准确测到井下瓦斯浓度,导致瓦斯传感器失灵,上传数据失真,井下矿工的生命安全及矿井受到瓦斯超标的威胁。案发后,二人于2009年7月30日自动投案。

[①] 参见孟庆华、孟昭武主编:《刑事案例诉辩审评——以危险方法危害公共安全罪》(第二版),中国检察出版社2014年版,第103页。

本案中，被告人王某某、刘某某违反矿下安全操作规程，采用堵塞瓦斯传感器进气孔的手段，造成瓦斯传感器失灵，致使井下不特定多数人的生命安全及财产安全受到严重威胁，其行为已严重危害公共安全，行为的危险性较高，属于"其他危险方法"。二被告人于对损害结果发生的可能性有高度认知，仍决意为之，说明其主观上存在放任该损害结果发生的心态。被告人王某某、刘某某对这一行为有共同认识和共同意志，应认定为以危险方法危害公共安全罪的共犯。

有观点认为，在认定被告人王某某、刘某某二人成立共同犯罪之后的量刑，无论是一审判处二人有期徒刑四年，还是二审判处二人有期徒刑三年，都没有区分共同犯罪人之间的责任大小与轻重。"被告人王某某、刘某某，原系禹州市三窑沟矿业有限公司井下采煤队正、副队长，从两人的职务身份可以区分并认定：被告人王某某应是主犯，刘某某应是从犯，这样就可以合理分配两人的责任大小与轻重。"[①]笔者不同意此种观点，在共同犯罪中，对共同犯罪人的刑事责任划分主要按照其在共同犯罪中所起的作用大小。以共同犯罪人在共同犯罪中的分工为标准，共同犯罪人可以分为实行犯（正犯）、组织犯、帮助犯和教唆犯；以共同犯罪人对于犯罪结果产生的原因力的大小为标准，共同犯罪人可以分为主犯、从犯和胁从犯。而共同犯罪人间的职务不一定会影响到共同犯罪人在共同犯罪中起到的是主要作用还是次要作用。虽然职务较低，但如果行为人在共同犯罪中起主要作用的，仍应认定为主犯，反之亦然。故在共同犯罪中，不应按照职务关系对主从犯进行区分。当然，如果在共同犯罪中，职务较高的人利用职务之便指使、指挥职务较低的人从事某种犯罪的，应当认定为主犯，并处以较重的刑罚。

[①] 孟庆华、孟昭武主编：《刑事案例诉辩审评——以危险方法危害公共安全罪》（第二版），中国检察出版社2014年版，第105页。

第十七章　破坏交通工具罪

一、如何理解破坏交通工具罪中"足以发生倾覆、毁坏危险"的既遂标准

（一）裁判规则

认定为破坏交通工具罪既遂的，应具备以下两个条件：一是破坏交通工具的行为严重影响到被害人驾驶，具有引发车辆失控或造成事故的可能；二是从被害人行为判断被破坏交通工具是否处于即将使用或正在使用状态。同时，从被害人行为对被破坏交通工具是否处于即将使用或正在使用状态的判断是从一般意义上而言的，不是从事后进行的客观判断。

（二）规则适用

破坏交通工具罪是指故意破坏火车、汽车、电车、船只、航空器，足以使其发生倾覆、毁坏危险的行为。破坏交通工具罪存在具体危险犯，即破坏交通工具的行为须达到"足以使其发生倾覆、毁坏危险"，才构成犯罪既遂。倾覆是指火车出轨、汽车电车翻车、船只翻沉、航空器坠落等，毁坏是指造成交通工具的性能丧失、报废或者其他重大毁损。① 如上所述，对于具体危险犯既遂的判断，应以是否对公共安全产生危险并达到紧迫程度为标准，根据案件实际情况和具体情节进行判断。基于此，在破坏交通工具罪中，"足以使其发生倾覆、毁坏危险"实际上等价于对火车、汽车、电车、船只、航空器五种交通工具造成了发生倾覆、毁坏的紧迫危险，达到紧迫危险程度的，即为破坏交通工具罪既遂。

一般而言，在破坏交通工具行为是否既遂的认定中，多以破坏的是否为交通工具的关键部位为主要判断标准，如果行为人破坏的是车辆的刹车装置、发动机等对被害人驾驶安全存在严重影响的部位，一般认为符合"足以使其发生倾覆、毁坏危险"的既遂标准。实践中对于破坏交通工具罪既遂标准的判断存在一些问题：一是交通工具是一个整体，有时行为人破坏的不是关键部位，如破坏车辆的后

---

① 参见张明楷：《刑法学（下）》（第五版），法律出版社2016年版，第698页。

视镜或车灯系统等,非直接影响车辆行驶进而发生倾覆、毁坏,而是通过影响行为人操控或者易引发交通事故等方式危害车辆行驶的,是否属于破坏交通工具罪既遂。二是行为人实施破坏交通工具行为,是否该行为结束即为达到了"足以使其发生倾覆、毁坏危险"的既遂标准,如果是,对于行为人破坏交通工具后,在被害人驾驶前告知被害人,从而避免损害结果发生的,是否为犯罪中止。三是行为人破坏交通工具后,被害人在驾驶交通工具前进行检查发现问题,未造成损害结果的,是属于破坏交通工具罪的既遂还是未遂。为厘清上述问题,首先须明确破坏交通工具罪既遂的判断标准问题。笔者认为,破坏交通工具的部位是否关键确为影响既遂判断的一个重要因素,但不是唯一判断因素。认定为破坏交通工具罪既遂的,应具备以下两个条件:

第一,破坏交通工具的行为严重影响到被害人驾驶,具有引发车辆失控或造成事故的可能。以破坏交通工具行为是否实质上影响到被害人驾驶,替代破坏的是否为交通工具的关键部位,更符合破坏交通工具罪的立法目的和保护法益。破坏交通工具罪的保护法益为交通运输安全,交通运输安全包括两个层面的含义:一是交通运输本身的安全,即行驶中的交通工具及其所载人员、货物的安全和途中其他交通工具、人员、物品的安全。这也正是人们通常对交通运输安全含义的理解。二是交通运输过程之外的、与特定交通工具相联系的社会公众的期待利益安全。破坏交通工具罪的立法目的在于规制通过破坏他人的交通工具进而危害交通运输安全的行为。从这个角度来看,破坏交通工具行为,无论破坏的是否为交通工具的关键部位,只要该破坏行为严重影响到被害人驾驶,便可能构成破坏交通工具罪。同时,交通工具发生倾覆、毁坏,不仅包含交通工具自身遭到严重破坏进而发生倾覆、毁坏的情形,因交通工具的行驶包括交通工具的运转情况和驾驶员的驾驶行为两个方面,故也应包括破坏交通工具行为通过影响驾驶人员驾驶或者易引发交通事故等方式危害车辆行驶的情形,即"倾覆、毁坏"不仅包括交通工具自身存在问题发生倾覆、毁坏的情况,也包括因驾驶员操作或通过引发交通事故从而倾覆、毁坏的情况。

第二,从被害人行为判断被破坏交通工具是否处于即将使用或正在使用状态。在破坏交通工具罪的认定中,一般将交通工具处于即将使用或正在使用状态作为限定犯罪对象的因素,具体包括三种情况:一是交通工具正在行驶中,二是交通工具处于已交付随时使用的状态,三是交通工具处于不需要再检修便可以使用的状态。也就是说,只有破坏处于即将或正在使用状态的交通工具的行为才可能危害交通运输安全,才能构成破坏交通工具罪,在进行犯罪既遂判断时一般不考虑被害人因素。笔者认为,被害人行为是判断交通工具是否处于即将使用或正在使用状态的重要因素,也是判断犯罪是否既遂的重要因素。在破坏交通工具罪既遂的判断中,不考虑被害人驾驶状态是片面的,因为破坏交通工具行为本身并不能直接危害交通运输安全,只有与被害人的驾驶行为相结合,才可能有使交通工具发生倾覆、毁坏的危险,从而危害公共安全。故在破坏交通工具罪既遂的判断上,须结合被害人驾驶状态这一因素,即被害人是否即将使用或正在使用被破坏的交通工具。以此来分析上文中提到的第二个问题,对于行为人破坏交通工具后,在被害人驾驶前告知被害人,从而避免损害结果发生的,因被害人尚未驾驶该交通工具,从被害人行为判断该交通工具尚未处于即将使用或正在使用状态,该行为尚未达到既遂,故属于犯罪中止。

同时,从被害人行为对被破坏交通工具是否处于即将使用或正在使用状态的判断是从一般意义上而言的,不是从事后进行的客观判断。即一般情况下,被害人即将驾驶车辆的即可认定为既遂。不从事后进行客观判断的理由在于,有时一些介入因素是偶然的,如被害人在驾驶前临时对车辆进行检查,发现问题,避免了损害结果的发生,因为该因素属于偶然介入因素,并不能切断行为人破坏交通工具行为和损害结果之间的因果关系,且该偶然因素发生的概率较低,行为人破坏交通工具的行为实质上已经对交通运输安全产生了紧迫的危险,属于既遂。故而,对于上述第三个问题,行为人破坏交通工具后,被害人临时进行检查发现问题,未造成损害结果的,属于破坏交通工具罪的既遂。当然,如果被害人有开车前检查车辆的习惯,且该破坏部位属日常检查能够发现的问题,该检查行为不属于偶然介入因素,该破坏交通工具的行为属未遂。

【指导案例】丁某某破坏交通工具案①——多次破坏某一交通工具后自动放弃犯罪的是否可以认定为犯罪中止

2013年6月13日晚11时许,居住在宜城市国税局家属院内的被告人丁某某驾车回到该院时与同院居住的付某及其亲戚因会车发生争执,相互推搡,后被他人拉开。为此,被告人丁某某一直怀恨在心,遂想扎破付某的一辆丰田"卡罗拉"轿车的刹车油管,致使付某发生交通事故。同年6月27日晚9时许,被告人丁某某见四周无人,便携带缝包针蹲在付某的轿车左前侧,用缝包针将该车刹车油管扎破三个孔洞。几天后,被告人丁某某见付某未发生交通事故,认为未将该车刹车油管戳通,又于同年7月19日晚10时许采取同样的手段,将付某新更换的刹车油管扎破。但付某的车没有发生交通事故。被告人丁某某想到前两次将付某的轿车刹车管扎破,均没有出现任何交通事故,未达到泄私愤的目的,遂于同年7月30日凌晨1时许,携带扳手、丝袜等作案工具,爬进付某的轿车底盘处,准备将轿车刹车螺丝拧松时,其想到出了人命会造成严重后果,于是被告人丁某某自动放弃了犯罪。

本案被告人丁某某采用扎破汽车刹车油管的方式破坏交通工具,通过影响车辆刹车,意图使被害人发生交通事故,构成破坏交通工具罪没有争议,问题是被告

---

① 案号:(2014)鄂宜城刑初字第00079号,审理法院:湖北省宜城市人民法院。

人丁某某在多次实施扎破汽车刹车油管的行为后,见付某未发生交通事故,又爬进付某的轿车底盘处,准备将轿车刹车螺丝拧松时,在行为中自动放弃了犯罪,被告人丁某某的上述行为是否属于犯罪中止。这需要先判断被告人丁某某的行为是否已经既遂。本案中,汽车刹车油管也称为制动油管,是汽车制动系统中的零部件。汽车刹车油管的主要作用是在汽车制动中传递制动介质,保证制动力传递到汽车制动蹄或制动钳产生制动力,从而使制动随时有效。被告人丁某某多次使用缝包针扎破付某的汽车刹车油管,希望以此致使付某发生交通事故。扎破汽车刹车油管的行为足以影响汽车的制动系统,进而严重影响到被害人驾驶,具有引发车辆失控或造成事故的可能。同时,在汽车刹车油管被扎破的情况下,被害人付某多次驾驶该车辆外出,在付某第一次驾驶被破坏的车辆外出时,该车辆已经处于正在使用状态,被告人丁某某的行为已经产生了足以造成车辆倾覆、毁坏的危险,其行为已经既遂。故被告人丁某某于犯罪既遂后中止犯罪行为,不属于犯罪中止。

【指导案例】沈君伟、赵毅敏破坏交通工具案①——被害人出车前检查发现问题从而避免损害结果的,是否影响破坏交通工具罪的既遂

被告人沈君伟、赵毅敏曾先后受上海"洁而佳"包装食品厂经理沈某的聘请任该厂汽车驾驶员,后均因报酬等问题被该厂辞退,为此,二被告人均心存怨恨。1996年12月6日,被告人沈君伟打电话给被告人赵毅敏,约赵毅敏于同月9日携带白砂糖到其处,然后将糖倒入上海"洁而佳"包装食品厂一辆货车的发动机内进行报复,赵毅敏表示同意。同月9日,赵毅敏按约至沈君伟处。当日夜22时许,二被告人携带白砂糖从沈家前往上海市乔家路197号,由沈君伟打开停放于路旁的上海"洁而佳"包装食品厂平时使用的"香山"牌厢式货车车门,入内后打开发动机盖,赵毅敏即将白砂糖倒入发动机气门弹簧内,二人下车后又各扳断一根雨刷器。接着,赵毅敏弯腰摸寻刹车油管,并向沈君伟索取钢丝钳,沈君伟问干什么?赵毅敏答剪刹车油管,沈君伟便将从车中工具箱内取出的钢丝钳递给赵毅敏,赵毅敏接过钢丝钳将该车前后刹车油管剪断。二被告人作案后,迅即逃离现场。次日,该车驾驶员邹某出车前检查,发现车辆被破坏而停止使用,幸免遇险。后经上海市公安局交通警察总队事故防范处机动车辆技术鉴定:该车制动系统的前、后制动管路的损坏能造成该车(行车)制动系统完全失效。

一审法院认定本案被告人沈君伟、赵毅敏构成破坏交通工具罪。被告人沈君伟以其行为不构成破坏交通工具罪、被告人赵毅敏以其行为构成破坏生产设备罪为由提起上诉,后二审法院经审理维持原判。本案中,被告人沈君伟、赵毅敏共实

---

① 参见王军义:《沈君伟、赵毅敏为泄愤报复破坏他人交通工具案》,载最高人民法院中国应用法学研究所编:《人民法院案例选(分类重排本)·刑事卷》,人民法院出版社2017年版,第691—693页。

施了两项破坏交通工具的行为:一是将白糖倒入上海"洁而佳"包装食品厂平常使用的汽车发动机内,致使汽车发动机因粘连而难以发动,此行为直接致使车辆无法启动,因而不存在造成汽车在行驶中发生倾覆、毁坏的危险。二是将该车的前后刹车油管剪断。如上所述,汽车刹车油管的作用是保证制动力传递到汽车制动蹄或制动钳产生制动力,二被告人的行为使该车的制动系统完全失效,进而严重影响到驾驶员驾驶,具有引发车辆失控或造成事故的可能(前提是二被告人向发动机内倒入白糖的行为未致使车辆无法启动,如果车辆无法启动,破坏车辆制动系统的行为并不会对车辆的行驶产生实际影响)。在车辆已经被破坏后,驾驶员周某在即将驾驶该车辆时,通过检查发现车辆被破坏。在周某即将驾驶该车辆时,被破坏车辆已经处于即将使用的状态,二被告人破坏交通工具的行为已经对公共安全造成了紧迫危险。问题是周某的检查行为是否影响破坏交通工具罪的既遂,此时应根据具体情况分别认定。如果周某在行驶前对车辆进行检查的行为是随机的,检查行为虽避免了损害结果的发生,但是该行为属于偶然介入因素,并不能切断行为人破坏交通工具行为和损害结果之间的因果关系,不影响被告人破坏交通工具的行为已经对交通运输安全产生的紧迫危险,故被告人沈君伟、赵毅敏构成破坏交通工具罪,属犯罪既遂。如果上海"洁而佳"包装食品厂规定对于公用车辆在行驶前需要进行检查,或者驾驶员周某有行车前检查车辆习惯的,该检查行为不属于偶然介入因素,二被告人破坏交通工具的行为并未对公共安全产生紧迫的危险,属未遂。

二、破坏不特定交通工具的行为如何定性

(一)裁判规则

破坏交通工具罪一般针对的是特定的交通工具。对于针对不特定正在使用的交通工具进行破坏的行为,认定时应先判断该行为侵犯的客体是公共安全,还是公共秩序,判断的依据主要是行为的危险程度。如果未达到危害公共安全程度的,一般认定为寻衅滋事罪;如果对公共安全造成了紧迫危险,须进一步明确该行为是否通过对交通工具造成实质破坏从而危害公共安全,如果是,应认定为破坏交通工具罪,如果不是,一般认定为以危险方法危害公共安全罪。

(二)规则适用

破坏交通工具罪一般针对的是特定的交通工具,其中,交通工具仅限于火车、汽车、电车、船只、航空器五种,不包括自行车、马车等非机动车和摩托车、拖拉机等机动车,但一般认为大型拖拉机属于"汽车"范围,其他如轨道车、汽艇、飞艇、热气球以及港口使用的起重机、公路用的养路筑路机、厂矿用的索道车等,如果遭到破坏,可能也会危害公共安全,也应属于破坏交通工具罪的对象。[①] 一般来说,被

---

① 参见赵秉志主编:《当代刑法学》,中国政法大学出版社2009年版,第454页。

破坏的交通工具须处于正在使用或即将使用状态,包括:①交通工具正在行驶或飞行中;②交通工具处于已交付随时可以使用的状态;③交通工具处于不需要再检修就可以使用的状态。如果破坏的是没有交付使用、正在制造、储存或者已经报废的交通工具,不构成破坏交通工具罪。破坏行为通常是指对上述交通工具的整体或者重要部件的破坏。破坏交通工具罪侵害的客体是交通运输安全,一方面包括交通运输过程本身的安全,即行驶中的交通工具及其所载人员、货物的安全和途中其他交通工具、人员、物品的安全;另一方面也包括交通运输过程之外的、与特定交通工具相联系的社会公众的期待利益安全。

对于针对不特定符合上述条件的交通工具进行破坏,一般是正在使用的不特定的交通工具,如在马路上撒放路障、向正在行驶的车辆投掷物品等行为的定性存在争议,主要涉及三个罪名:破坏交通工具罪、以危险方法危害公共安全罪和寻衅滋事罪。破坏交通工具罪和以危险方法危害共公共安全罪都属危害公共安全类犯罪,区别在于行为方式不同。破坏交通工具罪是指通过对交通工具的整体或者重要部件进行破坏的方式危害公共安全的行为,而以危险方法危害公共安全罪是以放火、决水、爆炸和投放危险物质以外的其他与之相当的方法危害公共安全的行为。寻衅滋事罪主要指下列行为:①随意殴打他人,情节恶劣的;②追逐、拦截、辱骂、恐吓他人,情节恶劣的;③强拿硬要或者任意损毁、占用公私财物,情节严重的;④在公共场所起哄闹事,造成公共场所秩序严重混乱的。

在破坏不特定正在使用的交通工具行为的定性上,首先应判断该行为侵犯的客体是公共安全,还是公共秩序,判断的依据主要是行为的危险程度,是否达到了危害公共安全的程度,判断时须综合考量全部客观因素。以向正在行驶的车辆投掷石头的行为为例,判断行为危险性时须考虑投掷的车辆种类、速度,车内乘坐人数,行为发生的时间,行为发生地点的路况、车辆和行人数量,石头打击车辆的部位及破坏情况,是否达到实质影响车辆行驶以及影响的程度等因素,据此判断投掷行为是否实质危害到公共安全。如果对公共安全造成了紧迫危险,应认定为危害公共安全类犯罪;如未达到危害公共安全程度的,一般可以认为行为侵犯的客体为公共秩序,宜认定为寻衅滋事罪。如果行为对公共安全造成了紧迫危险,在破坏交通工具罪和以危险方法危害公共安全罪的选择上,须考查该投掷行为危害公共安全的方式,如投掷行为通过对交通工具造成实质破坏,影响到车辆行驶,足以达到使汽车发生倾覆或者严重毁坏的程度的,应认定为破坏交通工具罪;如投掷行为未对交通工具造成实质破坏,不足以达到使汽车发生倾覆或者严重毁坏的程度,而是通过干扰驾驶人或者破坏驾驶路线等方式影响驾驶,进而危害公共安全的,一般应认定为以危险方法危害公共安全罪。[①]

---

① 参见杜文俊、陈洪兵:《质疑"足以"系具体危险犯或危险犯标志之通说》,载《中国刑事法杂志》2012年第2期。

【指导案例】奴尔拜某寻衅滋事案①——向正在行驶的车辆投掷石块的行为如何定性

2014年4月12日凌晨2时许,杜某驾驶载有约三十人的石河子天富南热电有限公司新C×××××号通勤客车,以每小时40千米左右的速度行驶至石河子消防支队南侧公路。被告人奴尔拜某醉酒后手持石头从路边树林里窜出,并投掷石块击中了正在行驶的新C×××××号通勤客车正对司机的前挡风玻璃,在该客车停驶后又用石头砸裂该客车左侧玻璃,造成财产损失人民币3200元。

本案的公诉方认为被告人向正在行驶的车辆投掷石头,通过破坏交通工具的方式危害公共安全,以被告人构成破坏交通工具罪提起公诉,后法院经审理认为被告人构成寻衅滋事罪。本案中,被告人奴尔拜某向行驶中的通勤客车投掷石块的行为仅有一下,击中了该汽车的驾驶室正前方的玻璃,客车停驶后又持石头砸裂客车左侧玻璃,造成驾驶室前方、左侧玻璃产生裂纹的损坏后果。被石块砸中的通勤客车为接送工人上下班的班车,结合客车的重量、凌晨2时案发时该车正以四十码左右的时速行驶的道路环境状况等客观条件,被告人奴尔拜某一次投掷石块的行为不足以造成该通勤客车发生倾覆,从石块击中的部位来看,不足以造成该通勤客车的性能丧失、报废或者有其他重大毁损的危险,亦未对驾驶人员造成严重干扰。被告人奴尔拜某的行为虽具有一定的危险性,但这种危险性不足以达到使汽车发生倾覆或者严重毁坏的程度,亦未对道路上行驶的其他车辆和行人产生紧迫危险,故被告人奴尔拜某的行为未对公共安全造成紧迫危险,其行为侵犯的客体不属于公共安全,而属于公共秩序。寻衅滋事罪的主体是一般主体,侵犯的客体是社会公共秩序,主观方面表现为故意,客观方面表现为任意损毁、占用公私财物等,情节恶劣的行为。本案被告人奴尔拜某饮酒后无事生非,随意持石块砸打正在行驶的载有乘客的汽车的玻璃,影响了该汽车的正常运行秩序,并造成经济损失人民币3200元,情节严重,其行为符合寻衅滋事罪的犯罪构成,应认定为寻衅滋事罪。

【指导案例】薛某等破坏交通工具案②——为报复他人在马路上放置三角铁钉的行为是否构成破坏交通工具罪

2013年8月7日,薛某、冯某、李某、张某某、彭某、肖某在芦溪金鹰广场附近的鸿发楼商议报复刘某萍时,薛某提议制作三角铁钉摆放在万龙山境内的公路上,用以刺破高坑司机货车的轮胎,阻止高坑司机帮刘某萍运输石英,冯某、李某、张某某、彭某、肖某表示同意。商量好后,薛某电话联系芦溪镇快活岭汽车钣金修

---

① 案号:(2014)石刑初字第261号,审理法院:新疆维吾尔自治区石河子市人民法院。
② 一审案号:(2014)芦刑初字第45号,审理法院:江西省芦溪县人民法院;二审案号:(2014)萍刑一终字第77号,审理法院:江西省萍乡市中级人民法院。

理厂的李某1,并在该厂定制一批三角铁钉。8月9日凌晨1时许,薛某、李某发现有车进万龙山运石英,薛某遂电话通知冯某、彭某、张某某、肖某。六被告人在芦万武公路隧道口汇合,由薛某进行分工,六人分成两组(薛某、冯某、彭某一组,李某、张某某、肖某一组),而后分别将制作好的三角铁钉放置到万龙山境内的公路上,造成被害人唐某宇的货车(赣CA02××)的左侧前、后轮被刺破,黄某博的货车(赣J609××)的左侧前轮被刺破,姚某勇的货车(赣J613××)的右侧前轮被刺破,赖某萍的货车(赣J212××)的右侧后内轮胎被刺破,赖某强的货车(赣J609××)的左侧前、后轮被刺破,刘某财的货车(赣J648××)的右侧前轮和左侧后内轮被刺破。经鉴定,以上6辆货车损坏的价值为人民币18053元。

一审法院认定六被告人的行为均已构成破坏交通工具罪。薛某以其系故意毁坏财物,并未造成足以使汽车发生倾覆、毁坏危险,不构成破坏交通工具罪为由提出上诉。本案中,六被告人定制三角铁钉,将其放置在公路上,三角铁钉足以刺破公路上行驶车辆的轮胎,轮胎刺破后,会影响车辆平衡,在惯性作用下,易造成车辆失控或侧翻。虽然该行为客观上只造成6辆车损坏,但结合六被告人放置三角铁钉的地点为隧道口,道路较窄且车流量较大,通行车辆多为货车,载重较大,轮胎破损易使其侧翻,该行为实际上已经对被害车辆及附近行驶的车辆中不特定人的安全造成了紧迫危险,严重危害公共安全,属危害公共安全类犯罪,故寻衅滋事罪、故意毁坏财物罪不足以涵盖六被告人之行为。六被告人危害公共安全的方式是通过破坏正在行驶中的交通工具,产生足以使汽车发生倾覆、毁坏的危险,进而危害公共安全。六被告人明知在公路上放置铁钉的行为会危害在公路上行驶的不特定车辆的安全,为了报复刘某萍而放任危害公共安全的结果发生,主观上对损害结果属间接故意,六人的行为均已构成破坏交通工具罪。其中,薛某在共同犯罪中起主要作用,是主犯;其归案后能如实供述犯罪事实,可从轻处罚。冯某、李某、张某某、彭某、肖某在共同犯罪中起次要作用,是从犯,均可减轻处罚。

【指导案例】陈某甲、姚某以危险方法危害公共安全案[①]——**向正在行驶的大巴车投掷物品的行为如何定性**

2014年9月5日13时许,被害人许某驾驶大巴车在沈海高速慈城段正常超越前方由姚某驾驶的长城牌越野车后,遇其他车辆突然变道,许某采取减速并往右变道的措施避让,致使姚某驾车紧急迫停。乘坐在长城牌越野车内的陈某甲对此气愤不已,遂指使姚某驾车追逐大巴车讨要说法,当两车并行时先后用牛奶盒、螺丝刀扔砸大巴车驾驶室车窗等处。后被告人陈某甲见许某不予理睬,遂让姚某驾车超越大巴车后在前方违规停车,自己则手持扳手下车示意大巴车靠边停车。

[①] 案号:(2015)甬北刑初字第328号,审理法院:浙江省宁波市江北区人民法院。

因大巴车行经其身边却未听从其意思,陈某甲即将所持扳手扔向大巴车,致大巴车右侧最后一块车窗玻璃严重受损。经鉴定,被砸车窗玻璃受损价值为人民币1090元。

本案中,被告人陈某甲在高速公路上先后用牛奶盒、螺丝刀扔砸大巴车驾驶室车窗,后持扳手扔向大巴车,因高速公路上车速较快,向车辆扔、砸物品的,物品被投掷的速度,加上车辆行驶的速度,使得所投掷物品砸中车辆时冲击力较大,其中扳手的重量较大,击中正在高速行驶的车辆所带来的冲击力足以对车辆造成破坏或严重影响驾驶员的驾驶行为。而且高速公路上行驶车辆较多,被告人的行为严重影响被害车辆及附近车辆的行驶,从而危害到高速公路上行驶的不特定人员和车辆的安全,其行为已对公共安全造成紧迫危险,构成危害公共安全类犯罪。被告人的投掷行为虽对车辆造成一定的破坏,但并未产生足以使其倾覆、毁坏的危险,故不构成破坏交通工具罪;但该行为已经严重影响到驾驶人员的驾驶行为和车辆的正常行驶,从而危害公共安全。向正在行驶的车辆投掷物品的行为具有"一次性"致人伤亡的可能,该行为一旦实施后,损害结果难以控制及预料,该行为与损害结果间存在直接因果关系,属于"其他危险方法"。被告人明知其投掷行为可能会造成危害公共安全的结果,为泄愤放任损害结果的发生,主观上属间接故意。被告人陈某甲的行为构成以危险方法危害公共安全罪。被告人姚某明知他人实施危害公共安全的行为,仍提供帮助,其行为也已构成以危险方法危害公共安全罪。在共同犯罪中,被告人陈某甲居主导地位,起主要作用,是主犯,应对其参与的全部犯罪承担责任;被告人姚某起辅助作用,是从犯,依法予以减轻处罚。

第十八章　破坏交通设施罪

一、如何界定破坏交通设施罪中的"交通设施"

(一) 裁判规则

在认定破坏交通设施罪中的"交通设施"时需要考查以下三点：一是交通设施是正在使用中，还是处于正在建设、维修或者废弃不再使用等状态。二是该交通设施是否属于关键设施。三是破坏后是否有造成火车、汽车、电车、船只、航空器发生倾覆、毁坏的危险。

对于以盗窃等方式破坏既具有交通设施属性，又具有公用电信设施属性的物品的，一是要考查该行为是否可能严重危害到交通运输安全，二是要考查该行为是否严重危害公共电信安全，三是要考查该行为是否构成盗窃罪或故意毁坏财物罪。

(二) 规则适用

破坏交通设施罪是指破坏轨道、桥梁、隧道、公路、机场、航道、灯塔、标志或者进行其他破坏活动，足以使火车、汽车、电车、船只、航空器发生倾覆、毁坏危险的行为。目前，司法解释并没有明确规定破坏交通设施罪中"交通设施"的含义，而实践中对一些行为是否可以认定为破坏交通设施罪存在争议。词典中没有对"交通设施"进行整体释义，只有对"交通"和"设施"的释义。"设施"在词典中的含义是指为某种需要而建立的机构、设备、建筑等。① 故交通设施是指在交通运输过程中满足运输需要的建筑、设备等。生活中的交通设施不胜枚举，轻微的破坏交通设施的行为如乱涂斑马线等一般不认定为犯罪，只有所破坏的交通设施可能造成"足以使火车、汽车、电车、船只、航空器发生倾覆、毁坏危险"的，才能认定为破坏交通设施罪。

在认定破坏交通设施罪中的"交通设施"时，需要考查以下几点：第一，交通设

---

① 参见中国社会科学院语言研究所词典编辑室编：《现代汉语词典》(第五版)，商务印书馆2005年版，第680—681页。

施是正在使用中,还是处于正在建设、维修或者废弃不再使用等状态。只有正在使用中的交通设施才能真正为交通工具所利用,才有可能影响到交通运输安全。如果行为人破坏的是处于暂时停止使用的交通设施,此时交通设施不具有威胁交通运输安全的影响力,仅具有财物属性。第二,该交通设施是否属于关键设施。这主要看该交通设施的破坏是否会对交通安全带来不利影响,如果破坏部分属于交通设施附件,只起次要或辅助作用,或是实质上不影响该交通设施发挥作用的,其破坏并未对交通运输安全造成实质影响。如盗窃路名牌,路名牌是让交通参与者知道其行驶的地点、路线的工具,没有路名牌的最坏结果也只是可能让交通参与者不知其行驶的地点、路线,其不属于关键设施,若有损坏,并不能对交通安全造成实质危害。第三,交通设施被破坏后是否有造成火车、汽车、电车、船只、航空器发生倾覆、毁坏的危险。这需要考查该交通设施是否从作用上会影响交通安全,如破坏的限速标志对速度的要求是否符合一般路段的常识性要求,如果属于一般性规定,如高速公路上最低时速的规定。根据《道路交通安全法实施条例》第 78 条的规定,同方向有 2 条车道的,左侧车道的最低车速为 100 千米/时;同方向有 3 条以上车道的,最左侧车道的最低车速为 110 千米/时,中间车道的最低车速为 90 千米/时。此为一般规定,损坏此种限速标志对驾驶者来说并无实质影响;但如果限速标志上的速度为特殊规定,破坏后驾驶者难以进行判断的,可以认定为实质上影响了交通安全。

  对于以盗窃等方式破坏既具有交通设施属性,又具有公用电信设施属性的物品,如盗剪铁路通讯线的行为,如何认定存在争议。对此,存在四种意见:第一种意见认为,该行为危害了公用电信安全,构成破坏公用电信设施罪。第二种意见认为,该行为对公用电信安全的危害小于对交通安全的危害,应认定为破坏交通设施罪。第三种意见认为,破坏公用电信设施数额巨大的,应认定为盗窃罪,未达到较大标准的,认定为破坏公用电信设施罪。第四种意见认为,该行为既构成破坏交通设施罪,又构成破坏公用电信设施罪,应予并罚。① 笔者认为,对此行为应区别具体情况依次认定:第一,考查被破坏的物品是否属于用于指挥行车、保障行车安全的公用电信设施、设备,如铁路行车调度电话、铁路通讯线等,破坏这些物品可能严重危害到交通运输安全,这些物品属于破坏交通设施罪的保护对象。第二,考查该行为是否严重危害公共电信安全。如果破坏既具有交通设施属性,又具有公用电信设施属性的物品并未危害交通安全的,只构成破坏公用电信设施罪;如果既危害交通安全又危害公用电信安全的,同时构成两罪,属想象竞合,按照情节较重的犯罪认定。第三,考查该行为是否构成盗窃罪或故意毁坏财物罪。如果行为既未危害交通安全,也未危害公用电信安全,须进一步考查该行为是否

---

  ① 参见张守贵:《韩庆举、程某某盗剪铁路通讯线破坏交通设备和通讯设备案》,载最高人民法院中国应用法学研究所编:《人民法院案例选(分类重排本)·刑事卷》,人民法院出版社 2017 年版,第 694—696 页。

符合盗窃罪、故意毁坏财物罪的构成要件和入罪标准。

【指导案例】王廷明破坏交通设施案[①]——**盗窃正在使用的交通标志牌是否构成破坏交通设施罪**

2008年1月7日夜,被告人王廷明携带钢锯、管钳、扳手等作案工具,在赣榆县班庄镇圣泉街、振班街、327国道赣榆县欢墩收费站东侧十字路口等地,盗窃路名牌4个、十字路口标志牌2个、限速标志牌2个、限重标志牌1个。

道路交通标志是用图形、颜色、符号与文字,向交通参与者传递特定信息,用以指示、导向、警告、控制和限定某种交通行为的一种管理设施,使交通参与者获得正确的道路信息,是交通管理的重要手段,在公路与城市道路交通管理中占有重要的地位。本案中,被告人所盗窃的交通标志牌,包括正在使用中的限重、限速、十字路口标志牌、路名牌共计9块。这些交通标志牌都正在使用中,从其所盗窃的交通标志牌的种类来看,路名牌仅具有标注作用,对车辆行驶无实质影响,而十字路口标志牌对行驶车辆具有危险提示作用,限速标志牌和限重标志牌划定了行驶车辆的速度及重量,都属于关键设施。而且其中部分标志牌是在车流量较大的国道上,这些标志的缺失,使得交通参与者不能获得正确的道路交通信息,应当限重、限速的路段而未限重、限速,通过十字路口时可能未进行减速、避让,一旦遇到紧急状况有可能因而发生交通事故,此行为使得相关区域的交通安全处于一种危险状态,可以认定被告人的行为已经造成了足以使车辆发生倾覆、毁坏的危险。虽然被告人的行为动机是为了非法占有,但主观上对破坏交通设施后可能给交通安全带来的危险是明知的且持放任态度,故应认定为破坏交通设施罪。

二、如何判断破坏交通设施罪中的"足以使火车、汽车、电车、船只、航空器发生倾覆、毁坏危险"与"造成严重后果"

(一) 裁判规则

"足以使火车、汽车、电车、船只、航空器发生倾覆、毁坏危险"是指对火车、汽车、电车、船只、航空器五种交通工具造成了发生倾覆、毁坏的紧迫危险。在具体判断上,要求破坏交通设施的行为可能严重影响到行为人驾驶,具有引发车辆失控或造成事故的危险。

对于破坏交通设施罪中"严重后果"的判断,因交通工具及相应交通设施的不同,适用统一的标准存在困难,所以对于破坏交通设施罪中的严重后果的认定应坚持综合评价标准。以破坏火车轨道行为为例,火车倾覆、毁坏是判断标准,但不

[①] 参见韦庆涛:《王廷明破坏交通设施案》,载最高人民法院中国应用法学研究所编:《人民法院案例选(分类重排本)·刑事卷》,人民法院出版社2017年版,第697—699页。

是必要条件,其他需要考量的因素主要包括中断停车的时间、人员伤亡、重大的直接经济损失等。

(二) 规则适用

《刑法》第 117 条规定:"破坏轨道、桥梁、隧道、公路、机场、航道、灯塔、标志或者进行其他破坏活动,足以使火车、汽车、电车、船只、航空器发生倾覆、毁坏危险,尚未造成严重后果的,处三年以上十年以下有期徒刑。"第 119 条第 1 款规定:"破坏交通工具、交通设施、电力设备、燃气设备、易燃易爆设备,造成严重后果的,处十年以上有期徒刑、无期徒刑或者死刑。"可见,破坏交通设施罪分为具体危险犯和实害犯,具体危险犯的既遂标准为"足以使火车、汽车、电车、船只、航空器发生倾覆、毁坏危险",实害犯的既遂标准为"造成严重后果"。

对于"足以使火车、汽车、电车、船只、航空器发生倾覆、毁坏危险"的判断,与上文所述破坏交通工具罪相似。倾覆是指火车出轨、汽车电车翻车、船只翻沉、航空器坠落等,毁坏是指造成交通工具的性能丧失、报废或者其他重大毁损。"足以使火车、汽车、电车、船只、航空器发生倾覆、毁坏危险",是指对火车、汽车、电车、船只、航空器五种交通工具造成了发生倾覆、毁坏的紧迫危险。在具体判断上,破坏交通设施罪与破坏交通工具罪不同,因为破坏交通工具罪一般仅针对特定或少数不特定车辆实施,行为的损害范围较小,故在破坏行为具有引发车辆失控或造成事故危险的基础上,要求从被害人行为判断交通工具处于正在使用或即将使用的状态,两因素相结合才对公共安全产生紧迫危险。而交通设施为不特定的火车、汽车、电车、船只、航空器的行驶所需,几乎时刻都处于正在使用或即将使用的状态,且交通设施一旦损坏,维修需要一定时间,在这一段时间内也会给其后通过的火车、汽车、电车、船只、航空器的行驶带来影响。故在判断破坏交通设施罪是否既遂时,不需要被害人处于需要使用该交通设施的状态,只要破坏交通设施的行为可能严重影响到行为人驾驶,具有引发车辆等失控或造成事故的危险的,即可认定为既遂。

对于"严重后果"的判断,司法解释没有对破坏交通设施罪中的严重后果作出明确界定,实践中时常出现标准不统一和量刑不平衡的现象。由于交通工具及相应交通设施的不同,严重后果的判断标准应该有所差异,制定统一的标准确实存在困难,所以对于破坏交通设施罪中的严重后果的认定应坚持综合评价标准。以破坏火车轨道行为为例,对其"严重后果"的认定应考量火车倾覆毁坏情况、人员伤亡、直接经济损失、中断行车时间以及其他危害公共安全的情节等因素。具体来说,应考量以下几点:一是人员伤亡和重大的直接经济损失。人员伤亡和财产损失直接反映了破坏交通设施行为的危险性,在具体数额标准的认定上,可以参照有关破坏电力设备、破坏油气设备、破坏公用电信设施等破坏公用设施类犯罪的司法解释中对于数额标准的规定。二是火车倾覆毁坏情况。火车实际倾覆的,行为的危害性较大,应当认定严重后果;火车遭受重大毁损也可认定为严重后果,但这些并不是破坏交通设施罪法定刑升格的唯一标准和必要条件。三是中断行车时间。破坏交通设施罪保护的法益是交通运输安全,不仅包括交通运输本身的安全,即行驶中的交通工具及其所载人员、货物的安全和途中其他交通工具、人员、物品的安全,也包括交通运输过程之外的、与特定交通工具相联系的社会公众的期待利益的安全。中断行车时间越长,对交通运输秩序和安全的损害越大。《破坏电力设备刑事案件解释》规定了"造成一万户以上用户电力供应中断六小时以上,致使生产、生活受到严重影响的"属于破坏电力设备罪中的"造成严重后果"。中断行车时间与中断电力供应相似,会对相应领域的秩序、安全生产造成严重影响,故较长时间中断行车等因素应当作为破坏交通设施罪严重后果的判断标准。四是对于危害性与上述三类情形相当的其他严重危害公共安全的情形,也可认定为严重后果。

【指导案例】陈勇破坏交通设施案[①]——破坏火车铁轨行为中"严重后果"的判断

2015年6月6日12时30分许,被告人陈勇从昌福线540千米处一临时板房内盗出铁锤1把、断线钳一把、扳手2把、螺丝刀1把、柴油发动机油1桶及机械用润滑黄油5管,随后窜至昌福线福州站至杜坞站区间539千米+820米处下行线栅栏边,用铁锤将栅栏水泥栏条砸断,进入昌福线路。陈勇用铁锤将昌福线下行线539千米+820米处铁轨扣件砸坏21个,把黄油涂抹在该段铁轨上再浇上机油。随后又窜至昌福线福州至杜坞区间540千米+20米处上行线左侧,用铁锤砸、脚踹等方式,强行打开该处铁轨旁的信号控制箱,破坏了箱内的电路板、电线等设施,之后把附近的电缆槽盖板翻开,用断线钳剪断电缆槽内的8根通信光缆。当日14时26分,福州工务段安全生产调度中心发现昌福线福州至杜坞区间出现红网报警,福州车站发出调度命令,于14时41分封锁该区间。经抢修,至19时36分区间线路恢复正常。2015年6月7日,陈勇被抓获,到案后如实供述,自愿认罪。

本案中,被告人陈勇使用铁锤砸坏铁轨扣件,在铁轨上涂抹黄油、浇机油,同时破坏铁路信号控制装置中的电路板、电线等设施,剪断通信光缆,上述行为属于破坏正在使用中的铁路设施。破坏铁轨、铁路信号控制装置和通信光缆的行为直接影响火车行驶,具有引发车辆失控或造成事故的危险,足以使火车发生倾覆、毁坏危险,其行为已构成破坏交通设施罪。本案争议焦点是:被告人的犯罪行为是否属于《刑法》第119条第1款规定的"造成严重后果"。如上所述,破坏交通设施行为对公共安全法益造成的现实侵害事实,包括火车等交通工具的倾覆、毁坏,以及人员的伤亡、财产的损毁,中断行车对铁路运营安全

---

① 参见徐英荣:《破坏交通设施罪严重后果的判断》,载《人民司法》2016年第17期。

和运营秩序的危害等。本案中被告人的行为虽并未造成火车倾覆、毁坏，亦未造成人员伤亡，但该犯罪行为导致该线路中断行车达 5 小时，17 辆列车不同程度晚点，长时间中断行车对铁路运营安全和运营秩序造成了严重危害，故应当认定造成了严重后果，适用《刑法》第 119 条第 1 款规定，在十年以上有期徒刑、无期徒刑或死刑的幅度内量刑。

第十九章 破坏电力设备罪

一、如何判断破坏电力设备行为是否"危害公共安全"

(一) 裁判规则

在审理破坏电力设备类犯罪案件时,认定犯罪行为是否对公共安全产生危险,需要考查被破坏的电力设备用途、是否正在使用及是否属于关键设备。如果破坏的是正在使用中的高压输电线路,或者用于医疗、交通、抢险、生产、养殖等领域的正在使用中的电路,往往会危害公共安全。而对于一般生活用电、景观照明等用电线路则要视其损害的范围、时间,以及是否造成了严重后果而定。

对于为盗窃财物而实施的破坏电力设备行为,应考查该行为是否危害到公共安全,同时该盗窃行为是否达到盗窃罪的数额标准,如果行为已经达到危害公共安全的程度,且符合盗窃罪数额标准的,同时构成两罪,属想象竞合,按照重罪定罪处罚。在两罪发生竞合且相对应的法定刑幅度相当时,因破坏电力设备罪的犯罪客体涵盖更广,且其存在具体危险犯,相较盗窃罪,破坏电力设备罪为重罪。

(二) 规则适用

破坏电力设备罪,是指故意破坏电力设备,危害公共安全的行为。其中,电力设备是指发电设备、供电设备、变电设备及输电线路等保障电力供应的各种设备。破坏电力设备罪既包括破坏电力设备行为直接危害公共电力安全的情形,也包括通过电力设备的破坏危害不特定人的安全或重大财产安全的情形。在破坏电力设备罪的认定中,行为是否达到危害公共安全程度的判断是关键问题,在判断时一般应考量以下因素。

第一,被破坏电力设备的用途。一般认为,如果破坏的是正在使用中的高压输电线路,或者用于医疗、交通、抢险、生产、养殖等特殊领域的正在使用中的电路,足以危害公共安全。因高压电线覆盖的用电人数较多,一旦遭到破坏,将影响较大范围内用户的电力使用,同时,高压线破坏后的抢修与修复需要较长时间,因此,破坏高压输电线路的行为危险性较高,一般足以危害公共安全。而用于医疗、交通、抢险、生产、养殖等特殊领域的正在使用中的电路,与人身安全或重大财产安全息息相关,医疗领域的急救抢救设备、重症病人的呼吸维持设备,交通领域的指示灯,抢险领域的救援设备、挖掘设备等都需要电力供应,这些领域的电力供应直接影响病人、驾驶员、行人和被抢险人的人身安全,生产、养殖领域部分生产设备或养殖设备需要持续的电力供应,如养殖某些贵重鱼类的氧气泵,如果失去电力供应,鱼类可能会因缺失氧气供应而死亡,从而造成财产损失。当然,如果破坏虽属上述特殊领域,但实际上所破坏的电力设备只是造成小范围电力中断供应,且并未影响到不特定人的安全和重大财产安全的,则不属于足以危害公共安全。对于破坏一般生活用电、景观照明等用电线路的行为,则要视其造成电力供应中断的范围及时间,以及是否造成了严重后果而定。

第二,破坏的对象须是正在使用中的电力设备,破坏未在使用中的电力设备不能危害公共电力安全。此处的正在使用不是仅指行为人实施破坏电力设备行为时该电力设备正在使用,而是从行为人实施破坏电力设备行为到电力设备修复这段时间该电力设备都无须使用,且对电力设备在此时间段内是否需要使用的判断不是事后的客观性判断,而是一般意义上从行为人进行的可能性判断。构成破坏电力设备罪的行为包括行为人实施破坏电力设备行为时电力设备正在使用中和可能即将使用两种情况。如行为人破坏某医院抢救室的供电设备,其实施破坏电力设备行为时该院内无正在抢救的病人,至电力设备修复时也无需要抢救的病人,该行为从事后进行判断的话,并未对公共安全造成实际损害,但是医院抢救室时刻需要电力供应,以便应对突发的抢救情形,故行为人的行为虽然未造成实际损害,但是造成了在电力设备修复阶段病人到医院抢救无法得到救治的危险,可以认定为足以危害公共安全。

第三,破坏的电力设备须为关键设备。电力设备中分为关键设备和辅助设备,关键设备直接影响电力供应,而辅助设备只是对电力供应提供帮助,其破坏一般不会影响电力供应,故行为人破坏的须为电力设备中的关键设备。只有破坏电力设备后,实质上影响到电力供应,从而危害公共电力安全,或不特定人和重大公私财产安全的行为,才能认定为破坏电力设备罪。只破坏电力辅助设备的,一般不认为构成破坏电力设备罪,如破坏火力发电厂用于运输煤炭的铁路专用线电路的行为。火力发电厂用于运输煤炭的铁路专用线电路,虽然也属电力设备,但是只属于辅助设备。因为火力发电厂一般会储存一定数量的煤炭,破坏发电厂运煤专用线的行为虽可能会影响到发电厂的煤炭运输,但其行为一般不会危害到公共安全,且铁路专用线也属于交通设施,该破坏行为直接影响的是交通运输安全,应认定为破坏交通设施罪,而不是破坏电力设备罪。

司法实践中,很多破坏电力设备案件都以盗窃的方式实施,对于为盗窃而破坏电力设备的,应考查该行为是否危害到公共安全,同时该盗窃行为是否达到盗窃罪的数额标准。如果行为已经达到危害公共安全的程度,且符合盗窃罪数额标准的,同时构成两罪,属想象竞合,按照重罪定罪处罚。对此,《破坏电力设备刑事案件解释》第 3 条对破坏电力设备罪和盗窃罪的竞合问题的处理作出了明确规定:"盗窃电力设备,危害公共安全,但不构成盗窃罪的,以破坏电力设备罪定罪处罚;同时构成盗窃罪和破坏电力设备罪的,依照刑法处罚较重的规定定罪处罚。盗窃电力设备,没有危及公共安全,但应当追究刑事责任的,可以根据案件的不同情况,按照盗窃罪等犯罪处理。"

根据《刑法》第 118 条和第 119 条的规定,破坏电力设备罪,危害公共安全,尚未造成严重后果的,处三年以上十年以下有期徒刑;造成严重后果的,处十年以上有期徒刑、无期徒刑或者死刑。根据《刑法》第 264 条的规定,盗窃罪一般处三年以下有期徒刑、拘役或者管制,并处或者单处罚金;数额巨大或者有其他严重情节的,处三年以上十年以下有期徒刑,并处罚金;数额特别巨大或者有其他特别严重情节的,处十年以上有期徒刑或者无期徒刑,并处罚金或者没收财产。一般来说,对"处罚较重"的判断以法定刑主刑的轻重为标准①,在两罪发生竞合,且相对应的法定刑主刑幅度相当时,对于竞合时的罪名适用问题,存在两种观点:第一种观点认为,在竞合的两罪主刑相同的情况下应比较附加刑的轻重,盗窃罪除自由刑外还要并处罚金,因此盗窃罪相对更重。第二种观点则认为,应通过比较两种犯罪的社会危害性及犯罪行为本身的性质来确定罪名的轻重。笔者认为,第二种观点比较妥当,理由在于:一方面,从侵害的客体上,破坏电力设备罪的犯罪客体是公共安全,涵盖不特定多数人的人身、财产权利,以及公共电力安全,盗窃罪的客体只有财产权,故破坏电力设备罪的客体涵盖更广,即便量刑相当也应该以破坏电力设备罪追究其刑事责任。另一方面,从犯罪构成上,破坏电力设备罪存在具体危险犯,即行为人实施破坏行为,不论犯罪数额多少,只要行为存在危害公共安全的危险,即使尚未造成后果也应依法追究其刑事责任,而普通盗窃罪是数额犯,达到法定金额才构成犯罪,从这个角度来看,破坏电力设备罪属于重罪。因此,当破坏电力设备罪和盗窃罪发生竞合时,如果相对应的法定刑幅度相当,除非能够证明盗割电线的行为没有对公共安全造成危害,或者符合盗窃罪构成要件的事实情节明显重于符合破坏电力设备罪构成要件的事实情节,否则,应当以破坏电力设备罪依法追究其刑事责任,因盗窃所造成的财产损失可以在量刑过程中考量。②

---

① 对此存在法定刑比较说和宣告刑比较说。现阶段刑法学界通说为法定刑比较说。参见高铭暄:《刑法学原理》(第二卷),中国人民大学出版社 1993 年版,第 533 页;张明楷:《刑法学(上)》(第五版),法律出版社 2016 年版,第 489 页。

② 参见张浩、张大巍:《冯留民破坏电力设备、盗窃案——结合司法解释看破坏电力设备罪与盗窃罪的竞合》,载最高人民法院刑事审判第一、二、三、四、五庭主办:《刑事审判参考》(总第 64 集),法律出版社 2009 年版,第 8—13 页。

【指导案例】付海军破坏电力设备案①——**在他人盗割过的线路上盗割电线的行为是否构成破坏电力设备罪**

1999年7月17日凌晨4时许,被告人付海军窜至宝国老镇边家沟村朝阳沟村民组,将该组已被盗割的通往机电井输电线路上的25平方动力裸铝线盗走240延长米,价值人民币375元。次日夜间,付海军又携带脚扣、钳子等作案工具,窜至该处企图再次盗窃作案时,被当地群众组织的巡逻人员当场抓获。在抓捕过程中,付海军用脚扣将巡逻人员米振国的胸部打伤。

对于本案被告人付海军行为的认定,存在两种意见:一种意见认为,付海军在7月17日凌晨4时盗割电线之前,该输电线路已经被人盗割而不能继续使用。他所盗割的供电线路上的电线不是正在使用中的电力设备,因而其行为不构成破坏电力设备罪,应以盗窃罪定罪。另一种意见认为,付海军盗割的电线是正在供农田灌水使用的输电线路上的电线,虽然在他盗割之前已经遭到破坏,但仍然属于正在使用中的电线,他的行为不过是继他人之后继续进行破坏而已,应认定为破坏电力设备罪。笔者同意前一种意见,虽然付海军盗割的电线是正在供农田灌水使用的输电线路上的电线,但因在付海军盗窃前,已经被盗割,该处电线已经遭到破坏而失去相应功能,两次破坏行为都为盗割,上次盗割所破坏的电线尚未修复,故本案被告人付海军的盗割行为对该电路已经中断的现状及电线的修复时间,即对农田灌水用电的中断时间并无实质影响,未危害到公共电力安全,不构成破坏电力设备罪。同时,被告人付海军的行为虽属盗窃,但盗窃物品价值人民币375元,未达到盗窃罪的数额标准,也无其他严重情节,故不构成盗窃罪。综上,被告人付海军的行为不构成犯罪。

【指导案例】彭定安破坏电力设备案②——**盗割铁路电气化接触网回流线的行为如何认定**

2002年5月22日晚12时许,被告人彭定安伙同万易良、万长青、"小李"、"小陈"(均在逃)在京广线上行线K1416/100M处,将正在使用中的318号至332号支柱杆之间的接触网回流线剪断,盗得回流线340米(19股单芯钢线、18股铝绞线),造成直接经济损失人民币5250元。当被告人第三次爬上支柱杆欲剪回流线时,被高压电弧烧伤左上肢,即逃离现场,后于2002年5月27日被抓获。

---

① 参见程文玉:《付海军在他人盗割过的线路上盗割电线破坏电力设备案》,载最高人民法院中国应用法学研究所编:《人民法院案例选(分类重排本)·刑事卷》,人民法院出版社2017年版,第703—704页。

② 参见杨才清:《彭定安破坏电力设备案——盗割铁路电气化接触网回流线的行为如何定性》,载最高人民法院刑事审判第一庭、第二庭编:《刑事审判参考》(总第30辑),法律出版社2003年版,第1—4页。

本案的争点是,作为犯罪对象的铁路电气化接触网回流线,是属于交通设施还是电力设备。接触网回流线是牵引供电设备的组成部分,对此,1992年铁道部发布的《铁路技术管理规程》①第118条规定:"牵引供电设备应有牵引变电所、接触网、馈电线及油业务车、移动变电所、电气试验车、接触网检修车和接触网检查车。"2018年交通运输部发布的《高速铁路基础设施运用状态检测管理办法》第3条第2款规定:"本办法所称高速铁路基础设施,包括高速铁路线路、桥隧、信号、通信、牵引供电设备等。"故从形式上看,接触网回流线既属于交通设施,又属于电力设备,但从实质上看,铁路电气化接触网回流线是牵引电流的重要通道,其作用相当于普通照明电路中的零线,被剪断后将会造成牵引供电系统回流电路不畅通,电路参数发生变化,电能损耗加大,严重时可能造成电流中断。因此,铁路电气化接触网回流线实质上起着保障电力输送畅通的作用,盗割回流线有可能造成电力供应中断,牵引机车失去动力无法正常工作,但不存在使列车发生倾覆、毁坏的危险,故被告人彭定安的行为构成破坏电力设备罪,而不是破坏交通设施罪。同时彭定安盗割接触网回流线数额较大,已构成盗窃罪。故本案被告人盗割接触网回流线,既构成盗窃罪,又构成破坏电力设备罪,系想象竞合犯,按照择一重罪处罚的原则,根据本案的具体情节,应依照《刑法》第118条的规定,以破坏电力设备罪追究其刑事责任。

二、盗窃电力设备过程中以暴力手段抗拒抓捕的是否构成转化型抢劫罪

(一)裁判规则

盗窃电力设备过程中,为抗拒抓捕而实施暴力或以暴力相威胁的,可以转化为抢劫罪,理由在于,转化型抢劫罪的成立并不以前行为构成犯罪为必要,且对于《刑法》第269条规定的"盗窃、诈骗、抢夺罪"应理解为类罪。在罪名认定上,盗窃电力设备行为具备转化型抢劫罪的条件时,对于行为人应在破坏电力设备罪和抢劫罪中择一重罪处罚。

(二)规则适用

抢劫罪,是指以非法占有为目的,以对被害人当场实施暴力或者以当场实施暴力相威胁,或者以使被害人不能抗拒的方法,迫使其当场交出财物或者夺走其财物的行为。在抢劫罪中,行为人采用暴力、胁迫或其他手段,对被害人实施人身攻击,使之产生恐惧,须达到使之不能反抗或不敢反抗的程度。除行为人直接实施抢劫行为构成抢劫罪外,根据《刑法》第269条的规定,犯盗窃、诈骗、抢夺罪,为窝藏赃物、抗拒抓捕或者毁灭罪证而当场使用暴力或者以暴力相威胁的,依照第263条的规定以抢劫罪定罪处罚。如上所述,盗窃正在使用的电力设备的行为,可

---

① 该文件于2003年6月17日失效,本案行为时有效。

能构成盗窃罪与破坏电力设备罪的想象竞合。司法实践中,对于行为人盗窃正在使用中的电力设备,为抗拒抓捕而对电力设备的管理者或实施抓捕者当场使用暴力或以暴力相威胁的情况,是否可以适用《刑法》第269条规定,存在争议。

对此问题,主要有以下三种观点:一是否定说,认为《刑法》第269条中规定的"犯盗窃、诈骗、抢夺罪",只限于侵犯财产罪一章中的普通盗窃、诈骗、抢夺罪,其他特殊类型的盗窃(如盗窃枪支)、诈骗(如金融诈骗)、抢夺(如抢夺枪支、弹药),由于刑法规定了单独的罪名和法定刑,已经独立于普通盗窃、诈骗、抢夺犯罪,在刑法无明文规定的情况下,不能转化为抢劫罪。二是肯定说,认为盗窃电力设备,无论是否构成破坏电力设备罪,本质上都属于盗窃行为,属于侵财类犯罪,认定的具体罪名不影响其在法定条件下可以转化为抢劫罪。三是区别对待说,认为对于盗窃电力设备不构成破坏电力设备罪,但构成盗窃罪的,可以转化为抢劫罪。如果盗窃电力设备没有构成盗窃罪,只构成破坏电力设备罪的,则不能转化为抢劫罪,理由是破坏电力设备罪属于危害公共安全的犯罪,与转化型抢劫罪的前提条件"犯盗窃罪"不符。

上述观点的分歧主要在于三方面:一是转化型抢劫罪的前行为是否须为普通盗窃、诈骗、抢夺行为,特殊类型的盗窃、诈骗、抢夺行为是否可以转化为抢劫罪。二是转化型抢劫罪是否以前行为认定为盗窃罪、诈骗罪、抢夺罪三个罪名为前提,如盗窃行为同时构成其他犯罪,因竞合认定为其他罪名的,是否可以转化为抢劫罪。三是转化型抢劫罪是否要求前行为已经构成盗窃罪、诈骗罪、抢夺罪为前提,未达到上述三罪入罪标准的是否可以转化为抢劫罪。笔者认为,转化型抢劫罪的前行为包括特殊类型的盗窃、诈骗、抢夺行为,不以前行为构成犯罪,也不以前行为认定为盗窃罪、诈骗罪和抢夺罪为前提,理由如下:

第一,2016年最高人民法院《关于审理抢劫刑事案件适用法律若干问题的指导意见》(以下简称《抢劫刑事案件指导意见》)"三、关于转化型抢劫罪的认定"中明确指出,"'犯盗窃、诈骗、抢夺罪',主要是指行为人已经着手实施盗窃、诈骗、抢夺行为,一般不考察盗窃、诈骗、抢夺行为是否既遂"。同时抢劫罪的成立没有数额限制。据此,虽然《刑法》第269条表述的是"犯盗窃、诈骗、抢夺罪",但并不意味着要求这些行为事实上已经构成犯罪,只要行为性质上属于盗窃、诈骗、抢夺即可,对犯罪数额并无要求[但是根据上述指导意见第3条的规定,所涉财物数额明显低于"数额较大"的标准,又不具有最高人民法院《关于审理抢劫、抢夺刑事案件适用法律若干问题的意见》(以下简称《抢劫、抢夺刑事案件意见》)"五、关于转化抢劫的认定"所列五种情形之一的,不构成抢劫罪]。转化型抢劫行为人也是"当场"使用暴力或以暴力相威胁,与普通抢劫并无本质区别,不应因行为过程不同而区别对待。故转化型抢劫罪中前行为只要性质上属于盗窃、诈骗、抢夺即可,不要求构成相应犯罪。

第二,认为转化型抢劫罪仅适用于普通盗窃罪、诈骗罪和抢夺罪的理由之一是盗窃罪、诈骗罪、抢劫罪与破坏电力设备罪所保护的客体不同,盗窃罪、诈骗罪、抢劫罪的客体是公私财物的所有权,而破坏电力设备罪的客体是公共安全,因而不能转化。对此,笔者认为,盗窃电力设备行为同时危害公共安全的,属盗窃罪和破坏电力设备罪的想象竞合,而行为人抗拒抓捕使用暴力的,仅盗窃罪转化为抢劫罪,并不影响破坏电力设备罪的认定,只是由抢劫罪替代盗窃罪与破坏电力设备罪构成想象竞合,故破坏电力设备罪的客体并不影响转化型抢劫罪的认定。

第三,特殊类型的盗窃、诈骗、抢夺行为可以转化为抢劫罪。其一,这些特殊类型的盗窃、诈骗、抢夺行为和普通盗窃、诈骗、抢夺行为虽在认定罪名上有所区别,侵犯的对象有所区别,但其本质上是相同的,都属于侵犯公私财产所有权的行为,刑法的特殊规定只是出于特殊保护的需要,而不是从性质上将二者剥离。普通的盗窃罪、诈骗罪、抢夺罪可以转化为抢劫罪,那么特殊的盗窃罪、诈骗罪、抢夺罪也应当可以转化为抢劫罪。其二,一般而言,特殊类型的盗窃罪、诈骗罪和抢夺罪因保护对象的特殊性,相较于普通盗窃罪、诈骗罪和抢劫罪而言,刑罚往往更重。如盗窃枪支,危害公共安全的,处三年以上十年以下有期徒刑;情节严重的,处十年以上有期徒刑、无期徒刑或者死刑。而普通盗窃罪,数额较大的处三年以下有期徒刑、拘役或者管制,并处或者单处罚金;数额巨大或者有其他严重情节的,处三年以上十年以下有期徒刑,并处罚金;数额特别巨大或者有其他特别严重情节的,处十年以上有期徒刑或者无期徒刑,并处罚金或者没收财产。如果将转化型抢劫罪限制于盗窃、诈骗、抢夺普通物品,特殊类型的盗窃、诈骗和抢夺行为不能转化的话,将致使在同样为抗拒抓捕而当场使用暴力或以暴力相威胁的情况下,盗窃、诈骗、抢夺特殊物品的,刑罚反而更轻,此解释不符合罪责刑相适应原则。故《刑法》第269条规定的"盗窃、诈骗、抢夺罪"应理解为类罪,而不是具体的盗窃罪、诈骗罪和抢夺罪。

第四,对于同一盗窃、诈骗、抢劫行为同时构成他罪而认定为他罪的情况,属于同一行为同时触犯两个罪名下的想象竞合。而特殊类型的盗窃罪、诈骗罪、抢夺罪与普通盗窃罪、诈骗罪和抢夺罪之间则存在法条竞合,这两种竞合都是同一行为触犯两个法条,只不过一个是因事实而竞合,一个是因法律规定本身而竞合,本质上都是因法律规定在构成不同罪名时的选择适用,故不影响盗窃、诈骗、抢夺行为本身的性质,也不影响其是否可以构成转化型抢劫罪。在盗窃罪、诈骗罪与抢夺罪与他罪发生竞合而认定为他罪的,如同时符合转化型抢劫罪的条件,应转化为抢劫罪与他罪的竞合,择一重罪处罚。

综上所述,对于盗窃电力设备过程中,为抗拒抓捕而实施暴力或以暴力相威胁的,可以转化为抢劫罪。在罪名认定上,根据《破坏电力设备刑事案件解释》第3条的规定,盗窃使用中的电力设备,同时构成盗窃罪和破坏电力设备罪的,应择一重罪处罚。在此基础上,该盗窃行为构成转化型抢劫时,行为人的行为属于破坏电力设备罪和抢劫罪的想象竞合,择一重罪处罚。

【指导案例】杨辉、石磊等破坏电力设备案①——盗窃电力设备过程中,以暴力手段控制过往群众的是否构成转化型抢劫罪

2006年7月至9月,被告人杨辉、石磊等人驾驶面包车、携带铁剪等作案工具,在广州市白云区、花都区等地八次盗剪正在使用中的电缆。其中两次在实施犯罪时,还持铁水管拦截、殴打和控制途经现场的群众。

(1)2006年9月6日3时许,被告人杨辉、翟保龙、卢世强、石磊、张华伟、井正龙、苏传新、姚强、苏超伙同他人,窜至广州市白云区钟落潭镇东凤村牌坊附近盗剪电缆,见被害人梁昌庭、邝永贤等人驾车途经该处时,即持铁水管拦截,并将邝永贤驾驶的汽车玻璃砸烂,剪得正在使用中的BVV-240mm²铜芯电缆700米(价值人民币155750元)、BVV-120mm²铜芯电缆800米(价值人民币88472元),致35户居民停电65小时。

(2)2006年9月9日3时许,被告人杨辉、翟保龙、卢世强、石磊、张华伟、井正龙、苏传新、姚强伙同他人,窜至广州市白云区钟落潭镇进龙街附近盗剪电缆,见被害人邱大前驾摩托车途经该处时,即持铁水管殴打邱大前,并对闻讯出来的附近居民张广根进行控制和威胁,剪得正在使用中的BVV-95mm²铜芯电缆900米(价值人民币79614元),致120户居民停电10小时。

一审法院认定被告人杨辉等人同时符合破坏电力设备罪和抢劫罪的构成要件,属法条竞合,应遵循重法优于轻法的适用原则,结合本案事实,对相关被告人实施的该两起犯罪以抢劫罪定罪处罚。被告人石磊以其威吓、控制过往群众的目的是便于盗窃电缆,行为属于"牵连犯"而非"法条竞合犯",抢劫罪与破坏电力设备罪的法定刑一致,原判认为抢劫罪重于破坏电力设备罪错误,只构成破坏电力设备罪为由提出上诉。二审法院经审理认为被告人杨辉和石磊构成破坏电力设备罪,判处有期徒刑十二年。本案中,被告人杨辉、石磊的行为主要涉及破坏电力设备罪和转化型抢劫罪两罪。

第一,对于破坏电力设备罪,被告人杨辉、石磊为了获取非法利益,多次盗割正在使用中的电缆,造成了多户居民长时间停电,其行为已经严重危害公共电力安全。主观上,二被告人明知其盗割行为将致使正在使用中的电缆损坏,从而造成多户居民停电的后果,但为了获取非法利益,放任该损害结果的发生,二人的行为已构成破坏电力设备罪。

第二,二被告人盗割电缆线的行为,已经达到盗窃罪入罪数额标准,构成盗窃罪。在其实施的八起盗割电缆的行为中,有两起还持铁水管拦截、殴打和控制途经现场的群众,故有观点认为,二被告人的行为符合转化型抢劫罪的条件,应认定

---

① 参见陈攀:《杨辉、石磊等破坏电力设备案——盗窃电力设备过程中,以暴力手段控制无抓捕意图的过往群众的不构成抢劫罪》,载最高人民法院刑事审判第一、二、三、四、五庭主办:《刑事审判参考》(总第70集),法律出版社2010年版,第1—10页。

为抢劫罪。笔者认为，二被告人的行为不构成转化型抢劫罪，理由在于：《刑法》第269条规定："犯盗窃、诈骗、抢夺罪，为窝藏赃物、抗拒抓捕或者毁灭罪证而当场使用暴力或者以暴力相威胁的，依照本法第二百六十三条的规定定罪处罚。"根据该规定，构成转化型抢劫罪须具备以下条件：一是行为人实施盗窃、诈骗、抢夺行为，二是出于窝藏赃物、抗拒抓捕或者毁灭罪证的目的，三是当场使用暴力或者以暴力相威胁的。在抢劫罪中，行为人当场使用暴力或者以暴力相威胁的目的是迫使他人交付财物，且所使用的暴力、威胁或其他方法须达到使之不能反抗或不敢反抗的程度。结合转化型抢劫罪的规定，行为人使用暴力的目的须为迫使他人交付财物，以及为了窝藏赃物、抗拒抓捕或者毁灭罪证。暴力针对的对象须为财物所有人、对其进行抓捕的人或是对其窝藏赃物、毁灭罪证有阻力的人。而在本案中，被告人是在盗窃电缆的过程中，有群众从案发现场附近经过时，为保证犯罪行为的顺利实施，即持凶器控制过往群众，若遇反抗，则殴打反抗者。各被告人采用暴力手段控制过往群众的目的是顺利实施盗剪电缆这一犯罪行为，不是为了迫使他人交付财物，或者窝藏赃物、抗拒抓捕以及毁灭罪证。本案中的被害群众不是财物所有人，无抓捕被告人的意图或行为，也未对被告人窝藏赃物或者毁灭罪证等行为产生阻力。故二被告人的行为不构成转化型抢劫罪，被告人殴打过往群众的行为构成故意伤害罪。

第三，在对二被告人罪名的适用上，二被告人盗割电缆的行为同时构成盗窃罪和破坏电力设备罪，属想象竞合。结合二被告人行为的情节，在盗窃罪中，最高人民法院、最高人民检察院《关于办理盗窃刑事案件适用法律若干问题的解释》第1条第1款规定："盗窃公私财物价值一千元至三千元以上、三万元至十万元以上、三十万元至五十万元以上的，应当分别认定为刑法第二百六十四条规定的'数额较大'、'数额巨大'、'数额特别巨大'。"本案中二被告人盗窃数额已经符合"数额特别巨大"的标准，应在"十年以上有期徒刑或者无期徒刑"区间量刑。在破坏电力设备罪中，二被告人的行为属于"造成严重后果"，在"十年以上有期徒刑、无期徒刑或者死刑"区间量刑，如上所述，此种情况下破坏电力设备罪属重罪。结合被告人的故意伤害行为，被告人的行为属破坏电力设备罪和故意伤害罪的牵连犯，应择一重罪，即以破坏电力设备罪定罪处罚。

第二十章　组织、领导、参加恐怖组织罪

一、如何界定"恐怖主义"的含义

(一)裁判规则

组织、领导、参加恐怖组织罪中"恐怖活动组织"如何界定,首先要对"恐怖主义"的含义有准确的理解。但对恐怖犯罪中"恐怖主义"含义界定的争议由来已久,且对"恐怖活动组织""恐怖活动人员""恐怖事件"等概念,存在以"恐怖"解释"恐怖"的循环定义现象。恐怖主义的本质特征包括恐惧性或心理战、暴力性或破坏性,而不包括政治性。以此为基础,恐怖主义是通过使用暴力、以暴力相威胁或破坏性较强的非暴力手段,意图造成人员伤亡、财产损失、社会秩序混乱等严重损害结果,从而制造恐怖气氛,以期产生社会恐怖心理的思想和行为。恐怖犯罪是任何组织或个人采取暴力、以暴力相威胁或破坏性较强的非暴力手段,以制造社会恐慌为目的造成或意图造成人员伤亡、重大财产损失、社会秩序混乱等严重结果,依照刑法规定,应受刑罚处罚的行为。恐怖活动组织是指三人以上为长期、有计划地实施恐怖活动而组成的犯罪组织。

(二)规则适用

恐怖犯罪是刑法意义上对严重恐怖主义行为的类型化[1],理解恐怖主义的含义是界定恐怖犯罪、恐怖组织的前提。自从美国"9·11"恐怖袭击事件后,恐怖主义和恐怖活动受到世界各国的普遍关注,但国际上对于恐怖主义的定义尚未达成统一的认识,使恐怖主义犯罪这一概念呈现"全球化""多元化"和"个性化"。[2] 从词源上看,恐怖主义一词最早出现于18世纪90年代法国大革命时期,当时的封建贵族把雅各宾派严厉打击封建贵族阶级和扰乱市场秩序的不法投机商的"恐怖措施"称之为"恐怖主义"。随着社会的发展,"恐怖主义"的含义发生了很大的变化,理论界普遍认为,现代恐怖主义始于20世纪60年代末期。迄今为

---

[1] 参见王秀梅:《全球恐怖主义犯罪:形势、应对与执法合作》,载《法学》2020年第11期。
[2] 参见程龙:《恐怖主义犯罪中的营救刑讯:正当化及其限度》,载《政法论坛》2020年第5期。

止,世界范围内对恐怖主义仍没有统一定义,目前世界各国制定的恐怖主义定义达160余种。①

在现代汉语中,"恐怖主义"是外来词,我国《刑法》未单列"恐怖主义犯罪",多采用"恐怖活动"的称谓。亚历克斯·施米德(Alex P. Schmid)通过对1936—1981年期间众说纷纭的109个恐怖主义概念进行内容分析和比对,总结了西方学术界中109条不同的恐怖主义定义,其中83.5%的学者将恐怖主义归属为一种暴力和武力或威胁使用武力;65%的定义表明多数恐怖主义都与政治因素相关联;认为恐怖主义的目的旨在对人施压,制造恐怖氛围而非绝对的动用武力的占到51%。② 有学者在此基础上对1982年后的50个恐怖主义概念进行分析,并综合亚历克斯·施米德列举的109个恐怖主义概念后,总体结论如下:①人们普遍(绝大多数)将恐怖主义界定为一种暴力(或武力)行动。②人们普遍(大多数)认为恐怖主义是有政治性的。③人们多数认为恐怖主义旨在制造恐惧、恐怖气氛或打心理战。④接近半数的人认为恐怖主义概念应该包含威胁(使用暴力)的行为要素。⑤除上述四要素之外,人们对于恐怖主义概念中是否应包含社会性、有组织性、重复性、不受人约束、强迫(对方)性、受害者的无辜性、随机或无选择性、难以预测性或突发性、象征性、宣传性、非法性、犯罪性、非正义性等要素存在明显分歧。③ 这些分歧既有理论上的,也有政策上的。

立法方面,1997年《刑法》颁行后,《刑法修正案(三)》《刑法修正案(八)》《刑法修正案(九)》三次修法中都对恐怖犯罪进行了相应的修改。司法方面,最高人民法院、最高人民检察院、公安部、司法部《关于办理恐怖活动和极端主义犯罪案件适用法律若干问题的意见》等文件中有对恐怖犯罪的进一步规定。专门法方面,2016年1月1日《中华人民共和国反恐怖主义法》(以下简称《反恐怖主义法》)正式施行。另外,我国积极履行国际联合反恐义务,以《联合国宪章》和国际法基本原则为指导,参与国际社会惩治恐怖犯罪的斗争,参加或签署了绝大多数的反恐国际公约,如《反对劫持人质国家公约》《制止恐怖主义爆炸的国际公约》《制止向恐怖主义提供资助的国际公约》等。经过历次修法,我国反恐刑法的罪刑结构发生了变化,在犯罪圈方面表现为犯罪圈扩张和刑罚提前介入,将帮助行为正犯化、预备行为实行化。④

在对"恐怖主义"相关概念的界定上,我国第一次明确提出恐怖活动、恐怖活动组织的概念是在《关于加强反恐怖工作有关问题的决定》(以下简称《反恐决

---

① 参见胡联合:《当代世界恐怖主义与对策》,东方出版社2001年版,第2—17页。
② See Alex P. Schmid and Albert J. Jongman(eds), Political Terrorism(Amsterdam: North-Holland Publishing Company, 1988), pp. 5-6.
③ 参见胡联合:《当代世界恐怖主义与对策》,东方出版社2001年版,第26—27页。
④ 如《刑法修正案(九)》增设的《刑法》第120条之一"帮助恐怖活动罪",表现为帮助行为正犯化;第120条之二"准备实施恐怖活动罪",表现为预备行为实行化。

定》,该决定已失效)第2条规定:"恐怖活动是指以制造社会恐慌、危害公共安全或者胁迫国家机关、国际组织为目的,采取暴力、破坏、恐吓等手段,造成或者意图造成人员伤亡、重大财产损失、公共设施破坏、社会秩序混乱等严重社会危害的行为,以及煽动、资助或者以其他方式协助实施上述活动的行为。恐怖活动组织是指为实施恐怖活动而组成的犯罪集团。恐怖活动人员是指组织、策划、实施恐怖活动的人和恐怖活动组织的成员。"而《反恐怖主义法》第3条则规定:"本法所称恐怖主义,是指通过暴力、破坏、恐吓等手段,制造社会恐慌、危害公共安全、侵犯人身财产,或者胁迫国家机关、国际组织,以实现其政治、意识形态等目的的主张和行为。本法所称恐怖活动,是指恐怖主义性质的下列行为:(一)组织、策划、准备实施、实施造成或者意图造成人员伤亡、重大财产损失、公共设施破坏、社会秩序混乱等严重社会危害的活动的……(五)其他恐怖活动。本法所称恐怖活动组织,是指三人以上为实施恐怖活动而组成的犯罪组织。本法所称恐怖活动人员,是指实施恐怖活动的人和恐怖活动组织的成员。本法所称恐怖事件,是指正在发生或者已经发生的造成或者可能造成重大社会危害的恐怖活动。"可见,《反恐决定》和《反恐怖主义法》对于"恐怖主义"的界定存在分歧,前者强调恐怖活动的暴力性,后者强调恐怖活动的政治性,同时,这两个规定对于恐怖犯罪的相关概念界定较为模糊,《反恐怖主义法》中关于恐怖主义的定义实际上是对于恐怖活动的定义,其中"恐怖活动组织""恐怖活动人员""恐怖事件"等概念,均是用"恐怖"解释"恐怖"的循环定义。

刑法学界一般认为恐怖犯罪的恐怖性,即恐怖活动组织与一般犯罪组织(集团)的区别表现在:一是恐怖活动的公开性,恐怖犯罪的目的往往是通过采取暴力行为手段造成社会恐慌。二是犯罪活动的强制性,恐怖活动组织实施犯罪一般是为了要挟、恐吓,实现不为人知的目的,这种目的的实现是将这种意图传达给政府或者其他人群,强迫政府为或不为某种特定行为。三是鲜明的目的性,恐怖犯罪一般出于政治目的或出于其他社会目的。四是组织结构严密性,即恐怖犯罪一般是以较为稳定的组织形式实施,组织规则严密,涉及人员较多。

结合国内外立法及相关研究成果,在界定恐怖主义的概念时,须明确:①恐怖主义本质是随着时间发生变化的;②恐怖主义的某些本质特征是相对稳定的;③界定恐怖主义的关键在于把握恐怖主义的本质特征。笔者认为,恐怖主义具有以下本质特征:第一,恐惧性或心理战。恐怖主义最本质特征之一就在于恐怖性,即通过使用暴力、暴力威胁或其他方式来制造恐惧或恐怖气氛,对更为广泛的社会大众造成心理压力,使其产生恐惧、害怕、担忧心理。恐怖主义的真正目标大都不在于特定的实际打击对象,而是在于影响更为广泛的社会大众。恐怖主义的恐惧性或恐怖气氛的形成,主要源于恐怖主义发动的突发性、象征性和难以预测性。由于难以采取有效措施避免恐怖主义活动的攻击,因而其在社会上造成一种普遍担忧与不安的恐怖气氛,增加人们的恐惧感。第二,暴力性或破坏性。传统观念认为,暴力是恐怖主义不可缺少的内涵,离开暴力很难认定恐怖主义。但随着针对计算机领域恐怖活动的兴起,人们普遍接受将这种新型的非暴力破坏活动纳入恐怖主义范畴。而且人们也认识到非暴力行为也可能是严重的破坏行为,有时其造成的损失不亚于一般的暴力恐怖主义行动。故在认定恐怖主义时须转变传统意义上强调恐怖主义概念中暴力要素的不可或缺,改为强调恐怖主义活动的破坏性,包括暴力和非暴力的方式。

需要注意的是,传统观念认为恐怖主义一般具有某种政治目标或社会目标,并以此作为区分恐怖犯罪与一般性经济或刑事暴力犯罪的主要标志之一,认为恐怖主义是达到目的的一种手段,而不是目的本身,恐怖分子诉诸暴力或破坏活动只是将其作为一种强制或说服或宣扬方式,其真正的目标是为了影响政府或社会大众,为实现自己的政治或社会目标服务。但随着恐怖主义的蔓延与发展,当代世界的恐怖主义已从高政治性的恐怖主义中逐步分化出旨在追求社会目标的低政治性甚至无政治性和社会目标的恐怖主义派别。换言之,有的恐怖主义活动可能并不像传统的恐怖主义那样具有非常强烈与鲜明的政治性,而旨在影响或反对某一具体的微观的社会政策或仅仅是为了威胁社会公共安全,借以发泄对社会的不满与敌视情绪。"尽管绝大部分的恐怖主义犯罪分子作案都是出于政治性目的,但并不排除少数恐怖犯罪具有其他目的,甚至只是为了满足个人的泄愤或杀人欲望。"①故不应过分强调恐怖主义的政治性和目的性。

综上所述,笔者认为,恐怖主义是通过使用暴力、以暴力相威胁或破坏性较强的非暴力手段,意图造成人员伤亡、财产损失、社会秩序混乱等严重损害结果,从而制造恐怖气氛,以期产生社会恐怖心理的思想和行为。恐怖犯罪是任何组织或个人采取暴力、以暴力相威胁或破坏性较强的非暴力手段,以制造社会恐慌为目的造成或意图造成人员伤亡、重大财产损失、社会秩序混乱等严重结果,依照刑法规定,应受刑罚处罚的行为。恐怖活动组织是指三人以上为长期、有计划地实施恐怖活动而组成的犯罪组织。

【指导案例】阿卜都萨拉木·阿卜来提等组织、领导、参加恐怖组织案②——四人共同学习恐怖主义思想,准备实施恐怖活动的行为如何认定

2009年9月底,被告人阿卜都萨拉木·阿卜来提在其舅舅阿巴拜克日·马木提家中两次用电脑观看、收听艾山·买合苏木和乌兹别克麦麦提塔依尔宣扬"迁徙""圣战"思想的视频和音频。2012年2月至9月,被告人阿卜都萨拉木·阿卜来提在石河子爱立泽纺织厂务工期间,与同乡的被告人阿卜力克

---

① 参见陈忠林:《我国刑法中"恐怖活动犯罪"的认定》,载《现代法学》2002年第5期。
② 案号:(2013)兵十四刑初字第00001号,审判法院:新疆生产建设兵团第十四师中级人民法院。

木·麦麦提、阿卜来提·阿卜力米提、凯尤木江·亚森等相识后,给他们进行"太比力克"①,并号召他们坚定宗教立场,开展"迁徙""圣战",与"异教徒"圣战,要一边打工一边学经。四被告人一同学习阿拉伯语,购买仿真枪和黑白色靶子,用以练习射击,购买地图研究"迁徙"路线,进行体能、技能训练。

本案中,"圣战"原本意味着神圣的战争,现今的含义是宗教组织为驱逐外国人及异教徒和建立纯粹意义上的单一宗教国家所进行的军事活动,具备恐怖性和暴力性,是典型的恐怖主义思想。被告人阿卜都萨拉木·阿卜来提在其舅舅阿巴拜克日·马木提家观看、复制艾山·买合苏木和乌兹别克麦麦提塔依尔宣扬"迁徙""圣战"思想的视频、音频,听取了"太比力克",接受了分裂思想。被告人到石河子爱立泽纺织厂打工后,一是向同宿舍的被告人阿卜力克木·麦麦提、阿卜来提·阿卜力米提、凯尤木江·亚森等讲解"迁徙""圣战"的含义;二是进行分裂思想的"太比力克",学阿拉伯语,强身健体,聚集大家进行跑步、仰卧起坐、俯卧撑等体能训练;三是购买塑料枪支和靶子进行训练,购买地图,为"迁徙""圣战"安排筹集资金,寻找路线。从上述行为来看,四被告人学习恐怖主义思想,为实施恐怖活动积极准备,四人之间已经形成了"三人以上为长期、有计划地实施恐怖活动而组成的犯罪组织",其行为已经构成组织、领导、参加恐怖组织罪。法院经审理认为,被告人阿卜都萨拉木·阿不来提在整个犯罪过程中向其他被告人渗透"迁徙""圣战"思想,起带头、组织作用,属于主犯。被告人阿不力克木·麦麦提、阿不来提·阿不力米提在整个犯罪过程中遵循被告人阿卜都萨拉木·阿不来提的煽动,积极接受他的观念,属积极参加者。被告人凯尤木江·亚森与被告人阿不力克木·麦麦提、阿不来提·阿不力米提一起配合被告人阿卜都萨拉木·阿不来提进行犯罪活动,之后返回其家中,应认定为其他参加者。

二、组织、领导、参加恐怖活动组织并实施其他犯罪的如何认定

(一)裁判规则

《刑法》第120条规定犯组织、领导、参加恐怖组织罪并实施他罪的,按照数罪并罚的规定处罚。组织、领导、参加恐怖组织罪与他罪之间实质上属于牵连关系,但因立法上的特殊规定,按照数罪并罚处罚。

行为人要求参加恐怖活动组织但没有获得该组织头目接受的情况下,独立实施犯罪的,不能被看作"参加了"恐怖活动组织。没有被接受参加恐怖活动组织的行为人私自与恐怖活动组织的非骨干成员共同实施恐怖活动组织安排的其他犯罪,构成他罪的共同犯罪,只以他罪对其进行处罚。恐怖活动组织的头目以要求

---

① "太比力克"是阿拉伯语"Tablig"的译音,在伊斯兰教经文中意为"传道""传达""注释""劝导",即传教、传"圣言",把伊斯兰教义传达给广大穆斯林群众的意思。

行为人实施犯罪的方式对行为人进行"考查"的,应该认定行为人是在恐怖活动组织的意志支配下实施了具体的恐怖犯罪。

(二)规则适用

我国《刑法》第120条第2款规定:"犯前款罪并实施杀人、爆炸、绑架等犯罪的,依照数罪并罚的规定处罚。"对此规定的理解存在多种不同观点。"数罪论"认为,《刑法》第120条的规定并没有突破禁止重复评价原则,行为人实施了组织、领导、参加恐怖活动组织的行为后,又实施其他的犯罪行为,从行为的个数上看是两个独立的行为,并没有重合之处。"牵连犯关系论"认为,组织、领导、参加恐怖组织罪与其成员实施的其他具体犯罪,前者是后者的原因和手段,而后者则是前者的结果和目的,它们之间是牵连关系。结合前罪所具有的严重的社会危害性以及对其严厉打击的需要,我国《刑法》对此种情形规定了数罪并罚,是合情合理的。"有限重复评价论"认为,对此规定要分情况考查。如果所犯其他犯罪为恐怖活动组织普遍实施的犯罪,如故意杀人罪、爆炸罪的,属于重复评价,而对于其他犯罪,如诈骗罪、盗窃罪等,不属于重复评价。"重复评价论"认为,实施犯罪是恐怖活动组织认定的基础,故该条规定是对犯罪行为的重复评价。

笔者同意"牵连犯关系论"。恐怖活动的严重危害性决定了组织、领导、参加恐怖组织罪的刑罚严苛性,只要行为人参加恐怖活动组织,就认定其构成组织、领导、参加恐怖组织罪的既遂。所以当行为人进一步实施具体的恐怖活动时,要对这些活动单独进行刑法上的评价。从犯罪的发展过程来看,组织、领导、参加恐怖活动组织行为与实施诸如杀人、爆炸、绑架等恐怖行为之间并不是相互独立的两种行为,行为人组织、领导、参加恐怖活动组织的目的就是要实施恐怖行为,而且行为人在组织、领导、参加了恐怖活动组织之后必然会实施恐怖行为,组织、领导、参加恐怖活动组织行为是实施其他恐怖行为的预备行为。从这个意义上而言,两罪之间具有吸收关系,实行行为吸收预备行为,重行为吸收轻行为①;同时具有手段行为与目的行为之间的牵连关系,按照重罪处理。但鉴于恐怖活动的严重社会危害性,为将有关恐怖犯罪消灭于萌芽之中,防微杜渐,故而基于法律的特别规定,将组织、领导、参加恐怖活动组织后实施他罪的行为进行并罚,不属于重复评价。

组织、领导、参加恐怖活动组织又实施他罪的,存在一些不适用《刑法》第120条第2款的情况:第一,恐怖活动组织的成员为了个人目的,并非在恐怖活动组织的布置、安排下实施其他犯罪行为的,其他犯罪行为与组织、领导、参加恐怖组织行为相互独立,应当对其实行数罪并罚,需要适用《刑法》第120条第2款之规定。第二,如果行为人要求参加恐怖活动组织但没有获得该组织头目接

---

① 参见郭立新、黄明儒主编:《刑法分则典型疑难问题适用与指导》,中国法制出版社2012年版,第18页。

受的情况下,独立实施其他犯罪的,不能被看作"参加了"恐怖活动组织,所以不构成组织、领导、参加恐怖组织罪。第三,如果没有被接受参加恐怖活动组织的行为人私自与恐怖活动组织的非骨干成员共同实施恐怖活动组织安排的其他犯罪,并且行为人知道自己所实施的他罪是恐怖活动组织所安排的,构成共同犯罪,但只以他罪对其进行处罚,对于恐怖活动组织的成员,则应以这两种犯罪实行数罪并罚。第四,行为人要求参加恐怖活动组织,而该组织的头目要求首先对其进行"考查",让其独立或与其他成员共同实施他罪的,事后再决定是否接受其参加该组织的,应认定行为人是在恐怖活动组织的意志支配下实施了具体的恐怖犯罪,无论事后该组织是否接受其参加该组织,都不影响行为人构成组织、领导、参加恐怖组织罪,对其应实行数罪并罚。

【指导案例】奥斯曼·阿卜来提故意杀人、参加恐怖组织案①——**为参加恐怖活动组织而杀人的行为如何认定**

2014 年 7 月 28 日凌晨,被告人奥斯曼·阿卜来提在新疆维吾尔自治区莎车县艾力西湖镇×村×组其住处听到有人高喊进行"圣战"的口号,即出门参加以努拉麦提·萨伍尔(已被击毙)为首的恐怖活动组织,并逐户敲门鼓动他人参加"圣战"。后奥斯曼·阿卜来提与他人在莎车县艾力西湖镇提热克兰干村 1 组接受恐怖活动组织发放的一把砍斧,来到新疆维吾尔自治区 S215 线三岔口—莎车高速公路 189—190 千米路段,看见多人在用凶器砍杀被害人汪某某(殁年 50 岁)、李某某(殁年 48 岁)、陶某(殁年 53 岁),奥斯曼·阿卜来提亦上前用砍斧砍击汪某某、李某某、陶某,与他人共同致汪某某、李某某、陶某死亡。

一审法院经审理认为,被告人奥斯曼·阿卜来提积极参加以努拉麦提·萨伍尔为首的恐怖活动组织,并积极实施暴力恐怖犯罪活动,持砍斧与他人共同将被害人汪某某、李某某、陶某杀害,其行为已构成参加恐怖组织罪、故意杀人罪。奥斯曼·阿卜来提犯数罪,根据《刑法》第 120 条第 2 款的规定,应予并罚。法院在审理中对本案被告人奥斯曼·阿卜来提的行为是否构成参加恐怖组织罪存在争议。参加是指加入恐怖活动组织,使自己成为该组织成员。从查明的事实来看,被告人奥斯曼·阿卜来提是在听到有人高喊进行"圣战"的口号而出门参加恐怖活动的,其是否已经加入恐怖活动组织的事实没有查证。故笔者认为,如果本案被告人奥斯曼·阿卜来提已经加入该恐怖活动组织,对于其行为应认定为参加恐怖组织罪与故意杀人罪,并实行并罚。如果被告人奥斯曼·阿卜来提尚未加入该恐怖活动组织,只是自愿参与该次恐怖活动的,属于没有被接受参加恐怖活动组织的行为人私自参与者恐怖活动组织安排的犯罪,被告人不构成参加恐怖组织

---

① 案号:(2014)喀中刑初字第 183 号,审理法院:新疆维吾尔自治区喀什地区中级人民法院。

罪。在被告人参与砍杀被害人时，被告人与其他恐怖活动组织成员就故意杀害被害人的行为形成共同认识和共同意志。此种情况下，对于故意杀人行为，本案被告人与其他恐怖活动组织成员构成共同犯罪，对被告人以故意杀人罪进行处罚。被告人参与时，其他恐怖活动组织成员已经实施了一部分实行行为，被告人属承继的共犯，仅对其参与后对被害人造成的损害结果承担责任；对于恐怖活动组织的成员则应以参加恐怖组织罪和故意杀人罪实行数罪并罚。

【指导案例】王某等组织、领导、参加恐怖活动组织、爆炸案[①]**——成立恐怖活动组织并实施爆炸行为的应如何认定**

2001年3月，王某刑满释放回到某市后，不但不改过自新反而对社会充满仇恨，认为自己服刑完全是公安机关造成的，决心要报复政府和社会。2001年3月至9月间，王某先后认识了被告人陈某、乔某、胡某，这三人因为工作等原因也对社会不满。2001年10月，王某在某市录像厅先后多次观看了有关国际恐怖组织和恐怖活动的外国录像，认为实施恐怖活动是报复社会的一种捷径。王某将这种想法和陈某、乔某、胡某进行了讨论，四人一拍即合，又找来描写有关恐怖活动的录像和书籍等，分析研究恐怖活动组织的犯罪手段与犯罪方法。2001年11月22日，王某组织陈某、乔某、胡某在其家中开会讨论成立恐怖活动组织的事情，四人决定成立一个恐怖活动组织，专门从事与政府进行对抗的破坏活动，并策划了第一起犯罪活动——炸毁某市某区的一个派出所。王某和陈某四处活动，买来炸药和雷管，乔某和胡某将其配置成一个约5公斤重的定时炸弹。2001年12月4日，王某和陈某以补办身份证为由，进入某市某区派出所，将装有定时炸弹的黑色手提包趁民警不备放在办公室的一个角落里，然后借口有急事迅速离开。约5分钟后，炸弹爆炸，当场炸死民警六人，炸毁办公室三间，在当地造成严重影响。

对于本案被告人王某行为的认定，存在两种观点：一种观点认为，王某等人实施爆炸活动，置公共安全于不顾，其行为符合爆炸罪的构成要件，应当认定为爆炸罪。另一种观点认为，王某等人采取的方式虽然是爆炸行为，但是是出于制造恐怖之目的而实施的爆炸行为，应当认定王某构成组织、领导、参加恐怖组织罪，再与爆炸罪进行并罚。

本案中王某共实施了两个行为，即组织成立恐怖活动组织和实施爆炸行为。第一，王某与陈某、乔某和胡某私下成立的组织是否为恐怖活动组织。四人组建该组织是因对社会不满而报复社会，计划专门从事与政府进行对抗的破坏活动，并策划了第一起犯罪活动。四被告人找来描写有关恐怖活动的录像和书

[①] 参见王明、王运声主编：《危害公共安全、妨害社会管理秩序犯罪案例》，人民法院出版社2006年版，第57页。

籍,分析研究恐怖活动组织的犯罪手段与犯罪方法,且从其实施的第一起犯罪活动来看,是将炸弹放置在派出所实施爆炸,四人组建的组织符合恐怖活动组织恐惧性或心理战、暴力性或破坏性的特点,应认定为恐怖活动组织。在组织、领导、参加恐怖组织罪中,组织,是指行为人首倡、鼓动、发起、召集有实行恐怖活动目的的人结合成一个恐怖活动组织的行为。领导,是指恐怖活动组织成立以后,恐怖活动组织的领导者所实施的策划、指挥、布置、协调恐怖活动组织活动的行为。积极参加,是指自愿加入恐怖活动组织,并且积极参加谋划、实施恐怖活动。其他参加,是指行为人虽然不是恐怖活动组织的组织者、领导者或积极参加者,却经过一定方式,加入了恐怖活动组织,成为恐怖活动组织的一名成员的行为。本案中,被告人王某将组建恐怖活动组织的想法和陈某、乔某、胡某进行了讨论,属于首倡、发起、召集,且其在之后的恐怖活动中属领导地位,其行为构成组织、领导恐怖组织罪。其他三人属于参加,应认定为参加恐怖组织罪。第二,被告人购买炸药和雷管,配置成定时炸弹后放置于派出所,实施爆炸行为,炸死民警六人,炸毁办公室三间,造成严重损害结果,严重危害公共安全,其行为构成爆炸罪。根据《刑法》第120条第2款的规定,对被告人王某应以组织、领导恐怖组织罪与爆炸罪进行并罚,其他三人以参加恐怖组织罪与爆炸罪进行并罚。

第二十一章 宣扬恐怖主义、极端主义罪

在网络上宣扬恐怖主义、极端主义行为的如何认定

(一) 裁判规则

对于在网络上宣扬恐怖主义、极端主义行为中"宣扬"的认定,存在以下几种情况:单纯的制作行为一般不认定为宣扬行为;间接宣扬恐怖主义、极端主义即对他人实施的恐怖活动或者极端活动表示赞扬,或者为其开脱、辩护的行为一般不认为是犯罪;网络宣扬行为不限于发生在公共场合,在某些私人场合,只要宣传的对象达到一定数量,或可能有不特定的人接受宣传的,即可认定为宣扬。

对于宣扬恐怖主义、极端主义罪与非法持有宣扬恐怖主义、极端主义物品罪的关系,在网络上宣扬恐怖主义、极端主义,恐怖主义、极端主义物品向第三人开放的属于宣扬恐怖主义、极端主义行为,不向第三人开放仅行为人自身接触的属持有宣扬恐怖主义、极端主义物品。不持有宣扬恐怖主义、极端主义物品的网络宣扬行为可以单独成立宣扬恐怖主义、极端主义罪;网络宣扬行为和持有行为的对象不同时,分别成立宣扬恐怖主义、极端主义罪和非法持有宣扬恐怖主义、极端主义物品罪;网络宣扬行为和持有行为的对象为同一对象时,宣扬行为可以吸收持有行为,评价为一个宣扬行为。

(二) 规则适用

网络的快速发展为恐怖主义、极端主义的宣扬提供了新型传播渠道。网络传播的广泛性、快捷性、开放性与交互性等特点,使其成为恐怖主义、极端主义宣扬的主要渠道和平台,网络宣扬已经成为宣扬恐怖主义、极端主义的主要方式。宣扬是指广泛宣传,使不特定人或者多数人接受恐怖主义、极端主义的行为。"宣扬恐怖主义、极端主义的表现形式有多种多样,既可以是与他人交流、向他人提供意识形态和信仰的认同,也可以表现为宣传恐怖分子的真理观、开辟教化他人的空间,为使用恐怖主义提供正当化和合法化基础,进而铺就个体激进化

的潜在道路。"①其中,在网络上进行宣扬的行为主要有三种模式:一是建立专门的网络宣传网站,二是利用公共网站、论坛和网络社交平台资源,三是借助公共网络存储和分享平台提供的信息服务。② 在对网上宣扬恐怖主义、极端主义行为的认定上,存在以下几个问题:

第一,单纯的制作行为是否可以认定为宣扬行为。根据《刑法》第120条之三的规定,宣扬行为包括"以制作、散发宣扬恐怖主义、极端主义的图书、音频视频资料或者其他物品,或者通过讲授、发布信息等方式宣扬恐怖主义、极端主义"。有观点认为,法律规定的含义是制作行为与散发行为二者只要具备其一即可成立犯罪,即制作恐怖主义物品的行为只要符合将恐怖思想外化这一条件即成立犯罪,行为人是否实施了散发、是否意图实施散发行为不影响犯罪成立。③ 笔者认为,单纯的制作行为,不论是否具备散发的意图,均不宜认定为宣扬恐怖主义、极端主义罪,理由在于:一是在单纯的制作行为中,行为人接触的人员较少,不能使不特定多人接触到宣扬恐怖主义、极端主义物品,不属于广泛宣扬行为,法益侵害性明显不足,不应认定为犯罪,仅属于宣扬行为的预备行为。二是通过区分制作行为是单纯的制作行为还是具备散发意图的制作行为来判断行为是否构成犯罪,存在主观归罪的问题。综上所述,单纯的制作行为不能认定为宣扬行为,带有散发意图的制作行为有可能评价为宣扬行为的预备行为,比照既遂犯从轻、减轻或者免除处罚。

第二,间接宣扬行为是否应按照犯罪处理。间接宣扬行为,是指行为人对他人实施的恐怖活动或极端活动表示赞扬,或者为其开脱、辩护的行为。有观点认为,鼓励别人去实施恐怖活动或极端活动与宣扬行为在主观态度和客观作用上没有差别,都是促使他人实施恐怖活动或极端活动,应认定为宣扬行为。④ 笔者认为,间接宣扬行为不能直接评价为宣扬恐怖主义、极端主义罪中的宣扬。虽然发布肯定或者辩解恐怖主义或者极端主义的公开言论在某种程度上能够抹杀或淡化恐怖或者极端性质,甚至可能诱导社会公众对恐怖主义或者极端主义产生错误认识、加入恐怖活动组织或极端组织,或者自发实施恐怖活动或极端活动⑤,行为人主观上也存在支持恐怖主义、极端主义的心态。但是,间接宣扬行为只是对他人看法的主观表达,虽然表达的内容是错误的,但是该行为并不能起到广泛宣传的作用,不具有与直接宣扬相当的危险性,不具有宣扬行为的法益侵害性,不应当认定为宣扬行为。

---

① 梅传强、臧金磊:《网络宣扬恐怖主义、极端主义案件的制裁思路——基于对当前20个样本案例的考察》,载《重庆大学学报(社会科学版)》2019年第5期。
② 参见余建华等:《恐怖主义的历史演变》,上海人民出版社2015年版,第349页—354页。
③ 参见侯艳芳:《论我国网络恐怖活动犯罪的刑法规制》,载《山东社会科学》2016年第3期。
④ 参见王志祥、刘婷:《网络恐怖主义犯罪及其法律规制》,载《国家检察官学院学报》2016年第5期。
⑤ 参见欧阳本祺、张林:《刑法视野下的恐怖主义网络宣扬行为》,载《河南财经政法大学学报》2018年第6期。

第三,网上的宣扬行为是否须发生于公共场合。因宣扬行为是指广泛宣传,一般需要具有公开性,有观点认为这意味着宣扬行为须发生在公开场合,网络宣扬行为也须具备此条件。笔者认为,网络宣扬行为不应限于发生于公共场合,理由在于:在网络环境的开放性与交互性下,一旦宣扬行为完成,宣扬的恐怖主义物品往往会迅速扩散,其扩散速度和范围不受行为人控制,且网络环境下的私人场合和公共场合往往难以区分,故对网络宣扬行为不应以公开场合为限。在某些私人场合,只要宣传的对象达到一定数量,或可能有不特定的人接受宣传的,即可认定为宣扬。

第四,如何划分宣扬恐怖主义、极端主义罪与非法持有宣扬恐怖主义、极端主义物品罪的关系。网络环境下的非法持有宣扬恐怖主义、极端主义物品是指行为人利用信息网络实现对宣扬恐怖主义、极端主义物品的非法获取或者控制。与非法持有宣扬恐怖主义、极端主义物品罪相关的网络宣扬行为,一般表现为借助宣传网站、公共网站、论坛、网络社交、公共网络存储和分享平台等途径,向他人分享或上传宣扬恐怖主义、极端主义物品。因网络空间操作行为的复杂性,在宣扬行为与持有行为①的区分上,应当结合网络传输的具体手段,通过判断恐怖主义、极端主义物品向第三人开放的可能来认定行为的性质,向第三人开放的则属于宣扬,不向第三人开放仅行为人自身接触的属持有,如网络下载通常属于持有,而上传通常属于宣扬。② 网络宣扬恐怖主义、极端主义行为与持有宣扬恐怖主义、极端主义物品行为的关系具体表现为以下几种情形:其一,不持有宣扬恐怖主义、极端主义物品的网络宣扬行为,如直接将暴力恐怖视频的网络在线观看链接进行转发,此时可以单独成立宣扬恐怖主义罪。其二,网络宣扬恐怖主义、极端主义行为和持有宣扬恐怖主义、极端主义物品行为的对象不同时,可以分别成立宣扬恐怖主义、极端主义罪和非法持有宣扬恐怖主义、极端主义物品罪。其三,网络宣扬恐怖主义、极端主义行为和持有宣扬恐怖主义、极端主义物品行为的对象为同一宣扬恐怖主义、极端主义图书、音频视频资料或者其他物品的,因为大多数宣扬恐怖主义、极端主义行为都以持有宣扬恐怖主义、极端主义物品为前行为,此时宣扬行为可以吸收持有行为,评价为一个宣扬行为即可,构成宣扬恐怖主义、极端主义罪,不再构成非法持有宣扬恐怖主义、极端主义物品罪。③

---

① 对于持有的性质,英美刑法理论一般认为持有是一种状态,大陆法系国家的刑法理论一般认为持有属于作为。笔者倾向于认为持有属于作为,故表述为"持有行为"。相关讨论参见张明楷:《刑法学(上)》(第五版),法律出版社2016年版,第162页。

② 参见杜邈、郝家英:《网络环境下非法持有宣扬恐怖主义物品罪的司法认定》,载《上海政法学院学报(法治论丛)》2018年第6期。

③ 参见欧阳本祺、张林:《刑法视野下的恐怖主义网络宣扬行为》,载《河南财经政法大学学报》2018年第6期。

【指导案例】杨博宣扬恐怖主义、极端主义案①——向微信群中转发恐怖主义、极端主义视频行为的既遂标准问题

被告人杨博于 2016 年 8 月 28 日 0 时许,在北京市朝阳区其暂住地,用手机在名为"老男孩"的微信群内发布暴力血腥视频 5 部,随后又将其中 2 部发布在名为"污毒大学叫死群"的微信群内。经审查,以上视频内容涉及宣扬恐怖主义和极端主义思想,属于典型的暴力恐怖视频。

宣扬恐怖主义、极端主义罪属抽象危险犯,《刑法》第 120 条之三(宣扬恐怖主义、极端主义、煽动实施恐怖活动罪)规定:"以……方式宣扬恐怖主义、极端主义的,或者煽动实施恐怖活动的,处五年以下有期徒刑、拘役、管制或者剥夺政治权利,并处罚金;情节严重的,处五年以上有期徒刑,并处罚金或者没收财产。"且现有规范中并未对宣扬程度、宣扬内容数量等入罪标准方面作出规定,这意味着恐怖主义、极端主义的网络宣扬行为一旦做出便达到既遂。同时犯罪的实质是法益侵害性,还要综合考虑情节以确定行为法益侵害的危险性,如果犯罪情节显著轻微危害不大的,不应认定为犯罪。本案中,杨博利用手机在微信群内以散发暴力恐怖视频资料的方式宣扬恐怖主义、极端主义,该行为属于宣扬恐怖主义、极端主义行为。其将暴力血腥视频发往微信群的行为一经实施即满足了宣扬恐怖主义、极端主义罪的构成要求,宣扬恐怖主义、极端主义罪已经既遂。而且被告人杨博将多部暴力血腥视频发往多个微信群,不属于情节显著轻微危害不大的情况,其行为已构成宣扬恐怖主义、极端主义罪。

【指导案例】张冰宣扬恐怖主义、极端主义案②——上传暴力恐怖视频,被抓获后阅读量增加的部分是否由行为人承担责任

被告人张冰于 2016 年 9 月 15 日 6 时许,在北京市海淀区西三旗建材城西路某号院某号其暂住处,通过其昵称为"雲在青霄"的新浪微博上传某组织杀人的视频截图,该微博被阅读 2000 余人次。当日 9 时许,张冰应网友要求在微博评论里转发了该暴力恐怖视频的链接地址,并被观看、评论。经审查,涉案视频内容涉及宣扬恐怖主义和宗教极端思想,属于典型的暴力恐怖视频,危害程度较大。被告人张冰于 2016 年 9 月 21 日被查获归案。

本案中,张冰通过其昵称为"雲在青霄"的新浪微博上传某组织杀人的视频截图,并应网友要求在微博评论里转发了该暴力恐怖视频的链接地址,其行为符合通过网络发布暴力恐怖视频资料的方式宣扬恐怖主义、极端主义。该包含某组织

---

① 案号:(2017)京 03 刑初 46 号,审理法院:北京市第三中级人民法院。
② 案号:(2017)京 01 刑初 57 号,审理法院:北京市第一中级人民法院。

杀人的视频截图内容的微博被阅读2000余人次,此宣扬行为的传播范围较广,不属于情节显著轻微危害不大的情形,其行为已构成宣扬恐怖主义、极端主义罪。在案件审理中,被告人张冰的辩护人提出张冰被抓获后阅读量增加的部分不应由张冰承担责任,该辩护意见未得到采纳。因为网络的不受限制性、传播的广泛性、快捷性、开放性与交互性等特点,被告人张冰通过新浪微博所宣扬的暴力恐怖内容并未因其被抓获而停止传播,其言行的影响也未因此而终止,故张冰被抓并不能停止其行为损害结果的计算,该微博被处理前所造成的影响理应由张冰承担责任。

【指导案例】朱某非法持有宣扬恐怖主义、极端主义物品案①——向他人倒卖恐怖主义、极端主义视频的行为如何认定

被告人朱某平时无业在家,经常上网玩游戏、浏览网站,通过"自由门"翻墙软件浏览境外网站。自2015年8月份起,被告人朱某开始浏览境外网站里关于中东地区宣扬恐怖主义、极端主义的暴力恐怖视频、图片,并将40余部相关视频及图片下载保存到自己的电脑和百度云盘里。朱某在"百度知道"上发现有人发帖称想要暴力恐怖视频,遂打算贩卖其下载的暴力恐怖视频赚钱。2015年9月,朱某通过淘宝网站与他人交易了两段暴力恐怖视频,获利人民币8元,交易后该淘宝账号被封。后朱某又在"百度知道"上回复想要暴力恐怖视频的贴文,并留下自己的QQ号作为联系方式,其间有人通过QQ联系到朱某,其通过百度云盘分享给对方涉恐、涉暴视频,对方用微信转账的方式付款。利用此方式,被告人朱某先后六七次向他人贩卖十余部涉恐、涉暴视频,每次收取人民币5—10元不等的费用,共计获利40余元。至2015年11月10日案发时,被告人朱某的电脑中仍保存着上述暴力恐怖音频视频及图片。

本案中,被告人朱某通过"自由门"翻墙软件浏览境内不允许登录的境外网站,下载并保存多部宣扬恐怖主义、极端主义的暴力恐怖视频、图片,其非法持有期间又将上述视频出售给他人,使部分涉恐、涉暴视频流入社会,情节严重。被告人朱某明知是宣扬恐怖主义、极端主义的视频资料而下载并持有,且其在出售从境外网站下载的涉恐、涉暴视频时,会谨慎选择购买对象并对视频来源予以遮挡,表明其已认识到向他人出售上述视频的社会危害性;在淘宝出售两部视频后,朱某的淘宝账号被封,但之后其仍通过QQ联系并继续出售上述视频直至QQ账号被查封,其主观上对于非法持有宣扬恐怖主义、极端主义物品的行为持故意心态。被告人朱某的行为已构成非法持有宣扬恐怖主义、极端主义物品罪。

需要注意的问题是,本案中被告人朱某将下载并持有的宣扬恐怖主义、极端

---

① 案号:(2016)皖15刑初23号,审理法院:安徽省六安市中级人民法院。

主义物品转卖他人的行为是否构成宣扬恐怖主义、极端主义罪。笔者认为,被告人朱某的转卖行为不构成宣扬恐怖主义、极端主义罪,理由在于:宣扬是指广泛宣传,使不特定人或者多数人接受恐怖主义、极端主义的行为,如上所述,宣扬和持有的区分在于恐怖主义、极端主义物品是否向第三人开放,向第三人开放则属于宣扬,不向第三人开放仅行为人自身接触的属持有。本案中被告人朱某通过在"百度知道"上回复想要暴力恐怖视频的贴文,并留下自己的 QQ 号作为联系方式,使想要购买的人主动联系朱某,并通过百度云盘分享给对方,朱某的转卖行为是"一对一"的,未向第三人开放,仅是向特定人转卖宣扬恐怖主义、极端主义物品,不属于广泛宣传,不构成宣扬恐怖主义、极端主义罪。

第二十二章　劫持航空器罪

如何界定劫持航空器罪的既遂标准

(一) 裁判规则

劫持航空器行为具有极大的危害性，属于行为犯。成立劫持航空器罪的既遂，不仅要求实施了以暴力、胁迫或其他方法劫持航空器的手段行为，且须完成控制航空器的目的行为，二者缺一不可。对航空器的控制分为以下三种程度：完全控制、部分控制和事实上未控制。完全控制和部分控制的一般属于犯罪既遂，事实上未控制的一般认定为犯罪未遂。

(二) 规则适用

劫持航空器罪，是指以暴力、胁迫或者其他方法劫持航空器的行为，它所侵害的是不特定多数人的生命、健康和公私财产的安全。我国参加了多个规制劫持航空器罪的相关公约，包括《关于在航空器内犯罪和其他某些行为的公约》(即《东京公约》)、《制止非法劫持航空器公约》(即《海牙公约》)和《关于制止危害民用航空安全的非法行为的公约》(即《蒙特利尔公约》)。劫持航空器罪中的航空器必须是正在使用中或者飞行中的航空器。《东京公约》《海牙公约》中规定航空器是在飞行中的航空器，而正在飞行中是指航空器在装载结束，机舱外部各门均已关闭时起，直到打开任一机舱门以便卸载时为止的时间；如果航空器是强迫降落的，则在主管当局接管该航空器及其所载人员和财产以前，视为仍在飞行中。《蒙特利尔公约》中规定的航空器，不仅包括在飞行中，而且包括在使用中的航空器。所谓使用中是指从地面人员或机组人员对某一特定航空器开始进行飞行前准备起，直到降落后 24 小时止。①

劫持航空器罪在客观方面表现为以暴力、胁迫或者其他方法劫持航空器的行为。暴力是指直接对航空器实施暴力袭击或者对被害人采用危害人身安全和人

---

① 参见王明、王运声主编：《危害公共安全、妨害社会管理秩序犯罪案例》，人民法院出版社 2006 年版，第 55 页。

身自由的行为,使其丧失反抗能力或者不能反抗的身体强制方法,如劫机分子携带匕首、枪支、炸药、雷管、引爆装置等对旅客和机组人员进行捆绑、殴打、杀害、伤害、爆炸等。胁迫是指以暴力为内容进行精神胁迫,使被害人不敢反抗的精神强制方法。不法行为人实施的暴力或胁迫行为须达到足以威胁绝大多数人,使被害人无法反抗或不能反抗的程度。其他方法,是指除暴力、胁迫以外的其他使被害人不能反抗或者不敢反抗的强制方法。劫持航空器行为具有以下三个特点:其一,背离民用航空器合法控制人的目的。其二,一般具备公然劫持的特点。其三,对被害人施加身体或精神上的强制,使得被害人无法反抗或不敢反抗,进而达成犯罪目的。

在劫持航空器罪的认定中,既遂标准的界定一直存在争议。刑法学界对于劫持航空器罪的既遂标准主要有四种观点,分别是目的说、离境说、控制说、着手说。目的说认为行为人将航空器劫持到预定的降落地为既遂;离境说认为行为人劫持航空器飞离本国(或境内)领域构成犯罪既遂;控制说认为行为人着手实施劫持航空器行为,且实际控制了航空器,即认定为既遂;着手说认为行为人只要开始着手实施劫机行为,不论时间长短,即可认定为既遂。多数学者认为目的说与离境说不够全面,限制了犯罪既遂的成立,不利于惩治劫持航空器犯罪,因而争议主要集中在着手说和控制说。

讨论劫持航空器罪的既遂标准,需要先明确犯罪既遂的标准。对于犯罪既遂的标准,理论上存在多种学说,包括犯罪结果发生说、犯罪目的实现说和犯罪构成要件齐备说。[1] 其中犯罪构成要件齐备说为我国通说,本书在上文中对于具体危险犯的既遂标准的探讨也是建立在犯罪构成要件齐备说的基础上。根据犯罪构成要件齐备说可以明确地区分行为犯[2]、情节犯和结果犯,但根据刑法条文规定的构成要件难以区分举动犯和行为犯。一般认为,举动犯的既遂以着手实行犯罪为标志,而行为犯只有当行为实行到一定程度时才构成既遂。刑法对于举动犯和行为犯一般都只规定行为,难以区分是以着手还是行为实行到一定程度为既遂标准。对此,笔者认为,在犯罪构成要件齐备说的基础上,对于举动犯和行为犯的区分,可以考量行为何时对刑法所保护的全部法益造成实质侵害。如煽动国家分裂罪,行为人一经实施煽动行为,即对该罪名所保护的法益——国家统一和安全造成侵害,故煽动国家分裂罪为举动犯;而生产、销售有毒、有害食品罪,行为人刚着手生产时,只侵害了食品卫生的管理制度,尚未侵害不特定多数人的身体健康权利,只侵害了部分法益,只有生产、销售行为实施到一定程度,才可以对该罪所保护的食品卫生的管理制度以及不特定多数人的身体健康权利造成侵害,故生产、

---

[1] 犯罪结果发生说以特定结果出现作为既遂标志;犯罪目的实现说以行为人的目的实现作为既遂标志;犯罪构成要件齐备说以具体行为符合《刑法》分则规定的全部构成要件作为既遂标志。

[2] 此处行为犯为狭义上的行为犯,即与举动犯相对的,具有"过程性",以犯罪行为实施完毕为既遂的犯罪。

销售有毒、有害食品罪为行为犯。

基于上述分析,对于劫持航空器罪的既遂标准,笔者赞同控制说,理由在于:劫持航空器罪所保护的法益为旅客人身、财产以及航空器的正常行驶安全。根据《刑法》第121条的规定,劫持航空器罪是"以暴力、胁迫或者其他方法劫持航空器的"行为。"劫持"行为分为"劫"和"持"两个行为,"劫"是指以暴力、胁迫或其他方法针对机组人员或乘客实施的使其无法反抗或不敢反抗的手段行为,而"持"是指行为人控制航空器的目的行为。如果行为人单纯实施暴力、胁迫或其他方法的手段行为,未完成对航空器的控制的,实际上仅是单纯的危害人身安全行为,并未侵害航空器的正常行驶安全,只有当行为人全部或部分控制了航空器,因自己的行为影响到航空器的正常行驶的,才侵害到旅客人身、财产以及航空器的正常行驶安全。故实施劫持航空器行为,当行为人通过暴力、胁迫或者其他方法控制航空器的,为犯罪既遂。

行为人对航空器的控制分为以下三种程度:一是完全控制,指行为人自行驾驶航空器,或是航空器驾驶员完全按照行为人的意志驾驶航空器。二是部分控制,指行为人要求航空器驾驶员按照其意志航行,但驾驶员只是表面上听从其控制改变航空器航向,而实际上并未按照行为人意志驾驶,只是等待时机继续执行原线路或就近迫降。三是事实上未控制,即驾驶员让行为人误信已按照行为人要求进行飞行,实际上并未改变航空器原来的航向。对于第一种、第二种控制程度,行为人对航空器实施了完全控制或部分控制,航空器因行为人的劫持行为改变了航向,即便只有短暂的控制,或者未按照行为人的意志行驶,但行为人的行为已经影响到航空器的正常行驶,侵犯了航空器的正常行驶安全,应认定为劫持航空器罪既遂。而对于第三种控制程度,行为人实际上没有对航空器的飞行状态进行控制,行为人的行为实际上并未实质影响到航空器的正常行驶,属犯罪未遂。

【指导案例】孙宪禄劫持航空器案[①]——劫持航空器致使航空器被迫降落的是否属于犯罪既遂

1993年11月26日,被告人孙宪禄购得天津至上海的飞机票一张。同月28日上午,孙宪禄准备了火药包、引燃线及火柴等物,于当日14时许携带这些物品,混过天津机场安全检查人员的检查,登上中国国际航空公司"波音737"B-258号1532次航班飞机。飞机起飞后不久,孙宪禄即以引爆火药相威胁,胁迫机组人员将飞机飞往我国台湾地区,叫嚣说:"我的炸药是真的,要是不去,我马上就炸飞机。"经机组人员采取措施,飞机在南京机场紧急降落,孙宪禄被当场抓获。

[①] 参见最高人民法院中国应用法学研究所编:《人民法院案例选(分类重排本)·刑事卷》,人民法院出版社2017年版,第711—712页。

对于本案被告人孙宪禄行为的认定存在不同意见：一种意见认为，孙宪禄以炸药相威胁，胁迫航班的工作人员将飞机改道飞往我国台湾地区的行为，已经符合我国《刑法》规定的劫持航空器罪的构成要件，应当认定为劫持航空器罪。另一种意见认为，孙宪禄以引爆火药的暴力方式威胁机组成员，危及了飞行安全，应当认定为暴力危及飞行安全罪。

暴力危及飞行安全罪，是指对飞行中的航空器上的人员使用暴力，危及飞行安全的行为。暴力危及飞行安全罪与劫持航空器罪的区别在于：①行为方法不同。暴力危及飞行安全罪仅限于暴力方法，而劫持航空器罪的方法包括暴力、胁迫以及其他方法。②犯罪对象不同。暴力危及飞行安全罪的犯罪对象是飞行中的航空器，而劫持航空器罪的犯罪对象不仅包括飞行中的航空器，也包括使用中的航空器。③主观目的不同。劫持航空器罪的行为人实施行为的目的是使航空器改变飞行方向，而暴力危及航空器罪的行为人并不要求其具备特定目的。本案中，被告人孙宪禄以引爆火药相威胁，胁迫机组人员将飞机飞往我国台湾地区。客观上，行为人实施了以胁迫的方法劫持飞行中的航空器的行为，主观上，孙宪禄明知劫持航空器的行为会发生危害航空安全的严重后果，并希望这种结果发生，应认定为劫持航空器罪。

在犯罪行为是否既遂的判断上，本案中被告人孙宪禄对飞机的控制实际上为上文所述的部分控制的情形，即驾驶员表面上按照孙宪禄的意志改变航向，但实际上未按照其意志行驶，而是在南京机场紧急降落。虽然驾驶员并未按照被告人孙宪禄的意志行驶，但是已经迫使飞机改变航向，被告人孙宪禄的行为已经严重危害航空器的正常行驶安全，故应认定为劫持航空器罪既遂。

第二十三章 劫持汽车罪

劫车行为中劫持汽车罪与抢劫罪如何区分与认定

（一）裁判规则

劫持汽车罪的犯罪对象是正在使用中的汽车，一般情况下，不包括火车、电车、出租车。行为人实施劫车行为的，因抢劫罪和劫持汽车罪中行为人主观上都是出于故意，客观上都表现为暴力、胁迫或者其他方法控制车辆，认定时易发生混淆，二者区别的关键在于行为人是否有非法占有车辆的故意，无法查清的，一般认定为劫持汽车罪。

（二）规则适用

劫持汽车罪是指使用暴力、胁迫或者其他方法劫持汽车的行为。劫持汽车行为表现为行为人故意使用暴力、胁迫等方法劫持汽车，明知违反驾驶员意志，仍对驾驶员实施暴力、胁迫等行为，从而非法控制汽车。劫持汽车罪的犯罪对象是汽车，且须为正在使用中的汽车，包括投入使用和随时备用的汽车，废弃不用或正在制造中的汽车不属于劫持汽车罪的对象；劫持火车、电车的不构成劫持汽车罪；因为出租车原则上应当按照乘客的要求行驶，故一般情况下出租车不能成为劫持汽车罪的犯罪对象。当然也存在特殊情况，如果行为人使用暴力、胁迫等方法迫使出租车司机驾车在道路上横冲直撞，或者强行驾驶出租车的，此种行为已经明显超出了搭乘出租车的行为范围，改变了出租车的合法用途，危害到了公共安全，应当属于劫持汽车的行为。[①]

行为人实施劫车行为的，既可能构成抢劫罪，也可能构成劫持汽车罪。由于劫持汽车罪与以汽车为犯罪对象的抢劫罪的犯罪主体都为一般主体，主观方面都是出于故意，客观方面都表现为暴力、胁迫或其他方法，犯罪对象也都是汽车，因而认定时易发生混淆。两罪的区别在于：

第一，两罪的犯罪构成不同。一是侵犯的法益不同。抢劫罪侵害的是公私财

[①] 参见张明楷：《刑法学（下）》（第五版），法律出版社2016年版，第709页。

物的所有权和特定公民的人身健康权;而劫持汽车罪危害的是公共安全,包括交通运输安全和不特定人的人身、财产安全。二是客观方面表现不同。劫持汽车罪的行为人由于意在控制汽车的使用,一旦达到其目的,往往会离车而去,或将所劫持的汽车毁坏;而抢劫罪的犯罪行为人由于意在占有所抢劫的汽车,犯罪后通常会继续使用或出卖所抢劫的汽车。三是主观犯罪目的不同。抢劫罪的成立要求行为人有非法占有所劫车辆的目的;而劫持汽车罪的行为人强行控制汽车按自己的意图行驶,是汽车行驶去向或用途的改变,行为人没有非法占有所劫车辆的目的。其中,两罪的区分关键在于行为人是否具有非法占有目的,而客观表现和侵害法益的不同只是行为人主观目的不同的外在表现。

第二,《抢劫、抢夺刑事案件意见》第 6 条第 2 款规定:"为抢劫其他财物,劫取机动车辆当作犯罪工具或者逃跑工具使用的,被劫取机动车辆的价值计入抢劫数额;为实施抢劫以外的其他犯罪劫取机动车辆的,以抢劫罪和实施的其他犯罪实行数罪并罚。"对于此规定的理解,起草该意见的人员在相关文章中提到,《抢劫、抢夺刑事案件意见》第 6 条规定的理由在于,行为人以暴力或者胁迫的方法劫取机动车辆的行为虽然是出于法律意义上的"使用"目的,但实践中行为人在使用后一般即予废弃,基本上不存在返还的情形,本质上对该车辆属于非法占有。该劫车行为客观上侵犯了他人的人身、财产权利,符合抢劫罪的特征,所以应认定为抢劫罪。① 在适用该规定时,虽然《抢劫、抢夺刑事案件意见》第 6 条中认定为抢劫罪的劫取机动车行为中未明确要求具有"非法占有车辆,或者将车辆遗弃导致丢失"的前提条件②,但"非法占有目的"是抢劫罪的主观构成要件内容,即便《抢劫、抢夺刑事案件意见》没有明确表述,构成抢劫罪的行为人亦须具备"非法占有目的"。综上,行为人实施劫车行为的,认定劫持汽车罪和抢劫罪的关键在于行为人是否具有非法占有车辆的故意。

第三,如果行为人劫取正在使用中的汽车,在查不清行为人主观上是否具有"非法占有目的"的情况下,根据存疑时有利于被告人原则,一般认为被告人主观上不具有"非法占有目的",宜认定为劫持汽车罪。

---

① 参见刘然:《陈志故意杀人、劫持汽车案——杀人后劫车逃跑的行为如何定性》,载最高人民法院刑事审判第一、二、三、四、五庭主办:《刑事审判参考》(总第 92 集),法律出版社 2014 年版,第 69—74 页。

② 《抢劫、抢夺刑事案件意见》第 6 条的规定参照了最高人民法院、最高人民检察院《关于办理盗窃刑事案件适用法律若干问题的解释》第 10 条的相关规定,即"为盗窃其他财物,偷开机动车辆作为犯罪工具使用后非法占有车辆,或者将车辆遗弃导致丢失的,被盗车辆的价值计入盗窃数额";"为实施其他犯罪,偷开机动车辆作为犯罪工具使用后非法占有车辆,或者将车辆遗弃导致丢失的,以盗窃罪和其他犯罪数罪并罚"。该条明确规定了为实施其他犯罪而偷开机动车构成盗窃罪的,要求具备"非法占有车辆,或者将车辆遗弃导致丢失"的条件。

【指导案例】陈志故意杀人、劫持汽车案①——杀人后劫车逃跑的行为如何定性

2011年8月3日20时许,被告人陈志与被害人王志航在江苏省江都市邵伯镇"飞毛腿食坊"103包厢吃饭。喝酒期间,二人因积怨发生争吵。陈志持随身携带的单刃折叠刀捅刺被害人王志航数刀。服务员见状呼喊,陈志持刀追至饭店门口殴打服务员。随后,陈志又返回103包厢继续捅刺王志航,致王志航左心室破裂、急性心包填塞合并大出血死亡。之后,陈志闯入104包厢,持刀威胁在此就餐的被害人王修峰拨打"120"电话。被人劝说离开后,陈志到店外追赶并威胁正在打电话报警的店主何运菊。当王修峰准备驾驶轿车离开时,陈志闯入车内,持刀胁迫王修峰将其送走。途中,陈志自行驾驶该车。当行至扬溧高速公路润扬大桥收费站时,王修峰跳车逃跑并向民警呼救。陈志随即掉转车头沿高速公路逆向行驶,在距收费站500米处与其他车辆发生碰擦,最终撞上高速公路的中间护栏,陈志遂弃车逃离。

对于本案被告人陈志行为的认定,一种观点认为,依照上述《抢劫、抢夺刑事案件意见》第6条的规定,被告人陈志的行为应当认定为抢劫罪;另一种意见认为,陈志劫车是用于逃跑,没有非法占有车辆的目的,不构成抢劫罪,应当认定为劫持汽车罪。笔者同意后一种意见,理由在于:《抢劫、抢夺刑事案件意见》第6条规定的情形为"为实施抢劫以外的其他犯罪劫取机动车辆"。本案中,被告人陈志劫取车辆时故意杀人行为已经实施完毕,劫车的目的是逃跑,而不是为了实施其他犯罪活动,故陈志劫车逃跑的行为不符合《抢劫、抢夺刑事案件意见》第6条规定的情形。被告人陈志客观上实施了劫取汽车的行为,其行为方式是持刀胁迫车主将其送走,具有"非法占有目的"的行为人一般会把车主赶下车,自行开走,使车辆脱离车主控制,而本案被告人并没有使车辆脱离车主控制,只是通过暴力相威胁的方式让车主带其逃离现场,既没有表现出非法占有汽车的目的,也未实际占有该车辆,因此,其对汽车实施的行为属于劫持,而非劫取。综上,被告人采取暴力、胁迫方法劫持汽车,主观上不具有"非法占有目的",应认定为劫持汽车罪。

【指导案例】陈某劫持汽车、以危险方法危害公共安全案②——劫持汽车后在高速公路上逆行的行为如何认定

2009年5月27日20时许,陈某驾驶两轮摩托车从福建省建瓯市高速公路入口处冲卡进入,并在浦南高速公路上从南向北逆向往浦城驶去。当行驶到浦南高

---

① 参见刘然:《陈志故意杀人、劫持汽车案——杀人后劫车逃跑的行为如何定性》,载最高人民法院刑事审判第一、二、三、四、五庭主办:《刑事审判参考》(总第92集),法律出版社2014年版,第69—74页。

② 参见吴才文:《在高速公路上劫持汽车逆向行驶应定何罪》,载《人民检察》2011年第10期。

速公路 1699 千米处时,摩托车链条掉下,陈某遂将摩托车横放在高速公路上,以迫使路过的车辆停下。当日 21 时许,某法院驾驶员黄某驾驶警车由北往南行驶时,见状即停下车询问,陈某上前朝黄某脸部打了数耳光,将黄某拉下车殴打,坐上警车欲逃离时见黄某用手机报警,又下车夺走黄某手机,并调转车头在高速公路上逆向往北驶去。当行驶到京台线 1614 千米时被民警抓获归案。陈某供称因摩托车故障,想抢一辆车回家后再改装成农用车自用,后又否认。经鉴定,警车价值人民币 20 万元,手机价值人民币 455 元,黄某全身多处软组织挫伤,伤情鉴定为轻微伤;陈某尿样毒品检测结果为甲基安非他命(冰毒)呈阳性。

对本案被告人陈某行为的认定存在不同意见:第一种意见认为,陈某以非法占有目的,使用暴力手段强行劫夺警车、手机,数额巨大,应以抢劫罪追究其刑事责任。第二种意见认为,陈某的行为已严重危害了公共交通安全,在未造成严重后果的情况下,应按以危险方法危害公共安全罪追究其刑事责任。第三种意见认为,陈某采用暴力手段劫持警车,应以劫持汽车罪追究其刑事责任。第四种意见认为,陈某的行为应当以劫持汽车罪和以危险方法危害公共安全罪数罪并罚。

笔者同意第四种意见,理由在于:第一,被告人通过对警车驾驶员黄某实施暴力的方式劫取警车,属于通过使用暴力劫持汽车的行为。行为人劫持警车的目的是驾车逃跑,且当时行为人处于吸毒状态,其行为的主观目的难以查明,根据存疑时有利于被告人原则,对被告人的行为不应认定为具有"非法占有目的",宜认定为劫持汽车罪,而非抢劫罪。

第二,被告人陈某实施了驾驶摩托车在高速公路逆向行驶、横放摩托车拦截过往车辆、驾驶警车在高速公路上逆向行驶的行为,因高速公路上车流量较大,车速较快,被告人的上述行为极易引发交通事故,其行为已经严重危害高速公路上行驶的不特定人员及车辆的安全,其行为构成危害公共安全罪。同时,被告人的上述行为具有"一次性"致人伤亡的可能,行为一旦实施,无法预料及控制侵害对象及损害结果,且被告人的上述行为与危害公共安全的结果之间具有直接的因果关系,故被告人的上述行为属于"其他危险方法"。主观上,行为人虽处于吸毒后状态,控制能力和辨认能力有所减弱,但如前所述,对吸毒状态下行为人主观心态的判断,以自陷行为时,即吸毒时行为人的主观心态为准。被告人在吸毒时可以预见到吸毒后其行为将处于不可控状态,仍吸毒并在吸毒后驾驶机动车,主观上对其吸毒行为可能造成的危害公共安全的结果持放任态度,行为人主观上属间接故意。故被告人陈某的行为构成以危险方法危害公共安全罪。

第三,被告人劫持汽车行为与以危险方法危害公共安全的行为属两个独立行为,分别触犯两个罪名,应以上述两罪对被告人陈某进行并罚。

第二十四章　破坏广播电视设施、公用电信设施罪

一、"广播电视设施"和"公用电信设施"的范围及两罪既遂的认定

(一) 裁判规则

破坏广播电视设施罪侵犯的直接客体是广播电视传播的安全,其破坏的对象是各种广播电视设施。破坏公用电信设施罪的直接客体是公用电信安全,客观表现为实施了各种破坏正在使用中的公用电信设施的行为,犯罪对象主要指用于社会公用事业的通信设施、设备和其他公用的通信设施、设备。破坏广播电视设施罪和破坏公用电信设施罪的侵害对象都须为广播电视设施和公用电信设施中正在使用的关键部位,构成两罪须满足破坏行为会对广播电视和公用电信设施的使用产生实质影响,并影响不特定人的使用。

在破坏广播电视设施罪和破坏公用电信设施罪既遂的认定上,应结合两罪的特点,综合案件情节,如公私财产遭受直接损失的数额,造成广播电视信号、公用电信线路中断的时间以及造成广播电视信号、公用电信线路中断的地域范围等因素,全面考虑行为是否危害到公共安全。最高人民法院《关于审理破坏广播电视设施等刑事案件具体应用法律若干问题的解释》(以下简称《破坏广播电视设施等刑事案件解释》)和最高人民法院《关于审理破坏公用电信设施刑事案件具体应用法律若干问题的解释》(以下简称《破坏公用电信设施刑事案件解释》)第1条分别对破坏广播电视设施罪和破坏公用电信设施罪中"危害公共安全"的标准作出了具体的解释。行为符合前述司法解释中明文规定的既遂情形的,直接认定为破坏广播电视设施罪和破坏公用电信设施罪的既遂,不符合规定的,再通过综合考量案件情节进行判断。

(二) 规则适用

破坏广播电视设施、公用电信设施罪,是指故意破坏广播电视设施、公用电信设施,危害公共安全的行为。《刑法》第124条第1款规定:"破坏广播电视设施、公用电信设施,危害公共安全的,处三年以上七年以下有期徒刑;造成严重后果

的,处七年以上有期徒刑。"破坏广播电视设施、公用电信设施行为最初规定在 1979 年《刑法》第 111 条,罪名为破坏通讯设施罪。1997 年《刑法》第 124 条对罪状作了修改,罪名相应改为破坏广播电视设施、公用电信设施罪。破坏广播电视设施、公用电信设施罪认定的关键问题在于广播电视设施和公用电信设施的认定。

　　破坏广播电视设施罪侵犯的直接客体是广播电视传播的安全,其破坏的对象是各种广播电视设施,如广播电台发射与接收电波的设备,电视台发射与接收电视图像的设备,广播电视台转播台、监测台、微波站及有线广播、有线电视传播覆盖等设施。根据《破坏广播电视设施等刑事案件解释》第 1 条的规定,破坏包括采取拆卸、毁坏设备,剪割缆线,删除、修改、增加广播电视设备系统中存储、处理、传输的数据和应用程序,非法占用频率等手段。破坏广播电视设施行为的核心是影响不特定人收听、收看广播、电视,侵害广播电视传播安全,故认定为破坏广播电视设施罪的行为须具备:①破坏的是正在使用中的并直接用于广播电视的设施。如果破坏或盗窃库存的广播电视设施、广播电视部门办公及生活设施等,因其不影响广播电视正常传播,不构成破坏广播电视设施罪,若数额较大或情节严重的,应认定为故意毁坏公私财物罪或盗窃罪。②破坏的是广播电视设施的关键部位,即破坏行为使广播电视设施因遭受破坏而丧失原有功能,以致造成公共广播、电视不能正常传播。③破坏的广播电视设施须可能造成不特定的单位和个人无法正常收听、收看广播电视,如行为人破坏的是特定用户的广播电视线路、终端及卫星接收器等,只影响特定用户收听、收看广播电视的,不构成破坏广播电视设施罪。①

　　公用电信设施主要指用于社会公用事业的通信设施、设备和其他公用的通信设施、设备。破坏公用电信设施罪的直接客体是公用电信安全,客观方面表现为实施了各种破坏正在使用中的公用电信设施的行为,破坏的方法多种多样。根据《破坏公用电信设施刑事案件解释》第 1 条的规定,破坏公用电信设施包括截断通信线路,损毁通信设备或者删除、修改、增加电信网计算机信息系统中存储、处理或者传输的数据和应用程序等。认定破坏公用电信设施罪所需条件上与破坏广播电视设施罪相似,破坏的须为正在使用的公用电信设施的关键部位,行为足以破坏公用电信设施原有功能,并造成不特定单位和个人无法使用,从而危害公用电信安全的,才构成破坏公用电信设施罪。

　　在破坏广播电视设施罪和破坏公用电信设施罪既遂的认定上,应结合两罪的特点,综合案件情节,如公私财产遭受直接损失的数额,造成广播电视信号、公用电信线路中断的时间以及造成广播电视信号、公用电信线路中断的地域范围等因

---

① 参见卞文斌:《金传勇为泄愤破坏有线电视设施案》,载最高人民法院中国应用法学研究所编:《人民法院案例选(分类重排本)·刑事卷》,人民法院出版社 2017 年版,第 718—719 页。

素,全面考虑行为是否危害公共安全。《破坏广播电视设施等刑事案件解释》和《破坏公用电信设施刑事案件解释》第 1 条分别对破坏广播电视设施罪和破坏公用电信设施罪中"危害公共安全"的标准作出了具体的解释。行为满足上述解释规定具体情形的,可直接认定为破坏广播电视设施罪和破坏公用电信设施罪的既遂,不满足上述解释规定情形的,再通过综合考量案件情节进行判断。

《破坏公用电信设施刑事案件解释》第 1 条规定的破坏公用电信设施罪中"危害公共安全"的五种情形的第二种情形是"造成二千以上不满一万用户通信中断一小时以上,或者一万以上用户通信中断不满一小时",此规定中通信中断的用户数是否可以累计计算,存在争议。对此,一种意见认为,《破坏公用电信设施刑事案件解释》没有明确通信中断用户是否可以累计计算,在法律规定不明确的情况下,应当作出有利于被告人的解释,认为通信中断用户数不可以累计计算。另一种意见认为,该规定的文字表述中没有不可累计的限制条件,故通信中断的用户数可以累计计算。笔者赞同后一种意见。首先,从行为危害性的角度,多次中断的危害并不小于一次中断。破坏公用电信罪所保护的是公用电信的安全,破坏公用电信行为的危险性不仅体现在中断通信的用户数量上,也体现在中断时间上,如果对于多次中断的用户数不予累计,则偏离了破坏公用电信设施罪保护法益和设立目的,有不当缩小刑法适用范围、轻纵犯罪之嫌。其次,根据刑法规定,破坏公用电信设施罪存在具体危险犯,不要求造成实际损害结果,是否危害公共安全,需要法官结合案件具体情况判断行为是否已经对公用电信安全造成紧迫危险。《破坏公用电信设施刑事案件解释》的规定已经为破坏公用电信设施罪的既遂设定了实害结果的条件,提高了入罪的门槛,如果在此基础上进一步作出"用户数限制累计"的限缩解释,将会不当削弱刑法打击犯罪的功能。

【指导案例】王平国、郝海平破坏公用电信设施案①——盗剪铁路专用通讯线的行为如何认定

1998 年 7 月 8 日至 30 日,被告人王平国、郝海平伙同郝正杰、姚其峰(后二人均已被判刑),在焦枝铁路龙门南至商酒务车站区间,盗剪正在使用的铁路行车专用通讯线 4 次,共计 2800 米,致使铁路通信中断 9 小时 2 分,造成直接经济损失人民币 12161.61 元。其中,被告人王平国参与盗剪 4 次,盗剪专用通讯线 2800 米,中断通信 9 小时 2 分,造成直接经济损失人民币 12161.61 元;被告人郝海平参与盗剪 1 次,盗剪专用通讯线 400 米,中断通信 1 小时 55 分,造成直接经济损失人民币 2306.22 元。

---

① 参见刘项生、李定伟、贾超英:《王平国、郝海平盗剪铁路专用通讯线破坏公用电信设施案》,载最高人民法院中国应用法学研究所编:《人民法院案例选(分类重排本)·刑事卷》,人民法院出版社 2017 年版,第 720—721 页。

本案在审理过程中,因铁路行车专用通讯线既属于交通设施又属于公用电信设施,故对于二被告人的行为是构成破坏交通设施罪还是构成破坏公用电信设施罪存在不同意见。笔者认为,二被告人的行为应认定为破坏公用电信设施罪,理由在于:第一,盗剪铁路行车专用通讯线不具有足以使火车发生倾覆、毁坏的危险。随着社会的发展和科技的进步,铁路交通设施安全性能的不断改进和完善,控制火车运行的设施除行车专用通讯线外,还有无线通讯指挥系统、自动闭塞装置①等。铁路行车专用通讯线不是铁路行车中进行联络的唯一工具,故在目前情况下,即使行车专用通讯线路被切断,也不足以使火车发生倾覆、毁坏的危险。第二,盗剪铁路行车专用通讯线路后,直接造成铁路行车时通讯线路中断,故盗剪铁路行车专用通讯线行为侵犯的直接客体是行车通讯的安全而不是交通运输的安全,因而盗剪铁路行车专用通讯线的行为更符合破坏公用电信设施罪的特征。二被告人的行为应认定为破坏公用电信设施罪。

二、非法使用"伪基站"设备行为如何认定

(一) 裁判规则

非法使用"伪基站"设备的行为,既属于扰乱无线电通讯管理秩序行为,也属于破坏公用电信设施行为。如尚未达到危害公共安全程度,但情节严重的,应认定为扰乱无线电通讯管理秩序罪;如达到危害公共安全程度,该行为同时构成扰乱无线电通讯管理秩序罪和破坏公用电信设施罪,适用重罪即破坏公用电信设施罪。非法使用"伪基站"设备干扰公用电信网络信号,危害公共安全,同时构成他罪的,依照处罚较重的规定处理。

非法使用"伪基站"设备的行为是否属于情节严重,一般须考量危害行为、行为手段、行为时间、地点、犯罪对象等因素。非法使用"伪基站"设备的行为是否危害公共安全,是否造成严重后果,一般须考量使用"伪基站"设备发送短信息的数量,通信中断手机用户的范围和时间,以及造成的其他损害结果等因素。

(二) 规则适用

近年来,各地非法生产、销售、使用"伪基站"设备的违法犯罪活动日益猖獗,有的借以非法获取公民个人信息,有的非法经营广告业务或者发送虚假广告,有的甚至实施诈骗等犯罪活动。"伪基站"即假基站,是指未经批准设置的通信基站,它的功能类似于发射基站,能够搜取以它为中心的一定范围内的手机用

---

① 自动闭塞装置是用于实现铁路安全行驶的有关设备,如区间信号机、轨道电路和联锁设备等。在两个相邻的车站之间,为保证行车安全,只允许有一列火车运行,这种运行方式称为"闭塞"。为了提高列车通过数量,将两站之间分割成若干小区,在各小区间的交界处装设信号机,根据列车在各区间运行的位置,信号机可自动显示红、黄、绿等颜色灯光,以指挥后续列车的运行,使同一时期内两车站间有更多的列车运行。这种运行方式叫自动闭塞,其有关设备称为自动闭塞装置。

户的信息。"伪基站"设备不仅能够冒充普通用户的号码,甚至能冒充政府机关的号码,强行向用户手机发送短信息。为此,2014年3月14日发布的最高人民法院、最高人民检察院、公安部、国家安全部《关于依法办理非法生产销售使用"伪基站"设备案件的意见》(以下简称《"伪基站"设备意见》)指出,"伪基站"设备是未取得电信设备进网许可和无线电发射设备型号核准的非法无线电通信设备,具有搜取手机用户信息,强行向不特定用户手机发送短信息等功能,使用过程中会非法占用公众移动通信频率,局部阻断公众移动通信网络信号。对于非法使用"伪基站"设备行为的认定,存在以下几个问题:

第一,在认定罪名上,一是非法使用"伪基站"设备行为是否属于破坏公用电信设施行为。一方面,从破坏公用电信设施罪中"破坏"的含义来看,《破坏公用电信设施刑事案件解释》第1条规定了"采用截断通信线路、损毁通信设备或者删除、修改、增加电信网计算机信息系统中存储、处理或者传输的数据和应用程序等手段,故意破坏正在使用的公用电信设施"的行为系破坏公用电信设施罪的客观表现。由于该司法解释颁布较早,因此,破坏公用电信设施行为并不包括非法使用无线电频率的行为。2011年6月最高人民法院发布的《破坏广播电视设施等刑事案件解释》第1条规定了"采取拆卸、毁坏设备,剪割缆线,删除、修改、增加广播电视设备系统中存储、处理、传输的数据和应用程序,非法占用频率等手段,破坏正在使用的广播电视设施"的行为系破坏广播电视设施罪的客观行为。该司法解释已将"非法占用频率"行为认定为破坏广播电视设施行为。《"伪基站"设备意见》进一步规定了"非法使用'伪基站'设备干扰公用电信网络信号,危害公共安全的,依照《刑法》第一百二十四条第一款的规定,以破坏公用电信设施罪追究刑事责任"。另一方面,从非法使用"伪基站"设备行为可以认定为破坏公用电信设施罪的原因来看,依据工业和信息化部办公厅《关于"11·23"伪基站专案问题的复函》(工信厅政函〔2013〕189号)的意见,连接通信基站与手机终端的无线通信线路属于"公用电信设施",行为人利用"伪基站"设备发送广告信息的行为,虽然并未对通信电路造成物理损害,但使用"伪基站"设备会占用公众移动通信频率,局部阻断公众移动通信网络信号,对基站的正常运行产生破坏,可能在较大范围内造成用户较长时间通信中断(部分用户暂时脱网而后恢复正常,部分用户须开机才能重新入网),因而符合破坏公用电信设施罪的行为特征。二是非法使用"伪基站"设备行为中扰乱无线电通讯管理秩序罪和破坏公用电信设施罪的选择适用。《刑法修正案(九)》第30条将扰乱无线电通讯管理秩序罪修改为"违反国家规定,擅自设置、使用无线电台(站)或者擅自使用无线电频率,干扰无线电通讯秩序,情节严重的"行为,删除了"经责令停止使用后拒不停止使用"这一前置性的行政程序,将原条文中"造成严重后果"修改为"情节严重",并将"擅自占用"修改为"擅自使用"。据此,非法使用"伪基站"设备行为既属于扰乱无线电通讯管理秩序行为,也属于破坏公用电信设施行为。扰乱无线电通讯管理秩序罪和破坏公用电信设施罪的区分主要在于既遂标准不同,扰乱无线电通讯管理秩序罪以情节严重为既遂标准,而破坏公用电信设施罪须达到危害公共安全的程度。① 基于此,非法使用"伪基站"设备行为如尚未达到危害公共安全程度,但情节严重的,应认定为扰乱无线电通讯管理秩序罪;非法使用"伪基站"设备行为达到危害公共安全程度的,同时构成扰乱无线电通讯管理秩序罪和破坏公用电信设施罪,两罪名间本身存在一定的交叉竞合,在认定时适用重罪即破坏公用电信设施罪。

第二,使用"伪基站"设备的行为包括两种情况:一是行为人利用"伪基站"设备仅发送服务类广告,未发送恶意危害社会的非法信息的;二是通过"伪基站"设备发送的信息属恶意危害社会的非法信息的,包括诈骗信息、虚假广告、钓鱼链接、病毒链接等。行为人非法使用"伪基站"设备强行向不特定的人群发送恶意危害社会的非法信息的,构成破坏公用电信设施罪或扰乱无线电通讯管理秩序罪的同时,可能构成诈骗罪、虚假广告罪、非法获取公民个人信息罪、破坏计算机信息系统罪等犯罪,属于实施同一行为,触犯不同罪名的想象竞合,应依照处罚较重的规定追究刑事责任,《"伪基站"设备意见》对此也作出了明确规定。

第三,非法使用"伪基站"设备的行为是否属于情节严重,一般须考量以下因素:一是危害行为,如利用"伪基站"设备发送一般商业广告信息和发送诈骗、木马病毒等有害信息的危害性区别较大。二是行为手段,如冒充国家机关或者公众服务号码比冒充普通的一般手机用户的情节更为严重。三是行为时间、地点,如在国家举行重大活动、处置自然灾害等突发事件的特殊时间非法使用"伪基站"设备发送相关信息的行为危险性更大。四是犯罪对象,干扰的信号属军事信号的较干扰民用信号的危险性更大。五是犯罪后果,非法使用"伪基站"设备的行为是否危害公共安全,是否造成严重后果,一般须考量使用"伪基站"设备发送短信息的数量、通信中断手机用户的范围和时间,以及造成的其他损害结果等因素。一方面,上述内容在取证上存在便利条件;另一方面,以发送短信息的数量和手机用户的范围判断行为危害公众生活平稳与安宁的程度,更为直观和便捷。② 而对于"危害公共安全"的认定,《破坏公用电信设施刑事案件解释》第1条规定了破坏公用电信设施罪中可以认定为"危害公共安全"的四种具体情形,包括:①造成火警、匪警、医疗急救、交通事故报警、救灾、抢险、防汛等通信中断或者严重障碍,并因此贻误救助、救治、救灾、抢险等,致使人员死亡一人、重伤三人以上或者造成财产损失30万元以上的;②造成2000以上不满1万用户通信中断1小时以上,或者1万以上用户通信中断不满1小时的;③在一个本地网范围内,网间通信全阻、关口局

---

① 参见广州市中级人民法院课题组、林怡婷:《"伪基站"犯罪的司法裁判现状及刑罚适用》,载《法治论坛》2017年第2期。

② 参见岳力:《非法使用"伪基站"的定性和量刑》,载《人民案例》2015年第16期。

至某一局向全部中断或网间某一业务全部中断不满2小时或者直接影响范围不满5万(用户×小时)的;④造成网间通信严重障碍,一日内累计2小时以上不满12小时的。

【指导案例】郝林喜、黄国祥破坏公用电信设施案①——非法使用"伪基站"设备干扰公用电信网络信号的行为如何定罪量刑

被告人郝林喜系推销人员,案发前购买了两套"伪基站"设备用于广告宣传。2013年9月9日至11日,郝林喜租赁上海市喜来登太平洋大饭店场地,举办皮鞋、箱包特卖会。为提高销量,郝林喜雇用其亲戚被告人黄国祥驾车携带一套"伪基站"设备,为特卖会做广告宣传。该设备占用中国移动上海公司GSM公众数字蜂窝移动通信网的频率,并发射无线电信号,截断一定范围内移动电话的正常通信联系。9月11日,上海市无线电管理局的工作人员当场对黄国祥进行查处,没收了"伪基站"相关设备。同年10月初,郝林喜租赁上海市西藏大厦万怡酒店、京辰大酒店场地,举办皮鞋、箱包特卖会,继续雇用黄国祥使用上述方法做广告宣传。经中国移动上海公司测算,2013年10月10日和11日因郝林喜、黄国祥使用"伪基站"设备,周边用户通信中断约14万人次。

对本案中被告人行为的认定,一种意见认为,被告人郝林喜、黄国祥的行为构成破坏公用电信设施罪;另一种意见认为,郝林喜、黄国祥不具有破坏公用电信设施的故意,也未对公用电信设施造成破坏,构成扰乱无线电通讯管理秩序罪。笔者同意前一种意见,被告人郝林喜、黄国祥非法使用"伪基站"设备发送促销短信,非法占用公用电信频率,该行为既属于扰乱无线电通讯管理秩序行为,也属于破坏公用电信设施行为。二被告人使用"伪基站"设备发送促销短信造成周边用户通信中断达14万人次,其行为造成了较为严重的损害结果,已达到《破坏公用电信设施刑事案件解释》第1条规定的"危害公共安全"的认定标准,属情节严重,故二被告人的行为同时构成扰乱无线电通讯管理秩序罪和破坏公用电信设施罪,应认定为破坏公用电信设施罪。二被告人明知使用"伪基站"设备发送促销短信是违法的,也明知该行为会破坏正常的通讯秩序,为了进行广告宣传,放任损害结果的发生,主观上属间接故意。郝林喜、黄国祥的行为符合破坏公用电信设施罪的构成要件。

针对本案被告人的量刑,《"伪基站"设备意见》规定,"对犯罪嫌疑人、被告人的处理,应当结合其主观恶性大小、行为危害程度以及在案件中所起的作用等因

---

① 参见孙玮、林丽丽:《郝林喜、黄国祥破坏公用电信设施案——对非法使用"伪基站"设备干扰公用电信网络信号的行为如何定罪量刑》,载最高人民法院刑事审判第一、二、三、四、五庭主办:《刑事审判参考》(总第97集),法律出版社2014年版,第1—5页。

素,切实做到区别对待"。本案中,被告人郝林喜、黄国祥为销售商品使用"伪基站"设备向公众发送促销短信,与利用"伪基站"设备发送犯罪信息的行为相比,行为危害性和主观恶性相对较小,在量刑时应予以考虑。一审法院综合考虑本案的具体情况,对郝林喜从轻判处有期徒刑三年,认定黄国祥系从犯,减轻处罚判处有期徒刑一年六个月是适当的。

第二十五章　非法制造、买卖、运输、邮寄、储存枪支、弹药、爆炸物罪

一、如何认定非法制造、买卖、运输、邮寄、储存枪支、弹药、爆炸物罪中"枪支、弹药、爆炸物"的范围

(一)裁判规则

《中华人民共和国枪支管理法》(以下简称《枪支管理法》)和《非法制造、买卖、运输枪支、弹药、爆炸物等刑事案件解释》对于非法制造、买卖、运输、邮寄、储存枪支、弹药、爆炸物罪中的"枪支、弹药、爆炸物"范围作出了规定,但规定外的物品也可能属于枪支、弹药、爆炸物,在判断时应结合物品本身的性质及是否具有危害公共安全的危险性进行判断。

(二)规则适用

非法制造、买卖、运输、邮寄、储存枪支、弹药、爆炸物罪是指违反国家有关枪支、弹药、爆炸物管理法规,擅自制造、买卖、运输、邮寄、储存枪支、弹药、爆炸物,危害公共安全的行为。由于枪支、弹药、爆炸物的杀伤力与破坏力较大,刑法将非法制造、买卖、运输、邮寄、储存枪支、弹药、爆炸物罪规定为抽象危险犯,行为一经实施即构成既遂,故在认定该罪中对于"枪支、弹药、爆炸物"的认定是关键。

所谓"枪支",根据《枪支管理法》第46条的规定,是指以火药或者压缩气体等为动力,利用管状器具发射金属弹丸或者其他物质,足以致人伤亡或丧失知觉的各种枪支。一般来说,枪支包括各种军用枪支、射击运动用的各种枪支、狩猎用的猎枪、麻醉动物用的麻醉注射枪以及气枪、彩弹枪、火药枪、催泪枪、钢珠枪、电击枪[①]等。对枪支的认定不限定于法律法规、司法解释明确规定的种类,只要是利用管状器具发射物质,足以致人伤亡或丧失知觉的器具,都可能属于枪支的范围。而对于私自制作土枪出售,或者将体育运动用枪改装成火药枪的,应根据具体情

[①] 参见《枪支管理法》第5条、第6条,最高人民法院、最高人民检察院、公安部《关于依法收缴非法枪支弹药爆炸物品严厉打击枪爆违法犯罪的通告》第8条。

况,区别对待,构成犯罪的,以非法制造、买卖枪支罪予以处罚;如果情节显著轻微危害不大的,则不以犯罪论处。诸如游艺运动气枪、制作影视戏剧用的道具枪、不能发射子弹的仿真手枪等,因致伤力有限,一般不认定为非法制造、买卖、运输、邮寄、储存枪支、弹药、爆炸物罪中的枪支。所谓"弹药"是指能为上述各种枪支使用的子弹、催泪弹或者其他物质,具体而言,一是在功能上具有杀伤力,二是可以借助武器或者其他运载工具发射至目标区域。①

爆炸是指物质从一种状态迅速转变为另一种状态,并在瞬间以机械功的形式放出巨大能量,或是气体、蒸汽在瞬间发生剧烈膨胀等现象。爆炸物,是指在外界作用下,能发生剧烈的化学反应,瞬时产生大量的气体和热量,使周围压力急剧上升,发生爆炸,足以致人重伤、死亡或者使公私财产遭受重大损失的物品。爆炸物主要包括炸药、雷管、导火索、导爆索、震源弹、黑火药、烟火药、手榴弹、地雷②等。根据《民用爆炸物品安全管理条例》第 2 条的规定,该条例所称民用爆炸物品,是指用于非军事目的、列入《民用爆炸物品品名表》的各类火药、炸药及其制品和雷管、导火索等点火、起爆器材。《民用爆炸物品品名表》由国务院国防科技工业主管部门会同国务院公安部门制定、公布。《民用爆炸物品品名表》中所列民用爆炸物品主要分为工业炸药、工业雷管、工业索类火工品、其他民用爆炸物品、原材料五大类。

我国对于枪支、弹药、爆炸物实行严格管理,关于枪支、弹药、爆炸物的规定较为完善,一般来说按照相应的规定进行认定。当然,规定以外的物品也可能属于枪支、弹药、爆炸物,在判断时应结合物品本身的性质及是否具有危害公共安全的危险性进行判断。如烟花爆竹制品是否属于非法制造、买卖、运输、邮寄、储存枪支、弹药、爆炸物罪中的"爆炸物"?一种观点认为,根据《非法制造、买卖、运输枪支、爆炸物等刑事案件解释》第 1 条的规定,非法制造、买卖、运输、邮寄、储存烟火药 3000 克以上,构成非法制造、买卖、运输、邮寄、储存枪支、弹药、爆炸物罪,据此,烟花爆竹制品含有烟火药,因而属于爆炸物。另一种观点认为,《非法制造、买卖、运输枪支、弹药、爆炸物等刑事案件解释》提及的爆炸物是炸药、发射药、黑火药、烟火药、雷管、导火索、导爆索等,并未提及烟花爆竹制品,由此可见,烟花爆竹制品并非刑法所称的"爆炸物"。对此,笔者认为,《非法制造、买卖、运输枪支、弹药、爆炸物等刑事案件解释》只是列举式规定,从根本上说,对于爆炸物的认定还要从其是否能危及公共安全来界定。枪支、弹药、爆炸物之所以被严格禁止,主要是由于其危险性较大,使用中容易危及公共安全。

---

① 参见孙红涛、郜志龙:《戴永光走私弹药、非法持有枪支案——走私气枪铅弹构成犯罪,量刑标准是否应当有别于一般的走私非军用子弹》,载最高人民法院刑事审判第一、二、三、四、五庭主办:《刑事审判参考》(总第 96 集),法律出版社 2014 年版,第 1—6 页。

② 参见最高人民法院、最高人民检察院、公安部《关于依法收缴非法枪支弹药爆炸物品严厉打击枪爆违法犯罪的通告》第 8 条。

烟花爆竹制品是以烟火药为主要原料制成,引燃后通过燃烧或爆炸,产生光、声、色、型、烟雾等效果,用于观赏且具有易燃易爆危险的物品。烟花爆竹制品的原理是通过将其内烟火药点燃,发生化学反应引发燃烧或爆炸,这一过程中释放出来的能量绝大部分转化成光能呈现出来。因烟花爆竹制品具有较大危险性和安全隐患,我国通过《烟花爆竹安全管理条例》明确将烟花爆竹作为公共安全管理的对象。对烟花爆竹的管理包括:经由道路运输烟花爆竹许可证的审批发放及路线等运输相关要素的确定;大型焰火燃放活动的许可及对其中危险等级较高燃放活动的监督检查;烟花爆竹限放禁放管理;非法烟花爆竹以及生产、经营企业弃置的废旧烟花爆竹的销毁、处置;非法生产、经营、储存、运输、携带、邮寄、燃放烟花爆竹,非法生产、经营、使用黑火药、烟火药、引火线,丢失黑火药、烟火药、引火线案件的查处等。①

笔者认为,一般的烟花爆竹制品不宜认定为爆炸物,理由如下:第一,从现实生活来看,虽然每年涉及烟花爆竹制品的事故不少,存在非法制造、买卖、运输、储存这类物品的行为,但是由于烟花爆竹制品属于娱乐性物品,虽然以烟火药为主要原料,但加入了其他物质,其内火药含量较少,因本身性质所限,点燃烟花爆竹的行为一般不足以危害公共安全,实践中也鲜有故意利用烟花爆竹来危害社会公共安全的案件。第二,从现有规范来看,一方面,1984年《中华人民共和国民用爆炸物品管理条例》第2条关于"烟花爆竹"为民用爆炸物品的规定已被《民用爆炸物品安全管理条例》废止。《民用爆炸物品安全管理条例》第2条将民用爆炸物品限定于《民用爆炸物品品名表》中,《民用爆炸物品品名表》第四类"其它民用爆炸物品"中将"特殊用途烟火制品"规定为民用爆炸物品,而"特殊用途烟花制品"显然排除了"一般烟花爆竹制品"。另一方面,公安部《关于严厉打击违反爆炸物品枪支弹药管理违法犯罪活动的通告》第1条和公安部《关于清理收缴爆炸物品和严厉打击涉及爆炸违法活动犯罪的通告》第1条等规范中将"烟花爆竹"规定为爆炸物品,而《烟花爆竹安全管理条例》第2条第2款规定:"本条例所称烟花爆竹,是指烟花爆竹制品和用于生产烟花爆竹的民用黑火药、烟火药、引火线等物品。""烟花爆竹"不仅包括通常意义上理解的"烟花爆竹制品",还包括"用于生产烟花爆竹的民用黑火药、烟火药、引火线等物品",其中,引火线只是爆炸物的附属物,起到引燃爆炸物的作用,显然不能单独认定为爆炸物品。故从实质解释的角度,可以认定为"爆炸物品"的"烟花爆竹"应限于"特殊烟花爆竹制品""用于生产烟花爆竹的民用黑火药、烟火药"等具有较大危险性的物品,而不应包括一般烟花爆竹制品和引火线等虽属于"烟花爆竹"但危险性较小的物品。故一般的烟花爆竹制品不属于典型的爆炸物品。当然,对于违规制造的爆炸性能极强的具有危害

---

① 参见何恒攀:《公安机关在烟花爆竹燃放中的公共安全管理难题及对策》,载《铁道警察学院学报》2018年第5期。

公共安全可能的特殊烟花爆竹,或者将烟花爆竹中的烟火药提纯的,视具体情况可以认定为爆炸物,但一般情况下烟花爆竹制品不属于爆炸物,只属于《刑法》分则第二章中非法携带危险物品危及公共安全罪和危险物品肇事罪中"危险物品"所包括的爆炸性物品。

【指导案例】甲非法制造爆炸物案①——非法制造爆炸物原材料的行为能否认定为非法制造爆炸物罪

2004年2月9日,犯罪嫌疑人甲在A县找来四轮车老板陈某并告知其用车去B县拉制作土火炮的原料,双方说好运费。同月11日,甲叫其儿子乙去拉火炮原料,随后二人搭乘陈某驾驶的车辆从A县前往B县。途中,甲用电话与郑某(在逃)联系购买氯酸钾、铝粉、雄黄、引线等物品。当晚19时许,三人来到郑某住处,甲与郑某商量好价格后,郑某把自己的货物送到B县城三岔路口处,将其车上物品转移至陈某的四轮车上。甲再次告诉陈某拉的是制造火炮的氯酸钾、引线等原料,准备运回其老家销售和自己制造火炮之用。在从B县返回A县途中,三人被公安民警当场查获氯酸钾2000公斤,铝粉60公斤,雄黄200公斤,引线290400米。

本案处理中,有观点认为,犯罪嫌疑人甲、乙和陈某的行为不构成犯罪,理由是:我国《刑法》规定的爆炸物是指具有爆破性并对人体能造成杀伤的物品,如手榴弹、手雷、地雷、爆破筒、炸药以及雷管、导火索、导爆索等,这些都是成品。氯酸钾、铝粉、雄黄未经加工,是一种原材料,对于行为人非法买卖、运输爆炸物的原材料是否构成犯罪,法律没有明确规定。根据罪刑法定原则,甲、乙和陈某之行为不构成犯罪。对此,笔者认为,根据2002年国务院办公厅《关于进一步加强民用爆炸物品安全管理的通知》的规定,硝酸铵、氯酸钾列入《民用爆炸物品品名表》,其销售、购买和使用纳入民用爆炸物品管理。硝酸铵、氯酸钾的生产、经营企业出售硝酸铵、氯酸钠,必须收验《爆炸物品购买证》或者经过鉴证的购销合同,严格按照购买证或者经过鉴证的购销合同上载明的品种、数量销售。对无证或者无合同销售、购买硝酸铵、氯酸钾的,或者将硝酸铵、氯酸钾销售给个人的,由公安机关依照《民用爆炸物品安全管理条例》的有关规定,没收涉案硝酸铵、氯酸钾,并依法给予其他处罚;情节严重,构成犯罪的,按照《刑法》第125条的规定,依法追究刑事责任。上述通知明确了氯酸钾为爆炸物,非法买卖氯酸钾的可以按照非法买卖爆炸物罪定罪处罚。之所以如此,是因为氯酸钾是制造爆炸物品的一种原料,虽然自身并不能引发爆炸,但其作为一种强氧化剂,与碳、硫、磷及有机化合物撞击时,易

---

① 参见郭立新、黄明儒主编:《刑法分则典型疑难问题适用与指导》,中国法制出版社2012年版,第24页。

发生燃烧或爆炸。能不能把制造爆炸物的原料看作爆炸物,关键还是要看它是否具有爆炸物的性能,即是否具有引发爆炸,从而导致人员伤亡、财物损坏的危险性。

二、如何理解非法制造、买卖、运输、邮寄、储存枪支、弹药、爆炸物罪中"非法制造、买卖、运输、邮寄、储存"的含义

(一) 裁判规则

非法制造、买卖、运输、邮寄、储存枪支、弹药、爆炸物罪属于选择罪名,满足其中一个行为即可构成此罪。对于非法制造、买卖、运输、邮寄、储存枪支、弹药、爆炸物罪行为的认定应进行实质解释,如买卖行为,既包括以金钱货币作价的各种非法的交易行为,亦包括以物易物的交换行为,还包括赊购等行为方式。

区分非法运输枪支、弹药罪与非法携带枪支、弹药危及公共安全罪,首先判断行为人主观上是否具有转移枪支、弹药存放地的意图,其次判断行为人携带枪支、弹药的数量,数量较大的,一般认定为非法运输。如果行为同时符合非法运输与非法携带,属想象竞合,按照重罪即非法运输枪支、弹药罪处理。

"非法持有"与"非法私藏"类似,本身属于事后不可罚行为,只有在排除上游行为构成其他枪支、弹药犯罪的情况下,才可以认定为持有或私藏,私藏与持有的区别主要是主体不同。对于"非法储存"和"非法持有、私藏",一方面,一般而言储存的数量较多,持有和私藏的数量较少;另一方面,行为人对于枪支、弹药有持有状态的,如果符合"非法储存"的构成要件,则属于非法储存行为,不符合的则视行为人是否隐藏枪支、弹药,分别认定为持有或私藏。

(二) 规则适用

非法制造、买卖、运输、邮寄、储存枪支、弹药、爆炸物罪构成要件的内容是违反国家有关枪支、弹药、爆炸物管理法规,擅自制造、买卖、运输、邮寄、储存枪支、弹药、爆炸物的行为,该罪属于选择罪名,满足其中一个行为即可构成该罪。具体来说,第一,非法制造,是指未经国家许可擅自制造(包括改装、配装)枪支、弹药、爆炸物。非法制造枪支罪与违规制造、销售枪支罪不同。违规制造、销售枪支罪,是指依法被指定、确定的枪支制造企业、销售企业,违反枪支管理规定,以非法销售为目的,超过限额或者不按照规定的品种制造、配售枪支,或者以非法销售为目的,制造无号、重号、假号的枪支,或者非法销售枪支,或者在境内销售为出口制造的枪支的行为,所侵犯的客体为社会的公共安全和国家对枪支制造、销售的管理制度。二者的区别在于:①构成违规制造、销售枪支罪的主体只有依法被指定为制造、销售枪支的单位才能构成,而非法制造枪支罪的主体是一般主体。②违规制造、销售枪支罪的行为人必须具有非法销售的目的,而非法制造枪支罪的行为人可以为了销售,也可以为了自用。③违规制造、销售枪支罪的客观方面必须表现为法定的三种形式之一,否则不能构成犯罪,而非法制造枪支罪没有限制。

第二,非法买卖枪支、弹药,是指违反法律规定,未经有关部门批准许可,私自购买或者出售枪支、弹药的行为。买卖,包括以金钱货币作价的各种非法的交易行为,亦包括以物换取枪支、弹药等以物易物的交换行为,以及赊购等行为方式,无论具体的行为方式如何,只要属于实质上的买卖行为即可构成非法买卖枪支、弹药、爆炸物罪。介绍买卖枪支、弹药、爆炸物的,以买卖枪支、弹药、爆炸物罪的共犯论处。第三,非法运输,是指违反有关法规,转移枪支、弹药、爆炸物存放地的行为。第四,非法邮寄,是指违反有关法规,通过邮政部门寄递枪支、弹药、爆炸物。第五,非法储存,根据《非法制造、买卖、运输枪支、弹药、爆炸物等刑事案件解释》第8条第1款的规定,是指明知他人非法制造、买卖、运输、邮寄的枪支、弹药而为其存放的行为,或者非法存放爆炸物的行为。对此规定,有观点认为,该规定使储存行为过于狭小,除该解释规定情形之外,还应包括非法保存、控制大量枪支、弹药的行为。因刑法设置非法储存行为的目的,是为惩治不符合储存枪支、弹药、爆炸物条件的单位或个人违反国家有关法律、法规关于储存枪支、弹药、爆炸物的规定和要求而实施的非法存放行为,故既包括非法来源的,也包括合法来源的,即使与非法制造、买卖、运输、邮寄没有关联,也应认定为储存。① 但根据现有司法解释的规定,非法储存限于明知他人非法制造、买卖、运输、邮寄的枪支、弹药而为其存放的行为,或者非法存放爆炸物的行为。

除非法制造、买卖、运输、邮寄、储存枪支、弹药、爆炸物罪外,《刑法》第128条规定了非法持有、私藏枪支、弹药罪,第130条规定了非法携带枪支、弹药、管制刀具、危险物品危及公共安全罪。对于枪支、弹药,刑法规定了非法运输、非法储存、非法持有、非法私藏和非法携带五种行为,在实践中易发生混淆,上述行为的区别在于:

其一,非法运输枪支、弹药罪与非法携带枪支、弹药危及公共安全罪易发生混淆,尤其对于那些携带枪支、弹药进站上车后被抓获的人如何认定其行为的性质,是非法携带还是非法运输常常难以作出判断。对此,非法运输是违反规定转移存放地的行为,非法携带是指在进入公共场所或者公共交通工具时,将枪支、弹药带在身上或置于身边的行为,非法携带枪支、弹药进入公共场所、公共交通工具的行为人可能拥有合法的持枪证明。区分时首先判断行为人主观上是否具有转移枪支、弹药存放地的意图,有此意图的则属于运输。其次,一般情况下非法携带是为了个人使用,数量有限,而非法运输的数量则比较多。②《非法制造、买卖、运输枪支、弹药、爆炸物等刑事案件解释》第1条对于非法运输枪支、弹药的数量作了规定,即非法运输非军用枪支1支以上的、运输非军用枪支1支以上或者以压缩

---

① 参见蒋兰香:《非法储存、持有、私藏枪支、弹药罪辨析——兼评最高人民法院司法解释》,载《湖南省政法管理干部学院学报》2002年第6期。

② 参见卢纯根:《试论非法运输、持有、携带枪支、弹药罪的关系和适用》,载《铁道部郑州公安管理干部学院学报》1999年第1期。

气体等为动力的其他非军用枪支 2 支以上的,或者运输军用子弹 10 发以上、气枪铅弹 500 发以上或者其他非军用子弹 100 发以上的,才构成非法运输。如果行为同时符合非法运输与非法携带,属想象竞合,按照重罪即非法运输枪支、弹药罪处理。

其二,非法持有、非法私藏和非法储存的区分。非法持有枪支、弹药与非法私藏枪支、弹药的相同之处是两者都是没有资格配备、配置枪支、弹药的人员违反枪支管理法律、法规而持有枪支、弹药。两者之间的区别主要是主体不同。根据《非法制造、买卖、运输枪支、弹药、爆炸物等刑事案件解释》第 8 条第 2 款和第 3 款的规定,非法持有枪支、弹药是指不符合配备、配置枪支、弹药条件的人员,违反枪支管理法律、法规的规定,擅自持有枪支、弹药的行为;私藏枪支、弹药是指依法配备、配置枪支、弹药的人员,在配备、配置枪支、弹药的条件消除后,违反枪支管理法律、法规的规定,私自藏匿所配备、配置的枪支、弹药且拒不交出的行为。可见,私藏枪支、弹药罪的主体是特殊主体,即行为人先前具有配备、配置枪支、弹药的资格而后丧失,而非法持有枪支、弹药罪的主体是不具有配备、配置枪支、弹药条件的人。两者的区别还在于,根据司法解释的精神,私自藏匿枪支、弹药者如果事后能主动交出或经教育后即主动交出的,一般不予定罪,而非法持有枪支、弹药者无论是否主动交出均构成犯罪。"非法持有"中对枪支、弹药非法控制、支配的数量一般较少,且行为具有公然性,同时,因持有相伴于其他犯罪行为,故持有本身属于事后不可罚行为,应当是在排除其持有枪支、弹药的上游行为构成其他枪支、弹药犯罪的情况下,才可以认定为非法持有枪支、弹药罪。实践中,对于被查获的非法持有枪支、弹药的人员,司法机关无法查清其来源和用途的,一般认定为持有。"非法私藏"与非法持有类似,私藏其他犯罪行为所得的枪支、弹药,隐藏起来的行为是其他枪支、弹药犯罪行为的自然延伸,也属事后不可罚的行为。"非法储存"是指明知他人非法制造、买卖、运输、邮寄的枪支、弹药而为其存放的行为,或者非法存放爆炸物的行为。一方面,一般而言,储存的数量较多,持有和私藏的数量较少;另一方面,行为人对于枪支、弹药有持有状态的,如果符合上述"非法储存"的构成要件,属于非法储存行为,不符合的则视行为人是否隐藏枪支、弹药,分别认定为持有或私藏。

【指导案例】王某等非法买卖枪支、弹药案[①]——介绍他人买卖枪支、弹药的是否构成犯罪

王某是某县的农民。2000 年 3 月,王某在城里认识了不务正业的赵某,赵某对王某说:"我认识一个卖手枪的朋友,你看你一直都没什么事干,不如买支手枪,然后晚上出来劫点钱算了。"王某听后思量了几天,找到赵某并表示同意。同

[①] 参见王明、王运声主编:《危害公共安全、妨害社会管理秩序犯罪案例》,人民法院出版社 2006 年版,第 61 页。

年4月,赵某把王某叫到了他的朋友那里,花了人民币2000元买了2把手枪和20发子弹。此后,王某经常趁晚上天色不好时在城内偏僻小路上溜达,只要见到只身一人行走的妇女就上前实施抢劫,并恐吓被害者说自己手里有枪,如果报警或者大声求救就开枪。2001年1月,王某被派出所民警逮捕。

本案的焦点问题是赵某介绍他人买卖枪支、弹药,是否构成非法买卖枪支、弹药罪。对此,在审理中有以下两种不同意见:一种意见认为,赵某与王某构成非法买卖枪支、弹药罪的共犯。另一种意见认为,赵某没有买枪支、弹药,也没有卖枪支、弹药,只是牵线搭桥,所以不构成非法买卖枪支、弹药罪。

笔者认为,本案被告人王某实施了购买枪支、弹药的行为,其行为构成非法买卖枪支、弹药罪。本案被告人赵某作为介绍人,客观上为王某能够顺利买到枪支、弹药提供了一定的帮助,主观上明知王某的行为是犯罪行为而提供帮助,故赵某与王某属共同犯罪,应将其认定为帮助犯,以非法买卖枪支、弹药罪共犯进行处罚。同时《非法制造、买卖、运输枪支、弹药、爆炸物等刑事案件解释》第1条第2款明确规定了介绍买卖枪支、弹药、爆炸物的,以买卖枪支、弹药、爆炸物罪的共犯论处。故赵某介绍王某购买枪支、弹药的行为构成非法买卖枪支、弹药罪。

【指导案例】王挺等走私武器、弹药,非法买卖枪支、弹药,非法持有枪支、弹药案[①]**——为收藏而购买枪支、弹药的是否构成非法买卖枪支、弹药罪**

2010年至2011年间,被告人周伟、陈俊建通过网络结识了身在美国的华人林志富(在逃)以及被告人王挺、薛风、韩伟、朱伟宁等人。后林志富通过王挺、周伟、陈俊建在境内出售枪弹,并将枪弹快递给王挺,再由王挺转寄给买家薛风、韩伟、朱伟宁等人,周伟、陈俊建从中获利。王挺伙同林志富采用上述方式走私进口枪支48支、子弹4500余发。其中,薛风通过周伟、陈俊建从林志富处购买各类步枪共8支,另持有各类枪支6支、弹药3万发;被告人韩伟、刘欢、张鹏飞、刘正东、张凌华、朱伟宁等亦从林志富等人处购买各类枪支共14支,弹药万余发。被告人林海根据林志富的要求,从王挺等人处收取货款并汇给林志富。此外,薛风等人还通过其他渠道买卖、获取大量各类枪支、弹药。

本案中各被告人的行为分别构成走私武器、弹药罪,非法买卖枪支、弹药罪,非法持有枪支、弹药罪。争议的问题是,在案件审理过程中,被告人薛风等四人提出其因爱好收藏而单纯买枪的行为不应认定为非法买卖枪支、弹药罪,而应当认定为非法持有枪支、弹药罪。对此,一种观点认为,认定为非法买卖枪支、

[①] 参见张春喜、吴志梅:《王挺等走私武器、弹药,非法买卖枪支、弹药,非法持有枪支、弹药案——因个人爱好,以收藏为目的购买枪支、弹药的行为如何定性》,载最高人民法院刑事审判第一、二、三、四、五庭主办:《刑事审判参考》(总第103集),法律出版社2016年版,第17—24页。

弹药罪的,行为人需具有牟利目的,如果仅因个人爱好,为了收藏而购买枪支、弹药,应认定为非法持有枪支、弹药罪;另一种观点认为,"买卖"包括买进和卖出,行为人只要实行其中之一的,应认定为非法买卖枪支、弹药罪。笔者同意第二种观点,理由在于:第一,"买卖"不同于"贩卖""倒卖",其包括买进和卖出两种行为,且刑法和相关司法解释中并未规定需要行为人以牟利为目的,只要行为人实施买进或卖出枪支、弹药行为,即符合非法买卖枪支、弹药罪的客观要件。第二,基于枪支、弹药本身的危险性,枪支、弹药属于我国严格管控的物品,行为人非法买卖枪支、弹药的,一方面扩大了枪支、弹药的非法交易范围,另一方面增大了枪支、弹药流入社会的风险。即便行为人出于收藏,不以牟利为目的购买枪支、弹药,亦存在上述风险,其行为具有较大的抽象危险性,不应影响非法买卖枪支、弹药罪的认定。但是,考虑到以收藏为目的购买枪支的,行为人未通过转卖枪支、弹药牟利,其行为的危害性相对较小,可以在量刑中适当从宽。

【指导案例】杨建平非法携带危险物品危及公共安全案①——如何区分非法运输行为和非法携带行为

2002年2月23日,被告人杨建平将郭水土(另案处理)送给他的两套爆炸装置(每套装置包括TNT炸药一块、铜管一枚、导火索一段),带回寨上暂住处藏匿。3月下旬,厦门市杏林区杏林镇计生办多次通知杨建平去办理其违反计划生育的有关事宜,杨建平怕去处理时被扣留,就想带爆炸装置威胁计生干部,以便逃跑。3月25日,杨建平将其中一套爆炸装置的铜管插入炸药,放在包中,并乘坐公共汽车,将该爆炸装置带到杏林区内林村其女友高美淑家中存放,还告诉高美淑是炸药,很危险,不要去动。后来,杨建平去杏林镇计生办时就将该套爆炸装置带在身边。3月28日,当杨建平与高美淑的父亲高清标一起在杏林镇计生办干部的陪同下,到仙游县赖店镇计生办办理相关手续时,又将该套爆炸装置带在身边。当日返回厦门,到同安下车后,又携带该爆炸装置搭乘公共汽车到湖里,并直接带到厦门灿坤电器实业股份有限公司上班,被门卫叶春明查获。

本案中公诉机关以被告人杨建平犯非法运输、储存危险物质罪提起公诉,后法院经审理认定被告人杨建平犯非法携带危险物品危及公共安全罪。本案中被告人杨建平的行为包括三种:一是从郭水土处得到爆炸装置后,将爆炸装置放在暂住处及其女友住处;二是多次携带该爆炸装置到杏林镇和赖店镇计生办;三是携带该爆炸装置搭乘公共汽车。具体来说,第一,被告人杨建平将爆炸装置放在暂住处及其女友住处的行为不属于非法储存。如上所述,非法储存是指明知他人非法制造、买

---

① 参见罗天兴:《杨建平非法携带危险物品危及公共安全案》,载最高人民法院中国应用法学研究所编:《人民法院案例选(分类重排本)·刑事卷》,人民法院出版社2017年版,第755—757页。

卖、运输、邮寄的枪支、弹药而为其存放的行为，或者非法存放爆炸物的行为。根据2001年《非法制造、买卖、运输枪支、弹药、爆炸物等刑事案件解释》第8条的规定，"非法储存"，是指明知是他人非法制造、买卖、运输、邮寄的枪支、弹药、爆炸物而为其存放的行为。本案被告人是为了自己而非他人存放，所以存放行为不应认定为非法储存。第二，被告人杨建平携带爆炸装置到计生办和搭乘公共汽车的行为属于非法携带而非非法运输。虽然携带与运输都表现为爆炸装置的位移，但是被告人杨建平的行为是为了恐吓计生干部而随身携带爆炸装置，主观上不具有运输及转移存放地的目的，是为了使用爆炸装置才随身携带，不构成非法运输。第三，计生办和公共汽车中人员流动性较大，一般情况下人员密度也较大，被告人多次携带爆炸装置，该行为已经给不特定人的安全带来了紧迫危险，危及公关安全，且情节严重。故本案被告人杨建平的行为应认定为非法携带危险物品危及公共安全罪。

三、如何理解"生产、生活需要"

（一）裁判规则

《非法制造、买卖、运输枪支、弹药、爆炸物等刑事案件解释》中明确规定为了"生产、生活需要"可以作为非法制造、买卖、运输、邮寄、存储爆炸物罪的从轻情节。对于"生产、生活需要"的理解，除前述司法解释中列举的建房、打井、筑路、整修宅基地和土地等几种典型的正常生产、生活需要以外的情形，须综合考量各相关因素，包括需要使用爆炸物的事项是否为群众生产、生活所不可或缺；非法制造、买卖、运输、邮寄、存储爆炸物的行为是为自己的生产、生活需要，还是为了他人使用而通过转卖方式获利；非法制造、买卖、运输、邮寄、存储爆炸物用于习俗活动的，该习俗是否是国家和社会所倡导的良好习俗等因素。

（二）规则适用

根据《非法制造、买卖、运输枪支、弹药、爆炸物等刑事案件解释》第2条的规定，非法制造、买卖的炸药达到5000克以上，或者达到1000克以上并造成严重后果的，属于《刑法》第125条第1款规定的"情节严重"，在十年以上有期徒刑到死刑之间量刑。可见，司法解释对于非法制造、买卖、运输枪支、弹药、爆炸物等行为规定的刑罚较为严厉。这一规定的背景是，当时非法制造、买卖、持有、私藏爆炸物品等违法犯罪活动猖獗，大量爆炸物品、枪支弹药流散社会，为犯罪分子进行暴力犯罪活动提供了作案工具，严重危害公共安全。2001年《非法制造、买卖、运输枪支、弹药、爆炸物等刑事案件解释》生效后，对维护社会治安秩序发挥了积极作用，但也有许多地区的行为人非法制造、买卖爆炸物的原因是当地的生产、生活确实需要炸药,因此造成非法制造、买卖炸药的情况较多。① 一方面,爆炸物是可能严重危害公共安全、社会治安和人民群众生命、财产安全的危险物品,我国对爆炸物实行严格管控。另一方面,爆炸物也是一些生产、生活活动的必需品,特别是在矿产资源开采等生产活动及民间风俗、宗教活动等中的作用不可替代。如果仅以非法制造、买卖爆炸物的数量作为追究刑事责任的标准,则可能打击面过宽,也不能达到罚当其罪的效果。

鉴于这种情况,最高人民法院于 2001 年 9 月 17 日公布了《对执行〈关于审理非法制造、买卖、运输枪支、弹药、爆炸物等刑事案件具体应用法律若干问题的解释〉有关问题的通知》(现已废止)。根据该通知的规定,对于《非法制造、买卖、运输枪支、弹药、爆炸物等刑事案件解释》施行后发生的行为,行为人确因生产、生活所需而非法制造、买卖爆炸物,没有造成严重社会危害,经教育确有悔改表现的,可依法免除或者从轻处罚。2009 年修正后的《非法制造、买卖、运输枪支、弹药、爆炸物等刑事案件解释》第 9 条第 1 款和第 2 款规定:"因筑路、建房、打井、整修宅基地和土地等正常生产、生活需要,以及因从事合法的生产经营活动而非法制造、买卖、运输、邮寄、储存爆炸物,数量达到本解释第一条规定标准,没有造成严重社会危害,并确有悔改表现的,可依法从轻处罚;情节轻微的,可以免除处罚。具有前款情形,数量虽达到本解释第二条规定标准的,也可以不认定为刑法第一百二十五条第一款规定的'情节严重'。"该规定列举了建房、打井、筑路、整修宅基地和土地等几种典型的正常生产、生活需要的情形。

除上述司法解释中列举的建房、打井、筑路、整修宅基地和土地等几种典型的正常生产、生活需要的情形外,在其他行为是否属于"生产、生活需要"的判断上,须综合考量各相关因素,具体包括:一是需要使用爆炸物的事项是否为群众生产、生活所不可或缺,司法解释所列举的几种情形都是与群众的日常生产、生活息息相关的事项,是群众正常生产、生活的基本保障。如果该事项可以被其他事项替代,或者使用的爆炸物可以通过其他方式替换的,不应认定为"生产、生活需要",只有与群众生产、生活息息相关,缺少爆炸物无法从事相应生产、生活的事项,才可以认定为"生产、生活需要"。二是考查非法制造、买卖、运输、邮寄、储存爆炸物的行为是为自己的生产、生活需要,还是为了他人使用而通过转卖方式获利,一般对于进行转卖的,爆炸物一旦转卖即脱离行为人控制,买方不一定会利用该爆炸物进行相应的生产、生活活动,故不能认定为"生产、生活需要"。三是非法制造、买卖、运输、邮寄、储存爆炸物用于习俗活动的,需要考查这种习俗是否是国家和社会所倡导的良好习俗。如果该习

---

① 参见武文和:《吴传贵等非法制造、买卖爆炸物案——非法制造、买卖大量炸药,炸药在买方存储中发生爆炸的,应当如何量刑》,载最高人民法院刑事审判一庭、第二庭编:《刑事审判参考》(总第46集),法律出版社 2006 年版,第 19—25 页。

俗本身具有一定的危险性,且带有封建迷信色彩的,不宜认定为生产、生活需要。

【指导案例】张代军非法运输爆炸物案①——运输爆炸物,后由他人出售给第三人用于办丧事的是否属于因"生产、生活需要"

2009年5月,被告人张代军驾驶一辆摩托车将25000克黑火药运至冉茂美(已判刑)位于重庆市巫溪县上磺镇平溪村的家中,将上述25000克黑火药交给冉茂美用于贩卖,冉茂美随后将5千克黑火药出售给他人用于办丧事放"三眼炮"。公安人员于2010年12月10日在冉茂美家中查获20000克黑火药,经鉴定,从中检出碳(C)、硫(S)、钾(K)等元素,硝酸根离子(NO_3^-),以上成分可构成黑火药。公安人员于2011年1月5日将张代军抓获。

在审理过程中,本案辩护人提出被告人张代军非法运输爆炸物是为了满足村民办丧事放"三眼炮"的正常生活需要,建议对其免予刑事处罚。本案中,被告人张代军非法运输25000克黑火药给冉茂美用于贩卖,运输黑火药数目较大,其行为已构成非法运输爆炸物罪。对于辩护人提出的被告人张代军运输爆炸物是为了满足村民办丧事的需要这一意见,笔者认为,被告人张代军运输爆炸物给冉茂美,冉茂美将其出售给他人用于办丧事放"三眼炮",此种情形不属于因"生产、生活需要"而运输爆炸物。理由如下:首先,张代军运输爆炸物并非自身使用,而是交给冉茂美,冉茂美也并非自用于生产、生活,而是用于销售牟利。被告人张代军运输爆炸物给他人的时候不知道他人用途,也无法控制他人行为,不属于因"生产、生活需要"而运输爆炸物的情形。其次,即便被告人张代军知道爆炸物销售给他人后是用于办丧事时放"三眼炮"的,也不属于因"生产、生活需要"。因为办丧事时放"三眼炮"系巫溪县等地延续多年的传统习俗,不属于为了筑路、建房、打井、整修宅基地和土地等正常生产、生活需要。因巫溪县等边远山区交通不便,通讯不畅,故在办丧事时有以放"三眼炮"的方式传递信号的传统,乡邻和亲朋听到三声炮响,即知放炮的人家有人去世,前往帮助料理后事或吊唁。一方面,随着社会飞速发展,丧事信息可以通过电话、手机等通信工具传递,采用放"三眼炮"的方式传递信息的功能完全可以被替代,不属于群众正常生产、生活所不可或缺。另一方面,放"三眼炮"的主要原料为黑火药,属于可能严重危害公共安全的危险物品,系国家严格管控的爆炸物之一,对于该种习俗,不宜鼓励和提倡。综上所述,办丧事放"三眼炮"的行为不宜认定为因"生产、生活需要",即便基于特殊风俗习惯将放"三眼炮"行为认定为"生产、生活需要",也仅适用于为自身需要而购买或运输的情形,被告人张代军运输爆炸物,由他人出售给第三人用于办丧事放

---

① 参见白昌前:《对非法运输爆炸物罪的量刑应从严把握》,载《人民司法》2014年第24期。

"三眼炮"亦不属于因"生产、生活需要",故对被告人张代军应认定为非法运输爆炸物罪,且不属于因"生产、生活需要"。

四、如何认定非法制造、买卖、运输、邮寄、储存枪支、弹药、爆炸物罪中的"情节严重"

(一)裁判规则

在判断非法制造、买卖、运输、邮寄、储存枪支、弹药、爆炸物罪的行为是否达到"情节严重"时,除司法解释中明确规定的数量标准、造成严重后果外,还应考查以下因素:一是非法制造、买卖、运输、邮寄、储存枪支、弹药、爆炸物的性能;二是非法制造、买卖、运输、邮寄、储存枪支、弹药、爆炸物的行为是否形成一定组织;三是行为人非法制造、买卖、运输、邮寄、储存的枪支、弹药、爆炸物是否被用于违法犯罪;四是非法制造、买卖、运输、邮寄、储存枪支、弹药、爆炸物的目的和动机。除此之外,还应考查能够反映出行为人行为危险性和主观恶性更严重且与上述因素相当的其他因素。

(二)规则适用

由于枪支、弹药、爆炸物的杀伤力与破坏力较大,行为人非法制造、买卖、运输、邮寄、储存枪支、弹药、爆炸物后,枪支、弹药、爆炸物可能成为犯罪分子进行犯罪的作案工具,从而严重威胁人民群众生命、财产安全,给社会治安埋下隐患。因此,对于涉枪、涉暴犯罪行为,我国一直保持高压态势。《刑法》第 125 条第 1 款规定:"非法制造、买卖、运输、邮寄、储存枪支、弹药、爆炸物的,处三年以上十年以下有期徒刑;情节严重的,处十年以上有期徒刑、无期徒刑或者死刑。"在非法制造、买卖、运输、邮寄、储存枪支、弹药、爆炸物罪的适用中,对于"情节严重"如何认定存在争议。

"情节严重"实际上是对客观存在的犯罪事实的社会危险性的概括,对于某些犯罪行为,刑法条文的主客观特征描述尚不足以表明其社会危险性程度的,应受升格法定刑处罚,情节加重犯的成立以基本犯的成立为前提。[①]《非法制造、买卖、运输枪支、弹药、爆炸物等刑事案件解释》第 1 条规定了入罪标准,具有其中一种情形的,即可以非法制造、买卖、运输、邮寄、储存枪支、弹药、爆炸物罪定罪处罚。对何谓"情节严重",根据《非法制造、买卖、运输枪支、弹药、爆炸物等刑事案件解释》第 2 条第(一)项、第(四)项的规定,达到此解释第 1 条规定的最低数量标准 5 倍以上的,属于《刑法》第 125 条第 1 款规定的"情节严重";达到此解释第 1 条规定的最低数量标准,并具有造成严重后果等其他恶劣情节的,也属于"情节严重"。

从上述规定可以看出,认定非法制造、买卖、运输、邮寄、储存枪支、弹药、爆炸物罪是否达到"情节严重"的程度,除数量标准外,还包括情节标准,即造成严重后

---

① 参见王志祥:《情节加重犯基本问题研究》,载《政法论丛》2007 年第 5 期。

果等其他恶劣情节。具体而言,除造成严重后果外,行为是否属于"其他恶劣情节"可以考量以下因素进行综合判断:一是非法制造、买卖、运输、邮寄、储存枪支、弹药、爆炸物的性能。除数量因素外,枪支、弹药、爆炸物的性能也直接反映了行为的危险性以及社会危害性,部分爆炸物爆炸威力极大,即便使用少量也可能造成严重损害结果。故此情况下虽然数量上不符合"情节严重"的标准,但非法制造、买卖、运输、邮寄、储存少量危害性较大的爆炸物的行为与非法制造、买卖、运输、邮寄、储存大量危害性较小的爆炸物的行为的危险性相近,也可能属于"情节严重"的情况。二是非法制造、买卖、运输、邮寄、储存枪支、弹药、爆炸物的行为是否形成一定组织。有组织地实施非法制造、买卖、运输、邮寄、储存枪支、弹药、爆炸物罪的行为说明了行为人从事此犯罪行为已经具有一定时间和一定规模,相较单个行为人实施的行为,危害性更大,行为人主观罪过也更重,可能属于"情节严重"。三是行为人非法制造、买卖、运输、邮寄、储存的枪支、弹药、爆炸物是否被用于违法犯罪。如上所述,枪支、弹药、爆炸物虽然属危险物品,但因其功能的不可替代性,也为一些生产、生活领域所需要,而行为人非法制造、买卖、运输、邮寄、储存的枪支、弹药、爆炸物之后被用于生产、生活,还是犯罪活动,行为的危险性显然不同。故非法制造、买卖、运输、邮寄、储存的枪支、弹药、爆炸物之后被用于犯罪行为的,可能属于"情节严重"。四是非法制造、买卖、运输、邮寄、储存枪支、弹药、爆炸物的目的和动机。用于自用、盈利或者犯罪等不同目的的危害性亦不同,如果出于自己实施犯罪的目的或者意图为犯罪分子提供枪支、弹药、爆炸物而非法制造、买卖、运输、邮寄、储存枪支、弹药、爆炸物的,行为人主观恶性更大,可能属于"情节严重"。除此之外的其他因素,如果能够反映出行为人行为危险性和主观恶性更严重,且与上述因素相当的,可以认定为"情节严重"。

【指导案例】吴芝桥非法制造、买卖枪支、弹药案①——非法制造、买卖枪支、弹药罪中"情节严重"的认定

2006年5月,同案被告人周鎏弘、许利军(均已判刑)在广东省肇庆市商议非法制造枪支出售,后许利军欲介绍被告人吴芝桥加入,吴芝桥表示同意。同年7月,吴芝桥到肇庆市与周鎏弘、许利军商议,由吴芝桥、许利军制造枪支,周鎏弘提供枪弹并贩卖,利润平分。随后,吴芝桥出资租房作为制造枪支场所并购买制造枪支所用的电焊机、车床、锉刀等设备、工具,在周鎏弘提供枪样后又与许利军制作枪械部件图纸,并与周鎏弘联系了制造枪械部件的四家加工点。吴芝桥与许利军对加工点生产出的枪械部件再行加工、组装,制造出猎枪及仿六四式手枪。这一年度共制造枪支十几支,大部分枪支被吴芝桥销往浙江省慈溪市,少量枪支由

---

① 参见杨华、丁成飞:《吴芝桥非法制造、买卖枪支、弹药案——如何认定非法制造、买卖枪支、弹药罪的"情节严重"》,载最高人民法院刑事审判第一、二、三、四、五庭主办:《刑事审判参考》(总第75集),法律出版社2011年版,第1—8页。

周鎏弘出售。2007年年初,许利军因故退出,吴芝桥雇用同案被告人杨峻和(已判刑)及杨效袭(在逃)继续非法制造猎枪及仿六四式手枪销售,并从周鎏弘处购买枪弹。被告人吴芝桥在广东省肇庆市非法制造出枪支后,到浙江省慈溪市周巷镇找到同案被告人吴洪有、燕子桥(均已判刑),商定将枪支、子弹卖给吴、燕二人。自2006年9月开始,吴芝桥将非法制造的枪支配上周鎏弘提供或从周鎏弘处购得的枪弹,通过周鎏弘介绍的肇庆市全通货运服务公司托运至慈溪市。吴洪有、燕子桥提货后,分别伙同同案被告人余勇、杨雪令(均已判刑)将枪支非法出售给同案被告人胡向伟、陈高万、王东祁、王贤刚(均已判刑)、"阿辉"(在逃)等人,或通过同案被告人周杰、万强华(均已判刑)介绍,再非法出售给同案被告人鲁华赞、许奔奔、金永芳(均已判刑)及另案处理的徐强、饶天中、柳力、张建军、陈祖庚、张清双(均已判刑)、赵艳红(在逃)等人,或由同案被告人田杰、叶文根、杨满香、袁静安、王镇江、黄立(均已判刑)等人非法持有。2007年9月6日,陈祖庚、张清双、张建军等人在浙江省永康市为争夺赌客与他人发生冲突,携带从陈高万处购买的吴芝桥所制的3支猎枪并开枪射击,致三人重伤、一人轻伤。被告人吴芝桥非法制造、买卖猎枪、仿六四式手枪共计50余支、枪弹约200发。其中,公安机关在吴芝桥、周鎏弘的租房查获猎枪6支及猎枪弹77发、手枪9支,查获已售出的猎枪16支及猎枪弹68发、手枪9支及手枪弹18发。经鉴定,查获的22支猎枪均系唧筒式猎枪,18支手枪均系仿六四式手枪,均以火药为动力发射弹丸,有杀伤力;查获的145发猎枪弹均系12号标准猎枪弹,18发手枪弹均为制式六四式手枪弹,均有杀伤力。

本案中,被告人吴芝桥的行为属于非法制造、买卖枪支、弹药,其行为是否属于"情节严重"应当综合以下几个方面的因素:第一,非法制造、买卖枪支、弹药的数量。被告人吴芝桥等人非法制造、买卖猎枪、仿六四式手枪50余支、枪弹约200发,远高于《非法制造、买卖、运输枪支、弹药、爆炸物等刑事案件解释》规定的"情节严重"的数量标准。第二,非法制造、买卖枪支、弹药的性能。查获的被告人吴芝桥非法制造、买卖的枪支、弹药中22支猎枪系唧筒式猎枪,18支手枪系仿六四式手枪,均具有较大的杀伤力。第三,非法制造、买卖枪支、弹药的参与者已形成组织。吴芝桥与同案被告人在制造、销售枪支、弹药的过程中,形成了相对固定的制造、销售枪支、弹药的犯罪团伙,行为人之间有明确分工,从事犯罪时间较长,具有一定规模。第四,行为造成的损害结果。在案证据显示,被告人吴芝桥共出售枪支30余支、枪弹110余发,大部分枪支、弹药被社会闲散人员购买,除依法收缴的外,尚有10余支枪、30余发子弹流入社会,下落不明,对社会治安构成严重威胁。同时,他人携带吴芝桥所制造的3支猎枪参与械斗并开枪射击,已经造成三人重伤、一人轻伤的严重后果,被告人吴芝桥行为的损害结果特别严重。综合全案行为,被告人吴芝桥在共同犯罪中起主要作用,系主犯,且作用大于其他同案被告人。被告人吴芝桥的行为应当认定为非法制造、买卖枪支、弹药罪,属"情节严重"。

【指导案例】吴传贵等非法制造、买卖爆炸物案①——**非法制造、买卖爆炸物,炸药在买方储存中发生爆炸的如何量刑**

2003年2月,被告人魏远芳和郑安达(在逃)到被告人吴传贵家,得知吴传贵和吴高洋(在逃)在制造炸药,便与吴传贵和吴高洋共谋制造炸药,魏远芳出资人民币2000元购买制造炸药的设备、原料。之后吴传贵、魏远芳、王碧凤及吴高洋多次非法制造炸药,吴传贵将炸药售卖并分赃。2003年3月,被告人吴传贵、魏远芳为便于非法制造炸药,二人共谋后由魏远芳在六盘水市钟山区大湾镇新寨租了赵贵香家房屋两间。后吴传贵、王碧凤邀约吴传玉从赫章将非法制造炸药的设备及原料运到租住的赵贵香家屋内。后魏远芳与其夫曾和志于2003年5月2日晚将5件共120千克炸药以1000元人民币的价格卖给被告人吕吉军,吕吉军先付了600元人民币。当晚,被告人吕吉军将炸药运到咸宁县二塘镇中山村二组其姐夫余启学家,同月3日凌晨3时许,炸药发生爆炸,致余启学及其妻吕吉凤,其子余星,其女余亚、余辉五人死亡,并将房屋炸毁。余下的50件共1200千克炸药于2003年5月11日下午5时许在赵贵香家屋内自燃后发生爆炸,致赵贵香、宫崇彬、徐道平、胡才才等的房屋遭到破坏。

本案中,被告人吴传贵等人非法制造炸药并出售,其行为已经构成非法制造、买卖爆炸物罪。被告人吴传贵等人多次非法制造、买卖爆炸物,非法制造炸药117件2808千克,数量较大;被告人吴传贵等人为非法制造爆炸物专门租用了房屋两间,被告人之间具有一定分工,非法制造爆炸物已经形成一定规模;而且造成了五人死亡及他人多间房屋被损坏的严重后果,属于"情节严重"。其中,被告人吴传贵首先提出制造炸药,研究生产炸药的技术,打听制造炸药的配方,购买制造炸药的原料,并将部分炸药卖给他人,系本案主犯。同时,需要注意的是,本案中炸药是在制造完毕卖出以后,在购买人存储中发生爆炸的,这种情况不同于典型的刑法意义上的直接的因果关系。非法制造炸药的行为与炸药发生爆炸这一后果之间介入了买方的行为,行为与结果的距离比典型的因果关系之间的距离远。虽然基于余下50件炸药亦发生自燃及爆炸,可以说明被告人制造炸药存在自燃、爆炸的风险,买方的行为不能切断被告人制造炸药行为和被害人死亡结果间的因果关系,但是可以在量刑上对介入的买方行为予以考量,同时吴传贵非法生产的炸药有很多卖给煤矿用于生产,故对被告人吴传贵等人可以从轻处罚。

---

① 参见武文和:《吴传贵等非法制造、买卖爆炸物案——非法制造、买卖大量炸药,炸药在买方存储中发生爆炸的,应当如何量刑》,载最高人民法院刑事审判第一庭、第二庭编:《刑事审判参考》(总第46集),法律出版社2006年版,第19—25页。

第二十六章 非法制造、买卖、运输、储存危险物质罪

如何认定非法制造、买卖、运输、储存危险物质罪的"危险物质"

(一) 裁判规则

非法制造、买卖、运输、储存危险物质罪的"危险物质"包括毒害性、放射性、传染病病原体和其他与之危险性相当的物质,须参考相关司法解释和规章条例进行认定。最高人民法院、最高人民检察院《关于办理非法制造、买卖、运输、储存毒鼠强等禁用剧毒化学品刑事案件具体应用法律若干问题的解释》(以下简称《禁用剧毒化学品刑事案件解释》)对毒害性物质的列举规定并不属完全列举,实质上具有相当致命性的毒害物品也可以认定为危险物质中的毒害性物质。

(二) 规则适用

非法制造、买卖、运输、储存危险物质罪是指非法制造、买卖、运输、储存毒害性、放射性、传染病病原体等物质,危害公共安全的行为。"危险物质"的范围沿用了投放危险物质罪中对危险物质的列举,包括毒害性、放射性和传染病病原体等物质。

毒害性物质是指无机物或者有机物中的成分存在损害肌体,引起功能障碍、疾病甚至死亡的毒质,一般包括化学性毒害物质、生物性毒害物质、微生物类毒害物质等。①《禁用剧毒化学品刑事案件解释》将禁用剧毒化学品界定为毒鼠强、氟乙酰胺、氟乙酸钠、毒鼠硅、甘氟五种。2005 年浙江省高级人民法院《关于非法制造、买卖、运输、储存液氯如何定罪处罚的请示》(浙高法〔2005〕163 号)的答复中依据前述解释,认为《刑法》第 125 条规定的毒害性物质仅限于该解释列明的五种禁用剧毒化学品。因此,有观点认为,《刑法》第 125 条第 2 款规定的毒害性物质应当是指国家明令禁止的有毒物质,没有规定的不应认定为危险物质,《刑法》规

---

① 参见吴光侠:《〈王召成等非法买卖、储存危险物质案〉的理解与参照》,载《人民司法》2014 年第 6 期。

定的毒害性物质应限于上述五种物质。对此，笔者认为，《禁用剧毒化学品刑事案件解释》第 6 条明确了毒鼠强等五种禁用剧毒化学品系"毒害性物质"，但这并不意味着《刑法》第 125 条第 2 款中的毒害性物质仅限于该解释列举的五种禁用剧毒化学品。"毒害性物质"包括化学性毒害物质、生物性毒害物质、微生物类毒害物质等多种物质，《禁用剧毒化学品刑事案件解释》中确认毒鼠强等五种剧毒化学品为毒害性物质，是因为当时以非法买卖毒鼠强为代表的五种犯罪较为猖獗和典型，并不意味着毒害性物质仅包括这五种物质。有些物质的成分存在损害肌体，引起功能障碍、疾病甚至死亡的毒害性，虽然国家没有明令禁止，但是与前述解释所规定的五种物质毒害性相当，足以危害公共安全的，也应属于"毒害性物质"。《剧毒化学品目录》中还存在大量和"毒鼠强、氟乙酰胺、氟乙酸钠、毒鼠硅、甘氟"处于同一限制级别、高于该限制级别，毒害性更大的剧毒化学品。如果将《刑法》第 125 条第 2 款规定的毒害性物质仅限定为《禁用剧毒化学品刑事案件解释》列举的五种物质，那么对非法制造、买卖、运输、储存在毒害性上、限制级别上高于或者等于五种物质的剧毒化学品的行为就难以通过刑法进行调整，这显然不符合立法原意。因此，是否属于毒害性物质，应从物质的毒害性出发，是否能够破坏人体体内组织和生理机能，引起功能障碍、疾病或死亡，而不能仅以现有规范的明文规定进行判断。一般来说，现行有效的《剧毒物品品名表》《一般有毒物品目录》《高毒物品目录》《危险化学品名录》等规范所列入的具有相当致命性的毒害物品，可以认定为危险物质中的毒害性物质。而非法制造、买卖、运输、储存危险物质的与投放危险物质的行为不同，很多危险物质是生产领域的必需品，对危险物质的制造、买卖、运输、储存可能是生产的必经环节，对其判断不能仅依据物质的毒害性，还需考量制造、买卖、运输、储存危险物质的行为是否违反相关法律规定，是否实际危害了公共安全。

放射性物质是指含有核素的核材料或其他放射性物质，可自然衰变，同时放射一种或多种致电离射线，对人类的危害表现为损伤遗传物质，引起基因突变和染色体畸形，损害结果可能延续到后代。即使没有直接辐射人体，也可对动植物、土壤、水体、大气等生态环境造成污染，并最终通过食物链进入人体，危害人们的生命健康。对于某一物质是否属于放射性物质，可以参考《中华人民共和国放射性污染防治法》《放射性废物安全管理条例》《放射性废物分类》等相关的国家法律法规。

传染病病原体是指能够引起某种传染病的微生物和寄生虫的统称，例如微生物类的细菌、真菌、病毒、衣原体等，寄生虫类的原虫、蠕虫、医学昆虫等。传染病病原体一旦通过某种方式侵入人体，将对人体健康造成重大威胁，甚至引起社会恐慌，例如新型冠状病毒(2019-nCoV)、SARS 病毒、H7N9 禽流感病毒等。不同的传染病病原体对人类、社会造成的威胁也是不一样的，其中危害严重的应当纳入刑法的规制范围。《中华人民共和国传染病防治法》依据传染病的传染性强度、危害性大小以及暴发流行的情况将传染病分为甲、乙、丙三类,一般来说,非法制造、买卖、运输、储存危险物质罪中的传染病病原体应该是能引起甲类传染病的病原体。

《刑法》第 125 条第 2 款列举的犯罪对象除上述的三种对象之外,还在末尾加上了"等物质"。此处"等"字涵括的对象是指与上述危险物质相并列的其他物质,即该款罪状中的"等",系指尚未穷尽与其所列的"毒害性、放射性、传染病病原体"危险性相当的其他物质。

【指导案例】王召成等非法买卖、储存危险物质案[①]**——氰化钠是否属于"危险物质"中的毒害性物质**

被告人王召成、金国森因生产需要,在未依法取得剧毒化学品购买、使用许可的情况下,约定由王召成出面购买氰化钠。2006 年 10 月至 2007 年年底,王召成先后 3 次以每桶人民币(以下币种均为人民币)1000 元(每桶 50000 克)的价格向倪荣华(另案处理)购买氰化钠约两吨,共计支付给倪荣华 40000 元。2008 年 8 月至 2009 年 9 月,王召成先后 3 次以每袋 975 元(每袋 50000 克)的价格向李光明(另案处理)购买氰化钠约 6 吨,共计支付给李光明 117000 元。王召成、金国森将上述氰化钠储存于绍兴市南洋五金有限公司各自承包车间的带锁仓库内,用于电镀生产。其中,王召成占用总量的三分之一,金国森占用总量的三分之二。2008 年 5 月和 2009 年 7 月,被告人孙永法先后共用 2000 元向王召成分别购买氰化钠 1 桶和 1 袋。2008 年 7—8 月,被告人钟伟东以每袋 1000 元的价格向王召成购买氰化钠 5 袋。2009 年 9 月,被告人周智明以每袋 1000 元的价格向王召成购买氰化钠 3 袋。孙永法、钟伟东、周智明购得氰化钠后,均储存于各自车间的带锁仓库或水槽内,用于电镀生产。

氰化钠属于国家《剧毒化学品目录》中规定的剧毒物品,但不属于国家明令禁止的化学品,故对其是否属于"毒害性物质"存在争议。从氰化钠的性质来看,氰化钠为白色结晶颗粒或粉末,常用于冶炼金银等贵金属的溶剂,有剧毒,对环境污染严重。氰化钠系国家严格监督管理的剧毒化学品,易致人中毒或者死亡,对人体、环境具有相当大的毒害性和极度危险性,极易对环境和人的生命健康造成重大威胁。氰化钠抑制呼吸酶,造成细胞内窒息。吸入、口服或经皮肤吸收氰化钠均可引起急性中毒,毒性极高。故氰化钠与《禁用剧毒化学品刑事案件解释》中规定的五种物质毒害性相当,应解释为"毒害性物质"。

本案中,被告人王召成、金国森在未依法取得剧毒化学品购买、使用许可的情

---

① 参见梁健、阮铁军:《王召成等非法买卖、储存危险物质案——非法买卖、储存危险物质中"危险物质"的认定》,载最高人民法院刑事审判第一、二、三、四、五庭主办:《刑事审判参考》(总第 85 集),法律出版社 2012 年版,第 22—28 页。

况下,先后向他人购买氰化钠约 8 吨,其行为已经构成非法买卖危险物质罪。其后,被告人王召成、金国森又将上述氰化钠储存于绍兴市南洋五金有限公司各自承包车间的带锁仓库内,属于违反国家有关规定,未经有关部门批准,私自存放毒害性、放射性、传染病病原体等物质的行为,构成非法储存危险物质罪。对于被告人非法买卖危险物质罪和非法储存危险物质罪的关系,虽然储存是买卖的后续行为,行为上存在一定的连续性,但是基于氰化钠的毒性,被告人非法储存大量氰化钠的行为危害到了仓库工作人员及附近居民的安全,侵犯了新的法益,不属于事后不可罚行为,对于被告人王召成、金国森应以非法买卖危险物质罪和非法储存危险物质罪并罚。

【指导案例】刘某走私核材料案①——如何区分非法运输危险物质罪与走私核材料罪

2002 年 4 月,刘某从化工厂非法买来 200 克高度浓缩铀。刘某本想从南方运往北方出售,但经过数月都没有找到合适的买主。正在焦虑时,刘某听说缅甸核材料比较好出售,故携带 200 克高度浓缩铀乘船出国。当船只行驶到内海附近时,被海关人员检查发现,刘某被逮捕。

核材料属于放射性物质。本案争议焦点是刘某在境内买卖核材料并偷运境外的行为是构成非法买卖、运输危险物质罪还是走私核材料罪。走私核材料罪与非法买卖、运输危险物质罪的行为表现相似,区别在于:首先,二者的客观方面表现不同。走私核材料罪表现为违反海关法规,逃避海关监管,运输、携带、邮寄核材料进出国(边)境。而非法买卖、运输危险物质罪表现为违反有关危险物质买卖、运输的规定,擅自买卖、运输危险物质,发生地只能是境内,不存在违反海关法规的问题。其次,二者的客体不同。走私核材料罪的犯罪客体是国家的对外贸易管理制度和对违禁品进出境的监管活动;非法买卖、运输危险物质罪的犯罪客体是公共安全。对于在境内买卖、运输核材料,再走私运往海外,或者从境外走私到境内,在境内买卖、运输核材料的情况要结合具体行为进行分析。如果行为人在境内买卖、运输核材料不仅是用于走私活动,还将其中核材料的一部分在境内出售,则行为人实际上实施了非法买卖、运输和走私两个行为,应以非法买卖、运输危险物质罪与走私核材料罪数罪并罚。如果行为人在境内非法买卖、运输核材料并将所有的核材料都运往境外,没有在境内出售的,非法买卖、运输行为只是走私行为的预备行为,故走私核材料行为可以吸收非法买卖、运输核材料的行为,以走私核材料罪论处即可。行为人走私核材料入境,在境内进行非法买卖、运输的,非

---

① 参见王明、王运声主编:《危害公共安全、妨害社会管理秩序犯罪案例》,人民法院出版社 2006 年版,第 85 页。

法买卖、运输是走私行为的后续行为,故非法买卖、运输核材料行为不宜单独认定为犯罪,可以作为走私行为的量刑情节,以走私核材料罪从重处罚。

本案中,刘某在境内买卖核材料后,逃避海关监管,携带200克核材料出境,其主观上有走私核材料的故意,客观上实施了走私核材料的行为,因此,其行为已构成走私核材料罪。对于刘某之前在境内买卖、运输的行为,属于走私行为的预备行为,应当按照吸收犯的原则进行处理,以走私核材料行为吸收非法买卖、运输核材料行为,对刘某以走私核材料罪一罪定罪处罚即可。

第二十七章　盗窃、抢夺枪支、弹药、爆炸物、危险物质罪

一、盗窃枪支罪与盗窃罪的关系如何认定

(一) 裁判规则

对于行为人盗窃一般财产后发现其中包括枪支而隐匿的行为,对盗窃罪行为人的主观心态应依据具体情形进行判断。一般情况下盗窃他人包裹,发现其中有枪支的,行为人对盗窃该包裹的概括故意不应包含对盗窃枪支的故意,只构成盗窃罪一罪,但发现枪支而非法持有的,单独构成非法持有枪支罪,并进行并罚。对于盗窃从被害人外表或者服装上可以判断其财物中可能包含枪支的,可以认定行为人对所盗窃包裹中的枪支具有盗窃的概括故意,应认定为盗窃枪支罪,与盗窃罪进行并罚。

(二) 规则适用

盗窃枪支罪是指秘密窃取枪支,危害公共安全的行为。秘密窃取枪支是指行为人采取自认为不为枪支的所有者、保管者发觉的方法,暗中将枪支取走。由于盗窃枪支罪所指向的犯罪对象是枪支,而非一般公私财物,因而,成立该罪并不要求数额较大或者多次盗窃。盗窃枪支罪的犯罪对象为枪支,也包括枪支的主要零部件。所谓枪支是指以火药、压缩气体等为动力,利用管状器具发射子弹、金属弹丸或者其他物质,足以致人伤亡、丧失知觉的各种枪支。具体而言,包括各种军用枪支、射击运动用的各种枪支、狩猎用的猎枪、麻醉动物用的麻醉注射枪、气枪、彩弹枪、火药枪、催泪枪、钢珠枪、电击枪[①]等。

盗窃枪支罪与盗窃罪的区别是:①犯罪客体不同,前者侵犯的主要是公共安全,后者侵犯的是财产所有权;②犯罪对象不同,前者的犯罪对象是国家严格控制管理的危险物品,不是一般商品、财物,而后者的犯罪对象泛指一切公私财

[①] 参见《枪支管理法》第5条、第6条,最高人民法院、最高人民检察院、公安部《关于依法收缴非法枪支弹药爆炸物品严厉打击枪爆违法犯罪的通告》第8条。

物。可见,后者的犯罪对象包括前者的犯罪对象,但是因为枪支本身的危险性,需要加以特殊保护,因而,把它从一般盗窃罪中分离出来,单独规定罪名和刑罚。两罪属法条竞合关系,盗窃枪支罪为特别法。

在实践中,对于行为人盗窃一般财产后发现其中包括枪支而隐匿的行为如何认定存在争议。有观点认为,行为人的主观目的是盗取他人财物,但在盗取过程中无意间把枪支一同盗走,对于这种主观上仅仅是盗窃一般财产的犯罪行为,应当仅以盗窃罪一罪定罪处罚,但是如果行为人盗窃后发现财产中有枪支而隐匿不交,则构成非法持有枪支罪。也有观点认为,对此种情形应以盗窃罪和盗窃枪支罪进行并罚,因为行为人在盗窃时对所盗财物是出于概括的故意,应包含一般财物和如枪支等特殊财物,且行为人在发现所盗财物中包含枪支时,应将该枪支上交,其隐匿行为表明了其对盗窃枪支的结果并不排斥。

对此,我们需要探讨盗窃犯罪的主观问题。盗窃罪和盗窃枪支罪都是故意犯罪,没有过失犯,如出于过失错拿了他人枪支,发现后随即归还的,自不构成盗窃枪支罪。盗窃犯罪除直接故意外,还存在间接故意,对盗窃犯罪来说,希望非法占有他人财物结果发生的是直接故意,未希望但放任此种结果发生的是间接故意。盗窃分为多种情形,有的在盗窃行为开始前有预谋,已有了明确具体的盗窃目标和标的,如盗窃店内的珠宝等;有的事前并无明确的盗窃目标,如在公共场所进行盗窃活动,伺机行窃。因而对盗窃罪行为人的主观心态也应依据具体情形进行判断。

有观点认为,盗窃犯罪的故意包括所盗窃内容中的一切,对已发现的、知道的以及预计的、意料到的那部分财物具有盗窃的直接故意,对预计之外的、出乎意料的那部分财物,则具有盗窃的间接故意。笔者认为,上述观点对概括故意的范围界定过大,概括故意并不意味着"全部故意",对其认定也应符合一般人合理的认知及推断。以盗窃枪支为例,因我国对枪支的严格管理,尤其对于普通人来说,枪支较为罕见。以一般人的认知,普通人的财物中不会出现枪支,所以一般情况下盗窃他人包裹,发现其中有枪支的,行为人对盗窃该包裹的概括故意不应包含对盗窃枪支的概括故意,盗窃枪支的行为不构成犯罪,只构成盗窃罪一罪。如其在发现枪支后而非法持有的,单独构成非法持有枪支罪,与盗窃罪进行并罚。而对于盗窃特殊人,如从外表或者服装上可以判断出被害人为军人,若盗窃其包裹,因被害人身份的特殊性,其包裹中包含枪支等特殊物品也符合一般人的认知和推断能力,如包裹中确含枪支的,可以认定行为人对包裹中的枪支具有盗窃的间接故意,应认定为盗窃枪支罪,包裹中其他财物的价值符合盗窃罪入罪标准的,与盗窃罪进行并罚,因其后的非法持有枪支行为属于盗窃枪支的事后不可罚行为,不单独认定为犯罪。

【指导案例】王某盗窃枪支、盗窃案①——盗窃其他财物时发现枪支并窃取的如何定罪

王某是某村的村民,整日里好吃懒做,不务正业。2001年3月4日,他听说同村老赵家的大儿子从城里回来了,给老赵带了人民币1万元钱盖房子用。王某听到这个消息心中暗喜,心想如果能弄到这笔钱,又可以在家好好享受一阵子了。同月8日上午,王某趁老赵出去务农,秘密潜入老赵家偷走了现金人民币1万元整。在盗窃过程中,王某发现了老赵家当民兵的二儿子放在柜子中的手枪两把,于是把这两把手枪也一并盗走。老赵回来后马上报了警,5天后王某被捕。

本案争议的焦点问题是王某盗窃的财产中有两把枪,是否应当以盗窃枪支罪和盗窃罪数罪并罚。对此有以下两种不同的意见:第一种意见认为,王某盗窃的目标是1万元人民币,只是在盗窃过程中将枪支盗走,盗窃罪应当吸收盗窃枪支罪,以盗窃罪一罪定罪处罚。第二种意见认为,王某在其盗窃过程中又实施了盗窃枪支行为,虽然都是盗窃行为,但是盗窃对象不同,应当区别对待,以盗窃枪支罪和盗窃罪定罪,并实行数罪并罚。对此,本案中王某在秘密窃取老赵家1万元人民币的同时,发现了老赵二儿子的手枪两把,并将其一并盗走,此种情形与行为人在盗窃后发现所盗财物中包含枪支的情况不同。在盗窃后发现财物中包含枪支的,行为人在盗窃时一般无法预见到财物中包含枪支,主观上没有盗窃枪支的故意。而被告人王某在盗取一般财产过程中,已经发现其中包括枪支,而将其同其他财产一同盗走的,行为人明知财产中存在枪支仍实施盗窃行为,对盗窃枪支行为存在故意,构成盗窃枪支罪。行为人在盗窃枪支的同时也盗窃了普通财物,已达到入罪标准,构成盗窃罪,且盗窃枪支罪与盗窃罪的盗窃对象不同,应当以盗窃罪和盗窃枪支罪实行并罚。

二、以所盗窃、抢夺、抢劫的枪支、弹药、爆炸物实施故意杀人的行为如何认定

(一)裁判规则

以所盗窃、抢劫、抢夺的枪支、弹药、爆炸物实施故意杀人行为的,对盗窃、抢劫、抢夺枪支、弹药、爆炸物罪与故意杀人罪的适用,需要考察盗窃、抢劫、抢夺枪支、弹药、爆炸物行为与故意杀人行为之间是属于独立的两行为,还是具有牵连关系的手段行为与目的行为。判断时既要看两行为的关联程度,也要关注行为过程中行为人主观心态的变化,如以所抢劫枪支故意杀人的,分为三种情况:一是行为

---

① 参见王明、王运声主编:《危害公共安全、妨害社会管理秩序犯罪案例》,人民法院出版社2006年版,第79页。

人在实施抢劫枪支行为时无杀人意图,在抢劫枪支一段时间后又故意杀人的,以抢劫枪支罪与故意杀人罪实行数罪并罚;二是行为人在抢劫过程中为了逃跑,或者为了防止枪支所有者及时地报案而实施杀人行为的,以抢劫枪支罪与故意杀人罪实行数罪并罚;三是行为人为了故意杀人而抢劫枪支的,应以故意杀人罪从重处罚。

(二) 规则适用

实践中,常发生以所盗窃、抢夺、抢劫枪支、弹药、爆炸物故意杀人或实施其他犯罪的情形,对此认定存在争议,下文中以抢劫的枪支用于故意杀人的行为为例进行讨论。抢劫枪支罪,是指用暴力、胁迫或其他方法强行夺取枪支的行为。暴力、胁迫或其他方法须达到使枪支的所有者、持有者和保管者不知反抗、不能反抗或不敢反抗的程度。而且被害人处于不知反抗、不能反抗或不敢反抗的状态必须是由犯罪分子实施了暴力、胁迫或其他方法而直接造成的,如果说是由于被害人自己或与犯罪分子无共同故意的第三者的原因,使被害人处于不知反抗、不能反抗或不敢反抗的状态,犯罪分子利用被害人的这种状态,趁机将枪支拿走的,只能构成盗窃枪支罪,不能以抢劫枪支罪论处。抢劫枪支罪与故意杀人罪虽然是两个性质不同的犯罪,但它们之间有一定的联系,主要表现在:抢劫枪支罪的犯罪客体与故意杀人罪的犯罪客体存在包容关系;在犯罪的行为方式上,二者之间存在交叉关系。故对于以所抢劫的枪支用于故意杀人的行为如何认定,存在争议。

行为人以所抢劫的枪支用于故意杀人的行为,与行为人为抢劫枪支致人死亡的行为不同,前者行为人实施了抢劫行为和杀人行为两个行为,构成抢劫罪和故意杀人罪,两罪名如何适用应结合具体情况进行分析。而后者是在抢劫过程中以暴力、威胁等手段行为致人死亡,行为人只实施了一个抢劫行为,只构成抢劫罪一罪,致人死亡属于抢劫罪的加重处罚情节。

对于行为人以所抢劫的枪支用于故意杀人的行为,可以分为三种情况:

其一,行为人在实施抢劫枪支行为时无杀人意图,在抢劫枪支一段时间后又故意杀人的。此时,行为人的抢劫行为与故意杀人行为相互独立,故意杀人犯意产生于抢劫枪支行为实施完毕后,属两个独立犯罪,对行为人应以抢劫枪支罪与故意杀人罪实行数罪并罚。

其二,行为人在抢劫过程中为了逃跑,或者为了防止枪支所有者及时报案而实施杀人行为的。此种情况中,行为人实施抢劫行为时仅是为了非法占有枪支,行为人在占有枪支后即构成抢劫枪支罪既遂。之后行为人为了逃跑而杀人的,虽然行为人实施故意杀人的目的是抢劫之后逃跑,但是该杀人行为与抢劫行为之间并不具有牵连关系,因为行为人杀人时抢劫枪支罪已经既遂,故意杀人行为属于另起犯意的独立行为,与抢劫行为相互独立,所以在定罪处罚上就应当以抢劫枪支罪与故意杀人罪实行数罪并罚。

其三,行为人为了故意杀人而抢劫枪支的。行为人在实施抢劫枪支行为时的主观目的就是实施杀人行为,行为人在非法占有枪支时,构成抢劫枪支罪既遂。其后行为人以所抢劫的枪支实施故意杀人行为的,前后两个行为之间存在原因与结果、手段与目的的牵连关系,即行为人是为了实施杀人行为而抢劫枪支,抢劫枪支是实施杀人行为的准备阶段。此种情况属于牵连犯,应当择一重罪处罚,一般认定为故意杀人罪,行为人抢劫枪支的行为应作为量刑情节从重处罚。

综上所述,以所盗窃、抢劫、抢夺的枪支、弹药、爆炸物实施故意杀人行为的,需要考察盗窃、抢劫、抢夺枪支、弹药、爆炸物行为与故意杀人行为之间的关系。一方面看两行为之间是否具有手段行为与目的行为的牵连关系;另一方面需要关注行为人实施盗窃、抢劫、抢夺枪支、弹药、爆炸物行为与故意杀人行为的主观心态,以及在行为过程中其主观心态是否发生变化。两行为之间存在牵连关系的,择重罪处断;两行为之间相互独立的,数罪并罚。

【指导案例】张某盗窃枪支案①——为杀人盗窃枪支而后中止杀人行为的如何认定

张某与王某平日里积怨甚深。2001年3月的一天,二人又因饮水问题发生冲突,张某觉得自己吃了亏,于是心生报复。同年4月,张某听说家附近的一工厂内有枪支,便产生盗窃枪支杀害王某的念头。一天晚上,张某趁着夜里风大雨急,翻墙进入工厂,窃得五四式手枪一支,藏在家中。后因担心受到法律制裁,一直未敢杀害王某。经父母劝说,张某投案自首,主动交出盗得的枪支。

本案中,对于张某的行为如何定性存在两种不同意见:一种意见认为,张某的行为应认定为盗窃枪支罪既遂。因为张某虽是为杀人而盗窃枪支,但其在盗得枪支后没有实施进一步行为就中止了。其杀人行为仅处于预备阶段,是杀人罪的预备中止,而其盗窃枪支的行为又构成盗窃枪支罪既遂。一个行为触犯两个罪名,符合想象竞合犯的特征,对于张某的行为应按重罪即盗窃枪支罪既遂认定。第二种意见认为,张某的行为应认定为故意杀人罪中止。因为张某是为了杀人而盗窃,杀人是目的,盗窃枪支仅仅是手段。由于张某在杀人过程中中止了自己的犯罪行为,因此应认定为故意杀人罪中止。

本案被告人张某的行为属于故意杀人罪中止犯与盗窃枪支罪既遂犯的竞合。对此,我国刑法没有相关的规定,理论上争议也很大。笔者认为,对中止犯与既遂犯竞合情形的认定需要考虑两个因素:一个是根据中止犯停止的阶段判定其与既

---

① 参见王明、王运声主编:《危害公共安全、妨害社会管理秩序犯罪案例》,人民法院出版社2006年版,第82页。

遂犯之间的轻重关系,另一个是最后认定的罪名是否可以做到罪刑相适应。本案中,张某为实施杀人而盗窃枪支后中止自己的犯罪行为,构成故意杀人罪中止和盗窃枪支罪既遂。由于张某盗窃后就放弃了杀人计划,其只实施了一个行为,属于一行为触犯两罪名,符合想象竞合犯的特征。在本案中止犯与既遂犯的竞合中,故意杀人罪的中止犯中止于预备阶段。对于中止犯,没有造成损害的,应当免除处罚;造成损害的,应当减轻处罚。而本案中被告人故意杀人行为中止于预备阶段,较之于着手后的中止行为危险性更小,故虽然故意杀人行为危害性极大,但本被告人尚未实施,于预备阶段中止,可以减轻甚至免除处罚。相较于盗窃枪支罪既遂而言,故意杀人罪中止属于轻罪,且本案被告人张某的行为认定为盗窃枪支罪既遂可以做到罪刑相适应。故本案被告人张某的行为应认定为盗窃枪支罪既遂。

【指导案例】秦某故意杀人案①——为杀人而抢劫枪支的构成何罪

2000年6月,秦某在家中休息,由于楼上邻居张某家装修十分吵闹,于是秦某上楼找张某理论。由于双方一直都有矛盾,张某对于秦某提出的停工问题置之不理,并警告秦某不要没事找事,秦某十分气愤,便张口大骂,张某也不甘示弱,出手就打了秦某,把秦某打成轻伤。自此秦某便怀恨在心。2001年2月,秦某在路上遇到以前的战友王某,向王某提出借用军用手枪,王某坚决拒绝,秦某便掏出随身携带的匕首胁迫王某交出手枪,王某无奈之下把枪交给了秦某。秦某抢过枪后就跑到张某家中,见到张某后要求他低头认错,要不就开枪打死他,张某听后不以为然,对秦某说:"有本事你就打死我,你敢么?"秦某听后一枪就把张某打倒在地,张某当场死亡。

本案中,对被告人秦某抢劫枪支后又实施了杀人行为的认定,存在以下三种不同意见:第一种意见认为,秦某应当构成抢劫枪支、弹药罪。因其杀人行为被抢劫枪支、弹药罪吸收,所以应以抢劫枪支、弹药罪一罪定罪处罚。第二种意见认为,秦某应当构成故意杀人罪。因为抢劫行为与杀人行为之间有着牵连关系,依牵连犯择一重罪处罚的原则,应以故意杀人罪定罪处罚。第三种意见认为,秦某应当构成抢劫枪支、弹药罪和故意杀人罪,并实行数罪并罚。就本案的情况而言,被告人秦某在王某不愿意把手枪借给他的情况下,掏出匕首胁迫王某并抢走了手枪,属于以当场使用暴力相威胁的手段使被害人无法反抗,从而非法占有枪支、弹药,秦某抢劫手枪的行为构成抢劫枪支、弹药罪。而秦某抢劫枪支的原因是其与张某发生矛盾后心中不满,有计划地准备利用好友王

---

① 参见王明、王运声主编:《危害公共安全、妨害社会管理秩序犯罪案例》,人民法院出版社2006年版,第67页。

某的手枪杀死张某,故被告人秦某在实施抢劫枪支、弹药的行为时具备故意杀人的意图,抢劫枪支、弹药行为是为了实施故意杀人行为的准备行为,两行为间具有手段与目的的牵连关系。秦某抢劫枪支、弹药的行为和故意杀人行为间存在牵连关系,属于上文所述第三种情况,应按照重罪即故意杀人罪认定。故被告人秦某构成故意杀人罪,其抢劫枪支、弹药的行为应作为量刑情节从重处罚。

第二十八章　非法持有、私藏枪支、弹药罪

非法持有枪支罪中共同犯罪如何认定

（一）裁判规则

"持有"需要具备两个要素：一是行为人在主观上对物品具有支配意思；二是行为人在客观上对该物品具有支配力。在此基础上，构成持有型共同犯罪须具备共犯故意条件和共犯行为条件两个条件。在具体案件中判断行为人对管制物品是否存在事实上的控制、支配关系，应当根据行为时的时间、地点、管制物品的具体性质、特点、数量、种类等各种客观因素综合予以判断。

非法持有枪支罪中的共犯须满足各行为人在主观上明知所持有的枪支为管制物品而持有，同时行为人之间对持有枪支的行为具有意思联络，且行为人对枪支都具有支配力。对于事中产生持有共同故意的情况，在认定是否构成犯罪时除根据共同持有故意和共同持有状态两个条件外，还要判断加入者的行为是否具有构成犯罪的社会危害性。

（二）规则适用

《刑法》第128条规定了非法持有、私藏枪支、弹药罪。该条规定是选择罪名，非法持有枪支罪与私藏枪支罪之间的区别主要是主体资格不同。根据《非法制造、买卖、运输枪支、弹药、爆炸物等刑事案件解释》第8条第2款和第3款的规定，非法持有枪支指不符合配备、配置枪支条件的人员，违反枪支管理法律、法规的规定，擅自持有枪支的行为；私藏枪支指依法配备、配置枪支的人员，在配备、配置枪支的条件消除后，违反枪支管理法律、法规的规定，私自藏匿所配备、配置的枪支且拒不交出的行为。可见，私藏枪支罪的主体是特殊主体，即行为人先前具有配备、配置枪支的资格，而非法持有枪支罪的主体是一般主体。两者的区别还在于，根据司法解释的精神，私自藏匿枪支者如果事后能主动交出或经教育后即主动交出的，一般不予定罪；而非法持有枪支者无论是否主动交出均构成犯罪。非法持有枪支与私藏枪支的相同之处在于两者都是没有资格配备、配置枪支的人员违反枪支管理法律、法规而持有枪支。私藏实

际上也表现为一种持有状态。

　　持有型犯罪作为一种故意犯罪,当然存在共犯形态,只是与普通的共同犯罪不同的是,持有本身表现为一种状态,共犯之间没有共同行为,故对于持有型犯罪中共同犯罪如何认定存在争议。"持有"状态是一种事实上或法律上的支配,不管持有的具体形式如何,其根本表现为行为人与物品之间存在一种支配与被支配的关系。"持有"需要具备两个要素:一是行为人在主观上对物品具有支配意思;二是行为人在客观上对物品具有支配力。在此基础上,构成持有型共同犯罪须具备以下两个条件:第一,共犯故意条件。成立共同犯罪的行为人必须具有共同的犯罪故意。所谓共同的犯罪故意,是指各共同犯罪人通过意思联络,认识到他们的共同犯罪行为会发生危害社会的结果,并决意参加共同犯罪,希望或者放任这种结果发生的心理状态。共同持有故意,即各个持有人认识到和别人共同持续维系着持有状态,并且对于持有物的法律属性、社会危害性具有明知的认识因素,具有追求或放任该状态的意志因素。第二,共犯行为条件。因持有表现为一种状态,持有型共犯表现为一种共同状态,即各行为人对物品都具有支配力,可以控制物品的使用。控制包括直接控制和间接控制,直接控制即通过自身身体动作控制物品,而间接控制是指通过他人身体动作控制物品。在具体案件中判断行为人对管制物品否存在事实上的控制、支配关系,应当根据行为时的时间、地点、管制物品的具体性质、特点、数量、种类等各种客观因素综合予以判断。

　　对于非法持有枪支罪中共犯的认定,也应根据共同故意和共同状态两个条件进行判断。非法持有枪支罪的共同故意要求各行为人在主观上明知所持有的枪支为管制物品而持有,同时行为人之间对持有枪支的行为具有意思联络。持有枪支的共同状态要求行为人对枪支都具有支配力,而持有的具体方式可以是行为人直接持有,也可以是行为人通过实际持有人能够控制和使用枪支的间接持有。根据持有人共同故意形成的时间不同,非法持有枪支罪的共犯可以分为事前共同持有和事中共同持有。对于事中产生共同持有故意的情况,因为持有型犯罪本身属于轻罪,事中产生共同持有故意,中途加入者的行为未直接造成非法持有状态,只是在持有状态的延续过程中加入,行为危害性较小的,在认定是否构成犯罪时,除根据共同持有故意和共同持有状态两个条件外,还要判断加入者的行为是否具有构成犯罪的社会危害性,主要考查加入者的行为是否增加了非法持枪行为的危险性,是否已经达到应受刑罚处罚的程度,包括枪支是否发生了空间的转移,转移的枪支数量,枪支是否配有弹药,被非法持有的枪支因空间和环境的变化是否具有了新的潜在危险性等。

【指导案例】叶燕兵非法持有枪支案①——明知他人为非法持枪者而要求其携枪帮忙的行为是否构成非法持有枪支罪的共犯

同案被告人韩勇杰(已判刑)于2008年12月8日因犯非法持有枪支罪被四川省仁寿县人民法院判处有期徒刑二年,缓刑三年,其在缓刑考验期内仍继续非法持有枪支。2009年9月4日22时许,被告人叶燕兵因朋友在成都发生纠纷邀约韩勇杰以及陈伟、胡洪刚帮忙并告诉韩勇杰要带枪,韩勇杰遂将2支仿制式手枪、3发子弹放入随身携带的挎包内,上了叶燕兵驾驶的轿车。上车时叶燕兵要求韩勇杰将枪支交由自己保管并让其不要去,被韩勇杰拒绝。该车应叶燕兵要求改由韩勇杰驾驶,途中接上受邀帮忙的陈伟、胡洪刚后,四人一同从仁寿县前往成都市。途经成雅高速公路成都收费站时被巡警盘查,韩勇杰、叶燕兵被当场抓获,2支仿制式手枪、3发子弹被获。经鉴定,所缴两支手枪均属《枪支管理法》所规定的枪支。

本案审理过程中,对被告人叶燕兵是否与韩勇杰构成非法持有枪支罪的共犯存在两种意见:一种意见认为,被告人叶燕兵主观上是邀约韩勇杰帮忙,客观上没有持有枪支,只是利用了韩勇杰持有枪支的这种原本已经存在的违法状态,并不构非法持有枪支罪的共犯,故应宣告叶燕兵无罪。另一种意见认为,被告人叶燕兵为帮他人解决纠纷而邀约韩勇杰携枪帮忙,主观上有非法控制、使用枪支的意图,客观上又通过韩勇杰实现对枪支非法持有的状态,二人属于共同犯罪,叶燕兵的行为构成非法持有枪支罪。

笔者认同后一种意见,理由在于:第一,共同持有故意方面。叶燕兵明知枪支属于管制物品,具有极高的危险性,其和韩勇杰均不具有合法的持枪资格,但却在韩勇杰非法持有枪支期间邀约其携枪帮忙。二被告人都明知所持有的枪支为管制物品而持有。自韩勇杰同意携枪与叶燕兵一道前去帮忙之时起,二人具有意思联络,就非法持有枪支达成合意,形成非法持有枪支的共同犯罪故意。第二,共同持有状态方面。被告人叶燕兵明知被告人韩勇杰非法持有枪支,让其携带枪支上自己的车前去帮忙,目的是要利用韩勇杰的枪支,叶燕兵的行为属于通过实际持有人韩勇杰能够控制和使用枪支的情形,可以认定为对非法持有枪支的间接控制。第三,社会危害性方面。被告人叶燕兵邀请被告人韩勇杰携枪帮忙时,被告人韩勇杰已经处于非法持有枪支状态,故被告人叶燕兵属于事中产生共同持有故意的情形,此时需要判断被告人叶燕兵行为的社会危害性

---

① 参见何春燕、刘东:《叶燕兵非法持有枪支案——邀约非法持枪者携枪帮忙能否构成非法持有枪支罪的共犯》,载最高人民法院刑事审判第一、二、三、四、五庭主办:《刑事审判参考》(总第76集),法律出版社2011年版,第11—16页。

是否须认定为犯罪。被告人叶燕兵因朋友与他人发生纠纷,邀约他人携枪帮忙,使得原本放在其他地方、被他人非法持有的枪支发生了空间的转移,被非法持有的枪支因空间和环境的改变而具有了新的潜在危险性。同时,叶燕兵的主观内容不仅限于简单的持有枪支本身,而且具有明确地使用枪支的意图,其行为具有较大的社会危害性。综上所述,被告人叶燕兵的行为应认定为非法持有枪支罪的共犯。

第二十九章　丢失枪支不报罪

丢失枪支不报罪中"丢失"及"不及时报告"如何认定

(一) 裁判规则

在丢失枪支不报罪的认定中,"丢失"是指枪支脱离行为人控制,不论行为人主观上是否有过错,都可以认定为"丢失",包括遗失、遗忘、被盗、被抢、被骗等情形。认定"不及时报告"时,应当综合考虑以下三个方面因素:一是行为人主观上是否确切地知道枪支已经丢失;二是行为人在客观上是否具有报告的条件;三是行为人是否以尽可能合理的速度向有关部门报告,是否"合理"应根据一般人认识到的以及行为人特别认识到的情况作出判断。

(二) 规则适用

丢失枪支不报罪,是指依法配备公务用枪的人员违反枪支管理规定,丢失枪支不及时报告,造成严重后果的行为。《枪支管理法》对于公务用枪的日常管理有严格的规定,要求配备公务用枪的人员必须妥善保管枪支,确保枪支的安全。同时,枪支丢失后易被用于其他犯罪,危害公共安全,故丢失枪支不报罪侵犯的客体是公共安全和国家的枪支管理制度。丢失枪支不报罪的主体为特殊主体,即依法配备公务用枪的人员,根据《枪支管理法》第5条的规定,具体包括公安机关、国家安全机关、监狱的人民警察,人民法院的司法警察,人民检察院的司法警察和担负案件侦查任务的检察人员,海关的缉私人员,以及国家重要的军工、金融、仓储、科研等单位的专职守护、押运人员等。

在实践中,丢失枪支不报罪与非法出租、出借枪支罪易发生混淆。非法出租、出借枪支罪,是指依法配备、配置枪支的人员,违反枪支管理规定,非法出租、出借枪支的,或者依法配置枪支的人员与单位,非法出租、出借枪支,造成严重后果的行为。除行为方式表现不同外,丢失枪支不报罪与非法出租、出借枪支罪的区别还在于:一是主体不同,前罪仅为自然人且为特殊主体,后罪还包括单位。二是行为对象不同,前罪仅限于公务用枪,后罪还包括民用枪支。

在丢失枪支不报罪的认定中存在几个争议问题:一是是否要求行为人对"丢

失"有过错,二是如何认定报告是否及时,三是如何理解行为人对于"丢失"及"不及时报告"的主观心态。

第一,对于"丢失"存在广义与狭义两种解释。广义解释认为,不论行为人主观上是否有过错,都可以认定为"丢失",包括被盗、被抢、被骗;狭义解释认为,只有行为人主观上有过错,才可以认定为"丢失"。笔者赞同广义解释的立场,理由在于:丢失枪支不报罪强调的不是丢失枪支行为本身,而是依法配备公务用枪的人员对于丢失枪支的报告义务。由于枪支是一种杀伤力很强的武器,一旦流入社会为他人非法持有,会严重危及公共安全。依法配备公务用枪的人员,可能因为各种各样的原因而使枪支脱离自己的控制,此时,国家法律便要求其及时报告以利于尽可能找回枪支而避免发生严重后果。故枪支是遗失(包括遗忘)还是被抢、被盗、被骗并不重要,重要的是在枪支脱离行为人的控制后,行为人就有义务报告枪支已不被自己控制的情况,否则,在造成严重后果的时候就应当承担刑事责任。所以对于丢失枪支不报罪中的"丢失",不能仅理解为行为人"丢失"枪支的情况,而应从实质上进行理解,即丢失枪支是指枪支脱离了行为人的控制。

第二,丢失枪支不报罪中的"不及时报告"是指在发现枪支丢失后未立即报告。在丢失枪支不报罪的认定中,对于是否属于"不及时报告"往往存在争议。认定何为"及时报告",何为"不及时报告",应当综合考虑以下三个方面因素:一是行为人是否知道枪支已经丢失。此处的知道为行为人实际上知道,而不是应当知道。只有在行为人确实知道枪支丢失的情况下,才会产生及时报告的义务。如果行为人在枪支丢失后一段时间内一直未发觉而被他人利用作案时,不宜认定其是不及时报告。二是行为人须在客观上具有报告的条件,即客观上可以"及时报告"。因不可抗因素无法及时报告的,不能追究行为人的责任,其中不可抗因素包括通信中断、身体受到强制,或者遇到了地震、洪水之类的不可抗力事件,等等。三是行为人是否以尽可能合理的速度向有关部门报告,此为"不及时报告"的实质条件。虽然行为人实施了报告行为,但是报告行为与丢失行为间隔较长,明确不合理的,如果因丢失枪支造成了损害结果,行为人也应当承当责任。而是否"合理",须根据一般人认识到的以及行为人特别认识到的情况作出判断。①

第三,通说认为丢失枪支不报罪的主观方面表现为过失,即行为人对造成严重后果是预见到了但轻信能够避免的过失或者是应该预见而没有预见的过失。笔者认为,丢失枪支不报罪中行为人的主观心态属故意,理由在于:其一,丢失枪支不报罪中行为人对于"丢失"和"不及时报告"的心态不同。对于"丢失",行为人一般是出于疏忽大意的过失,当然也存在行为人主观上没有过错的情形,但丢失枪支本身只是成立丢失枪支不报罪的前提条件,对枪支丢失的心理状态,不能决定该罪行为人的主观罪过。其二,对于"不及时报告"及其后可能造成的后

---

① 参见彭玉伟:《丢失枪支不报罪基本问题研究》,载《刑法论丛》2011年第2期。

果,行为人的心态属故意。丢失枪支不报罪的主体是依法配备公务用枪的人员,对于枪支的性能、使用规则、管理规则等有充分的了解,行为人完全能够认识到,抢枪、盗枪或拾枪的人可能会利用枪支实施违法犯罪行为。无论从主体的特殊身份还是枪支的特殊性来说,行为人对于在丢失枪支之后不报告可能会引起的严重后果,一般来说都是有充分认识的。在此情况下,行为人不及时报告,对严重结果的发生属于放任的心态。①

【指导案例】李某非法出借枪支、丢失枪支不报案②**——出借枪支丢失后不及时报告的如何认定**

李某是某市公安干警。2002年3月4日,同学王某来找李某,王某对李某说想借李某的枪一用,李某表示不借,并告诉他说局里有规定不能将枪借给他人。王某恳求说自己只是想用他的枪去打猎,不会出什么事的,请他放心。李某听后不好意思不给王某面子,就把自己随身携带的枪借给了王某,要求王某两天后还回来。第二天,王某拿着枪到某市周边的荒山上打猎,在打猎回来的路上,王某到路边的饭馆吃饭,将借来的枪放在了车内,由于走得匆忙忘记关上后面的窗子,当吃完回来时发现自己的车被盗了,枪也没了。王某马上给李某打电话说明了情况,李某听后害怕被处分,一直瞒着没有向局里报告。2002年4月2日,某市发生了一起严重的抢劫案件,犯罪人用枪打死了被害人,后经公安部门查实,犯罪人使用的枪支正是李某丢失的。

本案争议的焦点是李某出借枪支丢失后不及时报告,应当构成何罪?对此,有以下两种不同意见:第一种意见认为,李某在枪支丢失后没有向有关单位报告,造成严重后果,应当构成丢失枪支不报罪。第二种意见认为,李某先出借枪支给自己的同学王某,之后王某把枪支弄丢,对此李某应当构成非法出借枪支罪和丢失枪支不报罪,并实行数罪并罚。

对于本案被告人李某的行为,首先,李某丢枪的情形属于"丢失"。如上所述,丢失是指枪支脱离了行为人控制。本案中,被告人李某把枪支借给了王某,而后枪支在王某占有时丢失,虽然丢失枪支的是王某,表面上枪支的丢失与李某没有关系,但是一方面,王某对枪支的占有源于行为人的非法出借行为,故李某的行为与枪支丢失之间存在间接因果关系;另一方面,枪支的丢失造成李某丧失了对枪支的控制,所以李某丢枪的情形属于"丢失"。其次,王某在丢枪后马上告知了李某,李某客观上知道丢枪的事实,且具备及时报告的客观条

---

① 对于丢失枪支不报罪中的"造成严重后果"是属于客观要件的损害结果,还是客观的超过要素,存在不同观点,但无论采哪种观点,不影响该罪中行为人主观罪过为故意。
② 参见王明、王运声主编:《危害公共安全、妨害社会管理秩序犯罪案例》,人民法院出版社2006年版,第75页。

件,但李某为了逃避责任,害怕受到处罚而迟迟不肯向上级报告丢枪的事实,直到犯罪人持枪犯罪后才使其丢枪的事实败露,李某的行为属于"不及时报告",且李某丢失的枪支落入犯罪分子手中,已造成了犯罪分子持枪抢劫杀人的严重后果。故李某的行为构成丢失枪支不报罪。同时,李某作为依法配枪的公务人员,私自将自己的枪支借予王某,李某的行为构成非法出借枪支罪。李某先非法出借枪支,后在知道丢失枪支后没有及时报告并造成严重后果,非法出借行为和不及时报告行为相互独立,故对于被告人李某应当以非法出借枪支罪和丢失枪支不报罪并罚。

第三十章　交通肇事罪

一、如何理解交通肇事罪和危险驾驶罪中的"道路"

(一) 裁判规则

交通肇事罪和危险驾驶罪中的"道路"是指公路、城市道路和虽在单位管辖范围但允许社会机动车通行的地方,包括广场、公共停车场等用于公众通行的场所,不仅包括通常理解中的陆地道路,也包括水上道路。对"道路"的理解应重点把握驾驶行为发生地是否具有"公共性","公共性"的本质特征在于通行人员的不特定性,同时还要考量该路段是否具有"道路属性",即是否按照道路进行管理,是否设有交通标志等。

在公共交通管理的范围外,驾驶机动车辆或者使用其他交通工具致人伤亡或者致使公共财产或者他人财产遭受重大损失,构成犯罪的,分情况认定为重大责任事故罪、重大劳动安全事故罪或过失致人死亡罪。

(二) 规则适用

交通肇事罪是指违反交通运输管理法规,因而发生重大交通事故,致人重伤、死亡或者使公私财产遭受重大损失的行为,其中,主要的交通运输管理法规为《道路交通安全法》。《道路交通安全法》第1条规定:"为了维护道路交通秩序,预防和减少交通事故,保护人身安全,保护公民、法人和其他组织的财产安全及其他合法权益,提高通行效率,制定本法。"危险驾驶罪是指在道路上驾驶机动车追逐竞驶,情节恶劣,或者在道路上醉酒驾驶机动车,以及从事校车业务或旅客运输,严重超过额定乘员载客或者严重超过规定时速行驶,或者违反危险化学品安全管理规定运输危险化学品,危及公共安全的行为。可见,交通肇事罪主要是规制在"道路上"违反交通法规,并因而发生事故的行为;危险驾驶罪中前两种行为直接规定为发生在"道路上",后两种行为虽未明文规定,但从其行为可以看出发生地点一般也是在"道路上"。交通肇事罪与危险驾驶罪分别规定在《刑法》第133条和第133条之一,实施危险驾驶行为,并因而发生重大交通事故的,一般按照交通肇事罪处理,故两罪中"道路"的含义相同。对于"道路"范围的理解影响到交通肇罪和危险驾驶罪的认定。

"道路"从其本身词义上理解就是地面上供人、车通行的部分。关于"道路"范围的规定呈现出扩张趋势,从1988年《中华人民共和国道路交通管理条例》(现已失效)第2条中的"公路、城市街道和胡同(里巷),以及公共广场、公共停车场等供车辆、行人通行的地方",到2000年制定的《交通肇事刑事案件解释》明确道路为"实行公共交通管理的范围",将机关、企事业单位、校园、厂区等排除在"道路"之外,后因在此类区域发生的事故逐渐增多,而由于该规定,此种事故不能认定为交通事故,责任认定和赔付问题难以解决,据此出台了2004年《道路交通安全法》。《道路交通安全法》第119条第(一)项明确界定:"'道路',是指公路、城市道路和虽在单位管辖范围但允许社会机动车通行的地方,包括广场、公共停车场等用于公众通行的场所。"

具体而言,对于"公路",2017年修正的《公路法》对公路的规划、建设、养护、经营、使用和管理等问题进行了规定,"公路"不能仅从字面解释为公共交通之道路,还需符合公路管理相关法规及技术标准。据此,公路是指按照国家规定的公路工程技术标准修建,并经公路主管部门验收认定的城间、城乡间、乡间可供汽车行驶的公共道路,包括公路桥梁、公路隧道和公路渡口,按其在公路路网中的地位分为国道、省道、县道和乡道,并按技术等级分为高速公路、一级公路、二级公路、三级公路和四级公路。[①]"城市道路"是指除公路之外的城市中可供汽车行驶的道路。随着经济的发展,农村的一些道路出现了明显的公路化演变,行驶的机动车数量增多,因此,具有一定规模和较强公共性的农村道路也应纳入"道路"范畴。

对于"虽然在单位管辖范围内但允许社会机动车通行的地方"的理解,重点在于"社会机动车通行":一是应考查社会车辆进入的方式,是否有进入审查,审查是登记制还是筛选制,即社会机动车是否有资格通行;二是考查道路上的实际情况,是否具有相应的交通管理措施,是否按照"道路"进行管理等,即是否适用于社会机动车通行。综上所述,对于"道路"的理解应重点把握驾驶行为发生地是否具有"公共性",从立法原意上看,交通肇事罪和危险驾驶罪属于危害公共安全类犯罪,构成两罪必须具有危害公共安全的危险性,如果不具有危害公共安全的可能,即便实施了违反交通法规的行为,仍然不构成犯罪,如行为人在废弃无人的道路上高速驾车的。"公共性"的本质特征在于通行人员的不特定性,即无论该路段采取的管理方式是收费还是免费、车辆进出是否需要登记,只要允许不特定的社会车辆通行,不以与管辖单位、人员有业务往来,或有亲友关系等特定事由的来访为通行条件的,一般可认为具有"公共性"。同时,应考量路段是否具有"道路属性",即是否按照道路进行管理,是否设有交通标志等。有些偏远地区空旷地带如草原地区,所谓道路可能是因行车较多而自然形成的,并不受交通法规的限制,且

[①] 参见2017年11月5日实施的《公路法》第2条、第6条规定。

一般行车较少,此种道路一般不认为是刑法意义上的"道路"。

对于非公共交通管理范围内的肇事行为的处理,《交通肇事刑事案件解释》第8条规定:"在实行公共交通管理的范围内发生重大交通事故的,依照刑法第一百三十三条和本解释的有关规定办理。在公共交通管理的范围外,驾驶机动车辆或者使用其他交通工具致人伤亡或者致使公共财产或者他人财产遭受重大损失,构成犯罪的,分别依照刑法第一百三十四条、第一百三十五条、第二百三十三条等规定定罪处罚。"《刑法》第134条、第135条、第233条即重大责任事故罪、重大劳动安全事故罪和过失致人死亡罪。该规定在适用中分为以下几种情况:第一,在工厂、矿山、林场、建筑企业或者其他企业、事业单位内部交通范围内,公共交通管理范围外,单位职工使用交通工具违章生产作业,因而发生重大伤亡事故或者造成其他严重后果的,应以重大责任事故罪追究刑事责任。如果该职工并非为从事单位生产作业而使用交通工具,造成事故或者伤亡的,应认定为过失致人死亡罪。第二,在工厂、矿山、林场、建筑企业或者其他企业、事业单位内部交通范围内,公共交通管理范围外,该单位用于生产、运输的交通工具不符合国家劳动安全规定,因而发生重大伤亡失事故或者造成其他严重后果的,对直接负责的主管人员和其他直接责任人员应以重大劳动安全事故罪追究相关人的刑事责任。如不符合前述情况,应认定为过失致人死亡罪。

同时,"道路"不仅包括通常理解中的陆地道路,也应包括水上道路,理由在于:第一,《刑法》第131条、第132条分别规定了重大飞行事故罪和铁路运营安全事故罪,却没有规定与水上运输相关的罪名,水上运输与陆地运输的行为相似、危险性相当,如果水上运输排除于交通肇事罪之外就无法处理实践中发生的水上交通事故。第二,《内河交通安全管理条例》第81条明确规定:"违反本条例的规定,船舶在内河航行、停泊或者作业,不遵守航行、避让和信号显示规则的,由海事管理机构责令改正,处1000元以上1万元以下罚款;情节严重的,对责任船员给予暂扣适任证书或者其他适任证件3个月至6个月直至吊销适任证书或者其他适任证件的处罚;造成重大内河交通事故的,依照刑法关于交通肇事罪或者其他罪的规定,依法追究刑事责任。"依此规定,符合"公共性"要求的水上通行路线也属于"道路"范围。

【指导案例】李启铭交通肇事案①——校园道路是否属于《道路交通安全法》规定的"道路"

2010年10月16日晚,被告人李启铭在宴请孟令超、盖余龙等人时大量饮酒,后李启铭驾驶车牌号为冀FWE420的黑色大众迈腾汽车前往河北大学新校区接人,并顺路将盖余龙等人送回该校。李启铭驾车驶入该校生活区南门后,停车

---

① 参见曾琳:《李启铭交通肇事案——校园道路是否属于道路交通安全法规定的"道路"以及如何在舆论压力和理性判罚之间寻求最佳审判效果》,载最高人民法院刑事审判第一、二、三、四、五庭主办:《刑事审判参考》(总第94集),法律出版社2014年版,第1—5页。

让盖余龙等人下车。因李启铭酒后驾驶,随后驾车到达的孟令超提醒其慢速行驶,盖余龙下车后又坐回到副驾驶位置,亦提醒其慢行。李启铭称没事,继续驾车超速行驶(该校生活区内限速 5 千米/时)。当日 21 时 30 分许,李启铭驾车行至该校生活区易百超市门前时,将前面正在练习轮滑的陈晓凤撞到车前机盖上后落地,亦将扶助陈晓凤练习轮滑的张晶晶撞倒在地。肇事后,李启铭继续驾车行至该校馨清楼宿舍,接上其朋友杜欣宇,并催促盖余龙下车。李启铭驾车返回,途经事发地点仍未停车,行至生活区南门时被校保安人员拦停,后被带至公安机关。陈晓凤因颅脑损伤,经抢救无效死亡;张晶晶受轻伤。经鉴定,李启铭所驾汽车碰撞前的行驶速度为 45~59 千米/时,李启铭血液酒精含量为 151 毫克/100 毫升,系醉酒超速驾驶。经交通管理部门认定,李启铭负事故全部责任。据查,本案案发地河北大学新校区生活区是一处有围墙、大门的相对封闭场所,平时外单位车辆可由南门出入,但一般要登记车牌号。

本案在审理过程中,因对被告人李启铭交通肇事路段河北大学新校区生活区道路是否属于《道路交通安全法》规定的"道路"存在认识分歧,主要有两种意见:一种意见认为,河北大学新校区生活区是一处有围墙、大门的封闭场所,经登记才可进入,不属于"允许社会机动车通行"的公共交通管理范围。另一种意见认为,河北大学新校区生活区的道路属于《道路交通安全法》规定的"虽在单位管辖范围但允许社会机动车通行的地方"。笔者同意后一种意见,本案肇事地点位于河北大学新校区生活区,属于典型的单位管辖范围。该生活区虽设有围墙、大门,相对封闭,但是对于车辆进入只进行登记,并不进行筛选,社会车辆只需登记车牌号就可以进出生活区南门,公安机关收集的车辆监控录像和门卫的证言等证据显示,社会车辆实际上不经登记也可通行。可见,该路段允许不特定人员通行,具有"公共性"。学校门口设有限速 5 千米的交通标志,也说明河北大学对其新校区生活区的路段是按照"道路"进行管理的,具有"道路属性"。故该路段属于《道路交通安全法》规定的"虽在单位管辖范围但允许社会机动车通行的地方",属于"道路"。被告人李启铭违反交通运输管理法规,在校园道路醉酒驾驶机动车并发生重大交通事故,致一人死亡、一人轻伤,负事故全部责任,其行为构成交通肇事罪。

【指导案例】廖开田危险驾驶案①——在小区内醉酒停车的是否构成危险驾驶罪

被告人廖开田系广西壮族自治区上思县水利局司机。2011 年 6 月 11 日 18 时许,廖开田下班后将其单位车牌号为桂 P30722 的三菱汽车开回其居住的上思县

---

① 参见李振生:《廖开田危险驾驶案——在小区道路醉驾是否构成危险驾驶罪》,载最高人民法院刑事审判第一、二、三、四、五庭主办:《刑事审判参考》(总第 94 集),法律出版社 2014 年版,第 6—9 页。

思阳镇龙江半岛花园小区内停放,然后坐三轮车外出与同事吃饭。当日 21 时许,廖开田酒后坐三轮车回到小区,发现三菱汽车停放的位置离其居住单元楼有一段距离,决定将车开到其居住的 6-7 栋楼下停放。廖开田驾车行驶约 50 米到其楼下,在倒车入库时汽车尾部与停放在旁边的车牌号为桂 ASJ301 的汽车前部发生碰撞。发生事故后,被撞汽车车主报警,公安人员即赶到现场将廖开田抓获,并认定廖开田负事故全部责任。经鉴定,廖开田血液酒精含量大于 300 毫克/100 毫升。案发后,廖开田赔偿被害人经济损失人民币 800 元。

本案中,对于被告人廖开田醉酒驾驶机动车的地点是否属于危险驾驶罪罪状规定的"道路"存在不同意见。笔者认为,廖开田醉酒驾驶机动车的小区道路属于危险驾驶罪中的"道路",其行为构成危险驾驶罪,理由在于:小区是居民聚居的生活场所,居住的人数众多,且随着社会的发展,小区的规模呈扩大趋势,小区内车辆通行的路段往往也是行人和非机动车通行的地方,在小区内醉酒驾驶机动车对公共安全具有较大的危险性。常见的小区对社会车辆的管理方式有以下三种:第一种是开放式管理,即小区管理者未在小区进出口设置卡点,或者虽设置卡点,但不进行拦截,社会车辆无须任何手续即可自由进出并在小区内停放;第二种是半开放半封闭式管理,即小区管理者在小区进出口设卡拦截,社会车辆若要进出小区,需要登记车牌号或者交纳一定的停车、通行费用;第三种是封闭式管理,即小区管理者在小区进出口设卡拦截,非业主车辆一律不允许通行,或者征得受访业主同意后,来访车辆停放在小区指定区域。就小区对社会车辆的管理方式而言,如果来访车辆只有经业主同意后才可进入小区停放的,因其进出小区的条件建立在来访者与受访业主的社会关系之上,故对象相对特定,此种管理方式下的小区道路不具有"公共性"。若社会车辆只要登记车牌号或者交纳一定费用,即可进出小区、在小区内停放的,则其通行条件并无特定的人身依附关系,对象不特定,范围面向社会大众,在该管理模式下的小区道路与公共道路无异,具有"公共性",且一般情况下小区道路上都设有交通标志,具有"道路属性",从性质上来看符合危险驾驶罪中"道路"的要求。特别是有的地方公共停车场车位有限,为充分利用社会资源,当地政府出台政策鼓励企事业单位、小区将内部停车场面向公众,实行错时收费停车,社会车辆在单位管辖区域内通行的情况将越来越普遍,如果不将这些小区道路认定为《道路交通安全法》中的"道路",不利于保障这些区域的交通安全。本案中,在案证据证实,案发地龙江半岛花园物业服务中心与开发商签订的合同约定小区实行非封闭式管理,实际执行的也是开放式管理,非小区住户车辆可以自由出入小区、在小区内停放,因此,该小区道路具有"公共性"。同时,小区内道路设有一定的交通标示,故属于"允许社会车辆通行的地方",属于《道路交通安全法》规定的"道路"。被告人廖开田在该小区内醉酒驾驶机动车,属于在道路上醉酒驾驶,其行为构成危险驾驶罪。

【指导案例】刘谋勇危险驾驶案①——在地下公共停车场醉酒驾驶机动车是否构成危险驾驶罪

2011年5月10日,被告人刘谋勇的朋友葛某驾驶刘谋勇的小轿车,送酒后的刘谋勇回到广州市珠海区新港中路某花园地下负二层停车场,由于葛某未将车完全停入车位,被告人刘谋勇与其发生争吵,葛某将钥匙还给被告人刘谋勇后离开现场,被告人刘谋勇遂驾驶该车由北往南倒车(根据公安机关现场勘验的道路交通事故现场图显示,移动约一个半车位),导致车尾碰撞停车场的消防栓,造成该车及消防栓损坏。后被告人刘谋勇与该地下停车场管理员祝某因消防栓损坏的赔偿事宜发生争执,祝某报警,被告人刘谋勇于当日20时许在广州市海珠区新港中路某小区被公安人员抓获。经鉴定,被告人刘谋勇血液样品中检出乙醇(酒精)成分,其含量为132毫克/100毫升。

本案中,被告人刘谋勇在自己居住小区的地下停车场醉酒驾驶机动车,因该地下公共停车场非专属某个人,由小区全体业主共同使用,也可以停放进入小区的非业主车辆,供不特定人通行使用,具有"公共性",且小区停车场内一般设有交通指示标志,具有"交通属性",故该停车场属于《道路交通安全法》中规定的"虽在单位管辖范围但允许社会机动车通行的地方"的"道路"。故被告人刘谋勇的醉酒驾驶行为可能危及不特定人的安全,构成危险驾驶罪。

在量刑方面,本案被告人刘谋勇具有多个从轻情节:第一,被告人刘谋勇在饮酒后未驾车回家,由朋友送回,只是因朋友未将车停好,才自己驾车想停车入库,可见被告人刘谋勇主观违法性较轻。第二,本案犯罪地点特殊,不属于通常意义上的城市道路,而是在地下停车场,相对来说来往车辆较少,而刘谋勇的驾驶行为并非长距离的移动,只挪动了一个半车位,其行为危险性和社会危害性较小。第三,本案发生的是轻微事故,只是造成消防栓损坏,并未影响其他车辆行驶。综合上述因素,可以认定被告人刘谋勇的行为属于《刑法》第37条规定的"犯罪情节轻微不需要判处刑罚"的情况,故法院对被告人刘谋勇依法定罪但免予刑事处罚的判决是适当的。

【指导案例】黄国华交通肇事案②——水上交通肇事罪的认定

2007年7月5日14时许,被告人黄国华担任船长并驾驶的"渝生168"轮船从宜昌市夜明珠码头驶往重庆市巫山县。被告人黄国华在明知轮船舱存在严重渗水等不安全因素的情况下,仍然装载货物690余吨(该轮船额定载货量为470

---

① 参见最高人民法院中国应用法学研究所编:《人民法院案例选(分类重排本)·刑事卷》,人民法院出版社2017年版,第865—868页。

② 参见最高人民法院中国应用法学研究所编:《人民法院案例选(分类重排本)·刑事卷》,人民法院出版社2017年版,第842—844页。

吨),并搭载无关人员六人。同年7月6日2时许,该轮船行驶至三峡坝区乐天溪锚地锚泊等待过闸过程中,因船舱进水,船舶右倾沉没,船上人员全部落水,导致被害人颜昌菊、肖连申、李东寰死亡,被害人李德恒、谭昌祥失踪,"渝生168"轮船沉江,船上价值人民币130万余元货物损失的水上交通事故。三峡海事局《内河水上交通事故结论书》认定,"渝生168"轮船负本次事故全部责任。

交通肇事罪是指违反交通运输管理法规,因而发生重大事故的行为,其客体是交通运输安全,既包括路上交通安全,也应包括水上运输安全。《内河交通安全管理条例》第81条明确规定:"违反本条例的规定,船舶在内河航行、停泊或者作业,不遵守航行、避让和信号显示规则的,由海事管理机构责令改正,处1000元以上1万元以下的罚款;情节严重的,对责任船员给予暂扣适任证书或者其他适任证件3个月至6个月直至吊销适任证书或者其他适任证件的处罚;造成重大内河交通事故的,依照刑法关于交通肇事罪或者其他罪的规定,依法追究刑事责任。"因此,交通肇事罪在客观行为上可能是道路交通肇事,也可能是水上交通肇事。本案中,船舶行驶的是宜昌至巫山的水上航线,该航线供不特定船只通行,属于水上"道路"。被告人黄国华作为船长,违反交通运输管理法规,明知船舶漏水,超载驾驶,且作为货船违规搭载无关人员,以致发生重大交通事故,致三人死亡、二人失踪,所载货物损失,其行为构成交通肇事罪。对于水上交通肇事罪的定罪标准,《交通肇事刑事案件解释》明确了审理交通肇事刑事案件应用法律的问题,包括了定罪标准,但是其主要内容是针对陆上交通肇事罪,并没有明确是否涵盖了水上交通肇事,如其第2条第2款规定的6种情形多为"驾驶机动车辆"的情形。对此,在认定水上交通运输事故时,对于"致人重伤、死亡"应当追究刑事责任的数量标准可参照2015年实施的《水上交通事故统计办法》第6条,结合《交通肇事刑事案件解释》第2条,对于水上交通事故,造成《水上交通事故统计办法》第6条规定的"一般事故",负事故全部或主要责任;造成《水上交通事故统计办法》第6条规定的"较大事故",负事故同等责任的,应处三年以下有期徒刑或拘役。造成《水上交通事故统计办法》第6条规定的"较大事故",负事故全部或主要责任;造成《水上交通事故统计办法》第6条规定的"重大事故"或"特别重大事故",负事故同等责任的,这两种情况属于"有其他特别恶劣情节",处三年以上七年以下有期徒刑。鉴于水上交通事故与陆上交通事故相比,因船舶载容量一般较大,且事故发生后被害人难以获得及时救援等原因,水上交通事故的损害后果往往更为严重,故在今后的规范制定中,应结合水上交通事故的特性,明确交通肇事罪中水上交通事故的认定标准。

二、吸毒后驾驶机动车发生交通事故的认定及吸毒是否属于交通肇事罪的"其他特别恶劣情节"

(一) 裁判规则

在认定严重丧失对车辆控制能力的吸毒后驾驶机动车或醉酒驾驶机动车行为时,如果行为人对危害公共安全的后果持希望或放任态度,应认定为以危险方法危害公共安全罪;如果行为人对损害结果持过失心态,应认定为交通肇事罪。对于吸毒后驾驶机动车的行为,在认识因素上,既要考查一般人的认知和感受,又要具体考查行为人的认知和感受,需要结合行为人的吸毒史,是否是第一次吸毒,吸食毒品的种类和数量,吸毒后的不良反应,吸毒后行为是否会失控,行为人驾驶经验以及当时的路况,驾车地点是否属于繁华路段,行人和车辆流量是否较大等因素进行综合判断;在意志因素上,需要综合分析行为人在何种状态下吸毒,吸毒后驾驶机动车的间隔时间,是否采取避免措施,在驾驶途中是否具有超速、逆向行驶、闯红灯等其他违反道路交通安全法规的驾驶行为,肇事后是积极救援还是逃匿等情节。吸毒后驾驶机动车行为本身不宜作为"其他特别恶劣情节",但根据《交通肇事刑事案件解释》的精神,对于吸毒后或醉酒驾驶机动车的,可以适当降低认定为"其他特别恶劣情节"的标准。

(二) 规则解读

对于吸毒后驾驶机动车行为的认定一直存在争议,几次刑法修正案的讨论中都曾提出将该行为纳入危险驾驶罪之中,单独构成犯罪,后因对毒驾缺乏有效的路面筛查检测手段且成本较高等原因未予采纳。吸毒后驾驶机动行为与醉酒驾驶机动车行为相似,都存在驾驶人控制能力减弱甚至丧失的风险,但与醉酒驾驶机动车行为相比,吸毒后驾驶机动车行为具有更大的社会危害性。一方面,一般来说,吸毒对驾驶人的意识作用更强烈,影响更大,毒品对人体中枢神经产生作用,人吸毒后会产生幻觉,造成方向感、距离感和时空感的错乱,严重削弱驾驶人员的驾驶能力;另一方面,饮酒行为本身是合法行为,而吸毒行为是我国法律法规所禁止的行为。对于吸毒后驾驶机动车发生交通事故的认定主要有三种意见:第一种意见认为,吸毒后驾驶机动车发生事故的,该行为与放火、决水、爆炸、投放危险物质等行为危险性相当,会给公众安全带来极大的危险,应认定为以危险方法危害公共安全罪。第二种意见认为,吸毒后驾驶机动车发生事故的,应认定为交通肇事罪,该行为符合交通肇事罪的构成要件,如无其他情节,应处三年以下有期徒刑或者拘役。第三种意见认为,吸毒后驾驶机动车发生事故的,构成交通肇事罪,同时因为该行为本身的危害性,属于交通肇事罪中的"其他特别恶劣情节",应处三年以上七年以下有期徒刑。

一般违反交通法规的驾驶行为,如超速、闯红灯等,虽然具有一定的危险性,但是造成的危险具有一定的可控性,其危险程度远远小于放火、决水、爆炸和投放危险物质等行为,一般来说不会认定为以危险方法危害公共安全罪。对于吸毒后驾驶机动车或醉酒驾驶机动车的行为,吸毒达到一定数量或者醉酒达到一定程度的,驾驶员处于意识不清醒状态,甚至出现意识障碍、行为失控等情况,对车辆的控制能力大大减弱,损害结果难以控制,这种情况下的危险性远大于一般的交通肇事行为,可能符合以危险方法危害公共安全罪中的"其他危险方法"。故而,在认定严重丧失对车辆控制能力的吸毒后驾驶机动车或醉酒驾驶机动车行为时,需要对交通肇事罪和以危险方法危害公共安全罪进行辨析,根据本书第十六章中的相关论述,两罪的区分主要在于行为人对危害公共安全损害结果的主观心态上。如果行为人对危害公共安全的后果持希望或放任态度,应认定为以危险方法危害公共安全罪;如果行为人对损害结果持过失心态,应认定为交通肇事罪。根据本书第七章"有责性判断"中第二个问题所述,对于醉酒或吸毒的行为人责任的认定,采原因自由行为说,按照自陷行为时行为人的责任能力状况和对于醉酒或吸毒后实施行为的主观心态进行认定。

具体而言,在判断吸毒后驾驶机动车行为人的主观心态时应区分具体情况分别进行认定:在认识因素上,因毒品种类千差万别,且个体对毒品的耐受力存在较大差异,所以在分析行为人对于发生交通事故可能性的认识程度时,既要考查一般人的认知和感受,又要具体考查行为人的认知和感受,需要结合行为人的吸毒史,是否是第一次吸毒,吸食毒品的种类和数量,吸毒后的不良反应,吸毒后行为是否会失控,行为人驾驶经验以及当时的路况,驾车地点是否属于繁华路段,行人和车辆流量是否较大等因素进行综合判断。在意志因素上,需要综合分析行为人在何种状态下吸毒,吸毒后驾驶机动车的间隔时间,是否采取避免措施,在驾驶途中是否具有超速、逆向行驶、闯红灯等违反道路交通安全法规的驾驶行为,肇事后是积极救援还是逃匿等情节。如果驾驶人明知自己吸毒后会陷入意识障碍,而仍然在繁华路段驾驶汽车的,或者在车辆密集路段驾驶过程中吸毒的,可以认定其对危害公共安全结果持放任心态。如果行为人之前吸毒后只是伴有轻微兴奋,或者驾车行驶在偏僻路段的,可以认定其对危害公共安全结果持过失心态。此外,《醉酒驾车意见》提出的从事故的客观表现入手分析醉酒驾驶机动车行为人主观心态的认定方法,对于判断吸毒后驾驶机动车行为人的主观心态也有参照意义,即行为人如果明知发生了第一次碰撞,在车辆已经停住的情况下又继续驾车冲撞,造成重大伤亡的,说明其主观上对后续发生的损害结果持放任态度,具有危害公共安全的故意。

另一个争议问题是吸毒后驾驶机动车发生交通事故,认定为交通肇事罪的,吸毒情节是否可以作为"其他特别恶劣情节"考量。《刑法》分则对于交通肇事罪规定了三个不同的量刑幅度,其中交通运输肇事后逃逸或者有其他特别恶劣情节的,处三年以上七年以下有期徒刑。《交通肇事刑事案件解释》第4条对于"其他特别恶劣情节"列举了三种情形:①死亡二人以上或者重伤五人以上,负事故全部或者主要责任的;②死亡六人以上,负事故同等责任的;③造成公共财产或者他人财产直接损失,负事故全部或者主要责任,无能力赔偿数额在 60 万元以上的。由于该条没有设置兜底条款,因此有观点认为,除上述列举三种情形外,均不属于"其他特别恶劣情节"。对此,笔者认为,该条规定并未排除列举之外的其他情形,理由在于:第一,从《交通肇事刑事案件解释》第 4 条"交通肇事具有下列情形之一的,属于'有其他特别恶劣情节'"的表述来看,其含义是符合该条明文列举的三种情形之一的,应当认定为"有其他特别恶劣情节",而对其他情节是否属于"其他特别恶劣情节",则未作出排除性或者禁止性规定。故判断其他情形是否属于"其他特别恶劣情节",可以依照《刑法》和《交通肇事刑事案件解释》规定的精神,结合具体案情作出判断。第二,根据《交通肇事刑事案件解释》第 2 条第 1 款的规定,致一人死亡或者三人以上重伤,负事故全部或者主要责任的,构成交通肇事罪。同时,该条第 2 款规定了交通肇事致一人以上重伤,负事故全部或者主要责任,并具有该款列举的六种情形之一的,亦构成交通肇事罪,而该款第(一)项即是"酒后、吸食毒品后驾驶机动车辆的"。这说明《交通肇事刑事案件解释》在交通肇事罪的入罪标准上,区分了一般情形和吸毒后驾驶机动车等特殊情形。根据这一规定的精神,在量刑上也应对一般的交通肇事行为和吸毒后或者醉酒驾驶机动车发生交通事故的行为进行区分。从《交通肇事刑事案件解释》第 4 条列举的情况来看,三个标准都是从损害结果角度出发。虽然该规定不是完全列举,吸毒后驾驶机动车或者吸毒数量较大从理论上可以作为一种"其他特别恶劣情节",但一方面,吸毒后驾驶机动车本身是一种违反交通法规的行为,而且一般都伴有其他违反交通法规的行为,如超速、逆向行驶等,但上述行为都是因吸毒行为所导致的,再将吸毒作为"其他特别恶劣情节"加重处罚,有重复处罚之嫌;另一方面,因行为人对毒品的耐受力不同,实践中对于吸毒数量达到多少可以构成"其他特别恶劣情节"的标准不易界定。故参照《交通肇事刑事案件解释》第 2 条的规定,鉴于吸毒后或醉酒驾驶机动车的高危险性,可以将吸毒后或醉酒驾驶机动车作为降低"其他特别恶劣情节"标准的条件,即一般情况下"其他特别恶劣情节"需要造成"死亡二人以上或者重伤五人以上,负事故全部或者主要责任的",那么对于吸毒后或醉酒驾驶机动的,可以适当降低认定为"其他特别恶劣情节"的致人伤亡的标准。

【指导案例】张超泽危险驾驶案[①]**——吸毒后驾驶机动车致使发生交通事故的行为如何定罪处罚**

2011 年 11 月 21 日 20 时许,被告人张超泽驾驶汽车外出,途中,张超泽停车吸

---

① 参见曾琳、周祖文、黄超荣:《张超泽交通肇事案——吸毒后驾驶机动车致使发生交通事故的行为如何定性以及是否属于刑法第一百三十三条规定的"其他特别恶劣情节"》,载最高人民法院刑事审判第一、二、三、四、五庭主办:《刑事审判参考》(总第 94 集),法律出版社 2014 年版,第 133—140 页。

食毒品氯胺酮,随即驾车沿深圳市布沙路由北向南行驶。途经南湾街道玉玲花园路段时,张超泽因吸毒失去意识,无法控制车辆,其驾驶的汽车先后与一辆出租车、自行车相撞,并冲至南岭村公交站台前,将黄应鑫、杨俊荣、张元芝等十三人撞倒,又撞上停在路边的汽车,至该车与前方停放的汽车相撞。事发后,张超泽留在车内,被前来处理事故的民警抓获。黄应鑫于次日死亡,杨俊荣等五人受轻伤,张元芝等七人受轻微伤。汽车修复费用共计人民币13079元。

本案中,被告人张超泽吸毒后驾车,无法控制车辆,与不特定人及车辆相撞,造成一人死亡、五人轻伤、七人轻微伤的损害结果,其行为已经严重危害公共安全。在认识因素上,据判决书中所载,有证据证实被告人张超泽有两三次吸食氯胺酮的经历,但之前的吸毒行为都未对其造成太大的影响;在被告人的供述中,仅有一次供述称知道吸毒后会失去知觉和自我控制,其余供述为"没想到会造成这么严重的后果"。这可以说明被告人张超泽对自己吸毒后的不良反应没有明确的认识,只是模糊认识到吸毒后驾驶可能会有危险,其吸毒经历让其误以为吸毒后发生交通事故的可能性很小。在意志因素上,被告人张超泽驾车是为了去接怀孕的女友,可以排除其通过毒驾使自己陷入危险境地的希望或放任心态,其对事故的发生持排斥心态。本案中虽然发生多次撞击,但总体来看,所有撞击是因被告人张超泽失去意识所造成的一次性连续冲撞,被告人在事故后也未逃离,故多次撞击行为是一个整体行为。综上,被告人张超泽虽然认识到吸毒驾车可能会发生危害公共安全的后果,但其误以为发生交通事故的可能性较小,相信自己可以避免,主观上对于事故的发生属过于自信的过失,应认定为交通肇事罪。量刑上,被告人张超泽吸毒驾车,造成一人死亡、五人轻伤、七人轻微伤的后果,不属于上述《交通肇事刑事案件解释》第4条规定的三种情形之一。但如上所述,因毒驾、酒驾行为的特殊性,在"其他特别恶劣情节"的认定标准上可以降低,本案造成一人死亡、五人轻伤、七人轻微伤,涉及人员较多,且其中一人死亡,综合全案情节可以认定为"其他特别恶劣情节"。

三、交警部门认定的事故责任与交通肇事刑事责任如何区分

(一) 裁判规则

交通事故中行政责任的确认可以明确引起事故发生的各因素的原因力大小,但是因为行政责任和刑事责任的基础不同,在审理交通肇事案件中,对于交警部门的事故责任认定书是否可以采信、证明力如何,需要法官审查判断,并注意从中筛选具有刑法意义的原因,考查其与损害结果之间的因果关系。

如果被害方存在违章行为,事故系行为人作为驾驶人也存在违章行为引发的,要考查行为人和被害方的违章行为与交通事故的发生是否有法律上的因果关系,行为人对事故负全部、主要或者同等责任的,可以认定为交通肇事罪。如被害

方存在违章行为,事故系行为人作为执法人员的执法行为引发的,须考查执法行为是否违法,如果执法行为正当,行为人的行为不应认定为犯罪;如果执法行为存在越权执法或违规执法等情况,因而发生事故的,一般认定为滥用职权罪。

(二) 规则适用

根据《交通肇事刑事案件解释》第1条、第2条第1款、第4条的规定,交通事故责任是交通肇事罪认定的前提条件,如第2条第1款规定:"交通肇事具有下列情形之一的,处三年以下有期徒刑或者拘役:(一)死亡一人或者重伤三人以上,负事故全部或者主要责任的;(二)死亡三人以上,负事故同等责任的;(三)造成公共财产或者他人财产直接损失,负事故全部或者主要责任,无能力赔偿数额在三十万元以上的。"交通肇事行为构成交通肇事罪需要同时符合后果标准和责任标准,不仅要求行为人的违规行为导致重大交通事故的发生,而且要求行为人负事故全部、主要或者同等责任。交通事故责任的确定是由公安交通管理机关作出的。我国《道路交通安全法》第73条规定:"公安机关交通管理部门应当根据交通事故现场勘验、检查、调查情况和有关的检验、鉴定结论,及时制作交通事故认定书,作为处理交通事故的证据。交通事故认定书应当载明交通事故的基本事实、成因和当事人的责任,并送达当事人。"

在司法实践中,公安机关交通管理部门作出的交通事故认定书在审理交通肇事案件中是否属于证据尚存在争议。有观点认为,交通事故认定书属于鉴定意见,是公安机关交通管理部门负有特定职责的人员,运用专业知识,就交通事故的性质及责任承担作出的分析判断。[①] 有观点认为,交通事故认定书属于书证,交通事故的责任认定属于行政确认,交通事故认定书属确认文书,符合书证的形式要求。[②] 有观点认为,交通事故认定书是行政机关的认定结论,不属于任何一种证据种类。[③] 笔者同意最后一种观点。其一,交通事故认定书不是书证:一是书证是在案件发生时或者发生前形成的,而交通事故认定书是在交通事故发生后由公安机关交通管理部门作出的;二是交通事故认定书是交通事故办案人员的分析和判断,且根据《道路交通事故处理程序规定》第56条的规定,当事人有异议的,可以申请重新检验、鉴定,不符合书证客观性的要求。其二,交通事故认定书不是鉴定意见,交通事故认定书是公安机关交通管理部门依职权主动作出的,具有国家权力的属性,在司法程序中不能直接予以否定,而鉴定意见是当事人或司法机关委托鉴定机构作出的,司法程序中可以直接予以否定。其三,交通事故认定书是公安机关交通管理部门或交通警察根据交通肇事现场的各种痕迹、物证等证据得出

[①] 参见张栋:《"交通事故责任认定书"的证据属性》,载《中国司法鉴定》2009年第2期。
[②] 参见管满泉:《论交通事故认定书的证据属性》,载《中国人民公安大学学报》2008年第6期。
[③] 参见邓思清主编:《刑事案例诉辩审评——交通肇事罪、危险驾驶罪》,中国检察出版社2014年版,第23页。

的一种认识或结论,而不是证据本身,不涉及客观性、关联性与真实性的问题。① 交通肇事案件审理过程包括两个方面:一是行政责任认定;二是刑事责任认定,而后者是以前者为基础的。

对于交通肇事中行政责任与刑事责任的关系,需要明确以下几个问题:

第一,交通事故中行政责任的确认可以明确引起事故发生的各因素的原因力大小,从而明确对行为人行为的定性。在交通事故中,导致其发生的因素可能纷繁复杂,往往多种原因并存。判断某一违规行为在事故中的作用大小,需要具备一定的专业知识,所以由交警部门对事故责任进行认定,存在其合理性。虽然交警部门也是行政机关,其出具的认定结果具有公信力,但是基于行政责任和刑事责任的基础不同,在审理交通肇事刑事案件中,对于交警部门的事故责任认定书是否可以采信、证明力如何,需要法官审查判断,并注意从中筛选具有刑法意义的行为和结果。

第二,注意区分行政责任和刑事责任认定上的不同。虽然《交通肇事刑事案件解释》将行政责任规定为刑事责任的前提,但是并不意味着凡是形式上符合上述解释,一如满足存在违章行为,发生死亡一人或者重伤三人以上,负事故全部或主要责任这三个条件的行为都可以认定为交通肇事罪。因为其一,交通管理法规和刑法在目的、制裁手段、调整范围等方面存在很大不同,前者强调的是对交通秩序的维护和管理,预防和减少事故,对于违章行为的处罚手段主要是罚款、吊扣证件、行政拘留等,只要违反法律规定的禁止行为就须承担责任;而后者强调的是对行为人的道义谴责和制裁,处罚手段是最为严厉的刑罚,在使用上强调谴责的正当性和合理性。其二,在行政法范畴中,基于行政管理的需要和对特殊法益的保护,是可以强制分配、推定行政相对人的责任的,而这种分配、推定并不适用于刑事责任。其三,交通管理部门的责任认定中主要考虑行为人对交通事故发生所起的作用及过错程度,而刑法上的责任认定主要考虑是否符合交通肇事罪的构成要件。其四,行政法上交通事故责任认定采取过错原则和过错推定原则,而刑法上的交通事故责任认定须证明肇事人对事故的发生存在主观罪过。② 所以即便是在形式上满足《交通肇事刑事案件解释》规定的行为,仍需进一步考查交警部门认定的原因行为与损害结果间的因果关系。比如交通事故后逃逸的,根据《道路交通安全法实施条例》第92条的规定,交通事故发生后,当事人有逃逸行为,在行政法上需要承担全部责任,但是如果逃逸人本身对于事故的发生没有过错的,该行政责任不能作为认定刑事责任的前提。

第三,交通肇事的双方都存在行政责任时分为两种情况:一是被害方存在违章行为,事故系行为人作为驾驶人也存在违章行为引发的。违章行为人是否需要负交通事故的刑事责任,要考查违章行为与交通事故的发生是否有法律上的因果关系。

---

① 参见刘品新:《确定交通事故认定书证据形式实无必要》,载《检察日报》2006年5月16日。
② 参见魏颖、付想兵:《对为逃避法律追究而逃离事故现场的理解》,载《人民司法(案例)》2018年第14期。

只有与损害结果存在因果关系的行为,才可以作为认定交通肇事罪中的违章行为。如双方的违章行为对于损害结果都有因果关系,且根据《交通肇事刑事案件解释》第2条第1款第(二)项的规定,符合死亡三人以上,对事故负同等责任的,均可以认定为交通肇事罪,在量刑上可以根据被害方过错程度予以从轻。二是被害方存在违章行为,事故系行为人作为执法人员的执法行为引发的,须考查执法行为是否违法,如果执法行为正当,行为人的行为不应认定为犯罪;如果执法行为存在越权执法或违规执法等情况,因而发生事故的,构成滥用职权罪,与交通肇事罪属于想象竞合,按照重罪处理。

综上,在认定具体行为是否构成交通肇事罪时,不能直接采用交通管理部门的道路交通事故责任认定,而应当根据刑法所规定的交通肇事罪的构成要件进行实质性的分析判断。

【指导案例】陈全安交通肇事案[①]——因交通事故后逃逸而被认定为对事故负主要责任的是否构成交通肇事罪

2005年6月27日23时许,被告人陈全安驾驶大货车从佛山市南海区丹灶镇往西樵镇方向行驶,至樵丹路北西科技园路口时靠边停车等人。其间,张伯海驾驶小型客车同向行驶,车上搭载关志明,该车追尾碰撞陈全安驾驶的大货车,致使张伯海当场死亡,关伯明受伤。事故发生后,陈全安驾车逃逸。经交警部门认定,被告人陈全安在发生交通事故后逃逸,负事故主要责任;张伯海酒后驾驶机动车,负事故次要责任。

本案的一审法院认为,陈全安违章驾驶,发生交通事故后逃逸,且负事故主要责任,构成交通肇事罪。后二审法院经审理认为,陈全安的逃逸行为不是引发本次事故的原因,而对于陈全安的停车行为是否违章等一审法院未查明,故将本案发回重审。

本案中一审法院认定被告人陈全安构成交通肇事罪的逻辑是:①陈全安在发生交通事故后逃逸。②根据2004年《道路交通安全法实施条例》第92条的规定,"发生交通事故后当事人逃逸的,逃逸的当事人承担全部责任。但是,有证据证明对方当事人也有过错的,可以减轻责任",认定陈全安因逃逸行为承担事故主要责任。③根据2000年《交通肇事刑事案件解释》第2条第1款的规定,"交通肇事具有下列情形之一的,处三年以下有期徒刑或者拘役:(一)死亡一人或者重伤三人以上,负事故全部或者主要责任的",认定被告人陈全安构成交通肇事罪。该逻辑虽然形式上合理,但缺少对于行政违法行为和损害结果之间因果关系的考查,从而导致认定错误。本案中,交通事故发生在前,陈全安的逃逸行为发生在

[①] 参见王咏章:《陈全安交通肇事案》,载最高人民法院中国应用法学研究所编:《人民法院案例选(分类重排本)·刑事卷》,人民法院出版社2017年版,第815—818页。

后，在案证据显示本案事故发生的原因系被害人张伯海酒后驾驶机动车、没有与前车保持足以采取紧急制动措施的安全距离等原因，被告人陈全安的逃逸行为并非引发交通事故的原因，而对于事故发生前陈全安的行为是否违反交通运输管理法规，其行为是否为造成事故发生的主要原因，一审法院没有查明。故陈全安的逃逸行为并非引发事故的原因，即便因逃逸在行政责任上须对事故负主要责任，但在刑法上，因逃逸行为与事故发生之间没有因果关系，不构成交通肇事罪。

【指导案例】邵宏海交通肇事案①——交通事故中被害方驾驶无号牌车辆的如何处理

1997年10月2日凌晨3时许，河南省确山县任店镇黄庄村村民袁长友驾驶无号牌小四轮拖拉机拖挂木制马车，载着袁富成、李秀伦、张国彬、袁长富、袁长法、李喜，沿107国道右侧由南向北驶往确山县人民医院为袁富成治病。当日4时许，被告人邵宏海驾驶东风牌加长汽车追尾撞上袁长友驾驶的小四轮拖拉机拖挂的木制马车。被告人邵宏海因疲劳驾驶打瞌睡，未能采取制动措施，汽车将拖拉机及其拖挂的木制马车撞倒后又向左前方推出30多米，致使乘坐在马车上的袁富成、李秀伦、张国彬当场死亡，袁长富、袁长法受伤后被送到医院，经抢救无效死亡，拖拉机驾驶员袁长友和坐在拖拉机上的李喜受轻伤。

本案被告人邵宏海疲劳驾驶，在驾驶机动车的过程中打瞌睡，未与前车保持必要的安全距离，其车辆追尾前车后又未能及时采取制动措施，违反交通运输管理法规，因而发生了五人死亡、二人受伤的特大交通事故，构成交通肇事罪无异议。争议点在于本案中被害人一方袁长友驾驶无号牌拖拉机违章载人，是否对本次事故负责，是否可以减轻被告人邵宏海的刑罚。本案中，袁长友驾驶拖拉机靠道路右侧行驶，在行驶行为上并无违章，其驾驶无号牌车辆违章载人虽属违反交通管理法规的行为，但与此次交通事故的发生无因果关系，因而在刑法意义上被害人一方的违章行为与损害结果间无因果关系，故袁长友的违章行为对于被告人邵宏海的定罪量刑无影响。

【指导案例】王刚强、王鹏飞过失致人死亡案②——交通运输管理站工作人员在稽查规费过程中追赶逃费车辆致逃跑人员伤亡的应如何处理

1999年8月5日晚9时30分左右，高陵县交通运输管理站泾渭站的九名工作

---

① 参见方文田：《邵宏海交通肇事案》，载最高人民法院中国应用法学研究所编：《人民法院案例选（分类重排本）·刑事卷》，人民法院出版社2017年版，第773—774页。

② 参见张思敏：《王刚强、王鹏飞过失致人死亡案——交通运输管理站工作人员在稽查路费过程中追赶逃费车辆致人身亡的应如何定罪》，载最高人民法院刑事审判第一庭、第二庭编：《刑事审判参考》（总第44集），法律出版社2006年版，第42—48页。

人员由王鹏飞带队,为稽查规费(养路费、管理费)在高陵县泾渭镇西铜公路下隧道西口进行巡查,执行公务。此时,高陵县泾渭镇梁村六组村民张志学无证驾驶一柴油三轮车拉其妻赵会玲到高陵县开发区电管所缴纳电费返回,行至该隧道处,发现交通运输站泾渭分站工作人员在隧道口查车,随即在隧道东口处掉头欲避开检查。王鹏飞看见后,令王刚强等执法人员前往拦截。张卜塬、尚稳、裴红斌等人即乘坐王刚强驾驶的无牌三轮摩托前往追赶,并示意张志学停车检查。张志学未停车,继续沿公路辅道向南逆行,摩托车紧随追赶,与柴油三轮车相距约20米。当行至急转弯处,王刚强等人听见"嗵、嗵"几声,看见前面尘土飞扬,估计是柴油三轮车翻车。王刚强随即调转车头返回,告诉赶来的王鹏飞被追车辆翻车后,众人返回单位。附近群众得知车翻人伤后,将张志学、赵会玲二人送到医院抢救,后张志学抢救无效死亡,赵会玲重伤。

本案被告人王刚强及其辩护人辩称其行为是正常执行公务,不构成犯罪。一审法院认为被告人的行为是正当执法行为,虽有一定过错,但不构成犯罪。后二审法院认为被告人王刚强、王鹏飞对逃避检查的逃逸车辆进行追赶,属超越职权范围的违规行为,改判为过失致人死亡罪。

本案中,我国法律、法规没有明确规定公路稽查人员是否可以对逃避检查的逃逸车辆进行追赶,对于行政执法人员,法无授权则不可为。同时,在案证据显示,高陵县交通运输管理站《关于认真做好运政执法工作若干规定》第4条规定:"对不接受检查逃逸、强冲不停的车辆,严禁追、撵、堵截,做到文明执法、文明管理。"高陵县交通局局长证明,交通运输管理站平时在公路上流动检查时,车如果跑掉可以记下车牌号,但不能追赶。由此可见,被告人的执法行为超过了法律的授权,故被告人的行为属于违规执法。本案被告人作为公路稽查人员,虽然不是国家机关工作人员,但是属于在受国家机关委托代表国家机关行使职权的组织中从事公务的人员,全国人民代表大会常务委员会《关于〈中华人民共和国刑法〉第九章渎职罪主体适用问题的解释》规定:"在依照法律、法规规定行使国家行政管理职权的组织中从事公务的人员,或者在受国家机关委托代表国家机关行使职权的组织中从事公务的人员,或者虽未列入国家机关人员编制但在国家机关中从事公务的人员,在代表国家机关行使职权时,有渎职行为,构成犯罪的,依照刑法关于渎职罪的规定追究刑事责任。"故本案被告人在执行公务时应依法行政,不能滥用职权,如滥用职权同样可以构成滥用职权罪。综上所述,因为法律、法规没有规定公路稽查人员是否有权对逃避检查的逃逸车辆进行追赶,法律、法规没有授权"追赶",作为执法的公路稽查人员对逃避检查的逃逸车辆就不能"追赶",如"追赶"就是超越职权的滥用职权行为。被告人王刚强、王鹏飞滥用职权的行为造成了车毁人亡的严重后果,且发现车翻后见死不救、扬长而去,案发后又订立攻守同盟,情节特别严重,应认定为滥用职权罪,同时构成交通肇事罪,交通肇事行为属于过失致人死亡行为,根据《刑法》第 233 条的规定,过失致人死亡,另有规定的,依照规定,故仅认定为交通肇事罪,属于法条竞合,按照特殊法予以定罪处罚。

四、如何认定"交通运输肇事后逃逸"

(一) 裁判规则

"交通运输肇事后逃逸"的实质在于行为人未履行对于被害人的救助义务和配合侦查的义务,其成立须同时具备以下要件:一是行为人的交通肇事行为须已构成交通肇事罪的基本犯,二是行为人必须是基于为逃避法律追究的目的而逃跑,三是行为人客观上须实施了逃离的行为。其中,逃逸时间限定在交通事故发生后、行为人接受事故处理机关首次处理前,逃逸地点不以逃离事故现场为限,还包括逃离与事故现场有紧密联系的场所,以及行为人没有逃离事故现场,但在事故现场袖手旁观,不实施救助义务,毁灭罪证,指使他人冒名顶替或作伪证的情形。

"为逃避法律追究"包括以下几个方面:一是行为人逃跑的主观心态为故意,二是行为人能够认识到逃跑可能造成的后果,三是行为人有能力履行但逃避履行义务,四是行为人逃跑行为对于规避法律义务产生实质作用。

(二) 规则适用

发生交通事故后,行为人有义务保护现场、救助伤者和接受有关机关的处理。《道路交通安全法》第 70 条第 1 款规定:"在道路上发生交通事故,车辆驾驶人应当立即停车,保护现场;造成人身伤亡的,车辆驾驶人应当立即抢救受伤人员,并迅速报告执勤的交通警察或者公安机关交通管理部门。因抢救受伤人员变动现场的,应当标明位置。乘车人、过往车辆驾驶人、过往行人应当予以协助。"交通肇事后的逃逸行为往往使被害人因得不到及时救助而死亡或残疾,导致损害结果进一步扩大,也给交警部门的调查及责任认定带来极大的难度。正因如此,根据《刑法》第 133 条第 1 款规定,"交通运输肇事后逃逸"属于交通肇事罪的加重处罚情节,旨在以刑事处罚约束肇事者肇事后保护现场、救助被害人和配合事故处理。

但在实践中,并不是所有逃跑行为都可以认定为"交通运输肇事后逃逸"。在判断时,不能仅以行为人有逃离事故现场的行为进行客观归罪,应当严格考查行为人逃离事故现场是否具有逃避法律追究的主观意图。不同的主观意图反映出行为人不同的悔罪心理,体现了不同的主观恶性程度,需要给予的处罚种类及大小也应有所区别。根据《交通肇事刑事案件解释》的规定,成立"交通运输肇事后逃逸"必须同时具备以下要件:

第一,行为人的交通肇事行为具有《交通肇事刑事案件解释》第 2 条第 1 款规定和第 2 款第(一)项至(五)项规定的情形之一,即行为人的交通肇事行为须已构成交通肇事罪的基本犯。《交通肇事刑事案件解释》第 3 条规定:"'交通运输肇事后逃逸',是指行为人具有本解释第二条第一款规定和第二款第(一)至(五)项规定的情形之一,在发生交通事故后,为逃避法律追究而逃跑的行为。"有观点认为,在行为人对事故负全责或主要责任的情况下,仅致一人重伤,有逃逸情节的,应当认定构成交通肇事罪的基本犯,同时属于"交通运输肇事后逃逸"。笔者认为这种观点对逃逸行为进行了重复评价。根据《交通肇事刑事案件解释》第2条第2款第(六)项的规定,交通肇事致一人以上重伤,负事故全责或主要责任,并具有"为逃避法律追究逃离事故现场"情形的,以交通肇事罪定罪处罚,即此种情况下,逃逸行为是成立交通肇事罪的基本犯的条件。而《交通肇事刑事案件解释》第3条专门规定了属于法定加重量刑情形之一的"交通运输肇事后逃逸",明确排除第2条第2款第(六)项规定的情形。《交通肇事刑事案件解释》第2条第2款第(六)项和第3条中规定的"逃逸"分别是作为定罪情节的"逃逸"和作为量刑情节的"逃逸"。对于作为定罪情节的"逃逸",有观点认为,犯罪行为终了后,随后发生的行为不能与终了前的行为并列作为犯罪构成的要件,肇事在前,逃逸在后,逃逸行为不可能成为交通肇事行为的原因行为,不应作为交通肇事罪的客观要件。① 笔者认为,《交通肇事刑事案件解释》第2条第2款第(六)项将"逃逸"作为定罪情节的规定是合理的,理由在于:从交通肇事罪的规范目的来看,行为人肇事后逃逸,一方面贻误治疗被害人的时机,另一方面影响司法机关的追责,因此,逃逸行为虽是肇事的事后行为,其影响甚至可能决定肇事行为的危害性程度,且第(六)项与前五项相比行为对法益的侵害程度相当,故如果不违反禁止重复评价原则,可以将逃逸行为作为定罪情节。

第二,行为人必须是基于为逃避法律追究的目的而逃跑。所谓逃逸,是指逃离事故现场、畏罪潜逃的行为,行为人主观上必须具有逃避法律追究的目的。"逃避法律追究"本质上是犯交通肇事罪后逃避法律义务,所以判断的关键在于"逃跑"行为对于行为人逃避法律义务是否发生实质作用,进而加剧其犯罪行为的社会危害性。某些案件中对行为人主观上是否有"逃避法律追究"意图的判断可能是相当复杂的,比如肇事后运送伤者去医院抢救,在未来得及报案前就在途中或医院被抓获的,一般可以认定为无逃避法律追究目的;但若是在将伤者送到医院后又偷偷离开的,有报案条件和可能而不予报案,事后被抓获的,就应当认定为具有逃避法律追究的目的。同样,在基于临时躲避被害人亲属过激行为的情况下,如确无条件和可能及时报案即被抓获的,应认定为不具有逃避法律追究的目的,不属于肇事后逃逸;反之,在临时躲避情形消失后,在有报案条件及可能的情况下,仍不予报案而继续逃避的,其性质又转化为肇事后逃逸,同样应当认定为具有逃避法律追究的目的。

具体而言,"为逃避法律追究"的判断应包括以下几个方面:其一,行为人逃跑的主观心态为故意,即行为人明知发生交通肇事的事实仍然逃逸。这里所说的"明知",是指行为人"知道"或者"应当知道"。判断行为人是否明知,不仅要看行

---

① 参见喻贵英:《交通肇事罪中四种"逃逸"行为之认定》,载《法律科学》2005年第1期。

为人的供述,还应从肇事当时的时间、地点、路况、碰撞部位、行为人具备的知识、经验及行为人离开现场后是正常工作、生活,还是存在明显的异常等方面客观地评判其是否明知。对于不知发生事故而离开的,不属于"交通运输肇事后逃逸"。其二,行为人能够认识到逃跑可能造成的后果,包括被害人得不到及时救助,造成财产损失进一步扩大或加剧其他损害结果,导致公安机关的责任认定出现困难等。其三,行为人有能力履行但逃避履行义务,包括对被害人的救助义务、配合侦查的义务和弥补被害人损失的义务。只有行为人可以履行而不履行义务的,才具备加重处罚的依据。其四,行为人逃跑行为对于规避法律义务产生实质作用,如果行为人的逃跑行为对履行义务无影响,对其逃跑行为不应加重处罚。其五,行为人的目的是逃避法律责任。

第三,行为人客观上须实施了逃离的行为。具体而言,逃逸是指行为人在发生交通肇事后,接受事故处理机关首次处理前,故意逃离事故现场或相关场所,使自身不受被害方、群众或事故处理人员控制的行为。逃逸行为一经实施,即告成立。这里涉及对于"交通运输肇事后逃逸"的时空界定问题。实践中对于"逃逸"的时间和空间范围存在不同认识。

在时间上,《交通肇事刑事案件解释》第3条将"逃逸"的时间界定为"在发生交通事故后",结合规制逃逸行为以避免行为人肇事后逃逸造成被害人得不到及时救助、增加事故处理部门的办案难度的核心目的,应将逃逸的时间限定在交通事故发生后、行为人接受事故处理机关首次处理前这一段时间内。"首次处理"是指事故处理机关将行为人作为肇事嫌疑人所采取的首次处理的措施,如酒精含量检测、讯问、刑事拘留等。因为一般在首次处理后,行为人已向事故处理机关交代了身份信息,公安机关根据其他证据,足以查明事实、认定责任,且在事故处理机关介入时被害人一般都已经得到救治。所以行为人接受首次处理后逃跑,行为人的逃跑行为不会再扩大或加重对被害人造成的损害结果,亦未对事故处理部门确定犯罪嫌疑人的工作造成实质影响,不应再将其认定为交通肇事后的逃逸行为。如果行为人在交通肇事后留在案发现场,在接受调查时未如实供述或让他人顶罪,事故处理机关对其询问时并未将其列为肇事嫌疑人,其事后逃跑的,被告人虽在事故现场但未及时救助被害人,亦未向事故处理机关表明自己是肇事者,应认定为交通运输肇事后逃逸。如果行为人在事故发生后已被公安机关采取强制措施,又实施逃跑行为的,可依法追究其脱逃行为的责任,而不应再将其脱逃行为认定为交通肇事后的逃逸行为。逃逸行为一经实施即告成立,不论行为人逃离现场有多远或逃逸的时间有多久,以及其逃逸后一段时间是否决定自首等,均不影响对其逃逸行为性质的认定。①

---

① 参见张显春、何东青:《王友彬交通肇事案——交通肇事后逃逸又自动投案的构成自首,应在逃逸情节的法定刑幅度内视情决定是否从轻处罚》,载最高人民法院刑事审判第一、二、三、四、五庭主办:《刑事审判参考》(总第80集),法律出版社2011年版,第16—24页。

在空间上,一种意见认为,交通运输肇事后逃逸应当理解为"逃离现场",即逃离交通事故发生现场。理由是,行为人交通肇事后,应尽一切努力救助被害人,保护现场,向公安机关报案,接受处理,而其离开事故现场则会造成被害人无法得到及时救助,使交通事故所引起的相关责任无法确定和追究。如果肇事人不离开事故现场,上述情况就能得以避免。因此,作为一种加重处罚情节,对于交通运输肇事后逃逸的时间、场所不宜无限制地延伸、扩大。第二种意见认为,应当将交通运输肇事后逃逸作广义的理解,即将伤者送往医院后从医院逃跑或在等待公安机关交通管理部门处理时逃跑等情况,也认定为交通运输肇事后逃逸。理由是,据交通管理部门统计,有的肇事人并未在肇事后立即逃离,有些肇事人当场不可能逃跑,但是一找到机会就逃跑,逃避法律追究。如果将交通运输肇事后逃逸界定为逃离交通事故现场,那么性质同样恶劣的逃避法律追究的行为就得不到相应的法律追究,可能会影响对这类犯罪行为的惩处。[1] 对此,笔者认为,"交通运输肇事后逃逸"不以逃离事故现场为限。一方面,《交通肇事刑事案件解释》第 3 条规定的交通运输肇事后逃逸并没有时间和场所的限定,只要是交通肇事后为了逃避法律追究而逃逸的,不论逃跑时间和逃跑场所,均可以作为加重处罚的情节,这一加重情节以交通肇事罪成立为前提。相比之下,《交通肇事刑事案件解释》第 2 条第 2 款第(六)项中作为入罪情节的逃离事故现场则对地点作出了明确限定,限定为事故现场。基于法规的文理解释,不应将"交通运输肇事后逃逸"限定于事故现场。[2] 另一方面,我国刑法之所以仅在交通肇事罪中将逃逸规定为法定刑的升格情节,而不在故意伤害罪、故意杀人罪等罪名中作出类似规定,是因为行为人对于发生的重大交通事故所产生的致人重伤、死亡或者公私财产造成重大损失的后果,主观上是一种过失。在此场合,往往有被害人需要救助,刑法可以期待肇事人给予及时的救助,因此,《交通肇事刑事案件解释》第 3 条的目的是促使行为人于肇事后及时救助被害人,防止交通肇事损害结果的进一步扩大。交通事故发生后,肇事者的义务是多方面的,其义务按照重要性排序为:救助伤者＞保护现场＞及时报案＞听候处理。"交通运输肇事后逃逸"作为加重处罚的依据在于,逃逸行为直接影响对于被害人的救助和公安机关的侦查,而是否对被害人进行救助和是否有碍于公安机关的侦查与行为人逃离的是否是现场无关。现实中存在行为人想要逃逸但因围观群众报案而无法离开的情形,即便行为人未逃离现场,但其后对公安机关作虚假供述,隐瞒身份,最后逃离的,应认定为"交通运输肇事后逃逸"。如果仅将逃逸界定为"逃离现场",将使性质同样恶劣的逃避法律追究的行为得不到相应的处罚。综上所述,"交通运输肇事后逃逸"不应以逃离事故现场为限,还包括与事故现场有紧密联系的场所,如将伤者带往抢救的医院、等候事故处理的

---

[1] 参见王晓越:《交通肇事后逃逸的认定》,载《人民司法》2008 年第 8 期。
[2] 参见魏颖、付想兵:《对为逃避法律追究而逃离事故现场的理解》,载《人民司法(案例)》2018 年第14 期。

场所等;即使行为人没有逃离事故现场,但在事故现场袖手旁观,不实施救助行为,毁灭罪证,指使他人冒名顶替或者作伪证的,也符合交通运输肇事后逃逸的构成要件。

有意见认为,交通运输肇事后逃逸不存在自首问题,如认定为自首,说明行为人没有逃避法律追究的主观目的,则不能认定为逃逸。笔者认为,交通运输肇事后逃逸并不影响事后自首的认定。"交通运输肇事后逃逸"和"投案自首"是在两种主观故意支配下实施的两个独立行为,应分别进行法律评价。逃逸是行为人为逃避法律追究而实施的逃跑行为,自首是行为人出于本人意愿自动投案、如实供述罪行的行为,两者相互独立,互不影响。不能因为行为人肇事后逃逸而否定其事后投案自首,也不能因为其事后自首而推翻对其先前逃逸行为的认定。逃逸后犯罪行为已经完成,行为人因为感到内心不安,或者因其他原因主动到有关部门讲清问题,这是他主观上从逃避法律追究到主动接受处理的一个转换,应认定为交通肇事逃逸后自首,这是事后的追悔行为,只影响量刑,不能影响定罪。因此,不能用后来的自首去否认他当时逃避法律追究的事实。如有的盗窃犯,在窃得财物回家后感到不安又将所窃的财物主动退还的,仍应认定其盗窃罪既遂。对于自动投案、如实供述罪行的交通肇事逃逸者适用自首,有利于鼓励肇事者主动投案,悔过自新;同时,有利于在最短时间内查清事实、分清责任,及时赔偿被害方,使案件得以及时侦破、审结,节约司法资源,符合刑法立法本意。基于此,《自首和立功意见》第1条第3款明确规定:"……交通肇事逃逸后自动投案,如实供述自己罪行的,应认定为自首。但应依法以较重法定刑为基准,视情决定对其是否从宽处罚以及从宽处罚的幅度。"

【指导案例】陶明华交通肇事案[①]——交通肇事后行为人等候处理并参与抢救,后因无经济能力继续治疗被害人而逃跑的是否属于"交通运输肇事后逃逸"

2011年10月14日19时许,被告人陶明华无证驾驶无号牌三轮农用车,沿道路行驶至西狼村时与他人停放在路边的无号牌三轮农用车发生碰撞,造成乘车人陶定奎受伤、两车不同程度损坏的严重后果。案发后,被告人陶明华及时向公安机关报案,并在现场等候公安机关处理,后将被害人陶定奎送至医院治疗,护理被害人多天。2011年10月17日,公安机关对陶明华进行询问,被告人陶明华如实供述,留下真实个人信息。2011年10月18日,陶明华见被害人伤势较重,因无钱给被害人治病,即放弃治疗回到原籍地。经鉴定,被害人陶定奎自大腿远端截肢,已构成重伤。另查明,陶定奎住院治疗42天,共花费医疗费人民币19268.20元,交通费人民币1543元,陶明华已支付医疗费人民币5000元。

[①] 参见陈涛、张明杰:《陶明华交通肇事案》,载最高人民法院中国应用法学研究所编:《人民法院案例选(分类重排本)·刑事卷》,人民法院出版社2017年版,第845—851页。

本案中，被告人陶明华无证驾驶无号牌三轮农用车，违反交通管理法规，与他人停放在路边的无号牌三轮农用车发生碰撞，造成一人重伤，构成交通肇事罪。被告人陶明华在交通肇事后向公安机关报案并等候处理，且及时将被害人送到医院治疗，坚持护理病人，接受了公安机关的讯问，如实供述犯罪事实，已经履行完毕《道路交通安全法》规定的保护现场义务、报告公安机关并听候处理的义务。被告人陶明华回到原籍地时，被害人的救治已经开始，公安机关的侦查已经完成，其回到原籍地的行为不会扩大或加剧交通事故所产生的损害结果。而且被告人陶明华回到原籍地的原因系因无能力继续负担医药费，不属于有能力履行而不履行的情形。综上所述，被告人陶明华在交通肇事后回到原籍地的行为，不应当认定为"交通运输肇事后逃逸"。此外，虽然被告人陶明华履行了其主要的法定义务，但是其回到原籍地的行为客观上使得被害人后续医疗费用需自己承担，可以将此行为作为量刑情节予以考虑。

【指导案例】刘本露交通肇事案①——交通肇事后行为人受伤在医院治疗，公安机关询问案情拒不交代，后逃离医院的是否属于"交通运输肇事后逃逸"

2012年4月8日6时40分许，被告人刘本露在未取得机动车驾驶证的情况下，驾驶浙CJE535号越野轿车，行驶至G15W常台高速公路往江苏方向293千米+222米处时，超速行驶，导致其驾驶的越野轿车与刘中州驾驶的豫HA8552—豫HN910挂车发生碰撞，造成越野车上的乘客郭明亮受伤并经医院抢救无效死亡。经鉴定，刘本露在此事故中负主要责任。另查明，2012年4月8日事故发生后，刘本露即被送往医院接受治疗，其在交警向其询问时，谎称自己姓名为刘路，并编造了虚假的家庭成员情况，且拒不交代肇事经过。当日中午12时许，刘本露离开医院。次日，刘本露主动联系公安交警部门，表示愿意到公安机关交代犯罪事实。同月10日，刘本露到公安机关投案，如实交代了自己的肇事经过。其亲属与被害方达成了赔偿和解协议，赔偿给被害方经济损失共计人民币93000元，并取得被害方的谅解。

本案中被告人刘本露无证、超速驾驶越野车，违反交通运输管理法规，造成一人死亡的严重后果，构成交通肇事罪。本案在审理过程中，对刘本露逃离医院的行为是否属于"交通运输肇事后逃逸"，形成以下两种不同的意见：一种意见认为，刘本露伪造信息，拒不交代肇事经过，并为了逃避法律责任实施了逃逸行为，属于交通肇事逃逸；另一种意见认为，刘本露没有逃离案发现场，不构成交通

---

① 参见钟兴华：《刘本露交通肇事案——交通肇事后，行为人因受伤在医院治疗，公安机关向其询问案情时，拒不交代肇事经过，并虚构身份信息，后逃离医院的行为，是否应当认定为"交通肇事后逃逸"》，载最高人民法院刑事审判第一、二、三、四、五庭主办：《刑事审判参考》（总第87集），法律出版社2013年版，第1—5页。

运输肇事后逃逸。笔者赞同前一种意见,《交通肇事刑事案件解释》未对逃逸行为的时间和空间作限制规定,如上所述,逃逸行为不以逃离案发现场为限。刘本露未从事故现场逃离是因为其本人受伤需要到医院救治,不具备逃离现场的条件,刘本露在医院短暂治疗后,不向公安机关或者医院说明缘由就擅自离开,其对被害人并未承担任何救助、赔付义务,对被害人不闻不问即逃离。而且刘本露在医院治疗期间,隐瞒真相、谎报身份,未向询问其情况的公安人员如实交代事故经过。综合上述情节,可以认定被告人主观上具有逃避法律追究的故意。被告人此种行为一方面体现出行为人的主观恶性较深,另一方面加大了案件的侦破难度,应当属于"交通运输肇事后逃逸"。

【指导案例】孙贤玉交通肇事案[①]——交通肇事案件中"立即投案"和"事后投案"的区分

被告人孙贤玉于 2006 年 5 月 20 日 16 时 15 分许,驾驶牌号为苏 F—ACl93 重型货车,沿上海市嘉松中路由南向北行驶至青浦区华新镇朱长村附近华卫路路口处时,因违反交通信号灯规定行驶,与由西向东横穿嘉松中路的骑自行车行驶的被害人张某某(该自行车后载着被害人徐某某)相撞,造成被害人徐某某当场死亡、张某某受重伤的重大交通事故。经公安机关事故责任认定,被告人孙贤玉驾驶制动性能不符合要求且未定期进行安全技术检验的机动车,违反交通信号灯规定行驶,且遇情况采取措施不当导致事故发生,是本起交通事故的全部过错方,负事故的全部责任。被告人孙贤玉肇事后,曾拨打电话报警,并将被害人张某某扶到路边,后弃车离开现场。次日下午,被告人孙贤玉向公安机关投案自首。

本案中对于被告人的行为是否属于交通肇事后逃逸存在争议,被告人孙贤玉在交通事故发生后履行了部分救助行为,拨打电话报警,并将被害人张某某扶到路边,后又逃离现场。对逃逸现场这一行为,被告人提出其在报警后因害怕被害人一方殴打而离开事故现场,不属于逃逸。笔者认为,被告人孙贤玉的行为属于交通肇事后逃逸,理由在于:如上所述,"交通运输肇事后逃逸"的实质在于行为人未履行对于被害人的救助义务和配合侦查的义务,一方面,被告人在肇事后将被害人扶到路边,未尽到完全的被害人救助义务;另一方面,对于行为人离开现场是否属于为逃避法律追究的目的而逃跑的判断,如果行为人因恐惧被害人家属的殴打而离开现场或者因报案而离开现场,行为人"立即投案",能够反映出行为人没有逃避法律追究的意图;如果行为人离开现场后,经过一段时间,在他人劝说下"事后投案"的,行为人逃离现场和投案属于两个独立行为,分别认定为逃逸和自

[①] 参见许任刚、黄应生:《孙贤玉交通肇事案——交通肇事逃离现场后又投案自首的行为能否认定为"肇事逃逸"》,载最高人民法院刑事审判第一、二、三、四、五庭主办:《刑事审判参考》(总第 53 集),法律出版社 2007 年版,第 1—6 页。

首。对于"立即投案"和"事后投案"的判断,主要根据行为人逃离现场和投案的时间结构、投案路途远近,即行为人逃离后的路线等因素。本案中,被告人孙贤玉于下午 4 时许离开现场,在亲属的陪同下于第二天下午到公安机关投案自首,说明其当时离开现场的目的不是为了躲避被害人一方,而是为了逃避法律追究,后在亲友劝说下自首。综上所述,被告人孙贤玉的行为构成交通肇事罪,具有逃逸和自首情节。

【指导案例】马国旺交通肇事案①——致一人重伤交通肇事案件中逃逸行为的评价

2011 年 11 月 16 日 0 时 10 分,马国旺无证驾驶冀 J37438 解放牌重型卡车至北京市经济技术开发区同济北路可口可乐公司,并将车临时停放于该公司东门处。被害人刘大喜驾驶京 BU1880 铃木牌摩托车由北向南正常行驶,因马国旺的车辆尾部挤占道路,影响其他车辆通行,刘大喜撞上该车右后部,造成重伤。事故发生后,马国旺弃车逃逸,后于同月 18 日投案。经认定,马国旺负本次事故全部责任,刘大喜无责任。马国旺已赔偿刘大喜损 76600 元。

本案在审理中,一审法院认定马国旺构成交通肇事罪,判处拘役六个月。检察院以本案属"交通肇事逃逸"量刑不当为由提出抗诉,二审法院未支持抗诉,最终改判适用缓刑。本案中对马国旺肇事后逃逸行为的评价存在两种观点:一种观点认为,根据《交通肇事刑事案件解释》第 2 条的规定,被告人马国旺无证驾驶机动车,交通肇事致一人重伤,负事故全部责任,且具有逃逸情节,应当在三年以上七年以下有期徒刑范围内量刑;另一种观点认为,本案中"为逃避法律追究逃离事故现场"和"无驾驶资格驾驶机动车辆"并列作为交通肇事致人重伤构成犯罪的条件,是入罪要件,根据禁止对同一事实重复评价的原则,逃逸行为不再作为加重处罚情节,应当在三年以下有期徒刑、拘役范围内量刑。笔者同意第一种观点,理由在于:如上所述,《交通肇事刑事案件解释》第 2 条第 2 款第(六)项和第 3 条规定的"逃逸"分别是作为定罪情节的"逃逸"和作为量刑情节的"逃逸",区分的关键在于未考虑逃逸情节时行为人的行为是否构成交通肇事罪的基本犯。本案中,被告人马国旺存在多个违反交通运输管理法规的行为,如无证驾驶、违章停车、肇事后逃逸。交通事故发生的主要原因是马国旺违章停车,车辆尾部挤占道路通行,致使被害人刘大喜摩托车撞到马国旺车辆的右后部,造成刘大喜重伤,马国旺负本次事故全部责任,刘大喜无责任。根据《交通肇事刑事案件解释》第 2 条第 2 款的规定,马国旺的行为已构成交通肇事罪的基本犯,此时逃逸行为尚未评

---

① 参见温小洁:《马国旺交通肇事案——对致人重伤交通案件中的逃逸行为如何评价》,载最高人民法院刑事审判第一、二、三、四、五庭主办:《刑事审判参考》(总第 92 集),法律出版社 2014 年版,第 12—17 页。

价,因而应当将逃逸行为作为量刑情节,即适用《交通肇事刑事案件解释》第 3 条规定。故被告人马国旺的行为属于交通肇事后逃逸,应当在三年以上七年以下有期徒刑范围内量刑,结合本案中自首、积极赔偿、被害人谅解等从宽处罚情节,法院决定对被告人马国旺减轻处罚并适用缓刑的判决是适当的。

【指导案例】钟世振交通肇事案①——如何判断行为人是否明知发生了交通事故

2018 年 10 月 8 日 12 时 31 分许,被告人钟世振驾驶深圳市创建供应链有限公司的涉案重型自卸货车,在宝安区福海街道福洲大道由西往东行驶至松福大道路口右转弯时,车头右侧与同向行驶的由梁庚兴驾驶并搭载陈俊城的电动自行车车尾发生刮碰,致电动自行车倒地,后涉案重型自卸货车右侧车轮碾压梁庚兴、陈俊城,造成梁庚兴、陈俊城当场死亡。事故发生后,钟世振驾驶涉案重型自卸货车离开现场去清洗车辆。后交警通知其留在公司停车场等待调查,被告人在公司等待,抓捕时无拒捕行为,但表示事故不是其驾驶的车辆导致的。经鉴定,死者梁庚兴符合钝性物体(如车辆、地面等)作用(碾压)于头部、胸腹部致颅脑损伤、胸腹部脏器损伤死亡;死者陈俊城符合钝性物体(如车辆、地面等)作用(碾压)于头部致面颅崩裂死亡。经交警部门认定,钟世振应承担此事故的全部责任,梁庚兴、陈俊城不承担此事故的责任。

本案中被告人钟世振违反交通运输管理法规,因而发生重大事故致二人死亡,其行为构成交通肇事罪。对于被告人钟世振交通肇事后是否具有逃逸情节和自首情节的问题存在争议。第一,对于交通肇事后逃逸情节的认定,一种观点认为,被告人的车辆从二被告人身体上碾过,其作为司机不可能没有感知,且碾压被害人产生的血迹会遗留在车上,清洗车辆时必然会发现异常。另一种观点认为,根据在案证据显示,包括被告人驾驶车辆在内的三辆车经过案发地点时并无明显异常,事故发生的地点为司机盲点,清洗车辆是整个车队的做法,被告人的行为没有异常,故存在被告人未意识到发生了事故的可能性。笔者认为,从现有证据来看,不能认定被告人具有交通肇事后逃逸情节。理由包括:其一,被告人离开肇事现场后并无异常行为,其后正常履职,与车队共同清洗车辆,并将车辆驶回公司停车场;其二,结合案发地点和碰撞部位,碰撞发生在被告人驾驶车辆时的视觉盲区;其三,交通事故发生的路段有凹槽,过往车辆均有轻微颠簸,故不能排除被告人未意识到发生事故。第二,对于自首情节,一种观点认为,被告人的行为符合《自首和立功意见》中规定的"明知他人报案而在现场等待,抓捕时无拒捕行为,供认犯罪事实",可以认定为自动投案。另一种观点认为,被告人不知道发生事故而

---

① 参见钟华、李静:《交通肇事案中逃逸和自首的衔接》,载《人民司法》2019 年第 35 期。

离开现场,其被交警抓获时,仍表示不是其驾驶的车辆导致的,其不具备投案的主动性,不应认定为自动投案。笔者同意第二种意见,被告人在被抓获时不认为自己是肇事者,其留在公司等待交警的行为虽有接受调查的主动性,但没有自愿接受法律制裁的主观意愿,不具备投案的主动性,且并未提高案件的侦破效率,故不能认定被告人的自首情节。

【指导案例】何江林交通肇事、贺韩玲包庇案[①]——谎报案情致未能及时抢救被害人的是否可以认定为"交通运输肇事后逃逸"

2015年11月12日21时50分许,被告人何江林驾驶小客车搭载其单位员工被告人贺韩玲等人,沿上海市闵行区纪宏路由西向东行驶至联友路西侧约150米处时,适逢被害人范松远醉酒后沿纪宏路行走至此,小客车与范松远相撞,致其倒地受伤,后经医院抢救无效死亡。事故发生后,贺韩玲主动拨打"110"报警,但是何江林为逃避法律责任,向到场民警谎称所驾驶的车辆未与被害人发生碰撞;贺韩玲在明知何江林驾车撞倒被害人的情况下,仍对民警谎称车辆未与被害人相撞。最终导致紧随而来的"120"医务人员未能准确诊断被害人伤势并及时抢救,民警亦误判被害人仅为深度醉酒而昏睡路边,在记录何江林身份信息后将其放行。经上海市公安局闵行分局交通警察支队道路交通事故责任认定,何江林在雨天夜间驾驶机动车过程中,未注意观察路面情况将前方行人撞倒,负事故全部责任。

本案的争议焦点在于被告人何江林是否有逃逸情节,以及对于该情节的法律评价问题。第一,对于被告人何江林的行为是否构成逃逸存在不同意见。笔者认为,被告人何江林的行为满足"交通运输肇事后逃逸"的条件,属于"交通运输肇事后逃逸"。理由包括:一是被告人何江林违反交通运输管理法规,因而发生重大事故,致一人死亡,负事故全部责任,其行为已构成交通肇事罪的基本犯。二是被告人何江林虽未实施逃离现场的行为,最终亦是征得民警许可方才离开,但这是因贺韩玲的报警电话使何江林陷入了无法立即逃离现场的被动处境,其不具备逃离现场的条件,唯有向民警等人隐瞒实情才能创造逃离现场的"正当理由",其在谎报信息后最终也逃离了现场。三是被告人何江林为实现逃逸目的关键事实作了虚假陈述,且其无救助被害人的意愿与行动,甚至还妨害了他人对伤者的救助,被告人主观上具有逃避法律追究的心态,故应认定为逃逸。第二,被害人的死亡结果与被告人何江林的肇事行为是否存在因果关系。一般而言,在成立交通肇事罪的案件中,被送往医院救治的被害人,在重伤结果向死亡结果发展的过程中,视其受伤程度和救治及时程度,其伤情既可能停留在重伤,也可能演变为死

[①] 参见谢威:《交通肇事中逃逸的理解与认定》,载《人民司法(案例)》2017年第29期。

亡,对于伤害结果的认定一般以被害人接受救治后的稳定伤情为准,除非其中有异常因素介入,能够切断交通肇事行为和损害结果之间的因果关系,稳定后的伤情可以认定为行为人肇事行为的损害结果。本案中,事发时在雨天深夜,事故现场偏僻昏暗,被害人浑身酒气无明显外伤,被告人何江林欺瞒事故真相的行为足以使民警对被害人的身体状况产生错误认识,认为其只是深度醉酒。可见,被害人的死亡结果系因被告人何江林的肇事行为和谎报行为共同导致,且其中不存在异常介入因素,故被告人何江林的肇事行为与被害人的死亡结果间存在因果关系。第三,被告人何江林的行为是认定为"交通运输肇事后逃逸",还是认定为"因逃逸致人死亡",须考查逃逸行为与死亡后果之间是否具有因果关系。结合在案证据,鉴定意见书可证实被害人系交通事故致颅脑损伤死亡。因颅脑损伤的特殊性,颅脑重伤的行为人一般难以救治,即假设被告人何江林在事故发生后不逃逸且及时实施救助,被害人也不一定能被救活,故在无证据证明被害人的死亡结果与被告人的逃逸行为之间具有因果关系时,依据存疑时有利于被告人原则,宜不认定逃逸行为与死亡结果之间的因果关系。综上,本案被告人的行为属交通运输肇事后逃逸。

五、如何理解交通肇事罪的"因逃逸致人死亡"

(一)裁判规则

交通肇事罪的"因逃逸致人死亡"应包括几个要件:①行为人违反交通运输管理法规发生交通事故;②肇事者出于逃避法律追究的目的逃逸;③肇事者的逃逸行为与被害人的死亡结果之间具有刑法意义上的因果关系。对于有交警或者路人救助被害人的,如果救助及时,不能认定逃逸行为和被害人死亡结果之间的因果关系;如果救助不及时,被害人死亡的,应认定肇事人构成"因逃逸致人死亡"。

"因逃逸致人死亡"只能涵盖放任被害人得不到救助的间接故意,如果被害人受到二次碾压的可能较高,如行为人在高速公路上发生事故,放任被害人倒在危险路段,极易遭到二次碾压的,此种情况下,行为人对于被害人死亡结果的放任已经超过"因逃逸致人死亡"的范畴,应认定为故意杀人罪。

(二)规则适用

根据《交通肇事刑事案件解释》的规定,所谓交通运输肇事后逃逸,是指行为人明知自己的行为造成了重大交通事故,为逃避法律追究而逃跑的行为。所谓因逃逸致人死亡,是指行为人在交通肇事后为逃避法律追究而逃跑,致使被害人因得不到救助而死亡的情形。因此,不能简单地认为只要肇事者逃逸、受害人死亡就属于"因逃逸致人死亡"。只有证据证明受害人并非当场死亡,而是因救治不及时死亡,且救治不及时与肇事后的逃逸行为有直接因果关系的,才能构成"因逃逸致人死亡"。"因逃逸致人死亡"主要指行为人在交通肇事后应当而且能够对被害人进行救助而不予救助,为逃避法律追究而逃跑,致使被害人没有得到及时救助,从而导致被害人死亡的情况。

需要注意的是,"因逃逸致人死亡"的认定不以逃逸前的交通肇事行为构成犯罪为前提。其一,从现有规范的文义解释上,《交通肇事刑事案件解释》第3条和第5条分别规定,"交通运输肇事后逃逸"是指行为人具有《交通肇事刑事案件解释》第2条第1款规定和第2款第(一)项至第(五)项规定的情形之一,在发生交通事故后,为逃避法律追究而逃跑的行为;因"逃逸致人死亡"是指行为人在交通肇事后为逃避法律追究而逃跑,致使被害人因得不到救助而死亡的情形。从内容来看,认定"交通运输肇事后逃逸",交通肇事行为需符合交通肇事罪的入罪标准,而"因逃逸致人死亡"的认定中无此要求。其二,"逃逸致人死亡"属交通肇事罪的结果加重犯,结果加重犯的成立并不要求以符合基本犯罪构成要件为基础,如非法拘禁致人死亡的,不要求行为人的拘禁行为构成基本犯。[①] 其三,从实质解释的角度,"逃逸致人死亡"规制的是"被害人因得不到救助而死亡"的情形,减少被害人在道路上被后面行驶车辆二次碾压的风险。对于被害人受到二次碾压的,第一次碰撞对被害人造成的伤害往往难以认定,如果将交通肇事行为构成交通肇事罪作为认定"逃逸致人死亡"的条件,将难以认定第一次肇事行为是否达到交通肇事罪的入罪标准,进而无法认定行为人的逃逸行为。其四,从刑罚适当性来看,行为人肇事后逃逸的,对于被害人丧失意识或者受伤严重的情形,行为人可以预见到逃逸行为可能造成被害人死亡的结果,为了逃避法律追究而放任损害结果的发生,行为人对被害人死亡结果的发生可能存在间接故意。相较于故意杀人罪处死刑、无期徒刑或者十年以上有期徒刑,交通肇事后逃逸致人死亡的处七年以上有期徒刑的刑罚较轻,立法者在其中已经加入了对交通领域风险的考量。故对于行为人在交通肇事后将被害人遗留在道路上被后面行驶车辆二次碾压的,即便被害人在第一次碰撞后并未达到重伤程度或者事后无法查明第一次碰撞对被害人的伤害程度的,如果行为人逃逸行为与被害人死亡结果间存在因果关系(尚未构成故意杀人罪),认定此种行为构成"逃逸致人死亡"并适用七年以上有期徒刑的法定刑是适当的。

认定"因逃逸致人死亡"应包括以下几个要件:①行为人违反交通运输管理法规发生交通事故;②肇事者出于逃避法律追究的目的逃逸;③肇事者的逃逸行为与被害人的死亡结果之间具有刑法意义上的因果关系,即被害人如果得到及时救治,本来可以避免死亡的后果,但由于肇事者逃逸,被害人得不到及时的救助,导致死亡结果的发生。需要考查的关键是,及时的救助行为能否阻却死亡结果的发生。交通肇事致人死亡与交通肇事逃逸致人死亡的区分主要体现在以下几个方面:

---

① 参见殷一村、周永敏、毛曼谕:《邵大平交通肇事案——交通肇事撞伤他人后逃离现场,致被害人被后续车辆碾压致死的如何定性》,载最高人民法院刑事审判第一、二、三、四、五庭主办:《刑事审判参考》(总第105集),法律出版社2016年版,第15—24页。

第一,"因逃逸致人死亡"的认定以逃逸行为的存在为前提。交通肇事后的逃逸行为绝不是单纯客观地离开肇事现场的行为,它之所以成为法定加重事由,是因为逃逸行为直接影响对被害人的救助和公安机关的侦查。只有行为人的逃离行为属于逃逸的,才可能构成"因逃逸致人死亡",逃逸行为的认定是前提。

第二,在客观上,逃逸行为与死亡结果之间应当具有因果关系。《交通肇事刑事案件解释》明确规定,被害人的死亡是由于肇事者逃逸,使其得不到救助所致。由此,被害人的死亡与肇事者的逃逸存在刑法意义上的因果关系,即被害人若得到及时救治,本可以避免死亡的后果,而由于肇事者逃避自己的抢救义务致使被害人死亡结果的发生。因此,要考查事故对被害人造成的损害是否属于经抢救可以挽回生命的情形。如果从被害人的伤情看,即便及时送往医院也不能避免被害人死亡的,或者交通肇事行为发生时被害人当场死亡的,即使肇事者逃逸,仍然属于"交通运输肇事后逃逸",而不能认定为"因逃逸致人死亡"。

第三,根据《交通肇事刑事案件解释》的规定,其中的"救助"并没有特定的指向,包括肇事者的救助,也包括他人的救助。"因逃逸致人死亡"中的被害人在交通事故中死亡是由于被告人在交通运输肇事后为逃避法律追究而逃跑,使被害人受伤后得不到救治或延误救治时间而导致被害人死亡结果的发生。对于被告人逃逸后,有交警或者路人救助的情况,如果有效避免被害人死亡结果发生的,或者救助的时间不影响对于被害人的救治的,或者救助非常及时仍不能避免被害人死亡结果发生的,都不能认定行为人逃逸行为和被害人死亡结果之间具有因果关系。但如果被害人受到他人救治的时间与事故发生时间间隔较长,且这一段延误的救助时间与被害人死亡存在因果关系的,即便被害人受到他人救治,也应认定肇事人构成"因逃逸致人死亡"。

第四,对于逃逸行为和被害人死亡结果间存在其他介入因素的情况,应先考查实行行为导致损害结果的可能性大小、介入因素的异常性大小以及介入因素对于结果发生的影响力大小三个方面。如果介入因素完全独立于逃逸行为的,如行为人逃逸后,被害人清醒过来,自己走到河边失足落水致死的,被害人失足落水行为为介入因素,独立于行为人的逃逸行为,可以阻断逃逸行为和被害人死亡结果间的因果关系,不能认定为"因逃逸致人死亡",只属于"交通运输肇事后逃逸"。如果介入因素不独立,如被告人在发生事故后逃离现场,没有及时抢救被害人,放任其倒在路中间,导致被害人在第二次事故中被碾压致死的,对此情况的处理,存在争议。有观点认为此种情况仍属于"因逃逸致人死亡",理由在于逃逸行为本身就属于对自身先前肇事行为带来的作为义务的不作为,属于间接故意犯罪。另一种观点认为,此情况已经超过了"因逃逸致人死亡"的规制范围,应认定为间接故意的故意杀人罪,理由在于肇事后仍将被害人遗留在马路上,其之后存在很大的可能性会遭到后车的碾压,故应认定为故意杀人罪。

笔者认为,对于被害人受到二次碾压的情况,应根据被害人被遗留地点的路况和时间等因素进行综合判定。行为人肇事后逃逸致人死亡的,行为人的肇事行为使其负有救助被害人的义务,但行为人负有作为义务而不作为,能够救助而不救助,且如果行为人积极救助,不会发生被害人死亡的结果,行为人的逃逸行为与被害人的死亡结果之间存在直接的因果关系的,其逃逸行为构成不作为犯罪。实践中,因逃逸致人死亡具体包括两种情形:一是行为人在发生事故后,未下车查明被害人情况,或者下车查看但未预见到被害人伤势较重,不救助可能会发生死亡结果,为了逃避法律责任而逃逸的,行为人对于被害人的死亡结果主观上属于过失心态。二是行为人下车进行查看,发现被害人伤势较重,可以预见到不及时治疗可能会死亡,或者放任被害人倒在车速较快、车辆较多的公路上之后发生二次碾压致被害人死亡的,此种情况下行为人预见到其逃逸后可能会发生被害人因得不到救助而死亡的结果,而放任该结果的发生,本质上属于间接故意杀人。根据《交通肇事刑事案件解释》第5条的规定,所谓因逃逸致人死亡,是指行为人在交通肇事后为逃避法律追究而逃跑,致使被害人因得不到救助而死亡的情形。除行为人主观上须具备逃避法律追究目的外,"因逃逸致人死亡"只考查客观上被害人是否因未得到救助而死亡,即行为人的逃逸行为与损害结果间是否存在因果关系,而不看行为人对于被害人的死亡结果是持故意还是过失。所以即便行为人可以预见到不救助可能会造成被害人死亡,而放任该结果发生,客观上被害人确因未得到及时救助而死亡的,实质上属于间接故意杀人,但因刑法对此种情况作出了特别规定,应按照"因逃逸致人死亡"处理。但该条规定只能涵盖放任被害人得不到救助的间接故意,如果被害人受到二次碾压的可能性较高,如行为人在高速公路上发生事故,放任被害人倒在高速路上,自己驾车逃逸,被害人因二次碾压致死的,因高速公路上的车辆车速快,后车无反应时间和反应能力,将被害人留在马路上有极大可能被后车碾压,此种情况下,第二次碾压不足以切断肇事行为与被害人死亡结果之间的因果关系,且行为人对于被害人死亡结果的放任已经超过"因逃逸致人死亡"的范畴,应认定为故意杀人罪。

在证据认定上,因逃逸致人死亡是指根据被害人的受伤部位、程度、受伤的时间、地点等客观情况,有证据证实被害人本不至于死亡,被害人最后死亡系因肇事者逃逸使被害人受伤后未能得到及时救治而致。如果缺少相应证据,本着存疑有利于被告人原则,不能认定为具有"因逃逸致人死亡"情节。

【指导案例】钱竹平交通肇事案①——认为被害人无问题离开现场后被害人死亡的是否属于"因逃逸致人死亡"

2002年7月24日凌晨6时许,被告人钱竹平持证驾驶苏DL3308中型自卸货车,沿241线由溧阳市平桥镇梅岭石矿往溧阳水泥厂运石头,当车行至241线127

---

① 参见汪春鸣:《钱竹平交通肇事案——交通肇事逃逸致人死亡的司法认定》,载最高人民法院刑事审判第一庭、第二庭编:《刑事审判参考》(总第44集),法律出版社2006年版,第15—21页。

千米+310 米处,因遇情况采取措施不当而撞到前方公路上的一名行人(身份不明),致该人受伤。被告人钱竹平下车察看并将被害人扶至路边,经与其交谈后,被告人钱竹平认为被害人没有大的伤害,故驾车离开现场。后被告人钱竹平再次路过此处,看到被害人仍然坐在路边。当天下午,被害人因腹膜后出血引起失血性休克死亡(经了解,被害人若及时抢救可避免死亡)。经交警部门认定,被告人钱竹平负该起事故的全部责任。

本案中,被告人钱竹平驾驶中采取措施不当,撞到被害人,致其受伤并最终死亡,其行为构成交通肇事罪并无争议。争议在于被告人开车离开现场的行为是否属于逃逸致人死亡的情形。一审法院认为被告人钱竹平发生交通事故后没有按照规定保护现场、抢救伤者,反而驾车离开现场,没有履行法定义务,导致伤者因未得到及时救治而死亡,属于"因逃逸致人死亡"。二审法院认为,被告人钱竹平虽然没有履行法定义务,但其主观上没有为逃避法律追究而逃跑的故意,不属于交通肇事后的"逃逸"行为,进而不能认定为"因逃逸致人死亡"。

从本案的情节看,在案证据显示被告人钱竹平在事故发生后,下车察看,看到被害人仅背部擦伤问他"要紧否"时,被害人只是嘴内嘟囔,其将被害人搀起后,看到被害人还能行走。据此,其判断被害人的伤情可能不要紧,所以离开了现场。被告人钱竹平离开现场之后也并未逃跑,而是往返继续拖运石头。综合被告人的以下情节:其一,被告人钱竹平在交通肇事行为发生以后,主动停车,将被害人扶至路边并了解被害人伤情,其没有肇事后立即逃逸;其二,在与被害人交谈后,看到被告人能够回答问题,且能够行走,被告人钱竹平认为被害人伤情并无大碍,遂驾车离开现场,主观上无不救助被害人的故意;其三,被告人钱竹平在肇事后未逃跑而继续拖运石头路过此处,主观上无逃逸意图,可见,被告人钱竹平在看到被害人受伤后并没有逃避法律追究的故意,只是由于其主观认为被害人无大碍,存在认识错误才驾车离开现场,不具备逃避法律追究的意图。故被告人钱书平的行为不属于"交通运输肇事后逃逸",也不属于"因逃逸致人死亡"。

【指导案例】李中海故意杀人案[①]——**肇事后放任被害人躺在机动车道,致使被害人被后面行驶货车碾压的行为如何认定**

2005 年 10 月 16 日凌晨 3 时许,被告人李中海驾驶一辆车牌号为豫 PKC278 的二轮摩托车于上海市共康路附近营运载客时搭载了被害人章诚,后当李中海沿上海市江杨南路由北向南骑行至江杨南路桥北堍处时,因操作不当造成二轮摩托车车头撞击到路边隔离带,导致章诚从摩托车后座甩出后倒地。李中海下车查看

[①] 参见叶琦、蔡恩璇:《李中海故意杀人案——如何认定交通肇事逃逸案件中的间接故意杀人犯罪》,载最高人民法院刑事审判第一、二、三、四、五庭主办:《刑事审判参考》(总第 95 集),法律出版社 2014 年版,第 40—45 页。

后,发现章诚躺在机动车道内因受伤而无法动弹,为逃避自身责任,李中海不顾章诚可能被后续过往车辆碾压身亡的危险,在未采取任何保护措施的情况下,自行驾车逃逸。后章诚被一辆途经该处的大货车碾压,当场致死。案发后,经现场勘查、调查取证、技术鉴定,交警部门认定李中海对本起事故负全部责任。

本案在审理过程中,关于李中海的行为是应当认定为交通肇事罪中"逃逸致人死亡"还是间接故意杀人,存在不同意见。一种意见认为,李中海对损害结果持放任的意志状态,且被害人的死亡结果系其不履行先行肇事行为带来的救助义务所引发,因此,其行为构成不作为的间接故意杀人罪;另一种意见认为,李中海对损害结果持反对的意志状态,属于轻信可以避免的过失犯罪且其实施的先行肇事行为与被害人死亡这一损害结果之间不具有刑法上的因果关系,因此,属于交通肇事罪中"因逃逸致人死亡"的情形。笔者同意前一种意见,本案中,李中海在发生事故后,没有履行其肇事行为引起的事故后报警及抢救伤员的义务,能履行而不履行,因而导致被害人被碾压致死,该行为本身属于不作为犯罪。一般情况下,因法律对"因逃逸致人死亡"的特别规定,应将此种不作为犯罪按照交通肇事罪中"因逃逸致人死亡"的加重情节处理,但该条规定只能涵盖放任被害人得不到救助的间接故意。而本案中,李忠海肇事后逃逸,将被害人留置于有较多车辆来往的机动车道内,发生更为严重的伤亡后果的可能性极高,后车碾压的行为与行为人的肇事行为紧密相关,不具有独立性,不属于异常介入因素,因此并不能阻断逃逸行为和被害人死亡结果间的因果关系。主观上,李中海明知被害人因自己驾车肇事导致倒在交通干线的机动车道上无法动弹,且当时正处于凌晨时分,天色昏暗,被害人存在被后续车辆碾压致死的高度危险,而仍未采取任何救助措施或防范措施,选择了自行逃逸,属于放任被害人被后续车辆碾压致死的损害结果的发生,已经超过了"因逃逸致人死亡"所能涵盖的放任被害人得不到救助而死亡的主观罪过,应认定为间接的故意杀人罪。

【指导案例】杨双剑交通肇事案①——行为人逃逸后被害人得到救助仍死亡的是否属于"因逃逸致人死亡"

1999年9月6日12时许,被告人杨双剑驾驶其叔杨学祥所有的大货车在扬州市邗江区境内沿扬治线由东向西行驶。行至扬治线7.2千米处时,被告人杨双剑因超越同方向行驶的农用四轮车未遂而紧急刹车,致使其驾驶的大货车右侧滑转180度,与同方向靠路边骑自行车行驶的扬州市江阳区西湖镇蜀岗村村民高时美(女,1978年6月15日生)发生碰撞,致高时美受重伤。肇事后,被告人杨双剑

---

① 参见袁江华:《杨双剑交通肇事案》,载最高人民法院中国应用法学研究所编:《人民法院案例选(分类重排本)·刑事卷》,人民法院出版社2017年版,第791—793页。

乘中巴车离开现场,被害人高时美被群众送到医院后,因抢救无效而死亡。经检验,高时美系颅脑损伤致死。交通事故责任认定书认定被告人杨双剑负事故的全部责任。同年9月17日,被告人杨双剑在其叔杨学祥的陪同下到公安机关投案,杨学祥向公安机关作出担保,保证被告人杨双剑随传随到,因此,公安机关未对杨双剑采取强制措施。后被告人杨双剑去上海打工,在此期间,公安机关多次通过杨学祥通知被告人杨双剑到公安机关接受处理,被告人杨双剑虽得知公安机关传讯,但因害怕一直未归案,直到2002年7月17日被抓获。

本案被告人杨双剑在驾驶大货车的过程中,因超车未遂而紧急刹车,违反交通运输管理法规,致使车辆在驾驶中发生滑转,造成一人死亡的重大事故,构成交通肇事罪。对于被告人杨双剑在肇事后离开现场的行为是否属于交通肇事后逃逸致人死亡,有意见认为,杨双剑在交通肇事后逃逸,对被害人不实施抢救,致使被害人因抢救无效死亡,属于因逃逸致人死亡,应处以七年以上有期徒刑。本案被告人杨双剑的行为从形式上看具有"逃逸"和"被害人死亡"两个条件,的确符合因逃逸致人死亡的形式要件,但实质上,虽然被告人在事故发生后弃车逃逸,但本案被害人高时美的死亡原因系颅脑损伤,因颅脑损伤的特殊性,颅脑重伤的被害人一般难以救治,被害人的死亡结果可能不是因延误救治时间所致,而是因伤势过重难以抢救。即假设被告人杨双剑在事故发生后不逃逸,及时实施救助,也不一定可以避免被害人死亡结果的发生,依据存疑时有利于被告人原则,不宜认定被害人的死亡结果与被告人的逃逸行为之间具有因果关系。同时,事故发生后,被害人被群众送往医院,如果受伤者及时得到了抢救,并未延误救治时间,也可认定被告人逃逸行为与被害人死亡结果间不存在因果关系。综上所述,被告人杨双剑的行为只构成"交通运输肇事后逃逸",不属于"因逃逸致人死亡"。

对于被告人是否存在自首情节的问题,杨双剑的律师认为杨双剑在未受到讯问、未被采取强制措施前,在其叔杨学祥的陪同下到公安机关投案,并如实供述了犯罪事实,符合自首的"自动投案"和"如实供述"两个条件,而对于被告人杨双剑之后在接到公安机关传讯后未归案的行为不能否定之前的自首情节。对此,笔者认为,被告人杨双剑的辩护人的上述辩护理由是不成立的。根据《自首和立功解释》第1条的规定,犯罪嫌疑人自动投案后又逃跑的,不能认定为自首。行为人自首后,自首意志发生转变,脱离公安机关监管,应当归案而不归的,不应再认定为自首。本案被告人杨双剑虽然于事故后在其叔陪同下主动到公安机关投案,并如实供述,其先前的行为的确符合自首条件,但其在案件尚未处理完结,公安机关未对其采取强制措施的情况下,私自去外地打工,明知被公安机关传讯仍不归案接受处理,表明其将自己置于公安机关控制下的意志发生变化,已经脱离公安机关的监管,不宜再认定为自首。

【指导案例】魏义成交通肇事案①——因行为人逃逸致被害人被后续车辆碾压,以目前医疗条件无法对被害人具体死亡时间进行判断的如何处理

2009年8月7日5时10分左右,被告人魏义成驾驶灯光系不符合安全行车要求的重型牵引车,由东往西行驶至国道324线248千米+800米路段时,在道路北侧快车道上,与从路北往路南骑自行车横穿的被害人吴勇发生碰撞,吴勇被撞后摔倒在道路北侧快车道上,肇事后魏义成驾车逃逸。5时12分,吴勇被何建雄驾驶中型货车从西往东行驶至该处时碾压。该交通事故造成被害人吴勇当场死亡、重型牵引车和自行车损坏的严重后果。何建雄在发生事故后于5时13分报警并在现场等候交警处理。6时15分,魏义成驾驶重型牵引车返回现场,向现场处警的民警谎报说其有看到中型货车撞到自行车的过程。法医出具证明,按照当前技术条件,无法对被害人具体死亡时间作出准确推断。

本案被告人魏义成驾驶灯光系不符合安全行车要求、存在安全隐患的重型牵引车,违反交通运输管理法规,撞到被害人吴勇,发生重大事故,被告人魏义成的交通肇事行为已构成交通肇事罪的基本犯。被告人在肇事后未履行法定义务,未报警抢救被害人,驾车逃离现场。魏义成在返回现场之后,谎称看到他人撞到被害人,可见其主观上具有逃避法律追究的意图,其行为属于交通肇事后逃逸。

本案在认定中存在的主要问题是,被害人吴勇被撞倒后,受到二次碾压死亡,被害人的死亡结果与本案被告人魏义成的肇事逃逸行为间是否存在因果关系,即被告人是否具有"因逃逸致人死亡"情节。"因逃逸致人死亡"须满足行为人的逃逸行为与被害人的死亡结果间存在因果关系,即交通肇事后被害人并未立即死亡,而是由于被告人的逃逸行为,使得被害人未得到及时救助才导致死亡结果的发生。本案中,根据公安机关负责尸检法医的证明,其表示按照当前的技术条件,无法对被害人具体死亡时间作出准确的推断。无法确定被害人死亡时间表明无法确定被害人吴勇的死亡结果是因第一次被告人魏义成的肇事行为所致,还是因第二次何健雄的肇事行为所致。如果因第一次肇事致死,被害人的死亡结果与之后的逃逸行为无关,被告人魏义成构成交通肇事罪;如果因第二次肇事致死,被害人的死亡结果与逃逸行为存在因果关系,虽然介入了第二次碾压行为,但因被告人将被害人遗留在国道上,可以预见发生二次碾压的可能性较高,该介入因素不足以切断逃逸行为和死亡结果之间的因果关系。根据存疑时有利于被告人原则,不能认定本案被告人魏义成的肇事逃逸行为与被害人吴勇死亡结果之间存在因果关系,只能认定被告人魏义成的行为属于交通肇事后逃逸,不能认定为"因逃逸致人死亡"。

---

① 参见蔡景贤:《魏义成交通肇事案》,载最高人民法院中国应用法学研究所编:《人民法院案例选(分类重排本)·刑事卷》,人民法院出版社2017年版,第823—826页。

同时，即便在检验中能够确定被害人吴勇的死亡结果系因第二次何健雄的肇事行为导致的，也不能认定被告人魏义成具有"因逃逸致人死亡"情节，理由在于：在被害人吴勇第一次被撞倒后没有死亡，而因第二次何健雄驾车碾压死亡的情况下，因何健雄的二次碾压行为系因被告人魏义成第一次肇事后逃逸所致，被告人魏义成在肇事后，放任被害人吴勇倒在快车道上，案发时在凌晨5时左右，天色较为昏暗，快车道上行驶的车辆较快，被害人极易受到二次碾压，故本案中何健雄的二次碾压行为不具有独立性，与被告人魏义成的肇事行为关联性极大，不属于异常介入因素，不能中断被告人魏义成的肇事行为与被害人死亡结果之间的因果关系。如上所述，"因逃逸致人死亡"规制的是在交通肇事后逃离现场，使被害人无法得到救助而死亡的情形，此种情况实质上属于间接故意杀人，只是因刑法对此种情况作出了特别规定，按照"因逃逸致人死亡"处理。但其只能涵盖放任被害人得不到救助而死亡的间接故意。本案中被告人魏义成明知不救助倒在快车道上的被害人，其极易受到二次碾压，而放任被害人被碾压的结果发生，其主观罪过已经超过了"因逃逸致人死亡"所涵盖的单纯不救助被害人的间接故意，故即便认定被害人吴勇的死亡结果与被告人魏义成的逃逸行为存在因果关系，也不应认定为交通肇事致人死亡，而应直接认定为故意杀人罪。

六、如何区分交通肇事罪与利用交通工具实施的故意杀人罪

（一）裁判规则

对于单一违章驾驶致人伤亡的行为，是认定为交通肇事罪还是故意伤害罪或故意杀人罪的问题，主要看行为人对于被害人重伤或死亡的主观心态是故意还是过失。对于存在二次侵害的肇事行为，交通肇事罪是否转化为故意伤害罪或者故意杀人罪的问题，包括三种情况：第一种是行为人肇事后逃逸，将被害人遗留在马路上，后其他车辆对被害人进行二次侵害的；第二种是行为人将被害人撞倒后，为逃离现场而驾车冲撞、碾压、拖拽被害人，致被害人死亡的；第三种是在发生事故后，行为人将被害人带离事故现场后隐藏或者遗弃的。前述情况均应结合具体案情分别认定。

根据《死刑案件证据规定》和《刑事诉讼法解释》的相关规定，在没有直接证据证明行为人将被害人带离事故现场并致使被害人因无法得到救助而死亡的事实时，如果间接证据经查证属实，能够相互印证，并形成完整的证明体系，足以排除合理怀疑的，可以根据间接证据认定。

（二）规则适用

司法实践中，因违章驾驶致人伤亡的行为一般认定为交通肇事罪，但因交通事故实际情况的复杂性，某些违章驾驶的行为人对于被害人伤亡结果的主观心态超过了过失，可能构成故意杀人罪或故意伤害罪。同时，在事故发生后，如果肇事人通过遗弃、继续驾驶等方式对被害人造成进一步侵害，从而导致被害人重伤或

者死亡的,交通肇事罪可能转化为故意杀人罪或故意伤害罪。

对于单一违章驾驶行为,是认定为交通肇事罪还是故意伤害罪或故意杀人罪,主要看行为人对于被害人重伤或死亡的主观心态是故意还是过失。如果行为人对于被害人死亡或者重伤的结果持希望或放任态度的,可以认定为故意伤害罪或故意杀人罪;如果行为人对此持反对、否定态度的,可以认定为交通肇事罪。同时,如果行为人的违章驾驶行为严重危害公共安全,且其主观上对于危害公共安全的结果持故意的,应认定为以危险方法危害公共安全罪。在判断时主要考虑行为人的意识状况、撞击行为的针对性、车辆行驶速度、事故发生时附近车辆及行人情况、行为人与被害人的关系等因素。

对于存在二次侵害的肇事行为,交通肇事罪是否转化为故意伤害罪或者故意杀人罪包括三种情况:

第一种情况是行为人肇事后逃逸,将被害人遗留在马路上,后其他车辆对被害人进行二次伤害的。如果该路段车辆较多或车速过快,极易发生二次碾压的,应认定为故意杀人罪,认定理由上文已经讨论过,此处不再赘述。

第二种情况是行为人将被害人撞倒后,为逃离现场而驾车冲撞、碾压、拖拽被害人,致被害人死亡的。因其行为具有连续性,两次行为相隔时间一般较短,有时无法准确判断行为人对于自己行为及被害人情况的认识,加之此种情况下行为人一般系酒后驾驶,其辨认能力和控制能力在不同程度上受到酒精的影响,其是否能够认识到交通事故以及其继续驾车时冲撞、碾压、拖拽了被害人,在实践中认定比较困难。对于此种情形,需要结合发生事故的具体情形、行为人的醉酒程度、现场的环境等因素以及行为人的反应行为等综合分析行为人的意识能力和主观心态。如果行为人醉酒程度较高以致丧失控制能力,发生事故后因无法控制车辆而对被害人进行二次冲撞、碾压、拖拽的,应将行为人的驾驶行为视为一个整体,行为人主观上对此结果也属于过失,应认定为交通肇事罪。如行为人在发生事故后下车查看,能够认识到其继续驾车逃离将会碾压到被害人,而放任该结果发生的,行为人对于被害人的伤亡结果持间接故意,应认定为故意伤害罪或故意杀人罪。

第三种情况是在发生事故后,行为人将被害人带离事故现场后隐藏或者遗弃的。《交通肇事刑事案件解释》第 6 条规定:"行为人在交通肇事后为逃避法律追究,将被害人带离事故现场后隐藏或者遗弃,致使被害人无法得到救助而死亡或者严重残疾的,应当分别依照刑法第二百三十二条、第二百三十四条的规定,以故意杀人罪或者故意伤害罪定罪处罚。"根据该条规定,犯交通肇事罪后隐藏或遗弃被害人转化为故意伤害罪或故意杀人罪的,包括以下几个要件:一是客观上,行为人实施了在交通肇事后将被害人带离事故现场隐藏或者遗弃的行为。"隐藏"是指将被害人置于隐蔽的、秘密的地点、场所或者进行伪装,使一般人在正常情况下难以发现或者根本不能发现,"遗弃"是指将被害人转移到其他非隐蔽、非秘密的场所抛弃。二是主观上，行为人实施上述行为是为了达到逃避法律追究的目的。三是行为人的隐藏或遗弃行为与被害人的伤亡结果之间存在因果关系。认定二者之间的因果关系须满足以下条件：①被害人在被遗弃时尚未死亡或重伤；②被害人的死亡或重伤结果在能够得到及时有效的救治的情况下是可以避免的；③被害人的死亡或重伤系因行为人的遗弃行为而无法得到救助所致。

在此类案件的证据运用上，《死刑案件证据规定》和《刑事诉讼法解释》均规定了在没有直接证据证明犯罪行为是被告人实施时认定被告人有罪需满足的条件。① 根据规定，在没有直接证据证明行为人将被害人带离事故现场并致使被害人因无法得到救助而死亡的事实时，可以综合各间接证据，包括实施了交通肇事犯罪的证据、行为人将被害人带离事故现场的证据、现场勘察情况及尸体检验结论等，如果这些间接证据经查证属实，能够相互印证，不存在无法排除的矛盾和无法解释的疑问，并形成完整的证明体系，根据证据认定案件事实足以排除合理怀疑，得出的结论具有唯一性，且运用证据进行的推理符合逻辑和经验，同时满足上述条件的，可以根据间接证据认定被告人有罪。但根据间接证据认定的，应当特别慎重，尤其是对于行为人可能被判处死刑的案件。

【指导案例】杨政锋故意杀人案②——驾车故意挤占车道致使追赶车辆车毁人亡的行为如何定性

1997年6月30日中午12时许，被告人杨政锋驾驶"151"型解放牌货车在从礼泉县城返回的途中，绕县城西环路行驶。当行驶至北环路十字路口时，礼泉县交通局路政大队执勤人员示意停车，杨政锋驾车强行冲过。后执勤人员陈浩明、刘惊雷、刘劲松、邹兵建遂乘一辆三轮摩托车追赶。被告人杨政锋为阻止摩托车超越自己驾驶的货车，沿路曲线行驶，当摩托车行至大货车左侧时，杨政锋左打方向盘，占道逼车，将摩托车逼入路边的阴沟后继续逃跑。此时，礼泉县交警大队干警韩瑞勇驾驶一辆北方牌小汽车路过，即停车询问。刘惊雷、刘劲松二人向韩瑞勇说明情况后，上了韩瑞勇驾驶的小汽车继续追赶。在礼泉县赵镇索村路段追上杨政锋开的大货车后，韩瑞勇连续鸣笛，打左转向灯，示意超车。当韩瑞勇驾车处于大货车左侧时，被告人杨政锋仍左打方向盘占道逼车，阻止追赶，将韩瑞勇驾驶的北方牌小汽车逼向路边与树木相撞，韩瑞勇当场死亡，刘惊雷、刘劲松受轻

---

① 例如，《死刑案件证据规定》第33条规定："没有直接证据证明犯罪行为系被告人实施，但同时符合下列条件的可以认定被告人有罪：（一）据以定案的间接证据已经查证属实；（二）据以定案的间接证据之间相互印证，不存在无法排除的矛盾和无法解释的疑问；（三）据以定案的间接证据已经形成完整的证明体系；（四）依据间接证据认定的案件事实，结论是唯一的，足以排除一切合理怀疑；（五）运用间接证据进行的推理符合逻辑和经验判断。根据间接证据定案的，判处死刑应当特别慎重。"

② 参见沈德咏主编：《最高人民法院公报案例汇编（1985—2015年·刑事卷）》，人民法院出版社2016年版，第42—44页。

伤,北方牌小汽车严重损坏,损失价值人民币 29445 元。

本案中,法院在审理过程中对于被告人杨政锋的行为如何认定,存在三种意见:第一种意见认为,被告人杨政锋挤占车道的主要目的在于阻挡追赶车辆,客观上造成了交通工具的毁损,因此构成破坏交通工具罪;第二种意见认为,被告人杨政锋为逃避执勤人员追赶,违规驾驶车辆,在道路上曲线行驶,占逼车道,致使一人死亡、二人受轻伤,其行为构成交通肇事罪;第三种意见认为,被告人杨政锋对于被害人韩瑞勇的死亡结果实际上是持一种放任态度,客观上已发生被害人韩瑞勇死亡的结果,因此被告人杨政锋的行为构成故意杀人罪。

笔者认为,本案被告人杨政锋应认定为故意杀人罪,理由如下:第一,被告人杨政锋在驾驶货车过程中所实施的在道路上曲线行驶、占逼车道,属于违规驾车行为,而其违规驾车是为了阻挡追赶的车辆超车,以逃避交管部门检查,行为针对的是执勤人员追赶的汽车。判决中未提及附近有其他车辆行驶,故被告人虽然实施了违规驾车行为,造成了一人死亡、二人受伤的严重事故,形式上符合交通肇事罪的构成要件。但因其行为针对特定的执勤人员,违规驾驶时行驶道路上无其他车辆,故行为人可以预见和控制其行为造成的损害结果,侵害的客体为特定人的安全,不属于危害公共安全类犯罪,故不应认定为交通肇事罪,也不应认定为破坏交通工具罪。第二,从被告人杨政锋的主观心态看,虽然其违规驾车是为了阻挡追赶的车辆超车,以逃避交管部门检查,不具有追求执勤人员死亡的直接故意。但被告人杨政锋多次实施占道逼车行为,尤其是当被害人韩瑞勇驾驶的小汽车处于杨政锋驾驶的货车左侧时,被告人杨政锋作为经过培训取得驾驶执照的正式司机,应当知道在驾车高速曲线行驶的情况下占道逼车可能发生车辆倾覆、人员伤亡的严重后果,仍然左打方向盘,挤占小汽车车道,放任损害结果的发生,最终将韩瑞勇驾驶的小汽车逼向路边与树木相撞,造成韩瑞勇当场死亡、另两位执勤人员轻伤的损害结果。综上所述,被告人杨政锋为了阻止执勤人员追赶、逃避执勤人员检查,从而达到逃避法律追究的目的,明知其占道逼车行为可能致使人员伤亡,而放任损害结果的发生,其主观上对与被害人韩瑞勇的死亡结果属间接故意;其违章驾驶、占逼车道的行为乃是针对特定人所实施的侵害行为,客观上符合故意杀人罪的特征,故对被告人杨政锋应以故意杀人罪定罪处刑。

【指导案例】陆华故意杀人案①——醉酒驾车后拖拽被害人致其死亡的案件中如何区分交通肇事罪与故意杀人罪

2010 年 4 月 17 日 20 时 40 分许,被告人陆华酒后驾驶车牌号为苏 F36X68 的

---

① 参见杨华:《陆华故意杀人案——在醉酒驾驶致人死亡的案件中如何区分交通肇事与(间接)故意杀人罪》,载最高人民法院刑事审判第一、二、三、四、五庭主办:《刑事审判参考》(总第 94 集),法律出版社 2014 年版,第 85—89 页。

别克汽车,由南向北行驶至南通市如东县掘港镇人民路南闸桥北尾时,撞击到同向骑自行车的被害人申某,致申某跌坐于汽车前方。陆华停车后,因害怕酒后驾车被查处,不顾多名路人的呼叫和制止,又启动汽车前行,将跌坐于车前的申某及其所骑自行车拖拽于汽车车身之下。陆华在明显感觉到车下有阻力并伴有金属摩擦声,意识到车下可能有人的情况下仍未停车,将申某及其自行车拖行 150 余米,直至汽车右轮冲上路边隔离带时,才将申某及自行车甩离车体。后陆华继续驾车逃离现场。被害人申某因严重颅脑损伤合并创伤性休克,经抢救无效于次日死亡。经鉴定,陆华血液酒精含量为 163 毫克/100 毫升,属醉酒状态。现场多名目击证人证实,陆华驾车冲撞同向骑自行车的被害人后,被害人因戴着头盔,受伤不严重,倒地后便坐了起来。陆华停驶片刻突然发车,向被害人撞去,将被害人及其所骑自行车拖拽在汽车下拖行了 150 余米,直至汽车右轮冲向路边隔离带,才将被害人甩离车体,后陆华驾车逃离现场。

对本案的定性,存在两种不同意见:一种意见认为,陆华酒后驾车,认知能力受到酒精影响,发生交通事故后并不知道被害人被拖拽于车下,其对被害人的死亡结果具有过失,应认定为交通肇事罪。另一种意见认为,根据现场情形,陆华虽系酒后驾车,但能够认识到被害人被拖拽于车下,继续驾驶可能导致被害人死亡的后果,而其为逃避法律责任而放任后果的发生,具有间接故意的主观罪过,构成故意杀人罪。本案中,被告人陆华酒后驾车,在撞击到被害人申某发生交通事故后,踩刹车停止驾驶,此时交通肇事这一行为已经完成,如果陆华就此停止驾驶,即便此时对被害人造成重伤以上的后果,其行为仅构成交通肇事罪。而之后陆华为逃避法律责任,又启动汽车向前行驶,致使被害人申某被拖拽 150 余米,该后行为独立于前行为,直接导致被害人死亡。对于拖拽行为,一方面,被告人陆华冲撞被害人时,采取了紧急刹车措施,其在后来的供述中说自己撞了人,想要逃离而驾车逃逸,说明其已经意识到发生了交通事故,故虽然陆华驾车时处于醉酒状态,但从其行为来看,其辨认能力和控制能力并未受到严重影响。另一方面,根据陆华的供述,在撞到申某车辆后再次起步时,听到有人在叫说撞人了,其加大油门往前开时,感觉到汽车遇有明显阻力,并听到怪声,像物体贴在地上拖行的声音,且现场多名证人证实有群众大喊"停车""车底下有人",这都说明被告人陆华可以认识到被拖拽于汽车底下的可能是被害人及其自行车,该行为会对被害人造成进一步的侵害,即可能会造成被害人死亡,但其为了尽快逃离现场而放任该结果的发生。综上,被告人陆华在事故后的拖拽行为构成故意杀人罪,可以吸收之前的交通肇事行为。

【指导案例】李某勇交通肇事案[①]——行为人对被害人死亡结果的主观意志发生转化的情形如何认定

2009年11月5日4时许,被害人李某勇驾驶灯光系统不合格的北京市某出租汽车有限公司的捷达牌出租车,行驶至北京市东城区安德路洞口27路公交车总站前时,将醉酒后卧倒在机动车道内的被害人王某全卷入车底拖带,致其双侧多发肋骨骨折,断端刺入心脏,造成心脏破裂致大出血死亡。后被告人李某勇驾车逃逸。经北京市公安局公安交通管理局支队认定:李某勇负本次事故主要责任;被害人王某全负次要责任。

对被害人李某勇认定为交通肇事罪还是故意杀人罪存在争议。本案侦查机关认为,被告人李某勇在事故发生后,明知被害人被卷入车底的情形下,仍然驾车逃逸,其主观上具有放任被告人死亡的犯罪故意;客观上,被告人的行为导致了被害人的死亡,二者之间具有因果关系,故被告人李某勇的行为构成故意杀人罪。检法机关认为,虽然被害人的死亡与被告人的行为之间具有因果关系,但现有证据不足以证明被害人的死亡是在被告人的故意意志支配下产生的,故应认定为交通肇事罪。

笔者认为,本案应认定为交通肇事罪,理由如下:其一,在案监控录像显示,被害人在被撞前,跪卧在地上,仍有生命体征,结合被害人死亡原因分析意见书及现场遗留的痕迹等证据,可以排除被害人因酒精中毒死亡的可能,被告人肇事行为与被害人死亡结果间存在因果关系。其二,在被告人将醉酒后卧倒在机动车道内的被害人王某全卷入车底拖带的过程中,被告人的主观意志发生了转化,可以分为两个阶段:第一阶段,被告人驾车撞到卧倒在机动车道内的被害人,因行为人卧倒在机动车道内这一因素一般难以预见,结合被害人驾驶车辆的灯光系统不合格,被害人在驾驶过程中,未发现卧倒的被害人或者在发现后未来得及采取制动措施,发生交通事故,这一过程中,被告人对交通事故的后果属过失心态。第二阶段,在案证据显示,被告人撞到被害人后,明知车下拖带被害人仍向有减速带的小区门口行驶,希望通过减速带脱离被害人,在被害人被甩下车后,又立即掉头原路返回查看被害人的情况,进一步印证了被告人明知被害人被拖带在车底,仍驾驶车辆通过减速带以脱离被害人。这个过程中,被告人明知其驾驶行为会对被告人产生危害,为了达到脱离被害人的目的,放任损害结果的发生,其对被害人伤亡的结果属间接故意。其三,现有证据不能证明被害人的死亡结果发生于何时,即发生在行为人主观意志转化过程的哪个阶段。根据法医证言可以证实,本案现有证据无法判断肋骨断裂并刺破心脏的结果系由压缩、剪切、扭转中

[①] 参见邓思清主编:《刑事案例诉辩审评——交通肇事罪、危险驾驶罪》,中国检察出版社2014年版,第187—193页。

的单一外力还是上述三种综合外力所共同导致,故无法判断被害人是在被肇事车拖带的某一瞬间(是否在拖带一开始时)导致死亡,还是在被拖带一段时间后死亡。同时,结合在拖带痕迹起点处有被害人脱落的一枚牙齿,可以证实被害人在最初被车撞到和拖带时,就已经受到了较为严重的伤害。故现有证据不能证明被害人死亡的结果发生在第一阶段还是第二阶段,根据存疑时有利于被告人原则,应按照被害人死亡结果发生于被告人主观为过失的第一阶段处理,故应认定为交通肇事罪。

本案与上文陆华故意杀人案的过程较为相似,不同之处在于陆华故意杀人案中有证据证明被害人在第一次被车辆撞击后未死亡,可以证实被害人死亡结果系被告人第二次的拖拽行为所致,此时被告人对被害人伤亡结果的心态已经发生转变,故对陆华认定为故意杀人罪,而对本案中被告人李某勇认定为交通肇事罪。

【指导案例】陈孙铭交通肇事案[①]**——为逃避检查驾车冲关致人死亡的行为人主观心态如何判断**

1994年7月19日晚8时许,被告人陈孙铭与其他五人在泉州市南方歌舞厅喝酒,陈孙铭喝了数罐"蓝带啤酒"。次日凌晨2时许,陈孙铭以80千米/时以上的车速驾驶一辆无牌证的铃木摩托车返回晋江市,途经泉州市顺济桥收费站。当晚有数名武警战士和收费站工作人员正在顺济桥收费站检查走私车辆。陈孙铭由北向南驶近收费站时,发现顺行站口有人查车,因害怕所骑的无牌证摩托车被查扣,欲从当时无人无车的东边车道上逆行并强行通过。摩托车行驶到距离收费站北端还有45米时,收费站工作人员发现陈孙铭要冲关,即高声呼喊并示意其停车。陈孙铭没有停车,仍以80千米/时以上的速度逆行东边车道冲过北端检票亭。当摩托车行驶到距南端检票亭还有约20米时,站在西边车道南端顺行出口处外侧检票亭附近的武警战士游某某等人听到喊声,从该处向东边车道跑去,准备拦截闯关的陈孙铭。游某某向东跑出大约10余米,即在收费站南端检票亭外约2米、东边车道顺行入口处的中间与逆行高速驶来的摩托车相撞。陈孙铭与摩托车一起滑出30多米,并当场昏迷。游某某被摩托车撞击后又被向南拖了10余米,撞在路边的防护栏上后又被弹回路中间。游某某被送往医院抢救无效,于凌晨3时许死亡。经法医鉴定,游某某系被钝物碰撞致全身多处软组织损伤,颅底骨折出血,左腿大腿骨、左胫腓骨粉碎性骨折,引起休克死亡。

在审理过程中,对于被告人陈孙铭行为的认定存在以驾车的危险方法致人伤亡罪(1979年《刑法》中该罪以具体行为方式作为罪名,后已被修改为以危险方法

---

① 参见沈德咏主编:《最高人民法院公报案例汇编(1985—2015年·刑事卷)》,人民法院出版社2016年版,第42—44页。

危害公共安全罪)、交通肇事罪和故意杀人罪三种不同观点。本案一审法院认定被告人陈孙铭犯以驾车的危险方法致人伤亡罪,二审法院改判为交通肇事罪,后检察院以被告人陈孙铭构成故意杀人罪提出抗诉,法院经审理认为抗诉理由不能成立,认定被告人陈孙铭的行为构成交通肇事罪。持故意杀人罪的理由在于,被告人陈孙铭明知收费站有执勤人员检查,为逃避检查,拐往逆行车道,加大车速强行冲关,明知自己的行为可能会造成被害人死亡的后果,却采取了放任的态度,致使被害人死亡结果的发生。持以驾车的危险方法致人伤亡罪的理由在于:被告人陈孙铭在道路上逆向驾驶,其行为已经危害公共安全,且其行为时可以预见到可能造成危害公共安全的后果,为了逃避检查而放任该结果的发生。持交通肇事罪的理由在于:被告人陈孙铭的行为危害公共安全,主观上属于预见到行为可能发生危害公共安全的后果,但轻信可以避免,属过于自信的过失。

本案被告人陈孙铭行为的主要目的是逃避检查,故其主观上无追求游某某死亡的直接故意,问题的关键在于,被告人陈孙铭对于高速驾驶摩托车冲关时将游某某撞死的严重后果,在主观上是持放任的心态,还是持应当预见但没有预见或轻信能够避免的过失心态。本案中,被告人陈孙铭先实施逆向驾驶的冲关行为,而后游某某听到喊声从 10 余米外跑向被撞地点,故游某某的行为是陈孙铭无法预见到的,且陈孙铭逆向驾驶时注意力在前方道路上,难以注意到游某某的行为。据本案终审判决中所载,经向公安交通管理部门咨询及现场测量、计算得知:驾驶员从发现需要停车的情况后,到制动停车,一般约需时间 2 秒钟,正常人从发现目标到采取制动措施需 1.25 秒,如果喝过酒,反应能力会相对迟钝。而本案中从收费站人员喊停车到游某某被撞大概间隔 1.5 秒,在此情况下,即使陈孙铭发现游某某后就采取制动措施,相撞也不可避免。客观上,被告人陈孙铭酒后驾驶无牌证摩托车,其驾驶行为已经违反交通运输管理法规,而后为了逃避检查,驾驶摩托车强行冲关,高速驾驶摩托车逆行冲过检票亭,其行为具有高度危险性,且收费站附近车辆人员众多,其行为已经严重危害到不特定人员的安全。综上所述,被告人陈孙铭为了逃避检查和扣车,逆向驾车,强行冲关,实施了危害公共安全的行为,陈孙铭主观上虽然可以预见到其行为可能会危害公共安全,但轻信自己可以避免并逃脱,未能预见游某某的拦截行为,在发现时已无法避免结果发生,故其对于游某某的死亡结果和危害公共安全的结果主观属过失,应认定为交通肇事罪。

【指导案例】倪庆国交通肇事案①——无证据证明交通事故被害人是否因被遗弃致死的如何处理

2002 年 6 月 25 日下午 2 时 30 分许,被告人倪庆国酒后驾驶苏 GN4115

---

① 参见汪勤云、王永仑:《倪庆国交通肇事案——如何准确把握"交通肇事后将被害人带离事故现场后遗弃,致使被害人无法得到救助而死亡"的情形》,载最高人民法院刑事审判第一庭、第二庭编:《刑事审判参考》(总第 30 辑),法律出版社 2003 年版,第 5—10 页。

三轮摩托车在灌南境内由张店镇向县城新安镇行驶,当行至武障河闸南侧时,因避让车辆采取措施不当,致其所驾摩托车偏离正常行车路线,又因该三轮车制动系统不合格,未能及时刹住车,将人行道上正在行走的被害人严学桂撞倒。事故发生后,倪庆国当即将严学桂抱到附近大圈乡龙沟村个体卫生室请求救治。接治医务人员问被害人是哪里人,严学桂回答是本县白皂乡人,语气艰难,之后即不能讲话。经听诊,医务人员发现严学桂肺部有水泡声,怀疑其伴有内脏出血,认为卫生室不具备抢救条件,即催促倪庆国将严学桂速送灌南县人民医院急救。倪庆国遂将严学桂抱上肇事三轮摩托车,向县城新安镇继续行驶。在到达新安镇后,倪庆国因害怕承担法律责任,将严学桂抛弃在新安镇肖大桥河滩上(距苏306公路线约200米)。当日下午4时许,严学桂被群众发现时已死亡。经法医鉴定,严学桂因外伤性脾破裂失血性休克并左肱骨骨折疼痛性休克死亡。倪庆国供述:其在送被害人去县人民医院抢救途中,曾三次停车呼喊被害人而被害人均无应答,故认为被害人已经死亡、没有救治必要才产生抛"尸"想法的。抛"尸"当时,倪庆国还在现场观察了一会儿,仍没有看到被害人有任何动作,更加确信被害人已经死亡,最后才离开现场。医学专业人员证实:脾破裂如果脾脏前面损伤程度较深,累及脾门,并大血管损伤或者伤者有心脏疾病,则伤者可能在短时间内死亡,但没有严格的时间界限。如果损伤程度较浅未累及脾门及脾门血管,则较短时间(1小时)内死亡的可能性较小。经现场测试,以肇事车辆的时速从事故地行驶至县人民医院约需10分钟。事故处理部门认定,倪庆国酒后驾驶制动系统不合格的机动车辆在反向人行道上撞伤行人,应负事故的全部责任。本案现有证据仅表明被害人严学桂被撞外伤性脾破裂、左肱骨骨折,但已无法查明被害人严学桂脾破裂是否伤及脾门,是否伴有脾门大血管破裂,以及其受伤前是否患有心脏疾病。

本案被告人倪庆国酒后驾驶制动系统不合格的三轮车,且驾驶不当,撞倒被害人严学桂,致使其脾破裂,其行为构成交通肇事罪无争议。问题在于被告人倪庆国在肇事后,将被害人抛弃在河滩上,被害人被发现时已经死亡,此种情况是否可以适用《交通肇事刑事案件解释》第6条规定,按照故意杀人罪定罪处罚。本案中,被告人在交通肇事后将被害人带离事故现场后抛弃在河滩上,河滩虽不属于隐蔽、秘密场所,但因经过人员较少,被害人也较难被发现。行为人抛弃被害人主观上是为了达到逃避法律追究的目的。

对于被告人倪庆国的抛弃行为与被害人死亡结果之间的因果关系的认定,需考查是否满足以下三个条件:一是被害人在被遗弃时尚未死亡或重伤,二是被害人的死亡后果在能够得到及时有效的救治的情况下是可以避免的,三是被害人的死亡或重伤系因行为人的遗弃行为而无法得到救助所致。本案中,一方面,根据倪庆国本人的供述,其在送被害人去县人民医院抢救途中,曾三次停车呼喊被害人而被害人均无应答,故认为被害人已经死亡、没有救治必要才产生抛"尸"想法,且其在抛"尸"时还在现场观察了一会儿,确认被害人已死亡,才离开现场。参照被害人第一次治疗时的情况,死因鉴定结论以及医学专业人士的分析,无法排除被害人在被遗弃前即已死亡的可能。另一方面,本案现有证据仅查明被害人被撞外伤性脾破裂、左肱骨骨折,但无法查明被害人脾破裂是否伤及脾门,是否伴有脾门大血管破裂,以及其受伤前是否患有心脏疾病等,无法证明被害人的死亡在及时接受治疗的情况下是否可以避免。综上所述,无法证明被害人的死亡是否与被告人倪庆国的抛弃行为之间存在因果关系,在因果关系无法查明的情况下,应认定被告人倪庆国的行为构成交通肇事罪,而非故意杀人罪。同时,被告人在肇事后虽然将被害人送往医院,但在转院治疗途中将其抛弃,其主观心态已经发生了变化,在其先前肇事行为构成交通肇事罪基本犯的基础上,被告人为逃避法律追究,客观上实施了逃离和抛弃行为,属于交通肇事后逃逸。

七、交通肇事后指使他人顶罪的行为如何认定

(一)裁判规则

对于交通肇事后指使他人顶罪的,其行为具备逃避肇事责任追究的本质特征,行为人找人顶罪的行为主观上有逃避法律追究的故意,客观上实施了逃避法律追究的行为,该行为属于交通肇事后逃逸。

交通肇事发生后,行为人逃离事故现场,后又为掩盖罪行、逃避法律追究而指使他人顶替、作伪证的,如果行为人采取嘱托、请求、劝诱等方法指使他人顶罪的,因该行为不构成新的犯罪,可作为量刑情节,在认定为交通肇事后逃逸的基础上,从重处罚;如果行为人采取暴力、威胁和贿买等方法指使他人顶罪的,应以交通肇事罪(逃逸)和妨害作证罪并罚。交通肇事发生后,行为人未逃离事故现场,而是采取嘱托、请求、劝诱等方式指使他人顶罪的,直接认定为交通肇事罪(逃逸);如果行为人通过暴力、威胁和贿买等指使他人顶罪的,应以交通肇事罪和妨害作证罪并罚,不再认定"逃逸"情节。对于顶罪人和其他作伪证的人,如果是证人、鉴定人、记录人、翻译人冒名顶罪,则应认定为伪证罪;如果是一般主体,则属包庇罪。在二人构成交通肇事罪共犯的情况下,把共同犯罪中的责任归结到自己身上的行为可以构成包庇罪。

(二)规则适用

行为人在交通肇事后指使他人顶罪,是指肇事人将自己的交通肇事犯罪行为由他人顶替,并由他人承担交通肇事的法律责任。其一般表现为行为人在交通事故发生后当即离开现场,或留在现场但并不承认自己是肇事人,并指使他人为自己顶罪。为使顶罪行为得以实现,肇事人和顶罪人必须预谋,进行联系。交通肇事后找人顶罪的行为,具有以下特征:其一,行为人指使他人顶罪的主观目的是使

司法机关误认为顶罪人为肇事人,使自己不受法律追究;其二,由顶罪人向交警部门作虚假供述,承认自己是交通肇事的行为人,从而包庇罪犯,使行为人逃避法律追究;其三,一般情况下,行为人与顶罪人有利益关系。可见,使行为人逃避法律追究,是交通肇事后指使他人顶罪行为的本质特征。对于交通肇事后顶罪行为的认定存在以下几个问题:

第一,交通肇事后指使他人顶罪的行为本身是否构成交通肇事后逃逸。普通意义上的逃逸,即为躲避不利于自己的环境或事物而离开,而交通肇事后的逃逸不只是单纯离开现场的行为,其核心并不是行为人肇事后是否逃离现场,而是逃离行为是否影响对于被害人的救助义务和配合侦查的义务。它包含两个本质内容:一是逃避抢救的义务,二是逃避责任的追究。如上所述,构成交通肇事后逃逸,需具备三个条件:一是行为人的交通肇事行为已构成交通肇事罪的基本犯,二是行为人必须是基于为逃避法律追究的目的而逃跑,三是行为人客观上须实施了逃离的行为。如果行为人逃逸后再指使他人顶罪的,具有交通肇事后逃逸情节自不必言,但对于行为人肇事后未逃离现场,指使他人顶罪的,行为人为使顶罪行为得以实现,在交通事故发生后,一般不会去查看、关心受害人的伤情怎么样,而是急于联系、预谋,使顶替行为得以实现。申言之,行为人肇事后即便未逃离现场,但为了逃避法律责任,指使他人冒名顶替、作伪证而不救助被害人,实质上也逃避了抢救被害人的义务,逃避了法律责任。故对于交通肇事后指使他人顶罪的,其行为具备了逃避救助被害人和逃避肇事责任追究的本质特征,行为人找人顶罪的行为在主观上有逃避法律追究的故意,在客观上实施了逃避法律追究的行为,符合犯罪构成要件,应认定为交通肇事后逃逸,但应根据不同情况分别处理。对于行为人在交通肇事后找人顶罪的行为,如果行为人明知被害人没有死亡,而只顾自己实施找人顶罪行为,置伤者于不顾,造成被害人因得不到救助而死亡的,应认定为交通肇事后逃逸致人死亡。行为人在交通肇事后为逃避法律追究,明知被害人没有死亡,而找人顶替交通肇事行为,又指使顶罪人将被害人带离事故现场进行隐藏或遗弃,致使被害人无法得到救助而死亡或者严重残疾的,以故意杀人罪或者故意伤害罪定罪处罚。

第二,关于指使他人顶罪的行为人、顶罪人和其他作伪证的人的罪名认定问题。一般来说,行为人犯罪后自己作假证、虚假供述、消除罪证等,客观上也妨害司法机关正常的诉讼活动,但因属事后不可罚行为,刑法对于该危害行为缺乏处罚的正当性依据,并不成立妨害司法罪。对于行为人指使他人顶罪的,属于指使他人作伪证的行为,如果行为人采取一般的嘱托、请求、劝诱等方法阻止他人作证或者指使他人作伪证的,因缺乏期待可能性,一般不认为是犯罪。但如果行为人采用暴力、威胁、贿买等方法阻止他人作证或指使他人作伪证的,并不缺乏期待可能性,构成妨害作证罪,可以从轻处罚。①

　　基于此,根据交通肇事后行为人是否逃离现场可以分为两种情况:第一种情况是交通肇事发生后,行为人逃离事故现场,后又为掩盖罪行、逃避法律追究而指使他人顶替、作伪证的。对于此情况,存在两种观点:一种观点认为,被告人在交通肇事后逃离现场与指使他人顶罪、作伪证等行为性质相同,均系出于一个相同的目的——逃避法律追究。两行为在本质上属性相同,只是行为方式不同,可以将之后的指使他人作伪证和顶罪的行为理解为交通肇事罪中的"逃逸"情节,且指使他人定罪是为了使自己免予处罚,属于事后不可罚行为,应作为交通肇事罪的量刑情节,不认定为妨害作证罪。而另一种观点认为,被告人在交通肇事逃逸后指使他人顶罪、作伪证的行为,已经侵害了刑法意义上的另一种法益,扰乱了司法秩序,应另认定为妨害作证罪。对此,笔者认为,如果行为人采取嘱托、请求、劝诱等方法指使他人顶罪的,因该行为不构成新的犯罪,可作为量刑情节,在认定为交通肇事后逃逸的基础上,从重处罚。如果行为人采取暴力、威胁和贿买等方法指使他人顶罪的,应以交通肇事罪(逃逸)和妨害作证罪并罚,理由在于:其一,逃逸表现为逃离现场,其本质是应履行交通肇事后保护现场、抢救伤者、报警等法定义务而未履行的不作为。行为人在逃离现场未救助被害人时已完成逃逸行为,其在逃离现场后为了使自己进一步免除责任,又通过暴力、威胁和贿买等方式指使他人冒名顶替、作伪证的行为,独立于之前的逃逸行为,是为了使自己免除刑事责任的积极作为,故其在逃逸后实施的指使他人冒名顶罪、作伪证的行为不属于交通肇事罪中的"逃逸"行为。其二,如果行为人通过暴力、威胁、贿买等方式指使他人顶罪的,其行为侵犯了新的法益,即司法活动的客观公正性,已经超出了事后不可罚行为的危害程度,构成犯罪的,应单独认定为妨害作证罪,单纯以交通肇事罪定罪处罚已不足以体现刑罚对于后一危害行为的规制,宜以交通肇事罪(逃逸)、妨害作证罪数罪并罚。

　　第二种情况是交通肇事发生后,行为人未逃离事故现场,而是采取嘱托、请求、劝诱等方式指使他人顶罪的。如上所述,指使行为本身属于逃逸行为,故直接认定为交通肇事罪(逃逸)。如果行为人通过暴力、威胁和贿买等指使他人顶替以逃避法律追究的,同样,行为人指使他人顶替的行为既是肇事后逃避法律追究的手段之一,也是妨害作证的行为之一,故该指使行为既构成交通肇事罪的"逃逸"加重犯,也构成妨害作证罪,属想象竞合,结合行为人之前的肇事行为,以及交通肇事罪与妨害作证罪保护法益的不同,应以交通肇事罪和妨害作证罪并罚,不再认定"逃逸"情节,因逃逸行为与妨害作证系同一行为,以妨害作证罪处罚即可。反之,若在认定妨害作证罪的同时认定行为人具有交通肇事"逃逸"情节的,为重复评价。

---

① 参见张明楷:《刑法学(下)》(第五版),法律出版社 2016 年版,第 1086 页。

对于顶罪人和其他作伪证的人应视具体情况认定为包庇罪或者伪证罪。这两个罪名之间的区别在于：首先从主体方面看，包庇罪的主体没有限制，更加宽泛，而伪证罪的主体限定为刑事诉讼中的证人、鉴定人、记录人和翻译人员。其次，包庇行为可以发生在刑事诉讼之前、之中、之后，而作伪证行为必须发生在刑事诉讼过程中。最后，包庇罪包庇的对象既可以是犯罪后未被羁押、逮捕归案而畏罪潜逃的犯罪嫌疑人，也可以是已被依法羁押、拘禁而逃跑出来的未决犯和已决犯；伪证罪包庇的对象只能是刑事诉讼中的未决犯。在认定顶罪人的罪名时，应该区分这类行为的主体，主要看犯罪主体是否具有证人等身份。如果是证人、鉴定人、记录人、翻译人冒名顶罪，则应定伪证罪；如果是一般主体，则属于包庇罪。

第三种情况是在二人构成交通肇事罪共犯的情况下，如《交通肇事刑事案件解释》第5条第2款规定："交通肇事后，单位主管人员、机动车辆所有人、承包人或者乘车人指使肇事人逃逸，致使被害人因得不到救助而死亡的，以交通肇事罪的共犯论处。"把共同犯罪中的责任归结到自己身上的行为，是否可以构成包庇罪。包庇，一般指作假证明包庇犯罪分子。① 对于行为人包庇自身犯罪行为的，根据期待可能性理论，该行为不构成包庇罪已无争议，但对于包庇共犯犯罪行为的是否构成包庇罪仍有争议。赞成构成包庇罪的理由在于，包庇共犯人与包庇自己的行为不同，对于共犯人的包庇超过了自我防御的范围。不赞成构成包庇罪的学者认为，对共犯人的包庇也是行为人自我防御的手段，与行为人包庇自身的行为一样，都欠缺期待可能性。② 对此，笔者认为，期待可能性是对人的意志自由的一种尊重，在我们可以选择为合法行为或违法行为时，法律可以期待我们不为违法行为而为合法行为，保护自己是每个个体的本性，法律不期待我们不实施包庇自己的违法行为，从而赋予行为人一定的自我防御，即包庇自己的犯罪行为不构成包庇罪。而单纯包庇共犯人使其逃避法律的行为，并不能减轻行为人自身的刑罚，超过了行为人的自我防御限度，具有期待可能性，应认定为包庇罪。综上所述，如果专门为了使共犯人逃避法律责任而窝藏、包庇的，成立包庇罪；反之，倘若为了本人或者既为本人也为共犯人逃避法律责任而窝藏、包庇共犯人的，则不宜认定为包庇罪。但是，如果明知共犯人另犯其他罪而窝藏、包庇的，应认定为包庇罪。③

【指导案例】费良玉交通肇事案④——交通肇事后未逃离现场，但指使他人顶罪的行为如何认定

2010年12月25日9时30分许，被告人费良玉在未取得机动车驾驶资格的情

---

① 参见李希慧主编：《刑法各论》（第二版），中国人民大学出版社2012年，第283页。
② 参见周光权：《刑法各论》，中国人民大学出版社2008年版，第403页。
③ 参见张明楷：《刑法学》（第三版），法律出版社2007年版，第790页。
④ 参见张向东：《交通肇事后现场指使他人顶替、作伪证的定性》，载《人民司法》2012年第6期。

况下,驾驶装载石料的皖 K5B323 解放牌重型自卸货车(核载 12405 千克,超载 35020 千克,超载率 282%),从乐清市虹桥镇湾底村开往乐清市临港开发区围垦工地。当日 9 时 45 分许,车辆途经虹南大道蒲岐镇寨桥村路段时,遇行人钱云会(被害人)在车前方突然从道路右侧向左横穿,被告人费良玉鸣喇叭,向左打方向盘并紧急刹车,但仍避让不及,车头左侧将钱云会碰倒,左前轮碾压其胸颈部,致钱云会当场死亡。肇事后,被告人费良玉未逃离现场,其在现场附近打电话指使已离开现场的黄标自认是肇事司机,企图逃避法律追究。经温州市公安局交警支队认定,该交通事故中,被告人费良玉负主要责任。经法医鉴定,钱云会符合遭机动车辆碰撞、碾压致颈部、胸部重度毁损伤而死亡。

本案一审法院认定被告人费良玉构成交通肇事后逃逸,后费良玉提出上诉,认为自己没有逃离现场的逃逸行为,虽然在现场没有承认自己是肇事司机,但一直没有离开现场,没有逃逸行为,二审法院经审理后维持原判。本案中,被告人费良玉无证驾驶重型货车,且该车辆严重超载,其行为违反交通运输管理法规,因刹车不及,造成被害人钱云会死亡,构成交通肇事罪。在事故发生后,被告人费良玉未逃离事故现场,指使他人顶替,隐瞒了自己是肇事人的事实。逃逸行为并不一定要求被告人逃离事故现场,只要行为人主观上具有逃避法律责任的目的,客观上实施了逃避法律责任的行为即可。被告人费良玉虽无逃离现场的行为,但其在现场附近打电话指使已离开现场的黄标自认是肇事司机,并在交警到达事故现场时仍隐瞒自己是肇事司机的事实而谎称黄标是肇事司机,且之后在乐清市虹桥交警中队,费良玉确认黄标被公安机关误认为肇事司机后,仍没有主动向公安机关投案自首,而是逃离公安机关,显然是为了逃避法律追究。被告人费良玉隐匿自己的肇事者身份,其行为符合逃逸的实质要件,故其行为属于交通肇事后逃逸。被告人费良玉是通过请求的方式指使他人顶罪,其行为不单独构成妨害作证罪,该指使行为同时也是逃逸行为,故认定为交通肇事罪(逃逸)一罪即可。顶罪人黄标明知费良玉发生交通事故致人死亡,为使其逃避法律追究,冒充肇事者为其顶罪,其行为构成包庇罪。

【指导案例】林雪博交通肇事案[①]——国家机关工作人员在交通肇事后利用职权指使他人为自己顶罪的如何认定

被告人林雪博为国家机关工作人员,2001 年 3 月 26 日早晨 7 时许,其驾驶一辆三菱越野车从海口市工业大道往儋州市行驶。7 时 10 分,途经工业大道中国电信大厦路段时,林雪博不注意路面情况,低头查看正在呼叫的传呼机,致使车头中端追尾撞上前方郑平均驾驶的两轮摩托车的后尾部,使摩托车连人向前剐地摔

---

① 参见林颖:《林雪博交通肇事后逃逸并指使陈兴杆顶罪案》,载最高人民法院中国应用法学研究所编:《人民法院案例选(分类重排本)·刑事卷》,人民法院出版社 2017 年版,第 787—790 页。

倒抛至前方40米处,导致被害人郑平均和乘坐摩托车的其妻江群当场死亡。事故发生后,被告人林雪博下车查看,见二被害人已死亡,便弃车逃离现场,躲到附近一小卖店打电话给其专职司机被告人陈兴杆,将其驾车撞人的情况告诉陈兴杆并叫其速从儋州市赶来海口市。上午约9时30分,被告人陈兴杆从儋州市赶来海口市与林雪博见面后,林雪博便带其到事故现场,并告知事故发生的时间、经过及具体情节,让陈兴杆充当肇事司机,并教陈兴杆向公安机关谎称是被害人郑平均驾驶摩托车突然向左转弯导致事故发生。被告人陈兴杆便按林雪博的授意,到海口市交警支队事故科"投案",自称是肇事司机。

本案中,被告人林雪博在驾车过程中,低头查看传呼机,违反交通运输管理法规,致使所驾车辆撞击前方摩托车,造成二人死亡的严重后果,已构成交通肇事罪。在肇事后,被告人林雪博下车查看,发现二被害人死亡后,为逃避法律责任而逃离现场,其行为构成交通肇事后逃逸。在逃逸后,林雪博打电话给其专职司机陈兴杆,指使其顶罪,被告人林雪博的行为属于交通肇事发生后,行为人逃离事故现场,后又为掩盖罪行、逃避法律追究而指使他人顶替的情形。从林雪博和陈兴杆在公安侦查阶段的供述来看,是林雪博叫陈兴轩替其承担责任,向其表示如果承认自己是肇事者,对前途不利,陈兴杆碍于上下级关系才对公安机关谎称其是肇事司机,而非自愿顶罪,被告人林雪博是利用职权指使他人顶罪。利用职权的指使行为与通过嘱托、请求、劝诱等方式指使他人顶罪不同,嘱托、请求或劝诱他人顶罪的,他人没有受到利益胁迫,具有选择的自由,而利用职权的指使行为,实质上是以其现有的工作进行威胁,属于"暴力、威胁和贿买等方法",该行为构成妨害作证罪,应以交通肇事罪和妨害作证罪并罚。综上,被告人林雪博违反交通管理法规,在驾车过程中,未与前车保持安全距离,造成二人死亡的交通事故,且在事故后逃逸;同时被告人林雪博在交通肇事之后,利用其职权和特殊身份,指使其专职司机提供虚假证据为其顶罪,严重干扰了司法机关的正常活动,因此,对其行为应以交通肇事罪和妨害作证罪数罪并罚。陈兴杆明知林雪博发生交通事故致二人死亡,而为使其逃避法律追究,冒充肇事者为其顶罪,其行为构成包庇罪。

第三十一章　危险驾驶罪

一、如何理解危险驾驶罪中的"醉酒"

(一) 裁判规则

对危险驾驶罪中醉酒驾驶机动车行为中"酒"的理解,不应限于白酒、啤酒等酒类,从法律解释及适用来看,应将"酒"理解为乙醇,对"醉酒"亦应理解为明知是含有乙醇的物质而服用致使血液酒精含量达到了刑法规定的醉酒程度,处于醉酒的状态。

血液酒精含量对个体控制和辨认能力影响的差异不影响危险驾驶罪的认定,当然,如果有证据证明醉酒状态未影响行为人辨认和控制能力的,可以作为量刑情节从轻处罚或免除刑罚处罚,或认定属于情节显著轻微,不作为犯罪处理。

(二) 规则适用

危险驾驶罪的行为之一为醉酒驾驶机动车,认定醉酒驾驶机动车行为的关键在于对"醉酒"的认定,对此存在两方面的问题:一是如何理解"醉酒"中的"酒",二是如何认定行为人处于醉酒状态。

1. 对"酒"的理解

危险驾驶罪中醉酒驾驶机动车行为中的"酒",不应限于白酒、啤酒等明确的酒类饮品,而应理解为乙醇。对明知物质内含有乙醇并服用的,不管该物质是否属于酒类,只要致使血液内酒精含量超过了80毫克/100毫升,就可以以危险驾驶罪定罪处罚。具体理由如下:

第一,从现有法律的规定来看,《刑法》第133条之一对醉酒驾驶行为表述为"醉酒驾驶机动车的";《醉酒驾驶机动车刑事案件意见》第1条第1款规定:"在道路上驾驶机动车,血液酒精含量达到80毫克/100毫升以上的,属于醉酒驾驶机动车,依照刑法第一百三十三条之一第一款的规定,以危险驾驶罪定罪处罚。"《刑法》规定中仅表述为醉酒驾驶机动车,上述意见对醉酒的解释为血液酒精含量达到80毫克/100毫升,并没有对血液酒精含量增高的原因,即行为人饮用的是酒类饮品,还是其他含乙醇的物质作出区分。

第二,从法律解释的角度,一方面,《刑法》第 133 条之一规定的醉酒驾驶机动车,是指在醉酒状态下违反道路交通安全法规驾驶机动车,而醉酒状态的形成既包括行为人饮用白酒、啤酒、黄酒等酒类而处于醉酒状态,也包括大量食用含有乙醇的食物而陷入醉酒状态、服用含有乙醇的药物而处于醉酒状态等情形。另一方面,刑法之所以将醉酒驾驶机动车行为评价为犯罪,主要是考虑到行为人处于醉酒状态时,酒精会影响其身体的各项机能,表现为肌肉运动不协调,行动笨拙,反应迟缓,困倦甚至昏迷。而驾驶车辆对行为人的控制能力和意识情况都有较高要求,在酒精的影响下,面对驾车过程中的突发状况,行为人可能会来不及或者作出错误的判断和反应,极易发生事故,从而危害到在道路上行驶的其他车辆和行人的安全。同时,也是为了从根本上扭转我国现阶段醉酒驾驶机动车高发多发的严峻态势,减少醉酒驾驶机动车对民众生命财产安全的潜在危害。醉酒原因对行为人的醉酒状态没有影响,只有血液酒精含量是影响醉酒状态、行为人意识情况的关键因素,因而不应当对造成醉酒状态的原因进行区分,不管醉酒驾驶机动车的人员服用的是何物质,只要其对物质内含有酒精有认知,且血液内酒精含量达到醉酒驾驶机动车标准,就可以以危险驾驶罪定罪处罚。

第三,从法律适用来看,一方面,若要实现以"醉酒驾驶机动车入刑"来预防、减少醉酒驾驶机动车的立法目的,就必须禁止所有在醉酒状态下驾驶机动车的行为,不应对醉酒状态的原因进行限制。另一方面,司法实践中存在行为人为了逃避刑罚处罚,喝酒后故意再服用含有酒精成分的药水或者饮料等,辩解自己只是服用了含有酒精的药水、饮料、食物。对于这样的辩解,侦查机关往往无法或难以取证,如果认同类似的辩解成立,将带来醉酒驾驶机动车认定的难题。

综上所述,对危险驾驶罪中醉酒驾驶机动车中"酒"的理解,不应限于白酒、啤酒等酒类,而应根据立法目的、法律用语的本义理解为乙醇;对"醉酒"亦应理解为明知是含有乙醇的物质而服用致使血液酒精含量达到了刑法规定的醉酒的程度,处于醉酒的状态,血液酒精含量达到 80 毫克/100 毫升以上驾驶机动车的,应对其以危险驾驶罪定罪处罚。

2. 对醉酒标准的理解

《醉酒驾驶机动车刑事案件意见》中规定醉酒的标准为血液酒精含量达到 80 毫克/100 毫升。我国现行的《车辆驾驶人员血液、呼气酒精含量阈值与检验》中也明确规定,若车辆驾驶人血液中的酒精含量大于等于 80 毫克/100 毫升时,就可以被认为醉酒驾驶。《车辆驾驶人员血液、呼气酒精含量阈值与检验》还规定酒精含量的检验方法主要包括车辆驾驶人血液酒精含量检验和呼气酒精含量检验两种方式。针对不具有血液酒精含量检验和呼气酒精含量检验条件的,应当进行唾液酒精检测,或者根据交警的命令做人体平衡试验来评价车辆驾驶人的驾驶能力。就我国目前所适用的这一标准来看,其虽然规定了多种认定醉酒的检验方式,但始终是以血液酒精含量为核心标准的,其他检验方式是在无法检测血液酒精含量时适用,只要通过检测发现行为人的血液酒精含量值已经达到 80 毫克/100 毫升这一数值标准,就可以认定行为人处于醉酒状态,对于行为人以自身体质为由所作的辩解不予采纳。但问题是人在饮酒后,其体内的酒精浓度对行为人辨认和控制能力的影响会因性别、体重、饮食状况、肝脏分解酒精的能力等相关因素的不同而存在差异,也会随着时间发生变化,故在实践中,有些人血液中酒精含量可能已经达到甚至是远远超过 80 毫克/100 毫升这一数值标准,但行为人的辨认和控制能力并未因此受到影响;而有些人当其血液酒精含量还未达到这一标准时,可能就已经出现了行为严重失调的现象。

对于血液酒精含量未达到 80 毫克/100 毫升这一数值标准,但实际上已严重影响辨认和控制能力的,根据罪刑法定原则,不构成犯罪。而对于血液酒精含量已达到 80 毫克/100 毫升,但实际上辨认和控制能力未受较大影响的,是否构成危险驾驶罪存在不同观点。有观点认为,从实质解释的角度,危险驾驶罪之所以构成犯罪,是因为醉酒状态下行为人的辨认和控制能力减弱,从而给公共安全带来危险,如果行为人的辨认控制能力未受酒精影响,不应认定为犯罪。另一种观点认为,从现有法律规定来看,血液酒精含量达到 80 毫克/100 毫升这一数值标准的,就属醉酒,而不论其辨认和控制能力如何。笔者赞同后一种观点,理由在于:一是从现有法律规定来看,根据《醉酒驾驶机动车刑事案件意见》和《车辆驾驶人员血液、呼气酒精含量阈值与检验》的规定,血液酒精含量为认定醉酒的标准,达到标准的即为醉酒。二是危险驾驶罪为抽象危险犯,抽象危险犯的危险是立法推定的,不需要司法上再对危险进行认定,即醉酒驾驶机动车行为一经实施,即构成犯罪既遂,不看该行为是否实际危害公共安全。三是统一的认定标准有利于对行为定性的统一,也有利于遵循法律面前人人平等的原则。同时根据个人单独认定其辨认和控制能力受到多大影响在实践中不具有可操作性,统一的标准便于实践操作,节约司法成本,提高司法效率。四是危险驾驶罪之所以被规定为抽象危险犯,是因为危险驾驶行为具有高度的危险性,其所规制的只是达到醉酒标准的驾驶行为,而非醉酒状态驾驶对公共安全的实际危害。一般情况下达到醉酒标准的酒精含量已经足以严重影响行为人的辨认和控制能力,虽然不排除存在特例,但特例的数量一般较少,且在某一个体上特例的发生也存在概率,即某一个体确实存在血液酒精含量达到醉酒标准但未影响其辨认控制能力的现象,因其他因素如年龄、饮食、身体情况的变化,其血液酒精含量再次达到入罪标准,对辨认和控制能力的影响也会发生变化,而且血液酒精含量因时间发展存在变化,实践中难以准确认定行为人实际驾驶时血液中的酒精含量,故危险驾驶罪所规制的重点不是醉酒后驾车危害公共安全所产生的危险,而是规制行为人在醉酒后选择驾车这一行为。综上所述,血液酒精含量对个体控制和辨认能力影响的差异不影响危险驾驶罪的认定,当然,如果有证据证明醉酒状态未影响行为人辨认和控制能力的,可以作为量刑情节从轻处罚或免除刑罚处罚,或认定属于情节显著轻微,不作为犯罪处理。

【指导案例】吴卫东危险驾驶案①——服用含有乙醇的藿香正气水后驾车的行为是否属于"醉酒驾驶"

2015年9月16日21时许,被告人吴卫东酒后驾驶普通二轮摩托车,沿东台市富安镇米市北路由南向北行驶至北环路十字路口处时,被民警查获。经江苏省公安厅物证鉴定中心检测,被告人吴卫东的血样中检出乙醇,含量为每百毫升121毫克。因被告人吴卫东对该检测结果有异议,经司法鉴定科学技术研究所司法鉴定中心重新检测,被告人吴卫东的血样中检出乙醇,含量为每百毫升106毫克,且对血样进行DNA同一性认定,检测结果为司法鉴定中心的检测血样来源于被告人吴卫东。案发后,被告人吴卫东如实供述了犯罪事实。被告人及其辩护人辩解当天服用了含有乙醇的藿香正气水。

本案中,一审法院判决被告人吴卫东构成危险驾驶罪,被告人吴卫东对判决不服,提出上诉。其上诉理由主要是服用药品等非酒类物质等引起的体内酒精含量超标不构成危险驾驶罪,其不知道藿香正气水中含有乙醇。结合本案中相关证据材料,能够确定的是吴卫东当天中午喝了一两左右的白酒,下午喝了3支藿香正气水,晚上是否喝酒,以及晚上是否喝了藿香正气水均无法证实。如上所述,危险驾驶罪中醉酒驾驶机动车行为中的"酒",不应限于白酒、啤酒等明确的酒类饮品,而应理解为乙醇,不管该物质是否属于酒类,只要致使血液内酒精含量超过了80毫克/100毫升并驾驶机动车,就可以以危险驾驶罪定罪处罚。故吴卫东醉酒的原因是因服用藿香正气水导致还是因饮酒导致并不影响其危险驾驶罪的成立,同时藿香正气水的说明书禁忌事项中有"乙醇含量为40%~50%,喝过后禁止驾驶车辆等"的内容,这也是其应当承担的注意义务,其辩称未看说明书、不知道藿香正气水中含有乙醇不能作为其无罪的抗辩事由,且在案证据证实吴卫东案发当天中午饮酒,故吴卫东的行为构成危险驾驶罪。但鉴于被告人吴卫东饮用的部分酒精来自藿香正气水,且醉酒程度不高,可以从轻或免除处罚。

二、如何理解构成危险驾驶罪的车辆范围

(一)裁判规则

危险驾驶罪中"机动车"的认定在参考相关行政规范时,对于行政法规、规章等规定中具有统一适用性且含义明确的专业术语,在定罪量刑时可以适用;而对于规范性文件或强制性标准中规定的,或是不属于专业术语而属于日常用语的,行政规范仅具参考作用,在认定时应结合刑法规范保护目的和具体情节进行

---

① 参见叶巍、周召:《对醉酒驾驶机动车中醉酒的理解》,载《人民司法》2018年第5期。

认定。

危险驾驶罪中的机动车是指以动力装置驱动或者牵引,上道路行驶的供人员乘用或者用于运送物品以及进行工程专项作业的轮式车辆,根据相关国家标准,速度及重量达到一定标准的电动自行车属于机动车。校车指以接送学生上下学为目的的车辆,但不以《校车安全管理条例》中规定的校车范围为限;驾驶未履行接送学生职能的校车超员超速的,不构成危险驾驶罪。

(二)规则适用

在《刑法修正案(九)》对危险驾驶罪新增了两个行为后,危险驾驶罪的客观行为包括以下四种:①追逐竞驶,情节恶劣的;②醉酒驾驶机动车的;③从事校车业务或者旅客运输,严重超过定额乘员载客,或者严重超过规定时速行驶的;④违反危险化学品安全管理规定运输危险化学品,危害公共安全的。因实践中车辆种类众多,对危险驾驶罪中"机动车"和"校车"的认定存在以下几个问题:

1. 危险驾驶罪中"机动车"的认定在依据相关行政规范时是否具有一定的独立性

随着社会分工的日益复杂化和精细化,刑法规定中很多专业术语和空白罪状须参照其他部门法律法规中专业术语、概念的含义来确定。如《刑法》第 341 条非法猎捕、杀害珍贵、濒危野生动物罪,其中野生动物的等级需根据《中华人民共和国野生动物保护法》认定;同样刑法中的假药、劣药、内幕信息、道路、毒品等认定须参照相关行政管理法律法规的规定,这些其他部门法中的概念已通过刑法中的指引性规定成为刑法的一部分。但同时,因刑罚的严厉性,刑法具有独立于其他部门法的规范目的,在一些概念的认定上与其他法律法规的规定并不相同,如刑法上的重婚、占有、信用卡等概念与民法和行政法并不完全相同。可见,刑法规范的解释兼具从属性和独立性,在根据其他法领域的专业概念无法得出合理的解释结论时,应根据刑法规范目的,在不超出语言含义范围和国民预测可能性的基础上进行解释。所以,对于行政法规、规章等规定中具有统一适用性且含义明确的专业术语,在定罪量刑时可以适用,而对于规范性文件或强制性标准中规定的,或是不属于专业术语,而属于日常用语的,行政规范仅具参考作用,法官在适用时应结合刑法规范保护目的和具体情节进行认定。

2. 超出国家标准的电动自行车是否属于机动车

根据《醉酒驾驶机动车刑事案件意见》第 1 条第 2 款的规定,对"道路""机动车"的认定适用道路交通安全法的有关规定。《道路交通安全法》第 119 条第(三)项规定:"'机动车',是指以动力装置驱动或者牵引,上道路行驶的供人员乘用或者用于运送物品以及进行工程专项作业的轮式车辆。"通常而言,机动车一般包括汽车、电车、摩托车、农用车、拖拉机、挂车等类型。同时,该条第(四)项规定:"'非机动车',是指以人力或者畜力驱动,上道路行驶的交通工具,以及虽有动力装置驱动但设计最高时速、空车质量、外形尺寸符合有关国家标准的残疾人机动轮椅车、电动自行车等交通工具。"在机动车的认定中,争议较大的是最高时速、空车质量、外形尺寸等超出有关国家标准的电动自行车是否属于机动车。对此,《道路交通安全法》没有作出明确规定,笔者认为超过国家标准的电动自行车可以认定为"机动车":

第一,《机动车运行安全技术条件》(GB7258—2017)中对机动车的定义中列举了"汽车及汽车列车、摩托车、拖拉机运输机组、轮式专用机械车、挂车",并将摩托车分为普通摩托车和轻便摩托车,且符合电动自行车国家标准规定的不属于摩托车。其中,普通摩托车是指"无论采用何种驱动方式,其最大设计车速大于50千米/时,或如使用内燃机,其排量大于50毫升,或如使用电驱动,其电动机最大输出功率总和大于4千瓦的摩托车";轻便摩托车是指"无论采用何种驱动方式,其最大设计车速不大于50千米/时的摩托车,且如使用内燃机,其排量不大于50毫升,如使用电驱动,其电动机最大输出功率总和不大于4千瓦"的摩托车。《电动自行车安全技术规范》(GB 17761—2018)规定电动自行车须具有脚踏骑行能力、最高设计车速不超过25千米/时、整车质量(含电池)不超过55千克、电机功率不超过400瓦、蓄电池标称电压不超过48伏。综上,对于由电力驱动的两轮轻便摩托车,最高设计车速大于25千米/时或整车质量大于55千克时超过了电动自行车国家标准;如果最高设计车速大于25千米/时而不大于50千米/时,且电动机最大输出功率总和不大于4千瓦的,属于轻便摩托车;如果最大设计车速大于50千米/时的,则属于普通摩托车,后两者均属于摩托车,进而可以归类为机动车。

第二,"机动车"与"非机动车"在概念上存在非此即彼的关系,而《道路交通安全法》规定,符合有关国家标准的电动自行车属于"非机动车",而超过国家标准的电动自行车亦符合其中"机动车"的条件,故对于超过国家标准的电动自行车可以认定为"机动车"。第三,从实质解释的角度,最高设计车速大于25千米/时的电动自行车与最高设计车速相同但使用内燃机的轻便摩托车或普通摩托车,除驱动方式不同外无其他实质区别;行为人醉酒驾驶超标电动自行车与驾驶时速相同的轻便摩托车或普通摩托车对公共安全带来的危险亦无实质区别。实践中,超标电动自行车的速度普遍在三四十千米/小时甚至更高,重量普遍在七八十千克甚至更重,醉酒驾驶超标电动自行车的行为对公共安全具有较高的危险性。但是,对于超标电动自行车,因现阶段电动车并未按照机动车进行管理,电动自行车的登记审查、申领号牌、核发行驶证等工作尚在推进,普通公众普遍认为醉酒驾驶超标电动自行车的危险性小于其他醉酒驾驶机动车的行为,在认定醉酒驾驶超标电动自行车时要采取较为严格的入罪标准,情节轻微危害性不大的,如驾驶人血液酒精含量刚刚达到或稍稍超过醉酒驾驶标准,醉酒驾驶的电动自行车超标情况较轻微,行驶的道路较偏僻,或者醉酒驾驶发生在深夜、人员车辆稀少的路段等情形,不宜认定为危险驾驶罪。①

3. 危险驾驶罪中的校车是否包括幼儿园校车

2015 年《刑法修正案(九)》将"从事校车业务或者旅客运输,严重超过额定乘员载客,或者严重超过规定时速行驶"纳入了危险驾驶罪的行为类型。按照一般意义的理解,校车就是学校专门接送学生的车辆。《校车安全管理条例》第 2 条第 1 款规定:"本条例所称的校车,是指依照本条例取得使用许可,用于接送接受义务教育的学生上下学的 7 座以上的载客汽车。"《校车安全管理条例》将校车限制在接送义务教育的学生上下学的,且 7 座以上的载客汽车。故对于幼儿园校车是否属于危险驾驶罪中的校车存在两种观点:一种观点认为,《校车安全管理条例》的规定明确将接送学龄前幼儿、高中及大学学生上下学的车辆排除在校车之外,因此,对从事幼儿园校车业务严重超员超速的行为认定为危险驾驶罪,违反了罪刑法定原则。另一种观点认为,对于危险驾驶罪中的校车可以作出独立于行政法规的解释,幼儿园、高中、大学校车严重超员超速运输的,均可构成危险驾驶罪。笔者赞成后一种观点,理由如下:

第一,危险驾驶罪中的校车和《校车安全管理条例》中的校车概念不同。《校车安全条例》制定的目的是管理校车,规范校车的安全质量,明确校车的监督管理职责,从而保护学生的安全。《刑法修正案(九)》将校车超员超速型危险驾驶行为入罪,其用意是为了保护学生的安全,亦是为了保护公共安全,故刑法意义上可能威胁学生安全的接送车辆,无论接送哪一阶段学生的校车均应包括在内。

第二,校车型危险驾驶罪保护的法益主要是校车内学生的安全,当然也包括交通运输安全。危险驾驶接送学龄前幼儿、高中学生和大学生的校车的,与危险驾驶接受义务教育学生的校车的,对学生安全和交通运输安全造成的危险并无本质不同。若因高中生、大学生具有较强的安全防范和自我保护能力而将其乘坐的校车排除在危险驾驶罪规制对象之外,则学龄前幼儿更应当成为危险驾驶罪保护的重点对象。

第三,从法律适用的角度,实践中存在大量未取得校车运营许可、未达到安全运营标准和未采取安全维护措施的黑校车,如有的校车为了超载进行改装,将座位拆除,若这些车辆因未达到《校车安全管理条例》的要求而不被认定为校车,将导致社会危害更为严重的黑校车超员超速反而不受危险驾驶罪的规制。基于举轻以明重的考虑,行为人非法从事校车业务的,亦应纳入刑法惩治范围。

综上所述,危险驾驶罪中的校车是指以接送学生上下学为目的的车辆,其对象既包括接受义务教育的学生,也包括学龄前幼儿、高中学生和大学生;既包括取得校车使用许可的,也包括未取得使用许可的;既包括 7 座以上的,也包括 7 座以

---

① 参见李文华、苏杰:《醉驾超标电动自行车可构成危险驾驶罪》,载《人民司法(案例)》2012 年第 12 期。

下的载客汽车。

4. 危险驾驶罪中的校车是否包括"空"校车

"空"校车是指未履行接送学生职能但在道路上行驶的校车,"空"是指车内没有学生,不表示没有其他人,比如正准备前往学校接学生的校车。我国许多地区部分校车属于一车多用,既用于接送学生,同时又兼做学校或幼儿园的日常采购和其他出行用途的交通工具,也会出现没有载有学生的"空"校车的情况。对于"空"校车超员超速驾驶的是否构成危险驾驶罪,笔者认为,从实质解释的角度,任何车辆都可能存在超员超速驾驶的情况,但是刑法只将其中从事校车业务和旅客运输两类车辆列举出来,将这两类车辆中存在超员超速情况的规定为犯罪,是因为从事校车业务和旅客运输的车辆一般载人较多,这两类车辆存在超员超速的,行为危险性极大,易引发事故,故通过刑罚的方式提高驾驶这两类车辆人员的注意义务,着重保护学生和旅客的安全。而校车在没有载有学生的情况下,暂时没有危害学生人身安全的可能性,即使其超员超速,也未实质性侵害《刑法》第133条之一第1款第(三)项所保护的学生和旅客安全,不应认定为危险驾驶罪。同时,从法条的表述来看,"从事校车业务和旅客运输的车辆"表示构成危险驾驶罪的车辆不是从形式上判断是否为校车或客车,而要求实质上从事的是接送学生和运输旅客两种业务,故驾驶空校车超员超速的不宜认定为危险驾驶罪。

【指导案例】吴日福、杨保真、彭大金危险驾驶案[①]——驾驶幼儿园校车严重超员载客的是否构成危险驾驶罪

被告人吴日福、杨保真、彭大金分别为晨光海欣幼儿园的实际所有人、园长和司机。吴日福将其个人所有的五菱牌小型普通客车(核载七人)在未取得校车标牌的情况下,交给无校车驾驶资格的彭大金从事该幼儿园校车业务。杨保真安排、制定单程接送二十八名学生名单,并安排教师轮流跟车接送学生。自2017年9月15日至10月10日,彭大金长期驾驶该小型普通客车超载接送学生往返于幼儿园与沙石镇龙埠村等地。其间,杨保真、彭大金数次向吴日福提出该车超载情况,吴日福未进行有效整改,该车继续超载接送学生。2017年10月10日,彭大金驾驶该小型普通客车搭载三十七人(含司机、幼师各一名及幼儿园学生三十五名),被交警查获。

本案中,被告人吴日福等三人在核载七人的校车中实载三十七人,根据公安部制定出台的《严重超员、严重超速危险驾驶刑事案件立案标准(试行)》的规定,严重超员的认定标准应当根据载客人数、车辆容积、车辆性能和安全措施等进行综合判断,对严重超员型危险驾驶罪适用超员比例或超员数额择一违反的原

---

① 参见汤媛媛:《驾驶幼儿园校车严重超员构成危险驾驶罪》,载《人民司法》2018年第14期。

则,即只要达到超员比例或超员数额标准之一即可入罪。本案校车核载七人,实载三十七人,远远超过该立案标准,可以认定为严重超员。而如上所述,幼儿园校车也属于危险驾驶罪中所规定的校车范围,本案中的车辆虽未取得校车标牌,但是实际上用来从事接送幼儿园学生的业务,而被查获时车辆也正在从事接送学生的业务,属于校车。被告人吴日福、杨保真、彭大金分别为晨光海欣幼儿园的实际所有人、园长和司机,对校车使用负有安全管理职责,三被告人是校车的管理人,未取得校车驾驶资格,长期使用校车超载接送幼儿。主观上,吴日福作为幼儿园的法人代表及校车所有人,为减少开支,不对校车进行整改,杨保真、彭大金虽向校车所有人吴日福反映了校车超载情况,但在吴日福未予重视和纠正的情况下,仍放任校车长期处于超载状态。三被告人明知接送学生数量严重越过所驾驶车辆的额定乘员数量,也明知校车超载的危害,仍实施超载驾驶校车的行为,三被告人的行为构成危险驾驶罪。

三、醉驾型危险驾驶罪中行为人主观心态如何判断

(一) 裁判规则

醉驾型危险驾驶罪中行为人的主观心态为何,一直存在争议,包括故意说、过失说和复合说,这几种观点都各有理由,也都存在一定问题。笔者认为,个案中可以参照原因自由行为说来解释醉酒驾驶机动车行为中行为人的主观心态,对于因可归责于行为人的原因而醉酒,并在醉酒期间实施驾驶机动车行为的,不论行为人在醉酒驾驶机动车期间是否认识到自身处于醉酒状态,都应当以危险驾驶罪追究其刑事责任。当然,如果行为人对于醉酒状态无过错,如不知道所食食物中含有酒精,主观上无罪过的,不构成犯罪。

对于隔夜醉酒驾驶机动车的,与普通醉酒驾驶机动车行为不同的是,行为人可能误以为自己已经不处于醉酒状态,这一般不影响对行为人主观心态的认定,可以将其作为量刑情节。具体而言,如行为人的饮酒行为与驾驶行为间隔时间较长,此种情况下可以认定为属于情节显著轻微危害不大,不认为是犯罪;如行为人的饮酒行为与驾驶行为间隔的时间较短,不影响危险驾驶罪的定罪量刑;如果间隔时间处于上述两种情况之间的,可以认定为从轻处罚情节。

(二) 规则适用

醉酒驾驶机动车,是指醉酒状态下在道路上驾驶机动车的行为。对于醉驾型危险驾驶罪中行为人的主观心态,大多数观点认为危险驾驶罪是故意犯罪,行为人必须认识到自己是在醉酒状态下驾驶机动车,但是对于醉酒状态的认识不需要十分具体,有大体认识即可。[①] 部分观点认为危险驾驶罪是过失抽象危险犯,主观罪过只能为过失,如果行为人持故意心态则构成以危险方法危害公共安全罪的未

---

① 参见张明楷:《刑法学(下)》(第五版),法律出版社 2016 年版,第 726 页。

遂犯。① 持主观心态为过失的观点中,有的学者从刑罚评价出发,认为较低的法定刑说明危险驾驶是过失犯罪;有的学者从条文设置来看,认为危险驾驶罪是对交通肇事罪的补充,只有限于过失,才可以合理解释危险驾驶罪和交通肇事罪之间的转化和刑罚关系,危险驾驶罪的主观罪过理应属于过失。另外,有学者提出"复合说",即危险驾驶罪是过失犯罪,但故意醉酒驾驶机动车的行为没有发生具体公共危险的,也构成危险驾驶罪。②

持过失说的理由主要有:第一,从法条设置来看,增设危险驾驶罪就是为了填补交通肇事罪与以危险方法危害公共安全罪之间所存在的处罚漏洞。《刑法》第133条之一第3款规定:"有前两款行为,同时构成其他犯罪的,依照处罚较重的规定定罪处罚。"当醉酒驾驶机动车行为"致人重伤、死亡或者使公私财产遭受重大损失"时,危险驾驶行为构成交通肇事罪,而交通肇事罪是过失犯罪,只有危险驾驶罪是过失犯罪才能从逻辑上转化为过失的交通肇事罪。第二,从均衡罪刑关系来看,危险驾驶罪配置的法定刑没有有期徒刑,仅仅是"拘役,并处罚金",远低于交通肇事罪的法定刑。从这一法定刑的配置来看,危险驾驶罪应该是在罪质上轻于交通肇事罪的犯罪,交通肇事罪为过失犯罪,所以危险驾驶罪不能为故意犯罪。第三,从刑罚后果来看,将危险驾驶罪的主观心态认定为过失能够防止某些不良后果的出现,即根据相关法律法规,故意犯罪者不得从事律师、鉴定、新闻采编等工作,如果危险驾驶罪为故意犯罪,即意味着如果行为人犯危险驾驶罪,可能会严重影响到其之后的就业与生活,这与危险驾驶行为本身的轻微性及设置危险驾驶罪时意图达到的社会效果不符。第四,从法条设置意义来看,将危险驾驶罪的主观心态认定为过失能够突出增设危险驾驶罪的必要性,故意危险驾驶的,以危险方法危害公共安全罪即可以规制,只有将危险驾驶罪的主观罪过理解为过失,才有设立危险驾驶罪的必要性。③

笔者认为,持危险驾驶罪主观心态为过失的观点存在以下问题:第一,主观罪过是行为人实施危害行为及对损害结果的主观心理状态,该心理状态是一种客观存在的心理事实,与"罪刑关系"等因素并无直接关联。刑罚反映了行为的危害程度,而主观罪过只是行为危害性的一个方面,不能为了实现罪刑均衡而改变犯罪的主观罪过。第二,从行为人的认知来看,持过失的观点认为,危险驾驶中行为人知道自己是醉酒状态下在道路上驾驶机动车,而对醉酒驾驶机动车行为产生的抽象危险是出于过失。但是在道路上醉酒驾驶机动车有较高危险性是基本的生活常识,只要行为人认识到自己醉酒驾驶机动车的,必然能意识到醉酒驾驶机动车行为可能造成的危险。第三,过失犯罪以"犯罪结果"为构成要素,如果将危险驾

---

① 参见冯军:《论〈刑法〉第133条之1的规范目的及其适用》,载《中国法学》2011年第5期。
② 参见梁根林:《〈刑法〉第133条之一第2款的法教义学分析——兼与张明楷教授、冯军教授商榷》,载《法学》2015年第3期。
③ 参见冯军:《论〈刑法〉第113条之1的规范目的及其适用》,载《中国法学》2011年第5期。

驶理解为过失犯罪,则意味着没有损害结果的过失行为也可以成立犯罪。对此,也有观点认为应扩大对犯罪结果的理解,过失犯罪的结果中也包括危险结果,即存在过失的危险犯。笔者不同意该观点,理由在于:一是我国《刑法》分则相关罪刑关系的设置表明立法者对过失危险犯持否定态度。《刑法》第 15 条第 2 款规定:"过失犯罪,法律有规定的才负刑事责任。"而我国《刑法》分则中对过失犯罪都明确规定了损害结果,如失火罪、过失以危险方法危害公共安全罪等,放火罪、以危险方法危害公共安全罪的危险犯主观方面只能为故意。二是过失危险犯不具备过失犯罪的处罚基础。过失犯罪往往是因日常生活中疏忽大意或鲁莽草率所致,主观恶性不大,只有具备了实际的损害结果才具有以刑法规制的必要性。三是从人权保障的角度,人类自身的局限性决定了行动时的疏忽在所难免,而过失犯罪处罚范围的扩大则意味着自由的限缩,如果过失犯罪不再以实害结果为要件的话,则每个人都成了潜在的犯罪人。① 四是如果将醉驾类危险驾驶罪解释为过失的(抽象)危险犯,将导致故意的(抽象)危险犯没有相应的可以适用的法条的矛盾局面。②

持故意说的理由主要有:第一,对醉酒驾驶机动车行为危害性的认识是一种常识,行为人实施醉酒驾驶机动车的,都可以认识到行为可能造成的危险,所以危险驾驶罪中没有过失犯存在的空间。第二,将危险驾驶罪主观方面认定为故意不会影响刑法条文的体系性,我国在修正《刑法》时采用"刑法第×条之一"时,是为了保证《刑法》条文总数不变,从而稳定《刑法》的结构,故危险驾驶罪虽为《刑法》第 133 条之一,但不受交通肇事罪主观方面的限制。而认为危险驾驶罪是故意犯罪会带来职业限制方面的负面效果,是相关刑罚制定与体系完善方面的问题,不应该通过改变危险驾驶罪的主观方面来协调。第三,将危险驾驶罪主观方面认定为故意不影响罪刑均衡。危险驾驶行为本身不具有与放火、决水、爆炸和投放危险物质等行为的相似危险性,只是存在转化的可能,即便危险驾驶为故意犯罪,也不影响其与以危险方法危害公共安全罪之间的关系。在与交通肇事罪的关系上,危险驾驶行为本身的危害性较小,且未造成实害结果,而交通肇事罪虽为过失犯罪,但其已经造成了严重的实害结果,所以危险驾驶罪主观方面为故意并不影响罪刑均衡。

笔者认为,持危险驾驶罪主观心态为故意的观点存在以下问题:第一,实践中不具有操作性,我国《刑法》之所以惩治醉驾型危险驾驶行为,就是因为处于醉酒状态的行为人可能难以认识到自己行为的性质,进而无法控制自己的驾驶行为而影响到公共安全。第二,会造成处罚上的不合理。一般而言,行为人醉酒达到一定程度的,可能不知道自身实施了醉酒驾驶机动车行为,不具有犯罪故意,而醉

---

① 参见李翔:《危险驾驶罪主观方面新论》,载《法商研究》2013 年第 6 期。
② 参见张明楷:《危险驾驶罪的基本问题——与冯军教授商榷》,载《政法论坛》2012 年第 6 期。

酒程度较浅的,其认识能力较强,犯罪故意的可能性越大,从而导致醉酒程度深的驾驶人可能不被处罚,而醉酒程度浅的反而会受到处罚。

持复合说的理由主要有:第一,从醉酒驾驶机动车行为的实际情况来看,行为人在主观上可能存在故意,也可能存在过失。第二,从条文关系来看,《刑法》第133条之一第3款规定:"有前两款行为,同时构成其他犯罪的,依照处罚较重的规定定罪处罚。"这里的"其他犯罪"既包括故意犯罪(以危险方法危害公共安全罪、故意杀人罪、故意伤害罪),也包括过失犯罪(过失以危险方法危害公共安全罪、交通肇事罪)。

笔者认为,复合说存在以下问题:第一,故意与过失都属于有意识的行为,而醉酒可能会使行为人陷于无意识状态,此时既不属于故意也不属于过失。第二,即便醉酒型危险驾驶行为可以分别构成故意犯罪、过失犯罪,也不能说危险驾驶罪就可以分为故意的危险驾驶罪、过失的危险驾驶罪。这是因为,"危险驾驶罪""其他犯罪"的主观罪过形式都是各自独立的,不能用"其他犯罪"的主观罪过形式来决定"危险驾驶罪"的主观罪过形式。

综上所述,将醉驾型危险驾驶罪的主观方面理解为故意、过失或复合都存在一定问题。如本书第七章"有责性判断"中第二个问题所述,对于醉酒、吸毒等状态下行为人实施危害公共安全的,承担刑事责任依据的通说是"原因自由行为说"。原因自由行为是指行为人故意或过失地使自己处于无责任能力或限制责任能力的状态,在无责任能力或限制责任能力状态下实施了符合构成要件客观方面的行为。一般来说,责任能力必须与实行行为同时存在,而原因自由行为的提出是为了给因行为人故意或过失所导致的无意识状态下实施的犯罪行为的认定提供依据。"之所以确立责任能力与实行行为同在的原则,是为了防止客观归罪,从而坚持责任主义的立场。但原则必有例外,只要这种例外并不违背设立原则的初衷,就是合理的,就应当承认这种例外。"①在醉驾型危险驾驶罪中适用原因自由行为理论判断行为人主观心态的理由在于:第一,醉驾型危险驾驶罪设立的规范目的是规制在道路上醉酒驾驶机动车的行为产生危害公共安全的危险。立法者之所以把醉酒驾驶机动车规定为危险驾驶的一种,是因为醉酒驾驶机动车行为具有转化为实害结果的高度可能性,存在对法益侵害的紧迫性,即醉酒驾驶机动车行为本身具有高度危险性和可罚性,无论行为人的主观心态如何。第二,原因自由行为说符合实践中醉驾型危险驾驶罪的现状,因醉酒驾驶机动车的行为人处于醉酒状态,主观方面往往难以查明,也存在大量对醉酒驾驶机动车行为无意识的情况。依原因自由行为说可以避免对行为人醉酒驾驶机动车时主观心态的争议,而关注行为人饮酒时的心理状态。第三,采原因自由行为不同于严格责任。如果适用严格责任,只要行为人在"道路上驾驶机动车"的事实存在,犯罪即成立。严格

---

① 参见陈兴良:《本体刑法学》,商务印书馆2001年版,第330页。

责任一般适用于极其严重的犯罪,而危险驾驶罪本身属于轻罪,不宜适用严格责任。原因自由行为理论认为,醉酒驾驶机动车的行为人可被谴责的原因是实行过程中的无刑事责任能力状态是由行为人的故意或过失导致的,而且原因行为对结果行为具有推动作用。综上所述,笔者认为,对于因可归责于行为人的原因而醉酒,并在醉酒期间实施驾驶机动车行为的,不论行为人在醉酒驾驶机动车期间是否认识到自身处于醉酒状态,都应当以危险驾驶罪追究行为人的刑事责任;如果因不可归责于行为人的原因醉酒,对于使自身陷入醉酒状态无过错的,如不知道所食食物中有酒精的,醉酒状态的形成不可归责于行为人,行为人主观上无罪过,不认定为犯罪。

对于除醉酒驾驶机动车以外的其他危险驾驶行为中行为人的主观心态亦存在争议,理由与上述醉酒驾驶机动车行为中的争论相近。对于其他危险驾驶行为主观心态的争议,实际上是结果本位的故意概念与行为本位的故意概念的争论,"在结果本位主义的刑法体系中,损害结果既然是意欲的对象,自然也是认识的对象,并且认识内容实际上需要以损害结果为核心。相应的,凡是指向结果或者影响结果出现的因素都会被认为属于故意的认识内容或明知的范围。而在行为本位主义的刑法体系中,故意的认识对象则以行为为核心。据此,只有与行为相关且直接影响行为违法性的因素才属于认识的内容"①。笔者认为,基于上述对醉酒型危险驾驶行为中行为人主观心态持过失说的理由所存在的问题,以及危险驾驶行为的高度危险性属于生活常识,行为人在实施危险驾驶行为时,可以预见到与危险驾驶行为相伴的危害公共安全的抽象危险,故对于实施除醉酒驾驶机动车以外的其他危险驾驶行为的,一般可以认定行为人对行为产生的危害公共安全的抽象危险持放任态度,主观上属于故意,而这一观点也是现阶段刑法学界的通说观点。②

【指导案例】岳某某涉嫌危险驾驶案③——隔夜醉酒驾驶机动车的是否构成危险驾驶罪

2016年4月20日上午11时30分许,岳某某的同事高某某驾驶新L-D2758号机动车接岳某某上班时,将车违章停放在建国南路西侧人行道上,执勤交警要求将车移至指定位置接受处罚,此时岳某某来到现场,执勤交警要求他们出示驾驶证时,岳某某将自己的驾驶证交给了执勤交警,并按照交警的要求,将车从路西侧人行道移至路东侧的机动车道,之后执勤交警在与岳某某交谈时,闻到酒味,遂

---

① 劳东燕:《犯罪故意理论的反思与重构》,载《政法论坛》2009年第1期。
② 参见全国人大常委会法制工作委员会刑法室编:《〈中华人民共和国刑法修正案(八)〉条文说明、立法理由及相关规定》,北京大学出版社2011年版,第71页。
③ 一审案号:(2016)新2201刑初309号,审理法院:新疆维吾尔自治区哈密市人民法院;二审案号:(2016)新22刑终113号,审理法院:新疆维吾尔自治区哈密地区中级人民法院。

将岳某某移交交警队抽血检查酒精含量,经鉴定,岳某某每100毫升血液中含酒精84毫克。另查,岳某某与高某某等人于2016年4月19日晚一起喝酒至次日凌晨2时许,高某某因此案被公安机关行政处罚人民币2000元。

本案行为总体上来看较为轻微,存在多个从轻情节,属于情节显著轻微、危害不大的情况,这一点在本书第二章中进行过分析,再次引用本案是为了着重分析隔夜醉酒驾驶机动车这一情节对危险驾驶罪认定的影响。本案中,岳某某醉酒驾车,符合危险驾驶罪的客观行为要件,但岳某某与高某某等人是在4月19日晚一起喝酒至次日凌晨2时许,岳某某酒后休息了一个晚上,于次日上午11时许驾驶车辆,从饮酒到驾车之间间隔时间较长,属于隔夜醉酒驾驶机动车的情形。对于隔夜醉酒驾驶机动车,有观点认为在此种情况下,机动车驾驶者认识不到自己处于醉酒状态以及在醉酒驾驶机动车的事实,不应以危险驾驶罪追究其刑事责任,否则就有客观归罪之嫌。笔者认为,根据原因自由行为说,对于隔夜醉酒驾驶机动车的,在认定上与普通醉酒驾驶机动车行为没有区分,如果因自身故意或过失行为陷入醉酒状态,而后在醉酒状态中有驾驶行为的,都构成危险驾驶罪。但是与普通醉酒不同的是,隔夜醉酒的饮酒行为与驾驶行为之间的间隔时间较长,行为人可能误以为自己已经不处于醉酒状态,对自身驾驶行为可能造成的危害也没有认识,对此应当将隔夜醉酒作为量刑情节,分不同情况处理。如行为人的饮酒行为与驾驶行为间隔时间较长的,如睡了一夜早上起来驾驶的,因酒精代谢掉的较多,即便处于醉酒状态,行为人血液酒精含量一般也是刚刚超过醉酒标准,此种情况下一般可以认为属于情节显著轻微、危害不大,不认为是犯罪。而如果行为人的饮酒行为与驾驶行为之间间隔的时间较短,如饮酒后休息了一两个小时就驾驶机动车的,不影响危险驾驶罪的定罪量刑。如果间隔时间处于上述两种情况之间的,如休息五六个小时,存在一定时间间隔,但一般认为这个时间段难以脱离醉酒状态,可以将其作为从轻处罚情节。本案中,岳某某通过一夜的休息,移动车辆时并未意识到自己还处于醉酒状态,且从其血液酒精含量来看,也是刚刚超过醉酒标准,属于情节显著轻微、危害不大的情况,应不认为是犯罪。

四、如何理解危险驾驶罪中"追逐竞驶,情节恶劣"

(一)裁判规则

机动车驾驶人员出于竞技、追求刺激、斗气或者其他动机,二人或二人以上分别驾驶机动车,违反道路交通安全规定,在道路上快速追赶行驶的,属于《刑法》第133条之一规定的"追逐竞驶"。对于"追逐竞驶"的认定,应当坚持主客观相统一原则,结合行为人的客观行为和主观心态综合判断,且不以二人具有意思联络而相互追逐为限,一人实施的单方面的追逐竞驶行为也可认定为危险驾驶罪。

对"情节恶劣"的判断需要把握两方面内容:一是需要结合行为人驾驶资格、

驾驶行为、违规程度、车辆情况、驾驶方式、是否改装大功率车辆及有无合法号牌、是否大幅度超速、是否在密集路段竞驶、是否多次多人竞驶、是否引发事故及恐慌、是否抗拒或躲避执法、是否有饮酒或吸毒等导致控制力下降行为等因素综合判断。二是判断的核心是分析追逐竞驶行为对道路交通秩序、不特定多人生命、财产安全威胁的程度是否达到恶劣的程度。

（二）规则适用

《刑法》第133条之一明确规定，追逐驾驶，只有达到情节恶劣的程度才能构成犯罪。但由于目前对危险驾驶罪中"追逐竞驶，情节恶劣"尚无明确的司法认定标准，因此，实践中对这类案件的判断及入罪标准较难把握。

1. 对"追逐竞驶"的理解

最高人民法院发布指导案例32号"张某某、金某危险驾驶案"明确了"追逐竞驶"是指机动车驾驶人员出于竞技、追求刺激、斗气或者其他动机，二人或二人以上分别驾驶机动车，违反道路交通安全规定，在道路上快速追赶行驶的行为。对"追逐竞驶"的认定，应当结合行为人的客观行为和主观心态综合判断。客观上，不以高速、超速为必要，追逐竞驶行为的危险性不仅与车速相关，还与行车路段、是否随意变道等情节相关，通常表现为以一辆或者多辆机动车为追逐目标，伴有超速行驶、连续违反交通信号灯、曲折变道超车等违章驾驶行为。主观上，虽然刑法未将行为人的动机和目的作为追逐竞驶型危险驾驶罪的构成要件，但"追逐竞驶"的行为特征决定了实践中行为人多出于竞技、寻求刺激、挑衅泄愤等动机，或者基于赌博牟利等目的。

追逐竞驶认定中存在的问题是，是否限定于二人以上具有意思联络而相互追逐竞驶的情形，对此存在不同观点。有观点认为，追逐竞驶可以是二人以上基于意思联络而实施，也可以是单人实施。① 也有观点认为，追逐竞驶型危险驾驶罪是必要的共同犯罪，其以二人以上的行为人之间具有对向性的竞驶行为为必要要件，因为正是由于双方相互追逐、竞驶向前才会对公共安全造成危险。② 笔者认为，虽然司法实务中的追逐竞驶案例多以两车甚至两车以上基于共同合意而互相追逐竞驶，但是实质上一车突然单方面以前方不特定车辆为目标或以短时间通过某条道路为目标随意进行连续的追逐超越的行为，与两车以上基于一致的意思联络进行追逐竞驶并无本质差别，事实上已经使公共安全处于危险状态，影响公众对公共安全的信任感。有观点认为"竞驶"要求行为人之间具有相互竞赛的意思，故二人之间须有竞赛的联络，但"竞驶"不仅存在于两车相互竞赛中，一人以前方车辆为竞赛目标或达到某一速度目标的也可以理解为竞驶，故"追逐竞驶"不应以二人或二人以上具有意思联络而相互追逐为限，一人实施的单方面的追逐竞驶行为也可认定为危险驾驶罪。综

---

① 参见张明楷：《刑法学（上）》（第五版），法律出版社2016年版，第168页。
② 参见赵秉志、赵远：《危险驾驶罪研析与思考》，载《政治与法律》2011年第8期。

上所述,认定追逐竞驶时,行为人基于何种目的或者动机并不重要,只要其追逐竞驶行为客观上足以导致高度危险,即可以评价为"追逐竞驶"。

2. 对"情节恶劣"的认定

在道路上追逐竞驶,情节恶劣的才构成犯罪,但是我国刑法及司法解释均未对"情节恶劣"作出详细规定,在认定"情节恶劣"时存在不同观点:第一种观点着眼于客观因素,认为"情节恶劣"应立足于行为的公共危险性,"应以道路上车辆与行人的多少、驾驶的路段与时间、驾驶的速度与方式、驾驶的次数等进行综合判断"①。第二种观点则认为在行为之外,还可以适当将行为人因素纳入考量范围,但"应该以行为情节为主,行为人情节为辅"②。对此,笔者认为,对"情节恶劣"的判断需要把握两方面内容:一是需要结合行为人驾驶资格、驾驶行为、违规程度、车辆情况、驾驶方式、是否改装大功率车辆及有无合法号牌、是否大幅度超速、是否在密集路段竞驶、是否多次多人竞驶、是否引发事故及恐慌、是否抗拒或躲避执法、是否有饮酒或吸毒等导致控制力下降行为等因素综合判断。二是判断的核心是分析追逐竞驶行为对道路交通秩序、不特定人生命、财产安全威胁的程度是否达到恶劣来判定其是否导致公共交通安全处于危险之下,即不论被告人实施了其中几种违规行为,只要其行为具有高度危险性,达到对公共安全产生危险,威胁他人生命、财产安全程度的,即可认定情节恶劣。

具体而言,以下几类情况可以认定为追逐竞驶情节恶劣:第一类,损害结果方面。一是追逐竞驶行为引发交通事故,造成了一定的实害结果,行为人负事故全部或主要责任,但尚未构成其他犯罪的;二是扰乱了沿途正常的道路交通秩序或居民生活秩序,引起人员、车辆恐慌的;三是足以威胁途经人员、车辆生命财产安全的。第二类,客观环境方面,即追逐竞驶行为所发生的时间、地点、人群数量等。在特殊时段、路段追逐竞驶,或者驾驶特殊车型追逐竞驶的,如交通高峰期在城市繁华路段追逐竞驶,造成交通堵塞或者引起公众恐慌的。第三类,机动车方面。机动车本身的安全隐患对于交通安全存在巨大的潜在威胁,如驾驶改装、拼装,或是存在缺陷、故障的机动车辆的。第四类,驾驶行为方面。一是行为人同时实施多项违反道路交通安全法规的行为。二是追逐竞驶主观恶性较大的,如曾因追逐竞驶受过行政处罚或者刑事追究的,多人多次追逐竞驶的,酒后、吸食毒品后追逐竞驶,无驾驶资格驾驶机动车的。三是驾驶载有乘客的营运机动车追逐竞驶的。上述情况下追逐竞驶行为的危险性较高,应属情节恶劣,具体案件中的追逐竞驶行为是否达到情节恶劣程度,须结合案件中的各个因素综合判断行为是否对公共安全造成了危险,是否威胁他人生命、财产安全。

情节恶劣的追逐竞驶行为是否必须以超出规定时速行驶为前提?对于该问

---

① 张明楷:《危险驾驶罪及其与相关犯罪的关系》,载《人民法院报》2011年5月11日,第6版。
② 曲新久:《危险驾驶罪的构成要件及其问题》,载《河北学刊》2012年第1期。

题尚存在争议。笔者认为,一般来说,追逐竞驶行为的危险性和行驶速度呈正比,行为人在规定时速内行驶的通常为安全驾驶行为,即便追逐竞驶,其行为危险性相对较小,一般不认为属于情节恶劣的情形。从"追逐竞驶"的含义来看,"追逐"和"竞驶"均表示以一定的速度为目标,但并未排除在规定时速内行驶的情形。追逐竞驶行为的危害性不仅表现为高速行为,同时包括为了竞驶而频繁、突然并线,穿插于其他车辆之间,或互相别车等情形,此类行为同样会危害公共安全。故追逐竞驶行为中的"情节恶劣"不以超出规定时速行驶为前提,在规定的时速内行驶的一般来说危险性较小,但如果同时具有上述损害结果、客观环境、机动车以及行为人等方面的其他情节恶劣情形的,亦可以综合评价为"情节恶劣"。

【指导案例】张某某、金某危险驾驶案[①]——竞速驾驶行为中"追逐竞驶,情节恶劣"的具体认定

2012年2月3日20时20分许,被告人张某某、金某相约驾驶摩托车出去享受大功率摩托车的刺激感,约定"陆家浜路、河南南路路口是目的地,谁先到谁就等谁"。随后,由张某某驾驶无牌照的本田大功率二轮摩托车(经过改装),金某驾驶套牌的雅马哈大功率二轮摩托车(经过改装),从上海市浦东新区乐园路99号车行出发,行至杨高路、巨峰路路口掉头沿杨高路由北向南行驶,经南浦大桥到陆家浜路下桥,后沿河南南路经复兴东路隧道、张杨路回到张某某住所。全程28.5千米,沿途经过多个公交站点、居民小区、学校和大型超市。在行驶途中,二被告人驾车在密集车流中反复并线、曲折穿插、多次闯红灯、大幅度超速行驶。当行驶至陆家浜路、河南南路路口时,张某某、金某遇执勤民警检查,遂驾车沿河南南路经复兴东路隧道、张杨路逃离。其中,在杨高南路浦建路立交(限速60千米/时)张某某行驶速度115千米/时、金某行驶速度98千米/时;在南浦大桥桥面(限速60千米/时)张某某行驶速度108千米/时、金某行驶速度108千米/时;在南浦大桥陆家浜路引桥下匝道(限速40千米/时)张某某行驶速度大于59千米/时、金某行驶速度大于68千米/时;在复兴东路隧道(限速60千米/时)张某某行驶速度102千米/时、金某行驶速度99千米/时。2012年2月5日21时许,被告人张某某被抓获到案后,如实供述上述事实,并向公安机关提供被告人金某的手机号码。金某接公安机关电话通知后于2月6日21时许主动投案,并如实供述上述事实。

对于本案被告人的行为是否属于"追逐竞驶",从客观上看,被告人张某某、金某驾驶的均是按照相关法律法规不能上牌的大功率摩托车,车辆都经过改装,在驾驶中反复并线、曲折穿插、多次闯红灯、大幅度超速行驶,二被告人在客观上实

---

① 参见沈德咏主编:《最高人民法院公报案例汇编(1985—2015年·刑事卷)》,人民法院出版社2016年版,第62—65页。

施了追逐竞驶的行为。从主观上看,本案中被告人张某某、金某相约享受大功率摩托车的刺激感,约定"陆家浜路、河南南路路口是目的地,谁先到谁就等谁",本案判决书中记载二被告人到案后先后供述"自己手痒,心里面想找点享乐和刺激""有段时间没开过了,手痒、心里要感受驾驶这种车辆的快感,所以就一起驾车去了""开这种世界顶级摩托车心里感到舒服、刺激、速度快""享受这种大功率世界顶级摩托车的刺激感",上述供述可以印证二被告人主观上是为了追求刺激进行违章驾驶,且二人具有意思联络。故被告人张某某、金某的行为符合《刑法》第133条之一规定的"追逐竞驶"的主客观特征。

对于本案是否属于"情节恶劣",二被告人具有如下情节:一是二被告人追逐竞驶行为严重违反了道路交通安全法规,实施了多项违章行为,包括驾驶无牌照改装的大功率摩托车;在密集车流中任意穿插变道,曲折变线,多次闯红灯,致使沿途正常行驶的车辆纷纷闪避;大幅超速行驶,总体驾驶速度较快,多处路段超速达50%,并且其中3个路段超速接近限速的1倍。二是案发时恰逢周五晚高峰,二被告人驾车行驶的路段车流和人流均十分密集,二被告人的行为造成所经路段交通秩序混乱,严重威胁道路上行驶的车辆安全。三是二被告人行驶路线长达28.5千米,沿途经过多个公交站点、居民小区、学校和大型超市,追逐竞驶行为足以对途经人员和车辆的生命财产安全造成威胁。四是在交警对其拦查时,不仅不配合盘查,反而加速逃离,逃避执法。综上所述,二被告人的行为已经严重危害了公共安全,属于"追逐驾驶,情节恶劣",构成危险驾驶罪。

【指导案例】庞国钦危险驾驶案①——驾车高速行驶行为的认定

2015年8月22日3时许,被告人庞国钦为寻求刺激,驾驶无牌照的"雅马哈"牌R1型摩托车,违反禁令标志指示,由北京市东城区玉蜓桥出发,仅用时13分43秒绕行二环主路外环一周,超过规定时速50%行驶,且多次违反禁行标线指示变道超车,摩托车迈速表显示最高时速达237千米/时。经鉴定,庞国钦行驶途中部分路段的平均时速为151千米/时。被告人庞国钦于2015年10月1日被抓获,摩托车等物证已被扣押。

该案系危险驾驶罪中较为典型的案例,曾被媒体称为"二环十三郎"案,备受社会关注。被告人庞国钦驾驶未悬挂机动车号牌的二轮摩托车,违反禁令标志指示,进入禁止二轮摩托车通行的北京二环主路高速驾驶,以超过该路段规定时速50%的速度随意追逐、超越其他正常行驶的车辆。一方面,如上所述,"竞驶"不仅存在于两车相互竞赛中,一方以前方车辆为竞赛目标或者以达到某一速度为目标

---

① 参见石魏、余亚宇:《危险驾驶罪与相关罪名的区分及认定》,载《人民司法(案例)》2016年第23期。

的,同样属于"追逐竞驶"。本案中被告人庞国钦以创造纪录为目标高速驾驶,该行为具有高度危险性,符合"追逐竞驶"的本质要求。同时,被告人追逐竞驶的地点是北京二环路主路,速度超过该路段规定时速的50%,最高时速达237千米/时,其行为引发其他车辆驾驶员的恐慌。从其供述和相关证据可见,其有多次飙车记录,且曾因飙车受过行政处罚,属于"情节恶劣"。另一方面,在案证据显示,被告人在驾车高速行驶的同时,频繁、突然并线,并近距离穿插于其他车辆之间,但鉴于案发时间为凌晨三时许,道路上车辆、行人相对较少,故尚不具有"其他危险方法"的行为危险性。综上所述,被告人的行为应认定为危险驾驶罪。

五、醉酒型危险驾驶罪中部分从宽情节如何认定及处理

(一) 裁判规则

醉酒驾驶机动车仅致自身受重伤的,自身受伤的结果不属于交通肇事罪要求的损害结果,因醉酒驾驶机动车行为同时危及公共安全的,按照危险驾驶罪认定即可。醉酒驾驶机动车仅致本人受轻伤的,构成危险驾驶罪,但仅造成本人损伤的可以将此作为酌定从轻情节。

醉酒后在道路上驾驶机动车挪动停车位置的行为,应当认定为危险驾驶罪。但是,对于为挪动停车位置而在道路上醉酒驾驶机动车,且行驶距离较短、速度较慢的,可以作为从宽情节。对于为挪车而短距离醉酒驾驶机动车的案件而言,如果没有发生实际损害结果或者仅发生轻微碰、擦后果的,可以适用"但书"或免予刑事处罚条款,不认为是犯罪或者免予刑事处罚。如果仅发生轻微的交通事故,致使车辆剐擦、致人轻微伤等,且行为人认罪、悔罪、积极赔偿被害人损失并取得谅解的或存在其他从轻情节的,也可以不认为是犯罪或者免予刑事处罚。

行为人出于符合情理的驾驶目的,在道路上醉酒驾驶机动车的,须判断行为人是否在不得已的情况下实施行为,并综合其行为危害程度和所保护法益的重要程度判断其行为是否属于避险行为及避险行为是否过当。属避险行为的,按照紧急避险或避险过当处理;不属避险行为的,可以作为酌定从轻情节考虑。

(二) 规则适用

危险驾驶罪的刑罚种类只包括拘役和罚金,是《刑法》分则中刑罚最轻的罪名,其入刑带有一定的政策性,本身属于较为轻微的犯罪,故其中一些从宽情节如何判断及处理存在一定争议。如醉酒驾车仅致本人受伤的,以及醉酒后为挪动车位而驾驶机动车,紧急情况下醉酒驾驶机动车的行为,是否可以作为从宽情节,处理上是不按照犯罪处理还是免除或从轻处罚,存在不同意见。

1. 醉酒驾驶机动车仅致本人受伤的如何处理

(1) 醉酒驾驶机动车仅致自身受重伤的是否构成交通肇事罪

一种意见认为,根据《交通肇事刑事案件解释》第2条第2款规定的"交通肇事致一人以上重伤,负事故全部或者主要责任,并具有下列情形之一的,以交通肇

事罪定罪处罚:(一)酒后、吸食毒品后驾驶机动车辆的……",认定为交通肇事罪中的一人以上重伤中并未明确排除致本人受伤的情况,故醉酒驾驶机动车致使自身受重伤的,也构成交通肇事罪。另一种意见认为,一般的自损行为不构成犯罪,故醉酒驾驶机动车仅致自身受重伤的不属于交通肇事罪中要求的损害结果,应当以危险驾驶罪定罪处罚。笔者赞同后一种意见,理由如下:第一,将醉酒驾驶机动车致本人重伤的行为认定为交通肇事罪有违常情、常理。犯罪的本质特征是达到应受刑罚处罚程度的社会危害性。酒后驾驶机动车致本人重伤,由于其并未对他人造成实际损失,而本人又是事故的实际受害人,将自身遭受损害的结果作为对其施以刑罚的犯罪结果有违常情、常理。第二,犯罪是对他人法益的侵害,除对生命权的处分以外,一般情况下自损行为不构成故意伤害罪,除非这种自损行为同时危及国家或公共安全,所以一般情况下自损结果不属于交通肇事罪中的损害结果。根据《交通肇事刑事案件解释》第2条关于交通肇事罪的入罪标准和第4条关于交通肇事罪"有其他特别恶劣情节"的规定,交通肇事的财产损失范围限制在"造成公共财产或者他人财产直接损失",肇事者的个人财产损失被排除在外,肇事者人身损害的认定应与之类似。此类醉酒驾驶机动车行为除造成自损结果外,因同时危及公共安全,按照危险驾驶罪认定即可。

(2)醉酒驾驶机动车仅致本人受轻伤构成危险驾驶罪的如何量刑

第一种意见认为无论是致本人受伤,还是致他人受伤,都属于危险驾驶行为发生的损害结果,对于发生实际损害结果的,应当从重处罚。第二种意见认为行为人醉酒驾驶机动车仅致本人受伤的,不属于危险驾驶罪的损害结果,且考虑到其已因自己的犯罪行为受到较大损害,可免予刑事处罚。第三种意见认为危险驾驶仅致本人受伤的,不属于危险驾驶罪构成要件中必须具备的损害结果,是否酌情从宽处罚以及从宽处罚的幅度,需要结合具体案情作出判断。

笔者同意第三种意见,因危险驾驶罪系抽象危险犯,不以发生损害结果为入罪要件,醉酒后驾驶机动车即可构成危险驾驶罪,所以事故伤亡情况并不影响危险驾驶罪的成立。对于本人受伤是作为从重情节还是从轻情节,有观点认为,危险驾驶罪的成立不要求实害结果的发生,但发生实害结果一定程度上说明了行为本身的危险性,故应在基本犯的基础上对造成实害结果的,无论该结果是造成他人损害还是自身损害,均应从重处罚,但造成自身损害的较之造成他人损害的量刑更轻即可。也有观点认为,行为人的身体和精神已经因其犯罪行为付出了一定的代价,如果再对其施以严厉的刑罚,有违刑法谦抑精神,故可以将此情节作为从轻情节。笔者认为,醉酒驾驶机动车的即构成危险驾驶罪,造成实害结果的醉酒驾驶机动车行为的危险性高于未造成实害结果的醉酒驾驶机动车行为的危险性,故造成实害结果尚未构成交通肇事罪的,实害结果可以作为从重处罚的情节。但实害结果仅是致肇事人本人受伤的情况较为特殊,一方面该行为的危险性低于造成他人损害的醉酒驾驶机动车行为,且有时行为人可能是为了避免造成他人损伤而致使自身损伤;另一方面,行为人确已为其醉酒驾驶机动车行为付出一定代价,故仅致行为人自身损伤的兼具从重处罚和从轻处罚的理由,但综合上述理由,从轻处罚的幅度应大于从重处罚的幅度,整体而言可以作为酌定从轻情节。

2. 醉酒后在道路上驾驶机动车挪动停车位置的行为如何处理

对于醉酒后在道路上驾驶机动车挪动停车位置的行为,应当认定为危险驾驶罪,理由如下:第一,危险驾驶罪是抽象危险犯,只要实施了危险驾驶行为,即可推定具有紧迫危险,行为人只要在道路上醉酒驾驶机动车,即具有法律拟制的危险性,符合危险驾驶罪所要求的危险。醉酒后在道路上驾驶机动车挪动停车位置的行为虽然一般情况下驾驶距离短、速度较慢,但是即便是未醉酒情况下的倒车行为,也可能因为控制不好车速、车距而与其他车辆发生碰撞,从而可能造成他人重伤、死亡,所以醉酒在道路上挪动机动车的仍有具有较大的危险。第二,醉酒后在道路上驾驶机动车挪动停车位置的,虽然没有在醉酒状态下驾车去道路上行驶的意图,但是一方面其明知自己醉酒而驾驶车辆,挪动机动车,另一方面其醉酒状态的形成可归责于其自身,根据原因自由行为说,此种情形符合危险驾驶罪的构成要件。但是,对于为挪动停车位置而在道路上醉酒驾驶机动车,行驶距离较短、速度较慢的,可以作为从宽情节。具体来说,对于为挪动停车位置而短距离醉酒驾驶机动车的案件而言,如果没有发生实际损害结果或者仅发生轻微碰、擦后果的,可以根据具体情节,认定犯罪情节显著轻微,适用"但书"或免予刑事处罚条款,不认为是犯罪或者免予刑事处罚。如果仅发生轻微的交通事故,致使车辆剐擦、致人轻微伤等,且行为人认罪、悔罪、积极赔偿被害人损失并取得谅解的或存在其他从轻情节的,也可以不认为是犯罪或者免予刑事处罚。①

3. 紧急情况下醉酒驾驶机动车的如何处理

实务中,部分行为人出于符合情理的驾驶目的,在道路上醉酒驾驶机动车,如为抢救车内病人而醉酒驾驶机动车,或是在车辆行驶过程中,因原驾驶人身体不适而醉酒驾驶机动车等。对于为抢救车内病人而醉酒驾驶机动车的行为,本书第六章"违法性判断"部分第三个问题中详细论述过,在认定时应视病人需要救助的情况和车辆行驶情况等进行综合评判。因为病人急需救助在不得已的情况下醉酒驾驶机动车的,按紧急避险或避险过当处理;对于所救助病人不存在特别紧急情况,如轻微外伤或者突发疼痛等疾病,延迟救助不会危害到病人生命健康的,不属于紧急避险,救人动机可以在量刑时予以考虑。

因原驾驶人身体不适而醉酒驾驶机动车的情况与之类似,认定时要对案件中的具体情况进行综合判断。如果行为人在不得已的情况下,为了保护更大的法益而实施醉酒驾驶机动车行为,属于紧急避险,视其行为危害程度和所保护法益的

---

① 参见刘桂华:《唐浩彬危险驾驶案——醉酒后在道路上挪动车位的行为是否构成危险驾驶罪》,载最高人民法院刑事审判第一、二、三、四、五庭主办:《刑事审判参考》(总第94集),法律出版社2014年版,第16—20页。

重要程度,看避险行为是否过当,如果未过当,不认为是犯罪;如果过当,按照避险过当处理。如果原驾驶人身体不适,但行为人不是出于不得已的情况,在尚有选择空间时选择醉酒驾驶机动车的,不属于避险行为,但是该醉酒驾驶机动车的动机符合情理,在定罪处罚时可予以一定程度的从宽。如车辆行驶在高速公路上,原驾驶人突发心脏病,车内仅行为人一人,其虽醉酒但程度不深,为了将车辆驶离高速公路而醉酒驾驶机动车的,属于紧急避险,不认为是犯罪;但行为人在驶离高速公路,可以靠边停车的情况下,仍醉酒驾驶机动车的,该行为构成危险驾驶罪。

【指导案例】杨某危险驾驶案①——醉酒驾驶仅致本人受伤的如何处理

2011年10月14日22时许,被告人杨某酒后驾驶车牌号为豫MD9179的二轮摩托车沿S市某路自南向北行驶至交叉口北约100米处时摔倒。路人报警后,交警将杨某送往医院救治,随后对其抽血送检。经鉴定,杨某血液酒精含量为224.06毫克/100毫升,属于醉酒驾驶机动车。杨某除自身摔伤外,未造成其他后果。

一审法院认定杨某在道路上醉酒驾驶机动车,其行为构成危险驾驶罪,判处拘役一个月十五日,并处罚金人民币1500元。后被告人杨某以自身行为不构成犯罪为由上诉。二审法院认为,上诉人杨某醉酒驾驶摩托车,其行为构成危险驾驶罪。但鉴于杨某系初犯,除自身摔伤外,未造成其他后果,犯罪情节轻微,可对其免予刑事处罚。对于仅造成行为人自身受伤的情况,除对生命权的处分外,一般情况下自损行为不构成犯罪,因为在不危及国家、公共安全的前提下,自然人有权在不侵害他人权益的前提下处分自身除了生命权以外的其他权益。故对于因危险驾驶行为仅致行为人本人受重伤的,不适用《交通肇事刑事案件解释》第2条第2款规定。本案中,杨某在城市道路上醉酒驾驶摩托车,其血液酒精含量已高达224.06毫克/100毫升,醉酒程度严重,其倒地自伤的结果也说明其驾驶能力受到酒精的严重影响,其驾驶行为具有高度危险性。但考虑到本案没有发生致他人受伤、公私财产损失的交通事故,犯罪情节较轻,且被告人已经因其犯罪行为付出了一定代价,如果再对其施以严厉的刑罚,有违刑法谦抑精神,故可以对其酌定从轻处罚,加之杨某系初犯,故法院判决对杨某免予刑事处罚是适宜的。

【指导案例】武某危险驾驶案②——因原驾驶人身体不适而短暂醉酒驾驶机动车的行为如何处理

2016年12月8日22时许,被告人武某与范某、毛某某等人在西安市含光门外

---

① 参见蔡智玉:《杨某危险驾驶案——醉酒驾驶仅致本人受伤的如何处理》,载最高人民法院刑事审判第一、二、三、四、五庭主办:《刑事审判参考》(总第94集),法律出版社2014年版,第129—132页。

② 案号:(2017)陕0104刑初136号,审理法院:陕西省西安市莲湖区人民法院。

环城南路粤珍轩酒店用餐饮酒结束后,由范某驾驶武某的陕 AJE×××雪佛兰牌小型轿车载武某、毛某某二人驶离酒店车库,车辆沿含光门盘道由北向南绕行至含光门北侧时,范某身体突发不适致不能继续驾驶,为挪动车辆避免阻碍交通,武某遂替换范某驾驶,在沿含光门盘道由北向南驶出含光门尚未停靠时,即被执勤交警拦停查获。经鉴定,被告人武某的血液酒精含量浓度为 194.36 毫克/100 毫升,系醉酒驾驶机动车。

本案中,被告人武某在道路上醉酒驾驶机动车,血液中酒精含量达到 194.36 毫克/100 毫升,远超醉酒标准,其行为已构成危险驾驶罪。但被告人武某醉酒驾驶机动车系事出有因,是因原驾驶人身体突发不适不能继续驾驶,此时车辆正行驶在含光门盘道上,如果放任车辆继续停在道路上,可能会造成交通堵塞,武某醉酒驾驶机动车是在不得已情况下实施,属于避险行为。但武某本身血液酒精含量较高,其醉酒驾驶机动车行为给公共安全带来了严重危险,相较其不醉酒驾驶机动车可能造成的交通堵塞,所保护的法益小于损害的法益,其避险行为超过限度,属于避险过当。结合武某醉酒驾驶机动车行驶距离短,且其能如实供述自己罪行,认罪悔罪态度较好,故整体上不需要判处刑罚,可以免予刑事处罚。

【指导案例】谢志修危险驾驶案①——因妻子发病醉酒驾驶机动车的行为如何处理

2017 年 12 月 1 日 20 时 22 分许,被告人谢志修酒后驾驶辽 PJ8717 号牌奥迪小型轿车,当行驶至龙港区龙湾大街奥园小区北门前路段时,被巡防五大队执勤民警查获,当场经呼气酒精测试仪测试,谢志修呼气酒精测试结果为 113 毫克/100 毫升,属醉酒状态。民警遂将其带至葫芦岛市医院二部提取血液样本。2017 年 12 月 4 日,阜新方正法医司法鉴定所对其送检血液检验完毕,鉴定结论是:被告人谢志修在案件发生时,血液酒精含量为 116.75 毫克/100 毫升,证实该人在案发时属醉酒状态。法院另查明,谢志修醉酒驾驶机动车是因为其妻子在莲花馨苑附近突发疾病,该地点距家较近,情况紧急才自己驾驶车辆的。

一审法院认定被告人谢志修构成危险驾驶罪,判处拘役两个月,缓刑两个月,并处罚金人民币 5000 元。被告人谢志修以醉酒驾驶机动车系事出有因,其妻子在莲花馨苑附近突发疾病,该地点距家较近,情况紧急才自己驾驶车辆为由提起上诉,请求改判免予刑事处罚。二审法院认为该上诉理由没有事实和法律依据,维持原判。

---

① 一审案号:(2018)辽 1403 刑初 6 号,审理法院:辽宁省葫芦岛市龙港区人民法院;二审案号:(2018)辽 14 刑终 69 号,审理法院:辽宁省葫芦岛市中级人民法院。

本案中，被告人谢志修醉酒在道路上驾驶机动车，其行为已构成危险驾驶罪。对于被告人提出其因妻子突发疾病，在紧急情况下才醉酒驾驶机动车的这一理由，为救治病人而醉酒驾驶机动车的行为目的具有一定的正当性，但一方面其妻子不属于不及时送医可能会危及生命健康的紧急情况；另一方面案发时是在晚上20时左右，此时道路上来往车辆较多，行为人可以采取求助他人车辆或打车等其他方式将妻子送到医院，但被告人谢志修在可以选择的情况下醉酒驾驶机动车，其行为不属于在不得已的情况下实施的行为，故不属于避险行为。同时，考虑被告人行为没有造成损害结果，酒精检测浓度不高，且自愿认罪，可以从轻处罚，一审法院判处其拘役两个月，缓刑两个月，并处罚金人民币5000元的刑罚较为适当。

六、行为人醉酒驾驶机动车并抗拒检查的如何认定

（一）裁判规则

行为人酒后在道路上驾驶机动车，因抗拒检查或逃逸而无法及时检验其驾驶时的血液酒精含量，但根据其他间接证据能够认定其驾车时已处于醉酒状态的，可以认定其行为构成危险驾驶罪。但此种情况下对取证要求更高，要穷尽一切手段收集能够证明行为人在驾驶时处于醉酒状态的证据。

行为人以危险驾驶的方式抗拒检查，构成妨害公务罪的，符合《刑法》第133条之一第3款的"同时构成其他犯罪的"，应从一重罪处罚。行为人危险驾驶后又以暴力、威胁方法抗拒检查，构成危险驾驶罪和妨害公务罪的，不应适用《刑法》第133条之一第3款规定，危险驾驶行为和妨害公务行为是两个相互独立的行为，应当数罪并罚。

（二）规则适用

醉酒驾驶机动车是指醉酒状态下在道路上驾驶机动车的行为。根据《车辆驾驶人员血液、呼气酒精含量阈值与检验》的规定，车辆驾驶人员血液酒精含量大于或等于80毫克/100毫升的，属于醉酒驾驶。因危险驾驶罪属于抽象危险犯，醉酒驾驶机动车的是否构成犯罪不需要司法人员根据具体案件判断醉酒行为是否具有危害公共安全的现实可能性，只要行为人处于醉酒状态并实施驾驶行为的，即可构成犯罪。

交警部门对驾驶人员采取的酒精检验主要包括两种方式：一般先对驾驶人员进行呼气酒精含量检验，如果呼气检验结果达到或者接近醉酒标准，再对驾驶人员进行血液酒精含量检验，即《车辆驾驶人员血液、呼气酒精含量阈值与检验》所规定的驾驶人血液酒精含量检验和呼气酒精含量检验两种方式。针对不具有血液酒精含量检验和呼气酒精含量检验条件的，应当进行唾液酒精检测，或者根据交警的指令做人体平衡试验来评价车辆驾驶人的驾驶能力。但实践中存在大量酒后驾驶机动车并抗拒、逃避检查的现象，逃避检查的行为人认为只要及时逃

脱,待酒精挥发、分解、消化、排泄后,血液酒精含量大幅度下降甚至消失,就无证据再对其定罪处罚,网络上甚至出现了专门为醉酒驾驶机动车行为支招逃避刑事追究的"醉驾逃逸攻略"。酒精检验确为认定醉酒驾驶机动车的关键过程,在行为人抗拒检查或逃逸而无法当场检测酒精含量的,因关键性证据的缺失,导致定罪存在困难,同时部分行为人存在以暴力、威胁方式抗拒检查的,足以单独构成妨害公务罪。

1. 酒后驾驶机动车的行为人拒绝配合酒精检测的如何处理

对于行为人拒绝配合酒精检测的,根据其他间接证据能否认定危险驾驶罪存在一定争议。有观点认为,血液酒精含量检验鉴定意见是认定醉酒的唯一直接证据,在无法对血液酒精含量进行检验的情况下,不能推定行为人达到醉酒程度,如果将其入罪,就违反了罪刑法定这一最重要的刑法基本原则。也有观点认为,间接证据足以证明行为人醉酒驶机动驾车的,可以认定构成危险驾驶罪。对此,《醉酒驾驶机动车刑事案件意见》第6条第1款规定,"血液酒精含量检验鉴定意见是认定犯罪嫌疑人是否醉酒的依据"。该规定肯定了血液酒精含量检验鉴定意见对认定行为人是否醉酒的关键作用,但未表明在没有鉴定意见的情况下不能认定行为人醉酒。笔者认为,对于酒后在道路上驾驶机动车的行为,因行为人抗拒检查或逃逸而无法及时检验其驾驶时的血液酒精含量,但根据其他间接证据能够认定其驾车时已处于醉酒状态的,可以认定其行为构成危险驾驶罪。理由在于:如果在任何情况下都要求将血液酒精含量检验鉴定意见作为认定醉酒的唯一依据,不利于预防和遏制醉驾型犯罪,可能会纵容醉酒驾驶机动车行为人抗拒检查或逃逸的行为。《死刑案件证据规定》和《刑事诉讼法解释》均规定了没有直接证据证明犯罪行为是被告人实施时,认定被告人有罪需满足的条件。故即便未进行酒精检测,缺少认定行为人醉酒驾驶机动车的直接证据,但只要间接证据达到确实、充分的证明程度,能够排除合理怀疑的,仍可据此认定为醉酒驾驶机动车,但鉴于血液酒精含量检验鉴定意见的重要性以及缺失后的不可弥补性,根据间接证据定案,是迫不得已的做法,应当极为慎重。认定醉酒驾驶机动车的间接证据包括关于行为人喝酒的时间、品种、数量、度数以及驾车时的状态等情节的证言,描述行为人肇事后步态、神态等状况的证言,道路监控录像等视听资料,以及后续对行为人进行酒精检验,根据时间推算行为人驾驶时的血液酒精含量等。

2. 醉酒驾驶机动车的行为人存在抗拒检查行为的如何认定

行为人醉酒驾驶机动车,又存在以暴力、威胁方法抗拒检查的行为,分别构成危险驾驶罪和妨害公务罪的如何处理,是从一重罪处罚还是数罪并罚存在不同意见。一种意见认为,此种情况符合《刑法》第133条之一第3款规定,应当从一重罪处罚。另一种意见认为,根据《醉酒驾驶机动车刑事案件意见》第3条的规定,醉酒驾驶机动车,以暴力、威胁方法阻碍公安机关依法检查,又构成妨害公务罪等其他犯罪的,依照数罪并罚的规定处罚。

对此,应先明确《刑法》第133条之一第3款的含义,该款规定:"有前两款行为,同时构成其他犯罪的,依照处罚较重的规定定罪处罚。"笔者认为,对于该款规定应着重理解"同时"的含义。此规定中的"同时"表示该款只适用于被告人实施的危险驾驶行为符合危险驾驶罪构成要件的同时,又符合"其他犯罪"的构成要件,即同一行为同时构成危险驾驶罪和其他犯罪的,才属于《刑法》第133条之一第3款规定的"同时构成其他犯罪"的情形。例如,因危险驾驶发生重大事故,致人重伤、死亡或者使公私财产遭受重大损失的,既构成危险驾驶罪,同时也构成交通肇事罪或者以危险方法危害公共安全罪等其他犯罪,这种情况下应以处罚较重的罪名定罪处罚。又如,将危险驾驶行为作为故意杀人、故意伤害、故意毁坏公私财物等其他犯罪的手段,或者出于赌博、寻衅滋事等不法动机追逐竞驶的,该行为构成危险驾驶罪,同时也构成故意杀人罪、故意伤害罪、故意毁坏财物罪、寻衅滋事罪等其他犯罪,此种情形下应当以处罚较重的罪名定罪处罚。而判断某行为是否属于单一行为,存在自然意义标准说、社会意义标准说与法律意义标准说等多种学说。通常认为,符合构成要件的各个自然行为至少在其主要部分互相重合时才能认定是一个行为。据此,对于醉酒驾驶机动车又抗拒检查的可以分为两种情况:第一,行为人以危险驾驶的方式抗拒检查,构成妨害公务罪的,此种情况符合上述《刑法》第133条之一第3款"同时构成其他犯罪的",应从一重罪处罚。第二,行为人危险驾驶被查获后又以暴力、威胁方式抗拒检查的,不属于《刑法》第133条之一第3款"同时构成其他犯罪的",危险驾驶行为与被查获后又抗拒检查的行为没有重合部分,在刑法上应当评价为两个独立的行为,而非一个行为,属于《醉酒驾驶机动车刑事案件意见》第3条规定的情况,故对于危险驾驶后抗拒检查,符合妨害公务罪构成要件的,应当以危险驾驶罪和妨害公务罪数罪并罚。

【指导案例】孔某危险驾驶案[①]——醉驾逃逸后找人顶罪并指使他人提供虚假证言导致无法及时检验行为人血液酒精含量的案件如何处理

2011年5月13日晚,被告人孔某与张某、田某、李某等人在某区学府路一饭店吃饭。其间,孔某等人共喝了2瓶500毫升装52度白酒和2瓶750毫升装13.5度红酒。当晚21时许,众人离开饭店,相约到附近的百姓渔村继续打牌。孔某欲将张某的车牌号为粤B6D585的小型汽车开至百姓渔村停车场,但在学府路粤桂社康中心路段倒车时,该车尾部与被害人匡某驾驶的电动自行车发生碰撞,致匡某及其搭载的被害人资某受轻伤,两车均遭到轻微程度的损坏。肇事后,孔某弃车逃至百姓渔村。因害怕自己可能会因此被开除教师职位,孔某即打电话给其老

[①] 参见赖武、黄超荣、高明黎:《孔某危险驾驶案——醉驾逃逸后找人"顶包",并指使他人提供虚假证言,导致无法及时检验血液酒精含量的案件,如何处理》,载最高人民法院刑事审判第一、二、三、四、五庭办:《刑事审判参考》(第94集),法律出版社2014年版,第55—60页。

乡孔某强,让孔某强到现场冒充肇事司机。之后,其又与张某、田某、李某等人商量由孔某强冒充肇事司机。公安机关侦查本案期间,孔某多次请求、嘱托孔某强继续向警方冒称肇事司机,同时多次与张某等人商议统一口径,向警方提供虚假证言,导致公安机关未能及时对孔某抽取血样送检酒精含量。张某、孔某强、田某等六人因向公安机关提供虚假证言,均被公安机关处以行政拘留10日。

本案中,被告人孔某饮酒后驾驶机动车,发生致二人轻伤的交通事故后,因害怕被开除教师职位,不及时报案、救治被害人,反而弃车逃逸,指使他人顶替、作伪证,待其归案时已无法对其驾驶时的血液酒精含量进行检验。在此情况下,本案的认定中存在两个问题:一是在没有血液酒精含量这一直接证据的情况下,根据本案的间接证据是否可以认定孔某犯危险驾驶罪。二是孔某指使他人顶替、作伪证的行为如何认定。

根据判决书所列证据,本案中可以证明孔某存在醉酒驾驶行为的间接证据包括:一是多份证人证言表示孔某在饮酒后驾车,与孔某同桌吃饭的证人张某、田某、李某等人的证言证实,孔某在吃饭时饮酒,随后驾车离开饭店。孔某亦始终承认自己是酒后驾驶,只是否认其处于醉酒状态。被害人匡某及现场证人证实,孔某身上有很大的酒味。二是现有证据可以推定孔某驾驶时的血液酒精含量超过80毫克/100毫升。与孔某同桌吃饭的多名证人证实,孔某等五人案发前共喝了2瓶500毫升装52度白酒和2瓶750毫升装13.5度红酒,孔某饮酒后即去驾车。证人李某证实孔某喝得最多,可能喝了半斤白酒,还喝了些红酒;证人钟某证实白酒基本上是孔某等四人平分。根据该二人证言,孔某至少喝了200毫升白酒和数百毫升红酒。根据有关专家的检验和分析,一般情况下饮用150毫升低度白酒或者2瓶(约1200毫升)啤酒后血液酒精含量即可达到80毫克/100毫升,按照孔某饮酒数量进行推断,其驾驶时体内血液酒精含量大于80毫克/100毫升。同时经检验,一同喝酒的证人张某的血液酒精含量为128.7毫克/100毫升,在场证人证实,孔某的饮酒数量不低于张某。综上所述,虽然本案缺少对孔某的血液酒精含量检验鉴定意见这一关键性证据,但本案中的间接证据足以认定孔某醉酒驾驶的犯罪事实,其行为已构成危险驾驶罪。

孔某在醉酒驾驶机动车发生事故后,指使他人顶罪、作伪证,又如何处理?如上所述,在交通肇事后,如果行为人采取嘱托、请求、劝诱等方法指使他人顶罪的,因该行为不构成新的犯罪,可作为量刑情节,在认定为交通肇事逃逸的基础上,从重处罚;如果行为人采取暴力、威胁和贿买等方法指使他人顶罪的,应以交通肇事逃逸和妨害作证罪并罚。本案中,孔某的行为虽不构成交通肇事罪,但其在事故发生后,存在指使他人顶罪、作伪证的情节,如果孔某采取暴力、威胁和贿买等方法指使他人顶罪的,应以危险驾驶罪和妨害作证罪并罚;如果只是单纯通过嘱托、请求、劝诱等方法指使他人顶罪、作伪证的,可以作为危险驾驶罪的从重情节。从现有案例表述来看，本案属于后一种情况。

【指导案例】于岗危险驾驶、妨害公务案①——酒驾后抗拒检查将民警打伤的如何处理

2012年12月8日23时许，于岗酒后驾驶车牌号为苏BG695F的汽车行驶至山北查报站时遇民警检查。于岗拒不配合检查，欲弃车逃离，被民警带至山北查报站内进行检查。在山北查报站内，于岗推搡、拉扯民警，阻碍民警对其检查，将民警俞剑飚的警服撕破，致俞剑飚受轻微伤。经鉴定，于岗血液酒精含量为206毫克/100毫升。案发后于岗赔偿俞剑飚人民币2900元。

本案中，于岗醉酒后在道路上驾驶机动车，没有发生重大事故，其行为构成危险驾驶罪。在遇到民警对其进行检查时，于岗弃车逃跑，被民警抓获并带至检查站依法检查时，其推搡、拉扯民警，阻碍检查，并将民警打成轻微伤。这一系列举动已经超出危险驾驶罪的行为范畴，因民警属于国家机关工作人员，于岗将民警打成轻微伤的行为属于以暴力方式阻碍国家机关工作人员依法执行公务的行为，构成妨害公务罪。而于岗的危险驾驶行为和其后的妨害公务行为没有重合，且其醉酒驾驶和抗拒检查的行为系出于不同的犯罪动机，属两个行为，根据《醉酒驾驶机动车刑事案件意见》第3条的规定，对于危险驾驶后抗拒检查，且符合数罪构成要件的，应当以危险驾驶罪和妨害公务罪数罪并罚。

七、如何把握醉酒驾驶机动车的证据标准

（一）裁判规则

血液酒精含量检验鉴定意见是否规范，需要考查检材（血样）规范性和鉴定意见的规范性。检材规范性包括检材的收集、流转、保管、送检等各个环节是否规范，鉴定意见的规范性包括鉴定机构是否具备相应资质、鉴定程序、鉴定过程、鉴定方法和鉴定意见的形式是否符合相关规定。

对于血液酒精含量检验鉴定意见存在不规范问题的处理：一是考察鉴定意见不规范的程度，是属于严重违规还是轻微违规。二是考察不规范操作对鉴定意见结论可信度的影响程度。三是考察不规范的问题是否可以补正或合理说明，不影响鉴定意见结果的可信度或者可以通过补正或说明能够合理解释的，鉴定意见的结果仍然可以作为定罪量刑的依据，反之，不能将鉴定意见结论作为定案依据。

行为人存在脱逃行为，无法测量血液酒精含量的，可以以呼气酒精含量作为

---

① 参见范莉、王星光、杨柳：《于岗危险驾驶、妨害公务案——醉酒驾驶并抗拒检查的是应当从一重处还是数罪并罚》，载最高人民法院刑事审判第一、二、三、四、五庭主办：《刑事审判参考》（总第94集），法律出版社2014年版，第43—45页。

定罪量刑的依据。而行为人不存在脱逃行为,血液酒精含量检验鉴定意见无法采用的,不宜以呼气酒精含量作为定罪量刑的依据。同时,考察在案证据能否排他地证明行为人存在醉酒驾驶机动车行为:一是考查事实认定是否达到证据确实、充分的证明标准。二是看在案证据能否排除其他可能,得出唯一结论。

(二) 规则适用

醉酒驾驶机动车案件的认定较为简单,有证据证明被告人在醉酒状态下驾车即可,当然情节显著轻微的不认为是犯罪。醉驾型案件的核心证据较为单一,关键证据是检测血液酒精含量的《司法鉴定检验报告书》,所以在醉驾型案件的办理中,考察血液酒精含量检验鉴定意见是否合规,及在案证据能否排他地证明行为人存在醉酒驾驶机动车行为是关键。

1. 血液酒精含量检验鉴定意见是否规范

一份鉴定意见能否最终作为定案的根据,除了鉴定意见本身所涉及的问题,如鉴定机构与鉴定人的法定资质、鉴定程序、鉴定过程、鉴定方法以及鉴定意见的形式等外,还涉及作为鉴定基础或者说前提条件的检材(血样)的来源、取得、流转、保管、送检等环节,也就是检材(血样)能否保证同一性和不受污染。

第一,检材(血样)规范性审查。一是检材的收集程序是否规范。检材是否规范须从合法性和技术性两个方面判断:①合法性方面。提取车辆驾驶人血液样本,属于一种法定的行政强制措施[1],根据《刑事诉讼法》第54条第2款的规定,行政机关在行政执法和查办案件过程中收集的物证,在刑事诉讼中可以作为证据使用。但根据《刑事诉讼法解释》第75条的规定,必须"经法庭查证属实,且收集程序符合有关法律、行政法规规定的",方可作为定案的根据,主要判断依据为《中华人民共和国行政强制法》第18条[2]。②技术性方面,主要依据为《车辆驾驶人员血液、呼气酒精含量阈值与检验》第5.3.1条"抽取血样应由专业人员按要求进行,不应采用醇类药品对皮肤进行消毒;抽出血样中应添加抗凝剂,防止血液凝固;装血样的容器应洁净、干燥,按检验规范封装,低温保存,及时送检"之规定。实务中,血样收集不合规的现象较为普遍,如抽取被告人血样未当场进行编号、封装,无法确定送检血样为被告人血样等情形。二是检材的流转、保管、送检等各个环节是否规范。血样在流转、保管、送检的过程中,必须确保同一性和不受污染。

---

[1] 依据为我国《中华人民共和国行政强制法》第10条、《道路交通安全法实施条例》第105条,以及《道路交通安全违法行为处理程序规定》第22条的规定。

[2] 《中华人民共和国行政强制法》第18条对行政机关实施行政强制措施的程序作出了规定:"行政机关实施行政强制措施应当遵守下列规定:(一)实施前须向行政机关负责人报告并经批准;(二)由两名以上行政执法人员实施;(三)出示执法身份证件;(四)通知当事人到场;(五)当场告知当事人采取行政强制措施的理由、依据以及当事人依法享有的权利、救济途径;(六)听取当事人的陈述和申辩;(七)制作现场笔录;(八)现场笔录由当事人和行政执法人员签名或者盖章,当事人拒绝的,在笔录中予以注明;(九)当事人不到场的,邀请见证人到场,由见证人和行政执法人员在现场笔录上签名或者盖章;(十)法律、法规规定的其他程序。"

根据公安部《关于公安机关办理醉酒驾驶机动车犯罪案件的指导意见》的规定,交警对当事人血样提取过程应当全程监控;提取的血样要当场登记封存,并立即送检验鉴定机构进行血液酒精含量检验;因特殊原因不能立即送检的,应当按照规范低温保存,经上级公安机关交通管理部门负责人批准,可以在3日内送检。

第二,鉴定意见的规范性审查。一是鉴定机构是否具备相应资质。鉴定机构从事血液酒精含量的鉴定,首先必须有司法行政机关颁发的《司法鉴定许可证》,或者公安机关、检察机关颁发的《鉴定机构资格证书》《人民检察院鉴定机构资格证书》。同时根据全国人民代表大会常务委员会《关于司法鉴定管理问题的决定》,以及司法部、公安部、最高人民检察院的相关规定,鉴定机构应当有在业务范围内进行司法鉴定所必需的依法通过计量认证或者实验室认可的检测实验室。我国2015年8月1日起实施的《检验检测机构资质认定管理办法》第3条明确规定,检验检测机构为司法机关作出的裁决,为行政机关作出的行政决定,为仲裁机构作出的仲裁决定出具具有证明作用的数据、结果的,应当取得资质认定。这是我国法律法规规定的强制性行政许可。因此,如果鉴定机构未通过相关的检验检测机构计量认证,应当视为该鉴定机构不具备法定资质。① 二是鉴定程序、鉴定过程和鉴定方法等是否符合规定。这方面问题在实践中也较为普遍,表现为未满足两名司法鉴定人员进行鉴定,随意使用鉴定标准,在鉴定时不作血液中乙醇的定性分析等。三是鉴定意见的形式是否符合相关规定。《刑事诉讼法解释》第97条第(四)项、《公安机关办理行政案件程序规定》第96条、《司法鉴定程序通则》第四章等对司法鉴定意见的形式、文书格式等进行了统一规定。对于鉴定意见不符合规范的,根据《公安机关办理行政案件程序规定》第98条第1款的规定,具有鉴定程序违法或者违反相关专业技术要求,可能影响鉴定意见正确性;鉴定机构、鉴定人不具备鉴定资质和条件;鉴定意见明显依据不足;鉴定人故意作虚假鉴定;鉴定人应当回避而没有回避;检材虚假或者被损坏等情形之一的,应当重新鉴定。根据《刑事诉讼法解释》第98条的规定,具有鉴定机构不具备法定资质,或者鉴定事项超出该鉴定机构业务范围、技术条件;鉴定人不具备法定资质,不具有相关专业技术或者职称,或者违反回避规定;送检材料、样本来源不明,或者因污染不具备鉴定条件;鉴定对象与送检材料、样本不一致;鉴定程序违反规定;鉴定过程和方法不符合相关专业的规范要求;鉴定文书缺少签名、盖章;鉴定意见与案件待证事实没有关联等情形之一的,不得作为定案的依据。

对于血液酒精含量检验鉴定意见存在不规范问题的处理:一是考察鉴定意见不规范的程度,是属于严重违规还是轻微违规;二是考察不规范操作对鉴定意见结论可信度的影响程度;三是考察不规范的问题是否可以补正或合理说明。如果鉴定意见中不规范的问题不影响鉴定意见结果的可信度,或者可以通过补正或说

---

① 参见李鸣杰:《醉驾案件办案思路与方法》,载微信公众号"刑辩前线"(https://mp.weixin.qq.com/s?__biz=MzA4MjcxMDg1Mw%3D%3D&mid=2650313712&idx=1&sn=25800e6e784e6cf00ce5a71d6422e3a4&scene=45#wechat_redirect),访问日期:2020年2月28日。

明能够合理解释的,鉴定意见的结论仍然可以作为定罪量刑的依据。但如果鉴定意见中不规范的问题已经影响到鉴定意见结论的可信度,且无法通过补正或说明进行合理解释的,不能将鉴定意见结论作为定案依据。在此情况下,根据《醉酒驾驶机动车刑事案件意见》第 6 条第 1 款的规定,血液酒精含量检验鉴定意见是认定犯罪嫌疑人是否醉酒的依据。犯罪嫌疑人呼气酒精含量检验达到醉酒标准,在抽取血样之前脱逃的,可以以呼气酒精含量检验结果作为认定其醉酒的依据。如果行为人存在脱逃行为,可以以呼气酒精含量检验结果作为认定定罪量刑的依据。而行为人不存在脱逃行为,血液酒精含量检测鉴定意见无法采用的,对于呼气酒精含量检验结果是否可以作为依据,实践中存在不同意见。在部分判决中,法院认为,在此情况下根据上述《醉酒驾驶机动车刑事案件意见》中的规定,呼气酒精含量检验结果可以作为认定其醉酒的参考,从而认定行为人的醉酒状态。① 笔者不同意该观点,一方面,从《醉酒驾驶机动车刑事案件意见》第 6 条规定来看,该条明确规定了以呼气酒精含量检验结果作为认定被告人醉酒依据的前提条件是,行为人在抽取血样之前逃脱,如果不具备此条件,不能将呼气酒精含量检验结果作为定罪依据,此为法条应有之意。另一方面,呼气酒精含量检验的原理是呼气中的酒精浓度和血液中的酒精浓度会呈现一定的比例关系。当人饮酒时,酒精会在口腔、喉咙和胃里被吸收,最后进入血液中去,但在这一过程中,酒精并不会被人体消化,一部分酒精会挥发,经过肺泡,重新被人呼出体外,呼气中的酒精浓度是血液中酒精浓度的一个表现方面,但该比例关系可能会受到很多其他因素的影响,而且也可能存在行为人以酒漱口,实际并未饮入体内等情况。同时,呼气酒精含量检测的气体样本不能保留,不可复查。故在行为人没有逃跑行为的情况下,即便血液酒精含量检验鉴定意见不能采用,也不能仅以呼气酒精含量检验的结果作为认定依据。

2. 在案证据能否排他地证明行为人存在醉酒驾驶机动车行为

血液酒精含量检验鉴定意见合法,能够证明被告人在检测时处于醉酒状态的,须进一步结合在案其他证据,来证明行为人存在醉酒状态下的驾驶行为。一方面,考察事实认定是否达到证据确实、充分的证明标准。未达到上述证明标准的,按照证据裁判和疑罪从无原则应当宣告被告人无罪。如查获时被告人正在机动车上睡觉,即便被告人处于醉酒状态,如无直接证据能够证明被告人存在醉酒驾驶机动车行为的,应认定为无罪。② 另一方面,在案证据能否排除其他可能。如现有证据不能得出唯一结论,不能排除合理怀疑的,不能认定为犯罪。如被告人酒后驾驶机动车,饮酒后又坐在副驾驶位置,在车辆行驶途中被查获的,因为在案证据不能得出被告人驾驶时是否处于醉酒状态,故应认定为无罪。③

---

① 参见陕西省佳县人民法院(2017)陕 0828 刑初 71 号刑事判决书。
② 参见安徽省铜陵市中级人民法院(2018)皖 07 刑终 50 号刑事判决书。
③ 参见山西省忻州市中级人民法院(2014)忻中刑终字第 134 号刑事判决书。

【指导案例】孙亚强涉嫌危险驾驶案①——无法排除行为人驾驶后饮酒的是否可以认定为犯罪

2017年6月24日21时许,被告人孙亚强驾驶奥迪牌小型轿车,在齐齐哈尔市建华区鸿福家园小区11号楼西侧超市门前与芦红驾驶的丰田牌小型轿车相撞。相撞之后,孙亚强驾驶车辆由西向东驶离事故现场,将车停在距离事故现场30米处的11号楼4单元门前,之后离开车辆回到11号楼4单元401室的家中。当日21时35分,建设路派出所民警到达后与交警一起上楼到11号楼4单元401室敲门,21时39分进入孙亚强家中,孙亚强拒不配合调查,21时47分派出所民警发现孙亚强为警训支队民警,21时48分交警向领导汇报,23时23分孙亚强所在单位领导赶到孙亚强家中,次日0时34分市局督察赶到孙亚强家中劝导无效后,于1时26分在孙亚强家中对其强制抽血进行酒精检测,1时41分将孙亚强从家中带至建华交警大队接受调查,3时25分对孙亚强进行呼气式酒精测试,将孙亚强约束至酒醒后,于9时46分对其询问,孙亚强称其开车到家后饮的酒。经齐齐哈尔市公安司法鉴定中心鉴定,孙亚强静脉血中检出酒精,含量为208.1毫克/100毫升。事故发生后,孙亚强赔偿被害人经济损失人民币2000元。

本案中,公诉机关指控孙亚强构成危险驾驶罪,但在指控中对于孙亚强在道路上驾驶机动车时是否为醉酒驾驶,未进行确认,仅证明公安机关进入孙亚强家中发现其有饮酒行为。综观全案,本案的认定中缺乏能够证明孙亚强系醉酒驾驶机动车,或其在驾驶机动车之前饮酒的客观证据,根据现有证据查明的事实,孙亚强饮酒的地点不能确定,饮酒的时间不能确定,与其饮酒的人不能确定。对于孙亚强供述其系回到家中饮酒,侦查机关未勘查现场、固定证据,根据现有证据无法排除其系回到家中饮酒的可能,导致孙亚强是否系事故发生后回到家中饮酒存疑。虽然孙亚强静脉血中检出酒精含量为208.1毫克/100毫升,但无法确定其饮酒时间是在开车前还是回家后,公诉机关提交的证据没有形成完整的证据链,没有达到证据确实、充分的法定证明标准,不能排除行为人驾驶后饮酒的可能,不能得出唯一的排他性结论,故不能认定孙亚强构成危险驾驶罪。

【指导案例】陈茂跃危险驾驶案②——因行为人过错致使血液酒精含量检验结果缺失时呼气酒精含量检验结果的证据效力

2013年6月5日晚7时许,被告人陈茂跃与潘伯承等人在酒店饮酒至23时许结束,十余人共饮用大瓶百威啤酒70瓶。当日23时34分许,陈茂跃驾驶牌号为浙C6222R的小型越野客车,从鹿城区水心附近往葡萄棚小区方向行驶,途经鹿城

---

① 案号:(2017)黑0203刑初208号,审理法院:黑龙江省齐齐哈尔市建华区人民法院。
② 参见夏宁安:《醉驾人过错导致血液酒精测试结果缺失时呼气酒精测试结果的证据效力》,载《人民司法(案例)》2013年第24期。

区锦绣路锦瓯桥前处时被在此路段设卡执勤的交通民警查获。经呼出气体酒精含量探测器(出厂编号 301579)检测,陈茂跃的酒精含量为 106.5 毫克/100 毫升。

当日 23 时 50 分许,被告人陈茂跃被执勤民警带至温州市人民医院由医务人员对其提取血样。在去医院的过程中,陈茂跃用自己的手机与朋友潘伯承通话并短信联系,请潘伯承通知家人并找人帮忙。潘伯承将此信息转告陈茂跃的妻子陈利洁,陈利洁又转告陈茂跃的母亲王小琴(另案处理)。6 日凌晨,民警为履行通知家属的义务而用值班电话联系陈利洁,后王小琴用自己的手机拨打温州市交警支队一大队值班电话打探消息,值班协警潘晓飞(另案处理)接听了该电话。在通话中,王小琴劝说潘晓飞帮忙,双方商定由王小琴提供自己的血样给潘晓飞,由潘晓飞将血样与被告人陈茂跃已被抽取的血样进行调换。尔后,王小琴喝酒后到温州市第三人民医院抽血,并将血样提供给潘晓飞。6 日上午,潘晓飞从市交警支队一大队存放血样的冰箱里偷出被告人陈茂跃的血样,到卫生间内将王小琴和陈茂跃的血样各倒掉一些,再将剩下的两种血样混合在一起放回冰箱。当日下午,温州市公安局物证鉴定所对该混合血样进行检验、鉴定,从血液中检出的乙醇成分含量为 20.7 毫克/100 毫升。

因两次结果相差悬殊,公安机关于是启动内部调查机制,发现 DNA 检测检出的上述血样为陈茂跃和王小琴的血液混合形成,且涉案呼出气体酒精含量探测器(出厂编号 301579)已过检定周期 20 天。2013 年 6 月 9 日、2013 年 7 月 3 日温州市计量技术研究院两次对涉案的呼出气体酒精含量探测器(编号 301579)进行校准,各得出五组校准数据,测量值低于标准值 24.6 毫克/100 毫升至 34.1 毫克/100 毫升不等,并得出校准意见:该仪器的各测量点的测量值低于标准值,误差范围符合国家标准。

在案件审理过程中,陈茂跃的辩护人提出以陈茂跃和王小琴的血液样本各取一半为前提来推算陈茂跃血液中的酒精含量不超过 50 毫克/100 毫升,因无法证明潘晓飞按照 1:1 比例混合血样,该意见明显缺乏科学依据,且血液在调换混合过程中密封性、冷藏环境均遭到破坏,血液中的酒精已有所挥发,故该意见未被法院采纳,一审法院认定被告人陈茂跃构成危险驾驶罪。后被告人以仅有呼气测试而无血液检验不能认定醉酒驾驶,以及出厂编号为 301579 的呼出气体酒精含量探测器已超过检定周期,其测试结果无效为由提出上诉,二审法院经审理后维持原判。本案的认定中存在两个问题:一是因行为人过错致使血液酒精含量检验结果缺失时呼气酒精含量检验结果是否可以作为认定被告人处于醉酒状态的依据;二是呼出气体酒精含量探测器已超过检定周期是否影响本案中呼气酒精含量检验结果的使用。具体来说,第一,对于因行为人过错致使血液酒精含量检验结果缺失的情况,如上所述,因呼气酒精含量检验结果存在不够精确、不可复查等缺陷,故除被告人在提取血样前脱逃的,呼气酒精含量检验结果原则上不能作为醉驾型危险驾驶罪的定罪证据使用。但是对于因行为人过错致使血液酒精含量检验结果缺失时，可以将呼气酒精含量检验结果作为定罪证据。因为一方面，被告人或者其家属的行为致使血液酒精含量检验结果无法采用的，可视为被告人放弃进行精确血液酒精浓度检测，该不利后果应由被告人自行承担。另一方面，如果因无法取得血液酒精测试结果就不能定罪，将助长被告人通过非法手段干扰侦查机关进行酒精测试的行为。本案中，被告人的母亲王小琴伙同值班协警将送检血样调包，导致警方无法通过血液对陈茂跃进行酒精含量检测，该不利后果应由陈茂跃承担。第二，本案中用于检验的探测器已过检定周期，但亦可作为证据采用，理由在于：其一，温州市计量技术研究院对该探测器的校准得出该探测器的各测量点的测量值均低于标准值，误差范围符合国家标准。结合交警部门于案发次日对其他人员所作的测试，证实了该探测器的测量值低于标准值且相差范围符合标准，可以证明使用该探测器检测出的被告人呼气酒精含量值106.5毫克/100毫升应低于标准情况下对被告人呼气酒精含量检验的结果；其二，陈茂跃的供述以及证人潘伯承等人的证言能证实陈茂跃当晚喝了很多杯百威啤酒，且其本人也对呼气测试检验单签字确认无异议。故不能简单地以探测器超出检定周期来否定其作为法定酒精检测方式所得出的结果，可以以陈茂跃的呼气酒精检测结果认定被告人陈茂跃在进行呼气酒精含量检验时处于醉酒状态，进而追究陈茂跃危险驾驶的刑事责任。

【指导案例】马玉湘涉嫌危险驾驶案①——血样延迟送检违反规定的如何处理

2016年2月7日20时30分许，马玉湘饮酒后驾驶自己的小型轿车由南往北行驶准备前往会同县林业局宿舍，行驶至会同县林业局门口路段准备转弯进入林业局大门时，与被害人杨某驾驶的普通二轮摩托车迎面相撞，造成杨某受伤、两车受损的道路交通事故。民警接报赶到现场后，发觉马玉湘有饮酒嫌疑，遂将其带至林业局大门口处进行呼气式酒精测试，测试结果显示马玉湘呼气中酒精浓度为152.2毫克/100毫升。当日21时45分，民警将马玉湘带至会同县中医院抽取血样，医务人员抽取静脉血8毫升后分装在两支真空抗凝管内（每管4毫升），分别编号E04157705、E01787959。同年2月16日，民警将编号为E04157705的装有2毫升血液的真空抗凝管送至怀化市方正司法鉴定中心检验。当日经该鉴定中心检验，送检的血样中酒精含量为190.7毫克/100毫升。案发后，经会同县公安局交警大队认定，马玉湘负此次事故的主要责任，杨某负此次事故的次要责任。马玉湘与杨某、中国人民财产保险股份有限公司怀化市分公司就民事赔偿达成协议，赔偿杨某经济损失人民币110208元，杨某对马玉湘的行为予以谅解。

---

① 一审案号：（2018）湘1225刑初46号，审理法院：湖南省会同县人民法院；二审案号：（2018）湘12刑终519号，审理法院：湖南省怀化市中级人民法院。

一审公诉机关指控被告人马玉湘犯危险驾驶罪而提起公诉。一审法院经审理认为,马玉湘的血液酒精含量检验不符合相关规定,因此,公诉机关提交的马玉湘的血液酒精含量检验结果为无效证据。但依据马玉湘的呼气酒精含量检验结果,认定被告人马玉湘构成危险驾驶罪,鉴于其已取得被害人谅解,可免予刑事处罚。后马玉湘以呼气酒精测试结果不符合作为定罪根据的条件,应依法改判其无罪为由提起上诉。二审法院经审理认为,本案血液酒精含量和呼气酒精含量检验结果均不能作为定案的根据,判决马玉湘无罪。

本案中,马玉湘饮酒后驾驶机动车在道路上行驶,与杨某驾驶的二轮摩托车相撞,造成杨某受伤、两车损坏,其行为是否属于醉酒后驾驶机动车,关键是看血液酒精含量、呼气酒精含量检验结果是否达到醉酒驾驶机动车标准,以及本案中的血液酒精含量、呼气酒精含量检验结果能否作为定案的根据。本案在血液酒精含量采样及送检的过程中存在多个问题:民警于2016年2月7日21时45分将马玉湘带至会同县中医院抽血送检,而却在9天以后,即2月16日才将血液送到检验鉴定机构进行血液酒精含量鉴定,且延迟送检没有经上级公安机关交通管理部门负责人批准的证据;没有证据证明民警提取马玉湘血液时进行了全程监控;根据在案证据,本案抽取的血液为2管,每管4毫升,但怀化市方正司法鉴定中心出具的检验报告证实送检的血液为2毫升,提取血液量与送检血液量相差明显;公诉机关当庭提交的盛装马玉湘血液的真空抗凝管上没有马玉湘、民警及抽血医务人员三方签名,也没有按照规定进行封装,因此送检的血液是否系马玉湘的血液不能排除合理怀疑,不具有唯一性。民警对马玉湘血样的提取、保存、送检程序严重违反了公安部《关于公安机关办理醉酒驾驶机动车犯罪案件的指导意见》的规定,马玉湘的血液酒精含量检验鉴定意见依法不能作为定案的根据。本案上诉人马玉湘在进行呼气酒精含量检验后就被民警带至会同县中医院抽取血样,在抽取血样之前并没有脱逃行为,因此,本案不属于可以以呼气酒精含量检验结果作为认定其醉酒后驾驶机动车的情形,故本案中呼气酒精含量检验结果不能作为定案的根据。

综上所述,根据现有证据虽能认定马玉湘具有饮酒后驾驶机动车的行为,但其是否属于醉酒驾驶机动车,是否构成危险驾驶罪,公诉机关指控的在案证据无法达到法律规定的证据确实、充分的证明标准,故二审法院改判马玉湘无罪的判决是正确的。

【指导案例】陈应龙涉嫌危险驾驶案[①]——《司法鉴定检验报告书》中记载的检验方法与实际不符的如何处理

2013年6月25日凌晨2时20分许,陈应龙酒后驾驶闽J×××××号二轮摩托车途经霞浦县时剐撞行人黄某一,造成黄某一受伤的交通事故。随后陈应龙将黄某

---

① 案号:(2017)闽09刑再4号,审理法院:福建省宁德市中级人民法院。

一送往霞浦县医院治疗。当日公安机关在霞浦县医院找到陈应龙并在霞浦县医院急诊科对陈应龙提取静脉血样封存,于同月27日送检。公安机关鉴定委托书上记载:"被鉴定人姓名陈应龙,身份证号……"福建晟兰司法鉴定所于同月28日出具的鉴定报告记载:"被鉴定人姓名:陈应龙;身份证号;检验方法:GA/T842—2009《血液酒精含量的检验方法》;检材处理:精取1ml待测全血两份,分别置于顶空瓶内,分别加入0.5ul(2mg/ml)叔丁醇内标液,用橡胶垫铝帽密封,摇匀置于自动顶空进样器中加热、分析;检材名称:李林;鉴定意见:陈应龙血样检材中乙醇浓度为190.75mg/100ml。"2015年5月29日,福建晟兰司法鉴定所在霞浦县人民法院举行的听证会上承认鉴定报告中检验方法名义上用的是公安部规定的GA/T842—2009《血液酒精含量的检验方法》,而整个检验过程实际上采用了司法部规定的SF/ZJD0107001—2010《血液中乙醇的测定顶空气相色谱法》。

本案一审由霞浦县人民法院作出(2014)霞刑初字第194号刑事判决,以被告人陈应龙犯危险驾驶罪,判处拘役两个月,并处罚金人民币5000元(已缴纳),该判决已发生法律效力。福建省宁德市中级人民法院作出(2016)闽09刑监1号再审决定,指令霞浦县人民法院再审。霞浦县人民法院作出(2016)闽0921刑再1号刑事裁定,准许霞浦县人民检察院撤回对原审被告人陈应龙的起诉。陈应龙不服,提出上诉。福建省宁德市中级人民法院作出(2017)闽09刑再1号刑事裁定,撤销(2016)闽0921刑再1号刑事裁定,发回霞浦县人民法院重审。霞浦县人民法院于2017年9月28日作出(2017)闽0921刑再1号刑事裁定,裁定驳回申诉,维持霞浦县人民法院(2014)霞刑初字第194号刑事判决。原审被告人陈应龙提出上诉。经福建省宁德市中级人民法院二审审理作出(2017)闽09刑再4号刑事判决,判决陈应龙无罪。

本案的《司法鉴定检验报告书》存在三个问题:一是《司法鉴定检验报告书》中陈应龙的居民身份证号码实际为陈某二的居民身份证号码;二是其中"检材名称"项下的姓名将陈应龙填写成"李林";三是《司法鉴定检验报告书》的检验方法载明使用GA/T842—2009《血液酒精含量的检验方法》中的规范标准,但实际使用的却是司法部SF/ZJD0107001—2010《血液中乙醇的测定顶空气相色谱法》中规定的检验方法。这三个问题是否影响《司法鉴定检验报告书》的证据效力,应当根据法律规定,综合全案证据材料,客观、全面地进行分析论证。

一审法院认为,上述《司法鉴定检验报告书》中的问题系委托鉴定机构书写错误和工作疏漏造成,同时考虑到其在血样检材的提取、封存等整个过程,能够严格按照有关规定程序操作,并在陈应龙和医务人员的共同监督下完成,陈某二案件的血样委托鉴定与陈应龙案件的血样委托鉴定相距两个月,两案所处时空不同,完全可以排除两份送检血样混淆的可能性,以及鉴定机构出具的《物证接受登记表》《福建晟蓝司法鉴定所顶空气相色谱图》和《送检材料照片》的内容指向对象均印证所检血样是陈应龙血样。同时对于所用检验方法与报告中所记载的不同的问题,两种检验方法都是合法有效的。因此,不能因为送检材料和鉴定报告中存在瑕疵而否定鉴定报告的真实性,该瑕疵亦不影响鉴定报告的合法性和证明效力。二审法院认为陈应龙醉酒驾驶机动车的主要证据《司法鉴定检验报告书》存在检验方法不符合相关专业规范、送检检材不能排除混淆他人血样可能性的问题,认定该份证据不能作为证据使用,判决陈应龙无罪。

笔者赞同二审判决的结果。理由在于:第一,对于《司法鉴定检验报告书》中陈应龙的居民身份证号码写作陈某二的居民身份证号码的问题,公安机关在《关于陈应龙血样酒精浓度鉴定过程及相关情况的说明》中解释,鉴定委托书上出现的身份证号系距陈应龙案发生前两个月的另一起醉驾型案件当事人陈某二的身份证号码,办案民警在对原有鉴定委托书电子文档进行修改时不够认真细致,忘记对被鉴定人的身份证号码进行更改,仍然使用了原有文档中记载的内容。福建晟兰司法鉴定所在《说明函》中解释,鉴定报告中出现的身份证号码系引用鉴定委托书上的身份证号码。结合上述证据及陈某二案件的血样委托鉴定与陈应龙案件的血样委托鉴定,两案相距两个月,两案所处时空不同,可以认定该笔误不影响鉴定机构接收的陈应龙血样就是公安机关依法提取的陈应龙本人的血样。第二,对于"检材名称"项下的姓名将陈应龙填写成"李林"的问题,在案无证据证明检材与所接收的陈应龙血样具有同一性,不能排除鉴定机构混淆他人血样作出鉴定的可能性。第三,对于所用检验方法与所载不同的问题,"醉酒"的认定标准采用国家质量监督检验检疫总局、国家标准化管理委员会发布的强制性国家标准《阈值与检验》。该标准明确规定血液酒精含量检验方法按照公安部发布的 GA/T105 或者 GA/T842 规定,适用于道路交通执法中对人员血液中酒精的定性和定量分析。其次,GA/T842—2009《血液酒精含量的检验方法》与 SF/ZJD0107001—2010《血液中乙醇的测定顶空气相色谱法》在试剂、仪器、操作方法、定量标准等方面都存在诸多不同之处。而该鉴定报告检验方法名义上用 GA/T842—2009《血液酒精含量的检验方法》,而实际上整个检验过程却采用了 SF/ZJD0107001—2010《血液中乙醇的测定顶空气相色谱法》,程序不当。综上所述,不能排除鉴定机构混淆他人血样得出陈应龙血液酒精含量检验鉴定意见的可能性,鉴定程序亦存在较大问题,故鉴定报告结论不能作为定罪的依据,二审判决陈应龙无罪是正确的。

【指导案例】王树宝危险驾驶案[①]**——未当场查获被告人醉酒驾驶机动车情况下的证据标准**

2011 年 5 月 1 日 4 时 43 分,被告人王树宝酒后驾驶车牌号为苏 A91078 的桑

---

① 参见王燕:《王树宝危险驾驶案——对未当场查获被告人醉酒驾驶机动车且系"零口供"的案件,如何通过证据审查定案》,载最高人民法院刑事审判第一、二、三、四、五庭主办:《刑事审判参考》(总第 94 集),法律出版社 2014 年版,第 50—54 页。

塔纳出租汽车,从南京市下关区小市街靠近和燕路一端出发,经和燕路至黄家圩路 32 号一洗车店,并将车停在附近的马路上。王树宝停车后辱骂并殴打洗车店人员,引发纠纷。接群众报警后,公安人员赶至现场将王树宝抓获。经鉴定,王树宝血液酒精含量为 140.5 毫克/100 毫升。

本案中未当场查获被告人醉酒驾驶机动车,被告人王树宝否认其醉酒驾驶机动车,无证明被告人醉酒驾驶机动车的直接证据,但存在多项间接证据,本案的焦点是根据在案间接证据是否可以认定被告人醉酒驾驶机动车的事实。本案中的间接证据可以分为以下几类:第一,在案发现场的证人顾某、陈某、张某的证言和洗衣店老板曹某等人的证言,证人陈某、张某和被害人曹某均混合辨认出王树宝系驾驶出租车的司机。上述证据内容相互印证,可以证明王树宝开车、停车、下车的行为具有连续性,其间并未穿插王树宝辩称的停车之后饮酒的行为,且王树宝下车时已是满嘴酒气、口齿不清,呈现醉酒状态。第二,调取的苏 A91078 号出租车运行 GPS 定位系统记录和报警平台记录,证明王树宝在洗衣店对面停车与其在洗衣店发生纠纷后群众报警的时间仅相距 5 分钟,在如此短的时间内基本上不可能完成大量饮酒、呈现醉酒状态、与他人发生纠纷并斗殴等一系列行为,从时间上排除了王树宝停车后饮酒并达到醉酒状态的可能。第三,王树宝被抓获后采集血样的血液酒精含量鉴定意见,经鉴定,其血样酒精含量为 140.5 毫克/100 毫升,属醉酒状态,证明在采集血样时被告人王树宝处于醉酒状态。同时,王树宝归案后虽然始终否认醉酒驾驶机动车,但其所作无罪辩解存在自相矛盾、不合常理之处。上述证据之间可以相互印证,足以证明王树宝在道路上醉酒驾驶机动车的事实。

八、危险驾驶罪与以危险方法危害公共安全罪如何区分

(一) 裁判规则

在危险驾驶罪与以危险方法危害公共安全罪的区分上,以危险方法危害公共安全罪的行为客观危险性和行为人主观危险性都更高,且须达到危害公共安全的程度。具体认定两罪时主要须考查行为人对危险驾驶行为对公共安全造成的危险或引发的交通事故后果,是轻信可以避免还是持希望或者放任的心态,以及危险驾驶的行为是否达到与放火、决水、爆炸、投放危险物质等行为危险性相当的程度。

(二) 规则适用

危险驾驶罪与交通肇事罪均规定在《刑法》第 133 条,危险驾驶罪的四种行为都属于交通肇事罪中的违反交通运输管理法规的行为。实施危险驾驶罪规定的四种行为的,需要区分是否发生重伤以上人员伤亡或重大财产损失,发生重大事故的,则构成交通肇事罪;未发生的,构成危险驾驶罪。如上所述,对于部分违反

交通运输管理法规,严重危害公共安全的行为,如果行为人主观上对危害公共安全的结果持希望或放任态度,可能构成以危险方法危害公共安全罪。同样,危险驾驶罪与以危险方法危害公共安全罪同属危害公共安全罪,且因"其他危险方法"的概括性,两罪的行为方式可能存在竞合,部分危险驾驶行为可能构成以危险方法危害公共安全罪。两罪的区分主要体现在以下几个方面:

第一,危险驾驶罪是抽象危险犯,而以危险方法危害公共安全罪是具体危险犯。在刑法理论上,以对法益发生侵害的危险作为处罚依据的犯罪是危险犯。危险犯又分为抽象危险犯和具体危险犯,抽象危险犯是指行为本身包含了侵害法益的可能性而被禁止的情形,如酒后驾驶机动车等行为,具有高度危险,其行为本身的危险性足以直接认定犯罪成立,故危险驾驶罪一经实施即构成犯罪。而具体危险犯是指将已发生侵害法益的具体危险作为构成要件要素的犯罪,以危险方法危害公共安全罪需要达到危害公共安全的危险程度,才构成犯罪。第二,行为的危险程度不同。一般的危险驾驶行为不具有以危险方法危害公共安全罪的社会危害性,只有危险性极高的危险驾驶行为,才可能与放火、爆炸、决水、投放危险物质的危险性相当,才可以认定为以危险方法危害公共安全罪中的"其他危险方法"。第三,从危险主动性上看,危险驾驶罪不具有"加害性",而以危险方法危害公共安全罪行为人行为的目的往往是为了危害公共安全,具有明显的"加害性",危险驾驶罪的行为人一般是出于过于自信的过失,认为可以避免损害结果的发生。综上所述,与危险驾驶罪相比,以危险方法危害公共安全罪的行为客观危险性和行为人主观危险性都更高,且行为须达到危害公共安全的程度。

对于危险驾驶行为是否构成以危险方法危害公共安全罪,须把握两个关键问题:第一,要看行为人对危险驾驶行为对公共安全造成的危险或引发的交通事故后果是轻信可以避免还是持希望或者放任的心态。危险驾驶罪是抽象危险犯,只要行为人实施了刑法规定的危险驾驶行为,即认为其行为对交通安全造成了社会一般人均能认识到的危险就可以成立。比如,行为人虽然明知其追逐竞驶行为存在潜在的危险,但轻信自己的驾驶能力,认为该危险不会转化为现实的损害结果。而以危险方法危害公共安全罪要求行为人不但明知其实施的危险行为存在潜在的危险,而且希望或者放任这种潜在的危险向现实损害转化。行为人对危害公共安全结果持过失心态的,即使造成严重交通事故,如上所述,因交通肇事罪与过失以危险方法危害公共安全罪之间属法条竞合,一般认定为交通肇事罪。第二,要看危险驾驶的行为是否达到与放火、决水、爆炸、投放危险物质等行为相当的危险程度。危险驾驶行为构成以危险方法危害公共安全罪的,要求该行为具有与放火、决水、爆炸、投放危险物质等行为相当的危险程度,如本书第十六章第一个问题中所述,行为须具有"一次性"致人重伤、死亡的可能性;在伤害范围上,"其他危险方法"行为人在行为时须难以预料其损害结果范围、程度及发展过程,行为一旦实施即会不断扩张且难以控制;在因果关系上,"其他危险方法"与结果间存在直接、紧迫的因果关系。在判断时须综合各方面因素,例如行为人处于严重醉酒状态对车辆控制能力造成严重影响仍行驶较长距离的;追逐竞驶过程中不顾其他车辆安全进行冲撞的;在闹市区繁华路段严重超速追逐竞驶的;连续多次撞击多车,致多人重伤、死亡或者使公私财产遭受重大损失的,或者虽然致人受伤程度、财产损失数额尚未达到严重的程度,但侵害对象多、涉及范围广,已对公共安全造成现实侵害的,均符合以危险方法危害公共安全罪的客观要件。如果行为人实施醉酒驾驶机动车,或是追逐竞驶行为,仅发生轻微交通事故,侵害对象、范围有限,该行为尚未达到严重危害公共安全程度,未对公共安全造成紧迫危险的,应认定为危险驾驶罪。

【指导案例】彭建伟危险驾驶案[①]——如何根据"追逐竞驶"的具体情形判断行为人构成危险驾驶罪或以危险方法危害公共安全罪

2011年5月11日12时许,被告人彭建伟驾驶车牌号为京PHIQ86的桑塔纳汽车行驶至北京市密云县密溪路阳光大桥红绿灯处时,被侯墨宣(另案处理)驾驶的车牌号为京N919M1的宝来汽车别挡。后二人驾车在密溪路上高速追逐、相互别挡,驶入该县溪翁庄镇溪翁庄村后仍然相互追逐。二人在别挡过程中,同时撞上溪翁庄镇中学路边停放的车牌号为京GPV987的帕萨特汽车,致使三车均遭到不同程度的损坏。彭建伟下车后持砖头砸坏侯墨宣驾驶的宝来汽车的前挡风玻璃。经鉴定,帕萨特、桑塔纳、宝来汽车损坏修复价格分别为人民币28000元、4800余元、6300元。

本案中,公安机关按照以危险方法危害公共安全罪将彭建伟移送检察院审查起诉,检察院以危险驾驶罪起诉。在审理过程中,对被告人彭建伟的行为认定为危险驾驶罪还是以危险方法危害公共安全罪存在争议。笔者认为,客观上,被告人彭建伟存在多次追逐竞驶,超速50%追逐竞驶,并因此造成了较大财产损失,属于情节恶劣的情况,符合危险驾驶罪的构成要件。一方面,彭建伟追逐竞驶的地点是车流量相对不大的城镇道路,造成的损害结果为双方车辆共同撞上路边停放的其他车辆,属于一般的交通事故,其危险驾驶行为尚不具有与放火、决水、爆炸及投放危险物质相当的危险程度。另一方面,被告人彭建伟明知自己的危险驾驶行为对道路交通与行人安全造成高度的危险,且可能发生危害社会的实害结果,但是他本身并不希望或放任损害结果的发生,只是在驾驶途中因与侯墨宣驾驶的宝来汽车发生别挡,出于争强好胜的斗气心理,临时起意追逐对方车辆,主观

[①] 参见陈琼、李娜:《彭建伟危险驾驶案》,载最高人民法院中国应用法学研究所编:《人民法院案例选(分类重排本)·刑事卷》,人民法院出版社2017年版,第859—862页。

上其相信可以避免事故的发生。被告人彭建伟碰撞上停放在路边的其他车辆后即停止驾驶行为,并下车持砖头砸坏宝来汽车的前挡风玻璃,可以体现出其主观上并不希望或者放任其危险驾驶行为对他人人身财产造成损害,仅是出于追赶侯墨宣而与之追逐竞驶,属于过于自信的过失。因此,被告人彭建伟不符合以危险方法危害公共安全罪的构成要件,应认定为危险驾驶罪。

【指导案例】陈学建以危险方法危害公共安全案①——驾车强行闯卡逃逸的行为如何认定

被告人陈学建于2015年3月20日23时许,驾驶一红色丰田牌轿车行至上海市曲阳路、中山北二路处,遇民警设卡例行检查时,不接受民警示意停车接受检查,强行驾驶车辆闯卡逃逸。在民警汪鸣杰驾车追截下,连续闯红灯、剐蹭行人、在非机动车道逆行快速行驶。当逃至广灵二路近广纪路口处,被追截的警车碰撞仍不停车,又驾车撞到位于广灵二路5号的可颂坊面包房店面玻璃墙后,弃车逃跑。次日,被告人陈学建向公安机关自首。另查明,被告人陈学建逃跑的原因系因害怕被警察查处其吸食毒品。

对于本案的认定存在多种观点,有观点认为,被告人违反交通法规,在道路上高速行驶,虽造成经济损失,但尚未达到交通肇事罪标准,故应认定为危险驾驶罪;有观点认为,被告人为逃避检查疯狂逃逸,已经对社会不特定公众的生命财产安全造成现实紧迫危险,应当认定为以危险方法危害公共安全罪;也有观点认为,被告人主观上不具有危害公共安全的故意,客观上其逃逸行为也不足以认定为危险方法,对其闯卡并逃逸的行为需以妨害公务罪追究刑事责任。本案中,被告人陈学建吸毒后驾车,在遇民警设卡例行检查时,强行驾车闯卡逃逸,在逃逸过程中,高速行驶,连续闯红灯、剐蹭行人、在非机动车道逆行快速行驶、撞击面包房。该一系列行为危险性较高,涉及危险驾驶罪、妨害公务罪和以危险方法危害公共安全罪三个罪名。笔者认为,第一,被告人的行为构成危险驾驶罪。被告人闯卡逃逸过程中高速行驶,且同时连续闯红灯、剐蹭行人、在非机动车道逆行快速行驶,实施多项违反交通法规的行为,属于"追逐竞驶,情节恶劣"的情形,构成危险驾驶罪。第二,被告人的行为构成妨害公务罪。民警是国家机关工作人员,被告人驾车强行闯卡的行为属于以暴力方法阻碍国家机关工作人员依法执行职务的行为,且情节较为严重,构成妨害公务罪。第三,被告人的行为构成以危险方法危害公共安全罪。被告人吸毒后驾车高速行驶、多次违章,其驾车疯狂逃逸行为已经对不特定人的生命健康和财产安全造成了现实和紧迫的危

---

① 参见张金伟、葛立刚:《强行闯卡并逃逸构成以危险方法危害公共安全罪》,载《人民司法(案例)》2016年第23期。

险,同时该行为亦符合"其他危险方法"的要求;主观上,被告人陈学建没有追求相应损害结果的直接故意,但是其能够预见到危害行为对公共安全可能造成的危险状态,其在吸毒后控制能力相应减弱,在碰撞警车后仍继续高速行驶,可见其对行为造成的具体危险状态并不具有否定态度,而是为了逃避检查,放任损害结果的发生,属间接故意。故被告人陈学建的行为同时构成危险驾驶罪、妨害公务罪和以危险方法危害公共安全罪三罪,属想象竞合,应按照重罪即以危险方法危害公共安全罪处理。

第三十二章 重大责任事故罪

如何区分重大责任事故罪与其他相关犯罪

(一) 裁判规则

第一,行为人对安全生产设施或安全生产条件问题负有责任,又在生产、作业过程中违反安全管理规定,导致发生重大伤亡事故或者造成其他严重后果的,应依据情节轻重或事故发生主要原因,分别认定重大责任事故罪或重大劳动安全事故罪。若二罪的情节基本相当,在无法查清对生产、作业是否负有职责时,以重大劳动安全事故罪定罪量刑;如果可以查明对生产、作业负有责任,一般应认定为重大责任事故罪。

第二,根据《交通肇事刑事案件解释》第8条的规定,对于违规驾驶交通工具,造成重大事故的,若发生在公共交通管理范围内,应认定为交通肇事罪;若发生在公共交通管理的范围外,根据具体情况,分别依照重大责任事故罪、重大劳动安全事故罪和过失致人死亡罪定罪处罚。

第三,行为人在生产作业中违反有关安全管理的规定,引发事故,同时引起火灾、爆炸等危害公共安全的危险的,因重大责任事故罪为针对生产过程的过失危害公共安全犯罪,属特别法,一般以重大责任事故罪定罪处罚。

第四,行为人是国家工作人员,收受财物,所实施的为他人谋取利益的行为构成重大责任事故罪的,应以重大责任事故罪和受贿罪并罚。如果国家工作人员贪污、受贿行为尚未构成犯罪,而贪污、受贿行为与责任事故发生存在关联的,以重大责任事故罪从重处罚。国家工作人员在生产中玩忽职守,违反有关安全管理的规定,因而发生事故,同时符合重大责任事故罪和玩忽职守罪的,应认定为重大责任事故罪。为了实施违反安全管理规定的行为而向监管部门行贿,构成重大责任事故罪的,从重处罚。

(二) 规则适用

重大责任事故罪,是指在生产、作业中违反有关安全管理规定,因而发生重大伤亡事故或者造成其他严重后果的行为。重大责任事故罪的行为主体为自然人,包括对生产、作业负有组织、指挥或者管理职责的负责人、管理人员、实际控制人、投资人等人员,以及直接从事生产、作业的人员。根据《危害生产安全刑事案件解释》第6条的规定,具有下列情形之一的,应当认定为重大责任事故罪所要求的"发生重大伤亡事故或者造成其他严重后果":①造成死亡一人以上,或者重伤三人以上的;②造成直接经济损失100万元以上的;③造成其他严重后果或者重大安全事故的情形。在认定重大责任事故罪时,需要梳理与相关几种犯罪的关系:

1. 与重大劳动安全事故罪

对于危害生产安全的犯罪,1979《刑法》只规定了重大责任事故罪。1997年《刑法》修订时,在保留重大责任事故罪的基础上增加了重大劳动安全事故罪。2006年《刑法修正案(六)》第1条和第2条对两罪进行了进一步的修改。从《刑法修正案(六)》和《危害生产安全刑事案件解释》看,重大责任事故罪与重大劳动安全事故罪在罪名上的区别是明显的:一是从客观方面看,重大责任事故罪的行为特征是"在生产、作业中违反有关安全管理的规定",重大劳动安全事故罪的行为特征是"安全生产设施或者安全生产条件不符合国家规定"。二是从主体上看,重大责任事故罪的犯罪主体是对生产、作业负有组织、指挥或者管理职责的负责人、管理人员、实际控制人、投资人等人员,以及直接从事生产、作业的人员;重大劳动安全事故罪的犯罪主体是对安全生产设施或者安全生产条件不符合国家规定负有直接责任的生产经营单位负责人、管理人员、实际控制人、投资人,以及其他对安全生产设施或者安全生产条件负有管理、维护职责的人员。总体来看,重大劳动安全事故罪强调生产条件和设施的质量问题,而重大责任事故罪强调违背相关生产作业规定。

在完全因安全生产设施或者安全生产条件不符合国家规定的情况下进行生产、作业,或者完全因在生产、作业中违反有关安全管理的规定,造成事故的,前者直接认定为重大安全劳动事故罪,后者直接认定为重大责任事故罪。问题是在生产设施和条件不符合法律规定的前提下,行为人既存在对不符合法律规定的生产设施和条件的管理责任,又实施违反有关安全管理规定的行为,因而发生重大伤亡事故或者造成其他严重后果的,罪名如何认定。对此,应区分不同情况:其一,当两罪中某一罪的情节明显重于另一罪,或者某一原因是造成事故的主要原因时,应按情节较重的罪名或主要原因对应的罪名定罪量刑。其二,在两罪的情节基本相当的情况下,对于实际控制人、投资人等未直接参与生产、作业的人员,在无法查清对生产、作业是否负有组织、指挥或者管理职责时,以重大劳动安全事故罪定罪量刑;如果可以查清上述人员对生产、作业同时负有组织、指挥或者管理职责时,因为"安全生产设施或者安全生产条件不符合国家规定"实际上也属于"在生产、作业中违反有关安全管理的规定",故认定为重大责任事故罪能够做到对行为的全面评价。当然,相对于单一的违反安全管理规定的行为,在安全生产设施或者安全生产条件不符合国家规定的情况下,在生产、作业中又违反具体的安全管理规定的,应从重处罚。对于负责人、管理人员,他们既对生产、作业负有组织、指挥或者管理职责,又对安全生产设施或者安全生产条件是否符合国家规定负有直接责任,出于同样的考虑,对他们一般也以重大责任事故罪定罪为宜。但是,当出现法律规定的"强令他人违章冒险作业"的情况时,虽然属于违反有关安全管理规定的行为,但由于法律对此有特别规定且法定刑较重,对此行为,应单独以强令违章冒险作业罪定罪量刑。①

2. 与交通肇事罪

对于重大责任事故罪和交通肇事罪的区分,存在多种学说。"业务论"认为,在生产、作业单位及为单位进行运输的工作中,发生肇事的,应认定为重大责任事故罪;如果是交通运输人员从事运输工作,途经上述区域发生肇事的,应认定为交通肇事罪。"时间论"认为,对于既有交通运输功能又有生产作业功能的工具,应根据行为人肇事时,这一工具是处于交通运输过程还是处于生产作业过程进行区别。"场所论"认为,应着重注意事故是否发生在生产线上,如果发生在生产线上,应认定为重大责任事故罪;如果发生在交通线上,应认定为交通肇事罪。对于该问题,《交通肇事刑事案件解释》第 8 条规定:"在实行公共交通管理的范围内发生重大交通事故的,依照刑法第一百三十三条和本解释的有关规定办理。在公共交通管理的范围外,驾驶机动车辆或者使用其他交通工具致人伤亡或者致使公共财产或者他人财产遭受重大损失,构成犯罪的,分别依照刑法第一百三十四条、第一百三十五条、第二百三十三条等规定定罪处罚。"《刑法》第 134 条、第 135 条、第 233 条分别为重大责任事故罪、重大劳动安全事故罪和过失致人死亡罪。依据前述司法解释的规定,交通肇事罪与其他犯罪区分的关键在于行为是否发生在"实行公共交通管理的范围内",即本书第三十章第一个问题中所讨论的"道路",在认定中应着重把握其"公共性"和"道路属性"。该规定在适用中应注意以下几点:其一,在工厂、矿山、林场、建筑企业或者其他企业、事业单位内部交通范围内,公共交通管理范围外,单位职工使用交通工具违章生产作业,因而发生重大伤亡事故或者造成其他严重后果的,应以重大责任事故罪追究刑事责任。如果该职工并非为从事单位生产作业而使用交通工具,造成事故或者伤亡的,应认定为过失致人死亡罪。其二,在工厂、矿山、林场、建筑企业或者其他企业、事业单位内部交通范围内,公共交通管理范围外,该单位用于生产、运输的交通工具不符合国家劳动安全规定,经有关部门或人员提出后,仍不采取措施,因而发生重大伤亡事故或者造成其他严重后果的,应以重大劳动安全事故罪追究相关人的刑事责任;如不符合前述情况,应认定为过失致人死亡罪。

---

① 参见李卫星:《尚知国等重大劳动安全事故案——重大劳动安全事故罪与重大责任事故罪出现竞合时应如何处理》,载最高人民法院刑事审判第一、二、三、四、五庭主办:《刑事审判参考》(总第 64 集),法律出版社 2009 年版,第 14—23 页。

3. 与失火罪、过失爆炸罪、过失投放危险物质罪等其他危害公共安全罪

重大责任事故罪与失火罪、过失爆炸罪、过失投放危险物质罪等有许多相似之处，都属于危害公共安全方面的犯罪，都可能造成人员重大伤亡或重大经济损失，主观上都是出于过失，因此在实践中容易混淆。重大责任事故罪与上述罪名的区别在于：①前者侵犯的直接客体是公共安全中的生产安全；后者还可能侵犯公共安全中的其他方面。②前者发生在生产过程中，并与生产活动直接相连；后者多发生在日常生活中，即使发生在生产过程中，其不法行为与生产、作业活动并无直接联系。③前者客观上有违反规章制度的行为，后者违反的只是日常生活中应注意的义务。综上所述，重大责任事故罪是针对生产过程的过失危害公共安全犯罪，其关注的是行为是否违反有关安全管理的规定，如因同时引起火灾、爆炸等进而危害公共安全，构成他罪的，因重大事故可能表现为火灾、爆炸等形式，重大责任事故罪与他罪间存在法条竞合关系，其中重大责任事故罪为特别法，一般应以重大责任事故罪定罪处罚。

4. 同时涉及贪污罪、受贿罪、玩忽职守罪等职务犯罪的处理

重大责任事故罪可能与职务犯罪密切相关，一方面，重大责任事故罪的主体可能同时是国家机关工作人员；另一方面，负有安全监督管理职责的部门实施监督检查过程中可能涉及行贿、受贿等问题。《危害生产安全刑事案件解释》第12条第1款第（五）项规定，重大责任事故罪中具有采取弄虚作假、行贿等手段故意逃避、阻挠负有安全监督管理职责的部门实施监督检查的情形的，从重处罚。第14条规定，国家工作人员违反规定投资入股生产经营，构成重大责任事故罪的，或者国家工作人员的贪污、受贿行为与责任事故发生存在关联性的，从重处罚；同时构成贪污、受贿犯罪和危害生产安全犯罪的，依照数罪并罚的规定处理。

对于第一种情况，重大责任事故罪的主体可能同时是国家机关工作人员的：

根据《危害生产安全刑事案件解释》第14条的规定，如果行为人因为收受财物，所实施的为他人谋取利益的行为构成重大责任事故罪时，应当以重大责任事故罪和受贿罪数罪并罚。理由在于：其一，最高人民法院、最高人民检察院《关于办理贪污贿赂刑事案件适用法律若干问题的解释》（以下简称《贪污贿赂刑事案件解释》）第17条规定，国家工作人员利用职务上的便利，收受他人财物，为他人谋取利益，同时构成受贿罪和《刑法》分则第三章第三节、第九章规定的渎职犯罪的，除刑法另有规定外，以受贿罪和渎职犯罪数罪并罚。参照此规定，国家工作人员收受财物后为他人谋取利益的行为构成犯罪时，除刑法有特别规定的以外，应当认定为数罪。其二，受贿行为中"为他人谋取利益"只要求许诺为他人谋取利益即可，构成犯罪的为他人谋取利益的行为超出了受贿罪的涵盖范围。①

如果国家工作人员的贪污、受贿行为尚未构成犯罪，而贪污、受贿行为与责任

---

① 参见张明楷：《刑法学（下）》（第五版），法律出版社2016年版，第1223页。

事故发生存在关联性的,以重大责任事故罪从重处罚。这种关联性可能表现为作为重大责任事故罪的主体的国家机关工作人员,因贪污致使生产、作业经费不足,因而违反有关安全管理的规定,或者收受财物为他人谋利的行为同时违反有关安全管理的规定,引发事故,构成重大责任事故罪等。

国家机关工作人员在生产作业中玩忽职守,违反有关安全管理的规定,因而发生重大伤亡事故或者造成其他严重后果的,同时符合重大责任事故罪和玩忽职守罪的构成要件,因为玩忽职守本身属于概括性罪名,包含了各种特殊的具体情形,《刑法》第 397 条规定"本法另有规定的,依照规定",加之前后两罪的法定刑相当,对这些情形,应按照特别规定即重大责任事故罪处理。

对于第二种情况,为了实施违反有关安全管理的规定的行为,向负有安全监督管理职责的部门行贿,因而发生事故,符合重大责任事故罪构成要件的,一般不单独认定为行贿罪,按照《危害生产安全刑事案件解释》第 12 条的规定,以重大责任事故罪从重处罚。而对于收受财物的负有安全监督管理职责部门的工作人员,因其为他人谋利的行为引发事故,属于《贪污贿赂刑事案件解释》第 1 条第 3 款第(二)项规定的"为他人谋取不正当利益,致使公共财产、国家和人民利益遭受损失的",作为加重处罚的量刑情节。

【指导案例】尚知国等重大劳动安全事故案[①]**——重大劳动安全事故罪与重大责任事故罪出现竞合时应如何处理**

2004 年 4 月,唐山恒源实业有限公司法定代表人朱文友购买唐山市刘官屯煤矿后,任命被告人尚知国担任矿长助理,主持煤矿全面工作,行使矿长职责;被告人李守耕担任生产副矿长兼调度室主任;被告人李启新担任技术副矿长兼安全科科长,进行矿井基建。2005 年 4 月,朱文友任命尚知国为矿长,2005 年 12 月 2 日尚知国取得矿长资格证。被告人吕学增原系唐山市刘官屯煤矿矿长,被告人朱文友购买该矿后仍担任矿长职务,同时担任该矿党支部书记兼保卫科科长,负责保卫工作,没有行使矿长职责,2005 年 11 月其矿长资格证被注销。

在矿井基建过程中,该矿违规建设,私自找没有设计资质的单位修改设计,将矿井设计年生产能力 30 万吨改为 15 万吨。在《安全专篇》未经批复的情况下,擅自施工;河北煤矿安全监察局冀东监察分局于 2005 年 7 月 18 日向该矿下达了停止施工的通知,但该矿拒不执行,继续施工。在基建阶段,在未竣工验收的情况下,1193 落垛工作面进行生产,1193(下)工作面已经贯通开始回柱作业,从 2005

[①] 参见李卫星:《尚知国等重大劳动安全事故案——重大劳动安全事故罪与重大责任事故罪出现竞合时应如何处理》,载最高人民法院刑事审判第一、二、三、四、五庭主办:《刑事审判参考》(总第 64 集),法律出版社 2009 年版,第 14—23 页。

年 3 月至 11 月累计出煤 63 300 吨,存在非法生产行为。该矿"一通三防"管理混乱,采掘及通风系统布置不合理,无综合防尘系统,电气设备失爆存在重大隐患,瓦斯检查等特种作业人员严重不足;在没有形成贯穿整个采区的通风系统的情况下,在同一采区同一煤层中布置了 7 个掘进工作面和一个采煤工作面,存在重大安全生产隐患。劳动组织管理混乱,违法承包作业。无资质的承包队伍在井下施工,对各施工队伍没有进行统一监管。

2005 年 12 月 7 日 8 时,该矿负责人拒不执行停工指令,继续安排井下 9 个工作面基建工作。176 名工人下井作业后,担任调度员兼安全员的被告人周炳义没有按照国家有关矿井安全规章制度下井进行安全检查,只是在井上调度室值班。负责瓦斯检测的通风科科长刘文成违反安全生产规定,安排无瓦斯检测证的李金刚、郑建华在井下检测瓦斯浓度。当日 15 时 10 分许,该矿发生特别重大瓦斯煤尘爆炸事故,造成一百零八人死亡,二十九人受伤,直接经济损失人民币 4870.67 万元。

经事故调查组调查报告认定,事故的直接原因是:刘官屯煤矿 1193(下)工作面切眼遇到断层,煤层垮落,引起瓦斯涌出量突然增加;9 煤层总回风巷三、四联络巷间风门打开,风流短路,造成切眼瓦斯积聚;在切眼下部用绞车回柱作业时,产生摩擦火花引爆瓦斯,煤尘参与爆炸。事故的间接原因是:刘官屯煤矿违规建设,非法生产,拒不执行停工指令,采掘及通风系统布置不合理,无综合防尘系统,特种作业人员严重不足,无资质的承包队伍在井下施工。

本案中,唐山市刘官屯煤矿既存在"安全生产设施或者安全生产条件不符合国家规定"的问题,也存在"在生产、作业中违反有关安全管理的规定"的问题。从事故原因的调查报告来看,事故发生的直接原因是 1193(下)工作面切眼遇到断层,导致瓦斯增加,煤层总回风巷三、四联络巷间风门打开,使瓦斯进一步积聚,后经点燃发生爆炸。1193(下)工作面遇到切眼的原因在于该煤矿在《安全专篇》未经批复的情况下,擅自施工;在基建阶段,在未竣工验收的情况下进行生产。瓦斯积聚的原因在于采掘及通风系统布置不合理,没有形成贯穿整个采区的通风系统。可见,造成事故的主要原因在于煤矿本身的"安全生产设施或者安全生产条件不符合国家规定"。本案中煤矿在生产、作业过程中也存在大量的"违反有关安全管理规定"的行为,如调度员兼安全员的被告人周炳义没有按照国家有关矿井安全规章制度下井进行安全检查,安排无瓦斯检测证的李金刚、郑建华在井下检测瓦斯浓度,特种作业人员严重不足,无资质的承包队伍在井下施工等。但这些违反有关安全管理规定的行为并不是造成事故发生的主要原因,故本案中相关人员的行为应认定为重大劳动安全事故罪;因其在实施"安全生产设施或者安全生产条件不符合国家规定"行为的同时,实施了多项"违反有关安全管理规定"的行为,故应从重处罚。

其中,被告人尚知国身为该矿矿长,主持该矿全面工作,被告人李启新身为技术副矿长兼安全科科长,对排除事故隐患、防止事故发生负有职责义务,对事故的发生负有直接责任。被告人朱文友作为唐山恒源实业有限公司法定代表人、煤矿投资人,对该矿的劳动安全设施是否符合国家规定负有管理义务,对事故负有直接责任。被告人吕学增作为矿长(2004年4月至2005年11月间)未履行矿长职责,在得知煤矿安全监察部门向该矿下达了停止施工的通知后,对该矿继续施工不予阻止,对事故的发生亦负有直接责任。四被告人的行为符合安全生产设施或者安全生产条件不符合国家规定,因而发生重大伤亡事故或者造成其他严重后果的情形,应认定为重大劳动安全事故罪。

【指导案例】黄种金、杨振长重大责任事故案①——炼山引起火灾的如何区分重大责任事故罪与失火罪

1992年8月,被告人黄种金向福建省清流县林业投资公司承包了位于嵩口镇高赖村"茅林岬"600亩集体山林的造林任务。同年10月7日,黄种金与发包方签订了"世行林地准备工期保证合同",合同要求承包方必须于当年12月30日前按质按量完成该山场的林地准备工作,否则予以经济处罚。此后,黄种金以每亩人民币35元的价格将清山造林的任务转包给被告人杨振长。双方约定,杨振长负责从劈杂到种苗结束的全部清山造林工作,黄种金负责办理与此相关的一切手续事宜。10月24日下午,在嵩口林业站召开炼山安全强调会议后,黄种金要求林业站派人到山场严守防火路并准许其炼山,但因该站未派人前往,二被告人未炼山。10月25日,二被告人再次要求嵩口林业站检查并发放用火许可证,该站因故未派人检查。二被告人认为他们所开的防火路已经够宽,炼山不会跑火,为争取按期完成山场造林的林地准备工作,避免经济损失,遂擅自组织民工二十人,于当晚12时许进行炼山。次日上午11时许,炼山山场因刮风引起跑火导致山林火灾,给国家和集体造成经济损失人民币72287.5元。

本案在审理中,检察院以二被告人犯失火罪提起公诉,后法院经审理认定二被告人构成重大责任事故罪。本案应认定为重大责任事故罪而非失火罪的理由在于:第一,从主体身份来看,本案中黄种金与清流县林业投资公司签订了承包造林合同,是个体承包经营者,被告人杨振长则是黄种金承包造林山场的工地负责人,二人都是从事炼山作业的责任人员,符合重大责任事故罪的主体

---

① 参见薛苏华:《黄种金、杨振长违章炼山造成重大责任事故案》,载最高人民法院中国应用法学研究所编:《人民法院案例选(分类重排本)·刑事卷》,人民法院出版社2017年版,第875—877页。

要件。第二，从客观行为来看，二被告人违反了安全生产的规章制度，造成了严重后果。林业站在 1992 年 10 月 24 日会议上强调，炼山时应有林业站的人员到位指挥，二被告人对这些规章制度都是明知的，但他们为了赶任务，在未经有关人员验收防火路，没有领取用火许可证，也没有林业站人员到场指挥的情况下，擅自组织工人冒险作业，点火炼山，引起山林火灾，给国家、集体造成重大经济损失。由于他们的违规行为不是发生在日常生活中，而是发生在生产作业过程中，应认定为重大责任事故罪。第三，二被告人主观上是出于过于自信的过失，他们认为防火路开得够宽，不会跑火，便擅自炼山，对引起山林火灾的结果是过失心态。第四，二被告人的行为虽然从形式上来看符合失火罪的要件，但同时也符合重大责任事故罪的构成要件，因本案发生在生产作业过程中，而失火罪与重大责任事故罪存在法条竞合关系，重大责任事故罪属特别法，故应认定为重大责任事故罪。

【指导案例】王波过失致人死亡案①——施工场地内肇事行为的认定

2018 年 4 月 21 日 20 时许，被告人王波在位于重庆市江北区的轨道 9 号线在建隧道内，驾驶满载渣土的重型自卸货车出渣作业。当车辆行驶至隧道出口处时，因行车道被前方另一施工车辆占据，王波遂将货车档位调至空档，在车辆未熄火的情况下自己下车查看。因其忘记拉动手刹，导致车辆后溜，直至车辆左后部与车行方向隧道墙壁上的管道发生碰撞，造成管道脱落，砸中巡查人员王新泽头部，王新泽经医院抢救无效于同日死亡。经鉴定，王新泽系强大机械暴力致颅脑损伤死亡。王波到案后如实供述了上述事实。事故发生后，王新泽的近亲属获得人民币 120 万元的经济赔偿，并对王波的行为表示谅解。

对于被告人行为的认定，存在两种意见：一种意见认为，王波的行为构成重大责任事故罪；另一种意见认为，王波的行为构成过失致人死亡罪。如上所述，根据《交通肇事刑事案件解释》第 8 条的规定，对于驾驶车辆致人伤亡的行为，交通肇事罪与重大责任事故罪、过失致人死亡罪区分的关键在于行为是否发生在"道路"上；对于发生在"道路"之外，重大责任事故罪、过失致人死亡罪的区分是否以事故发生地点，即是否发生于生产作业场地为标准呢？笔者认为，事故是否发生于生产作业场地只是其中一个要素，还需要判断被告人的行为是否违反生产、作业中的安全管理规定。违反生产、作业中的安全管理规定的本质是行为人未尽到其所负有的职业中的安全注意义务，生产、作业中的安全管理规定包括有关安全生产

---

① 参见刘懿、李万飞、李汀雪：《驾驶货车在施工场地过失肇事的定罪量刑》，载《人民司法（案例）》2019 年第 11 期。

的法律法规、企事业单位有关安全生产的内部规章制度和生产作业中应当遵守的正确的操作习惯与惯例,在没有明确的安全管理规定的情况下,即便事故发生于生产作业场地,亦不能认定为重大责任事故罪。本案中,重型自卸货车属于机动车,不属于特种作业车辆,被告人王波在驾驶重型自卸货车时停车未拉手刹,其违反的是一般的汽车驾驶中的注意义务,而不属于违反生产作业中的安全管理规定。虽然事故发生于在建隧道内,属于生产作业场地,但不能因事故发生于生产作业场地,而将一般的汽车驾驶中的注意义务转化为生产作业中的安全管理规定。故被告人王波未尽到一般的汽车驾驶中的注意义务,造成一人死亡,其行为应认定为过失致人死亡罪。

第三十三章 危险物品肇事罪

一、如何理解危险物品肇事罪"危险物品"的范围

(一) 裁判规则

危险物品肇事罪的"危险物品"是指爆炸性、易燃性、放射性、毒害性、腐蚀性物品。在认定时,一是应主要考察物品的实际性质和危险程度,而不以相关规范明确规定为限;二是更加侧重物品在保存及运输过程中的危险性,还要看该危险物品在生产、储存、运输、使用中是否具有较高危险性。

(二) 规则适用

根据《刑法》第136条的规定,危险物品肇事罪的犯罪对象为危险物品,包括爆炸性、易燃性、放射性、毒害性、腐蚀性物品。非法制造、买卖、运输、储存危险物质罪中的"危险物质"是指毒害性、放射性、传染病病原体"等"物质,而危险物品肇事罪中的"危险物品"没有"等"字的概括性表述,仅指爆炸性、易燃性、放射性、毒害性、腐蚀性五类物品。这使得在危险物品肇事罪的认定中,对前述五类物品的界定和认定成为关键问题。

从危险物品的实质出发,危险物品是指由于化学、物理或者毒性特征,在生产、储存、运输、使用过程中能够危及人身安全或财产安全的爆炸性、易燃性、放射性、毒害性、腐蚀性的物品。① 参照《民用爆炸物品安全管理条例》《民用爆炸物品品名表》《禁用剧毒化学品刑事案件解释》《剧毒化学品目录》等有关法律法规规定,具体而言,爆炸物品,是指受到火源、摩擦、撞击、震动等影响后,会在瞬间发生爆炸的物品,包括炸药、雷管、导火索、导爆索、震源弹、黑火药、烟火药、手榴弹、地雷②等。易燃性物品,主要是化学易燃物品,如汽油、煤油、柴油、酒精、液化气、煤气、氢气及其他易燃液体、易燃固体、自燃物品等。放射性物品,是指含有放射性核素,且物品中的总放射性含量和单位质量的放射性含量均超过免予监管的限值

---

① 参见彭新林:《危险物品肇事罪若干争议问题研究》,载《南都学坛》2008年第3期。
② 参见本书第二十五章"非法制造、买卖、运输、邮寄、储存枪支、弹药、爆炸物罪"中第一个问题。

的物品,对人类的危害表现为损伤遗传物质、引起基因突变和染色体畸形,损害结果可能延续到后代,包括镭、铀、钴、钚等及含上述放射性成分的材料与制品等。毒害性物品,是指进入人体后能对人体的生理功能造成暂时或永久性损害,甚至死亡的物品,包括甲胺磷、磷化铝、磷化锌、砒霜、五氯酚、二溴氯丙烷、氰化钾等。腐蚀性物品,是指对人体、物质等有强烈腐蚀性作用的物品,包括硫酸、硝酸、盐酸等。上述物品在生产、储存、运输、使用中都具有一定的危险性,因此国家颁布了一系列的法律法规对这些物品保存和运输中涉及的各个环节进行管制。

认定危险物品时是否需要以相关规范明确规定、列举的种类为准,对此,笔者认为,应当按照物品实际的性质和危险程度,而不以相关规范明确规定为限。以《禁用剧毒化学品刑事案件解释》对毒害性物品的规定为例,笔者在本书第二十六章"非法制造、买卖、运输、储存危险物质罪"中已作探讨,刑法所指的毒害性物质并非仅限于该司法解释所明确规定的毒鼠强、氟乙酰胺、氟乙酸钠、毒鼠硅、甘氟五种物质,该规定只是确认了毒鼠强等五种禁用剧毒化学品系毒害性物质,并没有规定《刑法》第 125 条第 2 款中的毒害性物质就限于列举的五种禁用剧毒化学品。最高人民法院、最高人民检察院是基于当时社会上大量使用毒鼠强等禁用灭鼠药给公共安全造成了严重威胁的问题,制定司法解释以适应打击非法买卖、运输毒鼠强等犯罪的需要。认定毒害性物品,不能从国家是否明确规定或明令禁止的角度考虑,而应根据物品的实际毒性进行判断。一般来说,在毒害性物品的认定中,现行有效的《剧毒物品品名表》《一般有毒物品目录》《高毒物品目录》《危险化学品名录》等规范所列入的具有相当致命性的毒害物品,应当认定为危险物品中的毒害性物品;上述规范未明确列入的,根据物品的实际性质及危险程度,具体包括作用原理、致死伤的时间、救治可能性、损害是否可逆等几方面与规范中规定的物品进行比较,与规范中所列物品的毒害性具有相当性的,可以认为属于毒害性物品。

认定危险物品肇事罪中的其他危险物品时也应采上述实质解释的原则,着重看物品本身的性质。非法制造、买卖、运输、储存危险物质罪侧重物质本身的危险性及其流入市场后所带来的危险性,而危险物品肇事罪更加侧重物品在保存及运输过程中的危险性,故在判断物品是否属于危险物品时,还要看该危险物品在生产、储存、运输、使用中是否具有较高危险性,对其保存与运输是否存在较高要求。以树脂为例,其本身不具有爆炸性、易燃性、放射性、毒害性和腐蚀性,但其主要成分为苯乙烯、苯及甲苯等,其中苯乙烯受热、曝光或存在过氧化物催化剂时,极易聚合放热导致爆炸,如果运输树脂过程中温度过高,会致使树脂融化,产生大量易燃易爆气体,导致爆炸,故树脂也属于危险物品肇事罪所规定的"危险物品"。

综上所述,在判断物品是否属于危险物品时,一方面,应主要看物品的实际性质和危险程度,不以相关规范明确规定为限;另一方面,要看该危险物品在生产、储存、运输、使用中是否具有较高危险性。

【指导案例】李亚平违反危险物品管理规定肇事案[①]——自制的浮桶式乙炔发生器是否属于危险物品肇事罪中的"危险物品"

1989年,被告人李亚平自制浮桶式乙炔发生器一套,放置于自家门前临街处,从事电气焊业务。1991年4月5日,廊坊市劳动人事局、公安局、环境保护办公室联合发布了《关于禁止使用浮桶式乙炔发生器的通告》。此后,被告人李亚平仍然无视上述通告要求,继续在临街处使用该乙炔发生器从事电气焊业务。1997年2月15日上午9时许,该乙炔发生器发生爆炸,将本村儿童于正川当场炸死,于正杰被炸伤。于正杰被送往廊坊市人民医院抢救后脱险,共住院治疗31天,花去医疗费人民币5474.3元。经鉴定,于正杰的损伤程度为重伤,伤残程度七级,因其颅脑缺损,仍需继续治疗。

本案发生于1997年2月,在修订后的《刑法》施行之前,而案件的审判是在该法施行之后,这涉及刑法的溯及力问题。现行《刑法》第136条未对1979年《刑法》第115条进行修改,新旧两法均认为此种行为构成犯罪且法定刑相同,根据从旧兼从轻原则,本案应适用1979年《刑法》第115条规定,即"违反爆炸性、易燃性、放射性、毒害性、腐蚀性物品的管理规定,在生产、储存、运输、使用中发生重大事故,造成严重后果的,处三年以下有期徒刑或者拘役;后果特别严重的,处三年以上七年以下有期徒刑"(该判决适用1979年《刑法》第115条,认定被告人李亚平构成违反危险物品管理规定肇事罪。1997年最高人民法院《关于执行〈中华人民共和国刑法〉确定罪名的规定》将1997年《刑法》第136条,即修改后的1979年《刑法》第115条确定为危险物品肇事罪)。

从现行法律规定来看,对本案被告人行为的认定,有观点认为被告人自制的乙炔发生器发生爆炸,导致了损害结果的发生,其主观上存在过失,应认定为过失爆炸罪。也有观点认为,本案中乙炔发生器实际上为危险物品,被告人违规使用危险物品,构成危险物品肇事罪。笔者同意第二种观点,本案中的乙炔发生器是指一些从事气焊、气割的人员为了节省资金,运用电石遇水产生易燃易爆的乙炔气体的原理,用廉价易买的电石制作成简易的浮桶式乙炔发生器作为引火装置。这种乙炔发生器由于制作粗糙,且电石、水、乙炔均无严格的密封装置,大都裸露在外,致使雨水、雪水容易进入桶内与电石发生化学反应生成乙炔气体且大量飘浮在空中,遇火极易产生爆炸,其危险性和污染性都很大。因乙炔发生器遇火易发生爆炸,属于爆炸性物品。而爆炸物是指在外界作用下,能发生剧烈的化学反应,瞬时产生大量的气体和热量,使周围压力急剧上升,发生爆炸,足以致人重伤、死亡或者使公私财产遭受重大损失的物品,主要包括军用的地雷、手雷、炸弹、爆

[①] 参见邓云华:《李亚平违反危险物品管理规定肇事致人伤亡案》,载最高人民法院中国应用法学研究所编:《人民法院案例选(分类重排本)·刑事卷》,人民法院出版社2017年版,第878—880页。

破筒等军用爆炸物以及民用各类炸药。根据《民用爆炸物品安全管理条例》第 2 条的规定,对民用爆炸物品判断的依据是《民用爆炸物品品名表》。本案中的乙炔发生器是行为人自制的引火工具,虽然遇火易发生爆炸,但是并不属于军用和民用爆炸物,只属于"危险物品"中的爆炸性物品。

因乙炔发生器的易爆性质,1991 年 4 月 5 日,廊坊市劳动人事局、公安局、环境保护办公室联合发出了《关于禁止使用浮桶式乙炔发生器的通告》,要求一律改用瓶装乙炔气,以保证人民生命财产的安全,减少环境污染。被告人李亚平从事电气焊这一行业,理应遵守相关规定,但其在有关政府机关发布通告明确禁止使用浮桶式乙炔发生器后,仍无视该通知继续使用此种乙炔发生器,且不加妥善保管,将乙炔发生器摆放在人员往来密集的街道边,并最终造成一人死亡一人重伤的后果。被告人李亚平的行为属于违反爆炸性物品的管理规定,在使用中发生重大事故。主观上,被告人明知该行为可能会产生危害公共安全的后果,但轻信可以避免,属于过于自信的过失,其行为构成危险物品肇事罪。

【指导案例】沈志明、曾小芳危险物品肇事案①——超过国家标准的烟花爆竹是属于"危险物品"还是"爆炸物"

江西省上栗县东源乡石岭鞭爆厂是 1986 年 3 月开办的,属石岭村村办企业,1989 年办理了《爆炸物品安全生产许可证》,1990 年办理了《营业执照》,法定代表人是被告人沈志明。1995 年后,被告人沈志明与沈生林(在事故中死亡)合股承包经营该厂。他们将该厂的和硝间、加工间、爆竹成品、半成品和原材料存放间都安排在同一栋房屋的不同房间内。上栗撤区改县后,1998 年 2 月,上栗县公安局要求全县各鞭爆厂更换《爆炸物品安全生产许可证》,但石岭鞭爆厂一直未换证。上栗县公安局也未吊销其原有的《爆炸物品安全生产许可证》,其《营业执照》也未被工商行政管理部门吊销,石岭鞭爆厂向当地公安、工商等部门交纳了管理费用,也向税务部门交纳了税费。1998 年 10 月份,上栗县乡镇企业局向石岭鞭爆厂颁发了《企业登记证书》。1998 年 9 月 22 日,上栗县乡镇企业局、消防队、公安局、工商行政管理局四家对石岭鞭爆厂检查发现存在库存量大、人员集中、危险间太近等问题,要求该厂停产整改,但该厂并未停产进行有效整改。

被告人黄伟与彭丽从事个体鞭爆销售业务,自 1995 年来,多次销售石岭鞭爆厂生产的鞭炮。2000 年 2 月下旬,报告人黄伟和沈志明去福建省南安市土产公司收账、联系业务,该公司业务员黄小春向二被告人提到是否生产"五彩炮",后经协商,二被告人与该公司经理黄春拔、业务员黄小春达成口头协议,购销规格分别为 20×4.4 厘米、15×3.9 厘米、12×3 厘米的"五彩炮",在 3 月 10 日前先交一部分

---

① 参见程新生:《沈志明、曾小芳危险物品肇事案》,载最高人民法院中国应用法学研究所编:《人民法院案例选(分类重排本)·刑事卷》,人民法院出版社 2017 年版,第 881—885 页。

货,剩余部分在清明节前交清。二被告人回到萍乡后,被告人沈志明要沈生林试制。3月2日沈生林将6只"五彩炮"样品交给被告人黄伟,要其带到福建联系其他买主。3月4日,被告人彭丽因有他事一同前往。被告人黄伟到福建后,与福建省晋江市土产公司的许坤口头协议,购销一批"五彩炮",其规格和数量为:20×4.4厘米的40件,15×3.9厘米的20件,12×3厘米的10件,25×5厘米的40件。达成协议的当天,被告人黄伟电话告诉了沈生林。与此同时,沈生林在石岭鞭爆厂负责批量生产。

被告人曾小芳系石岭鞭爆厂的收发员和安全生产领导小组成员。3月11日上午,在沈生林许诺以现金支付加工费的情况下,先后有八十六人来到石岭鞭爆厂做工。当时厂房内堆放有100多袋"五彩炮"成品、"大地红"鞭炮和其他一些爆竹半成品及一些原材料。因天下雨,沈生林同意前来做工的工人在拥挤的厂房内加工,被告人曾小芳在场,未提出反对意见,并将爆竹半成品发给前来做工的人。上午9时30分许,因配药工李华(在事故中死亡)违反国家安全标准配药,在和硝时违反操作流程,摩擦起火引发爆炸,致使砖瓦结构的厂房倒塌,黄婷、沈红、张平、沈生林、李华等三十三人死亡,沈富强、罗清华、张根英三人重伤,胡桂芝、沈丹丹、曾小芳等八人轻伤,周兵、张三百等二人轻微伤。经农业部烟花爆竹质量监督检验测试中心对现场勘查时提取型号为19.3×4.5厘米的"五彩炮"检验结论:单个含药量12.64克,其中氯酸钾含量为42.9%,摩擦感度为100%。单个装药量超过国家标准251.8倍。

对于本案,检察机关以非法制造爆炸物罪起诉,而法院以危险物品肇事罪作出判决。本案认定中的主要问题是超过国家标准的烟花爆竹是属于普通的危险物品还是爆炸物。如上所述,《刑法》第125条第1款规定的非法制造爆炸物罪中的爆炸物,主要是指军用的地雷、手雷、炸弹、爆破筒等军用爆炸物以及民用各类炸药。这里所指的爆炸物的危险性、杀伤力、破坏力较一般的危险物品要大得多。普通的烟花爆竹虽然也是一种以火药为原料的危险品,但其本质上是娱乐性用品,并不属于高危险性、高杀伤力、高破坏力的爆炸物。本案中的"五彩炮"装药量虽然超过了国家安全标准,但一方面其危险性未达到爆炸物的要求,另一方面亦不属于《民用爆炸物品品名表》中规定的"特殊用途烟火制品",故属于不符合安全标准的娱乐用品,不能视为"爆炸物",应认定为"危险物品"中的爆炸性物品。同时,石岭鞭爆厂自1986年3月开办以来,先后办有《爆炸物品安全生产许可证》和《营业执照》,虽然没有按规定换取新的证照,但该厂一直在交纳管理费和税费,有关部门也未吊销其原有证照,上栗县乡镇局还颁发了《企业登记证书》,该厂生产爆竹是合法的,故不能认定为非法制造爆炸物罪。

本案中,被告人沈志明作为鞭爆厂的负责人,在生产、储存爆炸性物品的过程中,在厂房的设置、产品和原料的储存、生产的管理等方面不符合国家关于危险品生产、储存的有关规定,存在多项问题,包括厂房布局不合理,危险间太近,将爆竹成品、半成品和原材料堆放在一起,库存量过大,生产工人过度集中,且在有关职能部门已通知其停产整改的情况下,不采取措施整改,仍组织生产,以致发生重大生产事故,其行为属于违反爆炸物品的管理规定,在生产、储存中发生重大事故,构成危险物品肇事罪。被告人曾小芳作为石岭鞭爆厂安全生产领导小组成员,明知鞭爆厂在生产、储存过程中存在上述违规行为,不但不制止,反而将爆竹半成品发放给工人加工,对本案特别严重后果的发生负有一定责任,其行为构成危险物品肇事罪。

二、如何认定危险物品肇事罪的主体

(一) 裁判规则

危险物品肇事罪的主体为一般主体,不限于从事生产、保管、运输、使用上述危险物品的职工或负责安全生产管理工作的直接责任人员和其他有关人员。对于"生产、储存、运输、使用"不应孤立理解为单独的生产行为或储存行为,而是指生产过程、储存过程、运输过程、使用过程等整体的动态过程。单位及对危险物品的作业活动进行指挥、管理的人员以及对保障上述活动安全的劳动安全设施负责维护、管理的人员能够成为危险物品肇事罪的主体。对于二人以上在生产、储存、运输、使用的各个环节中存在分工、协作、依赖等密切关系,各行为人的行为互相结合、共同推进导致肇事结果发生的,属于危险物品肇事的共同过失犯罪,在定罪处罚时分别认定。

(二) 规则适用

刑法并未对危险物品肇事罪的主体作限制性规定。司法实践中,危险物品肇事罪的主体多为从事生产、储存、运输、使用危险物品的职工。对于其他人员是否属于危险物品肇事罪主体存在不同意见。在危险物品肇事罪的主体认定中需讨论以下几个问题:

第一,有观点认为危险物品肇事罪为特殊主体,即从事生产、保管、运输、使用上述危险物品的职工或负责安全生产管理工作的直接责任人员和其他有关人员,因为只有在从事危险物品的工作中发生重大事故,造成严重后果的,才能构成危险物品肇事罪。另一种观点认为危险物品肇事罪的主体是一般主体,是指从事生产、储存、运输、使用危险物品的人,除此以外的其他自然人也可成为危险物品肇事罪的犯罪主体。笔者认为,根据《刑法》对危险物品肇事罪客观行为要件的描述,并不能由此反推出危险物品肇事罪的主体是特殊主体,且特殊身份是行为人在开始实施危害行为时就已经具有的特殊资格或已经形成的特殊地位或状态,行为人在生产、保管、运输、使用过程中因所实施的行为所形成的特殊地位,不属于特殊身份,同时其他自然人也可以在特定情形下成为该罪的主体。故在生产、储存、运输、使用危险物品过程中形成的身份不属于特殊身份,危险物品肇事罪的主体为一般主体。①

第二,对于《刑法》所规定的"生产、储存、运输、使用"四个阶段,由于危险物品一旦失控,往往会对人民群众的生命、健康或者公私财产造成严重危害,从刑法条文规定的本意来看,也为了保障安全生产、储存、运输、使用危险物品,危险物品使用的整个环节都应当受到法律法规的管理和限制,以维护公共安全,故对于《刑法》第136条规定的"生产、储存、运输、使用"不应孤立理解为单独的生产行为或储存行为,而是指生产过程、储存过程、运输过程、使用过程等整体的动态过程。具体而言,在生产过程中违反规定,不仅包括具体车间生产行为,还包括技术准备、设备维修等行为;在运输过程中违反规定,不仅包括路上运输行为,还包括危险物品的装货、卸货等行为。

第三,单位能否成为危险物品肇事罪的主体。对于这一问题,绝大多数学者持否定态度,认为危险物品肇事罪的主体主要是从事生产、储存、运输、使用的职工和其他自然人。笔者认为,单位可以成为危险物品肇事罪的主体,理由如下:其一,部分规范中承认单位可以作为危险物品肇事罪的主体。如《中华人民共和国铁路法》第60条第1款规定:"违反本法规定,携带危险品进站上车或者以非危险品品名托运危险品,导致发生重大事故的,依照刑法有关规定追究刑事责任。企业事业单位、国家机关、社会团体犯本款罪的,处以罚金,对其主管人员和直接责任人员依法追究刑事责任。"《中华人民共和国安全生产法》第84条、第85条规定也表明单位可以成为危险物品肇事罪主体。其二,承认单位成为危险物品肇事罪主体有利于更好地打击司法实践中单位实施的危险物品肇事行为。实践中,存在部分单位违反上述规定,经单位集体研究决定或者以单位名义组织实施,导致危险物品肇事,造成严重后果的情况。如果只处罚自然人,而不承认单位可以构成危险物品肇事罪,无法起到有效的警戒作用。

第四,对危险物品的作业活动进行指挥、管理的人员以及对保障上述活动安全的劳动安全设施负责维护、管理的人员能够成为危险物品肇事罪的主体。上述人员从事的指挥、管理活动以及从事的安全设施的管理、维护活动本身与危险物品的安全生产、储存、运输、使用活动密切相关,与直接从事危险物品的生产、储存、运输、使用活动的人员在特定情形下形成了紧密的责任共同体。他们知道或者应当知道没有符合规定的安全生产条件,或者所装备的安全设施不符合行业标准,或者在明知存在有可能发生严重后果的事故隐患的情况下,不让直接从事危险物品作业的工作人员停止活动,实质而言,其行为本身属于违反危险物品管理制度,且发生在生产、储存、运输、使用的过程中,故上述人员属于危险物品肇事罪的主体。

第五,危险物品肇事的发生往往是多种原因共同造成的结果,实践中常出现

---

① 参见殷英华:《危险物品肇事罪主题问题探讨》,载《四川警察学院学报》2018年第4期。

二人以上在生产、储存、运输、使用的各个环节中的行为互相结合、共同推进导致肇事结果发生的情形,此时各行为人之间是否属于共同过失犯罪。从理论上来看,虽然对过失犯之间能否成立共同犯罪仍存在争议①,但基于司法实践的需求,共同过失犯罪已获得较多认同。"过失共同犯罪是二人以上的行为人负有防止损害结果发生的共同注意义务,由于全体行为人共同的不注意,以致损害结果发生的一种共同犯罪形态。"②共同过失犯罪成立的核心在于违反"共同注意义务",而注意义务的"共同性"有两项要求:一是各行为人基于法律规定或者职务、职业的要求本身需要履行的注意义务;二是各行为人由于在工作中与他人相互存在分工、协作等密切关系,对他人的行为负有督促的注意义务。共同过失犯罪的注意义务具有双重性,因而共同过失犯罪认定的关键是要认定共同过失犯罪的双重注意义务,以及事故的发生是否是二者各过失行为的相互结合、共同作用所致。如二人以上在生产、储存、运输、使用的各个环节中存在分工、协作、依赖等密切关系,各行为人都存在违反危险物品管理规定的行为,主观上对损害结果的发生持过失心态,各行为人的行为互相结合、共同推进导致肇事结果发生的,符合共同过失犯罪的条件,属于危险物品肇事的共同过失犯罪。对于共同过失犯罪,我国《刑法》第25条第2款规定:"二人以上共同过失犯罪,不以共同犯罪论处;应当负刑事责任的,按照他们所犯的罪分别处罚。"对该款规定的理解,笔者认为该规定并没有否认共同过失犯罪的存在,只是在共同犯罪处罚中不包含共同过失犯罪的情形,对于上述共同过失犯罪,应分别定罪处罚。

【指导案例】朱平书、刘超危险物品肇事案③——危险物品肇事罪中直接管理责任人的责任如何认定

被告人朱书平、刘超分别担任山东省临沂市沂州化工有限责任公司(以下简称"沂化公司")副总经理和经营二部经理,负责本公司生产的剧毒化学品液氯的销售与审批工作,并负责核查外来购买液氯车辆的有关安全证件。2005年3月29日,山东济宁远达石化有限公司安排驾驶员兼押运员康兆永和王刚(另案处理)驾驶鲁H000××号槽罐式半挂车到沂化公司购买液氯。该车行驶证核定载重为15吨,山东省质量技术监督局锅炉压力容器安全监察处核准该槽罐安全技术要求为最大充装量30吨。然而,二被告人却未审查该车任何证件。被告人刘超制定销售液氯40吨计划单,报经被告人朱平书审批后对鲁H000××号车充装液氯,最终为

---

① 犯罪共同说、部分犯罪共同说、共同意思主体说、同时犯消解说等认为共犯罪限于共同故意犯罪;而行为共同说、目的行为论、共同义务的共同违反说认同共同过失犯罪。参见余秋莉:《过失共同犯罪的"共同性"探究及其应对》,载《刑事法评论》2017年第1期。

② 冯军:《刑法问题的规范理解》,北京大学出版社2009年版,第348页。

③ 参见刘洋、徐燕:《朱平书、刘超危险物品肇事案》,载最高人民法院中国应用法学研究所编:《人民法院案例选(分类重排本)·刑事卷》,人民法院出版社2017年版,第896—902页。

该车严重超限充装液氯40.44吨。2005年3月29日18时40分许,当该车行驶至京沪高速公路沂淮江段103千米+525米处时,汽车左前轮胎爆裂,车辆方向失控后撞毁道路中间护栏冲入对向车道,槽罐车侧翻在行车道内。马建军驾驶的鲁Q084××号解放牌半挂车因避让不及,与鲁H000××号车碰剐,导致鲁H000××号车槽罐顶部的阀门被撞脱落,发生液氯泄漏。事故发生后,周边29人因氯气中毒死亡,400余人中毒入院治疗,1800余人门诊留观,1万余名村民被迫疏散转移,数千头(只)家畜、家禽死亡,大面积农作物绝收或受损,同时还造成大量的树木、鱼塘、村民的食用粮、家用电器受污染、腐蚀等巨大经济损失。另查明:自2004年3月起至事故发生之日,鲁H000××号槽罐式半挂车从沂化公司共拖装液氯60余次,其中绝大部分都超过30吨。

本案的两名驾驶员、押运员已另案处理,涉及的问题主要是对负直接管理责任人员的犯罪认定问题。一审中被告人刘超的辩护人认为,刘超系负责销售的工作人员,无审查车辆是否超载的法定义务,且销售行为也不属于危险物品肇事罪规定的生产、储存、运输、使用中的任一环节,那么刘超就不具备危险物品肇事罪的主客观条件。一审法院认定朱平书和刘超构成危险物品肇事罪。朱光平以其只是无经营资质的副总经理,对液氯的经营、销售只负责上报总经理,并非液氯销售的直接责任人,不属于危险物品肇事罪的主体为由提起上诉。二审法院维持原判。

对此,笔者认为,如上所述,第一,主体方面。依照我国《刑法》的规定,构成危险物品肇事罪的主体为一般主体,即只要达到刑事责任年龄,具有刑事责任能力的自然人即符合主体条件,二被告人均符合危险物品肇事罪的主体条件。第二,责任方面。本案中,根据沂化公司的文件及经营部岗位职责规定,被告人朱平书系副总经理兼经营部经理,职责是具体负责安排控制客户和运输车辆危险品手续的检查、登记、审核工作,全面执行落实危化管理制度。刘超系经营二部经理,具体负责来厂客户登记、审查和考核,在分管副总经理安排下,制定本部门工作计划,上报副总经理审批。这些规定表明,二人负责对客户运输液氯车辆的审查,负有对危险品运输车辆的核查义务。从公司的具体实施过程看,二人对液氯的充装数量也具有绝对的决定权。故二人对液氯充装车辆的检查和载重等负有直接责任。第三,客观行为方面。我国《液化气体汽车罐车安全检查规范》《氯气安全规程》等明确规定液氯充装前要对装运车辆进行全面检查,严禁超装超载车辆驶离充装单位。而充装是运输液氯的必经程序,属于运输过程,故二被告人的行为违反了液氯运输的管理规定。第四,因果关系方面。经鉴定事故发生的原因是该车因长期超载引起胎冠中央过度磨损,轮胎胎冠及花纹底部开裂,形成众多裂纹,加之该车严重超载,引起轮胎过度变形和气压升高,在驾驶过程中应力超过材料的强度极限,导致车胎爆裂,故二被告人的行为与损害结果间存在刑法上的因果关系。

综上所述,被告人朱广平、刘超负有对危险品运输车辆的核查义务,违反国家有关液氯充装的上述规定,为鲁 H000×× 号槽罐式半挂车超装液氯,致使其超载行驶,因而发生重大事故,造成严重后果,因此二人的行为应认定为危险物品肇事罪。

【指导案例】徐威等危险物品肇事案[①]——**擅自在施工工地燃放烟花引发事故的如何处理**

徐威在任央视新址办主任兼央视国金公司董事长、总经理期间,擅自决定于 2009 年 2 月 9 日晚在央视新址施工区内燃放烟花,并指派邓炯慧等人筹办燃放烟花的相关工作。2008 年 12 月至 2009 年 2 月间,沙鹏在徐威的授意下,与刘发国、李小华、宋哲元共同商定从湖南购买 A 级烟花。耿晓卫带领刘发国、沙鹏、李小华、宋哲元等人进入央视新址工地确定燃放地点。胡德斌则按照徐威的指示通知田可耕、陈代义协助办理燃放前的工作。2009 年 2 月初,刘发国委托物流公司使用汽车将 A 级烟花及燃放设备从湖南省运至河北省永清县,存放于刘桂兰的只具备 C 级仓储资质的供销社仓库内。2009 年 2 月 6 日,沙鹏带领刘发国、曾旭等人再次进入工地查看燃放地点。陈代义协助并联系李俊义安排烟花进入工地事宜。刘发国同宋哲元、薛继伟、张炳建使用没有烟花爆竹运输资质的厢式货车将烟花及燃放设备运至央视新址燃放地点。在刘发国的指挥下,曾旭等七人在燃放地点进行烟花摆放、填药、连线、测试等工作。2009 年 2 月 9 日,胡德斌按照徐威的指示通知田可耕及高耀寿做好燃放烟花的工作。田可耕、高耀寿即分别通知李俊义及陈子俊安排消防、保安工作。戴剑霄按照邓炯慧的指示,为燃放活动布置准备工作。2009 年 2 月 9 日 20 时许,王世荣在徐威授意下,点火启动了烟花燃放活动。该烟花燃放造成重大火灾,致一名消防队员死亡、八人受伤,建筑物过火过烟面积 21333 平方米,直接经济损失达人民币 1.6 亿多元。

本案中,中央电视台新址作为国家重点建设项目,对消防安全有着更高的要求,应远离烟花尤其是 A 级礼花弹这类爆炸性、易燃性的危险物品,徐威等二十一名被告人未经有关部门许可,擅自决定在施工工地内组织大型礼花焰火燃放活动。在中央电视台新址附近燃放大量 A 级礼花弹,其行为违反《北京市烟花爆竹安全管理规定》《北京市消防安全重点单位界定标准》《烟花爆竹安全管理条例》《焰火晚会烟花爆竹燃放安全规程》《北京市烟花爆竹专营管理办法》等法规中对烟花燃放的相应规定,从而引发了严重事故。同时,徐威等二十一名被告人对于

[①] 参见刘克河、金昌伟:《危险物品肇事中共同过失犯罪的认定——"央视大火"案法律评析》,载《人民司法》2010 年第 16 期。

燃放烟花可能对中央电视台新址造成的危险亦应当预见,但轻信可以避免,主观上对损害结果的发生持过失心态。其行为构成危险物品肇事罪。

其中,被告人徐威作为中央电视台新址办的主要负责人,没有履行注意义务,违反规定,在未经有关部门许可的情况下擅自决定在中央电视台新址的施工工地内组织大型礼花焰火燃放活动;其他被告人负有安全保障义务,却对徐威擅自作出的在工地内燃放烟花的决定均未进行必要的劝阻,积极办理烟花燃放的准备工作,或是没有烟花爆竹运输资质,却将印有"央视"字样的A级烟花和设备运至中央电视台新址,或在发现大量印有"央视"字样的A级烟花及礼花弹筒时,未予过问,默许储存。这二十一名被告人的行为形成相互分工、协作的密切关系,共同作用导致中央电视台新址重大火灾的发生,且各行为人自身均负有安全保障义务,对他人行为也负有督促义务,属于共同过失犯罪,根据《刑法》第25条的规定,应按各自所犯之罪分别定罪处罚。

第三十四章　消防责任事故罪

消防责任事故罪"直接责任人员"是否限于火灾事故责任认定中的"直接责任人员"

（一）裁判规则

从事故责任认定的性质、作用和依据来看，《刑法》第139条规定消防责任事故罪的"直接责任人员"与火灾事故责任认定中的直接责任人员并非完全一致。虽然在火灾事故中认定行为人负有间接责任，只要能认定行为人的确实施了违反消防管理法规的行为，经消防监督机构通知采取改正措施而拒绝执行，并且火灾的发生、扩大、蔓延与行为人的违规行为之间具有因果关系的，可以认定行为人属于消防责任事故罪中的直接责任人员。

（二）规则适用

消防责任事故罪，是指违反消防管理法规，经消防监督机构通知采取改正措施而拒绝执行，造成严重后果的行为。《刑法》第139条规定："违反消防管理法规，经消防监督机构通知采取改正措施而拒绝执行，造成严重后果的，对直接责任人员，处三年以下有期徒刑或者拘役；后果特别严重的，处三年以上七年以下有期徒刑。"其中"违反消防管理法规"是指违反国家有关消防方面的法律、法规和消防主管部门制定的有关规定，如《中华人民共和国消防法》；"消防监督机构"是指根据法律、法规规定设立的专门负责消防监督管理工作的机构。在消防责任事故罪中，"直接责任人员"才具备构成消防责任事故罪的主体条件，实践中多为机关、团体、企业、事业等单位中对消防工作负有直接责任的人员。对于消防责任事故罪主体的理解，存在不同观点：一种观点认为，消防责任事故罪的主体是一般主体，即凡是达到刑事责任年龄、具备刑事责任能力的自然人均可成为消防责任事故罪的犯罪主体，具体指经消防监督机构通知采取改正措施的居民、单位的直接责任人员。[①] 另一种观点认为，消防责任事故罪的主体是特殊主体，指那些对公安

---

① 参见王作富主编：《刑法分则实务研究》（第三版），中国方正出版社2006年版，第229页。

消防部门采取改正措施的通知负有改正措施责任的人,实践中主要是指那些与防火有直接关系的单位主管人员和其他直接责任人员。① 笔者同意第一种观点,如上所述,特殊身份是行为人在开始实施危害行为时就已经具有的特殊资格或已经形成的特殊地位或状态,而"直接责任人员"是对损害结果负有直接责任的人员,不属于特殊的资格或地位,故消防责任事故罪的主体属一般主体。

对于"直接责任人员"的认定存在两种观点:一种观点认为,"直接责任人员"是火灾事故责任认定中确认的直接责任人员。另一种观点认为,消防责任事故罪中的直接责任,是对消防安全工作所负有的直接责任,而非消防部门对引起火灾后果的原因所认定的责任。这两种观点对于消防责任事故罪的"直接责任人员"与火灾事故责任认定中的直接责任人员是否一致存在不同意见。笔者认为,二者中的"直接责任人员"含义不同,体现在以下几个方面:

第一,消防责任事故罪的直接责任人员与火灾事故责任认定中的直接责任人员的认定基础不同。根据《刑法》第 139 条的规定,消防责任事故罪中直接责任人员须满足两个条件:一是经消防监督机构通知采取改正措施而拒绝执行,实质上要求直接责任人员是可以对是否改正消防违规行为起决定性作用的人员。二是消防违规行为与损害结果之间存在刑法上的因果关系。火灾事故责任认定中要求的因果关系是事实上的因果关系,即认定为直接原因的行为必须直接引发火灾或者作用于火灾的发生、蔓延和扩大。故而,消防责任事故罪的直接责任人员与火灾事故责任认定中的直接责任人员存在显著不同:一是在于事实上的因果关系不同于刑法上的因果关系,对防止事故发生负有责任的人员的不作为行为与损害结果间具有刑法上的因果关系,但是事实上未直接引发或扩大事故,不具有事实层面的因果关系。二是在于消防责任事故罪的直接责任人员要求是可以对是否改正消防违规行为起决定性作用的人员,而火灾事故责任认定中的直接责任人员则无此要求,只审查行为人的事实行为是否引发或扩大事故的发生。

第二,消防责任事故罪的刑事责任认定与火灾事故责任认定的性质及作用不同。性质上,消防责任事故罪的刑事责任认定是规制经消防监督机构通知采取改正措施,有履行义务而拒绝执行,并因而造成严重后果的责任认定,本质上是权利义务认定。火灾事故责任认定属于行政确认行为,是行政主体依法对行政管理相对人的法律地位、法律关系或者有关法律实施进行甄别,给予确定、认定并予以宣告的行为,是对火灾发生的事实层面的原因进行的甄别和认定。作用上,消防责任事故罪的刑事责任认定是通过审判认定行为人应负的法律责任,而火灾事故责任认定是火灾事故调查的必经环节,用于证明火灾当事人的行为在火灾发生、发展中所起的作用,属于证据范畴,是法律责任认定的参考因素之一。

综上所述,消防责任事故罪的"直接责任人员"与火灾事故责任认定中的直接

---

① 参见孟庆华、王瑛杰:《消防责任事故罪构成要件探讨》,载《武警学院学报》2005 年第 6 期。

责任人员并非完全一致,无论火灾事故中认定行为人负有的是直接责任、间接责任还是无责任,只要能认定行为人的确实施了违反消防管理法规的行为,经消防监督机构通知采取改正措施而拒绝执行,并且火灾的发生、扩大、蔓延与行为人的违规行为之间具有因果关系的,可以认定行为人属于消防责任事故罪中的直接责任人员。

【指导案例】王华伟、孙志军消防责任事故案[①]——火灾事故责任认定中的间接责任人员能够构成消防责任事故罪

被告人王华伟于 2002 年 4 月与徐州古彭地下商场签订合同,租赁该商场人防工事东大厅改建永乐门酒吧(又名雅帝酒吧)。后被告人王华伟、孙志军(系王华伟妻哥)在未取得徐州市公安局消防支队审核批准的情况下,擅自进行改建施工,在装潢上使用了可燃材料。2002 年 9 月 3 日,市消防支队消防监督员李厚强在孙志军等人陪同下,对永乐门酒吧改造工程进行检查,发现该工程未经审批擅自施工且施工内容不符合消防要求,李厚强即责令停工整改,并于 2002 年 9 月 6 日向永乐门酒吧送达了《责令限期改正通知书》,指出,"该改造工程擅自施工,经消防机构审核不合格,责令永乐门酒吧在 2002 年 9 月 18 日前改正"。永乐门酒吧于 2002 年 9 月 17 日向市消防支队报送了整改报告,称"已全面停工,待审核后按规定施工"。2002 年 10 月,被告人王华伟、孙志军在未得到市消防支队审核批准的情况下,再次施工,使用大量可燃材料对酒吧顶部、墙面进行装修,并多次拆除设置在永乐门酒吧与清秀佳人休闲屋之间通道上的石膏挡板。2002 年 12 月 28 日 21 时许,王华伟安排施工人员再次拆除石膏挡板,将制作好的吧台搬入清秀佳人休闲屋过道中。当日 23 时后,清秀佳人休闲屋富士厅起火,继而蔓延至永乐门酒吧施工现场,火势迅速扩展,造成民工谭建峰死亡,徐严、董月胜重伤,李会侠轻伤,直接经济损失人民币 221970 元的严重后果。经徐州市公安局消防支队认定,火灾原因不明;王华伟、孙志军负间接责任。

本案在审理过程中,被告人王华伟的辩护人提出,只有对火灾事故负直接责任的人员才能构成消防责任事故罪的主体,而公安消防部门认定王华伟对本次事故负间接责任;并且王华伟已将该酒吧转让给孙志军,其对装修仅负协助义务而不应承担刑事责任。笔者认为,首先,如上所述,火灾事故责任认定中的直接责任与间接责任的认定不影响消防责任事故罪"直接责任人员"的认定。其次,二被告人在市消防支队下发《责令限期改正通知书》的情况下,未得到市消防支队审核批准,再次施工,使用大量可燃材料对酒吧顶部、墙面进行装修,并多次拆除设置在

[①] 参见郭强、王涛:《王华伟、孙志军消防责任事故案》,载最高人民法院中国应用法学研究所编:《人民法院案例选(分类重排本)·刑事卷》,人民法院出版社 2017 年版,第 906—909 页。

永乐门酒吧与清秀佳人休闲屋之间通道上的石膏挡板,该行为属于违反消防管理法规,经消防监督机构通知采取改正措施而拒绝执行的情形。再次,二被告是酒吧装修的负责人,可以对是否改正消防违规行为起决定性作用,属于消防责任事故罪的"直接责任人员"。对于认为王华伟已将该酒吧转让给孙志军,其对装修仅负协助义务而不应承担刑事责任的辩护意见,从判决书中载明的证据可以看出,王华伟与徐州古彭地下商场签订的租赁合同约定,未经出租人同意不得将租赁物转租,因此,王华伟擅自将酒吧转让的行为系无效行为。另外,王华伟与孙志军签订的转让协议中也明确约定王华伟必须帮助孙志军完成装修,如中途退出,协议中止,并退还孙志军后期一些费用。根据该协议内容,足以证实王华伟负有全面完成装修工程的义务而非简单的协助义务。最后,从客观行为上看,二被告人作为酒吧的负责人,在消防审核不合格的情况下擅自装修,采用大量可燃装修材料,导致火灾的蔓延,其消防违规行为与损害结果之间存在刑法上的因果关系。综上所述,被告人王华伟、孙志军在进行建筑内部装修工程中违反消防管理法规,经消防监督机构通知采取改正措施而拒绝执行,造成严重后果,已构成消防责任事故罪。

后　记

　　近年来,法官从事的实用性研究有了明显和可喜的进步,《法律适用》和《人民司法》的不断扩容,《中国应用法学》的创刊,全国法院系统学术论文研讨会组织规模的扩大、论文质量的提升等,均是很好的例证。此种局面的形成无疑是下列诸多主客观方面因素影响的结果。例如,疑难、复杂、新类型案件中需要研究的问题增多,司法过程中平衡法律效果与社会效果的难度增大,中国裁判文书网海量文书的公开,法官职业化、精英化的持续推进,法学教育和研究水平的提高,人民群众司法需求的新要求、新期待,等等。此种实用性研究虽然在某种意义上扮演着基础理论研究与适用法律技术之间的"二传手"角色①,但从理论与实践互动关系而言,基础理论研究与实用性研究均不可或缺,而且需在分工细化的基础上良性融贯,方能最大限度地克服当下依然存在的理论界与实务界相互分隔甚或互不买账、理论与实践"两张皮"的现象。同时,就理论对实践的指导而言,两类研究同样重要,只是实用性研究相比于基础理论研究而言对实践的指导更为直接而已。此时,需要牢记的是康德的如下论说:"如果说理论对实践作用很小的话,那么责任并不在于理论,而在于人们没有从经验中习得足够的理论。"②

　　北京大学出版社策划的"法官裁判智慧丛书",可谓是助添实用性研究之繁荣昌盛。基于前期出版的民事法官所撰写的《公司纠纷裁判精要与规则适用》《民间借贷纠纷裁判精要与规则适用》等系列著作所取得的良好的社会效果,蒋浩副总编和陆建华编辑诚邀我组织在刑事审判实践一线的法官撰写类似的刑事法著作,这正好契合我近年来倡导和践履的实践刑法学③的研究理念和学术路径。经过一段时间的联络和沟通,我和诸位同人将陆续推出《侵犯公民人身权利罪类案

---

　　① 参见张卫平:《基础理论研究:民事诉讼理论发展的基石》,载〔德〕康拉德·赫尔维格:《诉权与诉的可能性:当代民事诉讼基本问题研究》,任重译,法律出版社2018年版,序言第4—5页。
　　② 〔德〕马蒂亚斯·耶施泰特:《法理论有什么用?》,雷磊译,中国政法大学出版社2017年版,第53页。
　　③ 参见刘树德:《刑事裁判的指导规则与案例汇纂》,法律出版社2014年版,代序第1页以下。

裁判规则与适用》《侵犯财产罪类案裁判规则与适用》《贪污贿赂罪类案裁判规则与适用》《危害公共安全罪类案裁判规则与适用》等系列图书。

  感谢北京大学出版社蒋浩副总编和陆建华编辑的组织策划,感谢责任编辑辛勤、细致的工作!

刘树德

2018 年 10 月 5 日初记

2021 年 4 月 6 日补记